日本刑法各论

第七版

[日] 西田典之・著　[日] 桥爪隆・补订
王昭武　刘明祥・译

法律出版社
LAW PRESS・CHINA

感谢日本（株）弘文堂无偿提供版权

著作权合同登记号：
图字：01-2020-4267

谨以此译著敬献给天国的西田典之先生

作者简介

西田典之　Noriyuki Nishida（1947 年 3 月至 2013 年 6 月）

1969 年毕业于东京大学法学部，同年留校担任法学部助教，1985 年晋升为东京大学法学部教授，其后担任东京大学名誉教授、学习院大学教授。当代日本最著名的刑法学家之一，2003 年至 2006 年担任日本刑法学会理事长。中日刑法学交流的积极推动者与日方代表人物，曾担任北京大学、中国人民大学、武汉大学客座教授。主要著作有《刑法总论》《刑法各论》《新版 · 共犯与身份》《共犯理论之展开》等。

桥爪隆　Hashizume Takashi（1970 年出生）

1993 年毕业于东京大学法学部，现为东京大学大学院法学政治学研究科教授。主要著作有《正当防卫的基础》、《刑法总论》（合著）、《刑法各论》（合著）、《刑法事例演习教材》（合著）等。

译者简介

王昭武

1968年出生于湖北省监利县,1991年毕业于武汉大学日语系。2001年考入武汉大学法学院,师从刘明祥教授攻读刑法学;2003年4月至2009年3月留学日本同志社大学,师从大谷实教授,先后获得同志社大学法学硕士、法学博士学位。现为云南大学法学院教授、博士生导师。

刘明祥

1959年出生于湖北省天门市。1983年毕业于湖北财经学院(现中南财经政法大学),获法学学士学位;1994年毕业于武汉大学,获法学博士学位。现为中国人民大学法学院教授、博士生导师。

第七版序

本书基于大量真实案例,清晰明快地展开了刑法各论的解释论,自1999年初版问世以来,至2012年已经累计发行六版,一直以来得到了众多读者的支持。但是,令人痛心的是,西田典之先生不幸于2013年6月14日仙逝,无法再由先生本人完成对本书的修订。

自第六版发行以来,尽管已经过六年时间,但这丝毫无损于本书所展现的解释论上的重要学术价值。不过,在此期间,既有重要的法律修正,也出现了不少新判例,因而需要及时更新本书内容,这也是一个不争的事实。鉴于此,由作为先生弟子的我来担此大任。

本次补订主要考虑了以下几点:(1)原则上原样保留第六版的表述,因而,与既往一样,本书仍然展示的是西田先生本人的解释论,而不含补订者个人的观点。(2)不过,为了方便读者,针对新法令的制定以及法律的修正,补订者直接对本书正文做了相应修改。这样一来,根据平成25年(2013年)制定的《有关处罚因驾驶汽车致人死伤行为等的法律》,有关危险驾驶致死伤罪以及相关犯罪的论述(第二编第二章第四节),以及根据平成29年(2017年)的刑法部分修正,有关针对性的自由的犯罪以及相关犯罪的论述(第二编第三章第五节、第六章第三节之五),这次补订都做了大幅度的修订。(3)在这六年期间,也有不少刑法体系书与教科书问世或者修订,因而,除了对本书的引注部分做了相应补充与修订之外,还基于最近的学术研究现状,对相关表述也做了一定的修改。(4)这次补订还特别增补了近年的重要判例,但不是直接写入正文,而是在适当地方以不同于正文格式的其他形式进行补充。

我设想的是,我补订的内容尽量不以特定观点为前提,而是尽力维持西田教科书的统一性。因而,在补订过程中,我尽量避免加入我个人的观点,力图尽可能地采取客观表述。不过,虽说是客观表述,但显然难以完全排除我个人的主观评价。当然,是否真正如我所愿地维持了西田教科书的本来特色,只能是留待读者诸贤来评判。作为我个人来说,我只能是祈求,我的补订没有损害原著的价值,本书能一如既往地得到读者的支持,而且,作为最具代表性的刑法各论的体系书,也仍然能被广泛运用于司法实践与学术研究。

补订期间,弘文堂编辑部的北川阳子女士不仅提出了不少宝贵建议,还提供了诸多帮助,在此表示衷心的谢意!另外,在校对阶段,还得到了东京大学的佐野文彦助教的协助,在此一并致谢。

如果西田先生还健在的话,2018 年 3 月 2 日,先生会迎来第 71 个生日。在“女儿节”前夜,本书得以问世,这寄托了我对先生无限的思念。

桥爪隆

2018 年 3 月

初版序

最初,本书是作为大学的刑法各论教科书而撰写的,但最终其内容较当初的设想要详细得多。这是因为,在整理与介绍各种学说的同时,还尽可能多地引用了判例。这主要是考虑到,所谓刑法各论,其功能就在于具体探讨以刑法典分则为中心的各种犯罪类型的个别性构成要件,那么,在了解作为"活生生的法律"的判例的同时,也了解现实生活中的问题即具体事例,就尤其重要。为此,窃以为,本书不仅适用于学习刑法各论的各位学生,对司法实务人员也有参考价值。另外,对于受讲课时间的限制而无法涉及的细小论点,本书也力图有所探讨。再者,为了与刑法总论有机地联系在一起,就笔者认为有必要的地方,本书也就总论论点进行了说明。

众所周知,根据平成7年(1995年)的《刑法部分修正的法律》(法第91号),刑法实现了平易化,刑法典的所有条文也均使用了现代用语。这次修正原则上只限于用语的修正,而并未对内容作实质性改动,当然也存在若干变化。就其中的问题点,在解释各个条文时均分别加以了说明。由于本书是采用刑法修正之后所新规定的用语而展开解释,因而有几处使用了新的用语(造语)。例如,就诈骗罪而言,由于不再存在"欺罔"与"骗取"这种用语,而代之以"欺诈"与"诈取",则欺罔行为与被欺罔者就分别相当于欺诈行为与被诈骗人。另外,就赃物罪而言,本书也将该罪定名为"盗品参与罪",[1]赃物性亦为"盗品性"。尚不知这些用法能否被确定下来,还希望得到各位读者的批判与指正。

在本书之前,本人还出版了以刑法各论中的"针对个人法益的犯罪"为对象的《刑法各论Ⅰ》(1996年),剩余部分本打算作为《刑法各论Ⅱ》出版的。但是,考虑到阅读上的便利而减少了每页的行数,同时也为了与其后的法律修正与制定(《母体保护法》《器官移植法》等)以及判例与学说的动态相适应,而作了不少修改。出于上述理由,这次毅然决定出版合订本,在此,还

---

〔1〕 原著将本罪定名为"盗品関与罪",但译者按照中国刑法的表述习惯,仍然将本罪译为"赃物罪"。同样,"盗品性"也被翻译为"赃物性"。——译者注

祈望能得到《刑法各论Ⅰ》的诸位读者的海涵。

本书的写作得到了不少人的帮助。在校对阶段,东京大学的佐伯仁志教授通览了原稿,并提供了有益的建议;学习院大学的铃木左斗志副教授补订了前半部分的注解;神户大学的桥爪隆副教授、东京大学大学院的硕士研究生小林宪太郎与镇目征树还就关键词索引提供了帮助。在此,谨向以上各位表示深深的谢意!

本书的出版还得到了弘文堂编辑部的丸山帮正先生、清水千香先生、高冈俊英先生的帮助。尤其应指出的是,如果没有丸山帮正先生长期耐心的督促,则难有本书的最终完成。对以上诸位,在此也谨表谢意!

最后,还要将本书献给我已故的双亲。在我就是否选择学者之路而彷徨犹豫之时,是亡父西田匠极力劝导了我;而在我的学者之路可能遭遇挫折之时,则是亡母西田氏不时给我以激励。此刻,满怀感激之情,我欲将终告完成的本书献于亡父母的灵前。

西田典之

记于1999年3月的“女儿节”前夜

文献略语

一、参考文献(以后面〔〕内黑体字部分作为所引用论著的简称)

(一)教科书

青柳文雄『刑法通論Ⅱ各論』(泉文堂 1963 年)〔**青柳**〕

井田　良『講義刑法学・各論』(有斐閣 2016 年)〔**井田**〕

井田良、佐藤拓磨『刑法各論』〔新・論点講義シリーズ〕(弘文堂 2018 年第 3 版)〔**井田・佐藤**〕

板倉　宏『刑法各論』(勁草書房 2004 年)〔**板倉**〕

伊東研祐『刑法講義各論』(日本評論社 2011 年)〔**伊東**〕

伊藤渉、小林憲太郎、齊藤彰子、鎮目征樹、島田聡一郎、成瀬幸典、安田拓人(ほか)『アクチュアル刑法各論』(弘文堂 2007 年)〔**伊藤等**〕

井上正治、江藤孝『新訂刑法学〔各則〕』(法律文化社 1994 年)〔**井上・江藤**〕

今井猛嘉、小林憲太郎、島田聡一郎、橋爪隆(ほか)『刑法各論 LEGAL QUEST』(有斐閣 2013 年第 2 版)〔**今井等**〕

植松　正『再訂刑法概論Ⅱ各論』(勁草書房 1975 年)〔**植松**〕

内田文昭『刑法各論』(青林書院 1996 年第 3 版)〔**内田**〕

大塚　仁『刑法概説(各論)』(有斐閣 2005 年第 3 版増補版)〔**大塚**〕

大谷　實『刑法講義各論』(成文堂 2015 年新版第 4 版増補版)〔**大谷**〕

岡野光雄『刑法要説各論』(成文堂 2009 年第 5 版)〔**岡野**〕

小野清一郎『新訂刑法講義各論』(有斐閣 1950 年増補版)〔**小野**〕

香川達夫『刑法講義〔各論〕』(成文堂 1996 年第 3 版)〔**香川**〕

柏木千秋『刑法各論』(有斐閣 1965 年再版)〔**柏木**〕

川端　博『刑法各論講義』(成文堂 2010 年第 2 版)〔**川端**〕

吉川経夫『刑法各論』(法律文化社 1982 年版)〔**吉川**〕

木村亀二『刑法各論』(有斐閣 1957 年復刊)〔**木村**〕

江家義男『刑法各論』(青林書院 1959 年増補版)〔**江家**〕

小暮得雄、内田文昭、阿部純二、板倉宏、大谷實編『刑法講義各論』(執筆者)(有斐閣 1988 年版)(**小暮等※※頁〔※※〕**)

斎藤信治『刑法各論』(有斐閣 2014 年第 4 版)〔**斎藤信治**〕

齊藤誠二『刑法講義各論Ⅰ』(多賀出版 1979 年新訂版)〔**齊藤誠二**〕
佐伯千仭『刑法各論』(有信堂高文社 1981 年訂正版)〔**佐伯**〕
佐久間修『刑法各論』(成文堂 2012 年第 2 版)〔**佐久間**〕
須之内克彦『刑法概説各論』(成文堂 2014 年第 2 版)〔**須之内**〕
曽根威彦『刑法各論』(弘文堂 2012 年第 5 版)〔**曽根**〕
高橋則夫『刑法各論』(成文堂 2016 年第 3 版)〔**高橋**〕
瀧川幸辰『刑法各論』(世界思想社 1951 年)〔**瀧川**〕
団藤重光『刑法綱要各論』(創文社 1990 年第 3 版)〔**団藤**〕
中　義勝『刑法各論』(有斐閣 1975 年)〔**中**〕
中森喜彦『刑法各論』(有斐閣 2015 年第 4 版)〔**中森**〕
中山研一『刑法各論』(成文堂 1984 年第 2 版)〔**中山**〕
中山研一『概説刑法Ⅱ』(成文堂 2005 年第 4 版)〔**中山概说Ⅱ**〕
西田典之『刑法総論』(弘文堂 2010 年第 2 版)〔**西田総論**〕
西原春夫『犯罪各論』(筑摩書房 1983 年第 2 版)〔**西原**〕
橋本正博『刑法各論』(新世社 2017 年)〔**橋本**〕
林　幹人『刑法各論』(東京大学出版会 2007 年第 2 版)〔**林**〕
平川宗信『刑法各論』(有斐閣 1995 年)〔**平川**〕
平野龍一『刑法概説』(東京大学出版会 1977 年)〔**平野**〕
平野龍一『犯罪論の諸問題(下)各論』(有斐閣 1982 年)〔**平野『犯罪論の諸問題(下)各論』**〕
福田　平『全訂刑法各論』(有斐閣 2002 年第 3 版増補)〔**福田**〕
藤木英雄『刑法講義各論』(弘文堂 1976 年)〔**藤木**〕
藤木英雄『刑法各論』(有斐閣 1972 年)〔**藤木各論**〕
堀内捷三『刑法各論』(有斐閣 2003 年版)〔**堀内**〕
牧野英一『刑法各論(上)(下)』(有斐閣 1950 年、1951 年)〔**牧野**〕
町野　朔『犯罪各論の現在』(有斐閣 1996 年)〔**町野**〕
松原芳博『刑法各論』(日本評論社 2016 年)〔**松原**〕
松宮孝明『刑法各論講義』(成文堂 2016 年第 4 版)〔**松宮**〕
前田雅英『刑法各論講義』(東京大学出版会 2015 年第 6 版)〔**前田**〕
山口　厚『刑法各論』(有斐閣 2010 年第 2 版)〔**山口**〕
山中敬一『刑法各論』(成文堂 2015 年第 3 版)〔**山中**〕

(二)注释书、其他

大塚仁、河上和雄、佐藤文哉、古田佑紀編『大コンメンタール刑法 6 ~ 13 巻』(青林書院 2013 ~ 2015 年第 3 版)〔**『大コンメンタール刑法』**〕
小野清一郎、中野次雄、植松正、伊達秋雄『ポケット注釈全書刑法』(有斐閣 1988 年第 3 版増補)〔**『ポケット注釈全書刑法』**〕

川端博、西田典之、原田國男、三浦守编『裁判例コンメンタール刑法 1 ~3 巻』(立花書房 2006 年)〔**『裁判例コンメンタール刑法』**〕

団藤重光編『注釈刑法』(3) ~(6)(有斐阁 1965 年、1966 年)〔**『旧注釈刑法』**〕

西田典之、山口厚、佐伯仁志編『注釈刑法(2)』(有斐閣 2016 年)〔**『新注释刑法』**〕

松尾浩也編『刑法の平易化』(有斐阁 1995 年)〔**松尾『刑法の平易化』**〕

米澤慶治編『刑法等一部改正法の解説』(立花書房 1988 年)〔**米澤编『刑法等一部改正法の解説』**〕

阿部純二、板倉宏、内田文昭、香川達夫、川端博、曽根威彦編『刑法基本講座 5 巻・6 巻』(法学書院 1993 年)〔**『刑法基本講座』**〕

中山研一、西原春夫、藤木英雄、宮澤浩一編『現代刑法講座 4 巻・5 巻』(成文堂 1982 年)〔**『現代刑法講座』**〕

西田典之『新版　共犯と身分』(成文堂 2003 年)〔**西田『新版 共犯と身分』**〕

山口厚、佐伯仁志编『刑法判例百選Ⅱ各論〔第 7 版〕』(有斐閣 2014 年)〔**『刑法判例百選Ⅱ各論』**〕

芝原邦爾編『刑法の基本判例』(有斐閣 1988 年)〔**『刑法の基本判例』**〕

芝原邦爾、堀内捷三、町野朔、西田典之編『刑法理論の現代的展開各論』(日本評論社 2008 年復刊)〔**『刑法理論の現代的展開各論』**〕

藤木英雄『経済取引と犯罪』(有斐閣 1965 年)〔**藤木『経済取引と犯罪』**〕

山口厚、井田良、佐伯仁志『理論刑法学の最前線Ⅱ』(岩波書店 2006 年)〔**『理論刑法学の最前線Ⅱ』**〕

『最高裁判所判例解説刑事编』(各年、法曹会)〔**『※※年度最高裁判所判例解説』**〕

ジュリスト臨時増刊・重要判例解説(各年、有斐閣)〔**『※※年度重要判例解説』**〕

二、判例・判例集・杂志(以前面黑体字部分作为引用的简称)

大判	大審院判決
大連判	大審院連合部判決
最判(決)	最高裁判所判決(決定)
最大判	最高裁判所大法庭判决
高判	高等裁判所判决
地判	地方裁判所判决
支判	支部判决
簡判	簡易裁判所判决
刑録	大審院刑事判决録
刑集	大審院刑事判例集、最高裁判所刑事判例集
裁集	最高裁判所裁判集・刑事
高刑	高等裁判所刑事判例集

判特	高等裁判所刑事判決特報
裁特	高等裁判所刑事裁判特報
高刑速	高等裁判所刑事裁判速報集
高检速	高等裁判所刑事判決速報
東時	東京高等裁判所判決時報・刑事
裁時	裁判所時報
一审刑集	第一審刑事裁判例集
下刑	下級裁判所刑事裁判例集
刑月	刑事裁判月報
新聞	法律新聞
判時〔判評〕	判例時報〔判例評論〕
判タ	判例タイムズ
LEX/DB	LEX/DBインターネット(TKC法律情報データベース)
ジュリ	ジュリスト
论ジュリ	論究ジュリスト
法セミ	法学セミナー
法教	法学教室
法協	法学協会雑誌
法時	法学時報
警研	警察研究
曹時	法曹時報
ひろば	法律のひろば
刑ジャ	刑事法ジャーナル
警論	警察学論集
現刑	現代刑事法
刑法	刑法雑誌
金法	旬刊金融法務事情

注:本书所引用的判例多附加了序号,所附加的序号与西田典之、山口厚、佐伯仁志、桥爪隆合著的《判例刑法各論》(有斐閣 2018 年第 7 版)中的序号完全一致。并且,原则上将所引用的大审院判例的用语由片假名改为平假名,且附加了标点符号。

另外,译者在翻译过程中,出于有助于理解西田学说的目的,较多地参照了山口厚(现任日本最高裁判所大法官)教材的中文译本(山口厚:《刑法各论》〔第 2 版〕,王昭武译,中国人民大学出版社 2011 年版),在本书中简称为“王昭武译・山口各论”。同时还参照了松宫孝明教授的教材的中文译本(松宫孝明:《刑法各论讲义》〔第 4 版〕,王昭武、张小宁译,中国人民大学出版社 2018 年版),在本书中简称为“王昭武等译・松宫各论”。

判例集的编年对应表

在本书中，为了尊重原文，也为了遵循日本就判例出处的惯用表示，更为了便于本书读者顺利查找相关判例，并未将明治、大正、昭和、平成这些日本年号改为公历，但同时考虑到中国读者更习惯于公历，在此特不畏累赘列表表示编年对应。值得注意的是，根据日本年号的实际变更时间，明治 45 年仅止于明治 45 年(1912 年)7 月 30 日，大正 15 年仅止于大正 15 年(1926 年)12 月 25 日，昭和 64 年仅止于昭和 64 年(1989 年)1 月 7 日。

大審院刑事判例録（刑录创刊）	**大審院刑事判例集**（改称刑录）	**最高裁判所刑事判例集**（改称刑集）	
明治 28(1895 年) 1 辑	大正11(1922 年) 1 卷	昭和 22(1947 年) 1 卷	昭和50(1975 年) 29 卷
29(1896 年) 2	12(1923 年) 2	23(1948 年) 2	51(1976 年) 30
30(1897 年) 3	13(1924 年) 3	24(1949 年) 3	52(1977 年) 31
31(1898 年) 4	14(1925 年) 4	25(1950 年) 4	53(1978 年) 32
32(1899 年) 5	大正 15	26(1951 年) 5	54(1979 年) 33
33(1900 年) 6	(1926 年) 5	27(1952 年) 6	55(1980 年) 34
34(1901 年) 7	**昭和1**	28(1953 年) 7	56(1981 年) 35
35(1902 年) 8	2(1927 年) 6	29(1954 年) 8	57(1982 年) 36
36(1903 年) 9	3(1928 年) 7	30(1955 年) 9	58(1983 年) 37
37(1904 年) 10	4(1929 年) 8	31(1956 年) 10	59(1984 年) 38
38(1905 年) 11	5(1930 年) 9	32(1957 年) 11	60(1985 年) 39
39(1906 年) 12	6(1931 年) 10	33(1958 年) 12	61(1986 年) 40
40(1907 年) 13	7(1932 年) 11	34(1959 年) 13	62(1987 年) 41
41(1908 年) 14	8(1933 年) 12	35(1960 年) 14	63(1988 年) 42
42(1909 年) 15	9(1934 年) 13	36(1961 年) 15	昭和64
43(1910 年) 16	10(1935 年) 14	37(1962 年) 16	(1989 年) 43
44(1911 年) 17	11(1936 年) 15	38(1963 年) 17	**平成** 1
明治 45	12(1937 年) 16	39(1964 年) 18	2(1990 年) 44
(1912 年) 18	13(1938 年) 17	40(1965 年) 19	3(1991 年) 45
大正 1	14(1939 年) 18	41(1966 年) 20	4(1992 年) 46
2(1913 年) 19	15(1940 年) 19	42(1967 年) 21	5(1993 年) 47
3(1914 年) 20	16(1941 年) 20	43(1968 年) 22	6(1994 年) 48
4(1915 年) 21	17(1942 年) 21	44(1969 年) 23	7(1995 年) 49
5(1916 年) 22	18(1943 年) 22	45(1970 年) 24	8(1996 年) 50
6(1917 年) 23	19(1944 年) 23	46(1971 年) 25	9(1997 年) 51
7(1918 年) 24	20(1945 年) 24	47(1972 年) 26	10(1998 年) 52
8(1919 年) 25	21(1946 年) 25	48(1973 年) 27	11(1999 年) 53
9(1920 年) 26	22(1947 年) 26	49(1974 年) 28	12(2000 年) 54
10(1921 年) 27			13(2001 年) 55

续表

大審院刑事判例録（刑录创刊）	大審院刑事判例集（改称刑录）	最高裁判所刑事判例集（改称刑集）	
			14(2002 年) 56 15(2003 年) 57 16(2004 年) 58 17(2005 年) 59 18(2006 年) 60 19(2007 年) 61 20(2008 年) 62 21(2009 年) 63 22(2010 年) 64 23(2011 年) 65 24(2012 年) 66 25(2013 年) 67 26(2014 年) 68 27(2015 年) 69 28(2016 年) 70 29(2017 年) 71 30(2018 年) 72

目　录

第一编　绪　论

第二编　针对个人法益的犯罪

第三编 针对社会法益的犯罪

第四编　针对国家法益的犯罪

第一编　绪　论

一、刑法各论的内容

刑法总论是以刑法典总则(第1条至第72条)为基础,对作为各具体犯罪的共同事项的犯罪成立一般要件(构成要件该当性、违法性、有责性)展开论述,与之相对,刑法各论则是就刑法典分则(第77条至第264条)[1]以及其他刑罚法规中的各具体犯罪固有的成立要件进行研究。刑法各论研究的核心是确定刑法分则条文中的概念,例如,对《刑法》第199条中的"人"、第135条中的"财物",就需要从文理上阐明其含义。但是,刑法各论的任务又不限于此,例如,《刑法》第235条规定,"窃取他人的财物的,为盗窃罪",那么,甲夺取了当时处于乙占有之下的自己的财物的,是否也应构成盗窃罪呢?要回答这一问题,还得考虑如何解释《刑法》第242条的规定,[2]甚至于还要探究盗窃罪的保护法益是所有权及其他本权,还是事实上的占有关系。更有甚者,流浪汉为了进监狱而盗窃他人财物,并主动向警察报告的,是否也要构成盗窃罪呢?对此,就必须探讨成立盗窃罪是否需要"非法占有的目的"[3]这种不成文的构成要件要素及其具体内容。

由此而论,刑法各论的主要任务是,以对各具体犯罪的文理解释为基础,同时考虑与其保护法益以及其他相关条文之间的关系,从主客观两方面阐明各具体犯罪的构成要件。

二、刑法各论的对象

(一)刑法典分则

刑法各论首先要研究的对象是刑法典分则。明治13年(1880年)制定、明治15年(1882年)施行的旧刑法全文共430条,分则从第116条至第430条共315个条文,所规定的具体犯罪相当细。与此相反,明治40年(1907年)制定、明治41年(1908年)施行的现行刑法典的分则,则仅包括从第73条至第264条的192个条文。其结果是,所规定的具体犯罪有很强的概括性,也扩大了法定刑的幅度。这样一来,就更有必要通过刑法解释予以补充,

---

〔1〕日本《刑法》第73条至第76条原本规定的是"针对皇室的犯罪",于1947年被删除。另外,日本《刑法》在下文中一律表述为《刑法》。——译者注

〔2〕《刑法》第242条〔他人占有等的自己的财物〕:"虽然是自己的财物,但为他人所占有,或者基于公务机关的命令由他人看守的,就本章犯罪(盗窃罪、侵夺不动产罪、抢劫罪等),视为他人的财物。"——译者注

〔3〕日文原文为"不法领得的意思",考虑到其含义与中国刑法中的"非法占有的目的"的含义基本相同,以及中国刑法理论的用语习惯,这里意译为"非法占有的目的"。但值得注意的是,在日本《刑法》中,"领得"与"占有"属于完全不同的概念,"领得"更接近于"取得""获取""据为己有"。——译者注

同时,直至今日,在没有对刑法作出根本性修正的情况下,刑法仍然能够适应时代的要求,也应当归功于这种规定本身的概括性。

尽管如此,刑法典分则从制定以来也历经多次部分修正,其中重要的修正有如下几次:

(1)昭和16年(1941年)(法第61号)增设了第96条之二(妨害强制执行)、第96条之三(妨害拍卖等)、第197条之二(向第三者提供贿赂)、第197条之三(加重受贿以及事后受贿)、第197条之五(有关没收与追缴的特例)。

(2)昭和22年(1947年)(法第124号)删除了第73条至第76条(针对皇室的犯罪)、第90条和第91条(针对外国元首或使节的暴行罪、胁迫罪、侮辱罪)、第131条(侵入皇居等罪)、第183条(通奸罪),增设了第230条之二(有关毁损名誉的事实证明)。

(3)昭和33年(1958年)(法第107号)增设了第105条之二(威胁证人等)、第197条之四(斡旋受贿)、第198条第2款(斡旋行贿。此后,于昭和55年〔1980年〕又作了修改,该项内容被并入第198条)、第208条之二(准备凶器集合以及聚集。此后,于平成13年〔2001年〕顺次延后改为第208条之三)。

(4)昭和35年(1960年)(法第83号)增设了第235条之二(侵夺不动产)、第262条之二(损坏境界)。

(5)昭和39年(1964年)(法第124号)增设了第225条之二(勒索赎金目的拐取)。

(6)昭和62年(1987年)(法第52号)为了应对计算机犯罪,增设了第161条之二(不正当制作和提供电磁记录)、第234条之二(损坏电子计算机等妨害业务)、第246条之二(使用电子计算机诈骗)以及其他相应规定。

(7)平成3年(1991年)(法第31号)提高了罚金刑数额(原则上为2.5倍)*。

* 罚金刑数额的提高 随着战后的通货膨胀,根据昭和23年(1948年)的《罚金等临时措施法》(法第251号)第3条第1款第1项的规定,除《刑法》第152条之外,刑法典的罚金刑最高额提高至50倍,其后,根据昭和47年(1972年)的《罚金等临时措施法》的修正(法第61号),最高额又被提至200倍。

(8)平成7年(1995年),根据《刑法部分修正的法律》(法第91号),在对刑法典的用语(采取当代日语的表述)进行平易化的同时,删除了与尊亲属相关的加重处罚规定(第200条、第205条第2款、第218条第2款、第220条第2款),以及有关聋哑人的责任能力的规定(第40条)。这次刑法改正的目的是，通过刑法的平易化，使刑法的内容更容易为国民所知晓，因而对刑法的内容本身并未作实质的变更，但是，由于平易化而带来了若干变化也是不容置疑的。关于其中的问题，在解释各条时将会逐一涉及。

（9）平成13年（2001年），除增设了《刑法》第18章之二“有关支付用磁卡的电磁记录的犯罪”（法第97号）之外，还增设了《刑法》第208条之二（危险驾驶致死伤）、第211条第2款（业务过失致伤中的刑罚免除）。

（10）根据平成16年（2004年）《刑法部分修正的法律》（法第156号）的规定，在刑法总则中，有期惩役、禁锢的上限提高到20年（第12条、第13条），有期刑加重时上限提高到30年（第14条）；在刑法分则中，修改了恶性犯罪（杀人、强奸等）的法定刑，还增设了集团强奸罪（第178条之二）等。[1]

（11）平成17年（2005年），除增设了买卖人身罪（第226条之二）之外，还整理完备了有关侵犯人身自由的犯罪的罚则（法第66号）。

（12）平成18年（2006年），作为妨害执行公务罪（第95条）、盗窃罪（第235条）的选择刑种，增加了50万日元以下的罚金刑；并且，将业务过失致死伤罪（第211条）的罚金刑的上限提高至100万日元，同时，将《刑事诉讼法》第461条的简易命令可能判处的罚金刑的上限也提升至100万日元（法第36条）。

（13）平成19年（2007年），作为第211条第2款，增设了驾车过失致死伤罪，且加重了其法定刑；同时，将第208条之二的危险驾驶致死伤罪的法条表述中的“四轮汽车”修改为“汽车”。

（14）平成23年（2011年），修正了有关妨害强制执行的犯罪（第96条至第96条之六），增设了第19章之二“有关不正当指令电磁记录的犯罪”，另外还修正了散发、陈列猥亵物品罪（第175条）。

（15）平成25年（2013年），因为另外制定了《有关处罚因驾驶汽车致人死伤行为等的法律》，驾驶汽车过失致死伤罪（现在的罪名为“驾驶过失致死伤罪”）以及危险驾驶致死伤罪从刑法典中分离出来，规定在该法之中。

（16）平成28年（2016年），随着《刑事诉讼法》的修正，提高了藏匿犯人罪（第103条）、隐灭证据罪（第104条）、威胁证人等罪（第105条之二）的法定刑。

（17）平成29年（2017年），对有关性犯罪的规定（第22章等）作了大幅修正。

---

〔1〕 有关这方面的修改，参见「特集？凶悪？重大犯罪に関する罰則整備」『ジュリスト』1276号46頁以下。

(二)特别刑法

刑法各论的研究对象不限于刑法典分则的内容。这是因为,所谓犯罪,是以刑罚为制裁手段的东西,除刑法典之外,还有被称为准刑法、特别刑法的规定,这些当然也属于刑法各论的研究对象。具体而言,第一,诸如《爆炸物取缔罚则》(明治17年〔1884年〕)、《有关处罚暴力行为等的法律》(大正15年〔1926年〕)、《有关处罚劫持航空器等的法律》(昭和45年〔1970年〕)、《有关处罚危害人体健康的公害犯罪的法律》(昭和45年〔1970年〕)、《有关处罚通过人质实施强要行为等的法律》(昭和53年〔1978年〕)等,这些法律对刑法典分则所规定的具体犯罪作了进一步的补充与扩张;第二,《道路交通法》、《国家公务员法》、各种《租税法》、《有关禁止私人垄断及确保公正交易的法律》(反垄断法)、《金融商品交易法》等法律之中的罚则,还有为保证行政取缔规定有效实施而设置的刑罚处罚条款。在区别于前述狭义的特别刑法这一意义上,这些规定被称为行政刑法。

本书因为是作为讲义用的教科书,对于这些特别刑法,几乎无法深入探讨其内容,但是,如果我们认为,刑法是用于管理社会的一个系统,那么,各种生活领域、问题领域就都得考虑到,因而鸟瞰作为宏观全景的刑罚法规群,无疑具有重要意义。〔1〕

三、研究的顺序

对各种具体犯罪,根据其保护法益的归属主体,可以分为针对个人法益的犯罪、针对社会法益的犯罪、针对国家法益的犯罪。刑法典分则所规定的犯罪,是从针对皇室的犯罪(昭和22年〔1947年〕刑法修正时删除)、内乱罪等开始的,由此可见,刑法分则体系明显是按照将天皇制国家置于价值中心的那种价值观念来构建的。但是,既然《宪法》第13条规定的个人主义是现行宪法秩序的价值基础,刑法对犯罪的排列顺序就应该颠倒过来。正是基于这样的考虑,本书采取的研究顺序是:针对个人法益的犯罪、针对社会法益的犯罪、针对国家法益的犯罪。

---

〔1〕　出于这种考虑而撰写的教材有,西原春夫『刑法各論〔第2版〕』(筑摩書房1983年)、平川宗信『刑法各論』(有斐閣1995年)。

第二编　针对个人法益的犯罪

第一章　针对生命的犯罪

第一节　概　　述

一、生命的过程

在宪法的价值秩序中，人的生命也是一切价值的根源，因此，针对人的生命的犯罪是最严重的犯罪。

人的生命要历经这样的过程：由精子与卵子结合形成的受精卵着床到子宫内膜，然后成长发育，大约经过八周，器官分化结束。在此之前被称为胚胎（embryo），在此之后则被称为胎儿（fetus）。广义而言，从着床到出生是胎儿，可以成为堕胎罪的对象。胎儿出生成为“人”，死亡导致“人”不复存在。人的始期与终期，无论是在医学领域还是在法学领域，都存在不少争议。（见图1－1）

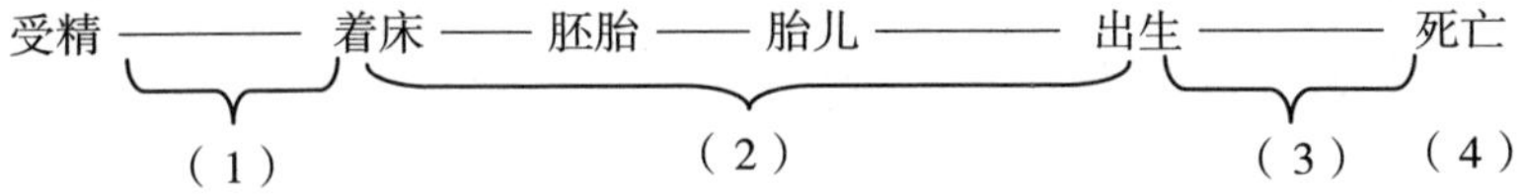

图1－1　人的生命过程

二、刑法的保护

人的生命由受精开始，认为受精卵在子宫着床之后就成为胎儿的观点处于支配地位，因此，在第（1）个阶段实施的行为（如妨碍子宫着床的行为）不可罚。反之，损坏了装有受精卵的试管的，也有观点认为，不仅是针对试管，针对受精卵也构成损坏器物罪（参见石原明「体外受精の法的視点と課題」『ジュリスト』807号31頁）。但是，按照这种观点，堕胎行为也可能属于损坏器物，但不得不说，这种做法与明确区别两者的现行法律的规定之间是存在矛盾的，因而，把成长中的生命体包含在“物”之中，并不妥当（山口厚『刑法基本講座〔第5巻〕』33頁、町野110頁、平川30頁、松宫20頁）。第（2）个阶段是胎儿阶段的生命，仅受到《刑法》第212条以下的堕胎罪的保护。亦即，就过失行为甚至故意伤害行为而言，胎儿（本身）并非保护对象。与此相反,第(3)个阶段即出生之后,是作为“人”而受到全方位的保护,除故意犯罪、[1]过失犯罪(第210条、第211条)之外,还处罚作为针对生命的危险犯的遗弃行为(第217条至第219条)。另外,在各种犯罪中,之所以要将致人死亡的情形作为结果加重犯给予更重的处罚,也是出于更好地保护生命的目的(第205条、第240条等)。在第(4)个阶段,因死亡已经导致人不复存在,针对死者的侵害行为,不过是作为遗弃尸体、损坏尸体(第190条、第191条)、毁损死者名誉(第230条第2款)等罪来处罚。不过,由于死者本身不再是法益主体,因而应该认为,这些犯罪是针对遗属乃至社会的犯罪。

第二节 杀 人 罪

一、概述

所谓杀人,是指违反对方意志,侵害他人生命的行为。在国外的立法例中,不少国家规定了故杀、谋杀、毒杀、杀婴等加重或者减轻类型,但在日本刑法典中,仅规定了具有概括性的法定刑的普通杀人罪,以及作为其减轻类型的同意杀人罪。此外,作为其加重类型的杀害尊亲属罪(第200条),已经在平成7年(1995年)的刑法部分修正时被删除。而且,根据平成16年(2004年)的刑法修正,普通杀人罪的有期惩役的下限已由3年提升至5年。

二、普通杀人罪

杀人的,处死刑、无期惩役或者5年以上惩役(第199条)。

犯罪未遂的,应当处罚(第203条)。

以犯第199条之罪为目的进行预备的,处2年以下惩役,但是可以根据情节免除刑罚(第201条)。

杀人罪的对象是人,就人而言,有一个由生到死的过程,因此,人的“始期”与“终期”就成为应当研究的问题。

(一)人的“始期”

人从何时起才成为“人”,对于区别杀人与堕胎,以及确定现行刑法对成长中的生命可以保护到何种阶段,都具有重要意义。

[1] 除杀人既遂、未遂、预备之外,连同意杀人、参与自杀等也要予以处罚。详见《刑法》第199条、第203条、第201条、第202条的相关规定。

作为对《民法》第3条的“出生”的解释，民法采取的是全部露出说，但是，刑法上对“出生”却存在下述不同解释：（1）“独立生存可能性说”；[1]（2）“阵痛开始说”；[2]（3）“部分露出说”（団藤372頁、柏木329頁、前田7頁、大谷9頁以下、平川37頁、山口9頁、堀内17頁、山中11頁、高橋11頁）；（4）“全部露出说”（“分娩完毕说”）（平野156頁、平野『犯罪論の諸問題（下）各論』262頁、小暮等15頁〔町野朔〕、松宫13頁、松原7頁）；（5）“独立呼吸说”。[3] 判例（大判大正8·12·13刑録25輯1367頁〔1〕）作为旁论涉及这一问题，以相对母体而言有可能独立遭受攻击为由，采取了“部分露出说”，通说也支持这种观点。相反，有力观点则认为，根据有无遭受独立攻击的可能性来区别行为对象的性质是不合理的，而应该以是否实际存在值得作为杀人罪来加以保护的“人”作为区分标准，进而主张“全部露出说”。

可以说，研究上述问题的最大意义就在于，是否有必要把孕妇分娩过程中医师等人的行为置于刑法的管控之下。如果肯定有此必要，上述第（2）种观点即“阵痛开始说”就是妥当的。即便是在对象的价值这一点上，也可以说，阵痛开始之后就值得作为人来保护。但是，我们往往难以确定阵痛究竟是什么时候开始的，因而，以此作为出生的标准是不恰当的。况且，日本刑法与德国旧《刑法》* 不同，也没有必要采取上述第（2）种观点。这样，如果不采取第（2）种观点，采取第（3）种观点即“部分露出说”就相对妥当。理由在于，其一，在部分露出母体之时，就已经值得作为人来保护；其二，通过母体而遭受攻击，与独立于母体之外单独遭受攻击，这两者之间的界限明确清晰，因而，以此作为杀人罪与堕胎罪的区别标准，也具有合理性。相比而言，第（1）种观点把出生的过程过于宽泛地置于刑法的管控之下，这样反而会使得刑法关于堕胎罪的规定事实上变得毫无意义；第（4）种观点、第（5）种观点不仅存在对人的生命保护不力的问题，而且还极难确定侵害行为的时点。

* 杀婴罪　1998年修正前的德国旧《刑法》第217条第1款规定了作为杀人罪减轻类型的杀婴罪，即“母亲于分娩时或者分娩后（in oder gleich nach der Geburt），马上杀死其非婚生子女的，处3年以上自由

---

〔1〕 该说主张，《母体保护法》第2条第2款所谓在母体之外具有生命存续可能性的胎儿，就属于人。参见伊東16页以下。

〔2〕 该说以子宫开口阵痛的开始时作为出生的标志，阵痛周期每10分钟一次或者1小时能感受到六次阵痛的，就作为分娩的开始。这是德国的通说。我国也有学者支持该说，参见井田良「人の出生時期をめぐる諸問題」『刑事法ジャーナル』2号123頁。

〔3〕 独立呼吸说认为，由胎盘呼吸转至通过肺呼吸时，为出生的标志。参见大場茂馬『刑法各論（上）〔第11版〕』（中央大学1922年）45頁。

刑”。这表明德国旧《刑法》关于人的始期采取的是“阵痛开始说”。虽然该条款已被删除,但是“阵痛开始说”仍然是德国的通说(参见岡山雅美「人の始期に関するいわゆる陣痛開始説ないし出産開始説について」『筑波法政』37 号 74 頁以下)。

(二)人的“终期”

1. 传统的死亡概念

人的终期是死亡,与出生一样,并不存在有关死亡时点的法律定义(《有关角膜以及肾脏移植的法律》虽然规定可以从尸体上摘取角膜与肾脏,但并未给尸体下定义)。为此,一直以来,采取的都是习惯法上的以心跳停止作为死亡标志的“心脏停止跳动说”。严格地说,采取的是以心脏停跳、呼吸停止与瞳孔反射消失这三点作为死亡标志的“三征候说”(“综合判定说”)。这是因为,这种观点事实上是以心脏的血液循环功能、肺的呼吸功能、脑干的自律功能(生命维持功能)这三者作为标准,而这三种功能相互关联,无论哪一种功能不可逆地停止,短时间内(通常是三四分钟内)也会使其他两种功能停止(生命的“三角架”关系)(参见山口厚「生命に対する罪」『刑法理論の現代的展開各論』17 頁)。

2. 个体死亡观念的变化

随着生命维持技术的发展,即便是脑(大脑——脑干)功能已经不可逆地停止,但通过人工呼吸器(respirator)仍然能继续维持心肺的活动状态。为此,以全脑死作为死亡时点的观点在医学界处于支配地位(不过,只是大脑死亡,脑干仍在发挥功能的,属于所谓植物人状态,不属于脑死亡)。相反,刑法学界则存在“心脏停止跳动说”(中山概说Ⅱ16 頁、前田 9 頁、平川 43 頁)与“脑死亡说”(団藤 377 頁、平野 156 頁、齊藤誠二 34 頁、小暮等 21 頁〔町野朔〕、伊東 18 頁、井田 19 頁)之间的尖锐对立。

3.“脑死临调”的设置与最终答辩

进入 20 世纪 80 年代后,脑死亡又再度成为热门话题。1985 年,厚生省的研究小组对是否把脑死亡作为人死亡的标准并没有作出决定,只是发表了被称为“竹内标准”* 的所谓脑死亡判断标准。1988 年,日本医师协会的“生命伦理恳谈会”提出报告,在将脑死亡认定为人的死亡的基础上,承认器官移植。受此影响,1990 年 3 月,作为内阁总理大臣的咨询机构,设置了“脑死亡以及器官移植临时调查会”,并于 1992 年 1 月进行了最终答辩(参见『ジュリスト』1001 号 34 頁以下)。其中,多数意见主张,应以存在社会的普遍认同为前提,以脑死亡作为人的死亡,其判断标准采取的就是“竹内标准”。反之,少数意见虽然不承认脑死亡属于人的死亡,但同时主张,如果存在供体(器官提供者)生前的同意,也可以进行器官移植。但是,即便存在供体的同意,仍然存在《刑法》第202条的同意杀人的可罚性的问题。对此,如果该少数意见是以有生存可能性的人的利益高于即将死亡的人的利益为理由,而主张应根据被害人承诺或者紧急避难而阻却这种行为的违法性,那么,这里就无疑是对人的生命价值进行比较,这一点是存在疑问的。

＊ 竹内标准　1985年厚生省的“脑死亡研究小组”发表了《脑死亡的判定指针以及判定标准》。由于该标准采用了研究小组的代表竹内一夫的姓氏,因而又被称为“竹内标准”。根据该标准,满足(1)深度昏迷,(2)自发呼吸停止,(3)瞳孔固定,(4)脑干反射消失,(5)脑波呈平直线等五个条件之后,经过6小时观察仍无变化的,即可认定为脑死亡。

4.《器官移植法》

听取了“脑死亡以及器官移植临时调查会”的答辩之后,以答辩中的多数意见(脑死亡说)为基础而总结的《有关器官移植的法律草案》,以议员立法的形式,由议员(而非法务省)直接提交至平成6年(1994年)的国会。国会继续就该草案进行了审议,但由于1996年9月(桥本龙太郎首相基于首相特权为举行众议院大选)解散了众议院,该法律草案也随之成为废案。1996年12月,几乎是同样内容的法律草案再次提交至第140次国会审议,1997年4月,众议院审议通过后,再送参议院审议,经部分修正后,参议院于1997年6月17日通过了该法律草案。该法的修正案返送至众议院的当天,法律正式通过并成立。并且,《有关器官移植的法律》(法第140号)于1997年10月16日开始施行。根据该法第6条(第1款至第3款)的规定,该法律的概要大致如下:

第1款:死者在生存期间书面表达了提供器官用于移植手术的意思的场合下,被告知该意思的遗属不拒绝摘取该器官或者没有遗属之时,医师可以依据本法从死者尸体(包含脑死亡者的身体。下同)摘取供移植之用的器官。

第2款:前款规定的“脑死亡者的身体”,是指为了从其身体摘取器官用于移植者,且被判定达到了包含脑干在内的全脑功能已不可逆地停止这一程度的身体。

第3款:有关摘取器官的前款判定,只限于该人以书面形式做出第1款所规定的意思表示,且同意进行前款之判定的场合下,被告知该意思的遗属不拒绝此判定或者没有遗属之时,才能实施。

根据《器官移植法施行规则》第2条第2款以及厚生省的指导原则,作为脑死亡的判定标准,采用的是上述“竹内标准”。但是,作为辅助检查,还必须致力于确认脑干听觉诱发反应的消失,并且,应以第二次检查结束的时间作为脑死亡的时间。而且,根据厚生省的指导原则,考虑到与民法上的遗嘱能力(《民法》第961条)的关系,以书面形式作出的提供器官的意思表示,被限于15周岁以上者的意思表示。

关于本条款的解释,从第1款的"死者(死亡的人)"这一表述来看,作为死亡的概念,也完全能够被理解为,是以"脑死亡说"为前提的。不过,在众议院当初通过的法案中,第6条第1款中的表述为"尸体(包括脑死亡体。下同)",但被参议院修改为"尸体(包括脑死亡者的身体。下同)",从这一修改过程来看,作为对本法的解释,就不得不说,本法虽然是以"心脏停止跳动说"为前提,但限于器官移植的场合,以器官提供者(供体)生前作出提供器官的书面意思表示及其家属的同意为条件,也承认以脑死亡作为人的死亡这一认定标准。但是,死亡时间的认定标准应当是客观的,采取这种所谓相对的"脑死亡说"作为认定标准,想必还是存在疑问的。[1][2]

5.《器官移植法》的修正

《器官移植法》的制定尽管走出了具有划时代意义的一步,但允许器官移植的条件是相当严格的,并且,禁止从未满15周岁的脑死亡者的身体移植器官,在这一点上,还不能说《器官移植法》规定得很充分。因而,自该法制定以来直至2010年1月,脑死亡者的器官移植仅仅实施了81例。而且,在本法制定之后,(由于国内没有相应的供体)未满15周岁的患者仍然只能去国外接受移植手术。

为了改变这种状况,也为了进一步促进国内的器官移植,2009年修正了《器官移植法》(法第83号),并于2010年7月17日开始施行。修正后的该法第6条(第1款至第3款)的内容如下:

第1款:符合下述各项之一的,医师可以从尸体(包含脑死亡者的身体。下同)摘取用于移植手术的器官:

---

〔1〕 从"心脏停止跳动说"的立场对此提出的批判,参见唄孝一「脳死論議は決着したか」『法律時報』69巻10号34頁;从"脑死亡说"的立场提出的批判,参见平野龍一「三方一両損的解決」『ジュリスト』1121号30頁。

〔2〕 对此,山口11頁做了如下解说:"脑死亡说,为用于移植手术而摘取心脏等器官的行为,提供了理论支撑,尽管如此,脑死亡说并未被社会完全接受。在此背景之下,作为一种'妥协的立法',1997年颁布实施了《器官移植法》。该法并非以'脑死亡即为人的死亡'这一结论为前提,而是在器官提供者本人书面表达提供器官的意向,以及若有家属,家属对此并不拒绝这种(受到严格限制的)条件之下,才可判定为脑死亡,以及从脑死亡(包括脑干在内的全脑功能处于不可逆转的停止状态)的人体中摘取器官"(王昭武译·山口各论12页)。——译者注

(1)死者在生存期间书面表达了提供器官用于移植手术的意思的场合下,被告知该意思的遗属不拒绝摘取该器官或者没有遗属之时;

(2)死者在生存期间书面表达了提供器官用于移植手术的意思的场合,或者表达了无此意思的场合之外的其他场合下,遗属就摘取该器官进行书面承诺之时。

第2款:前款规定的"脑死亡者的身体",是指被判定达到了包含脑干在内的全脑功能已不可逆地停止这一程度的身体。

第3款:有关摘取器官的前款判定,限于符合下述各项之一的,方能实施:

(1)该人以书面表示第1款第1项所规定的意思的场合,或者,该人做出不接受前款之判定的表示这种场合以外的场合,被告知该意思的遗属不拒绝该判定或者没有遗属之时。

(2)该人以书面表示第1款第1项所规定的意思的场合以及表示无此意思的场合以外的场合,或者,该人做出不接受前款之判定的表示这种场合以外的场合,其家属书面承诺进行此判定之时。

本修正也是以"心脏停止跳动说"为前提,仅限于器官移植的场合,才承认以脑死亡作为人的死亡(相反,中森7頁则认为,经过本次修正,法律转而采取的立场是,以脑死亡作为人的死亡)。但是,即便脑死亡者事前没有以书面形式作出提供器官的意思表示,但通过家属的书面同意,仍然有可能对其进行脑死亡判定与器官移植,而且,对不满15周岁的脑死亡者,也有可能进行器官移植,因此可以说,这是很大的改进。我们完全可以期待,通过本次修正,未来通过器官移植而得以挽救生命的可能性会大幅提高。[1] 事实上,自本法修正之后至平成30年(2018年)1月这一段时间,通过判定脑死亡而进行的移植手术已经达到422例。[2]

三、杀害尊亲属罪的删除

与普通杀人者相比,《刑法》第200条规定对杀害尊亲属的行为予以加重处罚,最高裁判所当初判定,此规定并不违反《宪法》第14条(最判昭和25·10·25刑集4卷10号2126頁)。但是,1973年4月4日的最高裁判所大法庭的判决(最大判昭和48·4·4刑集27卷3号265頁)却以14比1的票决结果判定,该条文因违反《宪法》第14条而无效。其中,多数派中有6人认

〔1〕 支持本修正的观点,参见町野朔「臓器移植法の展開」『刑事法ジャーナル』20号2頁;持反对意见的观点,参见松宫孝明「2009年脑死·臓器移植法改正を批判する」『法律時報』81卷11号1頁。

〔2〕 数据源于『読売新聞』2012年1月24日朝刊(多摩版)。

为,对杀害尊亲属的行为予以加重处罚,这本身就是将封建的忠孝伦理观念纳入刑法之中,因而违反《宪法》第 14 条;而多数派中的另外 8 人却认为,对杀害尊亲属的行为予以重罚,这本身并不违宪,只不过在适用该条文时,即便经过两次减轻,其处断刑的下限仍然为 3 年 6 个月,无法适用缓刑(参见第 25 条),因而这里的问题不过是,这种过重的法定刑违反了《宪法》第 14 条。事实上,此后,对伤害尊亲属致死(第 205 条第 2 款)的案件,最高裁判所又以"没有超出基于合理的根据实行差别对待的范围"为由,判定该条是合宪的(最判昭和 51・2・6 刑集 30 卷 1 号 1 頁)。也是因为有此争议,国会后来也没有通过法律修正删除《刑法》第 200 条。为此,虽然刑法典中仍然保留着杀害尊亲属的规定,但司法实务部门已经不再以《刑法》第 200 条提起追诉,因此,从实质上来看,该规定已事实上处于被废止的状态。历经这段过程之后,在平成 7 年(1995 年)对刑法进行平易化修正之际,《刑法》第 200 条以及其他与尊亲属相关的加重规定终于被一并删除。[1] 作为刑法修正的理由,相关部门仅仅指出,是为了消除《刑法》第 200 条自 1973 年以来一直所处的违宪状态;至于其他相关规定的删除,只是为了与《刑法》第 200 条之间保持均衡(参见松尾『刑法の平易化』57 頁以下)。但从全面删除与尊亲属相关的加重规定这一点来看,可以说,这是以 1973 年最高裁判所大法庭判决的多数派中的少数人的意见(对杀害尊亲属的行为予以加重处罚,这本身是违反《宪法》第 14 条的)为基础所作的修正。

四、参与自杀罪、同意杀人罪

教唆或者帮助他人自杀,或者受他人嘱托或得他人承诺而杀之的,处 6 个月以上 7 年以下惩役或者禁锢[2](第 202 条)。

犯罪未遂的,应当处罚(第 203 条)。

---

〔1〕 除了前述第 205 条第 2 款之外,还有第 218 条第 2 款的保护责任者遗弃尊亲属、第 220 条第 2 款的逮捕或监禁尊亲属。

〔2〕 根据《刑法》第 13 条的规定,禁锢,是与惩役相对应的一种自由刑,也分为有期禁锢与无期禁锢。但无期禁锢这种刑罚非常罕见,自 1947 年以来就不曾适用。虽同样是被拘禁(监禁)在刑事设施内,但与惩役的根本区别在于,可以不从事一定的劳役。以前,禁锢主要是针对政治犯与过失犯,惩役则主要是针对"寡廉耻的犯罪"(例如,杀人、盗窃等基于应受道德谴责的动机而实施的犯罪)。虽然这种理解的影响并未完全消除(例如,作为政治犯的内乱罪就没有惩役刑),但现在已基本上不再采取这种理解(例如,业务过失致死伤罪等过失犯虽然并非"寡廉耻的犯罪",仍可被处以惩役刑)。中国学者多将禁锢译为"监禁",这并不合适。因为,(1)容易混淆与惩役之间的区别;(2)监禁并非一种刑罚,而只是刑罚执行方式,与拘禁几乎没有区别;(3)监禁的原意仅在于不考虑对方的意思,一定时间内将其关押在一定场所(例如,监禁罪)。——译者注

（一）构成要件

《刑法》第202条包含教唆自杀、帮助自杀、同意杀人、受嘱托杀人等四种构成要件，但法定刑相同。对此，有论者提出，参与自杀与受嘱托杀人属于不同类型的犯罪，其当罚性也有差异，就立法论而言，应当分别规定二者（中森10頁）。但是，在属于有关处分生命的自我决定权的问题这一点上，二者是相通的，因而现行刑法的规定也有其合理性。

（二）自杀不可罚的根据

由于《刑法》第199条的“杀人的（杀人者）”中的人不包含行为人本人，所以，按照现行刑法的规定，自杀（未遂）不可罚。有关自杀（未遂）不可罚的理论根据，有几种不同观点：（1）违法阻却说或者放任行为说认为，自杀者对自己的生命有处分的自由，因而，自杀行为不具有违法性（平野158頁、齊藤誠二97頁、小暮等26頁〔町野朔〕、前田15頁、中森10頁、井田30頁、松原15頁）；（2）责任阻却说认为，虽然自杀行为具有违法性，但由于不具有期待可能性，因而能阻却责任（瀧川30頁、井上・江藤22頁、阿部純二「自殺の刑法解釈論」『Law School』2号95頁）；（3）可罚的违法阻却说认为，虽然自杀行为具有违法性，但不具有可罚的违法性（中22頁、中山概说Ⅱ22頁以下、大谷17頁、曽根12頁、高橋16頁）。首先，人的生命属于其自己，原本就应该承认人有处分自己生命的自由，因此，认为自杀行为具有违法性的第（2）种观点是不妥当的；其次，第（3）种观点是否以自杀行为具有杀人罪（第199条）的构成要件该当性为前提，这一点不得而知，倘若是在肯定具有构成要件该当性的基础之上，再承认自杀行为阻却可罚的违法性，就存在疑问。本书认为，原则上应该采取第（1）种观点，同时，否定自杀行为具有杀人罪之构成要件该当性，要更为可取。

（三）同意杀人罪的处罚根据

如果说自杀行为本来就不可罚，那么，《刑法》第202条规定处罚参与自杀行为的根据，以及对这类行为减轻处罚的根据，就成为应当探讨的问题。对此，采取上述第（2）（3）种观点，就相对容易解释。首先，如果按照第（2）种观点（责任阻却说），由于作为正犯的自杀者的行为是违法的，根据限制从属性的观点，参与自杀的行为当然也是可罚的。在这种场合，《刑法》第202条规定减轻处罚的理由想必就应该是，行为人是因为同情不得不自杀的正犯者所处的境遇，才教唆或者帮助其自杀，因而对行为人的责任非难得以减少。其次，按照第（3）种观点（可罚的违法阻却说），由于自杀行为原本是违法的，因而自杀行为的参与当然也是违法的，并且，在这种场合下，也可以肯定参与行为具有可罚的违法性（但是，该说会使人产生这样的疑问：参与不具有可罚的违法性的行为,难道不应该被理解为,该参与行为也不具有可罚的违法性吗?)。这种场合下,减轻处罚的理由,想必就只能是求之于违法性的减少。

相反,如果采取上述第(1)种观点(违法阻却说),由于自杀是合法行为,参与自杀的行为当然也不具有可罚性,这样就可以保持理论上的一贯性。但是,事关生命这种重大法益的自我处分,刑法从"父权主义"的角度介入,禁止他人的参与行为,是具有充分合理性的(山口 12 頁[1])。况且,自杀的决意通常是违反自杀者本来的意思的,如果考虑到这一点,就更应该禁止参与自杀的行为(参见平野龍一「生命の尊厳と刑法——とくに脳死に関連して」『立教法学』27 号 191 頁)。但是,那种认为正因为是这样,所以只要本人有真挚的自杀意思,就不应适用《刑法》第 202 条的观点(小暮等 26 頁〔町野朔〕、秋葉悦子「自殺関与罪に関する考察」『上智法学論集』32 巻 2 = 3 号 137 頁),则是存在疑问的。这是因为,即便是这样的场合,我们仍然应当坚持,刑法禁止他人的参与。至于对参与自杀的行为减轻处罚的理由,可以说,是由于被害人的承诺而减少了被害人本身的法益性。

(四)参与自杀罪的未遂

这样,由于参与自杀罪是一种具有特殊性质的犯罪,因而有论者提出,参与自杀的行为不是共犯行为而是一种独立的犯罪类型,即便是在甲教唆乙自杀,但乙没有着手自杀的场合,也应该根据第 202 条的规定,成立第 203 条的未遂犯(平野 159 頁、大谷 20 頁、[2]前田 19 頁)。但是,如果说《刑法》第 202 条的立法理由是要保护自杀者的生命,那就应当在发生了针对生命的具体危险之时认定未遂,因此,这种场合也应该承认实行的从属性(大塚 21 頁、内田 22 頁、齊藤誠二 112 頁、中森 11 頁)。并且,同意杀人、嘱托杀人成立未遂均

---

〔1〕 山口 12 頁以下认为,"《刑法》第 202 条例外地处罚符合自杀者、被杀者意思的引起其死亡的行为,其根据就在于,这种从父权主义(paternalism)的角度例外认定的法益侵害,较违反生命主体意思而引起其死亡的行为而言,法益侵害性显然要轻微得多。因此,基于此理由,参与自杀罪、同意杀人罪的法定刑较杀人罪要轻。另外,由于伤害罪的法定刑下限很轻,即便以伤害罪来处罚同意伤害行为,实际量刑上也不会有什么特别不合适,相反,由于杀人罪法定刑下限仍然很重,就需要设置第 202 条这种特别规定"(王昭武译·山口各论 14 頁)。——译者注

〔2〕 大谷 19 頁〔新版第 4 版〕认为,"要成立本罪(参与自杀罪),要求被教唆者、被帮助者完成了自杀。本人虽因教唆、帮助而实际实施了自杀行为,但未发生死亡结果的,成立本罪的未遂。不考虑归于未遂的原因。虽实施了自杀的教唆或者帮助,但本人回心转意最终没有实施自杀行为的,对这种情形是否成立本罪的未遂,学界存在肯定说与否定说之争。由于本罪的教唆、帮助,是作为其本身就属于能够促使他人自杀的危险行为(具有引发自杀结果的现实性危险的行为)而独立受到处罚的,因此,肯定说是妥当的。"——译者注

要求实际着手实施杀害行为，我们这种理解的话，也可以与之保持均衡。

五、参与自杀罪与杀人罪的区别

自杀者产生自杀的决意，以及同意他人杀死自己，必须是在理解死亡含义的基础之上，基于自由意思所做的选择。这是区别参与自杀罪、受嘱托杀人罪与杀人罪的标准。

第一，《刑法》第202条中所谓自杀的决意以及对于他人杀死自己的同意，只有在理解死亡含义的基础上，所做出的决意或者同意才是有效的。因此，欺骗不能理解死亡含义的幼儿（大判昭和9・8・27刑集13卷1086頁）、精神障碍者（最决昭和27・2・21刑集6卷2号275頁〔9〕），使其自杀的，由于这样的人缺乏对自己死亡的认识，即并不存在处分自己生命这种法益的意思，因而，其同意是无效的，不构成第202条之罪，而构成第199条的杀人罪。对此，不存在任何争议。

第二，同意必须基于自由意思。通过胁迫、威逼等心理强制手段而使他人产生自杀决意的，对此如何处理是一个难题。一般来说，如果自杀的决意是基于自杀者的自由意思，就构成教唆自杀罪；如果行为人施加了达到阻碍自杀者意思决定自由的程度的威逼行为，而使之自杀的，就应当认为，不是构成参与自杀罪，而是构成杀人罪。[1] 例如，被告通过暴力、胁迫，逼迫已经投保的被害人连人带车一起坠入海中，对此，最高裁判所认为，“对被害人而言，可以说，已经陷入除了听从被告的命令连人带车一起坠海之外，无法选择其他行为的精神状态之下”，因而，“被告人命令被害人连人带车一起坠海的命令行为，就属于杀人罪的实行行为”（最决平成16・1・20刑集58卷1号1頁〔12〕）。

第三，最大的问题在于，通过欺骗手段让人自杀，即自杀者虽对死亡本身有认识并且同意自杀，但是其自杀的动机存在错误的（例如，宣称一同自杀，让对方自杀后，自己却不自杀的），是成立第202条（参与自杀罪）还是成立第199条（杀人罪）呢？例如，被告装出自己随后会追随自杀的样子，将准备好的毒药放入丈夫的情人的口中，接着又将装有水的杯子递给对方，让其吞服，最终导致其死亡的，有判例判定成立杀人罪（仙台高判昭和27・9・15高刑5卷11号1820頁）。又如，男方向女方提出分手，女方提议一同自杀，男方虽一度表示同意，但是，明明其中途已经打消一同自杀的念头，却仍然使女

---

〔1〕从这种视角出发，判定构成教唆自杀罪的判例，参见广岛高判昭和29・6・30高刑7卷6号944頁〔10〕；与此相反，判定成立杀人罪的判例，参见福冈宫崎支判平成1・3・24高刑42卷2号103頁〔7〕。

方误以为其随后会追随自己自杀,在此情形下,被告将氰酸苏打递给女方让其吞服,最终自杀身亡的,也有判例判定构成杀人罪(最判昭和33・11・21刑集12巻15号3519頁〔6〕)。后一判例提出的主要理由是,“被害人受被告欺骗的结果是,相信被告随后会追随自己自杀,进而决意赴死,但是,该决意显然是不符合其真实意思的存在重大瑕疵的意思”。该判决要求,自杀意思不仅要具有任意性,而且还必须基于真实意思(亦即,不存在动机的错误这种意思决定过程中的瑕疵)。在此限度内,可以说,对于《刑法》第202条的减轻刑罚的理由,判例的理解是责任减轻。这也就是说,行为人是出于对自杀者决意自杀这种心情的同情才施以援手,这是减轻行为人刑罚的根据,而采用欺骗手段使他人自杀的,就不存在这种减轻责任的理由,因此,应构成第199条的杀人罪。支持这类判例的学说(団藤400頁、大塚23頁、大谷19頁、佐久間29頁)可能也是基于同样的考虑。

但是,如前所述,《刑法》第202条的减轻根据在于,因自杀者同意而引起的法益性的减少,即违法性的降低。并且,所谓同意,是处分自己法益的意思,既然如此,我们就应该这样理解:只有事关法益的错误(即对处理的法益本身存在错误)才能使同意归于无效,有关其他事情的错误并不影响同意的有效性(“有关法益的错误”的理论)(参见佐伯仁志「被害者の錯誤について」『神戸法学年報』1号51頁;山口15頁、[1]山中30頁以下)。因此,如果自杀者对处分自己生命这种法益没有陷入认识错误,则对自杀的同意是有效的,即便是采用欺骗手段使之自杀的,也不构成第199条的杀人罪(平野158頁、中山36頁、小暮等28頁〔町野朔〕、高橋21頁)。不过,在对法益的有无、程度、性质等存在认识错误的场合,由于缺少对法益的认识,同意就是无效的。例如,尽管癌症患者还可以活一年,医师却欺骗他说,你只能活三个月了,而且会伴有剧痛,进而使之自杀的,由于患者的同意是无效的,因而该医

〔1〕　山口15頁认为,“有学者(西田典之)主张,只有针对法益侵害的有无及其程度的错误即事关法益(侵害)的错误,才可否定自杀意思、被杀意思的有效性。从结论上讲,这种观点是正确的。在此情形下,只要对死亡本身存在认识、接受,就不存在事关法益的错误,可以认定存在自杀意思、被杀意思。这是因为,一般情况下,处分法益的自由也是法益的构成要素之一,尽管如此,就生命而言,正如并不保护自杀的自由那样,也不保护处分生命的自由。存在事关法益的错误的场合,准确地说,并不能由此否定同意的有效性本身,只是并不存在针对所引起的法益侵害的同意(由有关法益的错误而引起的同意的不存在)。另外,通过显示实际并不存在的紧急状态的威胁,被害人因此基于错误而形成自杀意思、被杀意思的案件中,由于限制了原本未被限制的自由,被害人是因意思受到压制而形成了某种意思,这就如同受到强迫或者威逼的情形那样,意思形成过程并不自由,若在客观上可作如此评价,就可以否定(已作出的)同意的有效性”(王昭武译・山口各论16页以下)。——译者注

师应构成杀人罪。

反之，也有学者虽然将第202条理解为基于违法性减轻所作的规定，但同时主张，对采用欺骗手段使人自杀的情形一律按该条来定罪处罚，又存在过于形式化的问题，因而，应当作具体分析。也就是说，根据欺骗行为的内容、程度，使被害人自杀时准备的工具以及行为人参与的程度等，进行综合判断：一般而言，如果采取这种行为，就完全有可能使被害人如行为者所想的那样致使其本人死亡的（即欺骗行为能被评价为杀人的实行行为的场合），就不是构成第202条之罪，而是应该成立第199条的杀人罪（大谷21頁。另见平川49頁）。的确，这种情形是否属于利用了被害人的杀人罪的间接正犯，也并非完全没有这样考虑的可能，但是，那应该限于除了欺骗之外，还另外加入了通过胁迫、威逼等手段强制被害人自杀这种要素的情形。

典型判例

·被告与A决意两人一同自杀，在一起喝酒并服下安眠药之后，在车内燃炭自杀，但最后只有A自杀身亡，对此，**東京高判平成25·11·6·判タ1419号230頁**〔4〕认为，“被告与A决意一同自杀，且一起商量了自杀的方法与地点，最终也是按照商量的方法与地点自杀，A也积极地参与了属于自杀手段的向卡式炭炉的点火行为，因此，应该视为，被告与A结为一体一同实施了自杀行为，A自身也实施了自杀行为”，并以此为理由，撤销判定成立同意杀人者的一审判决，判定成立帮助自杀罪。应该说，该判决重视的是，被害人本人也一同实施了给卡式炭炉点火这种与自杀行为密不可分的行为。

·受被害人之托，按照其要求，被告在宾馆的客房内，勒紧被害人的颈部，并让他脸部朝下伸进盛满水的浴缸中，结果致被害人死亡。在该案中，被害人实际想的是，即便死了也没有关系，而被告却误以为，被害人已经设计好到时有人实施救助，被害人不会死亡，因而不过是接受了伤害嘱托而已。对此，**札幌高判平成25·7·11高刑速（平25）253頁**〔5〕撤销判定成立嘱托杀人罪的一审判决（札幌地判平成24·12·14判タ1390号368頁），判定成立伤害致死罪。该案的问题是，被告究竟应该成立法定刑相对较轻的嘱托杀人罪，还是应该成立伤害致死罪？前者是因为，被告是出于受嘱托的伤害的故意，客观上实施了受嘱托杀人；后者是因为，被告没有杀人的犯意。

·几名被告长时间持续虐待被害人，最终使被害人自己跳崖自杀，对此，**神户地判平成27·11·13判時2337号97頁**认为，被告等使被害人“陷入除了选择自杀别无他法这样一种精神状态中”,进而判定成立杀人罪。

第三节 堕 胎 罪

一、概述

(一)处罚堕胎的历史变迁

是否处罚侵害胎儿生命的堕胎行为,与宗教背景、人口政策等密切相关。明治之前的日本,至少不存在正式颁布的处罚堕胎的法律。与此相反,由于受基督教的伦理观的影响,明治13年(1880年)制定的旧《刑法》第330条以下首次设立了处罚堕胎行为的规定,此后,明治40年(1907年)制定的现行《刑法》第212条以下继承了这一规定。可以说,这与当时的富国强兵政策是一致的。但是,这种处罚堕胎行为的政策,随着昭和20年(1945年)的战败而发生了质的变化。在战后经济混乱、粮食匮乏的背景下,昭和23年(1948年)制定的《优生保护法》规定,在具备一定的适宜事由的场合允许堕胎,即允许人工终止妊娠。不过,随着《麻风病预防法》的废止,平成8年(1996年),又对该法作了部分修正(法第28号),并且,由于作为该法之基础的优生观念的改变,同年,又对堕胎所要求的适宜事由等作了大幅度的修正,法律的名称也被改为《母体保护法》(法第105号)。

(二)根据《母体保护法》阻却违法性

《母体保护法》规定,合法的堕胎必须具备两个要件:一是对孕期进行限制,必须是在限定的期间之内;二是对理由进行限制,必须存在能使堕胎合法化的特定理由(适宜事由)。具体而言,该法列举了以下两种情形:首先,符合该法第2条第2款人工终止妊娠的定义,即“胎儿在母体之外不能存续生命期间,采用人工的方法,将胎儿及其附属物从母体排出”;同时,具备第14条第1款各项所规定的事由之时,由指定医师“在征得本人及其配偶同意时,可以实施人工终止妊娠”。

所谓“在母体之外不能存续生命期间”,根据昭和28年(1953年)以厚生省事务次官的名义发出的通知(《厚生省事务次官通知》),是指妊娠未满八个月。此后,由于未成熟儿医疗技术的发达,这一期限被逐渐缩短,自1991年1月以后,规定为受孕后未满22周(平成2年〔1990年〕3月20日《厚生省事务次官通知》)。另外,作为人工终止妊娠的适宜事由,《母体保护法》第14条第1款规定了以下事由:由于身体或者经济的原因,继续妊娠或者分娩有明显损害母体健康之虞（考虑社会经济性理由的医学上的适宜事由）（第1项）；由于遭受暴力、胁迫，或者在不能抵抗、拒绝期间，被奸淫而导致妊娠（伦理上的适宜事由）（第2项）。[1] 其中，由于前一种情形被扩张适用，导致人工终止妊娠的件数急剧增加；并且，有无适宜事由，完全交由可以实施人工终止妊娠手术的指定医师来判断。这样一来，堕胎罪几乎不再具有扼制堕胎的功能，其结果是，现在在日本，堕胎罪事实上已经被非犯罪化。

二、堕胎罪的类型

堕胎罪的保护法益是胎儿的生命，但是，从法律的规定明显可以看出，也附带保护孕妇的生命、身体。何为作为堕胎行为之对象的胎儿，法律并未对此下定义，历来也很少讨论这一点。但是，现在，试管婴儿等成为问题，因而也产生了确定胎儿概念之必要。对此，《德国刑法》第219条d规定，受精卵在母体着床后就成为胎儿，应该说，这种立场是妥当的（団藤448頁、小暮等59頁〔町野朔〕）。因此，对人工受精过程中保管在试管里的受精卵的损坏，就不能被称为堕胎。

刑法典第29章中，规定对以下行为按堕胎罪处罚。这些都是故意犯罪，过失堕胎不受处罚。

（一）自己堕胎罪

妊娠中的女子使用药物或者通过其他方法堕胎的，处1年以下惩役（第212条）。

本罪是由孕妇自己实施堕胎行为，是堕胎犯罪中处罚最轻的犯罪。关于减轻本罪之刑的理由，有两种观点：(1)因同时具有伤害自己的一面，因而使违法性减轻；(2)考虑到孕妇的心理状态，因而使责任减轻（山中101頁同时考虑了这两点理由）。应当说，后者是妥当的。因为，如果按照前者，对孕妇而言，第213条的同意堕胎也属于“同意伤害”（同意自己遭受伤害），那么，把自己堕胎与同意堕胎区别开来也就失去意义。因此，孕妇委托他人为自己堕胎的，就并非构成同意堕胎或者业务堕胎的共犯，而是应该根据第65条第2款的规定，构成本罪的共犯。不过，如果认为这种情形属于本条中的“其他方法”，就可直接认定该孕妇属于本罪的正犯（中森37頁）。

---

〔1〕 旧《优生保护法》第14条第1款规定，除此之外，本人或者配偶患精神病、麻风病等的，也属于适宜事由。

(二)同意堕胎罪

受女子的嘱托或者得其承诺而使其堕胎的,处 2 年以下惩役;因而致该女子死伤的,处 3 个月以上 5 年以下惩役(第 213 条)。

本罪处罚的是,经女子同意而为其实施的堕胎行为。同时,还处罚作为结果加重犯的致死伤罪。

他人参与孕妇的自己堕胎行为的,判例判定构成自己堕胎罪的共犯。例如,向孕妇介绍实施堕胎的手术医师的(大判昭和 10・2・7 刑集 14 巻 76 頁〔15〕)、向孕妇提供堕胎的手术费用的(大判昭和 15・10・14 刑集 19 巻 685 頁),均被作为第 212 条(自己堕胎罪)的帮助犯而受到处罚。但是,这里并不是将孕妇这种身份认定为违法减少身份,而不过是因参与形态的不同——将第 213 条的"使其堕胎"限定于堕胎的实行行为——而引起的区别而已。事实上,判例对这种情形也并没有适用《刑法》第 65 条第 1 款。但是,如果把自己堕胎罪中的孕妇这种身份理解为,基于混乱的心理状态的责任减轻身份,那么,对这种情形下的"他人",就应当根据《刑法》第 65 条第 2 款,认定为相对更重的同意堕胎罪的共犯(植松 284 頁、中森 38 頁的结论也是同样旨趣)。

(三)业务堕胎罪

医师、助产师、药剂师或者医药品销售业者,受女子的嘱托或者得其承诺,使其堕胎的,处 3 个月以上 5 年以下惩役;因而致该女子死伤的,处 6 个月以上 7 年以下惩役(第 214 条)。

业务堕胎罪,是由医师等业务人员基于自己的身份而构成的同意堕胎罪的责任加重类型,因此,甲教唆孕妇乙使其决意堕胎,又教唆医生丙让其为乙实施堕胎手术的,原本分别属于第 212 条的教唆与第 214 条的教唆,但根据第 65 条第 2 款的规定,均成立第 213 条的教唆犯(大判大正 9・6・3 刑録 26 輯 382 頁〔16〕的结论也是同样旨趣)。[1]

---

〔1〕 对此,松宫 71 页的解释是,"他人同时教唆孕妇与医师实施堕胎的,有判例认为,对孕妇的教唆构成自己堕胎罪的教唆,对医师的教唆构成业务堕胎罪的教唆,但由于只让被教唆者实行了一个堕胎行为,因而应就行为整体进行概括性评价,仅成立刑罚较重的业务堕胎罪;对于教唆人不具有医师身份的情形,也有判例判定,应适用第 65 条第 2 款,以同意堕胎罪(第 213 条)的刑罚予以处断(大判大正 9・6・3 刑録 26 輯 382 頁)"(王昭武等译・松宫各论 58 页)。——译者注

(四)不同意堕胎罪、不同意堕胎致死伤罪

未受(妊娠的)女子的嘱托,或者未得其承诺,而使其堕胎的,处6个月以上7年以下惩役(第215条第1款)。

前款犯罪的未遂,应当处罚(同条第2款)。

犯前条之罪,因而致该女子死伤的,与伤害罪比较,依照较重的刑罚处断(第216条)。

本罪处罚的是,未得到孕妇的同意而使其堕胎的行为。为此,在堕胎犯罪中,本罪被规定了最重的法定刑,并且也处罚本罪的未遂犯。不同意堕胎或者不同意堕胎未遂导致孕妇死伤的,应"与伤害罪比较,依照较重的刑罚处断",这意味着要把《刑法》第27章"伤害犯罪"中的伤害罪(第204条)、伤害致死罪(第205条)与第215条的法定刑进行比较,以上限与下限都相对要重者作为其法定刑。* 亦即,致伤的场合处6个月以上15年以下惩役、致死的场合处3年以上20年以下惩役(参见第12条)。

* 法定刑的计算　除本罪之外,采用同样表述的地方还有,第118条第2款〔泄漏煤气等致死伤罪〕、第124条第2款〔妨害交通致死伤罪〕、第145条〔污染净水等致死伤罪〕、第196条〔特别公务员滥用职权等致死伤罪〕、第219条〔遗弃等致死伤罪〕、第221条〔逮捕等致死伤罪〕、第260条〔损坏建筑物等致死伤罪〕,其法定刑的确定顺序与本罪相同。

三、堕胎的概念

(一)堕胎的含义

根据判例和通说,所谓堕胎,是指(1)杀害母体内的胎儿;或者,(2)在自然分娩期之前,人为地使胎儿与母体分离或将胎儿从母体排出(大判明治44·12·8刑録17輯2182頁)。一般认为,第(1)种情形是针对胎儿生命的侵害犯;第(2)种情形不以胎儿死亡为要件,是针对胎儿生命的抽象的危险犯。这样理解的结果是,例如,将妊娠约9个月的胎儿从母体排出,由于尚有生命机能,又使之窒息死亡的,就被判定按照堕胎罪与杀人罪的并合罪处罚(数罪并罚)(大判大正11·11·28刑集1卷705頁〔14〕);又如,医生将妊娠26周的胎儿从母体排出之后,明明"胎儿"有存活的可能性,却置之不顾,最终导致其死亡的,被判定按照业务堕胎罪与保护责任者遗弃致死罪的并合罪处罚(数罪并罚)(最决昭和63·1·19刑集42卷1号1頁〔17〕〔31〕)。

对堕胎的概念,之所以采取第(2)种解释,想必是因为,过去针对早产儿的医疗技术不发达,被排出母体的胎儿几乎是必然死亡。但是,现在针对早

产儿的医疗技术已很发达,被排出母体的胎儿的存活可能性已经大大提高,因此,没有必要连抽象的危险犯也予以处罚,对于"堕胎"的概念,还是应该理解为,"攻击胎儿,使其在母体内或者母体外死亡的行为"(平野161页)。

如果对堕胎采取这种解释,那么,第一,出于堕胎的故意,从母体排出胎儿,但因"胎儿"依然处于存活状态而改变主意,并采取了救助、保育的措施的,既然"胎儿"没有死亡,就属于堕胎未遂,除了第215条第2款(不同意堕胎的未遂)之外,都不具有可罚性;第二,在自然分娩期之前,从母体排出胎儿,但"胎儿"仍然具有生命机能的,如果因作为或者不作为而使其死亡的,该行为是构成堕胎罪还是其他犯罪,就属于值得研究的问题。此问题留待下述。

(二)堕胎与针对"人"的犯罪之间的关系

非法堕胎将胎儿排出母体之后,胎儿当时仍然具有生命机能的,还可进一步区分为有存活可能性的情形与没有存活可能性的情形。首先,在没有存活可能性的情形下,因不作为而使"胎儿"死亡的,由于不存在作为义务,不能认定成立不作为犯,仅构成堕胎罪。其次,虽没有存活可能性,但行为人采取积极作为的方式杀害"胎儿"的,应当如何处理呢?有论者认为,在这种场合,既然并非不作为犯,就没有必要考虑有无生存可能性的问题,而且,既然"胎儿"不仅仅是部分露出而是已经全部露出,就已经成为"人",因而,应构成杀人罪(参见大谷實「判批」『判例タイムズ』670号60頁;原田國男「判批」『法曹時報』41巻4号1286頁)。但是,本书认为,这种场合仍然只构成堕胎罪。如前所述,所谓堕胎,应该理解为在母体内或母体外杀害胎儿,作为非法堕胎之结果,被排出母体的、没有存活可能性的"胎儿",其结果只能是归于死亡,因此,对这种"胎儿"所实施的杀害行为,是可以包含在杀害胎儿的概念之内的;况且,不作为的场合要考虑有无存活可能性,但在作为的场合则完全不予考虑,一律认定为杀人,这也未免过于重视行为无价值。

与此相反,在有存活可能性的场合,无论是以作为方式还是以不作为方式,只要杀害了"胎儿",就已经不能再评价为堕胎。的确,如果将堕胎理解为杀害胎儿,这种场合也有可能被认为是堕胎(小暮等16頁〔町野朔〕。关于不作为的情形,参见松宫孝明「判批」『甲南法学』14巻2号192頁)。但是,杀害胎儿这种评价,还是应当限定于,作为将胎儿排出母体这种行为之当然结果的死亡。那么,对仍然有存活可能性的"胎儿"而言,因排出行为之外的其他原因而导致其死亡的,就不能再认为是,作为堕胎之结果的死亡,因此，应当构成其他犯罪。[1] 对本书的这种观点，也有论者提出了批判：有无生存可能性，事实上往往难以举证，按照这种观点处理案件，会有损法律的稳定性（小暮等16頁〔町野朔〕）。但是，应该采取“存疑从无”的原则，难以证明的，就属于没有存活可能性，应止于堕胎罪，这样的话，就不存在所谓“有损法律的稳定性”的问题。

（三）人工中止妊娠与针对“人”的犯罪之间的关系

接下来的问题是，因合法的人工终止妊娠而被排出母体，但“胎儿”仍然具有生命机能的，对此应当如何处理呢？这也可以进一步分为有存活可能性的情形与没有存活可能性的情形。首先，虽然没有存活可能性，但因不作为而使“胎儿”死亡的，在这种情况下，由于不存在作为义务，也就不存在是否构成遗弃致死罪或者不作为的杀人罪的问题。其次，虽然没有存活可能性，但通过积极作为的方式而杀死“胎儿”的，应如何处理呢？对此，同样有论者认为，在这种场合下，既然并非不作为犯，就没有必要考虑有无存活可能性的问题，应当构成杀人罪（参见大谷實「判批」『判例タイムズ』670号61頁、原田國男「判批」『法曹時報』41巻4号1285頁）。但正如前文所述，这种观点并不妥当（平野『犯罪論の諸問題（下）各論』265頁）。

另外，对于仍然存在存活可能性的情形，有论者认为，在“胎儿无法在母体之外维持生命的时期”（《母体保护法》第2条第2款）之前被排出母体的胎儿，即便仍然存在存活可能性，也一律不属于“人”（小暮等15頁〔町野朔〕、前田8頁）。按照这种观点，不论有无存活可能性，也不管是作为还是不作为致其死亡，凡可以适用《母体保护法》的，[2]都不具有可罚性。从实质上来看，这种观点不外乎是，将基于《母体保护法》的人工终止妊娠的违法阻却的法律效果，扩张地适用至杀害（因合法的人工终止妊娠）被排出母体的（仍然存在存活可能性的）“新生儿”的情形。但是，如果被排出母体的胎儿仍然存在存活可能性，如前所述，就值得作为“人”来加以保护；况且，当父母改变主意予以保护并养育成功时，按照该观点，就会得出不可思议的结论：因为其本来就不是“人”，所以刑法此后也不能将其作为“人”来保护。由此可见，这种观点并不妥当。基于以上考虑，因人工终止妊娠而被排出母体的“新生儿”，如果仍然具有存活可能性，就应该将其作为“人”来给予保护（参见東京高判昭和28・5・25東時3巻5号216頁）。

---

〔1〕在此意义上说，前面两个判例判定成立针对“人”的犯罪，这种结论是妥当的，不过，在那种判例事实下，还是应该认为堕胎罪尚处于未遂。

〔2〕即只要是按照《母体保护法》而合法实施的人工终止妊娠的情形即可。——译者注

四、胎儿性致死伤

与堕胎相关而有必要提到的问题是胎儿性致死伤。

所谓胎儿性致死伤问题,是指因故意或者过失而使胎儿在胎儿阶段遭受伤害,并且,这种伤害也影响出生之后的,行为人应构成何罪?依照现行法律,堕胎只处罚故意犯,过失堕胎不可罚;而且,过失致死伤罪的对象仅限于人,因此,胎儿性致死伤能否构成某种犯罪就成为一个难题。

关于这一问题,最著名的案例是“熊本水俣病案”。大致案情是:孕妇因为吃了受有机水银污染的鱼,导致胎儿患上胎儿性水俣病,出生之后死亡,由于是工厂排放有机水银,通过鱼而使孕妇摄入,因此,工厂的厂长与公司的社长被追究业务过失致死罪的罪责。一审认为,胎儿是“人”的萌芽,胎儿与人在价值上不应当有差异,只要致死的结果发生当时作为对象的“人”存在即可,并不以实施过失行为当时“人”存在为必要,并以此为理由判定有罪(熊本地判昭和 54・3・22 判時 931 号 6 頁〔19〕)。二审以直至被害者从母体部分露出之时,持续以母体为中介遭受有机水银的侵害为由,维持了有罪结论(福時高判昭和 57・9・6 高刑 35 巻 2 号 85 頁〔20〕)。对于此案,最高裁判所认为,(1)胎儿是母体的一部分,因而使胎儿受伤害,实质上是使母体的一部分受到了伤害,即不外乎是使“人”受到了伤害(伤害母体说);而且,(2)如果胎儿出生成为人之后才死亡,“最终就可以归结为,使人发生病变并导致人的死亡这一结果,因此,这与是否采取病变发生当时要求对象是人这种观点无关”,进而判定成立业务过失致死罪(最决昭和 63・2・29 刑集 42 巻 2 号 314 頁〔21〕)。

学界有力观点也肯定成立业务过失致死罪(藤木 189 頁、板倉 251 頁、平良木『昭和 63 年度重要判例解説』145 頁、板倉宏『現代社会と新しい刑法理論』〔勁草書房 1980 年〕265 頁以下)。但是,基于如下理由,不能支持肯定说(持消极说的有,平野『犯罪論の諸問題(下)各論』266 頁、齊藤誠二 472 頁、小暮等 17 頁〔町野朔〕、大谷 28 頁、中森 40 頁、林 16 頁以下、山口 26 頁、[1] 井田 87 頁、松

---

〔1〕 山口 26 頁认为,“就胎儿性致死伤,否定成立针对人的犯罪的观点更为妥当(多数说)。按照最高裁判所的理由,母亲因过失而流产的,属于不具有可罚性的过失自己伤害,应排除在处罚范围之外,这一点值得称道,但其理由仍留有诸多疑问。首先,将胎儿视为母体的一部分,并不合适。这是因为,堕胎致死伤罪的存在,正是以胎儿有别于母体为前提,这一点对堕胎罪以外的其他犯罪仍然适用。其次,母亲以外的其他人实施的伤害胎儿的行为,本来作为堕胎罪不具有可罚性,却要作为伤害罪具有可罚性,这并不妥当。再者,将针对母体的伤害‘转用’至针对出生之后的人的伤害,也甚为不妥。尽管这种做法忠实地贯彻了错误论中抽象的法定符合说的观点,即法益主体的差异在构成要件性评价中毫不重要,但正因为如此,疑问更大,其结果就是:无疑是‘现身说法’地显示了抽象的法定符合说的不当”(王昭武译・山口各论 29 页以下)。——译者注

原 25 頁)。第一,肯定说与现行法的体系有矛盾。在现行法上,由于过失堕胎罪(过失杀死胎儿)不可罚,当然应当认为过失伤害胎儿也不可罚。尽管如此,如果以对活着的"人"留下了伤害的后果为由,把实际上只是相当于过失致胎儿死伤的行为,按业务过失致死罪处罚,这无疑是将胎儿包含在"人"之中,不得不说,这是一种类推解释,是违反罪刑法定原则的。第二,在被害者是因为遭受伤害而发生死亡结果的场合,要成立业务过失致死罪,当然在伤害的阶段必须存在"人",而在"熊本水俣病案"中,伤害行为终了与伤害结果的发生,都是在胎儿阶段。的确,实施实行行为时不一定要求对象存在,但是,至少行为发生侵害作用时,对象必须存在,而在"熊本水俣病案"中,在行为发生侵害作用当时,只有胎儿存在。因此,不能认定构成业务过失伤害罪、业务过失伤害致死罪。

最高裁判所之所以在上述第(1)条理由中采取"伤害母体说",或许正是考虑到了这种批判意见的存在。但是,伤害母体说也与现行法的前提有矛盾,不能得到支持。因为,如果伤害胎儿就是伤害母体,那么,孕妇自己堕胎无疑就是伤害自己身体之一部分的自伤行为,理应不具有可罚性。但是,《刑法》第 212 条规定对这种行为也处罚,因此,不得不说,现行法律赋予了胎儿相对于母体独立存在的地位。而且,即便承认"伤害母体说",最高裁判所提出的类似于法定符合说的第(2)条理由也不能得到支持。因为,根据法定符合说,对 A 实施伤害行为,结果使 B 也受到伤害并致其死亡时,对行为人也可以就 B 的死亡追究伤害致死罪的罪责。但是,这是以伤害 A 之时,B 作为伤害对象的"人"已经实际存在为前提的。在"熊本水俣病案"中,既然伤害母体当时只有胎儿存在(并不存在作为伤害对象的"人"),即,甚至连受到伤害的胎儿出生后死亡的情形,也要认定成立伤害致死罪,可以说,即便按照法定符合说的逻辑,这种做法在理论上也是牵强的。

尽管存在上述批判意见,对于由交通事故造成胎儿性致死伤的案件,仍有下级裁判所的判例遵照上述最高裁判所判决的逻辑,肯定成立驾驶汽车过失致死伤罪(例如,岐阜地判平成 14・12・17 警論 56 巻 2 号 203 頁、鹿児島地判平成 15・9・2LEX/DB28095497〔23〕)。本书认为,这种做法并不妥当。

第四节 遗 弃 罪

一、概述

遗弃罪处罚的是致使需要扶助者的生命处于危险境地的行为。《刑法》

第217条处罚的是普通遗弃、第218条处罚的是由保护责任者实施的遗弃与不保护、第219条处罚的则是作为两罪之结果加重犯的遗弃致死伤。* 另外,针对尊亲属的保护责任者遗弃罪(第218条第2款),已于平成7年(1995年)根据《刑法部分修正的法律》(法第91号)被删除。[1]

* 特别规定　作为特别规定的还有,《灾害救助法》第7条第1款与第2款(违反从事救助业务的命令)、《道路交通法》第72条第1款与第117条之五(违反发生交通事故时驾驶员等的救护义务)、《轻犯罪法》第1条第18项(尽管需要扶助者处于自己所占有的场所之内,却不向公务员等报告此事)、《航空法》第75条与第152条(机长不尽力救护),等等。

通说、判例认为,遗弃罪是针对生命、身体的危险犯。从第219条把遗弃致死伤作为结果加重犯予以规定来看,或许的确应该将遗弃罪理解为针对生命、身体的危险犯。但是,第218条中有"对其生存不给予必要保护的"这样的规定;而且,如果认为遗弃罪也包含针对身体的危险,就几乎对本罪的成立范围不作任何限定。正是基于这样的考虑,我们还是应当认为,遗弃罪只是针对生命的危险犯(平野163頁、小暮等65頁〔町野朔〕、大谷68頁、林39頁以下、山口31頁、松原33頁)。判例、通说认为,遗弃罪是抽象的危险犯(大判大正4·5·21刑録21輯670頁〔24〕),但主张遗弃罪是具体的危险犯的观点也很有影响(瀧川59頁、団藤452頁、中山85頁)。但是,后一种观点也认为,不过是预想到也许会有人救助的情形应构成遗弃罪;而按照前一种观点,诸如将需要扶助的人放到妇产医院或者警署等场所那样,那些能够预想到会确实受到救助的情形,就不属于遗弃。由此可见,两说之间几乎没有区别。另外,如果认为遗弃罪是具体的危险犯,就以对"针对生命的具体的危险"存在认识为必要,那么,就无法区别遗弃的故意与杀人的故意,考虑到这

---

〔1〕 关于本罪的保护法益,松宫75頁认为,"对于本章之罪,尤其是保护责任者遗弃罪,有观点强调其具有懈怠保护义务罪的性质,认为本罪侵害的是'社会风俗'(大塚57頁)。提出该观点,是为了对即便得到被遗弃人的同意仍然要成立本罪做出解释,但这是存在疑问的。因为,即便依据通说,将本罪解释为针对被遗弃者的生命、身体的危险犯,由于保护责任者的遗弃行为、不保护行为往往会将被遗弃者的生命置于危险境地,因而应该理解为,即便得到了被遗弃者的同意,该行为也无法被正当化。因此,没有特别提出'社会风俗'之必要"(王昭武等译·松宫各论61页)。——译者注

一点,还是应该认为,遗弃罪是抽象的危险犯。[1]

二、对象

根据《刑法》第 217 条的规定,遗弃罪的对象是“因年老、年幼、身体障碍或者疾病而需要扶助的人”。与此不同的是,第 218 条只是规定“年老者、年幼者、身体障碍者或者患病者”,没有规定“需要扶助”这样的要件,但既然都是遗弃犯罪,还是应当与第 217 条作同样的理解。所谓“需要扶助的”,是指不具备日常生活的自理能力,存在生命危险。[2] 由于刑法是采取限定列举的方式来作规定的,如果不在列举范围内,如迷路者、手足被捆绑不能行动者等,就不能纳入本罪对象范围。[3] 不过,有判例把烂醉如泥者也纳入这里的病人的范畴(最决昭和 43・11・7 判時 541 号 83 頁〔25〕、横滨地判昭和 36・11・27 下刑 3 卷 11＝12 号 1111 頁);但也有判例认为,即便是烂醉如泥者,也应以该人处于若不立即照顾就会有发生针对生命、身体的紧迫危险这种客观状态为必要(東京高判昭和 60・12・10 判時 1201 号 148 頁)。至于

〔1〕 对此,山口 31 頁认为,“遗弃罪并未将引起针对对象的‘危险’作为独立的构成要件要素,因此,属于抽象的危险犯(更为准确地说,遗弃罪是介于具体的危险犯与抽象的危险犯之间的准抽象的危险犯)。学界也有观点主张,遗弃罪属于具体的危险犯(団藤第 452 頁、平川第 70 頁,等等),但从规定形式上看,作这种解释有些困难;另外,即便认为是抽象的危险犯,但作为‘遗弃’的内容,应该要求存在针对对象的实质性危险,因此,这种观点对立并无多大实际意义”(王昭武译・山口各论 35 页)。

对此,松宫 75 頁以下认为,“本章之罪,是针对被遗弃者的生命、身体的‘抽象的危险犯’。反之,也有观点认为,以能迅速被人发现的形式,将孩子扔在医院、警署、儿童保护设施门前的,由于并不存在针对被遗弃者的生命、身体的危险,因而应否定成立遗弃犯罪,并基于此立场进一步提出,本章之罪是‘具体的危险犯’。但是,‘具体的危险犯’应限于那些在构成要件表述中明示要求存在‘危险’的情形,因此,无法赞同这种观点”(王昭武等译・松宫各论 61 页)。——译者注

〔2〕 对此,山口 32 頁认为,“就‘需要扶助的’的含义,判例(大判大正 4・5・21 録 21 輯 670 頁)理解为,若没有他人的扶助与帮助,日常生活便无法自理,也有学说沿袭了此理解(団藤 453 頁等)。基于将遗弃罪理解为针对身体的危险犯的判例以及多数说,既然能认定该扶助对象具有因跌倒等而受伤的可能性,当然会形成这种理解(参见小暮等 66 頁〔町野朔〕),但这样会造成处罚范围过宽,并不妥当。反之,基于将遗弃罪理解为针对生命的危险犯的立场,则以自己一个人无法应对针对生命的危险为必要。亦即,这意味着,以处于只有通过扶助者的扶助才能避免针对生命的危险这种状态为必要。这种需要予以应对的针对生命的危险,主要有源于需要扶助者的外部状况的情形,以及源于需要扶助者的内部原因的情形”(王昭武译・山口各论 36 页)。——译者注

〔3〕 对此,松宫 76 頁认为,“这里是限定式列举,要成立遗弃罪,被遗弃者必须属于所列举的被害人的类型之一。诸如手足被捆绑的人那样,身体的活动人为地且暂时性地受到妨碍者,就不属于这里所谓‘身体障碍者’。不过,一般对‘疾病(患病者)’作广义解释,将受伤者、高度酩酊者、饥饿者也包含在内。所谓‘需要扶助的’,是指若无他人的扶持、帮助,日常生活便无法自理”(王昭武等译・松宫各论 62 页)。——译者注

年幼者,旧《刑法》第336条第1款规定为未满8周岁者,但现行刑法并未作这种限定,因而,只能根据具体情况,取决于是否有必要予以扶助这种实质性判断。在下级裁判所的判例中,也有判例对于下述情形判定成立保护责任者遗弃罪:母亲把2岁至14岁的四个孩子丢在家中而自行离去(東京地判昭和63・10・26判タ690号245頁);将因患缄默症而身体衰弱的13岁孩子放置不管,最终导致其死亡(大分地判平成2・12・6判時1389号161頁)。

三、遗弃的概念

1. 根据通说和判例的解释,第217条、第218条中的"遗弃",是指对需要扶助者进行场所上的移动,由此创造出新的危险(移置=作为犯);或者,对不给予保护就可能产生生命危险的需要扶助者抛弃不管(置之不顾、扔下不管)(抛弃=不真正不作为犯),但无论是哪一种情形,行为者与需要扶助者之间都需要存在场所上的隔离。与此相反,第218条中的"不保护",就不要求存在这种场所上的隔离,只要不给予需要扶助者以生存所必要的保护即可,属于真正的不作为犯。但是,通说也并不认为,对所有这样的行为都应该给予处罚,对于不作为的遗弃,只有第218条中的保护责任者遗弃,才存在处罚的可能性。其理由应该求之于,第218条中的保护责任与不作为犯中的作为义务之间的同一性,因为,"认为抛弃这种不作为犯的形态构成遗弃罪,归根到底是因为行为人负有保护义务"(团藤453頁、大塚59頁)。判例也认为,第218条中的遗弃包含抛弃这种置之不顾扔下不管的情形(最判昭和34・7・24刑集13卷8号1163頁〔27〕),但是,由于不存在判定由不作为构成普通遗弃的判例,因而,也可以说,判例与通说持相同的立场。

通说之所以不承认不作为的普通遗弃,想必其意图是,避免大范围地处罚所谓一般的不救助行为。亦即,对被丢弃在自己庭院内的病人不给予救助的,该行为至多构成《轻犯罪法》第1条第18项之罪,[1]并不构成不作为的普通遗弃罪。

但是,判例、通说认为,保护义务的来源与一般的不作为犯的作为义务相同,也就是从法律、契约、无因管理、习惯、常理、先行行为等多方面寻求义务的来源,这就导致保护义务的范围相当广泛。

2. 判例、通说的这种观点受到了这样的质疑:(1)第217条与第218条明明同样使用的是"遗弃"一词,却仅对第217条解释为,该条中的"遗弃"不包

---

〔1〕《轻犯罪法》第1条第18项规定,对于"明知在为自己所占有的场所内,有因老幼、行动不便或者伤病而需要扶助者……却不迅速将此情况报告给公务员的",处拘留或者科料。——译者注

含不作为的情形,这难道不是不合理吗?(2)对第 218 条的保护义务,为何要与不作为遗弃的作为义务作相同的理解呢?〔1〕

为此,最近,有力观点认为,不只是第 218 条,第 217 条中的“遗弃”也是如此,不仅包括作为方式的移置,还包含不作为方式的抛弃。〔2〕并且,如果认为第 217 条的遗弃也包括不作为方式的遗弃(抛弃),那么,就不作为的遗弃中的作为义务而言,第 217 条与第 218 条就是相同的,均属于奠定不作为的遗弃具有与作为的遗弃相同的危险性的违法要素;与之相对,第 218 条中的保护义务的定位则在于,是加重作为的遗弃与不作为的遗弃之刑罚的责任要素,同时,在不保护的情形下,也是奠定行为之可罚性的“构成的责任要素”。〔3〕

3. 考虑到通说、判例存在上述两点疑问,就无法否定上述有力观点也具有相当的说服力。但是,这种解释仍然留给我们如下几方面的疑问:(1)区别于第 217 条与第 218 条之共同的作为义务的,第 218 条所固有的保护义务的实质内容并不明确;(2)由于第 217 条不处罚不保护行为,那么,按照该解释,例如,虽接纳了身患重病的雇员却不给其治疗而致其死亡的(大判大15·9·28 刑集 5 卷 387 頁)、实施业务堕胎行为的医生将排出母体的有存活可能性的婴儿放置不管而致其死亡的(最决昭和 63·1·19 刑集 42 卷 1 号 1 頁〔17〕〔31〕),像这种接受了对需要扶助者的保护之责,或者将需要扶助者置于自己的支配之下,却不给予维持生存所必要的保护的不保护类型的案件,就只能是作为普通遗弃看待,从而不得不止于不可罚。〔4〕避免得出这种不合理结论的一个途径是,将第 217 条中的不作为方式的遗弃解释为包括不保护,但是,既然第 218 条分别明文规定了遗弃与不保护这两种行为方式,作这样的解释,在文理上就不免牵强;另一个途径是,将这种情形解释为行为人负有第 218 条的保护义务,但是这样一来,作为义务与保护义务就几乎重叠在一起,要区别二者,实质上难以做到(前田 63 頁、中森 43 頁)。由此可见,包含不保护在内的不作为方式的遗弃,仍然只在保护责任者遗弃罪中才具有可罚性,这样解释要更为合理。

---

〔1〕 并且,山中 114 頁以下还提出这样的观点:第 218 条整个条文都是不消除危险这种形式的不作为犯。另外,还有观点认为,阻断(其他人)接近的,属于作为的置之不顾(置去);对隔离状态的置之不顾(放置),属于不作为方式的置之不顾(放置)。

〔2〕 参见内田 88 頁、曾根 42 頁以下、松宫 77 頁、高橋 34 頁、松原 36 頁。平野龙一认为,第 217 条尽管也可能包括不作为,但不具有可罚性(平野龍一「単純遺棄と保護責任者遺棄」『警察研究』57 卷 5 号 9 頁),山口 35 頁想必也是同样旨趣。

〔3〕 参见平野『犯罪論の諸問題(下)各論』10 頁、曾根 43 頁。但内田 93 頁则认为是违法要素。

〔4〕 山口 35 頁对此结论持肯定态度。

4. 这样考虑的话,下述理解就相对更为妥当:所谓"遗弃",无论是在第217条还是在第218条中,都仅仅是指作为方式的遗弃,而不作为方式的遗弃(抛弃、不保护)就相当于第218条的"不保护"(日高義博「遺棄罪の問題点」『現代刑法講座〔第4卷〕』167頁以下;小暮等68頁〔町野朔〕、大谷68頁)。这是因为,既然第217条不处罚不作为方式的遗弃,那么,认为第218条中的"遗弃"也不包含不作为方式的遗弃,这样解释在文理上要更为清晰明了。在本书看来,要实现不作为方式的遗弃的处罚范围的明确化,就应以上述解释为前提,对保护义务(作为义务)的范围采取限定性的解释。[1]

---

〔1〕 山口35頁认为,"如此看来,对遗弃与不保护的含义作下述理解,要更为合适。首先,像以前的学说那样,以需要扶助者与保护责任者或者扶助者之间有无场所上的隔离,来区分遗弃与不保护,这样更为妥当(遗弃罪并非单纯引起危险的犯罪,而是让需要扶助者处于没有〔得不到〕扶助的状态而面临危险的犯罪)。其中,在需要扶助者与保护责任者或者扶助者之间,制造出场所上的隔离的遗弃,在单纯遗弃罪与保护责任者遗弃罪中并无不同,既包括作为的情形,也包括处于保障人地位者以不作为方式实施的情形。不过,就扶助者本人对需要扶助者所实施的'置之不顾'行为而言,其本身就属于作为的遗弃,但考虑到仅就保护责任者处罚'不保护'行为,也应仅以保护责任者作为处罚对象(这是因为,即便处罚置之不顾的行为,要求其与需要扶助者在一起,但若没有要求其对需要扶助者进行保护,则毫无意义)"(王昭武译·山口各论39页)。

解决问题的出发点在于,是否可以明确区分"作为义务"与"保护责任":这里的"作为义务"是,对于"遗弃"被当作"不真正不作为犯"而以第217条——行为人是保护责任者之时,则以第218条——予以处罚这一点提供根据的"作为义务"(或者"保障人地位");"保护责任"是,为针对"遗弃"的加重处罚提供根据,并且,属于处罚"不保护"之根据的特别的"保护责任"。例如,邻居出于好意将幼儿带去郊游,但听任该幼儿自行离开的,将该情形理解为,以"先行行为"或者"对暂时保护他人的事实上的接受"为理由的"遗弃"(第217条)的不真正不作为犯(原因在于,与邻居起初便出于遗弃的意图,而将幼儿从双亲处带离加以遗弃这种属于第217条的情形相比,对于该情形,没有理由予以更加不利益的处分),如果能够明确区别于,亲生父母听任幼儿自行离开这种属于保护责任者遗弃罪的情形,就能够消除理解上的混乱。也就是,保护责任者限于亲权者、看护义务者,或者接受亲权者、看护义务者的概括性委任,对于需要扶助者有义务予以扶助的"特别义务者";反之,在基于"先行行为"或者"对暂时保护他人的事实上的接受"的场合,行为人虽属于第217条的保障人,却不属于第218条的保护责任者。换言之,我们可以这样来理解:第218条的保护责任属于"特别义务",是加重了符合第217条之"遗弃"的情形的罪责,是为单纯的不保护的罪责提供追责根据;第217条的作为义务是"普遍义务(普通人的义务)",不过是为第217条的不真正不作为犯提供根据(将第217条解释为"制造危险罪",将第218条解释为"不解消危险状态罪",就是与本文观点相类似的观点。但是,二者的本质区别在于:前者违反的是"不得制造危险"这种"普遍义务",而后者违反的是"无论自己是否制造了危险,都必须予以保护"这种"特别义务"。山口35頁注39指出,"即便处罚抛弃行为,要求其与需要扶助者在一起,但若不要求其对需要扶助者进行保护,则毫无意义",也就是说,即便是没有"保护义务"者,也可能负有报告警察或者将要扶助者带至保护责任者之处这种程度的作为义务)。问题在于,也有判例对于交通肇事逃逸案件,肯定存在保护责任(最判昭和34·7·24刑集13卷8号1163頁)。但是,无论是通过交通事故而制造出"疾病者"的先行行为,还是《道路交通法》赋予事故车辆的所有同乘人员的救护义务,都不足以为超过"作为义务"的"保护责任"提供根据。因此,如果这种程度就可以认定存在"保护责任"的话,就很难将其与"作为义务"区别开来。但是,如果不能区分二者,就不可能消除有关"作为义务"与"保护责任"的理解上的混乱(王昭武等译·松宫各论63页以下)。——译者注

四、普通遗弃罪

遗弃因年老、年幼、身体障碍或者疾病而需要扶助的人的，处1年以下惩役（第217条）。

关于本罪的对象，参见前文解说。

本罪行为是遗弃。如前所述，这里的遗弃，是指采用作为的方式，将需要扶助者移置到对其生命有危险的场所。例如，将老人或小孩移置于深山之中，就是典型的例子。也包含从已对生命有危险的状态移置到更危险的场所的情形。判例判定下述情形构成普通遗弃罪：将患肺结核的雇员解雇后，被告因发现其还睡在自己的住宅里，便将其撵到马路上（大判明治45·7·16刑録18輯1083頁〔26〕）；用货车将起居不便的老人运至路边，然后置之不顾自行离去（大判大正4·5·21刑録21輯670頁〔24〕）；严寒之夜，将下半身赤裸的泥醉者从餐馆内拖到屋外，然后置之不管（名古屋地判昭和36·5·29裁時332号5頁）；等等。

五、保护责任者遗弃罪

对年老者、年幼者、身体障碍者或者患病者负有保护责任者，将其遗弃或者对其生存不给予必要保护的，处3个月以上5年以下惩役（第218条）。

（一）对象

关于本罪的对象，参见前文解说。

（二）行为

本罪行为，是遗弃或者不保护。所谓遗弃，如前所述，是指采用作为的方式移置。不保护则是指对需要扶助者的生存不给予必要保护这种不作为的情形。不保护包含行为人与需要扶助者在场所上存在隔离的情形与不存在隔离的情形这两种类型，前者如将受重伤的人抛弃在现场而离去，或者父母亲将婴儿放在家里而离家出走；后者如父母亲不将生病的孩子送往医院救治。由于“对其生存不给予必要保护”是行为要件，所以，客观上必须存在如果抛弃对方就会发生针对需要扶助者的生命的危险这样一种状态，[1]主观

〔1〕 大判大正3·1·26新聞922号28頁认为，应该对需要扶助者的疾病的状态、程度等进行认定。

上也必须对这种危险存在认识[1]。

(三)主体

本罪的主体是“负有保护责任者”,即本罪主体被限定为“保护责任者”,因此,本罪是身份犯。

通说、判例是从法令、契约、无因管理、习惯、常理、先行行为等方面来寻求保护责任的根据的。以法令作为保护责任根据的判例有:(1)尽管有民法上的前顺位的扶养义务人,但后顺位的抚养义务人对老年人处于应当看护的状态时,后顺位的抚养义务人就成为保护责任者(大判大正7·3·23刑録24輯235頁。《民法》877条以下)。(2)为救助自己引起的交通事故的被害者,一旦将被害人扶上汽车之后,又抛弃在其他地方的(最判昭和34·7·24刑集13卷8号1163頁〔27〕。旧《道路交通取缔法》第24条即现行《道路交通法》第72条)。以契约作为保护责任根据的判例有:(3)根据收养合同收养幼儿者,即便收养关系未成立,也属于保护责任者(大判大正5·2·12刑録22輯134頁)。以无因管理作为保护责任根据的判例有:(4)虽本无义务,但收留病人,让其与自己居住在一起的,收留者就成为保护责任者(大判大正15·9·28刑集5卷387頁)。以习惯作为保护责任根据的判例有:(5)与自己住在一起的雇工生病的场合,雇主就存在保护责任(大判大正8·8·30刑録25輯963頁)。以常理或社会通常观念作为保护责任根据的判例有:(6)尽管相伴出行的同事因打架受了重伤,但置之不顾而离去的(岡山地判昭和43·10·8判時546号98頁〔29〕)。(7)某男子与某女子同居3天后,该男子与该女子经过谋议,将该女子带来的3岁幼子抛弃在东名高速公路上(東京地判昭和48·3·9判タ298号349頁〔28〕)。最后,以先行行为作为保护责任根据的判例有:(8)实施业务堕胎的医生,将被排出母体但仍有存活可能性的婴儿放置不管,致其死亡的(最决昭和63·1·19刑集42卷1号1頁〔17〕〔31〕)。(9)在旅馆房间给一女子注射兴奋剂后,尽管该女子处于精神错乱状态,却置之不顾而离去(最决平成1·12·15刑集43卷13号879頁〔32〕)。(10)被害人乙身患重病入院治疗,其亲属丙将其带至宾馆房间,让其接受(非执业医师)甲所宣传的所谓“瞎鼓捣”疗法,[2]最终致其死亡的,最高裁判所判定丙成立保护责任者遗弃致死罪(甲成立不作为的杀人

---

〔1〕对用冷水泡澡的泥醉者置之不顾的,东京高判昭和60·12·10判時1201号148頁判定,行为人不存在本罪故意。

〔2〕所谓“瞎鼓捣”,这是音译,是被告人给自己的所谓医术的命名,并无实际意义。——译者注

罪)(最决平成17・7・4刑集59卷6号403頁);[1]等等。

但是,保护责任一方面不以形式上存在法令或契约的规定为限,而另一方面也应当与常理或社会通常观念认定的道德义务区别开来。如果认为遗弃是积极地创造针对需要扶助者的生命的危险行为,那么,作为不保护的主体的保护责任者,也就应当限于之对已经存在的、针对需要扶助者的生命的危险的人或者处于有可能支配这种危险之地位的人(大谷72頁)。这种支配地位如果是基于行为人的意思而取得的,在该场合下,当然可认定其负有保护责任,但如果支配地位不是基于行为人的意思而取得的,那么,行为人与需要扶助者之间就必须存在,由一定的生活共同体产生的社会生活上的持续性保护关系(西田典之「不作為犯論」芝原邦爾ほか編『刑法理論の現代的展開総論Ⅰ』〔日本評論社1988年〕90頁以下)。

从这种视角来看,除判例(6)之外,可以说,上述判例的结论大体上是妥当的。反之,也有观点提出,保护责任只存在于保护的排他性接受(保护责任的接受与承担具有排他性)的场合,进而认为上述判例(8)的结论不妥当(小暮等72頁〔町野朔〕、中森44頁)。但是,在该案中,由于医生是基于自己的意思,取得了对需要扶助者的排他性支配,因而应该说,也可以认定其负有保护责任。在对保护责任的接受属于认定行为人负有保护责任的必备要件的场合,例如,母亲当初就无保护的意思,分娩后将婴儿放置不管而导致其死亡的,认为不成立本罪,显然是不妥当的。[2] 另外,对分娩后的母亲将婴儿抛弃在医院,医生也未采取相应保护措施的案件,也有判例判定医生不构成本罪(熊本地判昭35・7・1下刑2卷7=8号1031頁〔30〕)。首先,支配地位的取得是出于偶然而不是基于行为人的意思,而且,不存在足以要求医生采取保护措施的社会生活上的持续性保护关系,考虑到这些,可以说该判决是妥当的。另外,像所谓肇事逃逸这种由行为人自己的过失行为致人重伤的场合,也有观点基于先行行为(团藤454頁、大塚63頁),或者基于《道路交通

---

〔1〕 该案大致案情为:乙身患重病住院治疗,受乙的亲属丙等人所托,甲答应给乙实施所谓民间疗法"瞎鼓捣治疗",并叫丙等人让乙出院住进宾馆,但其后并未采取必要医疗措施而是置之不管,乙归于死亡。对此,最高裁判所认为,"因可以归于自己之责的事由而给患者的生命造成了具体的危险,亦即,在患者(乙)被转移至宾馆期间,患者亲属丙等人因信奉甲而将乙的治疗完全交给了甲,因而可认定甲处于全面受托治疗重病患者乙的地位",进而判定构成不作为的杀人罪[最决平成17・7・4刑集59卷6号403頁("瞎鼓捣治疗"案)]。本判决认定存在作为义务的根据在于,存在应归责于甲的先行行为、对患者乙具有排他性支配。——译者注

〔2〕 町野朔也肯定在这种场合下具有保护法益的义务(参见町野朔『刑法総論講義案Ⅰ〔第2版〕』〔信山社1995年〕135頁)。

法》第72条的救护义务(最判昭和34·7·24刑集13卷8号1163頁〔27〕),主张存在保护责任。但是,主张普通的肇事逃逸不只是构成违反救护义务罪(《道路交通法》第117条第1款规定,处5年以下惩役或50万日元以下罚金〔1〕)的问题,而是总应构成本罪,在被害人死亡的场合,还应构成保护责任者遗弃致死罪,应该说,这种观点是不妥当的。对此,我们应该这样理解:在交通肇事者出于救助被害人的目的,或者出于将被害人带离现场然后抛弃的目的,一旦将被害人扶上车的,只有在这种行为人由此取得了排他性支配的场合,才可以认定其负有保护责任(上述判例〔2〕的案件也属于这种情形),反之,普通的肇事逃逸则不应构成本罪。

(四)身份问题

保护责任者这种身份,在行为是遗弃(移置)的场合,是加重第217条之刑的加重身份;在行为是不保护(抛弃、狭义的不保护)的场合,则是奠定可罚性基础的构成的身份,但应该认为其实质是违法身份(内田92頁、小暮等76頁〔町野朔〕)。因为,存在针对需要扶助者之生命的危险,保护责任者对于这种危险处于支配地位的,可以说,保护责任者这种身份在使得第三者难以救助这种意义上,既奠定了不保护的违法性之基础,也加重了遗弃的违法性。而且,如果认为,第65条第1款规定的是违法身份的连带作用,第2款规定的是责任身份的个别作用(西田『新版 共犯と身分』245頁以下),那么,保护责任者这一身份,就对遗弃与不保护两者连带地发挥作用。具体而言,(1)甲教唆乙将乙之子丙丢弃在山中(遗弃)的场合,乙是第218条的正犯,根据第65条第1款的规定,甲也应当作为第218条的教唆犯,受到相对更重的处罚;同样,(2)甲教唆乙不给丙食物(不保护)的场合,根据第65条第1款的规定,也应当将甲作为第218条的教唆犯来处罚。

与此相反,通说是以上述有关遗弃、不保护的概念作为前提,并且认为第65条第1款是关于构成的身份、真正的身份的连带作用的规定,而第2款是关于加减的身份、不真正的身份的个别作用之规定,因此,第218条中的保护责任者这种身份,对遗弃而言是加重身份(第65条第2款),而对不保护来说则是构成的身份(第65条第1款)。那么,(1)甲教唆乙将乙之子丙丢在山中(遗弃)的场合,乙是第218条的正犯,对甲则应根据第65条第2款,认定其成立相对要轻的第217条的教唆犯;(2)甲教唆乙不给丙食

〔1〕 不过,该条第2款规定,第1款情形下的人的死伤是"起因于该驾驶者的驾驶之时",处10年以下惩役或者100万日元以下罚金。

物(不保护)的场合,根据第65条第1款之规定,甲则作为第218条的教唆犯,应受到相对更重的处罚。不得不说,通说的这种结论并不合理。另外,如果认为保护责任者就(作为、不作为的)遗弃而言是加重的责任身份,对不保护来说是构成的责任身份,那么,第(1)种情形下的甲根据第65条第2款之规定,构成第217条的教唆犯,而第(2)种情形下的甲就只能是归于不可罚。

六、遗弃致死伤罪

犯前两条(第217条、第218条)之罪,因而致人死伤的,与伤害罪比较,依照较重的刑罚处断(第219条)。

遗弃致死伤罪(第219条),是第217条、第218条的结果加重犯。如前所述,如果将遗弃罪理解为针对生命的危险犯,即便只是产生了致伤的结果,也以原本是存在针对生命的危险的这一点为必要。而且,要对属于不作为犯的不保护(包括抛弃)认定成立致死罪,就以不保护与死亡结果之间存在因果关系为必要,亦即,若实施了救助行为,作为挽救其生命的可能性,是具有高度的盖然性的(最决平成1·12·15刑集43卷13号879頁〔32〕)。即便是那些不能认定存在因果关系的场合,也有可能承担保护责任者遗弃罪的罪责。因为,本罪是抽象的危险犯(札幌地判平成15·11·27判タ1159号292頁〔33〕)。

有力观点认为,遗弃致死罪与不作为的杀人罪的区别在于,作为义务本身在轻重程度上有差别(平野龍一『刑法総論Ⅰ』〔有斐阁1972年〕158頁以下;大谷75頁、小暮等74頁〔町野朔〕)。的确,即便是父母把婴儿抛弃在家里而离家出走,只要没有产生死亡的具体危险,就不能直接构成杀人罪未遂,而只能是成立作为抽象的危险犯的遗弃罪。但是,如果危险更进一步具体化并导致了死亡结果发生的,或者父母具有杀人故意的,就没有理由否定是不作为的杀人。而且,对保护责任(作为义务)的范围作限定解释时,也难以根据作为义务的轻重来区别二罪。只要认为遗弃罪是针对生命的危险犯,遗弃致死罪与不作为的杀人罪的区别就在于有无杀人故意、是否发生了具体的危险(大判大正4·2·10刑録21輯90頁〔35〕)。

有关"与伤害罪比较,依照较重的刑罚处断"的含义,参见前述不同意堕胎致死伤罪中的相关解说。

典型判例

·被告是小学教师,在校园内开车撞到了7岁儿童之后,拽着儿童的两腋,将其拖离事故现场,抛弃在校门附近,对此,**大阪高判平成27·8·6**(裁判所官网)认为,考虑到被害人的受伤程度轻微,而且,被害人被抛弃的地方是很容易被学校教职员发现从而受到保护的地方,因此,"难以认定直接发生了针对被害人之生命、身体的具体的危险,不属于保护责任者遗弃罪中的'遗弃'",进而判定不成立保护责任者遗弃罪。

·在公寓的某个房间,被害人服用被告准备的精神药品之后陷入精神错乱状态,[1]见此状况,被告没有拨打"119"报警而是自行离开,最终导致被害人死亡,对此,**東京高判平成23·4·18东時62卷1=12号37頁**〔34〕认为,(1)在本案房间中,当时只有被告与被害人两人;(2)拨打"119"报警是一件极其容易做到的事情;(3)尽管不能说,一定能够挽救被害人的生命,但至少有相当程度的可能性,最终判定被告成立保护责任者遗弃罪。

·对于将已经服用大量精神药品的被害人放在自己车内不管,最终致被害人死亡的案件,**静岡地判平成23·10·4**(裁判所官网)认为,被告与被害人属于不正当男女关系,被害人服用精神药品很大程度上是受到了被告言行的诱惑,而且,被告将被害人扶上自己的汽车,最终以此为理由判定被告成立保护责任者遗弃罪。

---

〔1〕 这里的精神药品,主要是指直接作用于中枢神经系统,使之极度兴奋或抑制的药品。——译者注

第二章　针对身体的犯罪

第一节　概　　述

身体,是仅次于生命的重要的个人法益。为了保护身体,刑法典规定了暴行罪(第208条)、伤害罪(第204条)、伤害致死罪(第205条),除此之外,还规定了过失致伤罪(第209条)、过失致死罪(第210条)、业务过失致死伤罪(第211条)。此外,在伤害案件涉及多人的场合,刑法还特别规定了现场助势罪(第206条)以及同时伤害的特例(第207条)。再者,准备凶器集合罪(第208条之二)是为了事先抑制携带凶器的团伙之间的相互斗殴而于昭和33年(1958年)增设的罪名,原本是作为包含伤害罪在内的针对个人法益的犯罪的预备罪而放在暴行罪之后,但现在一般认为,该罪是一个针对公共危险的犯罪。另外,作为因驾驶汽车而引起死伤结果的犯罪类型,刑法典规定了驾驶汽车过失致死伤罪(原第211条第2款)与危险驾驶致死伤罪(原第208条之二),但在平成25年(2013年)的刑法部分修正中,由于另外制定了《有关处罚因驾驶汽车致人死伤行为等的法律》,该类犯罪被从刑法典中分离出去,规定在该法之中。

第二节　暴　行　罪

实施暴力〔1〕而未至伤害他人的,处2年以下惩役或30万日元以下罚金,或者拘留或科料(第208条)。

一、概述

暴行罪的保护法益是身体的安全。本罪处罚的是尚未对身体造成伤害

〔1〕在与伤害罪相对应的暴行罪中,所实施的行为的日文原文是"暴行",但与汉语意义上的"暴行"并非一个意思,而更多地接近于汉语中的"暴力",因而为了区别起见,在本书中,除罪名之外,暴行行为一律直接翻译为"暴力"。——译者注

结果的非法攻击行为,从比较法的角度而论,本罪是一种非常特殊的犯罪类型。本罪制定当时的法定刑是“1年以下惩役或50日元以下罚金,或者拘留或科料”(第1款),并且是亲告罪(第2款)。昭和22年(1947年)的刑法部分修正(法第124号)将本罪的惩役刑提升至2年以下,同时改为非亲告罪。作为特别法,另外还有《有关处罚暴力行为等的法律》(大正15年法第60号)。

二、暴力的含义

(一)含义

所谓暴力(暴行),是指对他人的身体施加物理力。最典型的例子是,对他人身体实施拳打、脚踢、拉拽等行为,也包含利用噪声、放射线、电流、强光等物理力的情形。在被害人耳边不断敲打管乐队用的大锣鼓的行为(最判昭和29·8·20刑集8卷8号1277頁〔40〕)、用随身携带的扩音器发出很大声响的行为(大阪地判昭和42·5·3下刑9卷5号681頁)就属于这种类型的暴力。由于不要求暴力行为本身具有足以造成伤害的性质(大判昭和8·4·15刑集12卷427頁〔37〕),因而,对他人吐痰或吐唾液的行为也是施加物理力,也可能成为暴力,但是,施加这种轻微的物理力的行为,即便可以构成侮辱罪(第231条),也不属于第208条暴行罪中的“暴力”(内田38頁、小暮等38頁〔町野朔〕、松原48頁)。下级裁判所的判例中,对声称除去晦气而撒盐的行为,有判例认为,该行为属于“足以使对方产生不快或厌恶的情绪的行为”,因而属于暴行罪的暴力(福岡高判昭和46·10·11刑月3卷10号1311頁〔39〕),但应该说这是存在疑问的。

由于暴力是施加物理力,因此,吓人一跳的行为、侮辱的言词、催眠术等产生心理作用的情形,即便已使对方身体的生理机能出现了障碍,也不能构成暴行罪,当然,可能会存在是否成立伤害罪的问题。例如,即便噪声、声响本身还不能被谓为达到了暴力的程度,但因连续的骚扰电话而造成被害人神经衰弱的(東京地判昭和54·8·10判時943号122頁〔50〕),或者,因连日的噪音而使得邻居被害人患上慢性头痛病的(最决平成17·3·29刑集59卷2号54頁〔51〕),就不属于因暴力而造成的伤害。因此,在该场合下,以行为人存在伤害的故意为必要。其本身究竟属于可成为暴力的声响还是属于不能成为暴力的声响,应根据这种声响是否处于日常生活所能容忍的范围之内来界定。另外,暴行罪是故意犯,因不小心而撞上他人,或者踩他人脚的,这些行为就属于不可罚的行为。

(二)暴力概念的相对性

暴力(暴行)这一词语被使用于多种犯罪类型,学界一般将其区分为以下四种类型:(1)最广义的暴力,包含对物施加物理力(对物暴行)的情形,骚乱罪(第106条)中的暴力就是其适例;(2)广义的暴力,也包含指向他人而施加物理力(间接暴行)的情形,妨害执行公务罪(第95条)中的暴力就是如此;(3)狭义的暴行,就是暴行罪中所说的暴力,是指针对他人的身体施加物理力;(4)最狭义的暴行,要求达到抑制他人的反抗,或者使其反抗明显困难的程度,抢劫罪(第236条)、强制性交罪(第177条)中的暴力就属于这种类型。

(三)是否要有身体的接触

即便暴力是针对他人的身体施加物理力,如果这种物理力没有接触到身体的,是否也可以构成暴行罪,这是有争议的问题。多数说认为,不要求接触到身体(大塚35頁、大谷38頁、曽根24頁、中森14頁、山中38頁、井田54頁)。对于以下情形,判例认为属于暴力:(1)出于吓人一跳的目的而瞄准离被害人面前几步之遥的地方投掷石块(東京高判昭和25·6·10高刑3卷2号222頁〔43〕);(2)瞄准被害人扔椅子,但没有击中(仙台高判昭和30·12·8裁特2卷24号1267頁);(3)为阻止被害人的行动,出于威胁的目的,在被害人面前挥舞日本刀的行为(最决昭和39·1·28刑集18卷1号31頁〔42〕);(4)在高速公路上,出于挑逗对方的目的,开车挤靠并排行驶的其他汽车(東京高判昭和50·4·15刑月7卷4号480頁〔45〕);(5)采取危险方法,挤靠、超越、插入并排行驶的其他汽车(東京高判平成16·12·1判時1920号154頁)。[1] 与此相反,较有影响的少数说认为,暴行罪也是结果犯,侵入被害人身体周围空间的行为,属于暴力的未遂,不属于暴力(平野167頁、小暮等37頁〔町野朔〕、山口44頁、松原48頁)。

的确,按照"接触不要说",不仅对已经"危害"身体安全的行为,而且,对"能够危害"的行为也要予以处罚,这无疑是主张,处罚现行法上不可罚的暴行罪未遂。如果把这种情形也纳入暴行罪之中,那么,本罪就并非针对身体安全的犯罪,"身体的安全感"也实际成了本罪的保护法益。在此意义上,"接触必要说"是妥当的。[2] 但是,把没有身体接触的各种情形都排除在暴行罪的范围之外,也不妥当。因为,从第208条的文字表述来看,暴行罪具有作为伤害罪未遂的性质与地位,在此限度内,就可肯定其具有危险犯的性质。

---

〔1〕由此可见,在日本的判例看来,在物理力接触人的身体之时,即便是缺少伤害危险的行为,也属于暴力;反之,若具有伤害的危险,则即便该物理力不接触人的身体,仍属于暴力(参见王昭武译·山口各论47页)。——译者注

〔2〕山口44頁认为,"为了不使暴行(罪)与胁迫(罪)之间的区别失于暧昧,也应该理解为,以物理力及于人的身体为必要。若认为物理力可以不接触人的身体,只要其效果及于人的身体即可,那么,就会将人的心理自由、行动自由也纳入暴行罪的保护法益,从而过度宽松地理解暴行概念,这并不妥当"(王昭武译·山口各论48页)。——译者注

当然,也可以把第208条解释为以身体接触为必要,在此限度内,伤害未遂也可能受处罚。但是,朝某人扔石头未击中时,这种行使物理力的行为本来具有造成伤害的危险,只是偶尔没有造成伤害结果,如果连这种行为也不具有可罚性,就并不妥当。因此,若客观上存在因接触身体而造成伤害结果的可能性,并且,行为人主观上也有接触身体之目的的,也就是说,存在伤害故意的[例如,上述判例(2)],就可以认为,这种情形构成作为伤害未遂的暴行罪。相反,如果主观上并无接触身体的目的[例如,上述判例(1)(3)(4)],则止于构成胁迫罪,即便最终造成了伤害或者死亡的结果,那也不过是构成过失犯(堀内38页也是同样旨趣)。判例之所以将暴力的概念扩大到这种程度,想必是考虑到,如果认定为胁迫罪与过失致死伤罪的想象竞合,会有违一般处罚情感,尽管如此,这种做法仍然是不妥当的。如果有必要,应该考虑通过立法,使伤害罪与伤害致死罪具有作为胁迫罪的结果加重犯的性质。关于这一点,对于由抢劫的手段即胁迫造成伤害结果的情形,有下级裁判所的判例判定成立抢劫致伤罪(大阪高判昭和60·2·6高刑38卷1号50頁〔285〕),可以作为参考。

典型判例

·被告在便利店停车场与被害人发生口角,被告向前紧逼至离被害人30厘米到50厘米的地方,被害人后退摔倒,结果造成脑损伤等伤害,对此,**大阪高判平成24·3·13判タ1387号376頁**〔46〕认为,"被告的本案行为……应该说,是具有造成被害人跌倒摔伤的危险的行为,尽管没有直接的身体接触,但认定该行为相当于属于伤害罪之实行行为的暴力是相当的",进而判定被告成立伤害罪。想必判例重视的是,被告的行为是让被害人不得已只能后退的行为,因而存在因跌倒而受伤的危险,进而才判定该行为属于暴力(另外,作为对于案件事实的认定,判例并未认定到被告对身体接触存在预见这种程度)。

第三节　伤　害　罪

伤害他人身体的,处15年以下惩役或者50万日元以下罚金(第204条)。

一、伤害的含义

1. 关于伤害的含义,存在两种不同的解释:一种观点认为,伤害是使身体的生理机能出现障碍或者使健康状态发生不良改变;另一种观点认为,伤害是与之相比范围更广泛的、针对身体完整性的侵害。两种观点的差异在于，例如，剪掉他人头发或者剃去他人眉毛的，这种使人的外貌发生重大改变的行为，是否也包含在伤害的范围内？如果按后一种观点，理发师不小心剃去顾客眉毛的，属于过失伤害（第 209 条），具有可罚性；而按前一种观点，这应作为过失暴行看待，不具有可罚性。但这样的论争似乎并无多大实际意义。但从对“伤害”这一表述的常识性理解来看，还是以“生理机能障碍说”较为妥当。判例也基本上是持这种立场。[1]

2. 作为伤害的具体实例，不只限于创伤、擦伤、跌打伤等外伤，还包括疲劳倦怠、胸部疼痛、腰部压痛、头晕、呕吐、昏迷、中毒、患病、创伤后应激障碍（Post – Traumatic Stress Disorder，PTSD），等等。由于第 204 条法定刑的下限是 1 万日元以上的罚金，因而只能理解为，程度相当轻微的伤害也可以适用本条，然而，那种日常生活中可以“忽略不计”的程度的伤害，还是应当排除在外（団藤 407 頁）。对此，可以参照昭和 40 年（1965 年）名古屋高等裁判所金泽支判的判决（名古屋高金沢支判昭和 40・10・14 高刑 18 巻 6 号 691 頁）所提出的下述三个条件来认定：(1) 无碍日常生活；(2) 对方并没有意识到受到了伤害，或者属于日常生活中可以“忽略不计”的程度的伤害；(3) 不需要特别采取治疗措施。

二、伤害概念的相对性

司法实务中，对程度相当轻微的伤害，也是按照《刑法》第 204 条处罚的（最决平成 6・3・4 裁判集 263 号 101 頁〔54〕）。与此相反，在下级裁判所的判例中，也有判例考虑到与抢劫致伤罪（第 240 条前段）的关系，承认伤害概念具有相对性，判定轻微的伤害不属于抢劫致伤罪的“伤害”（大阪地判平成 16・11・17 判タ1166 号 114 頁〔55〕）。其理由是，抢劫致伤罪的法定刑的下限是 7 年有期刑，即便是酌情减轻，也无法适用缓刑（参见第 25 条）。但是，根据平成 16 年（2004 年）的刑法部分修正，该罪有期刑的下限已经降至 6 年，可以说，这种研究的重要性也已经降低。

三、暴力与伤害的关系

1. 刑法没有处罚伤害罪未遂的规定。不过，针对用枪炮或刀剑类凶器伤害他人身体的行为，《有关处罚暴力行为等的法律》第 1 条之二第 2 款规定处

---

〔1〕 关于剪掉妇女头发的案件，参见大判明治 45・6・20 刑録 18 輯 896 頁〔47〕。但是，东京地判昭和 38・3・23 判タ147 号 92 頁〔48〕则认为，伤害是使人的“生活机能”发生障碍，将妇女的头发从发根剃光的行为属于伤害。

罚其未遂。除此之外的场合,暴行罪实际上就起到了伤害罪未遂的作用,因此,非因暴力所造成的伤害未遂不受处罚。[1]

2. 伤害罪是故意犯,与暴行罪之间存在密切关系,可以说是暴行罪的结果加重犯。由于伤害致死罪(第205条)是伤害罪的结果加重犯,因而,暴行罪与伤害致死罪之间,可以说,存在双重的结果加重犯的关系。

与此相反,也有论者认为,就责任主义的立场而言,应该将伤害罪限于故意犯,在出于暴行的故意而造成了伤害结果的场合,就应该认定为暴行罪与过失伤害罪的想象竞合(木村23頁),但现在已无人支持这种观点。从《刑法》第208条中的"实施暴力而未至伤害他人的"的反对解释来看,结果加重犯说是妥当的,可以说,第208条与第204条之间的关系,就相当于《刑法》第38条第1款但书所指的"特别规定"。[2]

3. 非因暴力引起的伤害。伤害大多是由暴力所引起,但也可能发生非因暴力引起的伤害。例如,不给受伤者治疗、不给病人用药等行为,即便可能成为不作为的伤害,但不可能构成暴行罪。另外,通过惊吓、侮辱的言辞使他人产生精神障碍的,通过打骚扰电话使他人患神经衰弱症的(東京地判昭和54·8·10判時943号122頁〔50〕)、实施骚扰挑逗行为使他人心神不宁或陷入精神压抑状态的(名古屋地判平成6·1·18判タ858号272頁)、长时间持续且大音量地打开收音机使人患上难以治愈的慢性头痛症的(最决平成17·3·29刑集59卷2号54頁〔51〕),这些也属于非因暴力引起的伤害的案件。在这种场合,因为是故意犯,必须要有伤害的故意。因此,打算吓对方一跳,但没想到被害人打算逃离,却摔倒受伤的,只要行为人并无伤害故意,

---

〔1〕 换言之,由于暴行罪实际上起到了伤害罪未遂的作用,因暴力造成的伤害未遂,就有可能被处以暴行罪。——译者注

〔2〕 《刑法》第38条第1款:"没有犯罪故意的行为,不处罚,但法律有特别规定的,不在此限。"

对于伤害罪的主观要件,山口47頁认为,"一般认为,伤害罪不仅是伤害的故意犯,而且还包括暴行罪的结果加重犯(通说。团藤412頁等)。尽管也有观点主张,比照处罚故意犯的原则(《刑法》第38条第1款),应要求行为人具有伤害的故意,但一般认为,暴行罪(《刑法》第208条)之所以规定'实施暴力而未至伤害他人的',其旨趣就在于,发生了伤害结果时,不适用《刑法》第208条,而应成立《刑法》第204条的伤害罪(《刑法》第204条相当于《刑法》第38条第1款所谓'特别规定')。其理由就在于,因故意的暴力而造成伤害的场合,若不能认定成立伤害罪,则只能成立过失伤害罪,反而处刑更轻,有失刑罚的均衡",总之,虽然少数说也有一定道理,但通说观点已经成为学界定说(王昭武译·山口各论52页)。

日本刑法通说认为,伤害罪包括下述两种情形:(1)出于伤害罪的故意,给他人造成伤害的普通的故意犯的情形;(2)以出于暴行罪的故意而实施的暴力为原因,被害人因而受伤的"暴力致伤"这种暴行罪之结果加重犯的情形。——译者注

就止于构成胁迫罪与过失致伤罪。[1]

问题是,隐瞒自己患有性病的事实而与他人性交,或者欺骗对方使之喝下加入了病菌的饮料的,如何处理此类行为?在对方实际发病的情况下,认定行为人构成伤害罪不成问题。但是,这是否属于非因暴力引起的伤害呢?这关系到其他相关问题的解决:如果对方没有发病,是否还能被认定为暴行罪?造成对方伤害,并以此为手段夺取财物的,能否构成抢劫罪?关于这一点,有以下几种观点:(1)使他人感染病菌或病毒的行为,当然属于施加物理力(有形力),应当被认定为暴力(大谷26頁、曽根17頁);(2)由于此类行为不能被认为是物理力的作用,因而并非暴力(内田38頁、中森14頁、高橋50頁);(3)虽然是施加物理力的行为,但由于存在对方的同意,不能被视为暴力(小暮等37頁〔町野朔〕、平野168頁、山中46頁)。判例持第(2)说或第(3)说,认为隐瞒患有性病的事实与他人性交,并使之感染病毒的,属于非因暴力引起的伤害(最判昭和27·6·6刑集6卷6号795頁〔53〕)。但是,首先,就第(3)种观点而言,如前所述,在"有关法益的错误"的场合,被害人的同意是无效的,因而很难以这种同意作为根据来否定这类行为属于暴力;其次,就第(2)种观点而言,该说似乎是将暴力理解为暴力性的行为,但进行这种限定的根据并不明确。更进一步而言,例如,让被害人喝下加入了病菌的饮料,使其腹痛,进而夺取了财物的,如果认为该行为不属于暴力,就难以认定为抢劫罪、抢劫致伤罪,这自然是不妥当的。在这种场合,既然不能否认行为人施加了物理力,应该还是第(1)种观点更为可取。由此可见,使对方喝下加入了病菌的饮料的,即便对方偶然没有发病,也应当成立暴行罪。

典型判例

·最决平成24·1·30刑集66卷1号36頁〔49〕判定,"对在医院工作期间或者研究期间的被害人,被告通过让其摄取安眠药等方式,造成其在长达大约6小时或者2小时的时间内,出现意识障碍以及伴有筋络弛缓作用的急性药物中毒症状,因此这属于不良改变被害人的健康状况,引起其生活机能障碍的行为,认为各个案件均成立伤害罪是相当的"。最高裁判所的本决定认为,人的意思活动也属于身体的"生理机能"的一部分,因而引起意识障碍也相当于不良改变健康状态、引起生活机能障碍的情形,并以此为理由判定成立伤害罪。在本案中,意识障碍的状态长达大约6小时或者2小时,对于认定成立本罪也是很重要的考量因

〔1〕 关于这一点,参见前述暴行罪中有关是否要求有身体接触的相关解说。

素。另外,在通过让对方摄取安眠药而完成昏醉抢劫罪或者准强制性交等罪的场合,由于可以说,造成被害人意识障碍这一点已经被包括地评价在昏醉抢劫罪或者准强制性交等罪之中,因此,对基于这些犯罪而实施的抢劫致伤罪或者强制性交等致伤罪而言,对暂时性的意识障碍,就有将其理解为不属于"伤害"的余地。

·被告违法监禁被害人,由监禁行为以及作为监禁手段的暴力、胁迫造成的结果是,不仅达到了被害人感到暂时性的精神痛苦以及心理负担的程度,而且能认定达到了引发所谓 PTSD 的程度,对此,**最决平成24·7·24 刑集 66 卷 8 号 709 頁**〔52〕认为,"引起精神机能障碍的情形也属于刑法所谓伤害是相当的",进而判定成立监禁致伤罪。精神机能也属于身体机能的一部分,因而"精神机能的障碍"也被包含在身体的生理机能障碍之中,本决定正是以此为理由,推导出引发 PTSD 属于"伤害"这一结论。对"伤害"该当性的判断,被害人的精神症状不是"感到暂时性的精神痛苦以及心理负担的程度",而是达到了引发已经作为疾病概念确立下来的 PTSD 的程度,这一事实是很重要的(参见辻川靖夫「判解」『ジュリスト』1482 号 84 頁)。

四、伤害致死罪

伤害身体,因而致人死亡的,处 3 年以上有期惩役(第 205 条)。

本罪是暴行罪以及伤害罪的结果加重犯。由于伤害罪是暴行罪的结果加重犯,因而,本罪成为暴行罪的双重的结果加重犯。成立本罪,以加重结果与暴力行为或伤害行为之间存在相当的因果关系,并且,行为人对加重结果存在预见可能性(过失)为必要。但是,判例认为,不以对加重结果存在预见可能性为必要(参见最判昭和 46·6·17 刑集 25 卷 4 号 567 頁)。

另外,根据平成 7 年(1995 年)的刑法部分修正,删除了伤害尊亲属致死罪(第 205 条第 2 款)。

五、现场助势罪

当实施前两条的犯罪(伤害罪、伤害致死罪)时,在现场助势的,虽然没有亲手伤害他人,也应处 1 年以下惩役或者 10 万日元以下罚金或科料(第 206 条)。

《刑法》第 206 条规定,在伤害的现场"助势的",处 1 年以下惩役或者 10

万日元以下罚金或科料。这一法定刑比伤害罪的帮助犯的处断刑（参见第204条、第63条）还轻，那么，其立法宗旨就成为问题。根据判例的解释，本条处罚的是单纯的助势行为，应当与帮助特定正犯的从犯区别开来（大判昭和2·3·28刑集6卷118頁〔57〕）。其真正的立法宗旨现在未必清楚，但是，在伤害的现场，煽动争斗双方打架的，也应适用本条，这可能意味着，应以精神帮助的对象是否特定作为标准。对本罪性质，学界分为两种观点：(1)一种观点认为，伤害行为现场的一些帮助行为，是基于起哄看热闹的群众心理而实施，本罪正是以此为理由而特别减轻其刑罚的犯罪类型（团藤417頁、福田153頁、小暮等45頁〔町野朔〕）；(2)另一种观点认为，如果是伤害的帮助行为，就理应作为伤害罪的从犯来处罚，没有理由特别予以减轻，因此，本条处罚的是，那些不属于伤害之帮助，而只是在现场煽动打架斗殴的行为，进而支持判例的立场（大塚31頁以下、吉川29頁、平野169頁、井田64頁、松原57頁）。但是，我们不得不说，在伤害的现场针对争斗双方的煽动行为，仍然属于精神上的帮助行为，因此，第(1)种观点是妥当的。[1]

---

〔1〕 对此，松宫42頁以下认为，"本条承继了旧《刑法》第306条，处罚的是'在现场的单纯的助势行为'。需要注意的是，本条的法定刑的上限，要轻于伤害罪或伤害致死罪的从犯（第62条、第63条）。为此，判例与多数说都认为，本罪针对的是，不构成伤害罪或者伤害致死罪的从犯的行为，而在成立从犯时，就不是构成本罪，而是仅构成伤害罪或者伤害致死罪的从犯。""反之，也有少数说认为，考虑到围观起哄者的群众心理，本罪旨趣在于，与普通的从犯相比，从轻处罚伤害罪或者伤害致死罪的从犯（团藤417頁、西田第6版45頁）。""但是，成立本罪，只要是'在现场助势'即可，无须证明对于伤害或者伤害致死结果存在推动作用，此外，群众心理未必能减轻行为人的罪责。少数说的问题在于，作为其前提，会过于扩大从犯的成立范围。应当说，多数说更为妥当"（王昭武等译·松宫各论36页）。

对此，山口49頁认为，"从结论上看，应该认为，现场助势罪，是以在伤害罪或者伤害致死罪的犯罪现场所实施的帮助及其实行未遂形态，作为其从轻处罚的对象。其根据就在于，考虑到了现场助势者所持有的看热闹心理，而减轻其责任（小暮等45頁〔町野朔〕还着眼于，心理帮助这种加功对正犯行为的帮助程度有限。然而，既然诸如提供凶器等物理帮助，也能称之为'助势'，就不应将其排除出现场助势罪的适用范围）。但是，若像后一种学说（团藤417頁、小暮等45頁〔町野朔〕）所主张的那样，其处罚对象仅限于可构成帮助犯的行为，那么，作为处罚前提，就应举证该行为对伤害或者伤害致死的结果发挥了促进作用，同时，在实施吵架争斗之际，帮助了'一边倒'地处于劣势地位的受害方的，就只能是不具有可罚性（后一学说认为，不宜将这种行为也作为处罚对象，这本身有一定道理。但不容忽视的是，通过助势被害方，最终也有可能反而导致被害方遭受侵害的结果）。并且，法律条文也仅以'助势'为要件。对于以从众心理作为从轻处罚根据的观点，会有批判意见提出，本罪并没有将基于从众心理这一点作为成立要件，然而，根据罪刑法定主义的要求，既然创设了基于一定理由认可从轻处罚这一规定，那么，只要符合实定法上所设定的要件，包括成立帮助犯的情形在内，理应一并从轻处罚"（王昭武译·山口各论54页）。——译者注

六、同时伤害的特例

二人以上实施暴力伤害他人的,在不能辨别各人暴力所造成的伤害的轻重或者不能辨认何人造成了伤害时,即便不是共同实行者,也依照共犯的规定处断(第 207 条)。

(一)立法旨趣

A、B 共谋对 C 实施暴力,造成 C 的身体一处或几处受伤的,由于 A、B 是共犯关系,即便无法查明究竟是由 A 的行为还是由 B 的行为造成了 C 的伤情,A、B 均应对 C 的所有伤情承担罪责。与此相反,在同时犯的场合,亦即,在 A、B 未经意思联络,同时对 C 实施暴力,使 C 负伤,但无法查明该伤害结果究竟是由 A 还是由 B 的暴力所造成的场合,根据"疑罪从无(in dubio pro reo)"(疑罪做有利于被告人的处理)的原则,A、B 都只能构成暴行罪。为了避免出现这种不合理现象,第 207 条规定了同时伤害的特例。虽然也有学者认为,这一条文有违宪之嫌(平野 170 頁),[1]但是,行为人实际实施了有造成伤害之危险的暴力,而且,如果仅仅是暴行罪的行为人,他是完全有可能提出反证的,反过来,要检察官证明其中某人是造成伤害的行为人则十分困难,考虑到这些,就可以肯定第 207 条的规定的合理性(参见松尾浩也『刑事訴訟法〔下〕〔新版補正第 2 版〕』〔弘文堂 1999 年〕24 頁)。

(二)"依照共犯的规定处断"的含义

所谓"依照共犯的规定处断",是指推定各人的暴力与伤害结果之间存

---

〔1〕 例如,松宫 44 頁就认为,"这是试图以下述形式来实现'举证责任的倒置':在各人的暴力与被害人的伤害结果之间因果关系不明时,如果各人能够证明,自己的暴力与被害人的特定伤害结果之间没有因果关系,便不追究针对该伤害的罪责。但是,这种做法是在罪责证明存有疑问之时处罚被告,因而有违反'疑罪从无'之嫌。正因如此,欧洲诸国多设置了'集团暴力'这种特别的构成要件,且其法定刑要轻于伤害罪(《德国刑法》第 231 条等)。旧刑法也曾试图通过减轻刑罚以缓解矛盾,现在仍然有必要在此方向上调整现行《刑法》第 207 条的规定"(王昭武等译 · 松宫各论 37 页)。

又如,山口 50 頁认为,"本条并非是推定存在共犯关系的规定。因为,对共犯关系的举证责任予以倒置,究竟是否存在合理根据,这本身就是一个疑问。而且,'即便不是共同实行者',也就是说,即便确实不存在共犯关系,也仍然要适用本条,显然,要将其理解为,是有关推定存在共犯关系的规定,就过于牵强。退一步而言,即便能将本条理解为是有关共犯关系的推定规定,那么,就算行为人能成功举证,自己的暴力与伤害结果之间不存在直接因果关系,但只要行为人不能进一步举证不存在共犯关系,就伤害结果而言,仍然会被追究罪责,这并不妥当。""本条规定无疑是从正面肯定,其中的某人应承担'莫须有的罪责',姑且不论这是否违宪(平野 170 頁),这种规定本身是否合理,也存在疑问。因此,从立法论上讲,应该废止本规定;从解释论上看,应尽量朝着限制其适用范围的方向进行解释"(王昭武译 · 山口各论 55 页)。——译者注

在因果关系，通过这种推定将举证责任转换至被告人。因此，只要行为人不能证明该伤害不是由自己的暴力所引起，就要承担伤害罪的罪责。

与此相反，也有观点认为，本条并非对因果关系的推定，而是对共同正犯关系、意思联络的推定（西原 17 頁、大谷 34 頁）。如果将本条的适用范围限定于类似于共犯的案件，这种观点具有一定的合理性。但是，往往更容易证明不存在意思联络，因此，我们很难说，立法宗旨就是要推定行为人之间存在意思联络。而且，由于本条规定的是“即使不是共同实行者，也依照共犯的规定处断”，因此，应当认为，本条是以既便不存在共同正犯关系也仍然适用为前提的。

（三）适用要件

显然，本条是“疑罪从无”这一原则的例外，因此，对其适用要件应当作严格解释。

第一，检察官必须举证，行为人的暴力足以造成该具体的伤害结果。例如，在出现刀伤的情况下，检察官就应当证明，行为人当时确实持有刀具。第二，外形上必须与共犯相类似。亦即，只要不具有能被评价为同时犯的暴力在时间、场所上的同时性或接续性，原则上，就不能适用本条（札幌高判昭和 45・7・14 高刑 23 巻 3 号 479 頁〔59〕）。不过，即使没有时间上或场所上的接续性，但两名被告驾驶载有被害人的车辆前往某地，在行驶过程中，两人分别下车对被害人施加暴力的（福岡高判昭和 49・5・20 刑月 6 巻 5 号 561 頁）；又如，A、B 两人对受害者施加的第一次暴力，与由 C 施加的第二次暴力之间，尽管在时间上间隔 1 小时 20 分钟、在地点上间隔 20 公里，但在 A、B 用车绑架被害人 X 至第二现场的过程中，曾与 C 保持联系，而且，A、B、C 三人在同一公司工作，对 X 实施暴力的动机也是相同的，像这种在社会一般观念上可以将 A、B 的第一次暴力与 C 的第二次暴力视为在同一机会下实施的系列行为的场合（東京高判 20・9・8 判タ1303 号 309 頁），都可以适用本条之特例。

（四）适用范围

判例将本条的适用范围扩大至伤害致死罪（最判昭和 26・9・20 刑集 5 巻 10 号 1937 頁〔60〕）。有力观点支持判例态度（団藤 419 頁、藤木 202 頁、香川 383 頁、山口 51 頁、井田 65 頁）；甚至还有观点主张，应该将本条的适用范围扩大至抢劫致伤、抢劫致死（小暮等 44 頁〔町野朔〕）。但是，考虑到本条属于例外规定，而且，条文采取的是“伤害他人的”这一表述，我们还是应该认为，本条仅适用于伤害罪（通说）。

另外，本条是否也可能适用于承继的共犯，同样是一个值得研究的问题。

例如,A 对 C 实施暴力之时,B 中途参与进来共同实施暴力,结果使 C 负伤,但无法查明 C 的伤害结果是不是由 B 参与进来之后的暴力所引起的,在该场合下,如果认为 B 承继了 A 的行为及结果,那就不会有什么问题,但是,如果否定这一点,B 的罪责就止于暴行罪。在下级裁判所的判例中,有判例虽然否定承继的共犯,但却暗示有适用本条的可能性(大阪高判昭和 62・7・10 高刑 40 巻 3 号 720 頁〔62〕),还有判例直接肯定本条的适用(大阪地判平成 9・8・20 判タ995 号 286 頁〔63〕。林 57 頁、山口 52 頁[1]也是同样旨趣)。[2] 的确,由于第 207 条是为了处理类似共犯的现象而作出的特别规定,当然可以适用于存在共犯关系的承继的共犯的情形,这种观点也是有可能成立的;并且,如果第 207 条的适用范围可以扩大至抢劫致伤、强奸致伤的情形,那么,承继的共犯的问题就几乎得到了解决。但是,这样解释也仍然留有疑问。因为,第 207 条是针对谁也不对伤害结果承担罪责的情形所作的例外规定,而在承继的共犯的场合,至少先行为人要承担伤害罪的罪责。考虑到本条属于例外规定,对其适用范围的扩张,还是应当慎之又慎(山中 62 頁、高橋 58 頁、松原 63 頁)。

典型判例

・最决平成 28・3・24 刑集 70 卷 3 号 1 頁〔61〕是有关第 207 条的重要判例。大致案情为,被告 A、B 自 6 时 50 分左右至 7 时 10 分左右,对被害人实施了第一次暴力;其后,被告 C 自 7 时 50 分左右又对被害人实施了第二次暴力,结果致使被害人因急性硬膜下血肿而死亡。尽管第一次暴力与第二次暴力均有可能造成急性硬膜下血肿的伤害,但无法查明究竟是哪一次暴力造成了急性硬膜下血肿的伤害。对此,最高裁判所

---

〔1〕 山口 51 頁以下认为,"下一问题是,对承继的共犯是否也有可能适用本条。例如,在 A 正对 V 实施暴力之时,B 出现在现场,并与 A 一起实施暴力,结果致 V 受伤,但无法判明该伤害结果究竟是因 B 参与前的暴力所引起还是因 B 参与后的暴力所引起,在此情形下,通过设想存在 B 参与之前由 A 所实施的暴力 a 以及 B 参与之后由 A 与 B 所共同实施的暴力 b,就有认定适用本条之可能(大阪地判平成・8・20 判タ995 号 286 頁判定适用本条)。由此可见,只要能肯定本条的存在合理性,就完全可作出适用本条这一解释。相反,出于否定本条的存在合理性,从而主张限制本条适用范围的立场,就有可能解释为,在此情形下,至少可肯定 A 成立伤害罪,也并不是没有任何人对此承担伤害罪的罪责,因而应否定适用本条(大阪高判昭和 62・7・10 判時 1261 号 132 頁否定适用本条),但这种解释在保持罪刑均衡上是存在疑问的"(王昭武译・山口各论 57 页)。——译者注

〔2〕 另外,还有判例虽肯定成立共犯的脱离,但仍根据本条,判定脱离者成立伤害罪(名古屋高判平成 14・8・29 判時 1831 号 158 頁)。应该说,后半部分的结论是不妥当的。参见西田総論 373 頁。

认为,“《刑法》第207条规定了同时伤害的特例,该条是鉴于在二人以上施加暴力的场合,很多时候难以确定究竟是哪一暴力造成了伤害,因而才特别规定,即便无法举证该场合存在共犯关系,也例外地依照共犯的规定处断。作为适用该条规定的前提,要求检察官能够证明,各个暴力行为是具有造成该伤害结果之危险性的行为,以及各个暴力是在外形上可以被评价为等同于共同实行的状况之下所实施,亦即,各个暴力是在同一机会之下所实施的。如果能够证明这一点,那么,行为人只要不能证明自己参与的暴力没有造成该伤害结果,对该伤害结果就无法免责”,在此基础上,最高裁判所进一步明确地提出,“在属于《刑法》第207条之适用前提的前述事实关系已经得以证明的场合,各行为人只要不能证明,没有造成以自己参与的暴力为死因的伤害,那么,按照本条规定,各行为人就应该对该伤害结果承担罪责,而且应对以该伤害为原因而发生的死亡结果承担罪责”。

本决定在明确第207条之立法旨趣的基础上,明确提出了适用该条的两点条件:(1)各个暴力行为是具有造成该伤害结果之危险性的行为;(2)各个暴力是在外形上可以被评价为等同于共同实行的状况之下所实施(能够被评价为同一机会之下的犯罪行为)。而且,通过对属于死因的伤害结果适用本条规定,就能认定各行为人成立伤害致死罪,这一点也再次得到了本决定的确认。另外,在本案中,由于被告C的第二次暴力是很严重的暴力行为,即便因第一次暴力已经造成了急性硬膜下血肿的伤害,也能认定第二次暴力更进一步地强化(加重)了这种伤害,因此,不管怎样,第二次暴力都与死亡结果之间存在因果关系。不过,即便被告C不适用第207条,也要承担伤害致死罪的罪责,仍然还是未能明确究竟是第一次暴力还是第二次暴力引起了急性硬膜下血肿(因此,在不适用第207条的场合,在没有引起急性硬膜下血肿这一前提之下,A、B就不过是承担伤害罪的罪责;而且,C也是在恶化了已经造成的急性硬膜下血肿,提前了死期这一评价的限度之内,进行量刑判断)。对此,有观点认为,也许是出于这种结论并不合适这种考虑,本决定才判定,“即便是像本案那样,能够肯定各个暴力与死亡结果之间存在因果关系的场合……应该说也无碍于本条的适用”(有关本决定,参见細谷泰暢「判解」『ジュリスト』1515号96頁、安田拓人「判批」『法学教室』430号150頁、小林憲太郎「判批」『判例時報』2323号169頁、橋爪隆「同時傷害の特例について」『法学教室』446号116頁,等等)。

第四节 危险驾驶致死伤罪

实施下述行为,因而致人伤害的,处15年以下惩役;致人死亡的,处1年以上有期惩役:

(1)受酒精或者药物的影响,在难以正常驾驶的状态下驾驶汽车的行为;

(2)以难以控制行进的高速度驾驶汽车的行为;

(3)无控制行进的技能而驾驶汽车的行为;

(4)以妨害人或者车辆的通行为目的,进入行驶中的汽车的近距离前,明显接近其他通行中的人或车,且以可能产生重大交通危险的速度驾驶汽车的行为;

(5)故意无视红灯信号或者与之相当的信号,且以可能产生重大交通危险的速度驾驶汽车的行为;

(6)在禁止通行的道路上行驶,[1]且以可能产生重大交通危险的速度驾驶汽车的行为(《有关处罚因驾驶汽车致人死伤行为等的法律》第2条)。

一、概述

本罪是平成13年(2001年)刑法部分修正(法第138号)时增设的罪名,当初被规定为《刑法》第208条之二,平成19年(2007年)(法第54号)又对本罪进行了部分修正。随着平成25年(2013年)另外制定了《有关处罚因驾驶汽车致人死伤行为等的法律》,在扩大本罪的对象行为的同时,本罪被从刑法典中分离出来,被规定在该法之中(有关本次刑法部分修正,参见保坂和人「自動車の運転により人を死傷させる行為等の処罰に関する法律について」『警察学論集』67卷第3号43頁以下)。

与一般的过失驾驶致死伤罪相比,对因危险驾驶汽车而引起死伤结果的情形,本罪规定加重处罚。判例认为,业务过失致死罪与违反《道路交通法》的犯罪属于并合罪(数罪并罚)的关系(最大判昭和49·5·29刑集28卷4号114頁)。但即使是按并合罪处理,也难以应对由酒后驾驶、鲁莽的高速行驶等造成的恶性、重大交通犯罪频发的现状,而且,行为人是故意地实施危险驾驶行为,如果关注这一点,就会发现,此类行为的性质比过失犯更为严重。实际上可以认为,这是一种可以按照由暴力引起的伤害、伤害致死罪对待的

〔1〕 这里所谓"禁止通行的道路",是指政令规定,按照道路标记或道路标示,或者按照其他法令的规定,属于禁止汽车通行的道路或者道路的一部分,如果在该道路或者道路的一部分上通行,会给人或者车辆造成交通危险。

犯罪，同时，考虑到被害人的情感与一般预防的需要，也存在要求对此类犯罪在一定程度上予以重罚的呼声，这也是此次立法的主要理由。本罪不属于过失犯罪，而应该是按照伤害罪或者伤害致死罪对待的犯罪。为了明确本罪的这一犯罪性质，在平成 25 年（2013 年）的刑法部分修正之前，本罪是作为第 208 条之二被规定在伤害犯罪这一章。而且，由于是危险驾驶行为，考虑到一次事故往往有可能引起多人死伤，本罪没有设置罚金刑。

然而，危险驾驶行为归根结底只是相当于暴力，而并非等同于暴力。为此，危险驾驶致死罪的法定刑也并非第 205 条的 3 年以上有期惩役，而是 1 年以上有期惩役。此外，作为本条第 4 项所规定的妨害驾驶的典型例子，往路边挤靠行驶中的其他车辆的行为、（通过蛇形驾驶）挑逗其他车辆的行为等，只要行为人不以物理接触为目的，即便这种行为相当于胁迫，也并非暴力。按照本书的这种观点，本条就应当被理解为，其中有一部分实质上规定的是胁迫致死伤罪。

另外，随着《有关处罚因驾驶汽车致人死伤行为等的法律》的施行，对那些虽然不能被谓为与此前的危险驾驶致死伤罪中的危险驾驶具有同等危险性，但能够认定比过失驾驶致死伤罪具有更为恶劣的性质与更高的危险性的行为，该法第 3 条规定了新的危险驾驶致死伤罪，在此前的危险驾驶致死伤罪与过失驾驶致死伤罪的法定刑的中间位置，设置了该罪的法定刑；而且，对那些出于防止饮酒驾驶被发现的目的而实施规避行为的情形（例如，为了避免酒后驾驶被发现，而继续饮酒或者直接驾车逃逸），该法第 4 条也设置了新的犯罪类型。本节也会简单论及这些犯罪。

二、结果加重犯

作为故意的危险驾驶行为，本条类型化地规定了下述六类行为：(1)酩酊驾驶；(2)控制困难驾驶；(3)技能不熟练驾驶；(4)妨害驾驶；(5)无视红灯信号驾驶；(6)禁止通行道路行驶。与这些行为相对应，《道路交通法》所规定的犯罪有：(1)酒后驾驶（第 65 条第 1 款、第 117 条之二第 1 项）、疲劳驾驶等（第 66 条、第 117 条之二之 2 第 7 项）；(2)违反最高限速（第 22 条、第 118 条第 1 款第 1 项）、违反安全驾驶义务（第 70 条、第 119 条第 1 款第 9 项）；(3)无证驾驶（第 64 条、第 117 条之二之 2 第 1 项）、违反安全驾驶义务（第 70 条、第 119 条第 1 款第 9 项）；(4)在禁止超车插入区域超车插入（第 32 条、第 120 条第 1 款第 2 项）、实施共同危险行为（第 68 条、第 117 条之三）、违反安全驾驶义务（第 70 条、第 119 条第 1 款第 9 项）；(5)无视信号（第 7 条、第 119 条第 1 款第 1 项之二）；(6)违反禁行规定（第 8 条第 1 款、第

119 条第 1 款第 1 项之二)。因此,从形式上可以说,本条之罪,大体上是违反《道路交通法》的犯罪的结果加重犯。但应当注意的是,作为本条犯罪之前提的基本犯,即使是在这些违反《道路交通法》的行为中,也是具有高度危险的故意的违反行为。

此外,判例认为,结果加重犯的成立,只要求加重结果与行为之间存在因果关系即可,不以行为人主观上对加重结果存在过失为必要(最判昭和 26 · 9 · 20 刑集 5 卷 10 号 1937 頁〔60〕)。在这一点上,立法机关也持同样立场。为此,例如,因路人突然窜出来而引发事故,像这种因与危险驾驶行为无关的其他原因而引起事故发生的情形,一般被认为是缺乏因果关系(井上宏「自動車運転による死傷事犯に対する罰則の整備等について」『ジュリスト』1216 号 39 頁),但从理论上讲,也完全可以解释为不存在过失。〔1〕

三、行为

作为危险驾驶类型,本条列举了六类驾驶、通行行为。前三类行为是,在难以按照驾驶者的意思切实控制汽车行进的状态下的危险驾驶行为(第 1 项至第 3 项);后三类行为是,即便驾驶者控制汽车运行本身没有问题,但在与特定的对方或者特定的场所、状况发生关系的情形下,存在很高危险性的危险驾驶行为(第 4 项至第 6 项)。

(一)酩酊驾驶类型

本类型,是指因受酒精或者药物的影响,在难以正常驾驶的状态下驾驶汽车,因而致人死伤的犯罪(東京地八王子支判平成 14 · 10 · 29 判タ1118 号 299 頁、千葉地松户支判平成 15 · 10 · 6 判時 1848 号 159 頁,是对因酒精而陷入酩酊状态造成事故的情形判定成立本罪的判例)。所谓药物,不以麻药、兴奋剂等管制药物为限,还包括诸如辛纳或安眠药等,那些具有使人产生"难以正常驾驶的状态"这种药理作用的物品。仅仅是《道路交通法》上的醉酒驾驶罪(《道路交通法》第 65 条)所规定的"有不能正常驾驶之虞的状态"还不够,必须达到受酩酊状态的影响,已经处于难以注视前方、把握方向盘或者控制离合器这种身心状态。关于这一点,例如,被告人在深度酩酊状态下,因不注视前方而导致撞车事故,对此,由于被告驾车直至案发现场,一路并未因碰撞而发生物损事故,因而一审没有认定本条之诉因,而是认定成立属于预备诉因的业务过失致死罪(平成 19 年〔2007 年〕刑法部分修正之前的第 211

---

〔1〕 有关本条的适用情况,参见白井智之「危険運転致死傷罪の運用状況と適用上の問題点について」『警察学論集』56 卷 5 号 138 頁以下。

条第1款）（福冈地判平成20・1・8判夕1268号330頁）。但控诉审撤销了一审判决，认为“所谓受酒精影响而造成的难以正常驾驶状态，是指因受到酒精的影响，处于难以实际按照道路以及交通状况而实施相应的驾驶操作的身心状态，这样理解是相当的”，在此基础上，进一步指出，“实施驾驶自家车辆所需要的相应驾驶操作，对被告人而言虽然是有可能的，但由于注视前方所必要的视觉搜索能力的降低，使之难以注视前方，处于直到非常接近前方车辆时才能认识到前方车辆的状态，属于难以实际按照道路以及交通状况而实施相应的驾驶操作（的情形），因而能认定其是在受酒精影响而造成的难以正常驾驶状态下，引起了本案事故”，进而判定成立本罪。对于被告人提出的上告，最高裁判所基于下述理由驳回了上告（最决平成23・10・31裁時1543号363頁〔64〕。不过，判决书同时添附了田原睦夫裁判官的反对意见），应该说，最高裁判所的判决是妥当的。具体而言，最高裁判所的理由在于，“所谓《刑法》第208条之二第1款前段〔刑法修正之前〕的‘受酒精影响而造成的难以正常驾驶的状态’，一般被理解为，因受到酒精的影响处于难以按照道路交通状况等实施相应的驾驶操作的身心状态，那种因受酒精的影响，无法通过注视前方而切实把握所存在的危险并进行相应处置的状态，应该说，就相当于这种状态。”“根据前面的探讨可知，本案案情为，处于饮酒酩酊状态的被告人在直行道路上高速驾驶普通轿车的过程中，直到非常接近前方车辆之时，才发现前方车辆，从而与前方车辆发生追尾，并且，因追尾撞击而使得该车辆从桥上坠入海中，最终沉入海中造成死伤结果。发生追尾的原因是，被告人在直到注意到前方车辆之前的大约8秒钟的时间内，始终没有注视前方，或者是因为，即便注视了前方，但处于无法发现前方车辆的状态之下，不管是因这两种原因中的哪一原因所引起，都能认定，处于因受到酒精的影响，无法通过注视前方而切实把握所存在的危险并进行相应处置的状态，并且，也能认定，行为人对这种状态是存在认识的，因此，应该说，被告人是在受酒精影响而造成的难以正常驾驶状态之下驾驶自家车辆，因而致人死伤。原判决判定被告人成立危险驾驶致死伤罪，在结论上是相当的。”

即便是因摄取酒精等，再加上疾病或疲劳的影响，才导致了难以正常驾驶的状态，仍无碍于被认定为，受到了酒精等的“影响”。不过，这里要求的是，行为人整体上处于难以正常驾驶的状态之下，因而，受酒精等的影响，只是在事发当时的一瞬间，因踩急刹车迟了一点而引发事故的情形，就不应包括在内。而且，由于醉酒导致处于“打瞌睡”的状态，结果因无视红灯，在十字路口造成死伤事故的，就不属于后述“无视信号驾驶”类型，仍应认定为这里的“酩酊驾驶”类型。

本罪的基本犯是故意犯,因此,以行为人对自己处于"难以正常驾驶的状态"存在认识为必要。不过,不能以行为人的所谓"我没事"这种"自说自话"的判断,来否定其对自己处于"难以正常驾驶的状态"存在认识。例如,出现意识朦胧、行走困难、其他人提醒他不要开车,只要行为人对这种为"难以正常驾驶的状态"奠定基础的事实存在认识即可。另外,判例认为,饮酒时有驾驶意思的,即便驾驶时责任能力已经(因饮酒而)降低,根据原因自由行为的法理,也不能适用《刑法》第39条(最判昭和43・2・27刑集22卷2号67頁)。[1]

(二)控制困难驾驶类型

本类型,是指以难以控制行进的高速度驾驶汽车,因而致人死伤的犯罪。所谓"难以控制行进的高速度",是指因车速过快,难以按照当时的道路状况而实施相应的驾驶。具体而言,是指因道路处于冰雪冻结、急转弯或者路面狭窄等状态,或者车辆处于性能欠佳、超载等状态,仍然以稍有操作失误就可能使自己的车辆偏离车道进而发生事故的速度行驶。[2] 例如,在处于冰雪冻结状态的道路上高速行驶,因不可能刹车而引起死伤事故的情形;尽管是急转弯但由于未减速,车速超过该弯道的极限回旋速度,为此冲上人行道或者进入对向车道而引发事故的情形;等等(例如,长野地判平成16・3・17LEX/DB28095248、大阪地判平成16・3・30 LEX/DB28095255)。不过,即便是直线车道,但如果路面本身起伏很大,由于加上了与车速相对应的冲击,因而使自己的车辆冲出车道之外的,这种情形也可认定成立本罪。事实上,对于以时速超过90公里的高速度在中央地带隆起的桥上行驶时,因汽车颠簸跳起,在着地时无法控制车辆,使得车辆失去控制,撞上路边隔离栏,造成坐在车内的1人死亡、2人负伤的案件,就有判例在肯定成立本罪的基础上,进一步指出,本罪所谓"难以控制行进的高速度",是指"即便是行驶途中的短时间的(危险的高速度的)车速,只要当时处于难以按照道路状况进行相应驾驶的状态,就属于此(难以控制行进的高速度),无须在相当程度的时

[1] 《刑法》第39条〔**心神丧失与心神耗弱**〕:"心神丧失者之行为,不罚"(第1款);"心神耗弱者之行为,减轻其刑"(第2款)。——译者注

[2] 例如,金沢地判平成14・9・25判タ1123号283頁就认定成立本罪。该案大致案情为,在一般道路的弯曲的下坡处,以150公里的时速驾车,猛烈撞上路边树木,造成车内的其他人死亡。对于同类案件,釧路地北见支判平成17・7・28判タ1203号300頁也认定成立本罪。对于在限速40公里的一般道路的左转弯处,在酒后驾驶的状态下以70公里的时速行驶的案件,千葉地判平成16・5・7判タ1159号118頁则否定成立本罪,判定成立业务过失致死伤罪。该判决的旨趣在于,是否属于"难以控制行进的高速度",应根据客观情况来判断,至于"已经饮酒"这种个人情况,则不予考虑。对于该案的评析,参见西田典之「判批」『刑事法ジャーナル』3号84頁。

间内以危险的高速度行驶”（東京高判平成 22・9・28 判タ1352 号 252 頁）。相反，在住宅区街道因超速驾驶，未能避让行人而引发事故的，还不能说是“难以控制行进的高速度”，因而不构成本罪。

本罪的基本犯也是故意犯，必须对为“难以控制行进”奠定基础的事实存在认识。例如，必须对车体的摇摆或难以控制方向盘，或者就当时的道路状况而言车速过快等事实存在认识。

（三）技能不熟练驾驶类型

本类型，是指在并不具有控制汽车行驶的技能的情况下驾驶汽车，因而致人死伤的犯罪。所谓“无控制行进的技能”（无驾驶技能），是指没有基本的汽车操作的技能。原则上是指行为人无驾驶执照，但有执照而长期无驾驶机会的所谓“本本族”，也可包括在内。反之，有驾驶经验、技能，但无驾照或者驾照已被吊销的，就不包括在内。本罪的基本犯也是故意犯。

（四）妨害驾驶类型

本类型，是指以妨害人或车辆的通行为目的，明显接近通行中的人或者车辆，并且，以可能造成重大交通事故的车速驾驶汽车，因而致人死伤的犯罪。“进入行驶中的汽车的近距离前”这种行为只是一种例示。具体而言，一般是由行为人通过越位超车、实施“逼靠（往路边挤靠行驶中的其他车辆）”“挑逗（左右摇摆行驶）”、驶入反向车道等行为，使其他车辆的驾驶者出现操作失误而引发死伤事故。对方的“车辆”除汽车之外，还包含助动车、自行车等轻型车辆。所谓“以妨害人或者车辆的通行为目的（妨害的目的）”是指行为动机，亦即，使对方为了避免发生撞车而采取紧急的避免措施等，可以说是具有妨害对方自由且安全通行的积极的意图。因此，基于某种事由而不得已越位超车时，即便行为人认识到会妨害对方通行，也不构成本罪。例如，因类似于追逐竞驶的行为，造成两车相撞，其中一台车辆被撞入对向车道，又与反向来车相撞的（東京高判平成 16・4・13 判時 1890 号 156 頁）；试图从后方高速超车，结果与前面的车辆相撞的（静岡地判平成 18・8・31 判タ 1223 号 306 頁）；试图越位超车，致使被害车辆不得不急忙打方向盘，最终撞上路边的路标杆的（佐賀地判平成 19・5・8 判タ1248 号 344 頁），这些行为都构成本罪。所谓“可能产生重大交通危险的速度”，是指妨害行为的结果是，一旦与对方接触就会造成重大交通事故这样的车速。[1] 一般情况下，在低速行驶的场合，不能说这种场合类型性地具有引起重大交通事故的高度危

---

〔1〕 有观点认为，如果以每小时 20～30 公里的车速行驶，就满足了这里的速度要件（参见井上宏「自動車運転による死傷事犯に対する罰則の整備等について」『ジュリスト』1216 号 41 頁）。

险,因而,对本罪行为也附加了这种速度要件。

(五)无视红灯信号驾驶类型

本类型,是指故意(特意地)无视红色信号或者与之相当的信号(参见《道路交通法》第6条第1款、《道路交通法施行令》第4条与第5条),且以可能产生重大交通危险的速度驾驶汽车,因而致人死伤的犯罪(认定成立本罪的判例有,大阪高判平成15・8・21判タ1143号300頁、津地判平成15・10・29判時1848号159頁)。所谓“故意(特意地)无视”,不仅是指已经认识到是红灯的情形,还包括根本没有遵守红色信号之意思的情形,亦即,“是指没有遵守红灯信号的意思。即便对正处于红灯状态并无确定的认识,由于原本就没打算遵守信号相关规定,因此,毫不在乎信号状态,即便是红灯也照闯不误的行为,也应该包括在内”(最决平成20・10・16刑集62卷9号2797頁〔65〕)。相反,未看到红色信号,或者信号变换时对红色信号的存在只有未必的认识等场合,则不构成本罪。对“可能产生重大交通危险的速度”这一要件,参见前述解说。例如,行为人无视红灯信号驶入逆向车道,试图以20公里的时速右转,结果与正常左转的车辆相撞,致对方受伤的,对此,最高裁判所也判定行为人成立本罪(最决平成18・3・14刑集60卷3号363頁〔66〕)。

(六)禁止通行道路行驶类型

本类型的危险驾驶行为是平成25年(2013年)的刑法部分修正追加的。本罪,是指在禁止通行的道路上行驶,并且,以可能产生重大交通危险的速度驾驶汽车,因而致人死伤的犯罪。所谓“禁止通行的道路”,“是指政令规定,按照道路标记或道路标示,或者按照其他法令的规定,属于禁止汽车通行的道路或者道路的一部分,如果在该道路或者道路的一部分上通行,会给人或者车辆造成交通危险”,具体而言,在单向行驶车道或高速公路上逆行,或者在禁止车辆通行或供行人专用的人行道上驾驶车辆的,就属于这里所谓“在禁止通行的道路上行驶”(参见《有关处罚因驾驶汽车致人死伤行为等的法律之施行令》第2条)。规定这种危险驾驶类型的旨趣在于,对其他通行者而言,由于他们是基于“应该不会有车辆驶入”这种信赖而正常通行,因而无法期待他们会采取避免危险的措施,在此意义上,在那些“在禁止通行的道路上行驶”的行为之中,被法律规定为处罚对象的是,限于那些类型性地具有高度危险性或者性质恶劣的行为类型。对“可能产生重大交通危险的速度”这一要件,参见前述解说。

另外,对“无视红灯信号驾驶类型”而言,由于不应将所有“信号转换之际”违反红灯信号的行为均认定为危险驾驶行为,因而设置了“故意(特意地)无视”这一要件,但对“禁止通行道路行驶类型”而言,由于很难想象禁止通行与否会像信号灯那样短时间内发生改变，因而没有设置“故意（特意地）无视”这一要件。因此，作为本罪的主观要件，只要对自己在“禁止通行的道路”上，以“可能产生重大交通危险的速度”行驶存在认识即可（对“禁止通行的道路”，只要对其意义存在认识即可，想必不以对受到政令的规制这一点存在具体认识为必要）。

四、新的危险驾驶致死伤罪[1]

受酒精或者药物的影响，处于行驶中有碍正常驾驶之虞的状态，仍驾驶汽车，因而，因受到该酒精或者药物的影响，陷入难以正常驾驶的状态，致人伤害的，处 12 年以下惩役，致人死亡的，处 15 年以下惩役（《有关处罚因驾驶汽车致人死伤行为等的法律》第 3 条第 1 款）。

受政令所规定的有碍驾驶汽车的疾病的影响，处于行驶中有碍正常驾驶之虞的状态，仍驾驶汽车，因而，因受到该疾病的影响，陷入难以正常驾驶的状态，致人死伤的，与前款同（同法第 3 条第 2 款）。

（一）《有关处罚因驾驶汽车致人死伤行为等的法律》第 3 条第 1 款

《有关处罚因驾驶汽车致人死伤行为等的法律》第 3 条第 1 款规定的危险驾驶罪的实行行为是，“受酒精或者药物的影响，处于行驶中有碍正常驾驶之虞的状态，仍驾驶汽车”的行为。不过，成立本罪还要求，其后，行为人“因受到该酒精或者药物的影响，陷入难以正常驾驶的状态”，并且在该状态之下引起了死伤结果。与《有关处罚因驾驶汽车致人死伤行为等的法律》第 2 条第 1 项规定的危险驾驶致死伤罪（酩酊驾驶类型）相比较，两者客观上均要求，是在“难以正常驾驶的状态”之下引起死伤结果。不过，在第 2 条第 1 项的场合，在“难以正常驾驶的状态”下驾驶汽车的行为被规定为实行行为，因而行为人必须对此存在认识；反之，在第 3 条第 1 款的场合，作为实行行为与结果发生之间的因果过程，要求行为人当时处于“难以正常驾驶的状态”，因而不要求行为人对此存在认识或者预见，作为故意的内容，只要对前一阶段即“处于行驶中有碍正常驾驶之虞的状态”驾驶汽车存在认识即可。这样，不需要举证证明行为人对“难以正常驾驶的状态”存在认识，这一点是第 2 条

[1] 松宫 56 頁将本罪命名为“准危险驾驶致死伤罪”。具体而言，“随着 2013 年的法律修正，作为准照于危险驾驶致死伤罪中的酩酊驾驶类型的行为，《驾驶汽车致死伤行为处罚法》第 3 条设置了新的犯罪类型。虽然不是本罪的正式罪名，但一般俗称‘准危险驾驶致死伤罪’。其法定刑重于驾车过失致死伤罪与《道路交通法》上的酒驾（带酒气驾驶）等的并合罪加重，但轻于危险驾驶致死伤罪”（王昭武等译 · 松宫各论 49 页）。——译者注

第1项规定的危险驾驶致死伤罪(酩酊驾驶类型)与第3条第1款规定的危险驾驶罪之间的重要区别。

“受酒精或者药物的影响,处于行驶中有碍正常驾驶之虞的状态”,是指虽未达到“难以正常驾驶的状态”,但处于与通常情形相比,驾驶汽车所必须具备的注意力、判断能力或者操作能力有相当程度减退的危险性的状态,或者有变成这种危险性状态之具体可能性的状态。在“受酒精的影响”的场合,只要身体中的酒精含量达到了《道路交通法》之酒后驾驶罪(带酒气驾驶罪)所要求的程度,通常就被认定为“处于行驶中有碍正常驾驶之虞的状态”。

(二)《有关处罚因驾驶汽车致人死伤行为等的法律》第3条第2款

《有关处罚因驾驶汽车致人死伤行为等的法律》第3条第2款规定的危险驾驶罪的实行行为是,“受……疾病的影响,处于行驶中有碍正常驾驶之虞的状态,仍驾驶汽车”的行为。与第1款一样,成立本罪也要求,行为人此后“陷入难以正常驾驶的状态”,并且在该状态之下引起了死伤结果。本罪中的“疾病”,限于“政令所规定的有碍驾驶汽车的疾病”,具体而言,呈现一定症状的综合失调症、低血糖症、抑郁症、睡眠障碍,以及有再发之虞的癫痫症、贫血性昏迷就属于这里的“疾病”(参见《有关处罚因驾驶汽车致人死伤行为等的法律之施行令》第3条)。这里不是一律根据病名来判断,而是要求根据一定的症状等,来判断是否存在驾驶汽车所必须具备的注意力、判断能力或者操作能力减退的可能性。

五、驾驶过失致死伤逃避发现酒精等影响罪

受酒精或者药物的影响,处于行驶中有碍正常驾驶之虞的状态,仍驾驶汽车者,在懈怠驾驶上必要的注意,因而致人死伤的场合,出于逃避其驾驶当时的酒精或者药物的影响之有无或者程度被发现的目的,实施进一步摄取酒精或者药物的行为,或者离开现场以降低身体中所含有的酒精或者药物之浓度的行为,或者其他逃避发现其影响之有无或者程度的行为的,处12年以下惩役(《有关处罚因驾驶汽车致人死伤行为等的法律》第4条)。

受酒精或者药物的影响而实施了该当于危险驾驶致死伤罪之行为者,又实施了逃离现场等行为,其结果是,控方无法对其受酒精等的影响程度进行举证,对于这种情形,我们无法以危险驾驶致死伤罪处罚行为人,对其只能从轻处以过失驾驶致死伤罪与《道路交通法》上的违反救护义务罪,从而会出现“逃逸获利”的结果,此前,这一点一直受到诟病。鉴于此,本罪正是为了应对这种“逃逸获利”的问题而特别增设的犯罪类型,其以妨碍就酒精等的

影响收集证据这一妨碍行为本身作为处罚根据。不过,本罪原则上是以致人死伤作为处罚根据,因而本罪的保护法益被理解为,主要是人的生命或者身体,然后再次要地保护刑事司法职能这一法益。[1]

本罪是下述三个行为的结合犯:(1)“受酒精或者药物的影响,处于行驶中有碍正常驾驶之虞的状态,仍驾驶汽车”;(2)“懈怠驾驶上必要的注意,因而致人死伤”;(3)“逃避其驾驶当时的酒精或者药物的影响之有无或者程度被发现”的行为。因此,完全没有参与第(1)个行为与第(2)个行为,而仅参与了第(3)个行为的,对该后行为人如何处理,就属于是否成立承继的共同正犯的问题。由于后行为人的行为与已经发生的死伤结果之间没有因果关系,因而不能认定其成立本罪的共同正犯,限于“逃避……被发现”的逃避行为本身能够被评价为“隐灭有关他人的刑事案件的证据”(《刑法》第 104 条)的情形,可以将其作为隐灭证据罪的正犯予以处罚。

本罪的“逃避……被发现”的逃避行为的典型例子是,“进一步摄取酒精或者药物的行为,或者离开现场以降低身体中所含有的酒精或者药物之浓度的行为”。具体而言,就“进一步摄取酒精或者药物的行为”而言,在实施“摄取”行为当时即成立本罪;就“离开现场以降低身体中所含有的酒精或者药物之浓度的行为”而言,重要的不是“离开现场”这一行为本身,而是离开现场的结果是,经过一定时间,体内的酒精浓度发生了变化,因此,只有在行为人离开现场之后,经过能够一定程度上降低酒精浓度的时间,在该时间点才能认定达到本罪既遂。

六、与他罪之间的关系

(一)与违反《道路交通法》的犯罪之间的关系

即便作为本罪基本犯的危险驾驶行为违反了《道路交通法》的规定(例如,醉酒驾驶),由于违反《道路交通法》的行为已完全被本罪所包括,因此,应该被认定为,属于因吸收关系而形成的法条竞合关系,仅成立本罪。

(二)本法内部之间的关系

作为《有关处罚因驾驶汽车致人死伤行为等的法律》第 2 条第 1 项规定的酩酊驾驶的结果,陷入“难以正常驾驶的状态”,并且,故意(特意地)无视该条

---

〔1〕 详见岸毅「過失運転致死傷アルコール等影響発覚免脱罪(自動車運転死傷処罰法 4 条)の実務的運用について」『警察学論集』69 巻 1 号 126 頁以下、橋爪隆「過失運転致死傷アルコール等影響発覚免脱罪について」山口厚・佐伯仁志・今井猛嘉・橋爪隆編『西田典之先生献呈論文集』(有斐閣 2017 年)506 頁以下,等等。

第5项的红灯信号,造成致人死伤的事故的,对此应当认为,仅成立第2条的包括的一罪。不过,第3条第1款的危险驾驶致死伤罪,具有补充第2条第1项规定的危险驾驶致死伤罪(酩酊驾驶类型)的性质,因此,成立第2条第1项的犯罪的,就不再成立第3条第1款的犯罪。出于同样的理由,成立第2条第1项或者第3条第1款的危险驾驶致死伤罪的,也不再成立第4条的"逃避发现罪"。

(三)与暴行罪、伤害罪之间的关系

即便是危险驾驶行为本身同时也构成了暴行罪,由于可以认为,危险驾驶致死伤罪属于第204条、第205条的特别类型,因而应该认定成立本罪(排除适用伤害罪、伤害致死罪的规定)。当危险驾驶行为本身同时也构成伤害罪之时,也应当作同样的理解。[1]

第五节　准备凶器集合罪、准备凶器聚集罪

在二人以上以共同加害他人的生命、身体或者财产为目的而集合时,准备凶器或者知道有此准备而集合的,处2年以下惩役或者30万日元以下罚金(第208条之二第1款)。

在前款情形下,准备凶器或者知道有此准备而聚集他人的,处3年以下惩役(同条第2款)。

一、概述

昭和31年(1956年)前后,经常发生暴力团之间的争斗,一些"流氓"("雅库扎")打架斗殴时,往往会有相当数量的人事先准备凶器并集结起来,因而经常引发事端导致人心惶惶,但是却没有相应的法律规定来事先抑制此类犯罪。本条正是为了应对这种事态,于昭和33年(1958年)与第105条之二(威逼证人罪)一同增设的规定。进入昭和40年代(1965年至1974年)之后,本条也被广泛适用于因学生运动激化而引起的过激派学生团体与警察机动队以及过激派学生团体相互之间的冲突,因而又产生了一些复杂的解释问题。

二、保护法益、罪质

从法条表述以及条文位置来看,本罪是持凶器的集团针对他人的生命、

---

〔1〕有观点认为,存在伤害之故意的,不是构成本条之罪,而是应构成第204条、第205条之罪(参见井上宏「自動車運転による死傷事犯に対する罰則の整備等について」『ジュリスト』1216号42頁)。

身体、财产实施共同加害行为的预备犯罪。因而，可以说，本条是针对身体、财产的犯罪的特别预备罪。但是，立法的过程表明，本罪由于是持凶器的集团之间的争斗，同时也会卷入不特定或者多数人的生命、身体、财产这种法益，使之面临遭受侵犯的危险，因而，本罪也具有公共危险罪的性质。[1] 尽管学界有力观点优先考虑本罪的预备罪性质，但判例认为，本罪“不仅是将个人的生命、身体或财产，而且，也把公共社会生活的平稳安宁作为保护法益”（最判昭和58·6·23刑集37卷5号555頁〔广告中心案〕〔69〕），可以说，相对更为重视本罪之公共危险罪这一性质的立场已经确定下来。

三、保护法益的归结

保护法益论的对立，会在以下几点上导致具体结论上的差异。[2]

（一）犯罪的终了时点

本罪是继续犯，只要集合状态仍然在持续，犯罪也持续存在，这没有争议。问题在于，如何确定本罪的终了时点，即着手实行了作为（集合或者聚集之）目的的加害行为之后，是否仍然持续成立本罪？弄清这一点，对于判断争

〔1〕也有学者将本罪定位于纯粹的公共危险罪，参见藤木83頁以下、中193頁以下。

〔2〕由于本罪具有复合性（预备罪性以及公共危险罪性），那么，在适用本罪时，根据究竟是重视“公共危险罪的性质”还是重视“预备罪的性质”，会导致不同的结论。判例的态度为：第一，有关犯罪的终了时间，只要准备凶器集合的状态仍在继续，就继续成立准备凶器集合罪，即便在着手实行加害行为之后，这一点仍然妥当（最决昭和45·12·3刑集24卷13号1707頁〔清水谷公园案〕。東京地判昭和43·4·13判時519号96頁是本案的一审判决，出于本罪具有预备罪性这一理解，认为开始加害行为之后，即应否定成立本罪）；第二，有关本罪与加害行为所构成之罪的罪数问题，两罪应属于并合罪（最决昭和48·2·8刑集27卷1号1頁）；第三，有关凶器，应以是否属于“社会一般观念上足以让人产生危险感的工具”为标准来判断（最决昭和45·12·3刑集24卷13号1707頁〔清水谷公园案〕）；第四，迎击对方来犯的迎击形态也可成立本罪，其时，并不一定以客观上存在对方来袭的盖然性或者紧迫性为必要，只要准备凶器集合的情况有害于社会生活的平稳即可（最判昭和58·6·23刑集37卷5号555頁〔广告中心案〕）（参见王昭武译·山口各论64页）。

相反，重视“预备罪性”的山口60頁的结论则是：第一，有关终了时间，只要进入加害行为的实行阶段，（即便将本罪理解为继续犯）就不再成立准备凶器集合罪，开始实行加害行为之后再参加者，尽管可成为加害行为本身的共犯，但不成立准备凶器集合罪；第二，有关准备凶器集合罪与加害行为之间的罪数问题，应属于牵连犯（《刑法》第54条第1款），因为，虽一般认为，预备罪被未遂或既遂所吸收（包括的一罪），但基于本罪所具有的公共危险罪性，就无法肯定预备罪被未遂或既遂所吸收；第三，要肯定成立迎击形态的准备凶器集合罪，从本罪的“预备罪的性质”来看，实行意思即便属于附条件的意思即附有对方来袭这一条件，也没有关系，倘若根本不存在对方来袭的可能性，就要否定具有实行意思，因而否定成立本罪；第四，即便立足于强调本罪的“预备罪的性质”的立场，由于有必要一并考虑本罪的公共危险罪性（不考虑这一点，便会对凶器概念毫无限定），应得出与判例相类似的结论（参见王昭武译·山口各论65页以下）。——译者注

斗或者斗殴开始后是否还可以以本罪逮捕参加者,以及争斗开始之后再参加集团者(包含不能举证是争斗开始前参与集团者)是否也可能构成本罪,这无疑是有意义的。按“预备罪说”,既然行为已发展到实行阶段,自然也就没有再成立作为预备罪的本罪之余地(平野171頁、大塚41、42頁、吉川33頁、齊藤誠二414頁、大谷46頁、中森23頁)。相反,按“公共危险说”,只要集团还存在,公共危险便仍然继续存续,发展到斗殴阶段后,更进一步增加了公共危险,因而,当然应当成立本罪(藤木86頁)。“清水谷公园案”的一审判决采取的是“预备罪说”,但最高裁判所采取的是“公共危险说”(最决昭和45·12·3刑集24卷13号1707頁〔清水谷公园案〕〔67〕〔71〕)。

(二)罪数关系

如果采取“预备罪说”,作为集合或者聚集之目的的加害行为如果构成伤害罪,那么,属于伤害之预备的本罪与伤害罪之间的关系是,本罪或者被伤害罪所吸收,或者至少属于牵连的关系(持这种立场的判例,参见大阪高判昭和47·1·24高刑25卷1号11頁)。反之,如果采取“公共危险说”,由于两者的法益不同,因而是并合罪(数罪并罚)的关系。最高裁判所就持后一种立场(最决昭和48·2·8刑集27卷1号1頁〔68〕)。

(三)是抽象危险犯还是具体危险犯

出于一旦对方来袭,就予以迎头痛击这种反击的目的而集合的,也能构成本罪,这没有问题。但是,按照“预备罪说”,如果完全没有对方来袭的客观可能性的,则不构成本罪(小暮等49頁〔町野朔〕、[1]曾根29頁)。相反,

〔1〕不是出于积极出击以实施加害行为的意图,而是出于在对方前来袭击之时予以迎击的意图的,在这种情况下,由于并不缺少共同加害的目的,因而也可成立本罪(最决昭和37·3·27刑集16卷3号326頁〔有关准备凶器聚集罪的判例〕、大阪高判昭和39·8·11下刑集6卷7=8号816頁)。但是,在意图实施可以被看作行使正当防卫权的迎击行为之时,由于是以合法行为为目的,就不能成立本罪(東京高判昭和50·8·27判時799号107頁)。因此,所预期的争斗行为在什么范围内可以被认定为正当防卫,就直接左右本罪的成立与否。对此,现在一般采取最高裁判所的判例观点,即“不只是简单地没有回避所预期的侵害,而且出于利用此机会积极地向对方实施加害行为的意思而实施侵害的,就已经没有满足侵害的紧迫性要件”(最决昭和52·7·21刑集31卷4号747頁)。最高裁判所的判例认为,在迎击形态下,要成立本罪,“并不一定以客观上存在对方来袭的盖然性或者紧迫性为必要,只要准备凶器集合的情况有害于社会生活的平稳即可”(最判昭和58·6·23刑集37卷5号555頁)。最高裁判所的理由在于,本罪属于也以公共社会生活的平稳作为保护法益的抽象的危险犯。但是,既然认为,他人的生命、身体、财产这种个人法益也同时属于本罪的保护法益,在完全没有袭击的可能性的场合,就不应认定成立本罪。这不单是行为人的主观意图的问题,也是“集合”的概念的问题。因为从客观情况来看,对上述这种个人法益不具有抽象的危险的数人的存在,还不能被称为本罪的“集合”(参见小暮等49頁以下〔町野朔〕)。——译者注

最高裁判所基于“公共危险说”的立场认为，本罪作为抽象危险犯，“并不一定以客观上存在对方来袭的盖然性或者紧迫性为必要，只要准备凶器集合的情况能够有害于社会生活的平稳即可”（最判昭和58・6・23刑集37卷5号555頁〔广告中心案〕〔69〕）。[1]

这样一来，可以说，认为本罪属于公共危险罪，这是判例已经确立的态度。从本罪条文在刑法典中的位置来看，不能无视其具有预备罪的性质，但如果考虑到本罪的立法沿革，判例的观点也存在一定合理性。不过，如果肯定本罪具有公共危险罪的性质，那么，只是形式上满足法条内容的，还不能直接肯定成立本罪，正如在“广告中心案”中团藤重光裁判官的补充意见所说的那样，我们更应该关注构成要件本身：“本案判旨以抽象的危险犯作为本罪性质，不仅在迎击形态下不以客观上存在对方来袭的盖然性或者紧迫性为必要这一消极层面具有意义，作为事关本罪成立要件的一般性问题，在下述积极层面也具有重要意义：综合考察并判断凶器的种类、数量、集合的人数、周边情况等行为当时的所有具体要素，必须是从定型性上看，这种行为的规模与样态能够让人感受到，具有侵害个人的生命、身体、财产以及公共社会生活的平稳这种抽象的危险……”

四、准备凶器集合罪（第1款）的成立要件

（一）准备的含义

准备凶器集合罪，是在有相当数量的人准备凶器，或者知道有此准备而集合的情况下成立的。如果对条文作形式上的解释，两人准备凶器而集合的，也可能构成本罪，但如果考虑到本罪具有公共危险罪的性质，虽然不要求人数达到骚乱罪（第106条）那样的“多众”的程度，至少也应该认为，集合在外观上必须达到足以危害公共安定的程度的人数。所谓“准备”，是指将凶器置于根据需要可以随时用于实施加害行为的状态之下（東京高判昭和39・1・27判時373号47頁）。因此，如果集合场所与准备凶器的场所是分开的，

---

〔1〕 本案大致案情为：被告人等属于所谓革命的共产主义者同盟的中坚派，与属于该派的很多人一起，出于在曾处于对立状态的“日本革命的共产主义者同盟革命的马克思主义派”（由革命的共产主义者同盟全国委员会分离而来）的成员前来袭击时，予以迎击，共同加害于对方的生命、身体这一目的，准备了铁管、撬棍、砖块、空可乐瓶等工具，自1994年2月3日至4日，聚集在位于东京都丰岛区东池袋的东京广告中心办公室内。对此，最高裁判所判定成立本罪。其判决理由为：不仅是个人的生命、身体或者财产，公共社会生活的平稳也属于准备凶器集合罪的保护法益，而且，本罪属于抽象的危险犯，要成立所谓迎击形态的准备凶器集合罪，并不一定以客观上存在对方来袭的盖然性或者紧迫性为必要，只要准备凶器集合的情况有害于社会生活的平稳即可。——译者注

明显难以(随时)用于实施加害行为的,就不能被称为这里的准备。

(二)凶器的含义

所谓"凶器",除了枪炮刀剑那种"性质上的凶器"之外,还包含根据使用方式的不同而有可能成为凶器的所谓"用法上的凶器"。如果将这种观点更进一步,那么,甚至连手巾、纽扣、针也能被包含在凶器之内,但是,由于本罪具有公共危险罪的性质,因而这里的凶器就必须是,集团准备的这种东西,在外观上足以使人产生危险感、不安感。判例也基于同样的观点判定,长约1米的木棒(最决昭和45·12·3刑集24卷13号1707頁〔清水谷公园案〕〔67〕〔71〕)、拳头大的石块(東京高判昭和50·2·28東時26卷2号48頁)、长3.8米的竹竿(京都地判昭和47·7·14刑月4卷7号1312頁)被认定为凶器;相反,长1.5米的旗杆、为让人看着是火焰瓶而装入杀虫剂的啤酒瓶(東京地判昭和45·7·11判タ261号278頁)、出于通过车辆相撞而杀伤对方的目的而让发动机处于待机状态中的翻斗货车(最判昭和47·3·14刑集26卷2号187頁[1]〔72〕),则被否定是凶器。

此外,在下级裁判所的判例中,也有判例认为,在以方材(四棱木材)作把柄的标语牌实际上被作为凶器的阶段,就能认定其具有凶器性,进而判定成立本罪(東京地判昭和46·3·19刑月3卷3号444頁〔73〕)。由于实际的案情是为了伪装隐蔽,虽然判例的结论本身是妥当的,但是,如果承认这种对凶器的所谓阶段性认定,[2]那么,连手帕、毛巾被用作凶器之时,也要被认定具有凶器性,也应该构成本罪,这显然是不妥当的。这种根据使用阶段来认定的所谓阶段性认定的做法,一方面对凶器的认定存在一定制约作用,另一方面又会扩大凶器概念的范围。实际上,还是应当将凶器限于,那些在集合的阶段原本就能让人感受到危险的东西。[3]

---

〔1〕 主要判决理由为,"不能被称为已经呈现出用作杀伤他人的工具的外观,比照社会一般观念,就不能称之为足以让他人产生危险感的东西。"——译者注

〔2〕 亦即,本来不是凶器的东西,只要被当作凶器使用,在使用阶段就具有凶器性,可以被认定为凶器。——译者注

〔3〕 对此,松宫49頁认为,"本罪所谓'凶器',包括性质上的凶器与用法上的凶器。性质上的凶器,是指原本就是以杀伤他人或者毁坏物品为目的而制作的工具,如手枪、刀剑等;用法上的凶器,是指原本不是以杀伤他人或者毁坏物品为目的而制作,但可以用于该目的的工具,如菜刀、锄头、铁锹、方材等。想象一下刀剑展示会即可明白,即便属于性质上的凶器,也并非可以无视行为的状况与背景,而直接认定为'凶器'。反之,即便是用法上的凶器,例如,只要想利用该工具来伤人,削尖了的铅笔也可以成为'凶器',因而要判断是否属于凶器,同样不能不考虑行为的状况与背景。因此,不仅需要该工具本身具有侵害人或物的可能性,还需要在二人以上出于'共同加害目的'而准备并集合时,按照社会一般观念,足以使人产生危险感"(王昭武等译·松宫各论41页)。——译者注

（三）共同加害目的

要成立本罪，以二人以上具有共同加害的目的为必要。由于加害的对象是他人的生命、身体、财产，因此，除了杀人、伤害、损坏器物之外，还包含妨害执行公务、放火等。并且，如前所述，不限于积极的加害目的，还包括迎击的目的。

知道（他人）准备了凶器而集合，但自己并不打算实施加害行为的，能否构成本罪呢？有观点认为，本条规定的是“二人以上……集合的”，因而，这属于构成要件的状况，只要行为人认识到这一点，即便行为人自己并无加害目的，也能构成本罪（团藤 422 頁）。从文理上来看，作这样的解释也是有可能的，但是，如果考虑到本罪也具有预备罪的性质，共犯的情形另当别论，至少实行正犯必须具有共同加害的目的。[1] 不过，并非一定要求具有实际实施加害行为的目的，只要有到争斗现场助势的目的即可。因此，没有去争斗现场的意思的，或者，即使去现场也不打算参与争斗本身的，就不构成本罪的正犯，最多只能被作为共犯来处罚。

（四）集合的概念

所谓集合，通常是指具有共同加害之目的者，准备凶器或者知道有此准备，在一定场所集结；集合之后产生共同加害目的，明知其他人准备了凶器，却没有脱离集团的，也属于集合（最决昭和 45・12・3 刑集 24 卷 13 号 1707 頁〔清水谷公园案〕〔67〕〔71〕）。然而，按照这样的解释，不可否认，和平集会中的部分人开始争斗之后，其他人只是继续滞留在现场的，也有被作为本罪的正犯或帮助犯受到处罚的危险。为了避免出现这种情况，就要求在认定有无共同加害目的或者帮助的意思时要特别谨慎。

（五）共犯

本罪也可能存在教唆犯、帮助犯，这是无可争议的。但是，关于所谓实行共同正犯，由于本罪是必要的共犯（集团犯），因而没有适用《刑法》第 60 条之必要。

另外，对共谋共同正犯，判例持肯定态度（東京地判昭和 63・3・17 判時 1284 号 149 頁），但在学说中，否定说也很有力（藤木 86 頁、内田 51 頁、大谷 48 頁、中森 22 頁）。如果否定共谋共同正犯理论本身，那自应另当别论，但如果肯定共谋共同正犯理论，就没有理由不同于其他犯罪，而仅对本罪做特

---

〔1〕对此，山口 61 頁认为，“行为人须具有‘共同加害他人的生命、身体或者财产的目的’（共同加害目的）。为了担保准备凶器集合罪的预备罪性，防止过度扩大其成立范围，该目的应属于必要要件。以（成为准备凶器集合罪之正犯的）各个行为人均有此目的为必要”（王昭武译・山口各论 68 页以下）。——译者注

别处理。[1]

五、准备凶器聚集罪(第2款)的成立要件

在构成准备凶器集合罪的情况下,准备凶器或者知道有此准备而"聚集他人的",就作为准备凶器聚集罪,被处以更重的刑罚。因此,只是准备凶器集合罪的教唆犯的,就不包括在内。所谓"聚集他人的",是指在集合状态的形成中发挥主导作用者。由于无须自己亲自实施集合他人的行为,因而,本罪也包括共谋共同正犯的类型。

第六节 过失致伤罪、过失致死罪

过失伤害他人的,处30万日元以下罚金或者科料(第209条第1款)。

过失伤害罪,告诉的才能提起公诉(同条第2款)。

过失致人死亡的,处50万日元以下罚金(第210条)。

懈怠业务上必要的注意,因而致人死伤的,处5年以下惩役或禁锢,或者100万日元以下罚金。因重大过失致人死伤的,亦同(第211条)。

懈怠汽车驾驶上必要的注意,因而致人死伤的,处7年以下惩役或禁锢,或者100万日元以下罚金。但伤害程度轻微的,可以根据情节免除其刑罚(《有关处罚因驾驶汽车致人死伤行为等的法律》第5条)。

一、概述

刑法典第28章规定的"过失伤害之罪",具体规定了过失致伤罪(第209条)、过失致死罪(第210条)、业务过失致死伤罪(第211条前段)、重过失致死伤罪(第211条后段)四个犯罪。重过失致死伤罪是昭和22年(1947年)刑法部分修正时增设的犯罪,主要是为了加强对人身的保护,并且,与昭和16年(1941年)由有关失火罪的第117条之二设立的业务过失、重过失之加重类型保持均衡。另外,昭和43年(1968年),随着汽车的大量普及(motorization),由此所引发的交通事故也急剧增加,为了应对这种局面,国会将业

〔1〕 就是否肯定共谋共同正犯,虽有下级裁判所的判例对此持肯定态度(東京地判昭和63·3·17判時1284号149頁),但反对说在学界仍属于有力学说(藤木第86頁、内田第51頁、大谷第51頁、中森第24页,等等)。只要对准备凶器集合罪不否定适用共犯规定,或者不否定共谋共同正犯理论本身,就应该支持肯定说(王昭武译·山口各论71页)。——译者注

务过失致死伤罪以及重过失致死伤罪的法定刑，从"3 年以下禁锢或者 1000 日元以下罚金"加重至"5 年以下惩役或禁锢，或者 1000 日元以下罚金"（另见平成 3 年〔1991 年〕刑法部分修正之前的《罚金等临时措施法》第 3 条）。另外，根据平成 3 年（1991 年）对罚金刑所作的全面修正，业务过失致死伤罪以及重过失致死伤罪的罚金刑被加重至 50 万日元以下，其后又根据平成 18 年（2006 年）的刑法部分修正，其罚金刑进一步加重至 100 万日元以下，同时，《刑事诉讼法》第 461 条（简易命令）的上限也由 50 万日元提升至 100 万日元。并且，根据平成 13 年（2001 年）的刑法部分修正，又增设了驾驶汽车过失致死伤罪（旧《刑法》第 211 条第 2 款），但随着平成 25 年（2013 年）《有关处罚因驾驶汽车致人死伤行为等的法律》的施行，驾驶汽车过失致死伤罪被从刑法典中分离出来，规定在该法之中，罪名也改为"驾驶过失致死伤罪"。

有关过失的含义，由总论来解释，这里仅解说业务过失、重过失的概念。

二、重过失致死伤罪

所谓"重大过失"，是指违反注意义务的程度非常严重。除了极容易预见结果的情形之外，还包含虽然只是存在结果的预见可能性，但由于醉酒等明显违反注意义务的原因而未能预见的情形（平野 89 頁）。

如后所述，在昭和 22 年（1947 年）增设本罪之前，由于已经扩大认定了业务过失的范围，因此，在增设本罪之后，实际上被认定成立本罪的案件并不多。判定属于重过失的判例主要有：在住宅区的马路上挥动高尔夫球棒，不幸击中骑车通过的妇女，致其死亡的案件（大阪地判昭和 61・10・3 判タ630 号 228 頁）；行为人骑自行车时，一只脚踩在踏板上一只脚在地上蹬，结果没有看见红灯，闯入人行横道上的人群中，致人伤害的案件（東京高判昭和57・8・10 刑月 14 巻 7 = 8 号 603 頁）；本属于病理性酩酊的体质，若饮酒至酩酊，陷入心神丧失或者心神耗弱的状态，就会对人实施暴力，明知自己有这种习癖，却仍然饮酒至酩酊状态，结果伤害他人的案件（原因自由行为。福岡高判昭和 28・2・9 高刑 6 巻 1 号 108 頁）；放养自己饲养的用于斗狗的狗，结果狗将两名幼女咬死咬伤的案件（那覇地沖縄支判平成 7・10・31 判時 157 号 153 頁）；等等。

三、业务过失致死伤罪

（一）加重的根据

关于业务过失加重刑罚的根据，存在以下两种相互对立的观点：（1）一种观点认为，因为与普通人相比，从事一定危险业务的业务人员被科以了更重的注意义务(最判昭和26・6・7刑集5卷7号1236頁、団藤432頁、大谷51頁);(2)另一种观点主张,因为业务人员通过反复持续地实施危险行为,从其知识、经验来看,本应该比普通人更容易预见、避免结果的发生,因而相应地其责任更大或者违法性程度更高(平野89頁、大塚45頁、内田61頁、小暮等54頁〔町野朔〕、内藤謙『刑法講義総論〔下〕Ⅰ』〔有斐閣1991年〕1166頁)。依照第(2)种观点,所谓业务过失,不过是重过失的一种类型,那么,业务上的轻过失就被降低为普通过失。但是,如果是这样的话,第211条在规定了重过失之外,再另外规定业务过失,就失去了意义。并且,我们也不能说,如果是从事业务的人员,就总是具有更高的结果预见可能性。如果这样来思考,姑且不论观点妥当与否,至少作为对现行法的解释,还是应当采取第(1)种观点。

(二)业务的含义

所谓业务,原本应该是指作为职业而反复持续地实施的危险行为。事实上,在早期的判例中,就存在把为了娱乐而实施的狩猎行为不认定为业务的判例(大判大正8・11・13刑録25輯1081頁)。但是,以驾驶汽车作为典型例子,随着非职业的危险行为的增加,判例扩大了业务的范围,其结果是,导致业务现在成了一个很难理解的概念。

根据最高裁判所的判例,所谓业务,是指"人基于社会生活上的地位反复持续地实施的行为,且这种行为具有对他人的生命、身体施加危害之虞"(最判昭和33・4・18刑集12卷6号1090頁〔74〕),而且,"还包括以防止针对他人的生命、身体的危险作为其义务内容的业务"(最决昭和60・10・21刑集39卷6号362頁〔77〕)。由此可见,业务包含三个要件:(1)基于社会生活上的地位;(2)有反复持续性;(3)对身体、生命存在危险的行为。[1]

但是,关于第(1)个要件,由于判例认为,为娱乐而驾驶汽车(大判昭和13・12・6刑集17卷901頁)、狩猎行为(最判昭和33・4・18刑集12卷6号1090頁〔74〕)也具有业务性,而且,不问业务合法与否,[2]因此,有力观点主张,无须该要件(植松272頁、団藤434頁)。实际上,可以说这一要件几乎

〔1〕对于这里所谓"业务"的概念,東京高判昭和35・3・22東時11卷3号73頁认为,"是指基于人的社会生活上的地位持续从事的事务,须伴有针对人的生命、身体的危险。对该事务应理解为,法规上以官厅发放的执照为必要的场合,不问有无此执照。因此,对于其性质上伴有某种程度的危险的驾驶普通轿车的事务,若存在被告人基于社会生活上的地位反复实施,或者虽然仅实施了一次,但具有此后继续反复实施的事实,即便被告人没有驾驶此类轿车的驾照,被告人仍属于以该驾驶为业者,这自不待言"。——译者注

〔2〕关于无证驾驶,参见大判大正13・3・31刑集3卷259頁;关于无证行医,参见福岡高判昭和25・12・21高刑3卷4号672頁。

已失去了限定作用，只不过在将家庭生活中的炊事和育儿等行为排除在本罪的业务之外这一点上，还有点意义。至于第(2)个要件，立足于把本罪视为重过失的一种类型的观点，就会要求，存在过去已实际反复持续这一事实(小暮等55頁〔町野朔〕、内藤謙『刑法講義総論〔下〕Ⅰ』〔有斐閣1991年〕1169頁)。的确，既然被称为业务，就应当将那种只实施一次的行为排除在外，[1]但只要是基于反复持续的意思而实施的行为，就可以被视为业务(福岡高宮崎支判昭和38・3・29判タ145号199頁〔76〕、大谷52頁、中森26頁)。另外，关于第(3)个要件，从本罪刑罚的加重根据来看，这属于本质性要件，应当将业务限于，类型性地对人的身体、生命存在危险的行为。因此，骑自行车等行为，就应被排除在业务之外。

四、驾驶过失致死伤罪

根据平成19年(2007年)的刑法部分修正(法第54号)，增设了驾驶汽车过失致死伤罪，与业务过失致死伤罪(第211条)的法定刑相比，其法定刑有所加重。立法的背景事实是：明明有可能构成酩酊驾驶类型的危险驾驶致死伤罪，但如果犯罪嫌疑人逃离事故现场，通过大量饮水之后，就可能出现，对是否处于"难以正常驾驶的状态"无法举证的情形；而且，如果只是驾驶时没有注视前方，即便因闯入幼儿园幼儿的队列造成大量幼儿死亡，也只是构成想象竞合，因此，批判意见提出，按照此前的法定刑，量刑未必能真正反映实际案情。作为此次立法的理论根据，可以想到的是：较之具有完备的自动化安全保障系统的列车与航空器，汽车驾驶完全取决于驾驶员个人的注意力；而且，由于汽车具有所谓"运动中的凶器"这种性质，因而特别对驾驶人科以了相对更重的注意义务。[2] 根据此次修正，汽车驾驶不限于"业务"的范围，这一点得以明确，但是，也急需对此前的"业务"概念进行修正。并且，如前所述，根据平成25年(2013年)的刑法部分修正，本罪被从刑法典中分离出来，被规定在《有关处罚因驾驶汽车致人死伤行为等的法律》之中，且本罪罪名也被改为"驾驶过失致死伤罪"。[3]

---

〔1〕对于仅限于驾驶汽车一次的案件，判定不属于业务的判例，参见東京高判昭和35・3・22東時11巻3号73頁〔75〕。

〔2〕参见伊藤栄二・江口和伸・神田正淑「刑法の一部を改正する法律について」『法曹時報』59巻8号27頁以下。

〔3〕对于本罪中的"汽车驾驶上必要的注意"，山口69頁认为，"是指自发动汽车至停车的驾车期间，所必要的注意义务。因此，停车行为也包括在驾驶之中，若违反停车上的注意义务，仍可成立本罪。不过，例如，停车之后，为了下车而开门的行为就不包括在驾驶之中，即便由此产生了致死伤的结果，也不成立本罪"(王昭武译・山口各论76页)。——译者注

另外,根据平成 13 年(2001 年)的刑法部分修正,设置了在"伤害程度轻微的"场合可以酌情免除其刑这一旨趣的规定,在平成 25 年(2013 年)的刑法部分修正之后,该规定被作为《有关处罚因驾驶汽车致人死伤行为等的法律》第 5 条但书保留下来。

典型判例

·被告因从事公司的外勤业务而驾驶汽车,在马路边停车之后,为了下车而打开驾驶座的车门之时,由于未充分留意右后方过来的车辆,结果与从右后方骑来的自行车发生碰撞,造成骑车人受伤,对此,**東京高判平成 25·6·11 判時 2214 号 127 頁**认为,"为下车而打开车门,被告的这一行为是附随于汽车驾驶的行为,是作为汽车驾驶业务的一环而实施",进而判定被告成立业务过失致伤罪。驾驶过失致死伤罪(《有关处罚因驾驶汽车致人死伤行为等的法律》第 5 条)处罚的是,自发动汽车至停车这一驾驶过程中违反注意义务的行为,因此,停车之后打开车门的行为显然不属于驾驶过失致死伤罪中的"驾驶",行为人的行为不能构成该罪。另外,本判决是以即便是停车之后,行为人作为业务者的地位仍然在持续为理由,判定被告成立业务过失致伤罪。

第三章 针对自由的犯罪

第一节 概 述

从宪法保障多种自由权就可看出，自由是仅次于生命、身体的重要法益。但是，刑法并非对所有自由都给予保护，而是非常“零散地”加以保护，原则上只对那些社会生活中的重要自由才予以保护。自由无疑是个人法益，但需要注意的是，这里对犯罪的分类，与其在刑法典中所处的位置有很大不同。

刑法典保护的自由包括：(1)意思决定自由（第 222 条、第 223 条〔胁迫、强要〕）；(2)身体移动的自由（第 220 条〔逮捕、监禁〕）；(3)身体移动的自由与身体的安全（第 224 条至第 229 条〔掠取诱拐〕）；(4)性的自我决定之自由（第 176 条至第 181 条〔强制猥亵、强奸〕）；(5)是否允许他人进入住宅、建筑物的自由（第 130 条〔侵入住宅〕）。其中，第(4)种自由与散发淫秽物等针对性风俗的犯罪，一同规定在刑法典第 22 章（猥亵、奸淫以及重婚之罪），但现在的通说将其分为两部分，认为强制猥亵、强制性交等犯罪是针对个人法益的犯罪，而散发猥亵物等犯罪（第 174 条、第 175 条、第 182 条、第 184 条）则是针对社会法益的犯罪。在刑法典中，第(5)种自由也被定位于公共危险罪。这是因为考虑到，侵入住宅、建筑物，可能会造成社会的混乱。[1] 但是，现在的通说将其定位于针对个人法益的犯罪，不过，认为其法益是对私生活的平稳与个人隐私的保护的观点也很有力。这一点留待后述。

另外，平成 17 年(2005 年)6 月，通过了有关侵害身体自由的犯罪的刑法部分修正（法第 66 号），并于同年 7 月 12 日开始施行。修正的主要内容是，增设买卖人身罪（第 226 条之二）以及与此相关的修正、其他罪名的法定刑的加重、相关条文的部分修正。

---

〔1〕 另外，昭和 22 年(1947 年)《刑法》部分修正之前，第 131 条规定了“侵入皇宫等罪”，这也是原因之一。

第二节　胁迫罪、强要罪

一、概述

胁迫罪,是指以加害他人的生命、身体、自由、名誉或财产相通告的行为。其保护法益不太明确。有观点认为是生命、身体的安全感与私生活的平稳(大谷82頁、中森48頁、山口73頁、山中134頁、高橋86頁)。的确,威胁对方只是为了自己取乐的所谓"愉快犯",也是有可能存在的。但是,实际上,胁迫通常具有某种目的。其目的明确的,往往成立强要、强制性交、抢劫、恐吓等罪,而在实际案件中,很多时候只是暗示某种要求而不明确表示出来。鉴于此,就应该理解为,胁迫罪是将这种要求的行为手段独立成罪,同时,也具有减轻举证责任的立法意图。如果只是把安全感或私生活的平稳作为本罪的保护法益,那么,告知吉凶祸福的,或者告诉对方"安放了炸弹"的,也有可能成为胁迫。但这与"以加害相通告"的法律规定不符。总之,胁迫罪原则上是针对意思决定自由的危险犯(井田123頁),与此相反,强要罪则是侵害意思决定自由、意思活动自由的实害犯。

二、胁迫罪

以加害生命、身体、自由、名誉或者财产相通告胁迫他人的,处2年以下惩役或者30万日元以下罚金(第222条第1款)。

以加害亲属的生命、身体、自由、名誉或者财产相通告胁迫他人的,与前款同(同条第2款)。

(一)危险犯

所谓胁迫,是指以足以使一般人感到畏惧的恶害相通告,虽要求对方实际认识到该通告,但不以对方实际产生了畏惧为必要(大判明治43·11·15刑録16輯1937頁〔78〕)。究竟是胁迫,还是未达到胁迫程度的骚扰挑逗行为,应当通过考虑通告的内容、对方的性别与年龄、周边的情况等因素来决定。例如,激烈冲突对立的双方中的一方给另一方邮寄明信片,尽管对方没有遭受火灾却写上"对您遭遇火灾深表同情",对此,判例认为,这就属于足以使一般人产生畏惧的胁迫行为(最判昭35·3·18刑集14卷4号416頁〔79〕)。

(二)加害的对象

加害的对象,是被通告方的生命、身体、自由、名誉、财产,贞操当然也包含在自由之中。通说、判例认为，告诉对方大家都将与其断绝来往（“村八分”、集团性的共同绝交），这也属于以加害对方的交往自由和名誉相通告的胁迫行为（大判明治44・9・5刑録17輯1520頁、大阪高判昭和32・9・13高刑10巻7号602頁〔83〕）。然而，考虑到现实社会生活情况，以及告知者也有不与对方交往的自由，应该说，通说、判例的观点是存在疑问的（大谷86頁认为，这属于毁损名誉罪或者侮辱罪的问题。但曾根54頁对此观点持反对态度[1]）。

本条第2款将加害对象扩大到，被通告方的亲属的法益。因为，这可以被等视为以加害其本人相通告。但是，将这种立法旨趣扩大到连处于姘居关系的“妻子”也包括在内（平川162頁），就难言妥当。[2] 另外，以加害第三者的法益相通告的，就不属于胁迫。例如，以抢夺银行的金钱为目的，将银行内的顾客作为人质，以“不给钱就杀死他”相威胁的行为，即便能构成恐吓罪或者抢劫罪等其他犯罪，也不成立胁迫罪。

关于威胁法人能否构成胁迫罪的问题，虽有部分学者持肯定态度（所《旧注釈刑法》248頁、野村稔「脅迫罪」西原春夫ほか編『刑法学〔4〕』〔有斐閣1977年〕107頁），但通说对此持否定态度。判例也认为，法人虽然可以成为毁损名誉或者侮辱的被害人（最决昭和58・11・1刑集37巻9号1341頁〔155〕），但胁迫罪是以人的意思活动的平稳或者意思决定的自由作为保护法益，因而，应否定成立针对法人的胁迫罪（東京高判昭和50・7・1刑月7巻7=8号765頁、大阪高判昭和61・12・16高刑39巻4号592頁〔80〕、高松高判平成8・1・25判時1571号148頁）。的确，如果认为本罪的保护法益是私生活的平稳、安全感，自然应将被害人限于自然人（山口75頁、[3]山中135頁、松宫95頁、高橋89頁、松原84頁）。但是，如果认为本罪是针对意思决定自由的危险犯，而法人也能通过法人的机关做出意思决定；并且，作为对“双罚制（双罚规定）”的解释，是肯定法人有犯罪能力的，既然可以将法人的机关的过失认定为法人的过失，那么，基于同样的理论构成，就应该认

〔1〕 曾根54頁认为，“对于意味着共同绝交的所谓‘村八分’，判例认为，这属于以告知会侵害对方自由或者名誉为内容的胁迫罪（例如，大判明治44・9・5刑録17輯1520頁）。也有观点对此持批判态度，但考虑到，‘村八分’有时候也会成为一种社会性制裁，带有直至将来都会否定被绝交者的生存权的现实效果，因而在与近邻正常交往的自由直至将来也会受到侵害这一意义上，是可以将其认定为以恶害相通告的”。——译者注

〔2〕 作为立法论，《改正刑法草案》第303条第2款将亲属的范围扩大到“密切关系人”。

〔3〕 山口75頁认为，“基于将安全感的侵害、危殆化理解为胁迫罪所固有的法益侵害的立场，由于不能承认法人具有这种安全感，就应支持否定说”（王昭武译・山口各论82页）。——译者注

为,也有胁迫法人进而成立胁迫罪的余地(明确肯定成立针对法人的胁迫罪、强要罪的观点,参见松澤伸「法人に対する脅迫・強要罪の成否〔1〕〔2・完〕」『早稲田法学』80巻2号1頁以下、4号69頁以下)。

(三)通告的内容

通告的内容,是针对所规定的法益的“予以加害的意图”。* 必须是将来的恶害,并且,告知者可以支配这种恶害。〔1〕因此,预告天灾、吉凶祸福的(例如,将受天谴),就不属于胁迫。另外,原则上来说,告知对方已经安放了定时炸弹的,也不包括在内。〔2〕预告第三者可能对其实施加害的,也不构成胁迫(広島高松江支判昭和25・7・3高刑3巻2号247頁〔81〕);不过,通告者告诉对方,自己能够影响加害之有无的,则另当别论(最判昭和27・7・25刑集6巻7号941頁)。

* “予以加害的意图”的含义　所谓“予以加害的意图”,是指此后可能实施加害,这意味着,是否加害是告知者可以左右的。其前提在于,根据胁迫者的意思,加害是存在避免可能性的。旧刑法规定的是,“以能给予加害而胁迫他人”,这一点就很清楚。因此,可以认为,胁迫罪是针对意思决定自由的危险犯。

值得研究的是,所通告的恶害内容本身是否必须违法?例如,通告对方自己要行使控告权,或者告发其违法行为的,这是否属于胁迫呢?对此仍存在争议。有力观点认为,通告合法事实的,这种行为不可能是违法的,因而,不属于胁迫(平野龍一「刑法各論の諸問題〔4〕」『法学セミナー』201号65頁;曽根55頁、中森49頁、山口76頁〔3〕),但判例、通说认为,无行使权利的

---

〔1〕亦即,加害必须是将来的恶害,通告内容必须是通告者本人可直接或间接地支配或左右是否引起该恶害(参见最判昭和27・7・25刑集6巻7号941頁、広島高松江支判昭和25・7・3高刑3巻2号247頁)。——译者注

〔2〕在离爆炸还有一段时间的场合,虽然也有可能被理解为属于告知者可以左右的恶害,但毋宁说,这种情形应构成威力妨害业务罪或者诡计妨害业务罪(属于虚假信息的,则可视为诡计)。

〔3〕山口76頁认为,“按照通说的观点,就会产生这样的问题:例如,犯罪行为的被害人通告犯罪人,自己要去‘告发’,这种情况也难免不构成胁迫罪。告发行为本身虽属于合法行为,但不能由此便认定通告行为也属于合法行为,因此,因适用通说所产生的并不妥当的结论,能否被违法性阻却所避免,可以说,这还是一个疑问。”“对于后述的强要罪(《刑法》第223条),此问题可作不同解释。这是因为,强要罪完全是针对意思活动自由的犯罪,安全感的侵害、危殆化并非其处罚根据。即便通告自己将要履行权利的行为不构成胁迫罪,倘若履行权利、与履行权利毫无关系的要求这二者联系在一起时,通告自己将要履行权利的行为就有可能侵害意思活动自由。例如,超市保安对实施了盗窃行为的某女性说,‘要把

真实意思，以让对方畏惧为目的的，可以视为胁迫（大判大正3・12・1刑録20輯2303頁〔82〕[1]）。[2]例如，对偷窃商店物品的妇女，以不与之性交就要去告发相威胁的，若不认定为胁迫，就明显不合理，因此，对这种滥用权利的情形，就应当认定为胁迫（山中137頁）。

（四）通告的方法

恶害的通告方法没有限制。无论是通过书面、口头还是举止，也不管是明示还是暗示均可，当然，也包含通过第三者转告的情形。出示凶器威胁对方"交钱！"的，是通过举止进行胁迫。对行为人亮出日本刀时，被害人为抓刀而负伤的案件，判例认为，"本案并非如所说的那样，抢劫犯没有施加暴力而仅仅是胁迫，而是抢劫犯通过暴力对被害人造成伤害的抢劫案件"，因而，应构成抢劫致伤罪（最决昭和28・2・19刑集7卷2号280頁〔41〕），这显然不当地扩大了暴力的概念。事实上，胁迫也是抢劫的手段，第240条（抢劫致死伤罪）的伤害只要是由抢劫的手段所产生即可（大阪高判昭和60・2・6高刑38卷1号50頁〔285〕），因此，判例的结论本身是正确的。但是，如果把日本刀拿出来威胁要杀被害人时，被害人试图逃跑而摔倒受伤的，如果行为人仅有胁迫的故意，就应当认为，不能成立作为暴行罪之结果加重犯的伤害罪。

三、强要罪

以加害生命、身体、自由、名誉或者财产相通告进行胁迫，或者使用暴力，使他人实施并无义务实施的事项，或者妨害他人行使权利的，处3年以下惩役（第223条第1款）。

你交给警察'，将此种行为也以胁迫罪来处罚，无疑是匪夷所思的，然而，若保安说，'你如果不答应今晚陪我，就把你交给警察'，那么，对于保安实施的要求对方陪自己的行为，就完全有可能以强要罪来处罚。学界以前的论争，并没有考虑到胁迫罪与强要罪在处罚要件上的差异（是否需要存在安全感的侵害、危殆化），因而可以说，这种论争本身并不充分（大谷教授以及西田教授所设想的具有当罚性的案件，那并非胁迫罪的案件，而是强要罪的案件）"（王昭武译・山口各论83页以下）。——译者注

〔1〕该判决在判决书的旁论指出，受到虚假告诉者，本没有马上向相关部门告发虚假告诉者犯虚假告诉罪的意思，却出于让虚假告诉者畏惧的目的，通告对方自己将要向有关部门告发，这种情形构成胁迫罪。——译者注

〔2〕对于这种通说、判例观点，批判意见认为，"害"本身并不构成犯罪，通告加"害"的行为却要构成犯罪，这是一种非常奇妙的结论。事实上，不能因为实施某种行为是合法的，就直接认定，通告对方自己将要实施此合法行为而使对方陷入不安、恐惧之中的行为，也是合法的。合法行为应该默默实施。更何况，暗示对方自己可以不实施某种合法行为，借此向对方提出某种要求，进而产生侵害对方的意志决定自由的危险，就不能说这也是合法的。事实上，在这种情况下，行为人一方面通告要实施合法行为，另一方面却以不实施该合法行为为条件，而侵害了对方的意志决定的自由（参见林79页）。——译者注

以加害亲属的生命、身体、自由、名誉或者财产相通告进行胁迫,使他人实施并无义务实施的事项,或者妨害他人行使权利的,与前款同(同条第2款)。

前两款犯罪的未遂,应当处罚(同条第3款)。

(一)手段

强要罪,是指以加害对方或者其亲属的生命、身体、自由、名誉、财产相通告进行胁迫,或者使用暴力,从而使对方实施并无义务实施的事项,或者妨害其行使权利的行为。本罪的保护法益是意思决定的自由、意思活动的自由。与无义务实施的行为的内容相对应,分别构成恐吓、抢劫、强制性交等罪之时,与本罪形成法条竞合关系,不成立本罪。

本罪的手段,包括胁迫与暴力。所谓胁迫,与胁迫罪中的胁迫的含义相同;暴力,只要是足以成为强要之手段的暴力即可,因此,不仅包括针对对方身体实施的暴力,只要是指向对方,对物暴力也包括在内。另外,第2款并未把针对亲属的暴力规定为强制手段,例如,如果对处在对方眼前位置的小孩施加暴力,在如果对方不接受行为人的要求,就会继续加害该小孩这一意义上,该暴力行为就应当被理解为第2款中的胁迫(中95頁)。[1]

有力观点认为,被胁迫或者被施加暴力的对方与被强要作为或者不作为者不必是同一人(大塚74頁、内田103頁、大谷90頁)。按照这种见解,甲以加害与乙没有亲属关系的丙相通告,强要乙作为或者不作为的,也要构成强要罪。但是,以加害第三者相通告,这种行为侵害意思决定自由的程度类型性地相对要低,并且,第223条(强要罪)第2款仅将加害对象的范围扩大至亲属,由此可见,这种观点是存在疑问的(中森50頁)。

(二)对象

同胁迫罪一样,通说认为,法人也不能成为强要罪的被害人。但是,与胁

〔1〕对于本罪的暴力,山口78頁以下认为,“暴力必须施加于被强要者。本罪规定暴力属于强要的手段,学界有观点着眼于这一点,主张还包括针对被强要者之外的第三者的暴力(大塚第73頁、内田第103頁,等等)、针对物的暴力(曾根55頁等)。但是,将针对第三者的暴力也包括其中,这会湮没针对第三者的胁迫仅限于亲属这一法律旨趣,并不妥当(针对亲属的暴力,在可将其评价为加害于被强要者的亲属的胁迫的限度之内,可认为是本罪手段行为);针对物的暴力,在可将其评价为针对被强要者的胁迫的限度之内,将其认定为本罪的手段行为即已足够……学界也有观点主张,胁迫、暴力不可达到压制被害人反抗的程度(大塚第72頁、山中敬一「行動(精神)の自由に対する罪」『刑法理論の現代的展開各論』47頁,等等),但没有必要作此限定解释。即便是在压制反抗、绝对强制的场合,也能肯定侵害了强要罪所保护的意思活动(行动)自由(根据具体情况,也有可能成立他罪,这另当别论)”(王昭武译・山口各论86页以下)。——译者注

迫罪不同的是,强要罪的保护法益显然是意思决定自由。法人在社会生活中也能成为财产权与社会名誉的主体。正因如此,胁迫法人的董事长勒索法人钱财的,被判定构成以法人作为被害人的恐吓罪(大判大正6・4・12 刑録23 輯339 頁);而且,判例还认为,针对法人,也可成立侮辱罪、毁损名誉罪(关于侮辱法人的案件,参见最决昭和58・11・1 刑集37 卷9 号1341 頁〔155〕)。这样,我们可以想见,法人可以通过其机关或者代表人,实施法人的意思决定,也可以根据法人的意思决定实施相应的法人行为,因此,完全有可能认为,法人也可以成为强要罪的被害人(山口79 頁、今井猛嘉「刑法における法人の地位」西田典之ほか編『刑法の争点〔第3版〕』〔有斐阁2000 年〕128 頁)。例如,以对法人的营业实施加害行为相通告,让其刊登道歉广告的,这类情形就是其适例。另外,后述《有关处罚人质强要等行为的法律》已经承认,法人也可成为人质强要罪的被害人。

(三)结果

所谓"使他人实施并无义务实施的事项",是指自己并无任何权利或权能,因而,对方也无相应的义务,却强制其作为、不作为或者忍受。例如,从数十分钟到几小时,让作为雇工的13 岁少女把盛满水的铅桶、木凳挂在胸前、顶在头上(大判大正8・6・30 刑録25 輯820 頁);毫无理由地让他人写下道歉信(大判大正15・3・24 刑集5 卷123 頁、大阪地判昭和45・1・29 刑月2 卷1 号70 頁);(没有理由地)令他人写检讨书(大阪高判昭和63・3・29 判時1309 号43 頁);等等。"妨害他人行使权利"的实例有:迫使他人中止控告(大判昭和7・7・20 刑集11 卷1104 頁)、迫使他人放弃参与体育比赛(岡山地判昭和43・4・30 下刑10 卷4 号416 頁),等等。〔1〕

本罪是实害犯,也处罚本罪的未遂行为(第3 款)。实施胁迫、暴力行为,但对方未满足其要求的,或者,与胁迫、暴力之间并无因果关系,而是出于其他动机,例如因怜悯而满足其要求的,就属于犯罪未遂。

---

〔1〕 山口79 頁以下提出,"争议在于,'并无义务''权利行使'中的义务、权利是否限于法律上的义务、权利。既有观点对此持肯定态度,也有观点持否定态度,转而主张通过对目的、手段进行实质性的比较衡量来判断。只要未被法律所禁止,行动自由就应受到保护,而且,只要未被法律所强制,不行动的自由也应受到保护,因此,权利不限于法律上的权利,义务则限于法律上的义务,这样理解更为合适"(王昭武译・山口各论87 页以下)。

松宫98 頁认为,"本罪所谓'义务''权利',不限于为法律所承认的义务、权利,还包括习惯法、不成文法上的义务、权利。而且,还应该认为,这里的'权利',还包括不违反公共福祉的'幸福追求权'(《宪法》第13 条)、'行动的自由'以及'秘密通信权'(《宪法》第21 条第2 款)等宪法上的人权"(王昭武等译・松宫各论79 页)。——译者注

四、人质强要罪

(一)含义

如前所述,甲通告乙,表示将要加害并非乙之亲属的丙,强要乙作为或者不作为的(第三者强要),按照现行刑法,无法处罚此类行为,为了弥补这种处罚漏洞,立法机关制定了《有关处罚人质强要等行为的法律》(昭和53年〔1978年〕法第48号)。该法源于《改正刑法草案》第307条,昭和52年(1977年)9月发生达卡事件*后,为了应对此类案件而制定了该法,昭和62年(1987年),为了与《有关绑架人质行为的国际条约》(昭和62年〔1987年〕条约第4号)相适应,又作了相应修正(法第52号)。

* 达卡事件　所谓达卡事件,是指昭和52年(1977年)9月,极端组织之一的日本红军在巴基斯坦(现在的孟加拉国)的达卡机场劫持了日本的民航航班,以乘客、机组人员为人质,要求日本政府提供600万美元的赎金,并释放被关押的极端组织(日本红军)成员的事件。日本政府作为超法规的处置措施,[1]满足了这些犯罪人的要求。此后,昭和62年(1987年),其中一名犯罪人在日本国内被捕,仅以违反了《关于处罚劫持航空器等的法律》(昭和45年〔1970年〕法68号)的罪名被起诉,而未以抢劫罪、勒索赎金目的掳取罪、强要罪进行起诉。另外,为了应对达卡事件等类似案件,立法机关对《关于处罚劫持航空器等的法律》作了部分修正(昭和52年〔1977年〕法82号),修正部分已被本法(《有关处罚人质强要等行为的法律》)第3条所吸收统括。

(二)人质强要罪

逮捕、监禁他人,将其作为人质,要求第三者实施并无义务实施的行为,或者不行使权利的,处6个月以上10年以下惩役(《有关处罚人质强要等行为的法律》第1条第1款)。

为要求第三者实施并无义务实施的行为或者不行使权利,以作为人质为目的,逮捕、监禁他人的,处6个月以上10年以下惩役(同条第2款)。

第2款之罪的未遂犯,应当处罚(同条第3款)。

《有关处罚人质强要等行为的法律》第1条(下述第2条、第3条也是如

〔1〕 对此,当时的日本首相福田赳夫发表了"人的生命重于地球"这一著名讲话,作为"超法规的措施",释放了6名在押囚犯。——译者注

此）所说的第三者，根据前述条约（《有关绑架人质行为的国际条约》）第 1 条第 1 款的规定，是指国家、政府间国际组织、自然人、法人、社会团体（団藤 467 頁）。[1] 反之，《改正刑法草案》第 307 条"人质强要"中的"第三者"是否包含法人，立法理由书则对此避而不谈（参见法务省刑事局編『改正刑法草案の解説』〔大蔵省印刷局 1975 年〕304 頁以下）。另外，《改正刑法草案》第 307 条，将控制对方"作为人质"的手段行为不限于逮捕、监禁，还扩大到了掠取、诱拐。正如下文所述，就逮捕、监禁罪而言，根据对保护法益的不同理解，婴儿也有可能不属于逮捕、监禁的对象，在此意义上，可以说，《改正刑法草案》第 307 条的规定更为合理。

（三）加重人质强要罪

二人以上共同作案，且出示凶器，逮捕、监禁他人，以作为人质，要求第三者实施并无义务实施的行为或者不行使权利的，处无期或者 5 年以上惩役（《有关绑架人质行为的国际条约》第 2 条）。

犯《关于处罚劫持航空器等的法律》第 1 条第 1 款之罪（劫持航空器等），以该航空器内的人员做人质，要求第三者实施并无义务实施的行为或者不行使权利的，处无期或者 10 年以上的惩役（《有关绑架人质行为的国际条约》第 3 条）。

（四）杀害人质罪

犯上述第 2 条、第 3 条之罪，杀害人质的，处死刑或者无期惩役（《有关绑架人质行为的国际条约》第 4 条第 1 款）。

犯罪未遂的，应当处罚（同条第 2 款）。

第三节 逮捕罪、监禁罪

一、保护法益

逮捕、监禁罪是针对他人身体移动场所的自由的犯罪。因此，作为其对象的"人"，只限于有移动场所之能力的自然人，婴儿与烂醉如泥者、因打麻醉药身体不能动的人等应排除在外。虽是残疾人，但能够借助机械等其他助力移动的，或者虽是婴儿，但能够依靠自己的力量移动的（京都地判昭和

---

〔1〕 另外，对于昭和 53 年（1978 年）的旧法，也采取了同样的解释。参见池田耕平「人質による強要行為等の処罰に関する法律について（下）」『法曹時報』30 巻 7 号 41 頁。

45・10・12刑月2卷10号1104頁〔84〕),也属于本罪对象。

判例、多数说("可能的自由说")认为,移动的自由是可能的自由,即如果想移动就能移动的自由,因而即便是处于睡眠状态的人,也可能成为监禁罪的对象(植松297頁、大塚76頁、大谷78頁、曽根48頁、山口83頁、[1]前田73頁、井田128頁、佐伯仁志「被害者の錯誤について」『神戸法学年報』1号74頁以下)。与此相反,另一种有力观点("现实的自由说")则认为,本罪保护的是,实际想要移动时能移动的自由,这也就是说,法律要保护的是现实的自由,就睡眠中的人而言,只有在他对自己被监禁有认识之时,才可能构成监禁罪(平野龍一「刑法各論の諸問題〔4〕」『法学セミナー』201号67頁、平野龍一「潜在的意思と仮定的意思」『判例時報』1569号3頁、中山107頁、岡野50頁、川端142頁以下、堀内51頁、山中128頁、松原94頁)。两说的差异尤其体现于采用诡计手段实施监禁的场合。例如,关掉电梯的开关,谎称"现在停电了",将人困在电梯中的,按照"现实的自由说",也构成监禁罪。这是因为,被困在电梯中的人对被监禁的事实是存在认识的,并非该人自己同意被监禁,只不过是迫于无奈。相反,隐瞒强制性交的意图,欺骗妇女说是送其回家,在其上车后将车开走的行为,按照"可能的自由说",应构成监禁罪(最

---

〔1〕 山口83頁以下认为,"(1)可能的自由说认为,具有可随时移动的可能性、可随时移动这一行为选项本身就具有特别意义;(2)现实的自由说则认为,在实际并未产生从一定场所移动的意思(或继续停留于某场所的意思)的情形下,就不能说,属于行动自由之一的移动场所的自由受到了侵害(例如,试图强制某人移动至一定场所,但对方正打算移动至该场所的,就不构成强要罪的既遂。这是因为,不能认定侵害了行动的自由)。但是,如后所述,若认为对移动场所的自由予以处分的自由(对失去移动场所的自由表示同意的自由)也属于保护法益的内容,那么,在此限度之内,应支持第(1)种观点即可能的自由说。不过,值得注意的是,就停留在某场所,若能认定其停留意思本身并无瑕疵,就不能认为这种情况也要构成监禁罪。在这一点上,第(2)种现实的自由说也有其正确的地方。并未产生移动的意思是基于对移动的不可能性这一认识的场合(例如,被骗到电梯后因故障出不去,而留在电梯中的情形),或者移动意思的产生本身受到压制的场合(例如,因受到'只要走出房门,就杀掉你!'这种威胁,而老老实实地留在房中的情形),对此,就是在现实的自由说看来,也属于移动场所的自由的前提的、移动意思的自由本身也受到了侵害,为此,就能肯定侵害了移动的自由(在此情形下,对于留在原处,被害人实际上并未表示同意)"(王昭武译・山口各论91页以下)。——译者注

判昭和33·3·19刑集12卷4号636頁〔85〕[1]、広島高判昭和51·9·21刑月8卷9=10号380頁〔86〕。不过,另见最决昭和38·4·18刑集17卷3号248頁〔88〕);但按照"现实的自由说",因被害人对自己被监禁的事实并无认识,就不属于监禁。在本书看来,所谓移动场所的自由,是指想要移动这种意思的自由,只要在被害人实际上想要移动时给予保护就足够了,因而,"现实的自由说"是妥当的。

另外,根据平成17年(2005年)的刑法部分改正,逮捕、监禁罪的法定刑由"3个月以上5年以下惩役"提高到了"3个月以上7年以下惩役"。

二、逮捕罪、监禁罪

非法逮捕或者监禁他人的,处3个月以上7年以下惩役(第220条)。

(一)逮捕的含义

所谓逮捕,是指诸如将他人倒剪双臂,或者用绳索捆绑起来等,通过直接的强制手段剥夺其移动自由的行为。要被谓为逮捕,需要持续一定时间(大判昭和7·2·29刑集11卷141頁),如果只是瞬间地剥夺移动自由,则仅属于暴力。另外,给他人戴上手铐、用绳索捆绑他人双手的,虽然是剥夺他人行动自由的行为,但由于并未剥夺他人移动的自由,应该认为只构成暴力。所谓监禁,是指使他人不能逃离一定场所,从而剥夺其移动自由的行为。然而,由于两者被规定在同一法条中,法定刑也完全相同,因而区分两者并无多大实际意义。[2] 逮捕之后又继续监禁的,只要作为整体看待,认定构成第220条之罪即可(最大判昭和28·6·17刑集7卷6号1289頁)。而且,被作为逮捕、监禁之手段的暴力、胁迫,被逮捕、监禁罪所吸收,不再构成其他犯罪

〔1〕 本案大致案情为:X雇用女性Y作为"陪酒女"在自己店里工作,但Y逃走了,被告X想将其带回自己的住所,于是让Y误信是将其送到自己母亲住院的医院(让其代为照顾自己的母亲),在A地让其上了Z驾驶的出租车(叫车时,已事先给Z讲好直接开到X的住所)。出租车一直疾驶至B地,如果去医院就必须在此左拐,但出租车此时并未左拐,Y意识到受骗,遂要求停车,但因为X是要求直接开往其住所,Z因而犹豫不决降低了车速,Y趁机在C地逃出车外(一审判决就A地到C地之间肯定成立监禁罪)。对此,最高裁判所认为,监禁方法"也包括利用被害人的错误的情形",进而判定成立监禁罪(最判昭和33·3·19刑集12卷4号636頁)。——译者注

〔2〕 对于逮捕与监禁的区别,松宫88頁认为,"第220条所谓'逮捕',是指对身体直接施加强制行为而剥夺对方行动的自由;所谓'监禁',是指使人难以从有屏障的一定场所逃离而剥夺其移动的自由。'逮捕'与'监禁'均是明示或者默示地违反被害人的意思,对方同意的,则不属于逮捕或者监禁。逮捕他人,继而将其监禁在一定的场所的,属于第220条的包括的一罪(最大判昭和28·6·17刑集7卷6号1289頁)。也就是说,第220条也包含'逮捕并且监禁他人'的情形"(王昭武等译·松宫各论72页)。——译者注

(大判昭和11·5·30刑集15卷705頁)。不过,逮捕、监禁终于未遂时(由于没有处罚逮捕、监禁的未遂的规定),可成立暴行罪、胁迫罪(大塚80頁)。

(二)监禁的含义

将他人关在屋内,使之不能逃出的行为等,是典型的监禁手段,但无须达到完全不可能逃出的程度,只要使对方明显难以逃出即可。因此,将他人关在停泊于海上的船舶中的行为(最判昭和24·12·20刑集3卷12号2036頁〔87〕)、让他人乘坐汽车或摩托车后高速行驶的行为(最决昭和30·9·29刑集9卷10号2098頁、最决昭和38·4·18刑集17卷3号248頁〔88〕)等,也是监禁。监禁不限于物理的方法,也包括通过胁迫等使他人心理上感到难以逃脱的情形(東京高判昭和40·6·25高刑18卷3号238頁〔89〕)。但心理上的拘束必须达到相当程度,为此,将正在洗澡的妇女的衣服拿走,使之因害羞不能离开的,则不能被认定为监禁。[1]

(三)罪质[2]

逮捕、监禁罪是继续犯。因此,公诉时效的起算点,是行为终了之时即解放(释放)被监禁者之时(《刑事诉讼法》第253条)。而且,犯罪中途的参与者,也能就参与后的行为成立本罪。不过,发生了致死伤的结果的,如果无法查明是否是由后行为人参与之后的行为所造成,则属于是否成立承继的共犯的问题,此种情形下,想必应当否定成立承继的共犯。

(四)逮捕、监禁尊亲属罪

逮捕、监禁尊亲属罪(第220条第2款),已被平成7年(1995年)的刑法

---

〔1〕 对此,松宫90頁认为,“将恐高症患者置于只能依靠绳索才能离开的高空,或者乘女性洗澡之机,拿走其衣服,使其因害羞而无法离开浴室的,如果这种行为完全压制了被害人的移动的意思,就属于‘监禁’”(王昭武等译·松宫各论73页)。——译者注

〔2〕 松宫91頁认为,“逮捕、监禁必须是‘非法’地实施。因此,依据逮捕令实施的逮捕(《刑事诉讼法》第199条以下)、紧急逮捕(《刑事诉讼法》第201条以下)以及逮捕现行犯(《刑事诉讼法》第212条以下),均不构成本罪。”“条文中的‘非法’这一用语,并非本罪的构成要件要素,而是确认成立本罪须以不存在违法性阻却事由为必要。因此,对于逮捕、监禁行为的违法性,没有积极举证之必要。”“另外,通过逮捕、监禁行为,违反对方的意思,剥夺其‘移动的可能性’的,就认定具有本罪的构成要件该当性,因此,即便是执行刑事诉讼法上合法的逮捕行为,或者执行惩役或禁锢之刑,也不能否定这种情形具有构成要件该当性,这属于阻却违法性的情形(山口85頁认为,可以理解为,这种情形下构成要件该当性已经被否定,但这种理解是有疑问的)”(王昭武等译·松宫各论74页)。

山口84頁以下认为,“由于有些逮捕、监禁是根据法令合法实施的,法条中的‘非法’,只是为了确认一般的违法性要件(违法要素),其本身并非特别的构成要件要素。而且,对场所移动自由的限制,若是基于法益主体的意思而实施,就可将其视为法益主体对自由权的行使,可否定具有构成要件该当性。并且,例如,被裁判所判处惩役,确定执行监禁,在此情形下,受刑人移动至监狱之外的自由,就可理解为不受法律保护,也否定具有监禁罪的构成要件该当性”(王昭武译·山口各论93页以下)。——译者注

部分修正所删除。

三、逮捕、监禁致死伤罪

犯前条(第 220 条)之罪,因而致人死伤的,与伤害罪比较,依照较重的刑罚处断(第 221 条)。

本罪是逮捕、监禁罪的结果加重犯。除了由作为逮捕、监禁之手段的暴力、胁迫行为所导致的死伤结果之外,被害人试图逃离监禁场所而发生死伤结果的,也包括在内(東京高判昭和 55·10·7 刑月 12 巻 10 号 1101 頁)。而且,被害人被监禁在停在马路边的汽车后备箱内,但因后续车辆的驾驶员极其严重的过失而造成追尾事故,结果致被害人死亡的,对此,最高裁判所判定,也构成本罪(最决平成 18·3·27 刑集 60 巻 3 号 382 頁)。此外,即便是由监禁过程中的暴力所造成的伤害,如果该暴力并非是维持监禁的必要手段,而是借监禁之机实施的暴力,就属于监禁罪与伤害罪的并合罪(最决昭和 42·12·21 判時 506 号 59 頁)。[1]

有关"与伤害罪比较,依照较重的刑罚处断"的含义,参见前述"不同意堕胎致死伤罪"中的相关解说。

第四节　掠取、诱拐罪

一、概述

1. 掠取、诱拐罪,[2]是指使他人脱离现在的生活状态,移置于自己或者

[1] 对此,山口 88 頁也认为,"死伤结果,必须是缘于(1)逮捕、监禁这一事实[例如,试图从被监禁的地方逃走而发生死伤结果的案件,参见东京高判昭和 55 年(1980 年)10 月 7 日刑月 12 卷 10 号 1101 頁;被害人被监禁在处于停车状态的汽车后备厢,但因其他汽车追尾而死亡的案件,参见最决平成 18·3·27 刑集 60 卷 3 号 382 頁],或者(2)逮捕、监禁这一手段(例如,为了逮捕、监禁被害人,而对其实施殴打)(参见名古屋高判昭和 31·5·31 裁特 3 卷 14 号 685 頁),也包括对产生伤害结果存在故意的情形"(王昭武译·山口各论 97 页以下)。——译者注

[2] 掠取,如著者所释,是指通过暴力或胁迫手段,让被害人脱离其生活环境,将其置于自己或第三者的实力支配之下的行为。这种行为类似于我国刑法中的"绑架",但是,首先,"掠取"所要求的对行动自由的侵害程度相对较低,对被害人自由的限制,不必达到逮捕、监禁罪那样的强度,尚不构成逮捕、监禁罪的行为也可构成"掠取";而且,像刚出生几天的婴儿那样,不具有行动的自由者也可能成为本罪的对象;再者,日本刑法中另有人质强要罪、勒索赎金目的的拐取罪、勒索赎金罪。因此,为了避免直接从"绑架"的字面含义来理解而可能导致的误解,这里采取了直译的方式,而未将其翻译为"绑架"。——译者注

第三者的实力支配之下,剥夺其行动自由的犯罪。诱拐也是本罪的手段行为,由此显而易见,在本罪中,对被害人自由的限制,不必达到逮捕、监禁罪那样的强度。此外,像刚出生几天的婴儿那样,不具有行动的自由者也可能成为本罪的对象,鉴于此,就应当认为,被拐取者的身体安全也是本罪的保护法益(平野 176 頁、山口 92 頁)。通说认为,本罪是继续犯(另见大判大正13・12・12 刑集3 卷871 頁、大阪高判昭和53・7・28 高刑31 卷2 号118 頁),但最高裁判所认为,出于营利目的掠取他人后勒索赎金的(最决昭和57・11・29 刑集 36 卷 11 号 988 頁)、以勒索赎金为目的诱拐他人后监禁被拐取者的(最决昭和 58・9・27 刑集 37 卷 7 号 1078 頁),应作为并合罪(数罪并罚)处理,这显然采取的是状态犯说。如果将本罪之保护法益的重点置于被拐取者的身体安全,那么,将被拐取者置于自己的支配之下时,犯罪即告终了,此后就只是违法状态的持续,因而,也可以认为,本罪是状态犯;而且,对作为事后的参与行为之一的收受行为,刑法规定以收受罪(第 227 条)独立处罚,可以说,采取状态犯说,也能与此规定保持协调。〔1〕

2. 掠取是以暴力或者胁迫为手段的情形,诱拐是以欺骗或者诱惑为手段的情形,两者合在一起被称为拐取。另外,欺骗是告知虚假的事实,诱惑是采用甜言蜜语使对方做出错误判断(大判大正 12・12・3 刑集 2 卷 915 頁)。拐取是为了把他人置于自己支配之下的手段,因而,不要求直接对被拐取者实施,也可以是对其保护人、监护人实施(大判大正 13・6・19 刑集 3 卷 502 頁〔90〕)。

3. 自古以来,本罪被称为拐骗、贩卖人口、买卖人身,主要着眼于处罚那些以使人卖淫、强迫劳动为目的的拐取或者买卖行为,但现在这种直接的犯罪现象已经消逝,演变为更为巧妙的形态,为此,《卖淫防止法》(第 7 条、第 12 条)、《儿童福利法》(第 34 条)、《职业安定法》(第 63 条)等特别法也相应地完善了规制措施。另外,在昭和 30 年代(1955 年至 1964 年),由于此类案件频繁发生,极大地危及被拐取者的生命安全,因而昭和 39 年(1964 年)(法第 124 号)增设了《刑法》第 225 条之二(同时,还增设了第 227 条第 2 款、第 4 款,第 228 条之二、第 228 条之三)。

---

〔1〕 山口 91 頁认为,"掠取、诱拐罪达到既遂之后,再实施其他犯罪的,不将这两罪作为想象竞合来处理,虽然这并不必然意味着是将掠取、诱拐罪作为状态犯来处理,但是,首先,即便对被拐取者的实力支配可以继续,但构成掠取、诱拐的暴力、胁迫、欺骗、诱惑这种行为本身并未继续;并且,刑法另外还规定了收买、接受被掠取、诱拐者的犯罪,因此,本书认为,将掠取、诱拐犯罪理解为状态犯要更为合适"(王昭武译・山口各论 100 页以下)。——译者注

4. 为了保障平成 15 年(2003 年)生效的《为了补充〈有关防止国际性有组织犯罪的国际联合条约〉,防止、抑制并处罚买卖人身,尤其是买卖妇女及儿童的协议书》(“防止买卖人身协定书”)在国内的施行,作为国内的保障法,根据平成 17 年(2005 年)的刑法部分修正也对本罪做了相应修正:(1)将第 33 章的名称修改为“掠取、诱拐以及买卖人身犯罪”;(2)第 225 条中追加了出于“加害生命或身体的目的”;(3)将第 226 条第 1 款由“以移送至国外为目的”扩大至“以移送至所在国国外为目的”,同时,将该条第 2 款前段之罪、后段之罪分别移至新设的 226 条之二第 5 款、第 226 条之三;(4)新设第 226 条之二(买卖人身罪)、第 226 条之三(移送被拐取者等至所在国国外罪);(5)与此相关联,除了对第 227 条、第 228 条、第 229 条进行必要的修正之外,还将第 224 条(拐取未成年人罪)的法定刑提高到与逮捕、监禁罪一样(参见島戸純「『刑法等の一部を改正する法律』について」『捜査研究』649 号 2 頁以下)。(见表 2－1)

表 2－1　本节犯罪的具体构成与法定刑〔1〕

<table>
<tr><td colspan="4">拐取未成年人罪(第 224 条,3 个月以上 7 年以下有期惩役)</td></tr>
<tr><td rowspan="6">拐取成年人犯罪</td><td>营利目的拐取罪</td><td>第 225 条</td><td>1 年以上 10 年以下惩役</td></tr>
<tr><td>勒索赎金目的拐取罪</td><td>第 225 条之二第 1 款</td><td>无期或者 3 年以上惩役</td></tr>
<tr><td>拐取后勒索赎金罪</td><td>第 225 条之二第 2 款</td><td>无期或者 3 年以上惩役</td></tr>
<tr><td>移送至所在国国外目的拐取罪</td><td>第 226 条</td><td>2 年以上有期惩役</td></tr>
<tr><td>买卖人身罪</td><td>第 226 条之二</td><td>3 个月以上 5 年以下惩役
·收买未成年人的,处 3 个月以上 7 年以下有期惩役
·以营利等为目的收买他人的,以及出卖他人的,处 1 年以上 10 年以下惩役
·以移送至所在国国外为目的,买卖他人的,处 2 年以上有期惩役</td></tr>
<tr><td>移送被拐取者等至所在国国外罪</td><td>第 226 条之三</td><td>2 年以上有期惩役</td></tr>
</table>

〔1〕参见王昭武等译·松宫各论 82 页。——译者注

续表

	移交被拐取者罪	第227条第1款	3个月以上5年以下有期惩役 ·以帮助犯勒索赎金拐取罪的人为目的,移交被拐取的人的,依据第227条第2款,处1年以上10年以下惩役 ·以营利等为目的,移交被拐取的人的,依据第227条第3款,处6个月以上7年以下惩役
	接受被拐取者罪	第227条第4款	2年以上有期惩役

二、拐取未成年人罪

掠取或者诱拐未成年人的,处3个月以上7年以下惩役(第224条)。

犯罪未遂的,应当处罚(第228条)。

(一)保护法益

关于拐取未成年人的保护法益,存在以下三种相互对立的学说:(1)认为只是被拐取者的自由(木村65頁、内田128頁);(2)认为本罪保护的是人与人之间的保护关系,因而,本罪的保护法益只是亲权者等的保护权或监护权(井上·江藤54頁);(3)认为包含被拐取者的自由以及保护权或监护权这两个方面(通说)。判例采取第(3)种观点(大判明治43·9·30刑録16輯1569頁),因而,认为监护人作为被害人享有独立的告诉权(并非根据《刑事诉讼法》第231条,而是根据《刑事诉讼法》第230条)(福岡高判昭和31·4·14裁特3卷8号409頁〔91〕)。第(2)种观点考虑的是,如果像第(1)种观点那样,只是把被拐取者的自由作为保护法益,那么,像刚出生没几天的婴儿那样,那些没有行动自由的人,就不可能成为本罪的对象(针对这些人就不能成立本罪)。的确,第(1)说存在这样的难点,但是,如果我们采取第(4)种观点,即认为本罪的保护法益是被拐取者的自由与安全,那么,针对上述那些没有行动自由的人，就完全有可能成立本罪。[1]

以上学说的对立，首先，与监护人能否成为本罪主体这一问题相关。按第(1)(4)种观点，监护人当然也可能成为本罪的共犯；相反，按第(2)(3)种观点，只要存在监护人的承诺，就不能成立本罪。但是应当说，这种结论与把监护权作为本罪保护法益的宗旨相反，对未成年人也未能给予充分的保护。例如，丈夫与妻子处于分居状态，2 岁的孩子由妻子负责监护，但作为共同亲权人的丈夫使用有形力强行带走了孩子，对此，最高裁判所认为，只要不存在监护养育上所必要的特别情况，就应成立本罪(最决平成 17・12・6 刑集 59 卷 10 号 1901 頁〔92〕)。其次，还与被拐取者的同意的效力问题相关。按第(2)(3)种观点，由于监护权受到了侵害，自然应当成立本罪。然而，按照这种观点，因没有得到父母的许可，为了同(未成年的)18 岁的女子结婚而一起私奔的行为，也有可能构成本罪(或者构成第 225 条之罪〔营利目的等拐取罪〕)，这样的结论应该是不妥当的。因为，从本罪也以诱拐作为手段来看，毫无疑问，只有形式上的同意是不够的(東京高判昭和 32・8・24 裁特 4 卷 17 号 435 頁)，但如果得到有充分判断能力的未成年人的同意，并且，该未成年人也不存在“有关法益的错误”的，按第(1)种观点自不待言(中 74 頁)，[2]就是按第(4)种观点，也应该是不成立本罪(曽根 58 頁、平川 179 頁的结论也是同样旨趣)。

(二)未成年人

考虑到未成年人身心发育尚不成熟，本罪普遍地保护其行动的自由与安全。由于刑法没有给未成年人下定义，根据《民法》第 4 条的规定，应认为是未满 20 周岁的人。不过，《民法》第 753 条规定，未成年人已婚的，视为已成年。因而，有观点认为，对这种情形不能适用本条(藤木 228 頁)。的确，从把监护权也作为本罪保护法益的视角来看，因结婚而独立的，即便是就本条而言，也应当被认定为已成年。但是，按照第(4)种观点，则应该认为，仍然应适用本条。

---

〔1〕 山口 92 頁以下认为，“不承认监护权具有区别于未成年人的保护的独立意义的第(4)说要更为妥当，该说也是近年的多数说。”“按照第(4)说的观点，缺少行动能力的婴儿等也包括在本罪的对象之内，在该场合下，被拐取者的安全才是本罪的保护法益(这里也可以说，问题不在于被拐取者固有的自由，在此限度之内，本罪不是针对自由的犯罪，而具有针对安全的犯罪的性质)。而且，只有在有利于保护未成年人的限度之内，才考虑监护权人的意思(因而其同意可否定成立本罪)。然而，在可以被谓为监护权的滥用的场合，监护权人的同意归于无效，监护权人亦可成为本罪主体。”“而且，即便还是未成年人，只要达到了具备一定判断能力的年龄，就应该肯定其具有同意能力，在可以肯定存在有效同意的限度之内，也应该否定成立本罪”(王昭武译・山口各论 103 页)。——译者注

〔2〕 不过，内田 133 頁认为，第 224 条已经拟制不存在未成年人的承诺，但这种观点是存在疑问的。

三、营利目的等拐取罪

出于营利、猥亵、结婚或者加害生命、身体的目的,掠取或者诱拐他人的,处 1 年以上 10 年以下惩役(第 225 条)。

犯罪未遂的,应当处罚(第 228 条)。

(一)对象

这里的"人",既包括成年人也包括未成年人,因此,当被拐取者是成年人时,本条所规定的目的是为拐取行为之可罚性奠定基础的要素,而当被拐取者为未成年人时,该目的则是相对于第 224 条加重刑罚的要素。当被拐取者是成年人之时,如果没有本条所规定的特定目的,该行为就是不可罚的。想必其理由是,首先,如前所述,拐取罪的行为对自由的侵害程度相对较轻,如果是成年人,身体拘束力达到相应程度的,以逮捕、监禁罪处罚即可;并且,不同于拐取未成年人罪,不存在对所谓亲权者等的监护权的侵犯。法条所规定的各个目的,都是以超出拐取行为本身而侵犯被拐取者的其他重要法益为内容,应当被理解为主观的违法要素。[1] 因此,无论是哪一种情形,都属于《刑法》第 65 条第 1 款的身份,* 如果参与者中的一人有此目的,其他参与者只要对此存在认识即可。可以说,本条通过追加出于"加害生命或身体的目的",更加明确了这一点。

* 身份的含义　有观点认为,目的这样的主观要素没有持续性,因而,不是《刑法》第 65 条的"身份"(大塚仁『刑法概説〔総論〕〔第 4 版〕』〔有斐阁 2008 年〕329 頁),但判例对目的的身份性持肯定态度(最判昭和 42・3・7 刑集 21 卷 2 号 417 頁。但大判大正 14・1・28 刑集 4 卷 14 頁

---

〔1〕 对此,山口 94 頁认为,"要成立营利目的等掠取、诱拐罪,行为人必须具有营利、猥亵、结婚或者加害于生命、身体的目的。前面曾提到,从掠取、诱拐行为本身便能认定具有一定的法益侵害性,之所以要求具有上述目的,正是为了将这种相对较轻的法益侵害性提升至可罚性程度,在此意义上,此目的不是为了增加有责性的责任要素,而是为了增加法益侵害性的违法要素(主观的违法要素)。这也就是,法律所规定的营利等目的,必须超越拐取行为本身,以针对被拐取者的法益侵害为内容"(王昭武译・山口各论 105 页)。

对此,松宫 106 頁则认为,"上述'目的'必须是,以关系到制约被拐取人的行动与意思决定之自由的行为为内容。在此意义上,这些目的属于主观的构成要件要素。在被拐取人是未成年人的场合,具有这些'目的'者,成立营利目的拐取罪,不具有这些'目的'者,则成立拐取未成年人罪,两者属于共犯关系(第 65 条第 2 款)。在这种场合下,如上所述,这些'目的'关系到对被拐取人的行动及意思决定的自由的制约,属于增加行为之违法性的目的,因此,知道他人有此'目的'的,一般也能认为该人具有此'目的'"(王昭武等译・松宫各论 86 页)。——译者注

持反对观点)。另外,即使肯定该目的属于身份,如果按照通说,认为第65条第1款规定的是构成的身份、第2款规定的是加重的身份,那么,无目的者帮助有目的者实施了拐取行为(第225条)的,如果被拐取者是成年人,根据第65条第1款,属于第225条(营利目的等拐取罪)的帮助;如果被拐取者是未成年人,根据第65条第2款,则属于相对较轻的第224条(拐取未成年人罪)的帮助。但是,同一种目的因其究竟属于构成的身份还是加重的身份,就产生不同的作用,这是不合理的。如果认为本条目的是主观的违法要素,就应当认为,无论是哪一种情形都产生连带作用,因此,无论哪一种情形都属于《刑法》第65条第1款的身份(参见西田『新版 共犯と身分』245頁以下)。[1]

(二)目的

所谓"营利的目的",是指以让自己或者第三者获取财产性利益为目的。"营利的目的"与"猥亵、结婚的目的"并列规定在一起,由此可见,该目的应当被限于,通过诸如让被拐取者卖淫等侵害其自由的行为而获利的情形(平野177頁)。不过,最高裁判所认为,是指"以通过诱拐行为而获取财产性利益作为动机的情形""未必限于通过给被拐取者自身造成负担而获取财产性利益",因而,以获取针对诱拐行为本身的报酬为目的的,也包含在内。[2] 至于是否包含以取得赎金为目的的情形,曾一度存在争议(東京高判昭和31·9·27高刑9巻9号1044頁〔94〕持肯定说),但由于刑法另外增设了下述第225条之二(勒索赎金目的拐取罪),可以说,在成立该条之罪的场合,"营利

〔1〕 对此,山口94頁以下认为,"行为人具有法律所规定的目的,这就相当于《刑法》第65条中的'身份'。判例曾对《刑法》第65条的身份的含义作狭义的解释,判定本罪中的'营利的目的'不属于身份(大判大正14·1·28刑集4巻14頁),但其后的判例多对身份作广义的解释(参见最判昭和27·9·19刑集6巻8号1083頁),应该说,广义的解释是正确的。如前所述,应将本罪的目的要件理解为主观的违法要素,因此,该目的就属于《刑法》第65条第1款中的身份。为此,如果对象是成年人,则自不待言,如果对象是未成年人,在行为人具有营利目的的情况下,即便行为人之外的其他参与者本人无此目的,倘若该参与者对行为人具有此目的的存在认识,那么,也属于本罪的共犯,是本罪的处罚对象。在对象是未成年人的场合,营利目的等掠取、诱拐罪也是拐取未成年人罪的加重类型,因而,对本身并不具有该目的的参与者,就不是通过适用《刑法》第65条第2款,被认定成立拐取未成年人罪的共犯(然而,按照有关《刑法》第65条的判例、通说观点,就应该将营利目的等拐取罪理解为,是超越了拐取未成年人罪的法益侵害性的构成的身份犯)"(王昭武译·山口各论105页)。——译者注

〔2〕 参见最决昭和37·11·21刑集16巻11号1570頁〔93〕。但是,该案是将未成年女性介绍去当脱衣舞女郎而收取谢礼的案件,也可以说,该案属于通过牺牲被拐取者而获利的情形。

的目的"就不包括这种目的(以取得赎金为目的)。[1]

所谓"猥亵的目的",是指性交或者其他侵害被拐取者之性的自由的目的。不限于以被拐取者作为对象,也包含将其作为主体的情形。

所谓"结婚的目的",是指以让被拐取者与自己或者第三者结婚为目的。结婚不限于法律上的婚姻,还包含事实上的婚姻。不过,如果不具备通常意义上的夫妻生活的实质内容,而只是想要持续保持肉体关系的,则属于"猥亵的目的"(岡山地判昭和43・5・6下刑10卷5号561頁)。

所谓"加害生命、身体的目的",是指杀害、伤害被拐取者,或者对被拐取者实施暴力的目的。在以前述"防止买卖人口协定书"所要求的摘取器官为目的的场合,如果没有"营利的目的",刑法则难以规制,本目的原本是为了规制此类情形,但所规定的目的范围事实上更为广泛。因此,例如,暴力团成员出于对其他成年人实施暴力的目的,而掠取、诱拐被害人的,仅此行为即可认定,具有作为拐取罪的可罚性。

四、勒索赎金目的拐取罪

昭和30年代(1955年至1964年),频繁发生拐取他人以勒索赎金的案件。[2] 此前,在司法实践中,一般都是作为营利目的拐取罪与恐吓罪的并合罪(数罪并罚)来处理的,但立法者认为,从一般预防的角度出发,有必要加重其刑罚,因而,为了应对此类行为,昭和39年(1964年)刑法增设并完备了第225条之二以下的相关规定。下述罪名就是当时增设的规定:(1)勒索赎金目的拐取罪(第225条之二第1款);(2)勒索赎金罪(第225条之二第2款);(3)勒索赎金目的拐取的事后帮助罪(第227条第2款);(4)勒索赎金目的的接受罪(第227条第4款前段);(5)接受者勒索赎金罪(第227条第4款后段)、勒索赎金目的拐取预备罪(第228条之三);等等。

---

〔1〕 对此,山口96頁认为,"在出于勒索赎金的目的的场合,有观点以刑法另外规定了勒索赎金目的拐取罪为由,主张勒索赎金的目的不属于营利目的。但正如后述,成立勒索赎金目的拐取罪,要求具备特定要件(尽管通过解释作了某些扩张),对于那些因不具备这种特定要件而无法成立该罪的案件,仍有必要肯定成立营利目的拐取罪"(王昭武译・山口各论106页)。——译者注

〔2〕 以1963年的"小吉展案"等为契机,为了应对勒索赎金目的的诱拐行为,作为第225条之二,刑法于1964年增设了勒索赎金目的拐取罪,规定了无期惩役或者3年以上有期惩役的重刑。此前,针对勒索赎金目的的拐取,一直是适用第225条的营利目的拐取罪(東京高判昭和31・9・27高刑集9卷9号1044頁等)。"小吉展案"是1963年3月31日发生在日本东京都台东区的诱拐杀人案,被害人村越吉展(当时年仅4岁)被诱拐并惨遭杀害。该案被当时的媒体称为"二战后最大的诱拐案件",引起媒体以及日本国民的高度关注。1971年12月,罪犯小原保被执行死刑。——译者注

(一)勒索赎金目的拐取罪

利用近亲属或者其他忧虑被掠取者或者被诱拐者之安危的人的忧虑,以使之交付财物为目的,掠取或者诱拐他人的,处无期惩役或者3年以上有期惩役(第225条之二第1款)。

除应当处罚本罪的未遂(第228条)之外,也应当处罚本罪的预备(第228条之三)。

1. 目的犯

本罪,是以让人交付赎金为目的而拐取他人的行为。只要行为人存在这样一种目的,即"利用近亲属或者其他忧虑被掠取者或者被诱拐者之安危的人的忧虑,以使之交付财物为目的",就足以构成本罪,不以事实上存在忧虑者为必要。[1] 这里所谓"财物",只要是忧虑者可以处分的财物即可,不要求是其所有之物。不过,不包含财产性利益。将现金汇入犯人指定的银行账户的情形自不必说,从自己的银行账户向他人的银行账户转账的,也可以说,属于本罪所谓财物。

2. 忧虑者

"近亲属或者其他忧虑被掠取者或者被诱拐者之安危的人"的含义未必明确,因而形成了如下几种不同的解释:(1)认为是指近亲属或者其他切身忧虑被拐取者之安危的忧虑者,不包含只是表示同情的第三者,但不管有无亲属关系,即便只是同村的乡亲、住店店员的老板等也包含其中(参见長島敦「みのしろ金誘拐罪の新設に関する刑法の一部を改正する法律の逐条解説」『法曹時報』16巻7号52頁);(2)认为应当作更狭义的理解,只限于与被拐取者存在事实上的保护关系的人(香川435頁);(3)认为应当作更广义的理解,不限于亲属,即便是朋友,只要是忧虑被拐取者的安危的人,也都包含在内(団藤482頁)。或许我们应当通过考虑如下两方面的要素来决定:忧虑被拐取者的安危这种紧密人际关系这一事实要素、按照社会一般观念当然会忧虑被拐取者的安危这一规范要素。例如,对于拐取银行行长,要求银行干部交付赎金的案件,最高裁判所认为,"处于切身忧虑被拐取者之安危,在社会一般观念上被视为理所当然这种特别关系的人",进而判定成立本罪(最

---

〔1〕 对此,山口97頁认为,"本罪是目的犯,以'利用近亲属或者其他忧虑被掠取者或者被诱拐者之安危的人的忧虑,以使之交付财物为目的'为要件。只要行为人存在此目的即足以成立本罪,即便实际上并不存在'忧虑者',也不能否定犯罪的成立。该目的中的'利用忧虑',是指利用忧虑者的忧虑与担心。使忧虑者交付'财物'(忧虑者本人的财物)的目的是本罪的目的要件,至于出于使之交付被拐取者或者第三者之财物的目的的情形,则应排除在外(出于使之交付被拐取者之财物的目的的,有可能成立抢劫罪〔《刑法》第236条〕)"(王昭武译·山口各论108页)。——译者注

决昭和62·3·24刑集41卷2号173頁〔佐贺相互银行案〕〔96〕。大阪地判昭和51·10·25刑月8卷9=10号435頁〔95〕是持相反结论的判例),这显然带有重视规范要素的倾向。又如,对于拐取基层银行职员,要求银行行长交付赎金的案件,有下级裁判所的判例肯定成立本罪(東京地判平成4·6·19判タ806号227頁〔富士银行案〕〔97〕),则更为明显地带有这种倾向。如果将这种观点更向前推进一步,那么,内阁总理大臣在社会一般观念上当然也被视为切身忧虑国民安全的人,向其勒索赎金也有可能构成本罪。由此可见,如何界定本罪与前述《有关处罚人质强要等行为的法律》所规定的第三者强要行为的处罚范围之界限,就是有待今后进一步研究的课题。[1]

(二)勒索赎金罪

掠取或者诱拐了他人者,利用近亲属或者其他忧虑被掠取者或者被诱拐者之安危的人的忧虑,使之交付财物或者要求其交付财物的,处无期惩役或者3年以上有期惩役(第225条之二第2款)。

被掠取者或者被诱拐者的接受者,利用近亲属或者其他忧虑被掠取者或者被诱拐者之安危的人的忧虑,使之交付财物或者要求交付财物的,处2年以上有期惩役(第227条第4款后段)。

本罪可以分为拐取者勒索赎金罪以及接受者勒索赎金罪。

1. 拐取者勒索赎金罪

拐取者勒索赎金罪,是指当初不是出于勒索赎金的目的而拐取他人者,拐取之后使他人交付赎金或者要求他人交付赎金的,对此,与勒索赎金目的拐取罪(第225条之二第1款)作相同处罚。对本罪主体,也可以解释为,只要是拐取他人者即可,例如,不具有第225条(营利目的等拐取罪)之目的拐取成年人者,也可包括在内(团藤484頁、植松313頁、中森63頁)。但是,考虑到本罪是作为拐取罪的一种类型而规定的,对本条中所说的"掠取或者诱拐了他人者",就应当理解为,仅限于犯拐取未成年人罪(第224条)、营利目的等拐取罪(第225条)、勒索赎金目的拐取罪(第225条之二第1款)、移送

〔1〕松宫108頁认为,"增设了本规定之后,对于'其他忧虑被掠取者或者被诱拐者之安危的人'的范围,有扩大解释的倾向(行为人掠取了相互银行的代表董事社长,并向该银行的代表董事专务提出了赎金要求,对于此案,最决昭和62·3·24刑集41卷2号173頁认为,该专务与社长同期进银行,会像亲属那样担忧社长的安危,并以这种特殊情况为根据,判定成立本罪。但该判断终究只是一个例外,一般来说,在社长被诱拐时,会社的其他高层不属于这里的'对被略取者或者被诱拐者的安危表示忧虑者')"(王昭武等译·松宫各论87页)。——译者注

至所在国国外目的拐取罪(第 226 条第 1 款)的犯罪人(也应当包含共犯)(参见長島敦「みのしろ金誘拐罪の新設に関する刑法の一部を改正する法律の逐条解説」『法曹時報』16 卷 7 号 56 頁)。

利用他人之忧虑,除了使之交付财物外,要求其交付财物的行为也应受同样的处罚。这里所谓"要求行为(要求其交付财物的)",只要做出要求的意思表示即可,这种意思表示无须传达至对方。因此,本款行为的未遂不受处罚。[1] 另外,由于本罪以"利用近亲属或者其他忧虑被掠取者或者被诱拐者之安危的人的忧虑"为要件,因此,不同于第 225 条之二第 1 款的目的犯的情形,被要求者必须是忧虑被拐取者的安危的人,并且,财物的交付也必须是基于这种忧虑。

犯勒索赎金目的拐取罪者又实施本罪的,构成牵连犯(最决昭和 58・9・27刑集 37 卷 7 号 1078 頁);但犯其他的拐取罪者又实施本罪的,判例认为属于并合罪(数罪并罚)(最决昭和 57・11・29 刑集 36 卷 11 号 988 頁)。

2. 接受者勒索赎金罪

接受者勒索赎金罪,是指被掠取者或者被诱拐者的接受者,使忧虑者交付赎金或者要求忧虑者交付赎金的行为。与出于第 225 条之二第 1 款所规定的勒索赎金的目的,而接受了被掠取者或者被诱拐者(第 227 条第 4 款前段)的情形,做同样处罚。至于"接受"的含义,参见后述。本罪并无处罚未遂行为的规定。

五、移送至所在国国外目的拐取罪

以移送至所在国国外为目的,掠取或者诱拐他人的,处 2 年以上有期惩役(第 226 条)。犯罪未遂的,应当处罚(第 228 条)。

平成 17 年(2005 年)的刑法部分修正之前,本条限于"以移送至日本国

[1] 对此,山口 100 頁认为,"只要实施了让对方交付财物的'要求行为',即成立本罪,也就是,只要作出了勒索的意思表示即可,不以该勒索意思实际到达对方为必要(团藤 485 頁)。鉴于此,由于已经包括了未遂形态,不需要再处罚未遂,因此,刑法并没有另外设置针对未遂的处罚规定"(王昭武译・山口各论 111 页)。

对此,松宫 109 頁认为,"本罪没有处罚未遂的规定,从'要求其交付财物的'这一表述来看,作出勒索赎金的意思表示就成立本罪,不以这种意思表示实际到达'忧虑被掠取者或者被诱拐者之安危的人'为必要(团藤 485 頁・西田・山口 100 頁。但是,逮捕了犯人之后,在其隐身之处发现了尚未写就的勒索赎金的信件,如果仅凭这一点就认定实施了'要求其交付财物的'行为,就做过头了。所谓'要求其交付财物的',只有表示于外部,才可能属于意思表示)"(王昭武等译・松宫各论 88 页)。——译者注

外为目的”的拐取罪,修正之后扩大了处罚范围,对于以将他人移送至现在所在国家的领域之外为目的的拐取罪,也要予以处罚。

根据法律修正的立案当局的解释,本条所谓“所在国”,不限于我国所承认的国家,还包括事实上具备作为国家之实质的统治主体(参见島戸純「『刑法等の一部を改正する法律』について」『捜査研究』649号7頁)。这里的“人”,不仅指该所在地的国民、永久居民,还包括旅游者。“移送”,是指将他人运送至所在国的领土、领空、领海之外。〔1〕对由日本国民实施的国外犯(第3条),以及外国人针对日本国民实施的国外犯(第3条之二),也予以处罚。有关国外犯的此规定,适用于所有第33章(掠取、诱拐以及买卖人身的犯罪)之罪。

六、买卖人身罪

收买他人的,处3个月以上5年以下惩役(第226条之二第1款)。

收买未成年人的,处3个月以上7年以下惩役(同条第2款)。

出于营利、猥亵、结婚或者加害生命、身体的目的,收买他人的,处1年以上10年以下惩役(同条第3款)。

出卖他人的,与前款同(同条第4款)。

以移送至所在国国外为目的,买卖他人的,处2年以上有期惩役(同条第5款)。

犯罪未遂的,应当处罚(第228条)。

平成17年(2005年)刑法部分修正之前的第226条第2款前段,仅处罚以移送至日本国之外为目的的买卖人身行为。修正之后,本条(第226条之二)不考虑具体目的如何,对收买人身的行为以及出卖人身的行为,一律作为犯罪处理,在此基础之上,再与其目的、对象、行为相对应,分别加重其法定刑。首先,第1款规定,“收买他人的”,处3个月以上5年以下惩役;在收买行为的对象是未成年人时,第2款将其法定刑加重至与第224条(拐取未成年人罪)相同的程度;不问对象是成年人还是未成年人,只要收买行为是“出于营利、猥亵、结婚或者加害生命、身体的目的”,第3款就将其法定刑加重至与第225条(营利目的等拐取罪)相同的程度。其次,第4款规定,对出卖他人的行为,与第3款做相同的处罚。这里虽然没有明文要求具有一定目的,但出卖行为当然以有偿为要件,因而,至少能够肯定其存在营利的目的。最

〔1〕 例如,拥有荷兰国籍的某男子与日本国籍的妻子处于分居状态,2岁的女儿由妻子监护与养育,该男子出于将女儿带往荷兰的目的,从医院强行带走了正在住院治疗的女儿,对于此案,最决平成15·3·18刑集57卷3号371頁〔98〕判定成立本罪。

后，第5款规定，对于“以移送至所在国国外为目的”的买卖人身行为，以与第226条（移送至所在国国外目的拐取罪）相同的法定刑予以处罚。

所谓“买卖人身”，是指有偿地转移对他人人身的非法支配，因而，收买与出卖属于必要的共犯。[1] 所谓有偿，不仅是指支付对价，还包括用财物交换、免除债务，同意延期偿还（债务），等等。实际转移了对他人人身的支配之时，本罪达到既遂，尚止于买卖之约定的，就属于未遂。所谓对他人人身的支配，是指从物理上或者心理上限制被害人的行动自由，使之难以摆脱犯罪行为人的支配。有无支配，应根据以下因素综合判断：看被害人是日本国民、永久居留权者，还是暂时滞留者（例如，来日本打工的外国人）；物理性限制的程度；胁迫等心理性限制的程度（例如，扣留护照）；被害者的年龄；等等。另外，不能因具备了婚姻、收养关系等法律形式而直接否定成立本罪，但基于被害人的完全自由意思的，就应认为不具有可罚性。

七、移送被拐取者等至所在国国外罪

将被掠取、被诱拐或者被买卖的人移送至所在国国外的，处2年以上有期徒役（第226条之三）。

犯罪未遂的，应当处罚（第228条）。

本罪沿袭了平成17年（2005年）刑法部分修正之前的移送至国外罪（原《刑法》第226条第2款后段），同时结合修正之后的第226条，将处罚范围由移送至日本国之外扩大至移送至所在国之外。有关“所在国”“移送”的含义，参见第226条（移送至所在国国外目的拐取罪）中的相关解说。

八、接受被拐取者等罪

以帮助犯拐取未成年人罪（第224条）、营利目的拐取罪（第225条）、移送至所在国国外目的拐取罪（第226条）、买卖人身罪（第226条之二）或者移送被拐取者等至所在国国外罪（第226条之三）的人为目的，移交、接受、运送、藏匿或者隐蔽被掠取者、被诱拐者或者被买卖者的，处3个月以上5年以下徒役（第227条第1款）。

---

[1] 买卖人身罪（第226条之二）将以下五种行为类型作为其处罚对象：(1)收买他人（第1款）；(2)收买未成年人（第2款）；(3)出于营利、猥亵或者加害生命、身体的目的，收买他人（第3款）；(4)出卖他人（第4款）；(5)以移送至所在国国外为目的，买卖他人（第5款）。——译者注

以帮助犯勒索赎金目的拐取罪(第225条之二第1款)的人为目的,移交、接受、运送、藏匿或者隐蔽被掠取或者被诱拐的人的,处1年以上10年以下惩役(同条第2款)。

出于营利、猥亵或者加害生命、身体的目的,移交、接受、运送或者藏匿被掠取者、被诱拐者或者被买卖者的,处6个月以上7年以下惩役(同条第3款)。

出于第225条之二第1款(勒索赎金目的拐取罪)的目的,接受被掠取者或者被诱拐者的,处2年以上有期惩役(同条第4款前段)。

上述犯罪(第227条第1款至第3款,以及第4款前段)的未遂,应当处罚(第228条)。

本罪处罚的是,对犯各种拐取罪的人事后提供帮助,从而持续或助长针对被拐取者、被出卖者的支配状态的行为。对本犯在构成勒索赎金目的拐取罪的情况下的收受行为,以及收受者本人具有第225条所规定的目的[1]与勒索赎金目的的,加重其刑。

所谓"帮助……的目的",是指(通过帮助行为)让拐取状态得以持续的目的,是事后从犯(事后帮助犯)。如果行为人的行为相当于对拐取行为本身的帮助的,就应当认为,构成拐取罪的从犯(帮助犯)。所谓"移交",是指把对被害人的支配转移给其他人;所谓"接受",是指接受被拐取者、被出卖者,并将其置于自己的支配之下;所谓"运送",是指将被害人由特定场所转移至其他场所;所谓"藏匿",是指提供场所,以妨碍发现被拐取者、被出卖者(大判明治44・7・28刑录17輯1477頁);所谓"隐避",是指通过藏匿之外的其他行为,妨碍发现被拐取者、被出卖者。

九、因解放而减轻刑罚等

犯第225条之二或者第227条第2款、第4款之罪的人,在提起公诉前,将被掠取者或者被诱拐者解放至安全场所的,减轻其刑罚(第228条之二)。

由于勒索赎金目的拐取罪及其相关犯罪对被拐取者的生命、身体的危险性很大,为了尽可能地保证被害人的安全,作为一种政策性规定而设立了本条。所谓"安全场所",是指对被拐取者的生命、身体无实质危险,并且,使救出、发现被拐取者更为容易的场所(最决昭和54・6・26刑集33卷4号364頁)。

实施勒索赎金目的拐取罪(第225条之二第1款)之预备行为者,在着手

[1] 即"出于营利、猥亵或者加害生命、身体的目的",但不包括"结婚目的"。——译者注

前自首的，必要性地减轻或者免除其刑（第 228 条之三但书）。这也是为了防患于未然的政策性规定。

十、亲告罪

出于犯第 224 条之罪以及帮助该条之罪的目的所犯的第 227 条第 1 款之罪以及这些犯罪的未遂犯罪，非经告诉不得提起公诉（第 229 条）。

基于保护被拐取者等的名誉的考虑，有必要将拐取未成年人罪以及出于帮助该罪的目的所犯的接受被拐取者等罪规定为亲告罪。一般认为，被拐取者及其法定代理人有告诉权（参见《刑事诉讼法》第 230 条、第 231 条），但如果立足于不认为监护权属于拐取罪之保护法益的立场，就不能将单纯的监护人作为被害人，而认定其具有告诉权（参见《刑事诉讼法》第 234 条）。

在平成 29 年（2017 年）刑法部分修正之前，出于猥亵、结婚目的的拐取罪以及出于帮助该罪之目的的接受罪等，也被规定为亲告罪，但根据这次刑法修正，随着强奸罪等性犯罪的非亲告罪化，这些犯罪也被规定为非亲告罪。其结果就是，被本条继续规定为亲告罪的，仅仅是那些涉及拐取未成年人的犯罪。

第五节 针对性的自由的犯罪

一、概述

作为针对性的自由的犯罪，自明治 40 年（1907 年）制定现行刑法以来，刑法典原则上是以强制猥亵罪与强奸罪这两类犯罪作为处罚对象。这两类犯罪都是以暴力、胁迫为手段，违反对方的意志，强制实施猥亵行为，或者奸淫女子的行为（不过，刑法典规定，对方未满 13 周岁的，不论采用何种手段，并且，即便存在对方的同意，也不影响这两类犯罪的成立）。其后，根据平成 16 年（2004 年）的刑法部分修正，在提高强奸罪以及强制猥亵罪等罪的法定刑的同时，还增设了集团强奸罪（第 178 条之二），维持了处罚性犯罪的基本结构。不过，这种处罚性犯罪的条文未必能够充分应对性犯罪的现实状况，出于这种问题意识，平成 26 年（2014 年）在法务省设置了“有关处罚性犯罪条文的研讨会”，为进行刑法修正而开始了探讨。这样，平成 29 年（2017 年）修正了刑法等法律，对有关性犯罪的处罚条文的内容作了很大改变。其中重要的修正集中在以下四点:(1)修改强奸罪的构成要件并提高其法定刑;(2)强奸罪等性犯罪的非亲告罪化;(3)增设监护人猥亵罪以及监护人性交等罪;(4)修改抢劫强奸罪的构成要件。[1]

另外,在刑法典之外,对"让儿童实施淫行的行为"的,[2]《儿童福利法》第34条第1款第6项规定予以处罚(法定刑为10年以下惩役或者300万日元以下罚金。参见《儿童福利法》第60条第1款)。所谓淫行,本来是指性交,但判例将其范围扩张到性交类似行为(最大判昭和60·10·23刑集39卷6号413頁)。由于规定的是"让儿童实施淫行的行为",那么,至少是那些成为淫行(如卖淫)之相对方的行为,应当被排除在外。不过,例如,委托初中男生为自己介绍卖淫的少女,并与少女性交的成年男子,判例判定构成《儿童福利法》第34条第1款第6项所规定之罪的教唆犯(名古屋高判昭和54·6·4刑月11卷6号515頁);又如,教师向自己的女学生传授使用性颤震器的方法,使之实施自慰行为的,判例也判定成立该罪(最决平成10·11·2刑集52卷8号505頁)。而且,在地方自治机构制定的《青少年保护培养条例》中,多将针对儿童而实施的淫行行为本身(如与儿童性交)作为处罚对象。* 根据这些条例,《刑法》《儿童福利法》这类国家法律层面上不具有可罚性的行为也可能受到处罚,这会让人产生这种条例是否有违法律主义的疑问,但判例认为,两者的宗旨与目的不同,因而是合宪的(大阪高判昭和48·5·9刑月5卷5号899頁、最大判昭和60·10·23刑集39卷6号413頁)。

* 《向儿童买春处罚法》 平成11年(1999年)的通常国会以议员立法的形式制定了《有关向儿童买春、儿童色情相关行为等的处罚以及儿童保护等的法律》(法第52号),该法已于同年11月1日起施行。该法规定,对于向儿童(不满18周岁者)买春者(处5年以下的惩役或者300万日元以下罚金),或者儿童色情的提供者(处3年以下惩役或者300万日元以下罚金),应当予以处罚。平成16年(2004年)(法第106号)、平成26年(2014年)(法第79号),又分别对该法进行了改正,法律名称也被修改为《有关向儿童买春、儿童色情相关行为等的规制与处罚以及儿童保护等的法律》。

---

〔1〕 有关刑法修正的详细内容,参见加藤俊治「性犯罪に対処するための刑法改正の概要」『ひろば』70卷8号52頁、田野尻猛「性犯罪の罰則整備に関する刑法改正の概要」『論ジュリ』23号112頁、橋爪隆「性犯罪に対処するための刑法改正について」『ひろば』70卷11号4頁,等等。

〔2〕 儿童是指未满18周岁的男女。参见《儿童福利法》第4条。

二、强制猥亵罪

以暴力或者胁迫手段对13周岁以上的男女实施猥亵行为的，处6个月以上10年以下惩役；对未满13周岁的男女实施猥亵行为的，亦同（第176条）。

犯罪未遂的，应当处罚（第180条）。

1. 本罪对象可以是男女双方，但根据犯罪对象是否已年满13周岁，本罪行为分为两类。具体而言，如果已年满13周岁，成立本罪，必须采用暴力、胁迫手段；如果未满13周岁，则不管采用何种手段，并且，即便存在对方的同意，也构成本罪。当然，以暴力、胁迫手段对未满13周岁者实行猥亵的，直接成立本罪（最决昭和44·7·25刑集23卷8号1068頁）。

2. 由于本罪的保护法益是性的自由。[1] 这里所谓"猥亵行为"，就应当比公然猥亵罪（第174条）中的猥亵概念的范围更广，应理解为有害于被害人之性羞耻心的行为（中森65頁）。[2] 因此，违反对方的意愿与之接吻的行为，在当下社会，想必不构成公然猥亵罪，但可以构成本罪（東京高判昭和32·1·22高刑10卷1号10頁）。不过，必须是从一般人的观念来看，也属

[1] 对此，大谷〔新版第4版〕116頁认为，将强制猥亵罪理解为，仅仅是对性的自由的侵害，这是否足够，也是一个需要研究的问题。在让被害人忍受性行为这一点上，可谓对自由的侵害，同时，让其产生对性的厌恶、羞耻情感的，也会有害于正常的性情感，因而，也应将这一点包括在内。

山口105頁认为，"有关强制猥亵罪与强奸罪的保护法益，也有观点认为，不仅仅是性的自由，包括性情感在内，这些犯罪也是有害于性方面的羞耻心的犯罪。但本书认为，作为保护法益的内容的'性的自由'，对此应该理解为，对于人往往会抱有性方面的羞耻心的事项的自我决定的自由，而不应将性的自由与性情感理解为不同的东西。因此，强制猥亵罪与强奸罪是针对这种特殊的自由的犯罪，具有属于强要罪（《刑法》第223条）的一种特殊类型的属性"（王昭武译·山口各论118页）。——译者注

[2] 对此，林87頁以下认为：对于强制猥亵罪等的保护法益，有人主张是性方面的羞耻心。但是，有时候即便侵害了性方面的羞耻心，也不应成立犯罪。例如，具有强烈异常感受的女性在妇产科接受诊疗的情形就是如此。反之，有时候即便没有感受到性方面的羞耻心，也仍应成立犯罪。例如，违反脱衣舞女的意思，强行扒光其衣服的情形。而且，因受到猛烈暴力，充满恐怖惊慌失措之时，就有可能全然忘记了性方面的羞耻心。另外，在准强制猥亵罪中，即便处于心神丧失状态之下，完全丧失了性方面的羞耻心，仍应予以处罚，这应该是该罪的当然前提。因此，就应该认为，强制猥亵罪等的保护法益，是性的自由或者性的自我决定权。不过，值得注意的是，在性的自由不断开放的现代社会，对于那些通过或多或少的胁迫、欺骗而实施的性行为，就不能全部作为犯罪来处理。——译者注

于有害于性羞耻心的行为。[1]

具体而言,触摸乳房或阴部的行为(名古屋高金沢支判昭和36·5·2下刑3卷5=6号399頁)、让对方赤身裸体并拍摄照片的行为(東京高判昭和29·5·29判時40号138頁)、将异物插入少年肛门的行为(東京高判昭和59·6·13刑月16卷5=6号514頁)等,均构成本罪。在刑法修正之前,强奸罪的被害人仅限于女性,因而强逼男性性交的行为也构成本罪,但根据平成29年(2017年)的刑法修正,这种情形也应构成强制性交罪。

3. 作为本罪手段的暴力、胁迫,虽然不必像抢劫罪那样,达到抑制对方反抗的程度,但必须达到使对方明显难以反抗的程度(团藤490頁)。例如,出其不意地触碰对方阴部的,像这种暴力行为本身就属于猥亵行为的情形,对此如何处理,就属于需要研究的问题。为了把这种与性有关的暴力行为也包含到本罪之中,既有观点认为,只要违反了他人的意思即可,不管力量大小(曽根67頁、大判大正14·12·1刑集4卷743頁[2]);也有观点主张区分暴力与胁迫,就暴力而言,不要求达到明显难以反抗的程度(大塚99頁、大谷114頁、井田109頁)。但是,要认定有无对猥亵行为的同意,这种判断是非常微妙的,因而,要判断是否违反了对方的意思,就应该以达到明显难以反抗的程度为必要;反之,如果认为,只要违反对方的意思即可,则根本无助于问题的解决。另外,为了维持前述标准,也有观点提出,上述与性有关的暴力的案件,不过是单纯的暴力(有可能构成暴行罪)(中85頁),但这种观点无视了侵害性的自由这一点,难言妥当。即便是暴力本身就属于猥亵行为的情形,也完全有可能判断是否得以避免这种暴力,如果是出其不意的与性有关的暴力,这正属于使对方难以反抗的情形,因而,应认定成立本罪(高橋127頁。认定成立准强制猥亵罪的观点,参见松原86頁)。

4. 本罪是故意犯,因此,要成立本条后段之罪,就必须对被害人未满13周岁存在认识。误以为对方已年满13周岁,征得其同意之后实施猥亵行为

---

[1] 亦即,即便被害人虽然觉得愤怒,但实际上并未感受到羞耻的,也应成立强制猥亵罪。是否属于"猥亵行为",不是以被害人的具体感受为标准,而是以一般性标准来判断。例如,对于7岁女童实施猥亵行为的,就有判例肯定成立本罪(参见新潟地判昭和63·8·26判時1299号152頁)。——译者注

[2] 大审院的该判例认为,本条的暴力,是指违反他人意思,施力于其身体发肤之意,无须考虑这种力量的大小强弱。但值得注意的是,该判决针对的是,深夜潜入他人住宅,搂住就寝中的女性的肩膀,并用手触碰其阴部的行为。在该案中,如果女性处于熟睡状态,毋宁说,本应适用第178条的准强制猥亵罪;但如果该女性是清醒的话,则有被理解为,因恐惧等而处于明显难以反抗的状态的余地。但不管怎样,在车内瞬间实施的"痴汉"行为,不在本案的射程之内(正是考虑到很难对"痴汉"行为适用强制猥亵罪,近年来,都道府县层面制定了《防止骚扰条例》)。参见松宫117頁(王昭武等译·松宫各论95页)。——译者注

的，就应作为事实的错误而阻却故意。

此外，判例认为，本罪是倾向犯，要求是在“刺激、兴奋或者满足犯人的性欲这种性意图之下实施”了猥亵行为，因而，即便是出于报复的目的，让被害女性赤身裸体之后，再拍摄其裸照的，也不构成本罪（最判昭和45・1・29刑集24卷1号1頁〔100〕）。但是，既然认为本罪的保护法益是性的自由，那么，行为有无法益侵害性，就不应该为行为人的主观意图所左右，因而，这样的结论是不妥当的（实质上与本书采取同样立场的判例，参见東京地判昭和62・9・16判時1294号143頁〔101〕）。如下所述，最高裁判所平成29年（2017年）判决（最大判平成29・11・29裁時1688号1頁〔102〕）对最高裁判所昭和45年判例（最判昭和45・1・29刑集24卷1号1頁〔100〕）作了判例变更，作出了“一律以性意图作为本罪成立要件并不妥当”这一判决。

典型判例

・有关成立本罪**主观上是否需要性意图**这一点，如正文所述，最高裁判所昭和45年判例（最判昭和45・1・29刑集24卷1号1頁〔100〕）认为，应以行为人存在性意图为必要，但是，在其后的下级裁判所的判例中则时不时可以看到，有些判例的旨趣是，成立本罪主观上无须存在性意图（例如，東京高判平成26・2・13高刑速〔平26〕45頁）。例如，被告将自己的阴茎放在女童身上并留影，按照被告的辩解，其不存在性意图，其目的在于将画面数据传送给第三者以获取报酬。对此，大阪高判平成28・10・27高刑69卷2号1頁以构成强制猥亵罪无须性意图为理由，判定被告成立强制猥亵罪。针对被告的上告，最高裁判所作出如下判决，最终驳回上告。亦即，“在能被评价为《刑法》第176条所谓猥亵行为的行为之中，既有如构成强奸罪的行为那样，行为本身所具有的性的性质很明确，无论该行为实施当时的具体情况如何，都能认定该行为当然具有性意义，因而能直接被评价为猥亵行为；也有行为本身所具有的性的性质不明确，如果不将该行为实施当时的具体情况考虑进来，就很难评价该行为是否具有性意义。并且，考虑到该条法定刑很重，不应该将所有被认为带有性意义的行为均评价为，值得作为该条所谓猥亵行为予以处罚。而且，究竟应认为何种行为具有性意义，值得以该条予以处罚，作为一种规范的评价，那属于在考虑该时代针对性方面的受害情况的社会一般态度的同时，还应该进行客观判断的事项。这样一来，要判断该行为是否属于《刑法》第176条所谓猥亵行为，就只能是在充分考虑行为本身是否具有性的性质及其程度的基础上,根据案件具体情况,综合考虑该行为实施当时的具体状况等各种情况,比照社会一般观念,基于符合具体个案的具体案件事实,判断该行为是否可以被谓为具有性意义,以及这种性意义的强度。因此,难以否定的是,作为这种具体个别的情况之一,还应该作为判断因素,考虑行为人的目的等主观情况,这种情形也是有可能存在的。但是,即便存在那种情况,将故意之外的行为人的性意图一律作为强制猥亵罪的成立要件,这是不合适的,应该对昭和45年判例的解释作出变更"(最大判平成29·11·29裁時1688号1頁〔102〕)。

本判决是在不应该"将性意图一律作为强制猥亵罪的成立要件"这一限度之内,对最高裁判所昭和45年判例作了判例变更,而并非作出了成立强制猥亵罪总是不以性意图为必要这种旨趣的判断。亦即,(1)对于那些如本案被告的行为那样,能认定行为本身具有很强的性意义的行为,不问行为人的主观,就能被评价为猥亵行为。(2)对于那些虽带有性意义,但其性意义客观上并不强烈的行为(例如,搂抱儿童的行为),要判断此类行为是否该当于猥亵行为,就有必要"综合考虑该行为实施当时的具体状况等各种情况",作为其判断要素,也有必要同时考虑"行为人的目的等主观情况"。在该场合下,作为主观情况的内容之一,同时考虑行为人有无性意图,这也是有可能的。不过,本判决采取的是"行为人的目的等主观情况"这一表述,这也就是说,应作为判断要素考虑的主观情况不限于性意图。例如,行为人的性取向,实施行为的动机或者目的等,这些也有可能属于这里的判断材料。因此,对于这种类型,不能说性意图是必不可少的要件,即便不能认定行为人存在性意图,仍然存在通过其他主观情况肯定行为具有猥亵性的余地。

相反,(3)如果行为人具有特殊的性取向,基于性意图实施了一般不具有性意义的行为的,既然该行为原本在客观上缺少性意义,那么,即便考虑行为的主观情况,也难以将该行为评价为猥亵行为。在猥亵行为性的判断上,本判决之所以作出有必要"在充分考虑行为本身是否具有性的性质及其程度的基础上"进行判断这种判旨的判决,也应该是基于这种旨趣。

三、强制性交等罪

对已满13周岁者，采取暴力或者胁迫手段，实施性交、肛交或者口交（以下简称“性交等”）的，是强制性交等罪，处5年以上有期惩役。对未满13周岁者，实施性交等行为的，亦同（第177条）。

犯罪未遂的，应当处罚（第180条）。

---

1. 在平成29年（2017年）刑法部分修正之前，强奸罪处罚的是“奸淫女子”的行为。[1] 通过这次的刑法部分修正，与原先的强奸罪相比，强制性交等罪在以下两个方面扩大了构成要件。

第一，此前，强奸罪的被害人限于女性，但是，因被强行施以性方面的行为而遭受的身体上、精神上的痛苦，不问男女都是相通的，因此，男性也被规定为第177条（强制性交等罪）的被害人。另外，判例（最决昭和40·3·30刑集19巻2号125頁）认为，强奸罪的主体事实上仅限于男性，因此本罪是身份犯，但通过本次刑法修正，该判例已经丧失作为先例的拘束意义。

第二，修正之前的强奸罪，仅以奸淫行为即性交作为处罚对象，然而，在他人的性器官被插入自己体内（或者，自己的性器官被插入他人体内）这一意义上，肛交、口交与奸淫行为具有同样的法益侵害性，因此，这些行为也被规定为第177条的处罚对象。本罪的处罚对象行为由此不再限于强奸行为，第177条的罪名也被修改为“强制性交等罪”。

如前所述，本罪的行为对象包括男女双方，但在根据是否已年满13周岁而区分行为类型这一点上，本罪与强制猥亵罪是一样的。具体而言，如果对方已年满13周岁，必须采用暴力或者胁迫手段；如果对方未满13周岁，则不管采用何种手段，并且，即便存在对方的同意，也仍然应构成本罪。与强制猥亵罪的情形一样，如果误以为对方已年满13周岁，征得对方的同意之后实施性交等行为的，应作为事实的错误而阻却故意。

从理论上来讲，即便是夫妻关系，也有可能成立强制性交等罪（平川200頁、山口109頁、山中168頁。另见池本壽美子「刑事事件の裁判例」『判例タイムズ』1100号31頁）。那种认为只要存在婚姻关系就存在概括的同意的观点是不可取的。在下级裁判所的判例中，也有判例以婚姻关系是否实质性破裂作为认定标准（広島高松江支判昭和62·6·18判タ642号257

---

〔1〕 在平成29年（2017年）刑法部分修正之前，强奸罪的规定是，“以暴力或者胁迫手段奸淫13岁以上女子的，是强奸罪，处3年以上有期惩役。奸淫未满13岁的女子的，亦同（第177条）。”——译者注

頁。[1] 但案件事实是,丈夫与第三者共谋轮奸妻子,这当然可能认定成立强奸罪)。但是,婚姻关系是否已实质性破裂这种判断缺乏法的稳定性,而且,也没有必要限于这种情形。在这一点上,虽然也考虑婚姻关系是否破裂这种状况,但从保护女性自主决定的必要性的角度,判定法律意义上的丈夫原则上也可成立本罪的判例观点(東京高判平成 19・9・26 判タ1268 号 345 頁〔99〕),要更为妥当。

另外,在平成 29 年(2017 年)的刑法部分修正之前,强奸罪的法定刑的最低刑期是 3 年惩役,通过该修正,强制性交等罪的法定刑的最低刑期被提升至 5 年惩役。这是考虑到,在近年的司法实务中,对强奸罪的量刑,存在与(法定刑的最低刑期为 5 年惩役的)抢劫罪、向现住建筑物等放火罪相比量刑更重的倾向,因而为了回应现在的这种量刑趋势,对强制性交等罪的法定刑作了必要的修正。

2. 作为本罪手段的暴力、胁迫,以达到使对方明显难以反抗的程度为必要(最判昭和 24・5・10 刑集 3 卷 6 号 711 頁)。[2] "性交",是指将部分阴

---

〔1〕 本案大致案情为:被告人婚后好逸恶劳,不仅不扶养妻子 A,而且,稍有不如意便拳脚相加实施虐待。妻子 A 为了躲避其虐待,东躲西藏,即便被带回来,只要有机会就离家出走,如此不断反复,强烈拒绝恢复婚姻生活。案发当时,二人的婚姻关系已经完全破裂,失去了夫妻关系的实质。当时,在妻子躲回娘家后,被告人与其玩伴 B 通过暴力手段强行将 A 带走,在回家途中,二人共谋轮奸 A,并于白天在偏僻的山中,以暴力压制 A 的反抗后,分别强行奸淫了 A。对于此案,作为二审的广岛高等裁判所松江支部的判决主旨如下:被告与被害人在行为当时属于夫妻关系,夫妻之间相互有要求性交的权利以及回应的义务,因而,即便丈夫对妻子以暴力、胁迫为手段强行实施性交,成立暴行罪、胁迫罪的,另当别论,但性交本身并非处罚的对象,因此,并无成立强奸罪的余地。而且,即便丈夫与第三人共同轮奸妻子,既然丈夫本身不能成为强奸罪的主体,对其就只能是作为强奸罪的从犯或者暴行罪来处罚……但是,这里的"婚姻中",是指婚姻关系实质上也在持续。即便法律上是夫妻,如果婚姻关系已经破裂,只是有名无实的夫妻的,若丈夫以暴力或胁迫手段奸淫妻子,就应成立强奸罪;丈夫与第三人以暴力共同轮奸妻子的,丈夫也无疑成立强奸罪的共同正犯。——译者注

〔2〕 这原本应该是事实认定的问题,而非本罪的成立要素的问题。不仅如此,有关暴力、胁迫的程度,除了行为样态本身之外,还应该考虑时间、地点的情况以及被害人的年龄、精神状态等诸多因素,进行客观判断(最判昭和 33・6・6 裁集刑 126 号 171 頁)。如果具体考虑被害人与行为人之间体力上的差距、被害人受惊吓的程度等因素,那么,在被害人因恐惧等而处于难以反抗的状态之时,就可以理解为,已经实际存在使得被害人"明显难以反抗程度"的暴力或者胁迫。如前所述,正因为"违反其意思"是本罪的成立要件,从其定义上看,暴力或者胁迫自然需要达到,能够"违反其意思"而实施奸淫行为的强度(行为人谎称,若被害人拒绝发生性关系,其女婿等人就会变得性无能,对于这种"利用谎言实施的奸淫"的案件,東京高判平成 11・9・27 東時 50 卷 1 =2 号 93 頁认为,被害人是否陷入了"不能反抗"的状态,应该针对被害人本人,以其心理或精神状态为标准进行判断,最终判定成立准强奸罪。像这种利用谎言而使被害人陷入"不能反抗"的状态的案件,应当属于相当特殊的情形)。松宫 121 頁(王昭武等译・松宫各论 98 页)。——译者注

茎插入阴道之内的行为；所谓“肛交”“口交”，分别是指将阴茎插入肛门、口腔之内。这些行为不仅包括将自己或者第三者的阴茎插入被害人体内的行为，也包括将被害人的阴茎插入自己或者第三者体内的行为。[1] 在阴茎被部分插入的阶段，本罪就达到既遂。原则上来说，在开始实施作为奸淫之手段的暴力、胁迫之时，就能认定为实行的着手，但判例认为，能认定存在发展至强奸的客观危险性之时，为实行的着手。*

* 强奸罪的着手时点　有关将路过的女性强行拽入翻斗车的驾驶室，在离开现场 5 公里之外的防护堤施工现场实施奸淫的案件，最决昭和 45・7・28 刑集 24 卷 7 号 585 頁认为，在强行将被害人拽入驾驶室的时点，显然能认定存在发展至强制性交的客观危险性，[2] 从而认定在该时点存在实行的着手，进而对由拽入驾驶室之时的暴力所造成的伤害，判定成立强制性交等致伤罪（第 181 条）。

四、准强制猥亵罪、准强制性交等罪

乘他人心神丧失或者不能抗拒，或者使他人心神丧失或不能抗拒而实施猥亵行为的，依照第 176 条（强制猥亵罪）的规定处断（第 178 条第 1 款）。

乘他人心神丧失或者不能抗拒，或者使他人心神丧失或不能抗拒而实施性交等的，依照前条（强制性交等罪）的规定处断（同条第 2 款）。

犯罪未遂的，应当处罚（第 180 条）。

---

1. 本罪处罚的是，虽未采取暴力、胁迫手段，但利用被害人难以抵抗的状态而实施的猥亵行为（第 1 款）或性交等行为（第 2 款）（根据平成 29 年〔2017 年〕的刑法部分修正，第 2 款之罪的罪名由“准强奸罪”被改为“准强制性交等罪”）。行为人实施猥亵或性交的情形，不仅包括出于自己猥亵、自己性交的目的而创造出被害人难以抵抗状态的情形，还包括由第三者导致被害

---

〔1〕 参见加藤俊治「性犯罪に対処するための刑法改正の概要」『ひろば』70 卷 8 号 55 頁。不过，既然本罪处罚的是“实施性交、肛交或者口交的（人）”，因而要将让被害人与第三者性交的行为认定为本罪，最终就必须是，该行为能被评价为，行为人自己实施了“性交、肛交或者口交”（参见橋爪隆「性犯罪に対処するための刑法改正について」『ひろば』70 卷 11 号 6 頁）。

〔2〕 反之，若不能认定存在这种危险，就应否定成立强奸罪未遂。参见京都地判昭和 43・11・26 判時 543 号 91 頁（试图将某女性拽入已有 4 名乘车人的小型汽车内）。——译者注

人昏迷的情形,以及自己出于其他目的导致被害人昏迷的情形。[1] 应当注意的是,在包括利用自己或者他人造成的(心神丧失或者不能抗拒)状态这一点上,比昏醉抢劫罪(第239条)的手段范围要广,后者必须是自己“使他人昏醉而盗取其财物”。

2. 所谓“心神丧失”,不同于责任能力中的心神丧失(第39条第1款),是指由于昏迷、睡眠、泥醉、高度的精神障碍等原因,对自己的性的自由受到侵害缺乏认识的情形。与此相反,所谓“不能抗拒”,是指虽然认识到自己的性的自由被侵害,但由于手足被缚、醉酒、处于极度的畏惧状态等原因,在物理上、心理上明显难以抵抗的情形。例如,牧师对作为信徒的少女进行说教,告知其若不遵从自己的指示,就要下地狱永坠苦海,并利用少女的恐惧状态实施了奸淫的,就是其例(京都地判平成18·2·21判タ1229号344頁)。问题在于,利用骗术或诡计奸淫的,是否属于心理上的不能抗拒?对于下述案件,判例相对广泛地判定属于因不能抗拒而构成的准强奸:(1)被害人因处于半梦半醒的状态,误以为行为人是自己的丈夫或情人,行为人借机实施奸淫的(仙台高判昭和32·4·18裁特4卷10号230頁、広島高判昭和33·12·24高刑11卷10号701頁);(2)使被害人误以为性行为是治疗疾病的必要手段而实施性交的(大判大正15·6·25刑集5卷285頁、名古屋地判昭和55·7·28刑月12卷7号709頁〔103〕)。[2] 这一问题最终归结于,错误的同意的有效性的问题,应该从前述法益关系的错误说的视角来解决(参见佐伯仁志「被害者の錯誤について」『神戸法学年報』1号88頁以下)。因此,在第(2)个判例中,由于被害人对实施的性行为是存在认识的,因而判定成立准强奸是存在疑问的。此外,性的自由还包括选择谁作为性对象的自由,因而第(1)个判例的结论是妥当的。

---

〔1〕 对此,山口111頁概括为以下三种情形:“以下几种情形适用本罪:(1)出于实施猥亵行为或者奸淫的目的,不以暴力或者胁迫为手段,在使得被害人陷入心神丧失或者不能抗拒的状态之后,实施猥亵行为或者奸淫的(例如,在被害人的饮料中加入安眠药,使之熟睡之后,再实施猥亵行为或者奸淫);(2)出于实施猥亵行为或者奸淫之外的其他目的,以暴力、胁迫或者其他手段,使被害人陷入心神丧失或者不能抗拒的状态之后,实施猥亵行为或者奸淫的(例如,出于惩罚的目的而施以暴力,压制了被害人的反抗,之后,对其实施猥亵行为或者奸淫);(3)利用第三者等创造出的,或者被害人本身已经存在的心神丧失或者不能抗拒的状态,实施猥亵行为或者奸淫的(例如,对因他人的暴力而处于昏厥状态的被害人,实施猥亵行为或者奸淫)。在此意义上,本罪不单是强制猥亵罪或者强奸罪的补充类型(前一种情形),也是其扩张类型(后两种情形)”(王昭武译·山口各论125页)。——译者注

〔2〕 判定不属于不能抗拒的判例,参见東京地判昭和58·3·1刑月15卷3号255頁〔105〕。

五、集团强奸罪的废止

在平成 29 年(2017 年)的刑法部分修正之前,第 178 条之二规定了集团强奸罪,即“二人以上当场共同犯强奸罪(第 177 条)或者准强奸罪(第 178 条第 2 款)的,处 4 年以上有期惩役”。但随着强制性交等罪的法定刑的最低刑期已经提升至 5 年惩役,在修正之后的强制性交等罪的法定刑的范围之内,对于集团强奸等的恶劣性质、严重程度,已经能够作出充分评价,因此集团强奸罪被废止。

六、监护人猥亵罪、监护人性交等罪

对未满 18 周岁者,利用现在属于该人之监护人所形成的影响力,实施猥亵行为的,依照第 176 条(强制猥亵罪)的规定处断(第 179 条第 1 款)。

对未满 18 周岁者,利用现在属于该人之监护人所形成的影响力,实施性交的,依照第 177 条(强制性交等罪)的规定处断(第 179 条第 2 款)。

犯罪未遂的,应当处罚(第 180 条)。

---

1. 本条是由平成 29 年(2017 年)的刑法部分修正增设的规定。[1] 现实生活中不乏这样的情况:亲生父母或者养父母持续对未满 18 周岁者实施猥亵行为或者性交等行为,但往往由于某个具体的性方面的行为不能被认定为行为人实施了暴力或者胁迫,而且,也不能被评价为被害人处于不能抗拒的状态,因而很难被作为刑法上的性犯罪受到处罚。不过,一般来说,未满 18 周岁者身心发育大多尚未成熟,经济上、精神上多依存于其监护人,处于很容易受监护人影响的状态。因此,在这种状况之下,负责监护未满 18 周岁者的监护人利用其作为监护人的影响力,对未满 18 周岁者实施性方面的行为的,该未满 18 周岁者的意思决定就不能被评价为其自由的意思决定;而且,在处于监督、保护未满 18 周岁者之地位的人(监护人)侵害了被害人的脆弱的性的自由这一点上,也能认定其行为的恶劣性质与严重程度。为了对此行为与强制猥亵罪或者强制性交等罪作相同处罚,刑法增设了本罪。因此,本罪的保护法益是未满 18 周岁者的性的自由或者性的自我决定权,而非以青少年的健康成长本身作为直接的保护法益。

2. 所谓“现在属于……监护人”,是指现在实际负责监督、保护未满 18 周岁者的人,而不问其是否存在法律上的监护权。要满足该要件,必须就该未

---

〔1〕 对本罪的研究,参见樋口亮介「性犯罪規定の改正」『法律時報』89 巻 11 号 114 頁以下。

满18周岁者现在的整个生活状况,从经济的、精神的角度,能认定持续地存在依存与被依存或者保护与被保护的关系。亲生父母、养父母是最典型的监护人,不过,即便是其他亲属、父母的处于同居关系的配偶,如果是负责照顾该未满18周岁者,就其整个生活实施监督、保护的人,那么,该人也属于这里的"监护人"。相反,诸如教师、体育项目的教练等,由于不能认定就未满18周岁者现在的整个生活状况存在依存与被依存或者保护与被保护的关系,因而原则上不属于这里的"监护人"。

所谓"利用……影响力",是指监护人处于可以一般性、持续性地对被监护人的意思决定施加影响的状况,以这种影响为前提实施性方面的行为,但无须为利用影响力而实施了积极的行为(诱惑、逼迫等)。并且,在行为人具有"现在属于……监护人"这种身份的场合,由于能认定存在可以对被监护人的意思决定施加影响的关系,如果以这种关系为前提而与被监护人之间实施了性方面的行为,除了该影响力已经被排除这种例外情况之外,原则上就应被认定为,满足"利用……影响力"要件,进而成立本罪(井田・佐藤60頁)。[1] 而且,即便被监护人对性方面的行为给予了承诺,由于可以被谓为,承诺本身是基于监护人的影响力而作出,因此,并不能由此否定本罪的成立。

七、亲告罪规定的删除

平成29年(2017年)的刑法部分修正之前,对强制猥亵罪、强奸罪、准强制猥亵罪、准强奸罪,以及这些犯罪的未遂犯罪,《刑法》第180条规定,"告诉的才能提起公诉"(非经告诉不得提起公诉),从而将这些犯罪定位于亲告罪。该规定的旨趣原本是为了尊重被害人的名誉、隐私。但是,如果性犯罪的被害人不得不自己作出是否告诉这种决断,或者不得不担心因提出告诉而受到犯罪人的报复,那么,将这些犯罪规定为亲告罪,很多时候反而会给被害人增加精神上的负担。如果以这种现实情况为前提,那么,将这些犯罪予以非亲告罪化,会更有利于减轻被害人的精神负担,因此,根据平成29年(2017年)的刑法部分修正,删除了将这些犯罪规定为亲告罪的规定。

---

〔1〕 根据本罪之起草负责人的解说,如果未满18周岁者未能认识到性交等的对方是监护人,或者未满18周岁者通过暴力、胁迫手段逼迫监护人性交的,就不能被认定为满足了"利用……影响力"要件。参见加藤俊治「性犯罪に対処するための刑法改正の概要」『ひろば』70卷8号58頁。

八、强制猥亵致死伤罪、强制性交等致死伤罪

犯强制猥亵罪（第 176 条）、准强制猥亵罪（第 178 条第 1 款）、监护人猥亵罪（第 179 条第 1 款）或者这些罪的未遂，因而致人死伤的，处无期惩役或者 3 年以上有期惩役（第 181 条第 1 款）。

犯强制性交等罪（第 177 条）、准强制性交等罪（第 178 条第 2 款）、监护人性交等罪（第 179 条第 2 款）或者这些罪的未遂，因而致人死伤的，处无期惩役或者 6 年以上有期惩役（第 181 条第 2 款）。

1. 本罪是强制性交等罪等的结果加重犯。通过将基本犯分为下述两种类型，对其法定刑的有期刑的最低刑期设置了差异：（1）强制猥亵罪、监护人猥亵罪、准强制猥亵罪以及这三种罪的未遂犯罪；（2）强制性交等罪、监护人性交等罪、准强制性交等罪以及这三种罪的未遂犯罪（根据平成 29 年〔2017 年〕的刑法部分修正，第二类犯罪的法定刑的最低刑期由 5 年惩役提升至 6 年惩役，而且，删除了集团强奸致死伤罪的规定〔旧《刑法》第 181 条第 3 款〕）。法条明确规定，也适用于强制性交等罪归于未遂的情形，因而这里不会出现抢劫致死伤罪那样的问题（具体参见第 240 条、第 243 条）。

死伤结果不限于由猥亵行为、性交等行为所造成，由手段行为即暴力、胁迫而导致的，也当然包括在内（最决昭和 43・9・17 刑集 22 卷 9 号 862 頁）。只要这些行为与死伤结果之间存在相当因果关系即可，因此，被害人在逃跑过程中跌倒负伤的，也包括在内（最决昭和 46・9・22 刑集 25 卷 6 号 769 頁），但被害人因羞耻心而自杀的，则不应包括在内。判例的解释更广泛一些，例如，性交、猥亵行为之后，为了便于自己逃离而实施暴力，由该暴力使被害人负伤的，判例认为，这种暴力、胁迫可以被谓为与强制性交、强制猥亵相伴而生的"伴随行为"，进而判定也构成本罪（大判明治 44・6・29 刑録 17 輯 1330 頁、最决平成 20・1・22 刑集 62 卷 1 号 1 頁〔106〕）。[1] 是否属于"伴随行为"，"应该在综合考虑是否具有时间上或者地点上的接续性、是否具有意思的同一性等要素的基础之上"进行判断（三浦透「判批」『ジュリスト』

〔1〕例如，被告在电车内对 A 女实施了强制猥亵行为，在电车到站时，该女抓住被告的右手腕，大叫"抓色狼!"，出于逃走的目的，被告人对 A 女实施了将右手腕向前猛拽这一暴力，结果导致 A 女受伤，痊愈需要一个月左右。对此，一审判定不成立强制猥亵致伤罪，而成立强制猥亵罪与伤害罪的并合罪（数罪并罚）。但東京高判平成 12・2・21 判時 1740 号 107 頁认为，猥亵行为之后马上接着实施了伤害行为，并且，两行为发生在同一场所，该伤害行为也是出于逃避抓捕的目的，因而属于猥亵行为的附随行为，进而判定成立强制猥亵致伤罪。——译者注

1366 号 153 頁)。但是,从“因而致人死伤的”这一条文表述来看,还是应该限于,由作为强制性交等罪等的手段行为的暴力、胁迫所造成的死伤结果(大谷 126 頁)。

2. 对死亡结果有故意的,判例认为,属于本罪与杀人罪的想象竞合(最判昭和 31·10·25 刑集 10 卷 10 号 1455 頁),但由于这样会产生刑罚不均衡的问题,因此,只要认定为强制性交等罪等(基本犯)与杀人罪的想象竞合即可(大谷 127 頁以下、中森 70 頁)。同样,行为人存在伤害故意的,虽然也有观点认为,应成立强制性交等罪等与伤害罪的想象竞合(大塚 106 頁、曽根 70 頁),但由于也会产生刑罚不均衡的问题,因而只应成立本罪(団藤 475 頁、大谷 127 頁、中森 70 頁)。

第六节 侵入住宅罪

无正当理由,侵入他人的住宅或者他人看守的宅邸、建筑物或者船舰,或者经要求退出但仍不从上述场所退出的,处 3 年以下惩役或者 10 万日元以下罚金(第 130 条)。

犯罪未遂的,应当处罚(第 132 条)。

一、保护法益

侵入住宅罪的保护法益是个人法益,这在学说上已达成共识,但关于其内容则存在居住权说与平稳说之间的尖锐对立。前者认为,本罪法益是对住宅或建筑物的事实上的支配权或管理权,即允许谁进入的自由(在建筑物的场合应称之为管理权说,在下文中,根据具体情况并用“居住权说”与“管理权说”这两种表述);后者认为,本罪法益是居住的事实上的平稳。判例持居住权说、管理权说。例如,在丈夫赴前线期间,妻子为通奸而将其他男人带入家中的,对此案件,大审院认为,本罪的法益是居住权,并以侵犯了作为家长的丈夫的居住权为理由,判定成立犯罪(大判大正 7·12·6 刑録 24 輯 1506 頁〔111〕)。平稳说正是针对这种战前的判例理论而提出。亦即,居住权究竟属于谁,这一点并不明确,而且,居住权说容易与封建家长权联结在一起,基于此理由,平稳说主张,应当以居住的事实上的平稳作为保护法益。平稳说是学界的多数说,受到广泛支持(小野 208 頁、団藤 501 頁、大塚 111 頁、福田 203 頁、香川 452 頁、岡野 70 頁、井田 145 頁),判例也曾一度有采取平稳说的倾向(最判昭和 49·5·31 裁集 192 号 571 頁〔113〕、最判昭和 51·3·4

刑集30卷2号79頁〔107〕)。[1]

但是,对平稳说存在如下几点疑问:第一,何为居住的平稳,平稳说未能就此作出明确的解释。如果说那是指居住的宁静(静谧),那么,从敞开的大门进入的,即便是小偷,也不能构成本罪;如果说那是指个人的私密(隐私),那么,就不得不将官方的公共建筑物排除在本罪对象之外。

第二,如果说那是指违反了居住者、管理者的意思(团藤505頁、大塚116頁),那么,实质上就与居住权说、管理权说并无不同。因为,如果始终如一地坚持平稳说,那么,只要进入方式平稳,即使违反了居住者、管理者的意思,也理应不成立本罪(福田『旧注釈刑法〔第3卷〕』242頁、245頁)。但是,既然将本罪定位于针对个人法益的犯罪,犯罪的成立完全不考虑权利人个人的意思或者有无其承诺,应该说,这种平稳说就存在根本性疑问。对此,有学者提出应分而论之:就个人住宅而言,平稳就是指个人私生活的隐秘,因而应当尊重权利人个人的意思;但对官方公共建筑而言,则应认为本罪的保护法益是可以平稳且顺利地进行事务处理,因而应以侵入方式作为标准(関哲夫『住居侵入罪の研究』〔成文堂1995年〕324頁以下)。* 但是,这种观点实际上混淆了侵入住宅罪与妨害业务罪;而且,按照这种观点,不处理业务的官方建筑物势必就不受本罪的保护。我们仍然应该认为,即使是官方办公厅舍、大学以及其他的公共建筑物,其管理者对允许谁进入厅舍、建筑物仍然有决定权。只要进入方式平稳,哪怕是激进分子也不能拒绝其进入,这显然是不合理的。

* 与劳动争议等的关系　考虑到侵入住宅的行为多与劳动争议、政治活动等联系在一起,想必侵害平稳说的意图在于,试图通过“侵入”一词,在构成要件该当性阶段限制处罚范围,但是,这还是应当作为违法阻却的问题来处理。例如,对于将写有谴责将自卫队派往伊拉克这种内容的传单放入自卫队立川驻地宿舍各房间的信箱的行为,有关“自卫队立川宿舍案”的一审判决认为,这种行为属于《宪法》第21条第1款所保障的一种表达政治观点的行为,并以不具有可罚的违法性为理由判定无罪。

第三,不退出罪,是因居住权、管理权人的退出命令而成立的犯罪,不可否认的是,按平稳说就会出现与之不均衡的现象。亦即,就不退出罪而言,行为方式是否具有平稳性,这完全不可能成为问题。但平稳说认为,不按退出要求退出的,这本身就应被视为不平稳,这实际上与违反居住权人的意思表

---

〔1〕另外,有关通奸案,立足于平稳说,否定成立本罪的判例,参见尼崎简判昭和43·2·29下刑10卷2号211頁〔112〕。

达的是同一个意思,因而最终还是应当归结为居住权说。

基于以上考虑,居住权说、管理权说是妥当的(平野 182 頁、中山 140 頁、内田 171 頁、大谷 130 頁、中森 78 頁以下、川端 209 頁、山口 119 頁、山中 180 頁、松宫 131 頁、[1]高橋 142 頁、松原 110 頁)。对于“大槌邮电局案”(最判昭和 58・4・8 刑集 37 巻 3 号 215 頁〔114〕)、“自卫队立川宿舍案”(最判平成 20・4・11 刑集 62 巻 5 号 1217 頁〔109〕〔115〕)、“亀有公寓案”[2](最判平成 21・11・30 刑集 63 巻 9 号 1765 頁〔116〕),最高裁判所就明确采取的是居住权说、管理权说。

二、对象

所谓“他人”的住宅,是就居住者以外的人而言的。因此,现在居住在此的居民就不可能成为本罪主体。不过,已脱离居住的人不在此限。[3] 而且,“他人”不包含已死亡的人,因此,杀害唯一的居住者之后,即使又侵入其住宅的,也不能构成本罪。[4]

---

〔1〕松宫 131 頁认为,“原则上来说,居住权说是妥当的。对此,平稳说提出,居住权的概念含义暧昧,并且,即便是违反居住权人意思的进入,只要是平稳的进入,就不能被谓为‘侵入’。然而,在不退出罪中,只是没有正当理由地不听从退出要求,仅此就有可能侵害‘平稳’,因此,所谓‘居住的平稳’也是一种观念性的东西,虽违反居住权人的意思但仍属于平稳的进入,这种情况实际上是很难想象的。也就是说,这里所谓‘平稳’,只是一种观念上的平稳,例如,即便是夜间悄悄地潜入他人住宅,并在无人察觉的情况下自行退出的,这种平稳仍然会遭受侵害。在此意义上,就可以说,‘侵害了居住权,就侵害了平稳’(仙台高判平成 6・3・31 判時 1513 号 175 頁)”(王昭武等译・松宫各论 105 页以下)。——译者注

〔2〕亀有公寓的招贴板上张贴了以公寓管理工会名义发出的、写有禁止在公寓范围内投递宣传广告等这一内容的告示,并且该公寓处于管理人的管理之下,但被告擅自进入该公寓,向从 3 楼到 7 楼的每户居民装在大门上的信箱,投递了某政党的都议会报告书,就此案件,针对被告人的上告旨趣——以侵入住宅罪处罚本案行为,这违反了《宪法》第 21 条第 1 款的规定,最高裁判所第 2 小法庭指出,“即便是为了行使表达自由权,但对违反本案管理工会的意思而进入公寓的行为,仍不得不说,这不仅侵犯了本案管理工会的管理权,而且,还侵犯了生活在此的居民的私生活的平稳。因此,对本案进入行为,追究《刑法》第 130 条前段之罪的罪责,并不违反《宪法》第 21 条第 1 款之规定”。

〔3〕例如,儿子离家出走 5 天之后,与三名同伙一起,为了实施抢劫而回家的,对此,最高裁判所判定所有人都构成侵入住宅罪(最判昭和 23・11・25 刑集 2 巻 12 号 1649 頁〔117〕);又如,被告人与妻子处于分居状态,正在进行离婚诉讼,为了当场确认妻子的不贞(“抓奸”)并保留证据,用此前所持有的钥匙夜晚开门进入妻子现在居住的、为自己所有的房屋的,对此,東京高等裁判所判定成立本罪(東京高判昭和 58・1・20 判時 1088 号 147 頁〔118〕)。

〔4〕反之,承认死者之居住权的判例,参见東京高判昭和 57・1・21 刑月 14 巻 1 = 2 号 1 頁〔119〕〔258〕。

本罪对象包括住宅、宅邸、建筑物与船舰。(1)“住宅”，是指供日常生活之用的场所，不问有无法律上的权限（最决昭和28・5・14刑集7卷5号1042頁）。即使是暂时使用亦可，因而，宾馆、旅店的客房也相当于这里的住宅。只要是供居住之用，船舶、车辆以及其他场所也可能成为住宅，但必须具有为日常生活所用的一定设施。(2)“宅邸”，是指住宅之外的居住用的建筑物，例如，空着的家、锁着的别墅、集体住宅的公用部分（过道、楼梯等）（最判平成20・4・11刑集62卷5号1217頁〔109〕〔115〕）。(3)“建筑物”，是指除(1)与(2)之外的建筑物，例如，官方的办公厅舍、学校、工场、仓库、库房等。判例认为，围绕警察局周边地块的混凝土围墙（高240厘米、宽22厘米），作为“构成‘建筑物’之一部分”，也属于本罪对象，因而，为了确认侦查车辆的特征而爬上围墙的行为，应构成本罪（最决平成21・7・13刑集63卷6号590頁〔108〕）。[1] (4)“船舰”，是指军舰与船舶。此外，就(1)(2)(3)而言，附属于此的周边地块（庭院）也包括在内。所谓周边地块，是指附属于建筑物的土地，管理者通过设置大门、围墙等，明确表示该土地作为建筑物的附属土地，供使用该建筑物之用（通说、判例。参见最判昭和51・3・4刑集30卷2号79頁〔107〕、最判平成20・4・11刑集62卷5号1217頁〔109〕〔115〕）。反之，也有观点认为，本罪对象不应包括周边地块，侵入周边地块的，不过是触犯了《轻犯罪法》第1条第32项之罪（松宫135頁、斋藤信治65頁、関哲夫「判批」『刑事法ジャーナル』20号89頁）。就(2)(3)(4)而言，还必须是“他人看守”的建筑物等。所谓“看守”，例如，设有守卫、监视人，或者上了锁、用木板封住了门等，是指为了事实上管理、支配建筑物等，采取了配置人员、安装设备等措施，仅仅只是竖立一块禁止进入的牌子是不够的。应当注意的是，这里的“看守者”并非指具体的守卫或者监视人，而是指建筑物的管理者。

三、侵入住宅罪

1. 本条前段所说的“侵入”，按照平稳说，是指以有害于居住平稳的方式

---

〔1〕本案的一审判决虽认为，建筑物的周边地块也包含在建筑物之内，但同时认为，所谓周边地块，不过是指用门、围墙等围起来的土地，并不包括围墙本身。基于这种理解，一审判决进一步认为，由于行为人并没有进入周边地块本身的意图，因而，不存在本罪故意，最终判定无罪。对此，关哲夫教授认为，建筑物的周边地块，只要不属于“宅邸”，就不足以成为本罪对象，但作为未遂犯的故意，只要对结果发生的危险性存在认识即可，因而，本案也可成立侵入住宅罪的未遂犯（関哲夫「判批」『刑事法ジャーナル』20号85頁以下〔第92頁〕）。但在本书看来，如果本案围墙不属于建筑物，那么，对于并无侵入周边地块之意图的本案行为人，就不能认定其成立未遂犯。

进入(侵害平稳说);但按居住权说,则是指违反居住权人(居住者、看守者)的意思而进入住宅等(侵害意思说)。因此,按照"居住权说",只要得到了居住权人的同意,即便进入方式有害于居住平稳,也不属于"侵入"。行为人的身体全部进入住宅或周边地块时本罪达到既遂。因此,行为停顿在翻越围墙阶段的,就属于未遂。本罪是继续犯,自侵入之后直到退出为止,犯罪行为处于持续状态(最决昭和31·8·22刑集10卷8号1237頁)。[1]

所谓"无正当理由",是指没有违法阻却事由。逆言之,有正当理由的,即使违反了居住权人的意思,也不构成本罪。得到居住权人同意的,在考虑是否属于"无正当理由"之前,进入行为本身就不属于"侵入"或者"不退出"。例如,依据《刑事诉讼法》,为了进行搜查、扣押、检查而进入的,或者正当劳动争议行为等,就属于有"正当理由"。

2. 在存在数名居住权人的场合,以谁的同意为必要,就成为需要研究的问题。例如,对妻子出于通奸的目的将其他男子带入家中的案件,即便是采取平稳说,也有肯定(大塚119頁)与否定本罪成立(团藤505頁、福田207頁)两种相互对立的观点,但即便采取居住权说,也有人认为,不可能得到丈夫的同意,因而应构成本罪(内田174頁)。但是,所谓居住权,是指事实上的支配、管理,即使各居住者原则上拥有平等的居住权,也应该考虑以实际在家

---

〔1〕对于侵入住宅罪的性质,山口119頁以下认为,"然而,尽管侵入之后的滞留这一事实仍在持续,但'侵入'这一构成要件该当事实并未持续,因而将本罪理解为继续犯,是存在疑问的,毋宁说,本罪应属于状态犯。按照状态犯说的观点,不退出罪,就是在不能成立侵入住宅罪的阶段,为了禁止并处罚那种非法滞留行为,而规定的一种特殊犯罪类型(按照继续犯说的观点,原本理应不需要另外设立不退出罪,同时,为了处罚那些不能称之为'侵入'的行为,又需要设立不退出罪。这里就可看出继续犯说的疑点所在)"。"另外,有别于本书观点,若像判例那样,认为侵入住宅罪属于继续犯,那么,就本罪的保护法益而言,与将其理解为针对出入住宅的承诺权相比,似乎更有必要将其理解为,针对滞留于住宅的承诺权(只有这样理解,才勉强可以说,由于滞留状态在持续,因而持续成立犯罪)"。相反,对于不退出罪的性质,山口127頁则认为,"被要求退出之后仍不退出的,仅此即可成立不退出罪,因此,有别于侵入住宅罪,完全可以将本罪理解为继续犯(若认为侵入住宅罪属于继续犯,当然也会认为本罪也是继续犯)。对此,也许有学者会提出,这是对规定于同一条文的犯罪,就其罪质作不同解释(将侵入住宅罪、不退出罪分别解释为状态犯、继续犯),这属于理解上的不均衡。然而,继续犯与状态犯的区别取决于构成要件的规定方式,这样理解也是没有办法的办法"(王昭武译·山口各论146页)。——译者注

者的意思为标准。[1] 因此，丈夫不在家时，就不应成立本罪（大谷136 頁以下、井田153 頁、平野龍一「住居侵入について」『警察研究』57 卷7 号10 頁）。进一步而言，就住宅而言，也应将各个区域予以个别化，承认每个人对自己居住的房间拥有独立的居住权。据此，就应当肯定，即便女儿不顾父母的反对将恋人带进自己的房间，也不构成本罪（平野龍一「住居侵入について」『警察研究』57 卷7 号10 頁）。反之，征得同意进入某一房间的人，超出承诺范围，进入其他房间的，则可能构成侵入（最判昭和27・5・2 刑集6 卷5 号721 頁）。

3. 如何处理居住权人基于认识错误所做的同意，也是值得研究的问题。判例认为，与谎称相约自杀的情形一样，同意必须是任意作出的，还必须是其真实的意思表示，受欺骗而作出的承诺无效，因此，隐瞒抢劫杀人的目的，谎称是顾客而进入被害人住宅的，该行为就应构成本罪（最判昭和23・5・20 刑集2 卷5 号489 頁〔120〕）。此观点得到学界多数人的支持（团藤505 頁、大塚117 頁、大谷135 頁以下）。但是，这种观点与居住权说联系在一起，就会扩大本罪的处罚范围。例如，出于诈骗目的进入他人住宅的，仅此即有可能构成本罪。虽然可以说，以进入方式作为问题的侵害平稳说，在这方面具有限定处罚范围的目的（参见福田207 頁以下），但是由于平稳说存在前述根本性的缺陷，因此还是应当从同意的有效性方面来寻求问题的解决。而且，根据“有关法益的错误”的理论，既然居住权人对让他人进入住宅（法益的处分）本身没有错误，就应当认为，居住权人的同意是有效的，不能成立本罪（平野184 頁、曽根81 頁、中森80 頁、山口126 頁、山中190 頁以下、松原117

---

〔1〕 对此，林干人教授持不同观点。林102 頁认为，儿子（年龄不详，但似乎应达到了一定年龄）离家出走5 天之后，与3 名同伙一起，为了实施抢劫而回家，对此，最高裁判所判定所有人都构成侵入住宅罪（最判昭和23・11・25 刑集2 卷12 号1649 頁）。根据上述观点应该认为，除了子女长大成人，也支付所在房屋的房租等例外情形之外，原则上，子女并无居住权，但父母的居住权因存在养育义务（《民法》第820 条）而受到一定限制。因此，即便是离家出走的小孩回到家里，也不能仅凭这一点便肯定成立侵入住宅罪；而且，父母申明要将子女逐出家门，但子女并未离开，即便如此，也不能直接认定成立不退出罪；并且，将不受父母欢迎的朋友、恋人带回家中，也不应轻易地认定成立侵入住宅罪。但是，像最高裁判所的判例的案件那样的情形下，（不仅是第三者，对于儿子）也可认定成立侵入住宅罪。在该案中，如果认可儿子有居住权，只要存在儿子的同意即不成立本罪，那么，不仅是儿子本人，对其同伙也要否定成立本罪，这种结论显然不妥当（在此情形下，可能会有观点认为，由于儿子脱离了住宅，因而可成立本罪。但是，如果承认儿子有居住权，仅仅是因为离家出走5 天，就认为其丧失了居住权，这并不合适。也就是说，如果我们认为，仅凭脱离了住宅即可认定成立本罪，那么，单身一人去其他地方工作的丈夫、在学校寄宿的小孩回家，势必也要成立本罪。应该说，居住权，并不是仅仅因事实上的共同生活而产生，另一方面，即便并未共同生活，也有可能享有居住权）。——译者注

頁、町野朔「被害者の承諾」西原春夫ほか編『判例刑法研究〔第2巻〕』〔有斐閣1981年〕216頁、佐伯仁志「被害者の錯誤について」『神戸法学年報』1号96頁)。

4. 出于违法目的进入百货商店、宾馆大堂、官方办公场所、展览会会场等允许一般人自由进出的场所的,也是值得探讨的问题。对这种具有违法目的的情形,判例往往是相对广泛地认定成立本罪。例如,判例对下述行为均认定构成本罪:出于燃放发烟筒的目的,进入皇宫的国民一般进宫朝贺之会场的行为(東京地判昭和44・9・1刑月1巻9号865頁);出于损坏肖像画的目的,进入世博会会场内的他国馆的行为(大阪地判昭和46・1・30刑月3巻1号59頁);出于散发传单这种为建筑物管理者所禁止的行为的目的,进入共同通信会馆的行为(東京高判昭和48・3・27東時24巻3号41頁);出于妨害国会审议的目的,通过提交记载虚假姓名的旁听证,进入参议院的行为(東京高判平成5・2・1判時1476号163頁);出于妨害国家体育运动会开幕式的目的,持入场券进入开幕式会场的行为(仙台高判平成6・3・31判時1513号175頁〔122〕);出于偷拍银行储户的银行卡密码等信息的目的,进入没有银行工作人员的ATM机房的行为(最决平成19・7・2刑集61巻5号379頁〔121〕〔151〕)。然而,按照这种观点,为实施盗窃而进入百货商场的,也当然构成本罪。的确,该人进入之时,如果看守者知道其存在这种违法目的,想必看守者会拒绝其进入。但是,在允许进入的时间段以正常方式进入的,即使看守者站在入口处检查,由于不可能洞察其存在某种违法目的,当然也就不得不允许其进入。因此,只要是以正常方式进入向社会一般公众开放的建筑物,就应该理解为,该进入行为属于该建筑物的管理者事先概括性同意的范围之内的行为,不能构成本罪(平野184頁、内田174頁、曽根81頁、山口126頁、山中191頁。松原115頁认为,正常方式的进入是被允许的,因而进入行为客观上就不属于"侵入")。

四、不退出罪

征得居住权人同意进入住宅等的人,虽经要求退出而不退出的,构成本条后段之罪。本罪是真正的不作为犯。居住权人发出了退出的要求,这是本罪的成立要件,提出要求之后,经过退出所必要的时间才达到既遂,因而本罪没有成立未遂的余地。

第四章　针对秘密、名誉的犯罪

第一节　针对秘密的犯罪

一、概述

侵犯秘密的类型，根据秘密归属主体的不同，可以分为侵犯国家秘密、企业秘密（营业秘密）、个人秘密；根据侵犯形式的不同，可以分为刺探、泄露、窃用（盗用）秘密。[1] 刑法典只是对刺探、泄露个人秘密中的极少部分即开拆书信罪和泄露秘密罪才规定予以处罚。* 前者是刺探型，后者是泄露型。无论是哪一种类型，在刑法典上都是被定位于针对社会法益的犯罪，但理论上的通说认为，这些是针对个人法益的犯罪。[2] 关于国家机密，《改正刑法准备草案》原本规定处罚那些刺探、收集、向外国通报事关国家防卫、外交的重大机密的行为（第136条），但《改正刑法草案》没有承继这一规定。另外，《改正刑法草案》第318条原本打算增设企业的董事或者从业人员泄露企业的生产方法或者其他技术秘密的犯罪（泄露企业秘密罪），但由于反对呼声强烈而未能实现。此后，随着高度信息化社会的到来，采取非法手段获取信息特别是计算机信息的案件不断发生**。*** 对此，现在是按针对信息媒介的财产犯罪（盗窃、侵占等）来处理的，但为了从根本上解决此问题，主张有必要从正面对财产性信息给予刑法保护的观点，再度引起关注，并得到广泛支持（参见芝原邦爾・西田典之・林陽一・山口厚「財産的情報の刑法的保護」『刑法雑誌』30巻1号1頁以下）。

---

[1] 对此，山口128頁认为，“秘密，是指有关一定主体的事实，一般需符合以下三点：(1)不为一般人所知（非众所周知性）；(2)秘密的主体具有隐匿该秘密的意思（隐匿的意思）；(3)隐匿该秘密可认定存在一定利益（隐匿的利益）。根据主体的不同，这些秘密可以分为：(1)国家秘密；(2)企业秘密（经营秘密）；(3)个人秘密。隐匿这些秘密的利益内容又可进一步分为：(1)国家的存在或者其职能；(2)经营主体的经营利益；(3)个人的私密性利益，各种利益的实质内容不尽相同。而且，这些秘密会因(1)刺探；(2)披露（泄露）；(3)利用（窃用、盗用）等行为而受到侵犯”（王昭武译・山口各论147页）。——译者注

[2] 《改正刑法草案》第316条以下也将其定位于针对个人法益的犯罪。

＊　特别法　正如下文所述,有不少特别法规定处罚那些泄露、盗用因职务而知悉的秘密的行为。另外,作为处罚刺探秘密这种行为的特别法,参见与《日美相互防卫援助协定》等相配套的《秘密保护法》第3条的规定。并且,平成25年(2013年)成立的《有关保护特定秘密的法律》除了处罚那些泄露有关我国安全保障的特定秘密的行为(泄露行为)(第23条),还处罚基于特定目的、特定手段而获取特定秘密的行为(获取行为)(第24条)。

＊＊《防止不正当竞争法》　《防止不正当竞争法》规定,通过窃取、诈骗、强迫以及其他非法手段获取营业秘密的行为(不正当获取行为),使用、披露通过不正当获取行为所获取的营业秘密的行为,都是"不正当竞争"行为(参见第2条第1款第4项。另见第2条第1款第5项至第9项),可以要求停止侵害(第3条)、赔偿损失(第4条)。其后,经过平成15年(2003年)、平成17年(2005年)、平成18年(2006年)的三次法律修正(法第46号、法第75号、法第55号),这些行为最终都成为刑事处罚的对象(第21条)。在平成21年(2009年)的法律修正(法第30号)中,侵犯营业秘密罪此前所要求的"不正当竞争的目的",被修改为"获取不正当利益的目的,或者给予其拥有者以损害的目的"。而且,此前考虑到与《宪法》第82条所规定的公开审判原则之间的关系,有关"营业秘密"的不公开审理经常会成为问题,通过平成23年(2011年)的法律修正(法第62号),该法第23条以下作为刑事诉讼程序的特例,引入了营业秘密的隐秘决定程序,从而使在不公开营业秘密的内容的情况下进行刑事诉讼成为可能(参见中原裕彦「不正競争防止法の一部を改正する法律の概要」『NBL』955号26頁)。

＊＊＊《分期付款销售法》　平成20年(2008年)修正的《分期付款销售法》(法第74号)第49条之二增设了有关信用卡信息的处罚规定:因业务而知悉他人的信用卡卡号等(刻在信用卡上的姓名、卡号、有效期)的人,出于为自己或者第三人谋取不正当利益的目的,实施提供、盗用行为,或者实施有偿地接受提供之行为的,"处3年以下惩役或者50万日元以下罚金"。近年来,在网上购物以及电视购物等消费中,开始频繁使用信用卡结算,而信用卡的卡号等不属于电磁性记录,并不能成为《刑法》第163条之二以下的"非法制作支付用磁卡的电磁记录罪"等的保护对象,因而,有必要处罚上述行为(参见杉山貴史「改正割賦販売法におけるクレジットカード番号等の不正取得等に関する罪」『研修』729号49頁)。

二、开拆书信罪

无正当理由，开拆他人封缄的书信的，处1年以下惩役或者20万日元以下罚金（第133条）。

本罪为亲告罪（第135条）。

所谓“书信”，是指特定人向特定人传达自己意思的文书。通说认为，这里的特定人包括法人或其他团体，但由于本罪是针对个人法益的犯罪，因此，这里的“书信”虽包括由个人发送给国家或公共团体，或者由国家或公共团体发送给个人的书信，但不包括国家或公共团体相互之间的书信。所谓“封缄”，是指为使书信内容不被看见而采取的粘贴封口以及其他措施。[1] 所谓“开拆（了）”，是指破坏封缄造成能够知晓书信内容的状态。但通说认为，并不要求阅读或者了解了书信内容。本罪是亲告罪，发信人与收信人双方均有告诉权，并且，也只有发信人与收信人才拥有告诉权。

此外，《宪法》第21条第2款保障“通信的秘密”，本罪处罚的也是部分侵害通信秘密的行为。此外，《邮政法》第77条、第80条规定，保护正处于日本邮政株式会社处理过程之中的邮件；《电信事业法》第179条、《有线电通信法》第9条与第14条、《电波法》第109条规定，保护电报、电话、无线电通信的秘密。但是，《电波法》不处罚刺探行为本身，而仅处罚泄露、盗用行为。

三、泄露秘密罪

医师、药剂师、医药品贩卖业者、助产士、律师、辩护人、公证人或者曾经从事此类职业的人，无正当理由，泄露由于处理业务而得以知悉的他人秘密的，处6个月以下惩役或者10万日元以下罚金（第134条第1款）。

从事宗教、祈祷或者祭祀职业的人或者曾经从事此类职业的人，无正当理由，泄露由于处理业务而得以知悉的他人秘密的，与前款同（同条第2款）。

本罪为亲告罪（第135条）。

[1] 山口129頁认为，“本罪是侵害‘封缄书信’这种秘密形式的犯罪，至于书信所记载的内容本身可否谓之秘密，在所不问”，亦即，“不要求书信的内容本身是秘密。这里关注的不是写了什么内容，要保护的是，发信人或收信人将这些内容作为秘密来处理这种方式或意思本身”（王昭武译·山口各论148页以下）。——译者注

(一)主体

本罪主体仅限于被列举者,因此,本罪是身份犯(第65条第1款)。将本罪主体限于从事所列举之职业者的根据是,根据其职业性质,他们有机会较多地接触他人秘密;并且,就被害人一方而言,如果不告知个人秘密,就难以接受治疗等服务。因此,本罪的保护法益归根结底是个人秘密,而非本罪主体被科以的职业伦理。不过,判例认为,根据裁判所的命令成为鉴定人的精神科医师,尽管其与被告之间的关系,并非患者与负责治疗的医师之间的那种关系,但"在被命令基于作为医师的知识、经验,从事以包括诊断在内的医学判断为内容的鉴定的场合,由于能被谓为医师作为其业务而实施的事项",因此,医师没有正当理由泄露在实施该鉴定的过程中所得以知悉的他人秘密的,也应成立本罪(最决平成24·2·13刑集66卷4号405頁〔154〕)。

此外,《改正刑法草案》第317条将本罪的主体扩大至,"从事医疗业务、法律业务、会计业务或者其他基于与委托人的信赖关系而知悉他人秘密的从业者或者其辅助者,或者曾经处于这种地位者",但因其范围不明确而受到强烈批判,在立法讨论的过程中又撤回了这种主张(法務省刑事局編『刑法全面改正の検討結果とその解説』〔大蔵省印刷局1976年〕32頁)。

(二)秘密的含义

所谓"秘密",是指不被一般人知晓的非公开的事实。至于是否必须有作为秘密看待的利益以及作为秘密看待的意思,理论上存在不同意见:(1)主观说仅以本人具有作为秘密看待的意思为判断标准(藤木256頁);(2)客观说认为,需要从一般人的角度来看,存在作为秘密看待的利益(团藤510頁);(3)折中说认为,既要有作为秘密看待的意思,又要有作为秘密看待的利益(平野189頁)。如果认为本条要保护的是个人的私密,则主观说基本上是妥当的(佐伯仁志「秘密の保護」『刑法基本講座〔第6卷〕』144頁)。不过,本人的意思没有被明示的,就应该根据客观说来判断(植松330頁)。

作为秘密归属主体的"人",通说认为,包括除死者之外的自然人,以及除国家、公共团体之外的法人或不具有法人资格的团体。但如果本条保护的是个人的私密,则应当限于自然人(松宫148頁[1])。

秘密,必须是因业务而得以知悉的秘密。

(三)泄露

所谓“泄露”,是指将秘密告知不知道的人。不问具体的告知方法。另外,与毁损名誉罪不同,由于不要求有公然性,因而告知一人的,也属于“泄露”秘密。又因为仅限于“无正当理由”泄露才构成本罪,因而,基于法令上的义务而泄露的、[2]在诉讼程序中作为证人提供证言的等,[3]可以阻却违法性。例如,国立医院的医师在出于治疗目的采集患者尿样进行药物检查时,检测出兴奋剂成分,因而报告侦查机关的,对此,最高裁判所并不是依据《刑事诉讼法》第239条第2款的告知义务,而是作为《刑法》第35条的正当行为,认定该行为是被允许的(最判平成17·7·19刑集59卷6号600頁)。

(四)特别法

泄露因职务而知悉的秘密的,特别法中存在很多处罚此类行为的规定。例如,《国家公务员法》第100条与第109条第12项、《地方公务员法》第34条与第60条第2项、《反垄断法》第39条与第94条之三第1款、《民事调解法》第38条、《公认会计师法》第27条与第54条第1款、《司法书记员法》第24条与第76条第1款,等等。

由这些法律规定为禁止泄露对象的秘密,与其职务性质相对应,涉及国家秘密、企业秘密以及个人秘密。因此,需要注意的是,秘密的概念也随之变得具有相对性。例如,国家公务员因职务而知悉的秘密,若属于个人秘密,如前所述,就应以个人意思作为标准,来判断其是否具有秘密性;如果是类似外交上的秘密那样的国家秘密,仅仅只是由国家作为秘密看待(形式秘密说)还不够,还必须与国民知情权进行比较,能认定其实质上具有被作为秘密看待的利益(实质秘密说)(最决昭和53·5·31刑集32卷3号457頁;参见佐伯仁志「秘密の保護」『刑法基本講座〔第6卷〕』144頁)。

---

〔1〕松宫148頁认为,“这里所谓‘他人’是否包括法人与团体,尚存在论争,但多数观点认为,这里的‘秘密’,应限于私生活上的秘密。如此一来,由于很难想象法人与团体有‘私生活’,因而认为秘密的主体限于活着的自然人,就属于非常朴素、自然的理解。但是,通说认为,在律师处理的秘密中,应该包括企业等法人与团体的秘密(大塚130頁、山口133頁)。也就是说,承认团体与法人也有‘私生活’。但是,至少对因作为公共制度而获得认可的法人而言,这无疑是一种矛盾。因此,本书认为,至多是针对属于团体或者法人之组成成分的‘自然人’的秘密,才可能成为本罪的保护法益”(王昭武等译·松宫各论121页)。——译者注

〔2〕例如,《关于传染病预防以及针对传染病患者的医疗的法律》第12条。

〔3〕不过,有关拒绝作证权,参见《刑事诉讼法》第149条、《民事诉讼法》第197条第1款第2项。

第二节 针对名誉的犯罪

一、概述

为了保护人的名誉,刑法典第34章"针对名誉的犯罪"规定了毁损名誉罪与侮辱罪。所谓名誉,是指外部的名誉,即对人的社会评价。外部的名誉又可分为本来应有的评价(规范的名誉)与实际享有的评价(事实的名誉)。[1] 如果像《德国刑法典》(第186条)那样,对所有情形均允许就事实的真实性进行证明,那么就可以说,其保护法益是规范的名誉。但是,《刑法》第230条规定,"不问有无该事实",均成立毁损名誉罪,因此,即便是虚名亦可,事实的名誉暂且也应受到保护。应该说,究竟是否应当保护这类事实的名誉,是值得怀疑的。不过,就保护私密的角度而言,不问事实之有无均构成毁损名誉罪,也有其合理性。

此外,昭和22年(1947年)的刑法部分修正,一方面加重了毁损名誉罪的刑罚(惩役刑与罚金刑均被加重,前者从1年以下提升至3年以下,后者从500日元以下提升至1000日元以下),另一方面又同时增设了第230条之二,规定在具备事实的公共性、目的的公益性等要件时,就允许对真实性进行举证,如果被证明属于真实的事实,则不可罚。* 这是为调和《宪法》第21条的言论自由、知情权与保护名誉之间的矛盾而作出的规定,限于这种情形,规范的名誉才受到保护(参见山口厚「名誉毀損と真実性の誤信」『法曹時報』41卷10号33頁)。

* 《改正刑法准备案》 二战之前,明治26年(1893年)的《出版法》第31条、明治42年(1909年)的《报业法》第44条规定,由出版物、报纸造成的毁损名誉,如果"能认定完全是为了谋求公益的"这一点能为事实所证明,就有不予处罚的余地,但因为这里另外有"涉及私生活的除外"这样的限制,因而,允许进行事实证明的范围,事实上是受到很大限制的。昭和15年(1940年)的《改正刑法准备案》第412条规定,毁损名誉的行为如果是"经认定是事关公共利益的事实,而且其目的完全是为了

---

〔1〕 日本刑法学界一般将名誉区分为:(1)内部名誉(独立于自己或者他人的评价的"人的真正价值");(2)外部名誉(对人的社会评价、社会评论、名声,称为社会名誉);(3)主观名誉(本人对自己的名誉情感)。其中,作为人之真正价值的内部名誉,不可能受到自己以外的其他人的侵犯,不能成为刑法的保护对象。——译者注

谋求公益的，则应判断事实之真伪，证明其为真实的，不处罚”。该规定设想的是，更广泛的形式下的事实证明，在昭和22年(1947年)刑法部分修正时，这一规定几乎被原封不动地立法化。

二、毁损名誉罪

公然披露事实，毁损他人名誉的，不问有无该事实，处3年以下惩役、禁锢或者50万日元以下罚金(第230条第1款)。

毁损死者名誉的，如果不是通过披露虚假事实进行毁损的，不处罚(同条第2款)。

本罪为亲告罪(第232条)。

(一)对象

本罪的对象是“他人名誉”。所谓名誉，如前所述，是指外部的、事实的名誉，即对人的积极的社会评价。[1] 不过，有关人的经济信用的评价，由毁损信用罪(第233条前段)来保护，因而，被排除在本罪的名誉之外。有力观点认为，属于外部名誉的事实，应当限于“在该人的责任中，能够改变的事实”，至于有关身体障碍、精神障碍、疾病、血统、阶层等的事实，就应当排除在“名誉”之外(参见佐伯仁志「名誉とプライヴァシーに対する罪」『刑法理論の現代的展開各論』77頁、佐伯仁志「プライヴァシーと名誉の保護〔4・完〕」『法学協会雑誌』101巻11号62頁以下)。这种观点考虑的是，如果让这样的事实对名誉产生影响，反而会导致社会偏见的固化，自然是不妥当的。的确，我们也许可以说，不应该让这样的事实影响到对人的人格价值的评价。但是，不可否认的是，在现实生活中，这样的事实确实会影响到对人的社会评价。况且，如果说本罪也应该具有保护个人隐私的功能，那么，就应当认为，不只是有关人的人格价值的事实，肉体的或精神的障碍、疾病、家世、血统等事实也会关系到该人的名誉。

首先，通说、判例认为，这里所谓“他人”，除了自然人之外，还包含法人等团体(大判大正15・3・24刑集5巻117頁、東京地判昭和56・1・29判時1029号134頁)。与此相反，也有观点认为，本罪的保护法益并非对人的社会评价本身，而是希望这种评价等得到尊重这种作为人的情感，从而主张应否定成立针对法人的毁损名誉(山本輝之「法人に対する侮辱罪」松尾浩也・芝原邦爾・西田典之編『刑法判例百選Ⅱ各論〔第4版〕』〔有斐閣1997年〕42頁。另见平野192頁)。但是，法人也有一定的社会评价，这种评价在

〔1〕 这也就是说，属于消极评价的“恶名”应排除在外。——译者注

法人的社会经济活动中发挥着重要作用,仅仅通过妨害业务罪与毁损信用罪来给予保护是不够的,因而,通说是妥当的。其次,自然人中也包含幼儿与精神障碍者。另外,由于要求被害人能够被作为个人而特定,因而,针对所谓"九州人"或者"日本人"这种不特定的集团,就不能成立本罪(大判大正 15・3・24 刑集 5 巻 117 頁)。不过,通过与其他事情相结合能够推知特定的人的,则不在此限(大判大正 14・12・14 刑集 4 巻 761 頁、最判昭和 28・12・15 刑集 7 巻 12 号 2436 頁〔162〕)。

针对死者的毁损名誉罪(本条第 2 款),非"通过披露虚假事实进行毁损的",不受处罚。本罪的保护法益,应当被理解为死者本人的名誉(通说),因此,保护法益就应当是,属于客观真实的规范的名誉。本条第 2 款的旨趣在于,既要保护死者的规范的名誉,但同时又不妨碍对于历史人物的报道以及发表相关历史性研究成果。因此,本条第 2 款之罪不属于第 230 条之二的事实证明的对象。另外,误信为真实的,作为事实的错误,阻却故意。

(二)行为

本罪行为是,通过公然披露事实,毁损他人名誉。

1. 公然性的含义

所谓"公然",通说、判例认为,是指使被披露之事实处于能为不特定或者多数人认识的状态之下(大判昭和 3・12・13 刑集 7 巻 766 頁、最判昭和 36・10・13 刑集 15 巻 9 号 1586 頁)。不特定,是指对对方并无限制(非特定),如在公开场所、公共道路进行演说,或者通过报纸杂志披露事实等;多数人,是指尽管对方是特定的人,但其数量是多数。

本罪处罚的是,通过披露事实而降低针对他人的社会评价的行为,但事实上我们无法测算是否实际降低了针对某人的社会评价。因此,本条以公然性为要件,将披露事实的直接对象限于不特定的人或者多数人,并且,存在该事实被传播至其他人,从而使不好的评价在社会上广泛散布的类型性的危险性。与此相反,判例采取的态度是,即使是向特定的人或者少数人披露事实,但存在"传播可能性"的,也应认定具有公然性("传播性理论")(大判大正 8・4・18 新聞 1556 号 25 頁〔157〕、最判昭和 34・5・7 刑集 13 巻 5 号 641 頁〔158〕〔165〕),肯定这种主张的学说也很有影响(団藤 513 頁、中森 87 頁、清水一成「名誉毀損罪における公然性の意義」松尾浩也・芝原邦爾・西田典之編『刑法判例百選Ⅱ各論〔第 4 版〕』〔有斐閣 1997 年〕37 頁)。但是,(1)所谓"公然",从本条的文理来看,并非指结果的公然性,而是指行为的公然性(平川宗信「名誉毀損罪における公然性の意義」平野龍一・松尾浩也編『刑法判例百選Ⅱ各論〔第 2 版〕』〔有斐閣 1984 年〕43 頁);(2)由对方是否有使之传播的意思来决定犯罪成立与否，这是不妥当的（平野『犯罪論の諸問題〔下〕各論』313頁、福田『旧注釈刑法〔第5巻〕』348頁）；（3）会出现个人之间的闲话等日常言论也构成本罪的情形，这也不合适（大谷161頁）；（4）最重要的还在于，本罪本属于抽象的危险犯，采取“传播性理论”会使本罪的危险性进一步抽象化，因此，应否定所谓“传播性理论”（山口137頁〔1〕）。相反，毋宁说，我们更应该朝着下述方向来运用“传播性理论”：即便是向多数人披露事实，但如果没有传播的危险，就应否定公然性。〔2〕另外，有学者基于“传播性理论”肯定说的立场提出，（按照“传播性理论”否定说的观点）仅向一名新闻记者披露事实的就不能构成本罪，这是不妥当的（中森87頁），然而，在这种场合下，只有通过新闻报道来披露事实，才有可能构成本罪，至于向新闻记者披露事实的人，则只有作为共犯才可能受处罚。

2. 披露事实

毁损名誉，以披露事实为必要。该事实必须是足以降低对他人的社会评价的具体事实。不只限于与人格价值相关的事实，也包括属于个人隐私的事实。所披露的事实，还必须具有能成为第230条之二所规定的事实证明之对象这种程度的具体性。所披露的事实缺乏具体性的，那就只存在是否构成侮辱罪的问题。

所披露的事实即使是众所周知的事实亦可（大判大正5・12・13刑録22輯1822頁），除了下述第230条之二的情形之外，不问事实之真假。不过，就毁损死者名誉（第2款）的情形而言，所披露的事实必须是虚假的，并且，行为人还必须对虚假性存在认识。

披露方式，无论是以口头、书面，还是以图画等形式均可以。另外，除了作为确定的事实而披露之外，还包括以闲谈、传闻的形式予以披露。

3. 抽象的危险犯

通说、判例认为，尽管刑法条文中用的是“毁损（了）”这一表述，但毁损

---

〔1〕 山口137頁认为：“传播性理论”是存在疑问的，“这是因为，公然性，是由法条所规定的（并非作为结果，而是）针对披露行为的样态的要件，如果只要是存在‘传播可能性’，即便披露的对方是特定少数人亦可，亦即，只要是采取成立本罪以（作为毁损名誉之结果）发生了‘社会’评价降低的危险为必要这种解释，那么，在毁损名誉之外，再加上公然性这种限定要件的意义，便难免不会丧失殆尽。因此，披露的直接对方必须是不特定的人或者多数人。在作如此理解之时，会出现这样一个问题：每次仅针对特定的少数人披露事实，但分别针对不同对象多次披露的（参见大塚第137页），对此如何处理？对此，可以将一系列的披露行为作为一个整体而进行概括性评价，进而肯定具有公然性”（王昭武译・山口各论157页）。——译者注

〔2〕 曾根90頁以下。另见大判昭和12・11・19刑集16卷1513頁〔156〕、東京高判昭和58・4・27高刑36卷1号27頁〔159〕。

名誉罪是抽象的危险犯(大判昭和13·2·28刑集17卷141頁)。[1] 亦即,如果公然披露足以降低对被害人的社会性评价的事实的,在该时点本罪即达到既遂,并不要求被害人的外部名誉具体地受到了侵害。这是因为,是否实际降低了对被害人的社会性评价,事实上很难举证。[2]

三、事实的证明

第230条第1款的行为,经认定是有关公共利益的事实,而且其目的完全是为谋求公益的,则应判断事实的真伪,证明其为真实时,不处罚(第230条之二第1款)。

与尚未提起公诉的人的犯罪行为有关的事实,在适用前款规定时,视为有关公共利益的事实(同条第2款)。

第230条第1款的行为所披露的事实,与公务员或者基于公选的公务员候选人有关时,则应判断事实的真伪,证明其为真实时,不处罚(同条第3款)。

(一)事实证明的要件

如前所述,为了调和第230条对事实的名誉的保护与《宪法》第21条所保障的言论自由、知情权之间的矛盾,第230条之二规定,所披露的毁损名誉的事实,如果满足有关公共利益(事实的公共性)、披露目的完全是为了公益(目的的公益性)这种要件,那么,就允许对所披露的事实进行"事实的证明",能够证明事实之真实性的,则不作为毁损名誉的行为予以处罚。[3]

1. 事实的公共性

对"有关公共利益的事实"的含义,既有将其定义为"能认定属于公共利益(的事实)"的(大塚140頁),也有将其定义为"虽遭受公众批判,但能认定有助于促进公共利益的事实"的(藤木242頁),但是,考虑到与《宪法》第21条之间的关系,将其定义为"市民为实行民主自治而有必要知晓的事实"(平

---

〔1〕 对此,松宫152頁认为,"无论如何,本罪都应被理解为危险犯,只要是公然披露事实或者进行侮辱,达到被不特定或者多数人可能认识的状态,就可以成立本罪,而无须证明实际降低了社会性评价(大判大正12·5·24新聞2140号4頁、大判昭和13·2·28刑集17卷141頁)。其理由在于,对于社会性评价的实际降低,很难认定;而且,就此在法庭上进行证明,有再度伤害受害人名誉之虞,这并不妥当"(王昭武等译·松宫各论125页)。——译者注

〔2〕 団藤513頁。相反,认为本罪属于侵害犯的观点,参见内田222頁、曽根89頁、平川227頁、佐伯仁志「名誉とプライヴァシーに対する罪」『刑法理論の現代的展開各論』80頁。但两种观点在具体结论上应该没有什么不同。

〔3〕 也就是说,根据《刑法》第230条之二第1款的规定,(1)毁损名誉的行为涉及有关公共利益的事实(事实的公共性);(2)可认定其目的完全在于谋求公益(目的的公益性);(3)能证明所披露的事实是真实的事实(真实性的证明)之时,则不予处罚。——译者注

川 231 頁、高橋 167 頁),要更为合适。不过,即便只是与部分社区利益相关,对这一范围的人来说,也可以肯定具有事实的公共性(中野次雄『逐条改正刑法の研究』〔良書普及会 1948 年〕176 頁、大阪地判平成 4・3・25 判タ829 号 260 頁)。应当注意的是,事实的公共性,应从事实本身的内容、性质来做客观的判断,不应当受表达方式是否妥当等左右(最判昭和 56・4・16 刑集 35 巻 3 号 84 頁〔月刊ペン案〕〔163〕)。

所谓公共利益,是不同于一般公众的兴趣、好奇心的,因而,身体障碍、精神障碍、疾病、血统、性生活等属于个人隐私的事实,原则上应否定其具有公共性。不过,判例认为,“即便是个人私生活上的品行,根据其参与的社会活动的性质,以及由此所造成的对社会的影响力大小,应该认为,作为就其社会活动进行批判乃至评价的判断材料,有时候可以将其视为《刑法》第 230 条之二第 1 款中的‘有关公共利益的事实’”,因此,对有关作为某大型宗教团体的会长,同时也是具有较大政治影响力的某男性,与其他女性之间的男女关系的事实,就判定具有公共性(最判昭和 56・4・16 刑集 35 巻 3 号 84 頁〔月刊ペン案〕〔163〕)。当然,虽然应允许存在这种例外,但其判断要十分慎重。

2. 目的的公益性

所谓“完全是为谋求公益”的目的,是指披露事实的动机,根据判例的解释,只要其主要动机是出于谋求公益的目的即可(東京地判昭和 58・6・10 判時 1084 号 37 頁)。例如,对于下述情形,判例否定存在公益目的:为获取损害赔偿的目的(広島高判昭和 30・2・5 裁特 2 巻 4 号 60 頁);主要是出于满足读者好奇心的目的(東京高判昭和 30・6・27 東時 6 巻 7 号 211 頁);等等。并且,判例认为,认定有无公益目的之时,还应当考虑披露事实时的表达方式或者对事实进行调查了解的程度(最判昭和 56・4・16 刑集 35 巻 3 号 84 頁〔月刊ペン案〕〔163〕)。但是,如果披露的事实与公共利益相关,只要行为人认识到那种事实,就可以说,行为人存在谋求公益的目的,如果如后所述,认为第 230 条之二属于违法阻却事由,那么,由披露事实的动机或者目的来左右行为的违法性,就与设立事实证明制度的目的相矛盾。〔1〕

3. 特别规定

对于与起诉前的犯罪行为有关的事实,本条第 2 款将其拟制为,已经满足了“事实的公共性”要件。这种事实能提供有关犯罪的侦查线索,同时,也

---

〔1〕参见町野朔「名誉毀損とプライバシー」石原一彦ほか編『現代刑罰法大系〔第 3 巻〕』(日本評論社 1982 年)319 頁;佐伯仁志「プライヴァシーと名誉の保護〔4・完〕」『法学協会雑誌』101 巻 11 号 78 頁。但平川宗信认为,不需要这一要件(参见平川宗信『名誉毀損罪と表現の自由』〔有斐閣 1983 年〕132 頁以下)。

符合掌控侦查追诉活动的必要性,因而,被认为具有公共性。[1] 由于本款的特别规定将适用条件限定为起诉之前,因而,公布某人的犯罪前科等,就应排除在外,只有在具备本条第1款所规定的要件之下,才允许适用本款规定。[2]

对于与公务员或者基于公选的公务员候选人有关的事实,本条第3款拟制为了满足“事实的公共性”与“目的的公益性”要件。这种拟制是源于公务员的选定、罢免是国民固有的权利这一规定(《宪法》第15条第1款)。虽然针对事关公务员的事实进行事实证明是不受限制的,但是,公务员也有保持个人私密的权利,因此,披露的事实与公务员的素质、能力完全无关的,就不应当允许进行事实证明(参见《改正刑法草案》第310条第2款但书、最判昭和28・12・15刑集7巻12号2436頁〔162〕)。

(二)真实性的证明

1. 只有满足了有关“事实证明的要件”,才允许进行“真实性的证明”。凡未能满足有关“事实证明的要件”的,即使是与情节有关的事实,也不得进行“真实性的证明”(平野195頁、町野朔「名誉毀損とプライバシー」石原一彦ほか編『現代刑罰法大系〔第3巻〕』〔日本評論社1982年〕317頁。但大塚141頁持反对意见)。在满足有关“事实证明的要件”之时,事实真实性的证明,通常由被告人一方举证,但裁判所也负有依职权进行调查的义务(职权调查义务)。所谓“判断事实的真伪”,就是此意(中野次雄『逐条改正刑法の研究』〔良書普及会1948年〕179頁)。但真伪不明的,由被告人承担相应的不利益。亦即,与第207条(“同时伤害的特例”)一样,举证责任被转移至被告人。[3]

2. 证明的对象,是被披露的事实。即便是以传说、谣传、传闻的形式披露事实,证明的对象也并非传说等的存在,而是作为传说内容的事实(最决昭和43・1・18刑集22巻1号7頁〔160〕)。在告发犯罪或者报道犯罪等情形下,考虑到要求对犯罪事实本身做出证明过于勉强,有力观点认为,应当将传说、嫌疑的存在作为证明的对象(植松342頁、大塚142頁、大谷164頁、町野朔「名誉毀損とプライバシー」石原一彦ほか編『現代刑罰法大系〔第3巻〕』〔日本評論社1982年〕330頁)。但本书认为,对这种情况,应该理解为,是基于《刑法》

---

〔1〕《改正刑法草案》第310条删除了这一特别规定,但这种做法是存在疑问的。参见団藤520頁。

〔2〕尽管是民事案件,谈及具体要件的判例,参见最判平成6・2・8民集48巻2号149頁。

〔3〕有关其“允许性”,参见松尾浩也『刑事訴訟法(下)(新版補正第2版)』(弘文堂1999年)24頁;佐伯仁志「名誉・プライヴァシーの侵害と刑事法上の問題点」『ジュリスト』959号46頁以下。

第35条的另外的违法阻却事由（中森92頁、佐伯仁志「名誉とプライヴァシーに対する罪」『刑法理論の現代的展開各論』86頁）。

有关证明的方法与程度，判例认为，以基于严格证明的、达到不容合理怀疑程度的证明（beyond a reasonable doubt）为必要（最大判昭和44・6・25刑集23卷7号975頁〔夕刊和歌山案〕〔166〕、東京高判昭和59・7・18高刑37卷2号360頁〔164〕）。[1] 但是，考虑到个人收集证据的能力有限，应该认为，只要达到优势证据（preponderance of evidence）的程度即可（藤木243頁、大谷164頁、曽根93頁、山口143頁、松原138頁、町野朔「名誉毀損とプライバシー」石原一彦ほか編『現代刑罰法大系〔第3卷〕』〔日本評論社1982年〕332頁、佐伯仁志「名誉・プライヴァシーの侵害と刑事法上の問題点」『ジュリスト』959号48頁）。

四、真实性的误信

行为人以为事实是真实的，但未能成功进行"事实的证明"的，法律上对此情形应如何处理呢？与真实性被证明之时的不可罚的根据这一问题相关联，判例与学说的态度历经变迁。

（一）处罚阻却事由说

关于真实性被证明之时的不可罚的根据，最初的有力学说认为，披露事实的，应构成毁损名誉罪，但通过真实性的证明，仅可以阻却处罚。这种解释，与"不问有无事实"均作为毁损名誉予以处罚这一原则是相吻合的，并且，与被告人承担举证责任之间也能保持协调。按照这种观点，真实性的误信与犯罪成立要件无关，因而，也与是否成立犯罪无关（青柳415頁、植松340頁、井上・江藤85頁）。判例最初采取的也是这种立场（最判昭和34・5・7刑集13卷5号641頁〔158〕〔165〕）。

（二）旧团藤说

但是，第230条之二是为了调和与《宪法》第21条的言论自由之间的矛盾而规定的，处罚阻却事由说与该条的这一性质不符，而且，更大的难点在于，真实的言论为何可以阻却处罚，此说也难以作出明确说明。于是，违法阻却事由说（通说）提出，事实是真实的，这一点可以阻却行为的违法性；也有学说认为，在阻却违法性之前，就已经阻却了构成要件该当性（団藤重光『刑法綱要各論（增補版）』〔創文社1972年〕421頁）。但是，违法阻却事由说的

〔1〕不过，对于"丸正案"，最决昭和51・3・23刑集30卷2号229頁〔168〕对此持保留态度，即"不容合理怀疑程度的证明，自不待言，甚至连达到优势证据程度的证据也不存在"，从而判定未能证明。

难点在于,即便是行为人轻率地误信事实为真实的,也不得不认为这属于事实错误,进而肯定阻却故意(承认此结论的,参见牧野 513 頁、柏木 409 頁)。"团藤说"克服了这一难题。"团藤说"认为,第 230 条之二(旧规定)所指"真实性被证明的,不罚"是一种"诉讼法的规定",如果将这种诉讼法的表达方式反映至实体法,就是"事实在可能证明的程度上是真实的"(事实的真实性达到了有可能进行证明的程度的),就阻却违法性或者构成要件该当性,因此,在故意论中,只有行为人"基于达到可能进行证明这种程度的材料或根据,而误信事实为真实之时",才阻却故意。[1] 这种观点也被判例所接受,最高裁判所大法庭在昭和 44 年的判决(最大判昭和 44・6・25 刑集 23 巻 7 号 975 頁〔夕刊和歌山案〕〔166〕)中改变了此前的判例观点,认为误信真实性"比照切实的材料、根据,存在相当的理由之时,则不具有犯罪的故意,不成立毁损名誉之罪"。

(三)藤木说

团藤说在力图调和言论自由与保护名誉的矛盾这一点上,有非常独到的见识,但按错误论来处理的话,又为何要求存在达到客观上可能证明程度的材料、根据呢? 这一点是存在疑问的。可以说,相对于行为人的误信而言,该说更重视言论是基于切实的材料、根据这种客观的事实。正是基于这样的视角,"藤木说"认为,"基于切实的资料、根据而相信事实是真实的场合,是正当行使言论自由的权利,因此,即便不属于第 230 条之二的违法阻却事由,也能根据《刑法》第 35 条阻却违法性"(参见藤木 246 頁、藤木英雄「事実の真実性の誤信と名誉毀損罪」『法学協会雑誌』86 巻 10 号 1 頁以下)。但是,藤木说将真实性的误信这种主观的因素作为阻却违法性的根据,这一点受到强烈的批判。于是,最近的有力观点对这一点予以修正,提出以切实或者相当程度的资料、根据为基础的言论本身,就可以作为第 35 条的正当行为阻却违法性(团藤 527 頁、大谷 172 頁、[2] 中森 94 頁、前田 130 頁、平川 235 頁)。

---

〔1〕 参见团藤重光『刑法綱要各論(増補版)』(創文社 1972 年)422 頁。但团藤重光教授此后改变观点,转而采取后述"正当行为说"(参见团藤重光『刑法綱要各論〔改訂版〕』〔創文社 1985 年〕422 頁)。

〔2〕 大谷〔新版第 4 版〕116 頁认为,"立足于采取严格责任说的私见,似乎理应支持责任阻却说。但是,在能认定具有事实之公共性与目的之公益性的场合,陈述真实,毋宁说,这是更应该予以鼓励的行为,因此,依据达到能证明真实的程度的确切材料、证据而披露事实的,就应该认为,这属于行使正当的言论自由的行为,具有社会相当性,与发表真实的事实具有同等价值。而且,诸如某人若能提供证言,本可得以证明,但由于该人突然死亡而无法提供证言的情形那样,若不认为此类情形可阻却违法性,显然不合理。总之,如果是依据达到了能够证明的程度的切实的材料、证据,而信以为真披露事实的,即便举证失败,也应该作为《刑法》第 35 条的正当行为,阻却违法性"。——译者注

（四）学说的整理与分析

现在的学说对真实性之误信的法律处理，大致分为在违法性领域处理与在责任论、错误论领域处理两种模式。

从违法论来探究的话，为保障《宪法》第21条的言论自由、知情权，不仅仅只是真实的言论，即便是不真实的言论，一定限度内也有允许的必要，由此而论，基于切实或者相当程度的材料、根据的言论，就应被作为《刑法》第35条规定的正当行为而阻却违法性。这样处理的结果是，第230条之二规定的是处罚阻却事由，具体而言，虽然是并无相当根据的言论，但如果裁判当时碰巧被成功地证明真实性的，就阻却处罚（二元说）。这种观点又可以进一步分为两种具体观点：一种观点认为，进行二元性的思考，在第230条之二的框架之内考虑正当行为与处罚阻却事由这两种情形（平川宗信『名誉毀損罪と表現の自由』〔有斐閣1983年〕99頁以下；不过，另见平川235頁。野村稔『未遂犯の研究』〔成文堂1984年〕204頁以下；大谷173頁可能也是同样旨趣）。另一种观点认为，正当行为完全是第35条的问题，第230条之二仅仅规定了处罚阻却事由（中野次雄『刑事法と裁判の諸問題』〔成文堂1987年〕66頁以下、田宫裕「表現の自由と名誉の保護」『現代刑法講座〔第5巻〕』199頁、田136頁以下、中森94頁、高橋176頁、井田173頁）。

但是，即便应当尊重言论自由，应予保护的仍然是真实的言论，在此限度内，就应该理解为，阻却毁损名誉罪的违法性。若非如此，即便是非基于相当根据的言论，倘若事实的真实性被成功地证明，照样适用第230条之二而阻却处罚，这一点就不可能得到合理的解释。当然，对事实的真实性存在误信的，也有必要在一定限度内予以救济，但这种理论上的可能性，仍然应求之于责任论领域。

从责任论、错误论的立场来探究这一问题的有以下几种学说：第一，将"违法阻却事由的错误"理解为"违法性的错误"，在行为人基于相当的理由而误以为是真实的事实之时，并非阻却故意而是阻却责任（福田194頁）。此说虽然可以得出妥当的结论，但其前提是采取严格责任论，这是存在疑问的。第二，事实的真实性达到可能证明的程度时，是违法阻却事由，因而基于达到可能证明之程度的材料、根据而对事实的真实性产生误信的，就属于有关违法阻却事由之前提事实的错误，应阻却故意；如果只是轻信有可能证明的，则属于有关违法性评价的错误，不阻却故意（二分说。大塚147頁、曽根97頁）。但是，如前所述，如果要求客观上存在相当程度的材料、根据，那就超出了错误论的范畴，这种批判意见是正确的。因而，（鉴于存在这种批判意见）有观点认为，只要主观上认识到存在达到可能证明之程度的材料、根据即可

(中117頁)。这种观点虽然在理论上具有正确性,但如果对误信存在过失的,也不予处罚,就仍然存在问题。第三,虽认为事实的真实性归根结底是处罚阻却事由(因而,对事实的真实性的错误不阻却故意),但考虑到那是基于违法性减少的处罚阻却事由,因而就责任主义的角度而言,至少必须对事实是虚假的这一点存在过失(内田220頁、山口147頁、町野朔「名誉毀損とプライバシー」石原一彦ほか編『現代刑罰法大系〔第3巻〕』〔日本評論社1982年〕334頁)。这种观点把是不是基于相当理由的言论这一点作为责任论中的有无过失的问题来考虑,而且,能够对被告人负有举证责任这一点做出合理的解释,这两点是该说的可取之处。但是,从学界历来对处罚阻却事由的理解来看,一方面说真实性的证明与犯罪的成立要件无关,另一方面却要求存在过失,可以说,这样仍然是存在问题的。另外,如果最终只是为了让"被告承担举证责任"这一点得以合理化,就(刻意去)去维持处罚阻却事由说,是没有这个必要的(田宮裕「表現の自由と名誉の保護」『現代刑法講座〔第5巻〕』190頁)。

如果从实体法上解释第230条之二第1款,若披露的事实是真实的,就不得不说,这属于违法阻却事由。因此,行为人对事实的真实性存在误信的,就阻却故意。但从协调言论自由与保护名誉之间的关系这一角度来看,连轻率的言论也不可罚,这是没有道理的。[1][2] 应当认为,与被害人的名誉毁损的程度、行为人的职业或能力等相适应,行为人被赋予了一定的搜集信息的义务,如果违反了这种义务,即因过失而没有认识到事实的虚假性的,仍然

---

〔1〕 松原143頁认为,真实性的错误属于通常的违法阻却事由的错误,即便阻却故意,很多时候也能认定有关虚假性的未必的故意,因此从结论来说,不会出现什么不合适的地方。松宮166頁也是同样旨趣。

〔2〕 松宮166頁认为,"确实,在毁损名誉与侮辱之间的关系上,如公正的评论、辩护等诉讼行为那样,是有可能存在与真实性的证明无关的正当行为的。但是,如前所示,在真实性的证明归于失败之时,在实际存在切实的资料、根据的场合,要通过并用正当行为,或者认为存在过失处罚规定,对不处罚的范围进行限定,是很困难的。与之相比,在本书看来,下面这种理解更为合适:毋宁说,弄清楚有关公共利害的事实,这本身就属于正当行为,第230条之二不过是对'真实性得到证明时不予处罚'这种理所当然的结论的确认,即便是不存在依据该条的真实性证明,在被告相信该事实是真实的场合,也至少可以以有关违法性阻却事由的事实错误为理由,否定存在毁损名誉罪的故意。在该场合下,存在'相当或者切实的材料、根据',这应该被视为,是被告人相信真实性的一种强有力的事实情况证据。在此意义上,即使是'轻率地误信'真实性的场合,在以故意责任为原则的刑法中,也可以被解释为不构成犯罪。""不过,倘若被告已经想到事实有可能是虚假的,就能认定被告对于虚假性存在未必的故意。在这种情形下,被告就只应该披露'因为存在相当的材料、根据,有可能证明为真实'的事实,为此,可以说,在此意义上,那种认为只有'能够得到证明的真实'才是违法性阻却事由的观点,也是有其合理性的"(王昭武等译·松宫各论136页)。——译者注

应当依照毁损名誉罪处罚。总而言之，按照这种解释，第230条（毁损名誉罪）与第230条之二（事实的证明）针对有关公共利益的事实，是将规范的名誉作为保护法益，但不仅是对披露事实的虚假性有认识的场合（故意犯）应受处罚，而且，对因过失而没有认识到其虚假性的场合，即对过失毁损名誉也予以处罚，在这种意义上，第230条之二就属于第38条第1款但书所指的"特别规定"（参见佐伯仁志「名誉とプライヴァシーに対する罪」『刑法理論の現代的展開各論』85頁）。前述昭和44年最高裁判所大法庭的判决（最大判昭和44·6·25刑集23巻7号975頁〔夕刊和歌山案〕〔166〕），也可以理解为，实质上采取的就是这种解释。

五、通过网络毁损名誉

近年来，随着网络的迅速普及，在网页上的留言板或者博客上毁损名誉的案件不断增加。由此也出现了诸多与毁损名誉有关的问题，以下就此做些解说。

（一）网络运营商的责任

将淫秽信息或者包含相当于毁损名誉之事实的信息上传至网页上的留言板或者博客的，应成立陈列猥亵物罪或者毁损名誉罪，这不存在争议。问题在于，网络运营商（Provider）明知上述违法内容（media content），却不采取措施删除的，是否应当被认定为陈列猥亵物罪或者毁损名誉罪的不作为的正犯或者帮助犯？明显披露的是毁损名誉的事实，且被害人的删除要求遭到无视的，尽管如此，可网络运营商仍然有意识地置之不理的，由于只有网络运营商处于可以删除这种排他性支配地位，因而，可以肯定成立不作为的单独正犯，至少也应当成立帮助犯（山口厚「プロバイダーの刑事責任」『法曹時報』52巻4号19頁、只木誠「インターネットと名誉毀損」『現代刑事法』1巻8号49頁）。〔1〕

（二）误信的相当性的判断标准

A在自己开设的网页上公然散布B团体是邪教（Cult）组织，与B有关的C企业发布了虚假广告等虚假事实，对于此案，一审认为，尽管就真实性的误信，被告人并无相当程度的材料或者根据，但被害方也完全可以发表反驳言论，在这种情况下，由于"能够认定，是在收集了达到针对网络的个人利用者所要求之程度的信息的基础上，再实施了本案散发行为"，进而判定阻却故意（東京地判平成20·2·29判時2009号151頁。对此判例表示理解认同的

〔1〕另外，详见鎮目征樹「プロバイダ等の刑事責任」『現代刑事法』6巻1号17頁；渡邊卓也『電脳空間における刑事的規制』（成文堂2006年）。

观点,参见園田寿「判批」『平成20年度重要判例解説』189頁)。相反,控诉审则认为,“以被害人有反驳的可能性为由,而试图降低最高裁判所大法庭判决提出的标准,(这种做法)有欠对被害人的保护,并不妥当”,进而撤销了一审判决(東京高判平成21·1·30判タ1309号91頁)。最高裁判所基于通过网络也完全有可能严重毁损名誉、并不能保证通过在网络上反驳就能恢复名誉等理由,也表达了与控诉审同样的态度(最决平成22·3·15刑集64卷2号1頁〔167〕)。控诉审以及最高裁判所的判断应该得到支持(進士英寛「判批」『NBL』915号59頁以下)。

(三)毁损名誉罪的终了时点

《刑事诉讼法》第253条规定,公诉时效“自犯罪行为终了之时起算”;《刑事诉讼法》第235条规定,“亲告罪之告诉,自知悉犯罪人之日起经过六个月的,不得告诉”。毁损名誉罪在公然披露毁损名誉的事实时即达到既遂,在与诉讼法的规定之间的关系上,其终了时点还存在值得研究的问题。关于这一点,有判例对于通过网络实施的毁损名誉罪的告诉期限已经经过的案件做出了判决。大致案情为:毁损名誉罪的被害人于2001年10月4日左右知悉,被告在网络上披露了毁损其名誉的事实,而被害人实际告诉的时间,自发现该事实之后,已经超过六个月。对于此案,大阪高等裁判所认为,(1)在犯罪未终了期间,即便告诉权人知悉了犯罪人,也不应从该日开始起算告诉期。〔1〕(2)在犯罪人向网页管理者提出删除毁损名誉的内容之时,发生损害的抽象危险归于解消,毁损名誉罪才由此终了。在该案中,尽管被告于2003年3月12日左右,通过警方向网页的管理者提出了删除要求,但该内容至少在2003年6月底之前未被删除,而被害人是在2003年4月22日提起了告诉。(3)为此,作为本案之事实关系,尽管自被害人知悉犯罪人之日起已经超过了六个月,但在自犯罪终了之日起六个月之内的告诉,仍然是合法的(大阪高判平成16·4·22判タ1169号316頁。此后最高裁判所驳回了被告的上告)。

有力观点认为,毁损名誉罪不是继续犯而是状态犯,在公然披露事实的时点,犯罪达到既遂,犯罪同时终了,从而对此判例持反对意见(山口厚「判批」『平成17年度重要判例解説』159頁)。但是,只要网络上披露的事实尚未删除,第230条所谓“公然披露事实”这种实行行为就尚未终了,因而,本罪

---

〔1〕 最决昭和45·12·17刑集24卷13号1765頁也认为,一般而言,在犯罪的持续过程中,告诉权人知悉了犯罪人的,也应自犯罪终了时点开始起算告诉期限。

是继续犯。[1] 而且,即便本罪不是继续犯而是状态犯,只要所披露的事实仍然存在于网络上,就可以说,毁损名誉的抽象危险,在一定时间内仍然在持续增大(鎮目征樹「プロバイダ等の刑事責任」『現代刑事法』6 卷 1 号 17 頁)。这样考虑的话,可以说,大阪高等裁判所的判决是妥当的。反之,反对说则主张,在该案中,即使披露的事实完全被删除,只要其内容仍保存于某处,而且,例如,在通过图书毁损名誉的场合,只要在某旧书店中仍然在出售该书,(按照继续犯的观点)就会得出毁损名誉罪尚未终了的结论,显然不妥当。的确,反对说的这一意见是正确的,但毁损名誉的危险性会随着时间的推移而降低,具体就本案而言,在删除所披露的事实的时点,就图书毁损名誉的情形而言,在作为新发行的图书而过了发行高峰的时点,就可以认为,犯罪归于终了。

六、侮辱罪

虽未披露事实,但公然侮辱他人的,处拘留或者科料(第 231 条)。

本罪为亲告罪(第 232 条)。

(一)保护法益

通说认为,侮辱罪的保护法益与毁损名誉罪相同,也是对人的社会评价,即事实的名誉、外部的名誉。与此相反,有力观点主张,名誉可分为外部的名誉与名誉感情(自己对自己所做的价值评价),而侮辱罪的保护法益就是这种主观的名誉或名誉感情(小野 214 頁、団藤 512 頁、福田 188 頁)。[2] 其根

---

〔1〕 渡边卓也认为,本案行为在删除之前(就仍然在持续,本罪)属于继续犯。参见渡邊卓也「犯罪的終了時期と公訴提起の時間的限界」『姫路法学』49 号 267 頁。

〔2〕 对此,山口 149 页认为,"基于下述理由,本书认为少数说的观点并不妥当。(1)按照该观点,成立毁损名誉罪之时,作为想象竞合(《刑法》第 54 条第 1 款),同时也成立侮辱罪,但鲜有如此认定之必要;(2)按照此观点,对于并不具有名誉情感的幼儿、法人等,不能成立侮辱罪,从而将这些人排除在保护范围之外,但这种结论是存在疑问的;(3)按照少数说的观点,即便因真实性的证明(《刑法》第 230 条之二)而得以否定成立毁损名誉罪,仍要成立侮辱罪而受处罚,如此一来,免责规定便实际上丧失了意义;(4)少数说的难点还在于,其并不能充分地说明,侮辱罪为何要以'公然'性作为其成立要件(当面侮辱理应侵害性最大,但并未以此作为要件)(平野龍一「刑法各論の諸問題」『法学セミナー』203 号 78 頁)。根本理由还在于,对于主观名誉(名誉情感),各人感受可能会大不相同,这种不明确、不稳定的东西是否真正值得刑法保护,是存在疑问的(参见平川 222 頁)。至多将对名誉情感的保护理解为,是保护外部名誉所产生的波及效果,便已足够(曽根 99 頁)。由此可见,正确的理解应该是,侮辱罪的保护法益与毁损名誉罪的保护法益相同,均是外部名誉;两罪在犯罪性上的差异,在于因有无披露事实而引起的侵害程度上的不同"(王昭武译・山口各论 171 页以下)。——译者注

据在于,如果不这样考虑,就不能说明第231条为向反反规定了如此轻的法定刑。按照这种观点,针对无名誉情感的幼儿、精神障碍者、法人,就不可能成立侮辱罪,从而在具体结论上与通说之间会出现差异。但是,如果把名誉情感作为保护法益,当面实施侮辱的,无疑对名誉情感的侵害最严重,但第231条却要求具有公然性;更重要的是,如果披露事实的方法带有侮辱性的,即便按照第230条之二,不具有可罚性,仍有可能构成第231条的侮辱罪。考虑到这种观点有这些不合理之处,应当认为通说是妥当的。* 判例肯定能够成立针对法人的侮辱罪(最判昭和58・11・1刑集37卷9号1341頁〔155〕),通说也持同样立场。

* **证明事实与侮辱罪**　相反,也有学者虽立足于认为毁损名誉与侮辱的保护法益是相同的这种立场,仍然主张,即使成功地证明了第230条之二的事实,但披露事实所采取的表达方式不当(涉嫌侮辱)的,仍然应当按照与是否披露事实无关的侮辱罪予以处罚(植松345頁、中森96頁、佐伯仁志「プライヴァシーと名誉の保護〔4・完〕」『法学協会雑誌』101卷11号74頁)。但是,这种观点最终还是可以归结为,是从侮辱罪的保护法益是名誉情感这种个人的主观情感来寻求问题的解决。[1]

(二)行为

所谓"侮辱",是指对他人作出蔑视性价值判断的表示。由于以公然性为要件,因而本罪与毁损名誉罪的区别在于,有无披露事实的具体行为。亦即,侮辱罪并不披露事实,是通过公然发表由行为人作出的、在社会上轻慢或蔑视他人的抽象判断而构成(大判大正15・7・5刑集5卷303頁)。

---

〔1〕 对此,松宫153頁认为,"不过,由于毁损名誉也多伴有侮辱轻蔑性表现,因而在该情形下,仅成立毁损名誉罪一罪。但是,即便披露的'有关公共利益的事实'是真实的,但采取了侮辱轻蔑性的表现方式的,虽然不构成毁损名誉罪,但可以以这种侮辱轻蔑性的表现方式为理由,认定成立侮辱罪(植松345頁、中森96頁)。在此限度之内,可以说,侮辱罪是对毁损名誉罪的补充"(王昭武等译・松宫各论125页以下)。——译者注

第五章　针对信用以及业务的犯罪

第一节　概　　述

刑法第35章规定的“针对信用以及业务的犯罪”，具体规定了毁损信用罪（第233条前段）、诡计妨害业务罪（第233条后段）、威力妨害业务罪（第234条）和损坏电子计算机等妨害业务罪（第234条之二）。在针对他人的社会评价之中，毁损信用罪特别保护的是针对他人的经济信用，该罪正处于针对名誉的犯罪与财产犯罪之间的中间位置。有力观点认为，妨害业务罪侵害的是业务活动的自由、社会活动的自由，因而，属于针对自由的犯罪（平野186頁、内田182頁、大谷141頁）。但是，正如下文所述，现在的判例认为，本罪的保护法益是业务活动本身，只要作为行为结果妨害了业务即可，判例的这种立场已基本确立下来。而且，从保护法益的角度而论，这种解释也具有合理性。昭和62年（1987年）增设的损坏电子计算机等妨害业务罪（第234条之二）就遵循着这种方向，该罪规定的是，通过直接向物实施加害行为而构成的妨害业务罪。正是立足于这一视角，本书将妨害业务罪与毁损信用罪一起定位于，接近于财产罪的犯罪。不过，本罪所保护的业务不以经济性业务为限，因此，要将本罪理解为纯粹是针对财产的犯罪，就不免勉强。

第二节　毁损信用罪、妨害业务罪

一、毁损信用罪

散布虚假传闻或者使用诡计，毁损他人的信用的，处3年以下惩役或者50万日元以下罚金（第233条前段）。

(一)他人的信用

“他人的信用”,是从经济方面对人的评价。通说、判例将其限定于有关支付能力或者支付意思的信用(团藤533頁、大判明治44·4·13刑録17輯557頁),但实际上应当更广泛地理解为,也包含商品的质量或性能、人的技能等方面的信用。最高裁判所也改变了过去判例的主张,认为本罪的保护法益是“从经济方面对人的社会评价”“不应限于对人的支付能力或支付意思的社会信赖,也包含对所出售的商品之品质的社会信赖”(最判平成15·3·11刑集57卷3号293頁〔123〕)。这里的“人(他人)”,除了自然人之外,当然还包含法人等其他社会团体。

(二)散布虚假传闻

“散布虚假传闻”,是指向不特定或者多数的人传播有违客观真实的传说、信息。与毁损名誉罪不同,不要求具有公然性,因此,也包含向少数人转达某种传闻的情形(大判昭和12·3·17刑集16卷365頁)。例如,散布某公司即将破产已拒付票据、某食堂造成食物中毒等虚假信息的行为,就是其适例。至于“诡计”的含义,参见妨害业务罪中的相关解说。

(三)毁损

“毁损”,是指降低他人的经济方面的信用。与毁损名誉罪一样,由于客观上无法测算侵害法益的程度,因此,应当认为本罪也是抽象的危险犯。〔1〕

二、妨害业务罪

散布虚假传闻或者使用诡计,妨害他人的业务的,处3年以下惩役或者50万日元以下罚金(第233条后段)。

以威力妨害他人的业务的,依照前条的规定处断(第234条)。

(一)业务的含义

所谓业务,是指基于职业或者其他社会生活上的地位而持续从事的事务或者事业(大判大正10·10·24刑録27輯643頁〔124〕)。因此,一方面,作为娱乐而实施的行为或日常从事的家庭生活方面的事务应排除在外;另一方面,像结婚仪式那样的仅进行一次的活动也不包括在内(有关社会团体的成立仪式,参见東京高判昭和30·8·30高刑8卷6号860頁〔125〕。不过,考虑到具体案情,该判决是存在疑问的)。业务,只要值得受刑法保护即可,不

〔1〕　参见中森86頁。与此相反,既有认为本罪是具体危险犯的观点,参见团藤533頁、大塚154頁;也有认为本罪是侵害犯的观点,参见内田230頁、曽根101頁。

要求一定具有合法性。例如,未经知事许可而开办的公众浴池(東京高判昭和27・7・3高刑5巻7号1134頁〔127〕)、违反行政取缔法规买进弹子店的赌博游戏的奖品(横浜地判昭和61・2・18刑月18巻1=2号127頁〔128〕),妨害此类行为的,也构成本罪。不过,判例是以是否属于事实上平稳从事的事务作为判断标准(东京高判昭和27・7・3高刑5卷7号1134頁〔127〕),然而,这样一来的话,只要是平稳从事的事务,即便是制造或者贩卖毒品的行为势必也要被纳入本条所谓业务之内,这显然是不合理的,因此,应当以该业务的反社会性是否已达到应丧失由本罪保护的必要性的程度作为判断的标准。而且,对于东京都未经履行"行政代执行"的程序,而将"马路生活者〔流浪汉〕"用瓦楞纸板搭建的住所拆除的工作,最高裁判所判定,"这是迫不得已而为之,不能认定其存在法律上的瑕疵,达到了足以使该行为丧失作为妨害业务罪的应受保护性的程度"(参见最决平成14・9・30刑集56巻7号395頁〔129〕〔137〕)。

(二)公务与业务

采用暴力、胁迫手段妨害执行公务的,依照第95条,以妨害执行公务罪予以处罚。但是,如果妨害的手段是威力、诡计的,能否将公务包含在业务之中,进而认定成立妨害业务罪呢?对此,理论上存在分歧,主要有以下四种观点:(1)"无限定积极说"认为,所有公务均包含在业务之中(植松351頁、小野122頁、大谷143頁);(2)"消极说"认为,业务不包括公务,仅由《刑法》第95条来保护公务(吉川116頁);[1](3)"限定积极说"认为,业务不包括权力性的公务,但包括非权力性的公务,后者既可以适用第95条也可以适用第233条、第234条(福田199頁、大塚159頁、内田185頁);(4)"公务区分说"主张以"现业性"[2]类似民营性、非权力性等作为标准对公务加以区分,凡妨害符合这一标准的公务的,就构成妨害业务罪,并且,对构成妨害业务罪的公务,即使是采用暴力、胁迫手段进行妨害,也不适用《刑法》第95条(团藤

〔1〕松宫179頁认为,"旧刑法以来的本章之罪,原本考虑的是,民营经济的经营基础的特别脆弱性。实际上,对于依靠销售额而非国家税款维持经营的民营业务而言,即便能够排除直接的暴力妨害,但如果因诡计、威力或者散布虚假传闻等而导致客户减少,不同于国营企业,民营企业的经营基础将遭受重大打击。因此,将民营经济的经营基础脆弱性的问题束之高阁,而根据表面上的'民间业务类似性'与'自主执行力的有无'等标准,就要求对'公务'也给予与'业务'同等的保护,这是不适当的。也就是说,问题不在于与业务相比,未保护'公务',使之不受威力、诡计、散布虚假传闻的妨害,而在于为了使业务免受威力、诡计、散布虚假流言的妨害,而特别保护业务的合理性。因为,不仅是公务,个人的兴趣等也不属于威力、诡计等妨害罪的对象。"因此,主张"业务"不包括公务的消极说更为妥当(王昭武等译・松宫各论146页)。——译者注

〔2〕现业,是指国家、地方公共团体或者由国家、地方公共团体经营的独立行政法人等中的非权力性劳务,正式名称为"技能劳务职"。——译者注

535 頁、曽根 73 頁、中森 73 頁、平川 208 頁)。

二战前的判例采取的是消极说(大判大正 4・5・21 刑録 21 輯 663 頁〔教育敕语案〕[1]〔130〕〔220〕),最高裁判所当初也承袭了这一立场,对使用威力妨害警察的逮捕行为的案件,以业务不包括公务为理由,否定成立本罪(最大判昭和 26・7・18 刑集 5 卷 8 号 1491 頁〔理研小千谷案〕〔131〕)。但是,此后,最高裁判所改变了原先的立场,对使用威力妨害国营铁路职工业务的案件,[2]以国营铁路的公务具有"现业业务性"、类似民营性、非权力性为理由,肯定成立本罪(最大判昭和 41・11・30 刑集 20 卷 9 号 1076 頁〔摩周丸案〕〔132〕)。[3] 后来,下级裁判所的判例对这种观点又作了进一步的扩张,即便是妨害无"现业性"的国立大学的业务(京都地判昭和 44・8・30 刑月 1 卷 8 号 841 頁[4])、妨害不具有类似民营性特点的邮电局的业务(名古屋高判昭和 45・9・30 刑月 2 卷 9 号 951 頁),[5]也判定构成本罪。最高裁

---

〔1〕 某小学的某教员出于对校长的不满,为了让校长承担因丢失应由校长保管的重要物件的责任,取出由校长保管的教育敕语缮本等,藏匿在自己担任班主任的班级的教室的天花板上。对此,大审院认为,"妨害执行公务之罪,另由《刑法》第 95 条及第 96 条规定,并不构成本条(《刑法》第 233 条)之罪,因而认为公务员之职务不包含在本条之业务中,这是妥当的",因此,"小学校长保管敕语缮本等贵重物品的职务,属于小学校长之公务,不属于《刑法》第 233 条所谓之业务"(并且,本判决还以不具有非法占有的意思为理由,否定成立盗窃罪)。——译者注

〔2〕 行为当时,日本铁道尚未民营化。——译者注

〔3〕 此前,对于以威力妨害国营铁道的货车运行业务的行为,最高裁判所(最判昭和 35・11・18 刑集 14 卷 13 号 1713 頁〔古河矿业目尾矿业所案〕)认为,国营铁路的事业或者业务,从其内容上看,与民营铁路并无不同,民营铁路职员的业务属于妨害业务罪的对象,却仅以国营铁路职员的业务被法令规定为公务这一理由,而认定不属于妨害业务罪的对象,这算不上什么具有合理性的理由(法令之所以将国营铁路的事业或业务规定为公务,其理由主要在于,其经营上的沿革及其高度的公共性,"并不是因为,其事业或者业务伴有权力性或者支配性,从其事业本身或者业务执行的实际状态来看,与民营铁路完全相同"),因此,"将国营铁路所进行的事业或者业务,排除在《刑法》第 233 条、第 234 条所规定的妨害业务罪的对象之外,这并不妥当。针对国营铁路职员所执行的该项公务而实施的妨害行为,根据妨害的具体手段、方法,认为除了《刑法》第 95 条之外,也可适用《刑法》第 233 条或者第 234 条,这是妥当的",从而作出了引人瞩目的判断:对于公务,也可肯定成立妨害业务罪。——译者注

〔4〕 对于妨害国立大学入学考试业务的行为,京都地方裁判所认为,国立大学的入学考试业务,并非像权力性公务那样,是基于国家的优越性意思的发动、国家的支配权,要求国民服从的东西,而属于非权力性的公务,即便不是"现业性"业务,但也与此基本上没有区别,有别于预想到可能多少会受到一些抗拒的权力性公务,对于以威力手段所实施的妨害行为,也能认定具有保护的必要性。如果将国立大学的入学考试业务排除在妨害业务罪中的业务之外,与私立学校的入学考试业务属于妨害业务罪的对象相比,明显有失均衡,并不合理。——译者注

〔5〕 行为当时,日本邮政尚未民营化。——译者注

判所也对妨害县议会的相关委员会的条例议案表决的案件，以妨害的对象“并非针对被告人等能够行使具有强制力的权力性公务”为理由，判定成立威力妨害业务罪（最决昭和62・3・12刑集41卷2号140頁〔新潟县议会案〕〔134〕）。并且，对以威力以及诡计妨害选举负责人负责的受理候选人登记事务的案件，最高裁判所也基于同样的立场判定构成妨害业务罪（最决平成12・2・17刑集54卷2号38頁〔136〕）。另外，对采用暴力妨害国营铁路职工的业务的案件，最高裁判所判定构成妨害执行公务罪（最决昭和59・5・8刑集38卷7号2621頁〔539〕），因而，可以说，该判例采取的是“限定积极说”，即以是否属于权力性公务为标准。

对此，如前所述，学说上存在不同观点。首先，按照“消极说”，仅仅因为其性质是公务，即便受到诡计、威力的妨害，也不受刑法保护，这是没有道理的，因而，“消极说”并不妥当。其次，根据“无限定积极说”，类似执行逮捕或强制执行之类的公务，法律赋予了公务人员通过自力执行力排除抵抗的权能，通过威力妨害此类公务的，也要以妨害业务罪来保护，在这一点上，“无限定积极说”也不妥当（参见東京地判昭和48・9・6刑月5卷9号1315頁〔国会爆竹案〕〔133〕[1]）。另外，“公务区分说”的根据是，仅仅对公务予以《刑法》第95条与第233条、第234条的双重保护，并无此必要，然而，既然公务是以公共福祉为目的，与民间业务相比，受到更厚重的保护，不能说没有合理性；并且，值得注意的是，“公务区分说”以是否与民营企业具有类似性作为区别标准，那么，“新潟县议会案”“国会爆竹案”那样的案件中的公务就不属于业务，因而，采用威力妨害这类公务的，就不受处罚，这样势必会出现处罚上的漏洞。由此可见，“限定积极说”要更为妥当，应以是否属于具有强制力的权力性公务为标准，亦即，以公务的执行对于妨害行为是否具有“自力排除力”作为区分标准。不过，以诡计妨害权力性公务的，这种“自力排除力”标

〔1〕对于妨害众议院的议事进程的行为，东京地判昭和48年判决认为，对于自己并无执行力的非权力性公务，有必要作为业务予以保护。其判决理由在于，权力性职务被赋予了自力执行力，即具有通过排除抵抗来执行职务的职能，对于尚未达到暴力、胁迫程度的基于威力的抵抗，只要自力排除即可，并无科处刑罚的必要，但对于可以直接对个人施以命令、强制之外的非权力性职务，由于并未被赋予自力执行力，与一般企业的业务一样，有必要通过刑罚来保护。——译者注

准并不适于此情形(山口 161 頁)。[1] 因为,在这类情形下,“自力排除力”并不具有排除诡计妨害等的功能。例如,通过谎报虚构的犯罪事实,妨害海上保安厅职员的巡逻业务的(横滨地判平成 14・9・5 判タ1140 頁 280 頁);提交车辆被盗这种内容虚假的报案书,妨害机动警察执行本来的业务的(名古屋簡判平成 16・4・28 警察公論 60 卷 1 号 81 頁);在互联网的留言板上预告将要进行“无差别杀人”这种虚假信息,通过此信息的浏览者报警,而使得警方出警警戒,从而妨害了巡警本来的业务的(東京高判平成 21・3・12 高刑 62 卷 1 号 21 頁〔138〕),对于这些案件,下级裁判所均判定成立诡计妨害业务罪。

(三)手段

妨害的手段是,散布虚假传闻(参见毁损信用罪中的相关解说)、使用诡计或威力。

所谓使用“诡计”,是指欺骗他人或者利用他人不明真相、错误认识等,其含义比诈骗罪中的欺骗行为的含义更广。* 而且,并不要求直接针对被害人采用这些手段,例如,在浴室大门上张贴写有“本日停业”的纸条而让顾客信以为真无奈返回的,也构成本罪。判例对下述案件判定属于诡计:将障碍物沉入渔场海底,从外面无法发现,造成渔业从业者的渔网破损,无法再进行捕捞作业(大判大正 3・12・3 刑録 20 輯 2322 頁);为了争夺其他报刊的读者,某报社经营者将自己发行的报纸刊头等设计成容易与其他报纸相混淆的外形(大判大正 4・2・9 刑録 21 輯 81 頁);通过虚假的订货电话让人送货上门的(大阪高判昭和 39・10・5 下刑 6 卷 9 = 10 号 988 頁);为了偷拍他人银行卡密码,伪装成一般用户长时间占据无职员值守的 ATM 机房(最决平成 19・7・2 刑集 61 卷 5 号 379 頁〔121〕〔151〕);等等。除了这类直接利用被害人的不知情、错误认识的情形之外,对于下述直接针对机械实施对物的加害行为的,判例也判定属于诡计:偷偷切断有线电视公司的信号传输线,使之

---

〔1〕 亦即,仍可成立诡计妨害业务罪。

对于修正的积极说(“限定积极说”),有观点提出,在使用强制力的权力性公务之中,其本身就已经包括了使用诡计妨害公务的行为,可以而且应该通过行使强制力,来彻底执行公务。的确,犯罪嫌疑人自己通过隐灭证据以妨害针对自己犯罪行为的侦查的,或者编织谎言以逃避逮捕的,处罚此类行为是存在疑问的(对于犯罪人隐匿自己,或者隐灭有关自己的刑事案件的证据的行为,按照现行法律的规定,不具有可罚性)。正是出于这种考虑,又出现了这样的观点:对于“可行使强制力的权力性公务”,以强制力的行使所伴有的强韧性为根据,针对以诡计妨害公务的行为,否定以妨害业务罪来保护。可以说,那是基于事实上是否具有排除妨害的可能性这种考虑,来否定保护的必要性、相当性(参见山口厚「公務と業務」西田典之・山口厚・佐伯仁志編『刑法の争点』〔有斐閣 2007 年〕157 頁)。——译者注

无法向客户输送信号的(大阪高判昭和 49・2・14 刑月 6 卷 2 号 118 頁〔150〕);在电话机上安装阻碍应答信号发送的"魔术机",从而使电话计费器停止工作的(最决昭和 59・4・27 刑集 38 卷 6 号 2584 頁〔147〕);在电表上做手脚,使电表指针走动变缓的(福岡高判昭和 61・3・3 判タ595 号 95 頁〔148〕);等等。

＊ 骚扰电话　对于给中华荞麦面馆打无声电话,次数多达 970 次左右的案件,東京高等裁判所昭和 48 年〔1973 年〕判决(東京高判昭和 48・8・7 高刑 26 卷 3 号 322 頁〔149〕)指出,所谓诡计,"也包含采用超过社会生活上一般所能容忍的限度,非法地给对方造成困惑这种手段、策略的情形",进而判定成立本罪。但是,将诡计的含义扩张到包含造成困惑的情形,并不妥当。对于该案,可以认为,其属于利用被害人的不知情或者错误认识的情形。

所谓使用"威力",是指使用足以压制他人的自由意思的势力(最判昭和 28・1・30 刑集 7 卷 1 号 128 頁〔140〕)。利用暴力、胁迫的自不待言,利用地位、权势、集团势力的,也包括在内。威力多是针对被害人使用,不过,例如,在店铺前聚集多人,妨碍客人进入店内的,也包括此类针对被害人以外的其他人实施的情形。判例判定下述情形属于使用威力:向公寓食堂的配餐间放菜花蛇的行为(大判昭和 7・10・10 刑集 11 卷 1519 頁);在伴有节目表演的酒馆客席上,用火炉烧烤牛的内脏,散发出恶臭(広島高岡山支判昭和 30・12・22 裁特 2 卷 18 号 1342 頁);"总会屋"[1]在某公司的股东大会会场高声吼叫(東京地判昭和 50・12・26 刑月 7 卷 11 = 12 号 984 頁);为了为难律师,抢走律师随身携带的装有庭审日志的皮包,并藏匿在自己家中(最决昭和 59・3・23 刑集 38 卷 5 号 2030 頁〔143〕);在被害人的办公桌抽屉里放入死猫,并让被害人发现(最决平成 4・11・27 刑集 46 卷 8 号 623 頁);在毕业典礼马上就要开始之前,在齐唱国歌之时,号召学生家长不要起立,并怒吼制止其行为的教师、校长(最判平成 23・7・7 刑集 65 卷 5 号 619 頁);等等。除了这类直接对人实施加害行为的情形之外,对于下述对物的加害行为,判例以只要作为一定行为的必然结果,采取了压制他人之意思的势力即可为理由,判定也属于本罪所谓威力:将货运火车的开关阀门打开,让装载的煤炭散落下来(最判昭和 32・2・21 刑集 11 卷 2 号 877 頁〔142〕);作为劳动争议行

〔1〕　所谓总会屋,是指以小股东身份出席股东大会,提出各种不当要求以扰乱会议进程或阻碍其他股东的正当发言者。——译者注

为的手段,夺取、扣留他人的车钥匙(松山地宇和岛支判昭和 43・6・12 下刑 10 卷 6 号 645 頁);剪断用于捕捞海豚的渔网,将他人捕获的海豚放掉(長崎地佐世保支判昭和 55・5・30 判時 999 号 131 頁〔144〕);等等。〔1〕

在将本罪定位于侵犯业务活动之自由的犯罪的立场看来,诡计、威力必须作用于他人的意思,因此,将对物的加害行为包含在内,就并不妥当(平野 188 頁)。〔2〕与此相反,在判例看来,只要存在所谓"作为结果的妨害业务",就能肯定成立本罪,这就意味着,本罪直接保护的是"业务的顺利开展"。其结果是,诡计与威力之间的区别也就丧失了实质性意义,不过是在妨害业务的手段上存在公然与非公然的差异。

(四)妨害的含义

关于"妨害"的含义,判例为了与毁损信用罪保持均衡,认为只要足以产生妨害的危险即可,从而将本罪定位于危险犯(大判昭和 11・5・7 刑集 15 卷 573 頁。团藤 520 頁,大塚 159 頁、160 頁,井田 179 頁也是同样旨趣)。但是,还是应该像法条的"妨害(了)"这一字面含义本身所表述的那样,将本罪理解为侵害犯(平野 188 頁、大谷 146 頁、曽根 75 頁、高橋 195 頁)。因此,要成立本罪,对于业务的开展,至少要在表面上造成了混乱、障碍,诸如冒名代考或者考试作弊之类的,不过是造成个别业务判断失误的情形,就应排除在外(松原 160 頁)。只要对业务造成表面上的妨害即可,不要求弄清楚具体的受害金额等。

典型判例

・被告将内含放射性物质的泥沙装入容器,然后与火焰筒一起搭载在无人机上,通过远程操作,使之掉落在首相官邸屋顶,对于此案,**東京地判平成 28・2・16 判タ1439 号 245 頁**〔146〕认为,如果本案无人机掉落在首相官邸屋顶,"首相官邸的职员因担心本案无人机被引爆或者着火爆炸,而有必要中断正常业务,采取针对异常情况的应对措施,这种可能性是很大的",因此,让本案无人机掉落的行为,属于"足以压制首相

---

〔1〕山口 165 頁注释(8)指出,"与上述判例的态度相反,针对通过操作锅炉的阀门、配电箱的开关,使锅炉停止运转,并造成停电的案件,也有判例认为,这种平稳状态下实施的行为不属于本罪的威力(前橋地判昭和 55・12・1 判タ445 号 176 頁)。对此,本书认为,该判例对具体案件的处理是否妥当姑且不论,若以判例立场为前提,还很难说,只要是平稳实施的妨害行为,就不属于威力"(王昭武译・山口各论 191 页)。——译者注

〔2〕对此,山口 164 頁注释(7)指出,"由于诡计所作用的对象也可以不是业务主体,因而,作用于他人的意思这并非'妨害业务'的构成要素,不过是一种行为样态而已。也就是说,要求诡计必须作用于意思,这并无实质性根据"(王昭武译・山口各论 190 页)。——译者注

官邸职员的自由意思的势力"，相当于"威力"，而且，首相官邸职员一旦发现本案无人机，会因此中断正常业务，转而采取针对异常情况的应对措施，这种可能性是很大的，进而以此为理由判定成立威力妨害业务罪。该判决是着眼于无人机的具体外形以及机上的搭载物等，而肯定存在"威力"性。另外，被妨碍的业务是首相官邸职员管理官邸厅舍的事务，相当于非权力性公务。

三、损坏电子计算机等妨害业务罪

损坏他人业务上使用的电子计算机或者供该电子计算机使用的电磁记录，或者向他人业务上使用的电子计算机输入虚假信息或者不正当指令，或者以其他方法使电子计算机不能按照使用目的运行或者违反使用目的运行，因而妨害他人业务的，处5年以下惩役或者100万日元以下罚金(第234条第1款)。

犯罪未遂的，应当处罚(同条第2款)。

(一)含义

本罪是昭和62年(1987年)作为计算机犯罪立法之一而增设的。随着高度信息化时代的到来，在金融、制造、通信、交通、医疗等社会生活的各个领域，对计算机的依赖程度飞速增加，因此，损坏计算机系统等行为，会非常深刻、严重地阻碍业务的顺利开展。鉴于这种危害结果的严重性，立法不仅加重了本罪的刑罚，同时考虑到计算机是代替人来从事业务，因而，将针对计算机的"对物的加害行为"也予以了类型化。

本罪由三个阶段构成：通过实施针对电子计算机的加害行为，致使电子计算机出现运行障碍，结果使该电子计算机承担的业务受到妨害。

(二)保护法益

本罪的保护法益是，由电子计算机承担的业务的顺利开展。由于刑法对电子计算机的定义未作规定，其范围也未能明确，如果考虑立法宗旨，所谓"他人业务上使用的电子计算机"，就应当被理解为，是指替代人独立地、自动地且程度广泛地处理业务的机械。据此，其他的机械，如家电制品、自动售货机、计算器等部分安装了微型电子计算机的物品，就应排除在外(米澤編『刑法等一部改正法の解説』100頁)。也有下级裁判所的判例认为，装在弹子机内的信息存储读取装置(ROM)仅具有机械性控制功能，控制范围也仅限于该弹子机，因而不属于本罪的电子计算机(福岡高判平成12・9・21判时 1731 号 131 頁〔152〕[1])。另外,与诡计妨害业务罪、威力妨害业务罪不同,这里的计算机应当被理解为,包含所有公务上使用的电子计算机。因为,由电子计算机进行的公务处理,即便可能是与权力性有关的公务,但那也只是由计算机来做信息处理而已,并非其本身是具有权力性的公务。

(三)加害行为

加害行为有三种类型:(1)损坏器物类型,即损坏电子计算机或者供电子计算机使用的电磁记录;(2)妨碍信息处理类型,即输入虚假信息或者不正当的指令;(3)采用其他方法。其中,第(1)种类型包含消除电磁记录的情形,第(2)种类型包括向电子计算机输入虚假数据或者篡改程序的行为。所谓投放计算机病毒使之出现故障的行为,就属于第(2)种类型,当然,也有属于第(1)种类型的情形。不过,尚处在投放病毒的阶段的,属于犯罪未遂(刑法部分修正之前,是不可罚的行为),为此,根据平成 19 年(2007 年)的刑法部分修正,增设了对本罪未遂的处罚规定。另外,有关制作电脑病毒的犯罪,参见后述“有关不正当指令电磁记录的犯罪”(第 3 编第 2 章第 6 节)中的相关解说。成立本罪,以这种加害行为直接对电子计算机的运行造成妨碍为必要,因此,即便损坏了电子计算机的一部分,但不妨碍其运行的,就止于损坏器物。另外,第(3)种类型中的所谓“其他方法”,也只限于具有直接对电子计算机的运行造成妨碍这种性质的行为,诸如切断电源、破坏温度或湿度等运行环境、切断通信线路、输入不能处理的数据(攻击 DOS)等,但不包括占据电子计算机机房或者拘禁操作人员之类的情形。[2] 对于下述行为,判例判定成立本罪:删除广播公司官方主页上的天气预报图像,代之以淫秽图像(大阪地判平成 9・10・3 判タ980 号 285 頁〔153〕);删除由计算机控制的切削机的操作系统(京都地峰山支判平成 2・3・26 刑事裁判資料 273 号 218 頁)。

(四)妨碍运行

要成立本罪,以由加害行为引起计算机运行障碍这种中间结果为必要。所谓“使电子计算机不能按照使用目的运行”,是指让电子计算机不能按照其设置者试图通过电子计算机所要实现的目的来运行。例如,通过损坏电子计算机,或者使电子计算机感染病毒破坏其程序,从而使电子计算机停止发挥其功能。所谓“使电子计算机违反使用目的运行”,是指使计算机做有违

---

〔1〕 但该案被判定成立诡计妨害业务罪。——译者注

〔2〕 参见西田典之「コンピュータと業務妨害・財産罪」『刑法雑誌』28 巻 4 号 516 頁。但在立法当局的说明中,也暗示包含这种情形的可能性。参见米澤編『刑法等一部改正法の解説』105 頁。

设置者之本来目的的运行。例如,通过输入虚假数据,或者改变计算机程序,使其制造出有违设置者之预定目标的产品,或者使温度管理失控。不过,“使电子计算机违反使用目的运行”,归根结底也是“使电子计算机不能按照使用目的运行”,因而,难以将二者严格区分开来,并且也无此必要。

(五)妨害业务

所谓“妨害(了)业务”,是指通过妨碍电子计算机的运行,使由电子计算机承担的业务的开展在客观上(外形上)发生了混乱。应当认为,与通常的妨害业务罪一样,本罪也是侵害犯,要或多或少对由电子计算机承担的业务的开展造成了妨碍。[1] 因此,无权使用电子计算机的行为,或者不正当获取信息的行为,由于此类行为没有在客观上(外形上)使业务的开展发生混乱,因而不构成本罪。此外,不包括只是使个别业务的开展在内容上发生错误的情形,因此,篡改数据系统的部分数据,使之向用户提供错误数据的行为,或者,使用伪造的借记卡从 ATM 提取现金的行为等,由于业务本身仍然是按照通常方式开展,因而也不应构成本罪。

四、《关于禁止不正当链接等行为的法律》

(一)含义

随着计算机网络的发展,不只是从日本国内,从世界的任何地方,都可能实施针对计算机系统的非法链接或者“黑客”行为。可以说,这种不正当的行为对计算机社会的安全构成了严重威胁。为了应对这种事态,平成 11 年(2009 年)8 月国会制定了《关于禁止不正当链接行为等的法律》(法第 128 号)。

(二)内容

《关于禁止不正当链接行为等的法律》的主要内容如下:

该法第 3 条规定,“任何人均不得实施不正当链接行为”。第 11 条规定,对违反这一规定的行为,处 1 年以下惩役或者 100 万日元以下罚金。

所谓不正当链接行为,根据该法第 2 条第 4 款的规定,具体是指如下行为:

(1)通过电信线路,对具有链接控制功能的特定电子计算机,输入与该链接控制功能有关的他人的识别符号,启动该电子计算机,使得由该链接控制功能限制的特定利用处于可以使用之状态的行为。

(2)通过电信线路,对具有链接控制机能的特定电子计算机,输入能够

---

[1] 但立法当局认为本罪是危险犯。参见米澤编『刑法等一部改正法の解説』103 頁。

解除由该链接控制功能限制的特定利用的信息(识别符号除外)或者指令,启动该电子计算机,使得由该链接控制功能限制的特定利用处于可以使用之状态的行为。

(3)通过电信线路连接到其他特定电子计算机上,对存在由链接限制功能限制的特定利用范围的特定电子计算机,经电信线路输入能够解除限制的信息或指令,启动该电子计算机,使得由该链接控制功能限制的特定利用处于可以使用之状态的行为。

上述法条的内容极难理解,简言之,其内容在于,禁止通过网络,不正当地输入他人的ID号码或者密码等识别符号,借以冒充他人而使电子计算机处于可以使用的状态的行为;或者,利用计算机的弱点(防范漏洞)不正当地进行链接,使他人的计算机处于可以使用的状态的行为。下述行为就是此类行为的典型例子:通过输入他人的密码等冒充他人,使用在线游戏或者社交网站的行为,或者不正当地使用网购的行为,或者(未经允许)浏览他人电子邮件的行为。

并且,随着所谓"钓鱼诈骗"所造成的损害急剧增加,[1]通过平成24年(2012年)的法律修正,不正当获取识别符号的行为,以及"钓鱼"行为等也成为处罚的对象。在法律修正之前,禁止、处罚的行为是,向利用权人之外的其他人提供他人的识别符号的行为;在法律修正之后,出于供不正当链接之用的目的获取他人的识别符号的行为(《关于禁止不正当链接行为等的法律》第4条、第12条第1项)、保管不正当获取的他人的识别符号的行为(《关于禁止不正当链接行为等的法律》第6条、第12条第3项)也成为处罚对象。并且,针对"钓鱼"行为,开设"钓鱼网站"的行为,以及为了让对方输入识别符号而向对方发送电子邮件的行为,也为本法所禁止与处罚(《关于禁止不正当链接行为等的法律》第7条、第12条第4项)。也就是说,将不正当获取识别符号这一行为的前一阶段的行为也纳入处罚对象。

由上可见,《关于禁止不正当链接行为等的法律》的目的在于,通过处罚"黑客"行为等,以保护计算机处理业务或处理信息的安全性、切实性。尽管该法只是处罚非法链接这种"入口行为",但作为处理前述计算机病毒问题的对策,而且,作为应对不正当获取计算机信息的对策,该法均发挥着一定作用。

---

[1] 所谓"钓鱼(Phishing)诈骗",是那些不正当地获取银行卡、网络银行的密码等他人的识别符号的行为的总称。例如,最典型的行为是装作由金融机构发来的通知,向银行卡等的利用人发送电子邮件,在对方打开邮件之后,通过诱导对方链接类似于真网站的假网站("钓鱼页面"),要求对方输入账号、密码等信息。

第六章　针对财产的犯罪

第一节　财产罪概述

一、刑法对于财产的保护

与生命、身体、自由一样，财产对个人的社会生活具有重要意义。为了保护财产，刑法典自第235条开始，分别规定了盗窃罪、抢劫罪、诈骗罪、使用电子计算机诈骗罪、背信罪、恐吓罪、侵占罪、赃物罪（有关盗赃等的犯罪），以及毁弃、隐匿罪。但比照《民法》第709条（不法行为），就可清晰地看到，这种保护是断片性的，只是针对某些特定行为。然而，从历史、比较法的角度来考察，就会发现，这种断片性的保护也是屡经演变（参见芝原邦爾『刑法の社会的機能』〔有斐閣1973年〕83頁以下、芝原邦爾「財産の刑法上の保護」芦部信喜ほか編『岩波講座基本法学〔3〕』〔岩波書店1983年〕221頁以下、内田238頁以下、平川317頁以下）。

促成这种演变的首要原因在于财产利用形式本身的变化，亦即，在产业革命之前的前市场经济时代，财产的利用形式是以自己使用为中心，侵犯针对财物（完全是动产）的事实性支配的盗窃罪、抢劫罪，是财产犯罪的核心。然而，随着近代资本主义的发展，前市场经济转化为商品交换经济，财物成为交易对象，对财物的利用也采取了委托、借贷、交换等形式。于是，为了保护这种经济活动，也将诈骗罪、侵占罪等类型纳入处罚对象。尤其是，由于交易主体由个人演变为包括法人在内的组织，因而在内部关系上，为了保护财产，还出现了背信罪这一新的类型（旧刑法中不存在背信罪）。第二个原因是财产存在形态的变化。随着财物利用形态的变化，同时也产生了财物的利用权、担保权以及其他债权等财产权，与此相适应，财产犯的范围也从财物罪扩大到利得罪（获利罪）、利益罪（旧刑法也不存在所谓第2款犯罪），现在，更是出现了无形财产权、知识产权等所谓第三种财产权，因而各种无形财产权保护法（《专利法》第196条第1款、《著作权法》第119条、《商标法》第78条等）也将擅自使用无形财产权的行为作为犯罪来处罚。最近，由于产业间谍案件、内部泄密案件的频繁发生,如何保护诸如诀窍(know how)这种尚不能被称为无形财产权的利益,以及具有财产性价值的营业秘密(trade secret,即库存管理系统、客户名单等),也成为一大社会问题。正如后面所要谈到的那样,一直以来,此类问题是通过适用盗窃罪、侵占罪、背信罪等处罚财产犯罪的相关规定,以及《关于禁止不正当链接行为等的法律》来予以处置的。但是,这些信息犯罪(泄露、不正当获取、盗用信息)的特征就在于,信息内容本身并未由此丧失(非移转性),那么,对于此类问题能否适用一般的转移财物罪、取得罪(领得罪)的规定,尚存诸多疑问,有必要通过立法形式来解决。〔1〕关于这一点,值得关注的是,根据平成15年(2003年)的法律修正,《反不正当竞争法》增设了侵害营业秘密罪,自此以来,其处罚范围也在逐步扩大。尤其是,平成21年(2009年)修正了《反不正当竞争法》,将该法第21条中的"不正当竞争的目的"修改为"出于获取不正当利益的目的,或者给予其拥有者以损害的目的(谋利、加害目的)",可以说,这样一来,该法所规定的侵害营业秘密罪就具有了浓厚的财产犯罪的色彩。〔2〕

二、财产犯的分类

我们可以从几个角度对财产犯进行分类。但如前所述,由于财产犯的处罚类型本身具有断片性特征,因而,其分类也未必具有体系性,分类的目的仅在于,便于理解各犯罪之间的异同。

(一)财物罪与利益罪

财产犯,按照其行为客体可以分为财物罪与利益罪(利得罪)。首先,盗窃罪、侵夺不动产罪、侵占罪、赃物罪,以及毁弃、隐匿罪仅针对财物、物才成立犯罪,利益盗窃与利益侵占不具有可罚性。为此,如何把握具有可罚性的第2款诈骗罪(利益诈骗)的界限,以及如何理解背信罪中的利益侵占,就成为问题,这一点后面还将谈到。其次,抢劫罪、诈骗罪、恐吓罪以财物以及财产性利益为对象,由于以财产性利益作为对象的犯罪均规定在各分则条文的第2款,因而也被称为第2款犯罪。背信罪的保护法益是被害人的整体财

〔1〕 如前所述,《改正刑法草案》第318条预定设立"泄露企业秘密罪"。另见芝原邦爾・西田典之・林陽一・山口厚「財産的情報の刑法的保護」『刑法雑誌』30巻1号1頁以下,吉岡一男「企業秘密と情報財〔1〕〔2・完〕」『法学論叢』117巻3号1頁以下、4号1頁以下,加藤佐千夫「企業秘密の刑法的保護〔1〕〔2・完〕」『名古屋大学法政論集』116号207頁以下、117号283頁以下,佐久間修『刑法における無形的財産の保護』(成文堂1991年)。

〔2〕 有关该修正,参见中原裕彦「不正競争防止法の一部を改正する法律の概要」『NBL』960号66頁、土肥一史「営業秘密侵害罪に関する不正競争防止法の改正について」『ジュリスト』1385号78頁。

产,因而其问题在于,如何把握作为对象的财物以及财产性利益这两方面。最后,正如法条用语本身所表明的那样,使用电子计算机诈骗罪属于第2款诈骗罪的特殊类型,仅以财产性利益为对象。

(二)针对整体财产之罪与针对个别财产之罪

通说认为,背信罪以整体财产的减少为必要,是针对整体财产的犯罪,而除此之外的其他财产犯则是针对各个财物、各个债权等个别财产的犯罪。作如此区别的实际意义在于,在针对个别财产的犯罪的情形下,只要丧失了各个具体财物等,仅此就可认定成立财产犯罪。但是,即便是针对各个具体财产的犯罪,既然属于财产犯罪,就应该以发生了值得刑法保护的财产性损失为要件。

(三)取得罪与毁弃罪

财物罪,还可以区分为取得罪与毁弃、隐匿罪,其中,取得罪是以存在按照财物的经济性用途予以利用的意思(利用意思)即非法占有的目的(详见后述"盗窃罪"中有关"非法占有的目的"的解说)为必要的犯罪,[1]毁弃、隐匿罪则是妨碍他人利用财物或者使他人不可能再利用该财物的犯罪。具体而言,盗窃罪、侵夺不动产罪、抢劫罪、诈骗罪、恐吓罪以及侵占罪就属于取得罪。赃物罪包括搬运赃物罪、保管赃物罪等,尽管与盗窃罪等典型的取得罪略有不同,但在继承并助长他人的取得行为这一意义上,仍可将其归于取得罪一类。[2]

根据是否伴有占有的转移,取得罪还可以进一步分为伴有占有转移的转移占有罪(也被称为夺取罪)与不伴有占有转移的侵占罪。并且,根据占有的移转是否有违对方的意思,转移占有罪还可以进一步区分为有违对方意思的夺取罪(盗窃罪、侵夺不动产罪、抢劫罪),[3]以及基于对方意思的交付罪(诈骗罪、恐吓罪)。(见表2-2)

---

〔1〕 日文原文为"不法领得の意思(不法领得的意思)",其含义与中国刑法中的"非法占有的目的"的含义基本相同,为了更符合中国刑法理论的表述习惯,本书将其翻译为"非法占有的目的"。但值得注意的是,在日本《刑法》中,"领得"与"占有"属于完全不同的概念,"领得"更接近于"取得""获取""据为己有",为避免混淆,本书将"领得"与"占有"分别翻译为"取得""占有",将"领得罪"直接翻译为"取得罪"。

松宫186頁认为,取得罪还可进一步分为以下三种类型:(1)从被害人等处违反其意思而夺取他人财物的"夺取罪",例如,盗窃罪、抢劫罪等;(2)将已被夺取之物间接地据为己有的"间接取得罪",例如,受让盗赃等罪;(3)将已经在自己手中的他人财物据为己有的"单纯取得罪",例如,侵占罪(参见王昭武等译·松宫各论152页)。——译者注

〔2〕 中森100頁、平野199頁则认为赃物罪属于间接取得罪(松原186頁也持此观点——译者注)。

〔3〕 日文原文为"盗取罪",考虑到中国刑法理论的表述习惯,这里译为"夺取罪"。下同。——译者注

表2-2　财产犯的体系[1]

<table>
<tr><td rowspan="5">针对个别财产之罪</td><td rowspan="4">取得罪</td><td rowspan="2">转移罪</td><td>夺取罪(盗取罪)</td><td>盗窃罪(物〔动产〕)
侵夺不动产罪(物〔不动产〕)
抢劫罪(物、利益)</td></tr>
<tr><td>交付罪</td><td>诈骗罪、恐吓罪(物、利益)</td></tr>
<tr><td colspan="2">非转移罪</td><td>侵占罪(物)</td></tr>
<tr><td colspan="2">间接取得罪</td><td>赃物罪(物)</td></tr>
<tr><td>毁弃罪</td><td colspan="2"></td><td>毁弃罪(物)</td></tr>
<tr><td>针对整体财产之罪</td><td colspan="4">背信罪(物、利益)</td></tr>
</table>

第二节　盗　窃　罪

一、概述

盗窃罪,是指违反占有人的意思,取得他人所占有的他人之财物的犯罪。不过,即便是自己的财物,如果为他人所占有,或者基于公务机关的命令而处于他人的看护之下,也"视为他人的财物"(第242条)。如后所述,有关"视为他人的财物"的含义的问题在于,如何处理与本罪的保护法益之间的关系。在有违他人的意思而取得财物的占有这一点上,本罪区别于属于交付罪的诈骗罪;在不以暴力、胁迫为手段这一点上,本罪又区别于抢劫罪。[2] 另外,针对财产性利益所实施的盗窃行为(利益盗窃),不具有可罚性。窃取他人财物的,构成盗窃罪(第235条);侵夺他人的不动产的,构成侵夺不动产罪(第235条之二)。以上情形均适用"有关亲属间犯罪的特例"(第244条)。而且,就盗窃罪而言,电力可以被视为财物(第245条"有关电力的特例")。

通过平成18年(2003年)的刑法部分修正,作为盗窃罪的法定刑,增加了"处50万日元以下罚金"这一选项。对于也具有穷困犯性质的盗窃罪,设

〔1〕 参见王昭武译·山口各论198页。

〔2〕 山口172頁认为,"由于有关财产犯罪的诸规定相互紧邻,在解释某个具体犯罪的构成要件之时,有必要有意识地同时考虑到与其他相邻财产犯规定之间的关系。例如,就盗窃罪而言,与抢劫罪(《刑法》第236条)的界限在于,是否以暴力、胁迫为手段,抑制占有人的意思而转移了占有;与诈骗罪(《刑法》第246条)、恐吓罪(《刑法》第249条)的界限在于,究竟是违反占有者的意思而转移了占有,还是基于占有者的意思而交付了占有;与侵占罪(《刑法》第252条以下)的界限在于,是否侵犯了他人的占有"(王昭武译·山口各论199页)。——译者注

置罚金刑，也许这一点是存在根本性疑问的，然而，在现实生活中，也频繁发生具有相当经济实力的罪犯实施“小偷小摸”行为的现象。对于此类行为，此前往往是作为不适于提起正式诉讼，而予以暂缓起诉来处理的，但考虑到被害人的情感，同时也为了确保一定的抑制力，而作为一种“中间性质”的刑罚，引入了罚金刑。但在司法实务中，可能更多会根据《刑事诉讼法》第461条以下的“简易命令”（即决裁判）来处理。

二、盗窃罪

窃取他人的财物的，为盗窃罪，处10年以下惩役或者50万日元以下罚金（第235条）。犯罪未遂的，应当处罚（第243条）。

（一）对象（财物的含义）

本罪的对象为“财物”。有关财物的含义，问题集中在下述几点。而且，原则上，这里对相关问题的解说也适用于同为财物罪的抢劫罪（第236条第1款）、诈骗罪（第246条第1款）、恐吓罪（第249条第1款），以及以“物”为对象的侵占罪（第252条至第254条）、赃物罪（第256条）、损坏器物罪（第261条）。

1. 有体物性

本罪对象是“财物”。关于“财物”的含义，管理可能性说与有体物说相互对立。管理可能性说源于旧刑法时代的“盗电案”。具体而言，就盗窃罪中“所有物”的含义（旧《刑法》第366条），大审院认为，没有将其限于有体物的必然性，只要具有可移动性与管理可能性即可，进而肯定盗电行为具有可罚性（大判明治36・5・21日刑録9輯874頁〔169〕）。按照此说，财物以管理可能性为要件，而不必是有体物，因此，电力、热能等能源也可以成为财物（団藤548頁、大塚172頁、福田215頁、藤木270頁）。在此观点看来，将“电力”视为财物的第245条，不过是针对理所当然的事情的一种注意规定而已。[1] 反之，有体物说则认为，所谓财物，就是指有体物（参见《民法》第85条）。亦即，有体物，是指“占有部分空间并且有形存在之物”（我妻栄『新訂民法総則』〔岩波書店1965年〕201頁），具体而言，限于固体、液体与气体。因此，冷气、热气属于财物，而电力、热（炎热等）、冷（寒冷等）等无形物则不属于财物。因而，在有体物说看来，第245条便属于例外规定。

诚然，如果从目的论来解释财物这一概念，不可否认，管理可能性说也有其合理之处。但是，基于以下理由，还是应该说，这一观点并不妥当。第一，

〔1〕另外，《改正刑法草案》第335条也具有同样的性质。

从第245条的用语本身来看。在前述“盗电案”判决之后,对此判决持反对意见的学说影响很大,正是在此背景之下增设了本规定,因而不得不说,“电力,视作财物”这一表述的前提就在于,电力并非财物(平野200頁)。第二,就管理可能性说的这种解释而言,也不得不说,其界限极不明确,有违罪刑法定原则。按照该说,由于财物仅以管理可能性这一点作为要件,因而,不仅仅是对电力、热能、水力、放射线、牛马的牵引力等这类能量的擅自使用,连未经许可观赏戏剧、无票乘车、擅自使用他人电话,甚至于侵犯债权(例如,无权代理人利用他人的存折与印章而实施的取款行为)、不正当地获取信息(例如,潜入他人公司而实施复印、拍摄机密文件的行为)也要构成盗窃罪。这是因为,剧场、电车、电话、债权、信息等无一不处于物理性或者事务性管理之下。事实上,在管理可能性说之中,也曾有观点认为,几乎所有的利益盗窃行为均具有可罚性(牧野546頁以下、瀧川108頁以下)。但是,如此一来,就只能说,这种观点偏离了利益盗窃行为不可罚这一现行刑法的基本立场。为此,同样是持管理可能性说,该说之主流观点还是倾向于予以一定限制。例如,主张排除事务性管理可能性而仅限于物理性管理可能性(小野228頁)、主张仅限于与电力一样通过利用自然力而获得的能源(団藤548頁)、主张仅限于具有物质性的东西(大塚172頁),等等。但这种限制不具有理论上的合理性,因此,就只能说,管理可能性说属于对财物概念不加限制的解释,实质上是有违罪刑法定原则的。基于上述理解,作为对现行法律规定的解释,就不应采取包括物理性管理可能性说在内的管理可能性说,而应该采取有体物说,将第245条视为例外规定。事实上,自前述“盗电案”之外,再未曾出现把无体物认定为财物的判例,就是在学界,毋宁说,也是有体物说处于支配地位(平野200頁、中山195頁、大谷184頁、内田232頁、曽根106頁、中森102頁、町野96頁、堀内108頁、山口173頁、山中255頁、高橋205頁)。[1]

2. 不动产

就本条(第235条)中的“财物”是否包含不动产这一问题,虽然通说、判例均采取否定说,但学界尚存争议(详见“侵夺不动产罪”中的相关解说)。但是,昭和35年(1960年)的刑法修正增设了第235条之二(侵夺不动产

[1] 松宫191頁也认为,关于这一点,根据立法当时的提案理由(“根据通说,电力非物。故而,为了处罚窃取电力的情形,有必要设定本案”),现行《刑法》第245条等是将电力特别地视为“财物”的规定。亦即,现行法的立法者显然采用的是“有体性说”。而且,在司法实务中,除了旧刑法时代下发生的涉及盗窃电力的案件之外,尚未看到不采取“管理可能性说”就无法解释的判例。再者,采取“管理可能性说”,也无法为盗窃罪等的成立范围划定明确的界限。因此,可以说,无论是在司法实务中,还是在刑法理论上,“有体性说”要更为妥当(参见王昭武等译·松宫各论156页)。——译者注

罪），由此明确了本条中的“财物”不包含不动产这一点。但值得注意的是，这一解释仅仅适于盗窃罪（有关其他财产犯，可分别参见针对各罪之解说）。

3. 所有权的对象物

即便是有体物，如果不是所有权的对象，也可否定其财物性。关于这一点，以下几种情况值得注意。

（1）无主物

诸如空气、大自然中的水、海中游动的鱼等无主物等，就不属于财物，因此，猎捕禁猎区内的鸟兽的行为，即便违反《鸟兽保护法》，也不构成本罪。他人放弃所有权之物也是如此，但基于无主物先占原则（《民法》第 239 条），如果他人已经取得了所有权，则当然具有财物性。*

* 弃球案　高尔夫爱好者遗弃在高尔夫球场的高尔夫球，可以被视为放弃了所有权之物，原本应属于无主物，但如果他人取得了所有权，则可以成为本罪对象。例如，最决昭和 62・4・10 刑集 41 卷 3 号 221 頁〔185〕判定，如果高尔夫球场预定回收、再利用高尔夫球场的人工池内的弃球，则属于无主物先占，或者属于对高尔夫爱好者的权利的继承性取得，从而该弃球转由球场方所有，并且，这种占有也能得到承认，因此，其他人非法获取该弃球的行为就构成本罪。

（2）入棺物

对于获取尸体、遗骨、遗发或者其他陪葬品的行为，有观点认为，应构成本罪与取得入棺物罪（第 190 条）的想象竞合（小野 154 頁、団藤 363 頁）。[1] 但是，第 190 条的法定刑（处 3 年以下惩役）之所以低于本罪，这是因为，只要尸体以及其他入棺物成为祭祀的对象物，就可以被认定为放弃所有权之物，因此，为了体现这一立法意图，还是应该认为仅成立取得入棺物罪（第 190 条）（大判大正 4・6・24 刑録 21 輯 886 頁；平野 201 頁、大塚 176 頁、中森 103 頁）。不过，如果这些东西被制作成标本而不再是祭祀的对象物，则可以

〔1〕 损坏尸体等罪与财产犯罪的竞合：盗取藏置于棺内的昂贵的陪葬品的行为，除了适用本条（《刑法》第 190 条）之外，是否还另外构成财产犯罪呢？有力观点认为，埋葬物丧失了财产性价值，只要保护对此的宗教情感即可（平野 267 頁等）。但至少盗掘古墓获取陪葬品的行为，应成立侵占遗失物等罪，基于此立场，就可以说，一概否定陪葬品的财产性价值，并不合理（団藤 363 頁等）。因此，对于具有经济性价值，能够被称为财产犯罪中的财物的“物”，仍应成立财产犯罪。不过，就埋葬物而言，即便对此财物实施了管理，但被害人的支配意思相对较弱，在通常形态之下，不过是该当于侵占遗失物等罪。参见前田 428 頁（〔第 4 版〕500 頁）。——译者注

肯定其属于财物。

(3)违禁品

问题在于,伪造的文书、伪造的货币、毒品、(禁止持有的)枪械刀剑类物品、猥亵物等违禁品[1]能否成为财物?事实上,大审院就曾有判例以伪造的文书并非所有权的对象物为理由,否定成立诈骗罪。[2] 但在一定场合,以经过许可等为条件,也可以所有、持有违禁品,由此可见,违禁品也能成为所有权的对象物。即便是非法持有,但可以说,刑法所规定的没收制度(参见《刑法》第19条、《刑事诉讼法》第490条以下)、第三者没收制度(参见《有关刑事案件中第三者所有物的没收程序的应急措施法》),就是以违禁品能成为所有权的对象物这一点为前提的(参见出田孝一《大コンメンタール刑法〔第1卷〕》437 頁以下、町野106頁)。最高裁判所以对物的持有这一事实状态本身就是财产犯罪的保护法益为理由,判定也可成立针对违禁品的盗窃罪、诈骗罪(就骗取藏匿物质的行为,参见最判昭和24・2・15刑集3卷2号175頁〔173〕〔215〕;就窃取违规私酿的酒的行为,参见最判昭和26・8・9裁集51号363頁),显然,这也是以违禁品的财物性作为当然的前提。

4. 财产性价值

要能被称为财物,必须存在值得刑法保护的财产性价值。不过,这种财产性价值不限于客观性的交换价值,除了主观性的使用价值之外,防止被滥用这种消极性价值,也包含在财产性价值之中。[3][4] 但是,如果既缺少客观性价值又缺少主观性价值,就应否定财物性。与此相反,判例则认为,财

---

〔1〕 所谓违禁品是指法律禁止任何人所有、持有之物。参见大塚175頁。

〔2〕 大判明治42・11・9刑録15輯1536頁。就伪造的借条否定成立诈骗罪的判例,参见大判大正1・12・20刑録18輯1563頁〔172〕。

〔3〕 例如,对于已使用过的乘车券,参见大阪高判昭和29・6・24判特28号148頁;对于已失效的驾照,参见東京地判昭和39・7・31下刑6卷7=8号891頁。

〔4〕 对此,山口176頁认为,"财产性价值可分为(客观上的)交换价值与(主观上的)使用价值,即便没有客观交换价值,只要能认定具有主观使用价值亦可。这是因为,只要对所有者、持有者具有效用,即便对他人并无效用而不能成为交换的对象,也仍然值得保护。主观使用价值,还可进一步分为积极价值(持有财物本身就能认定具有积极的价值或效用)、消极价值(为了不被恶意使用,有必要放在身边的价值)。虽然有学说认为,应将后者即消极价值排除在财产性价值之外(田中利幸「財物の概念」『刑法の基本判例』122頁),但本书认为,我们只能是将消极价值也包括在财产性价值之内。这是因为,例如,对于窃取日本银行为了销毁而回收的日本货币的行为(不过,即使毁弃这些回收的货币,想必也难以肯定成立损坏器物罪),没有人会否定成立盗窃罪,但是,为了不落入他人之手而(在毁弃处分之前)加以保管的利益,属于主观性利益,这本身不能谓之不合理,既然我们保护主观性利益,就没有理由将这种消极价值排除在财产性价值之外"(王昭武译・山口各论203页以下)。——译者注

物，是指能成为所有权的目的之物，不问其财产性价值如何，从而判定已经失效的见票即付汇票（大判明治43・2・15刑録16輯256頁）、价格为2钱左右的石块（大判大正1・11・25刑録18輯1421頁）、安放在神社内的一尊木像与石块（大判大正4・6・22刑録21輯879頁）、某政党的中央指令汇编（最判昭和25・8・29刑集4巻9号1585頁〔176〕）、已注销的收入印花（最决昭和30・8・9刑集9巻9号2008頁〔175〕）等具有财物性。不过，按照前述标准，这些案件基本上也都可以被认定具有财物性。[1] 值得注意的是，下级裁判所的判例对窃取诸如一张留言便签（大阪高判昭和43・3・4判夕221号224頁）、13张餐巾纸（東京高判昭和45・4・6判夕255号235頁〔177〕）、未中奖的赛马彩票（札幌簡判昭和51・12・6刑月8巻11=12号525頁）等价值轻微之物的行为，则只是认定成立盗窃未遂。[2]

（二）占有

1. 概述

盗窃罪是针对他人所占有的财物而成立的犯罪。这里所谓占有，是指对于财物的事实性支配、管理（大判大正4・3・18刑録21輯309頁），不同于民法中的占有概念。亦即，不以"为了自己（而占有）的意思"（《民法》第180条）为必要，还包括为了他人的占有。另外，不包括代理占有、间接占有（《民法》第181条）以及占有改定（《民法》第183条）等观念性的占有，也不承认因遗产继承关系而产生的占有继承。

就财物的占有而言，问题在于，如何确定占有的有无及其界限，以及占有的归属。前者事关取得财物的行为是构成盗窃罪还是构成侵占遗失物等罪（第254条）的区别问题；后者则是在数人参与财物占有的情形下，区分取得行为是构成盗窃罪还是构成侵占委托物罪（第252条、第253条）的问题。由于法定刑上存在差异，这种区别在司法实务中具有重要意义。

2. 占有的有无

（1）事实性支配

在客观方面，他人对该财物处于事实上的支配状态，或者存在可以推定这种支配的客观状况；在主观方面，存在占有意思，在这种情况下，就应该认定存在盗窃罪中的占有。但必须强调的是，主观上的占有意思，终究只是对

---

〔1〕不过，对于伪造的证书、约定辞去公职的合同，就有判例以没有价值或者不存在法律上的价值，不能成为财产权的目的之物为由，否定具有财物性（大判大正1・12・20刑録18輯1563頁、大判大正13・12・19評論13巻刑法420頁）。——译者注

〔2〕对于（半张报纸大小的）对开型版面的两张报纸，也有判例以存在使用价值为由而肯定具有财物性（東京高判昭和31・5・31東高刑时报7巻6号229頁）。——译者注

认定是否存在客观上的事实性支配起补充作用。

具体而言,存在以下几种类型:

第一,处于某人的事实性支配领域之内的财物,即便没有处于持有或者看护之下,也为该人所占有。因此,例如,自己住宅之内的财物,即便忘记了该财物之所在,仍然应认定存在对该财物的占有(大判大正 15・10・8 刑集 5 卷 440 頁);又如,主人不在家时邮寄到该家的邮件也是如此。

第二,即便处于某人的支配领域之外,如果能推定存在该人的事实性支配,也可认定占有。例如,停放在自家门前公用道路上的自行车(福岡高判昭和 30・4・25 高刑 8 卷 3 号 418 頁〔178〕)、安放在无人看守的庙堂上的佛像(大判大正 3・10・21 刑録 20 輯 1898 頁。但在此案中,判决理由重视的是存在占有意思)、丢在公用或事实上的自行车停车场内的自行车(福岡高判昭和 58・2・28 判時 1083 号 156 頁〔189〕)等就属于此类情形。

第三,作为特殊情形,诸如他人所饲养的猎犬那样,对于那种具有回到主人身边的习性的动物,也可认为他人的事实性支配延伸至此(最判昭和 32・7・16 刑集 11 卷 7 号 1829 頁〔186〕。关于"春日神社的鹿"的案件,参见大判大正 5・5・1 刑录 22 輯 672 頁)。

第四,某人即便失去了对财物的占有,若该财物已转移至建筑物的管理者等第三人的占有之下,则仍然可以肯定占有。例如,旅客遗失在旅馆的卫生间内的钱包(大判大正 8・4・4 刑録 25 輯 382 頁〔182〕)、遗忘在旅馆澡堂的更衣室内的手表(札幌高判昭和 28・5・7 判特 32 号 26 頁)等,该财物就处于旅馆业主的占有之下。不过,诸如电车的座位、行李架那样,如果遗忘在一般人可以自由出入,并且,管理者的事实性支配难以充分延伸至此的场所,则否定占有(关于遗忘在列车内的毛毯的案件,参见大判大正 15・11・2 刑集 5 卷 491 頁〔183〕)。从这一意义上来看,判定遗忘在公用电话机内的硬币属于电话局局长的管理之下的判例(東京高判昭和 33・3・10 裁特 5 卷 3 号 89 頁〔184〕),就存在疑问。

问题在于,如何处理撂在公路、火车站的候车室或月台、公交站点等公共场所的财物。有这样一个案例:被害人为了搭乘前往某风景点的公共汽车,在检票口排队,随着队列往前走之时,忘记了搁在地上的照相机,直至走到检票口时,被害人才意识到自己忘记了照相机,于是迅速折返回来寻找,但照相机已被被告人拿走。该案中,自队列开始移动至被害人返回遗忘相机的地点,其间时间相隔大约为 5 分钟,遗忘相机的地点与被害人折返的地点之间的距离大约为 20 米。对此,最高裁判所认为,"刑法上的占有,是指人对于物的实力性支配关系",但"不必是实际地持有或者监视该物,只要该物处于占有人的支配力所及范围之内即可。该物是否仍处于占有人的支配之内,只能依据社会一般观念来决定,即只要是社会一般人,无论是谁想必都会认同”,进而肯定占有(最判昭和32・11・8刑集11卷12号3061頁〔179〕)。的确,在该案中,由于等车的队列仍在持续,因而可以说,存在能够推定他人之事实性支配仍在持续的状况(上述第二种类型)。又如,某人把旅行包放在等候列车的乘客队列中,为了打电报离开了大约10分钟的案件(東京高判昭和30・3・31裁特2卷7号242頁),也是如此。反之,如果连那种不存在上述客观状况的情形,仅以存在时间上、距离上的连续性为由,便肯定存在占有,就存在疑问。例如,被害人将小挎包遗忘在车站附近的公园的长凳上,而径直走向车站的检票口,在被害人行至距离长凳大约27米的车站楼梯拐角时,目睹被害人遗忘挎包,并且一直注视着挎包的被告人乘机拿走了挎包,而被害人在离开现场约2分钟,走到距离现场大约200米的车站剪票口附近之后才意识到自己忘记了挎包,于是又返回到长凳附近寻找,对此,最高裁判所认为,“被告是在被害人忘记拿走挎包,走到仅仅距离长凳大约27米的地方的时点非法获取了本案挎包,在本案这种事实关系之下,即便考虑到被害人是暂时忘记了挎包而离开现场,但仍然应该说,在该时点,被害人并未丧失对本案挎包的占有,本案被告的取得行为应构成盗窃罪”(最决平成16・8・25刑集58卷6号515頁〔181〕)。的确,本案特点在于,犯罪人在现场目睹了被害人遗忘财物,并且,一旦被害人离开便马上取得了被遗忘的财物;并且,在距离上、时间上相互连续的地点、时点,被害人便意识到丢失了财物(对于类似案件,東京高判昭和54・4・12刑月11卷4号277頁也判定成立盗窃罪〔1〕)。在这种被害人也许会马上意识到丢失而折返回来的情形下,或许可谓之,属于能推定存在被害人之持续占有的情形。〔2〕但是,在与本案相同的客观状况之下,如果行为人对被害人忘记了财物这一情况完全不存在认识,而实施了相同的取得财物的行为,那么,尽管客观上属于盗窃,但由于行为人主观上只有侵占遗失物等的故意,就应该根据第38条第2款的规定,认定成立侵占遗失物等罪。反之,对本案行为人而言,就应否定存在事实的错误。如此一来,客观情况明明完全相同,却因为重视行为人目睹了被害人忘记财物这一事实,而肯定存在占有的持续,进而认定成立盗窃罪,对此是存在疑问的。还

〔1〕本案大致案情为:在火车站售票柜台(出售指定座位票、特快票的窗口)购买特快车票时,把钱包放在该处,又到其他柜台(出售乘车票的窗口)购买了乘车票之后,发现忘记了钱包,马上返回到前一窗口寻找钱包。——译者注

〔2〕对此,山口179頁指出,“但至少对‘暂时忘记将财物置于何处的情形’而言,所谓‘可推定存在支配的状态’,并非占有的认定要件”(王昭武译・山口各论207页)。——译者注

有这样一个类似案件:某人把钱包遗忘在超市六层的长凳上,在下到地下一层之后才意识到钱包丢失,于是马上返回(其间相隔大约 10 分钟),但钱包已被拿走,对此,东京高等裁判所否定占有(東京高判平成 3・4・1 判時 1400 号 128 頁〔180〕[1])。本书认为,毋宁说,后一判例的观点更为妥当。

(2)占有的意思

因忘记财物的所在位置而缺少占有意思的,该财物当然属于遗失物等脱离占有物(仙台高判昭和 30・4・26 高刑 8 巻 3 号 423 頁、東京高判昭和 36・8・8 高刑 14 巻 5 号 316 頁);另外,如果认为只要存在占有意思就存在对财物的占有,则并不妥当。对于"关东大地震"之时,那些被搬到公路上而所有人姓氏不详的被褥,判例(大判大正 13・6・10 刑集 3 巻 473 頁〔187〕)认为,如果财物所有人意识到了这一点,且没有放弃该财物的意思,就可肯定占有。应该说,判例的这种观点是不妥当的(田中利幸「刑法における『占有』の概念」『刑法理論の現代的展開各論』192 頁),还是应该存在某种可以推定事实性支配之持续的客观状况。

(3)死者的占有

人死亡之后,取得死者生前所占有的财物的,如何认定该行为的罪责,是一个值得研究的问题。该问题主要体现于以下三种情形:第一,起初便出于占有的目的,杀人之后夺取财物的;第二,杀人之后才产生取得的意思,并从死者处取得财物的;第三,毫无关系的第三者从死者处取得财物的。第一种情形成立抢劫杀人罪(第 240 条),学说、判例对此均无异议。

问题在于如何处理第二种、第三种情形。判例认为,第三种情形成立侵占遗失物等罪(大判大正 13・3・28 新聞 2247 号 22 頁);就第二种情形而言,"对于被害人生前所持有的财物,在其死后的极短时间之内仍继续予以保护,这符合法律的目的",并以此为理由,进一步指出,"对于被告人利用自己实施的使得财物从被害人处脱离的先行行为,进而夺取财物的这一系列行为应作整体考察",从而判定成立盗窃罪(最判昭和 41・4・8 刑集 20 巻 4 号

---

〔1〕 本案判决理由:"鉴于本案具体情况,尤其是,被害人将钱包遗忘在公众可以自由出入,且处于营业状态的超市的六层,而离开该处去到超市的地下一层;周边并无手提行李之类的东西,在长达 10 分钟的时间内,仅仅只有钱包被落在本案长凳上,即便考虑到,被害人清楚地记得本案钱包的遗忘地点,而且,在本案长凳附近,正好有一小孩 A 意识到本案钱包之存在,预计失主会回来取钱包而一直注视着该钱包,但不得不说,按照社会一般观念,在被告人非法获取本案钱包的时点,从客观上看,轻易难以断定被害人的支配力及于本案钱包。""如此,在被告非法获取本案钱包的时点,就难以肯定本案钱包仍处于被害人的占有之下,最终,本案钱包应属于《刑法》第 254 条所谓遗失物,相当于'脱离占有的他人之物'。"——译者注

207 頁〔192〕）。支持判例的观点在学界处于多数说地位（团藤572 頁、大塚187 頁、福田225 頁、前田170 頁）。对此，有观点重视行为人利用了自己的先前行为这一点，甚至认为应成立抢劫罪（藤木302 頁）；还有观点认为，第二种、第三种情形都属于从刚死不久余温尚存的尸体处马上夺取财物的情形（小野清一郎『刑事判例評釈集〔第5 卷〕』256 頁），或者在一般人看来，财物从外形上看仍处于排斥他人支配的状态之下的情形（野村稔「刑法における占有の意義」『刑法基本講座〔第5 卷〕』79 頁以下），对此，就应直接承认死者的占有，进而认定构成盗窃罪。但是，这些观点无论是相对的还是绝对的，在占有的丧失时点这一点上均不明确，因而这一点是存在疑问的。[1] 并且，无论如何，随着被害人的死亡，主观上、客观上均已丧失了占有，因此，在第二种、第三种情形下，也只能成立侵占遗失物等罪（平野204 頁、大谷208 頁以下、曽根118 頁、中森110 頁、堀内110 頁、山口183 頁以下、[2] 山中273 頁、松宮210 頁、[3] 高橋241 頁、松原199 頁）。

3. 占有的归属

在数人参与财物的占有的情形下，根据该占有归属于谁，可以确定究竟是成立（业务）侵占罪还是成立盗窃罪。

（1）在共同占有的情形下，共同保管人中的某人未经其他保管人的同意，出于占有的目的，将共同占有的财物转移至个人单独占有的，成立盗窃罪（有关取得共同保管的有价证券的行为，参见大判大正8·4·5 刑録25 輯489 頁〔197〕）。

（2）在共同占有的数人之间存在上下主从关系之时，占有归属于上位者。例如，在商店店主与店员的场合，即便店员事实上管理着店内货物，但店员不过是所谓占有辅助者，货物的占有仍属于店主，因此，店员的取得行为就

---

〔1〕 東京高判昭和39·6·8 高刑17 卷5 号446 頁〔194〕肯定占有（杀害后3 小时至86 小时）；而東京地判昭和37·12·3 判時323 号33 頁〔193〕（杀害9 小时后）、新潟地判昭和60·7·2 刑月17 卷7 =8 号663 頁〔195〕（杀害后5 日至10 日）则否定占有。

〔2〕 但是，死者并不能作为权利主体而存在，“死者的占有”无非只是一种虚拟；而且，即便能肯定“死者的占有”，但其范围（究竟死后多长时间内可认定存在占有）也并不明确，无非就是依据感觉来决定，终有流于恣意判断之虞。因此，否定“死者的占有”，仅成立侵占遗失物等罪，更为妥当。参见山口183 頁（王昭武译·山口各论212 页）。——译者注

〔3〕 松宮209 頁以下认为，“盗窃罪肯定说难以解消下述疑问：如果死后短时间内果真存在‘占有’，那么，这种占有可以延续至何时，能否划定明确的界限？而且，如果强调行为的连贯性，亦即，强调利用了杀害结果，那又为何不构成抢劫杀人罪呢（当然，抢劫杀人罪的法定刑过重，不适于此类案件）？因此，盗窃罪肯定说的论据无疑都是存在问题的。只要财物的占有没有因被害人的死亡而转移至该场所的管理者，就只能是理解为，仅成立侵占遗失物等罪”（王昭武等译·松宮各论171 页）。——译者注

不是侵占而是盗窃(大判大正3・3・6新聞929号28頁〔196〕)。同样,仓库值班员保管的处于政府控制之下的大米的占有属于农业会长(大判昭和21・11・26刑集25卷50頁),旅馆提供给客人住店期间穿用的棉睡衣、浴衣的占有属于旅馆业主(最决昭和31・1・19刑集10卷1号67頁〔201〕)。[1]

(3)受托保管的封缄物的内容物的占有,仍属于委托人,这既是通说观点,也是判例的主流观点。因此,邮递员打开正在投递的信件,并抽走邮政汇票的行为(大判明治45・4・26刑録18輯536頁〔198〕[2]);从受托保管的已用绳索捆好的行李中取得衣物的行为(最判昭和32・4・25刑集11卷4号1427頁),就不是(业务)侵占罪,而是盗窃罪(相反,牧野628頁、中森111頁、大判大正7・11・19刑録24輯1365頁〔199〕则认为应构成〔业务〕侵占罪)。[3]

---

〔1〕 另外,行为人向汽车经销店提出试驾汽车,因经销店并无店员陪同试驾,便乘机开走试驾车辆的,对于此案,判例认为,在行为人单独试驾阶段,经销店丧失占有(東京地八王子支判平成3・8・28判タ768号249頁)。——译者注

〔2〕 判例认为,受托占有封缄物的受托者,打开封口获取内容物的,由于侵犯的是委托者所保留的占有,应成立盗窃罪(大判明治45・4・26刑録18輯536頁);反之,获取封缄物本身的,则成立侵占罪(大判大正7・11・19刑録24輯1365頁、東京地判昭和41・11・25判タ200号177頁)。——译者注

〔3〕 对于受托占有封缄物的受托者,打开封口获取内容物的,山口182頁认为,打开封口获取内容物的,侵犯了委托者所保留的对内容物的占有,成立盗窃罪;获取整个封缄物的,同样也是侵害了委托者对内容物的占有,也可成立盗窃罪(参见王昭武译・山口各论210页);大谷213頁〔新版第4版〕认为,出于获取内容物的目的而取得整个封缄物的,侵占是作为盗窃之手段的实行行为,因而侵占为盗窃所吸收,仅成立盗窃罪。

有关封缄物的情形,松宫211頁认为,对此,学界主要存在下述四种观点:(1)二分说与判例态度一样,认为非法取得内容物的,构成盗窃,非法取得整个封缄物的,构成侵占;(2)侵占说认为,受托人是占有人;(3)盗窃说认为,委托人是占有人;(4)共同占有说认为,对于内容物,受托人是与委托人共同占有,因而应构成盗窃罪。如前所述,刑法中的"占有"即"持有"的概念,并未像民法那样被观念化。即便如此,如果认为,封缄体现的是不让他人接触内容物这种委托人的意思,而且,在判定"占有"的归属之时也应重视这一点的话,那么,对于封缄物的内容物,就有可能认为,委托人仍然保留着"占有"。然而,疑问在于,那种不以内容物为目的而侵占整个封缄物的情况,有可能存在吗?如果认为,承认委托人对内容物存在"占有"的根据在于,封缄所体现的委托人的意思,那么,在不破坏封缄的场合就应该理解为,没有侵害"占有",仅成立侵占罪。因此,第(1)说即"二分说"是妥当的(参见王昭武等译・松宫各论171页以下)。——译者注

典型判例

·推定存在持续占有的客观情况　被害人将自行车停放在火车站附近的空地上，没有上锁就直接坐电车去上学，放学后又直接去了祖母家，在被害人停车过了半天时间之后，被告骑走了被害人的自行车。尽管被害人停车的空地是收费的自行车停车场的建筑物的周边地块的一部分，但该空地本身并非停车场，而且，从周边情况来看，也不能认为该地方已经事实上被用作停车场。对于此案，**東京高判平成24·10·17東時63巻1＝12号211頁**〔190〕认为，“在被告骑走本案自行车的时点，被害人已经远离本案空地，且经过了相当长的时间，不处于有可能管理本案自行车的范围之内，并且，也不存在诸如给本案自行车上锁，或者将本案自行车停放在一般作为停车场使用的地方等，从中可以看出针对本案自行车的所有人等的支配意思的状况，因此，在被告骑走本案自行车的时点，已经不能认定被告仍占有本案自行车”，进而否定了被害人的占有。[1]

又如，被害人将自行车停放在人行道边的灌木丛中，没有上锁就直接去离现场12公里远的地方去玩，对此，**東京高判平成24·4·11東時63巻1＝12号60頁**认为，“本案案发地……实际设置了警示牌，明确告知此处禁止停放自行车，否则就要被搬离，而且此处道路实际上每天都有相关人员搬离停放在此的自行车，事实上毋宁说，该地点不能被称为，社会一般认为属于停车场的场所。一般来说，停放在自行车停车场的自行车之所以通常被认定为，属于被害人的占有，是因为即便不是能认定停车场管理者的占有的情形，也是通过停放在停车场这种区别于其他场所的特定区域，被害人对该自行车的支配意思在客观上得以明确，且能被社会秩序所接受，因此，对于将自行车停放在被作为丢弃的自行车而搬离的地方的情形，就不能将其与上述停放在停车场的情形等同视之”，进而否定了被害人的占有。

---

〔1〕　桥爪隆对本案的评论为，“本判决不是依据被害人的利用意思或者支配意思本身，而是通过重视能够推定这种意思的客观状况来判断，具体而言，自行车没有上锁，并且被害人将自行车停放在一般不会被用作自行车停车场的空地这些事实，由此否定了被害人的占有，这是值得支持的。另外，就是在本案中，如果被害人将自行车停放在空地之后，仅仅离开现场几十米，被告就马上骑走了自行车的，当然能认定占有的持续。这也就是说，仅限于那些不能认定存在地点上的接近性的案件，才会要求存在能够推定被害人之利用意思的客观情况”（橋爪隆「窃盗罪における占有の意義について」『法学教室』427号88頁）。——译者注

这些案件中的被害人并未忘记自行车的停放地点,相反是有意识地停放在特定地方,但与自行车之间在时间上隔离很长、地点上离开很远,并且,停放自行车的地方一般也并非作为停车场使用的场所,鲜有事实能够推定被害人持续支配着自行车,因此,否定了被害人的占有。

(三)行为

1. 窃取

本罪行为是窃取。所谓窃取,是指违反占有人的意思,将他人占有的财物转移至自己或者第三者占有的行为。窃取,本来是指秘密取得之意,但即便公然实施也可成立本罪(大判大正15・7・16刑集5巻316頁)。只要违背了占有人的意思即可。例如,尽管"弹子店"的管理人员已经明文规定"禁止采取非正常游戏方法",行为人却违反该规定,使用纯粹用于不正当地获取游戏牌的电子器具即所谓"体感器",连续中得"大奖",从而非法获取"游戏币",由于该行为已超出了正常游戏方法的范畴,违反了管理人员的意思,因而,在将"体感器"装在身上开始游戏之时,即属于盗窃的着手,并且,不问与使用"体感器"之间有无因果关系,对行为人获得的所有"游戏币",均判定成立盗窃罪(最决平成19・4・13刑集61巻3号340頁〔204〕。不过,另见最决平成21・6・29刑集63巻5号461頁〔205〕[1])。另外,从他人处购得银行账号,采取电信诈骗或者恐吓手段让被害人汇款至该账号,然后从ATM取走钱款,对于此类案件中专职负责从ATM上取款的人(俗称为"车手")的行为,可以这样理解:只要账号以及现金卡的受让人不存在特别事由(例如,与存款名义人属于夫妇、父子母女关系等),按照与金融机构的合同,就不能主张自己是该账号的存款名义人,因此,也并非提取存款的正当权利人,提取该存款的行为就属于"有违金融机构意志的行为",应成立盗窃罪(東京地判平成17・8・1公开刊物未刊登。其控诉审是東京高判平成17・12・15東時56巻1=12号107頁。驳回上告)。[2]

---

〔1〕 这是以"超出了正常的游戏方法的范畴"这一标准,限定性地认定存在违反占有人意思的占有转移。因此,这并不是说,虽然禁止未成年人出入,但对未成年人因玩游戏而获得的游戏币,也可成立盗窃罪;也不是说,对其他以正常方式玩游戏的共犯所获得的游戏币,也可成立盗窃罪(最决平成21・6・29刑集63巻5号461頁)。——译者注

〔2〕 有关该案评述,参见田辺泰弘「判批」『警察学論集』59巻6号205頁、橋爪隆「銀行預金の引出しと財産犯の成否」『研修』735号3頁。不过,采取电信诈骗手段,让被害人汇款至本人名义的银行账号,然后从ATM上取出汇款,或者从银行窗口提取存款的,对于该行为,其问题就在于,是否也有可能成立盗窃罪或者诈骗罪?橋爪教授在上述论文中主张,仅限于采取电信诈骗、恐吓手段的情形,才可成立盗窃罪或者诈骗罪。这应该是一种值得倾听的观点,但理论上能否成为行之有效的针对此类行为的"刹车"措施,仍有进一步探讨之必要。

通说认为，即便是将占有转移至第三人的行为，也属于这里的“窃取”。对于将他人所有、占有的财物卖给不知情的第三者，进而让其搬走该财物的行为，判例也认为，应成立本罪（最决昭和 31・7・3 刑集 10 卷 7 号 955 頁）。该观点原则上是妥当的，但应限于可等视于行为人本人取得财物的情形。因此，商店店员默许顾客从店内拿走商品的行为，由于不具有非法占有的目的，店员不构成盗窃的间接正犯，而止于成立背信或者损坏器物。另外，诸如谎称他人院内的皮球是自己的皮球，让其他人代为从院子中拿出的，这属于利用不知情的第三者而达到将目的物转移至自己占有的情形，这种行为当然构成盗窃的间接正犯。但是，将他人饲养的小鸟从鸟笼放走的行为，由于未取得占有，也不具有取得占有的意思，因而仅成立损坏器物罪。

典型判例

・被告明知汇入自己银行账号的汇款是电信诈骗所得，仍通过 ATM 从自己银行账号提取现金，对此，名古屋高判平成 24・7・5 高刑速（平 24）207 頁〔206〕认为，在存款账号被用于实施违反法令或者公序良俗的行为之时，金融机构可以冻结该账户，不同意取款要求，因此，被告的本案行为“即便是从自己的银行账户提取存款，仍应该说，是有违 ATM 管理者意志的行为”，进而以此为理由判定成立盗窃罪。

2. 着手时点

判例认为，在实施与侵犯他人对财物的事实上的支配的行为紧密相连的行为之时，即认定为本罪的着手（大判昭和 9・10・19 刑集 13 卷 1473 頁），而不以占有侵害行为的开始为必要。因此，判例采取的是实质的客观说，亦即，在产生结果发生的具体性危险之时，即认定为本罪的着手。对事后抢劫罪（第 238 条）而言，盗窃罪的着手时点具有重要意义。因为，事后抢劫罪的主体是“盗窃犯”，一般认为，该罪的既未遂取决于盗窃行为的既未遂。而且，对抢劫致死伤罪（第 240 条）也很重要，因为该罪的主体是“抢劫犯”，一般认为，这种情形下，不问究竟是抢劫（包括事后抢劫）既遂还是未遂。详见后述（第三节之四“抢劫致死伤罪”）。

具体而言，在入室盗窃的情形下，仅仅是出于盗窃目的而侵入他人住宅的，还不能认定为本罪的着手（東京高判昭和 34・1・31 東時 10 卷 1 号 84 頁）。此外，还有判例主张“物色说”，认为着手时点是：为了物色钱财而接近衣柜之时（大判昭和 9・10・19 刑集 13 卷 1473 頁）、用手电筒照明而物色财物之时（最判昭和 23・4・17 刑集 2 卷 4 号 399 頁）、进入电器店内后为了尽量获取现金而走向香烟柜台之时(最决昭和40·3·9刑集19卷2号69頁)。反之,也有判例认为,对于诸如仓库那样只存放财物的建筑物实施入室盗窃的,在开始破坏门锁或者外墙之时,即可认定着手(名古屋高判昭和25·11·14高刑3卷4号748頁。[1] 对此,平野110頁持反对态度)。[2] 还有,就扒窃而言,如果只是为了确认兜内是否有财物而实施试探行为的,还不能认定着手,但出于盗窃意思接触他人裤子口袋外侧的,就可认定着手(最决昭和29·5·6刑集8卷5号634頁)。

3. 既遂时点

就本罪的既遂时点,通说与判例均采取"取得说",亦即,侵犯他人的占有而将财物转移至自己或者第三者的占有之下时构成既遂。一般情况下,取得说是妥当的,但还是应根据具体案情综合考量(1)财物的大小;(2)搬出财物的难易程度;(3)是否处于他人的支配领域之内等因素之后再作判断。例如,如果目的物很小,则一经取得占有即可认定既遂,因此,在店内将(小件)商品放入自己口袋之时即构成本罪既遂(大判大正12·4·9刑集2卷330頁);又如,在他人经营的浴室内,出于非法占有的目的,将偶然发现的戒指藏在浴室内不易被人发现的地方的,就可以说,该行为已经确保了占有,因而构成既遂(大判大正12·7·3刑集2卷624頁〔207〕);再如,列车司机在预定地点掀落所载货物的行为,也可作同样考虑(最判昭和24·12·22刑集3卷12号2070頁〔208〕)。反之,如果目的物很重或者体积很大,就应该以运出的难易程度以及逃离犯罪现场的难易程度为标准。例如,在发动汽车使之处于随时可以开动的状态之时,即达到既遂(広島高判昭和45·5·28判タ255号275頁〔209〕);又如,在超市内,将食品等35件商品放入购物篮并拿至收银台之外,在外表上,与已经付款的一般顾客难以区别开来的,由于最终取得商品的盖然性大大增加,对此可以认定为既遂(東京高判平成4·10·28判タ823号252頁〔211〕);再如,在大型商场的家电柜台,用购物用的推车将大型液晶电视运至男厕所,藏在面缸下面的储物柜内,之后,为了将电视机偷偷带出商场,又去购买用于装电视机的袋子,此时,因形迹可疑而事发,对此,判例认为,已经将电视机转移到被害人不易察觉的地方,处于如果不是因为购买袋子时因形迹可疑而案发,就完全有可能将电视运出店外的状态之下,因此,可以说,已经将电视机转移至自己的支配之下,盗窃达到既遂(東京高判平成21·12·22判タ1333号282頁)。但是,在有围墙、门卫等设施的工厂

---

〔1〕 该判例认为,在试图侵入用于存放财物的土窖的阶段,即成立盗窃未遂。——译者注

〔2〕 另外,在偷窃车内物品的案件中,将螺丝刀插入车门锁孔,试图打开车门的阶段,即成立盗窃未遂(東京地判平成2·11·15判時1373号144頁)。——译者注

内,从存放材料的小屋搬出重物并放在墙边的,仅此还只能构成未遂(大阪高判昭和29·5·4高刑7卷4号591頁〔210〕[1]);反之,在被栅栏围住的工地内,损坏自动售货机并拿出易于携带的硬币盒的,由于这种情况下很容易逃走,因而也可认定为既遂(東京高判平成5·2·25判タ823号254頁)。

(四)保护法益

1. 问题之所在

盗窃罪的客体是"财物",行为方式是对财物的"占有侵害"。有关其保护法益,一直存在本权说与占有说之间的对立。这一论争形式上可以归结于,如何解释第242条的"他人的占有"。并且,第242条除了适用于盗窃罪、侵夺不动产罪、抢劫罪之外,根据第251条的规定,该条还准用于诈骗罪、恐吓罪,因此,如何确定保护法益,这显然属于事关整个财物犯罪的问题。

本权说认为,第235条以"他人的"财物为对象,其保护法益是所有权。不过,如此一来,A将租借给B的自己的财物擅自取回的行为,势必是原本就不符合该条的构成要件。为此,第242条就自己之物扩大了盗窃罪的构成要件,但该条所谓"即便是自己之物,为他人所占有"的情况,仅限于他人的占有是基于质权、租赁权、留置权等私法上的合法权限(被称为本权)的情形,因此,从盗窃犯处夺回自己之物的行为,根本不符合盗窃罪的构成要件。概言之,按照本权说的观点,盗窃罪的保护法益是所有权等其他本权(小野235頁、瀧川119頁)。与此相反,占有说(持有说)则认为,财物的占有或持有本身就是盗窃罪的保护法益,至少在构成要件阶段不应考察该占有在法律上是否具有正当性。因此,第242条不过是注意规定而已,一切占有均是盗窃罪的保护客体。其结果就是,从盗窃犯处夺回自己财物的行为,仍然符合盗窃罪的构成要件,只是作为自救行为而有可能阻却违法性。禁止私力救济的思想是占有说的理论根据。民法规定占有诉权制度(《民法》第188条以下,尤其是第202条第2款),正是为了禁止基于本权的私力救济,而倡导应通过国

---

〔1〕 判决理由:"盗窃罪要达到既遂之域,要求将处于他人支配之下的某物,排除其支配,转移至自己的支配之下。在盗窃犯将目的物从工厂存放材料的小屋拿出后,尚未搬出工厂厂区的场合,如果该厂区是外人均可一般自由出入的场所,且将该物从厂区之内搬至厂区之外,无须排除任何障碍的,在犯罪人将目的物从小屋拿至厂区内的同时,即可谓排除了占有人对目的物的支配,并已将目的物转移至自己的支配之下,因而能以盗窃既遂论之。但是,即便已将目的物拿出小屋,如果外人一般无法自由出入该厂区,并且,还有门禁、围墙、门卫等设施,非排除上述障碍,则无法搬出厂区的,那么,只要尚未排除障碍,且将该目的物搬至厂区之外,或者,至少采取掩蔽该物等适当措施,以确保对该物的持有,就不能说,已事实上排除占有人的支配,置于自己的支配之下,因此,即便已将该目的物从小屋拿出,并在厂区内搬动了相当距离,仍不能以盗窃既遂论之。这是因为,尽管是这种情形,但管理人的支配遍及整个厂区"。——译者注

家的民事诉讼制度来实现权利。亦即,要求尊重事实上的财产状态,对占有状态应该作为占有本身予以单独保护,其最终归结就是,盗窃犯的占有也暂且受到保护(牧野594頁以下、木村106頁、川端308頁)。

由此可见,本权说与占有说之间的对立,可以说是围绕以下问题而展开:盗窃罪这一规定究竟是为了保护私法上的正当权利关系还是保护事实上的财产秩序,进一步而言,以刑事法的形式禁止私力救济应控制在什么范围之内?为此,对这一问题的处理,其范围就远远超出了对于从盗窃犯处夺回自己之物这一行为的刑法处理,还包括对刑法介入民事纠纷应控制在何种程度这一现实问题的回答,例如,收回未按时支付租金的租赁物件、收回未按时支付货款的分期付款商品、因期限届满而收回出让的担保物,等等。

2. 判例态度的演变

关于这一问题,判例态度变化很大。[1] 战前,大审院判例明确采取本权说。例如,判例1,《抚恤金法》禁止以抚恤年金证书作为担保物,但债务人违反这一规定,将抚恤年金证书用作担保并交付给债权人,然后又从债权人处骗取或者窃取了该证书,对此,大审院认为,"在窃取或者骗取虽然是自己的财物但属于他人占有的财物之时,依据《刑法》第242条、第251条,显然应构成盗窃罪或者诈骗罪,尽管如此,但此规定限于占有人基于合法占有权而可对抗所有人的场合才可以适用。但如本案那样,在并不存在对抗权的场合,则没有理由依据此规定来保护占有人并处罚所有人"(大判大正7·9·25刑録24輯1219頁〔213〕〔抚恤年金担保案〕)。[2] 判例2,甲把甲、乙共有的奶牛租借给了丙,而乙则擅自从丙处牵回了奶牛,对于此案,大审院认为,与判例1一样,第242条"限于占有人基于合法占有权而可对抗所有人的场合才可以适用",因而是否成立犯罪取决于该租借行为是否有效,最后,对于认定

---

〔1〕 围绕本权说与占有说,争议焦点在于,第一,禁止私力救济这种法律原则可在何种限度之内适用?第二,判断是否成立财产犯罪,究竟应从属于民事法律关系,还是可独立于民事法律关系?有关盗窃罪的保护法益,进而有关整个财产犯罪的保护法益问题,判例态度也历经了巨大的变化过程。概言之,历经了从本权说到占有说、自从属说(是否成立财产犯,其判断应从属于民事法律关系)到独立说(是否成立财产犯,其判断可独立于民事法律关系)的演变过程。参见山口187頁(王昭武译·山口各论216页)。——译者注

〔2〕 判例认为,债权人就证书本身并未取得任何权利,抚恤年金的享有者具有随时恢复对该证书的占有的权利。

又如,有关盗窃行为的案件,参见大判大正12·6·9刑集2卷508頁。该判例基于本权说的立场,否定成立盗窃罪。——译者注

成立盗窃罪的原判决，做出了“撤销移送”[1]的判决（大判大正12・6・9刑集2卷508頁〔214〕）。[2] 这些判例的前提在于：第242条所谓“占有”限于基于私法上的合法权限的情形；同时，还应判断有无该权限。

与此相反，在战后的经济混乱期，最高裁判所判例则由本权说演变至占有说。例如，判例3，原军用酒精是违禁品，行为人骗取了某人隐匿的军用酒精，对此，最高裁判所认为，“刑法规定财物犯罪的旨趣在于，力图保护他人对于财物的事实上的持有，而不问其在法律上是否具有持有该财物的正当权限，即便刑法禁止此种持有，只要存在持有财物之事实，出于维持社会法律秩序之必要，也应该将物的持有这一事实状态本身作为独立法益加以保护，而不允许随意使用非法手段予以侵犯”，进而判定成立诈骗罪（最判昭和24・2・15刑集3卷2号175頁〔173〕〔215〕）。并且，对于判例4之通过恐吓手段取得他人非法持有的占领军物质的案件（最判昭和25・4・11刑集4卷4号528頁）及判例5之以恐吓手段取得他人正在搬运的盗赃的（最判昭和24・2・8刑集3卷2号83頁〔216〕〔即便是并无正当权利者的持有，该持有本身在法律上仍然受到保护，例如，不能说因为是盗窃而来的东西，所以即便强行夺走也不值得处罚〕），最高裁判所均判定成立恐吓罪。[3] 还有，判例6，对于债务人骗取已用作担保的国铁年金证书的案件，最高裁判所明确改变了前述判例1的观点，转而根据占有说的逻辑判定成立诈骗罪（最判昭和34・8・28刑集13卷10号2906頁〔217〕）。[4] 另外，下述两个判例是有关盗窃罪的判例。判例7，转让担保权人擅自开走了处于破产管财人保管之下的汽车，由于该汽车是不是债务人用

---

〔1〕 撤销移送，是指按照日本刑事诉讼法的规定，在控诉裁判所或者上告裁判所认定上诉理由成立之时，撤销原判决，将案件移送至本裁判所管辖之内的其他裁判所进行审理（《刑事诉讼法》第399条、第400条、第412条、第413条）。尤其是，在以非法管辖为理由而撤销原判决之时，必须撤销移送（《刑事诉讼法》第399条、第412条）。——译者注

〔2〕 另外，债权人在催收债务时，实施了胁迫行为的，对此，大审院认为，法律上有权从他人处获取财物或者财产性利益的权利人，为了行使权利，即便采取了恐吓手段，由于缺少针对财产的非法利益这一要件，因而不成立恐吓罪，而仅成立胁迫罪（大判昭和5・5・26刑集9卷342頁）。——译者注

〔3〕 在本案中，行为人既采取了欺骗的手段也采取了恐吓的手段，但本判决判定，“即便被告人所采取的手段之中存在虚假的部分即谎称自己是警察，该部分也完全属于让对方产生畏惧之念的东西，在达到作为畏惧的结果，对方交付了财物这种程度的场合，就不是诈骗罪而属于恐吓罪”。——译者注

〔4〕 有关第242条的解释，真正明确表示采取占有说立场的是最判昭和34・8・28刑集13卷10号2906頁。对于与判例（1）基本相同的案情——被告人将本不能用于担保的国铁工伤年金证书用作担保交给债权人之后，又从债权人处骗回了该证书——最高裁判所基于“不问被害人是否在法律上拥有正当持有该物的权限，持有该物这种事实上的状态本身就作为独立的法益值得保护”这种立场，明确改变判例（1）的观点，判定被告人成立诈骗罪。参见橋爪隆「窃盗罪の保護法益」『法学教室』429号84頁。——译者注

来偿还债务的替代物这一点尚不明确,因而该汽车的所有权归属非经民事裁判难以确定。对于此案,最高裁判所根据占有说的逻辑,判定成立盗窃罪(最判昭和35·4·26刑集14卷6号748頁〔218〕)。[1] 判例8,从事汽车金融业的债权人与债务人之间签订了汽车买卖合同,该合同附有约定回购条款。在债务人丧失回购权之后,债权人马上用私配的钥匙从债务人处擅自开走了汽车。[2] 对此,最高裁判所也基于占有说的逻辑,判定成立盗窃罪(最判平成1·7·7刑集43卷7号607頁〔219〕)。有关该案的判决理由,原审认为,本案中的买卖合同有可能因违反《出资法》的规定而属于暴利行为,应归于无效;即便有效,是否因滥用权利而确实发生了丧失回购权的事由,也尚存疑问,因此,基于“提供担保者的占有在法律上仍然存在值得保护的利益”这一理由,判定成立盗窃罪。对此,最高裁判所则认为,“在被告收回汽车的这一时点,显然,汽车仍然处于借方的事实上的支配之下,即便被告拥有该汽车的所有权,被告人擅自开走汽车的行为,仍属于窃取《刑法》第242条中的他人占有之物,应构成盗窃罪;并且,从社会一般观念来看,该行为无疑也属于超出了借方所能忍受的程度的违法行为”。

由此可见,战后的最高裁判所判例作出的选择是,站在维持财产秩序的立场上,采取占有说,只是例外地肯定存在违法阻却的余地。其后,就究竟属于行使权利还是应构成恐吓罪的案件,最高裁判所也作了同样判断(最判昭

---

〔1〕本案大致案情为:作为融资款的转让担保,被告人从A公司取得了一辆货车的所有权,但汽车继续由A公司使用,此后,A公司被启动公司破产程序,在程序进展至A公司的财产管理、处分权全部归属于管财人专有的阶段,被告人擅自开走了处于破产管财人保管之下的该货车。对于此案,最判昭和35·4·26刑集14卷6号748頁认定“擅自开走处于他人事实上的支配之下的本案汽车的被告人的行为构成盗窃罪,原判的这一判断是适当的”,进而判定被告人成立盗窃罪。值得注意的是,在该案中,A公司当初是依据基于转让担保合同的合法的借贷关系而占有该货车,在后来陷入不履行债务的状况之后,该货车究竟是否是用来偿还债务的替代物这一点并不明确,因而该汽车的所有权归属(权利关系)非经民事裁判难以确定。不过,最高裁判所至少没有明确地重视这种事实关系,而是直接以本案汽车“处于他人事实上的支配之下”为根据,认定适用第242条。参见橋爪隆「窃盗罪の保護法益」『法学教室』429号85頁。——译者注

〔2〕本案的前提性案情为:看到不少打算购车者无钱购车,被告以经营汽车金融的方式,企图在对方未能及时偿还融资款时,通过转卖汽车而谋取高额利润,从而打出“融资购车,无须抵押汽车,存在其他债务亦可”的广告,与客户之间签订融资购车合同,由被告向客户提供车款的1/10乃至1/2的融资。合同规定,借款方即债务人购得汽车后,再以相当于实际融资额的价格,将自己所购置的汽车转卖给被告即债权人,同时,也将汽车的所有权与占有权转移至被告,在约定期限之内,债务人可以使用该汽车,并且,在偿还融资款并支付约定的高额利息之后,债务人可以回购汽车。但是,在约定期限之内不行使回购权的,被告人可以任意处分该汽车。——译者注

和30·10·14刑集9卷11号2173頁〔294〕[1])。应当看到,在其背后存在一定的政策性考虑,亦即,对于如何判断民事上的权利关系,刑事判决原则上选择回避(参见后述"损坏建筑物罪"。有关损坏建筑物罪中的建筑物的他人性的判断,可参见最决昭和61·7·18刑集40卷5号438頁〔434〕〔并不需要他人的所有权达到在将来可能进行的民事诉讼中并无被否定的可能性这种程度〕[2])。[3]

3. 学说状况

与判例态度的这种变化相适应,学说也发生了很大变化。学界有力观点也由此前的纯粹本权说转变为中间说,中间说在本权说与占有说的中间画出一条线,认为即便是没有民事上的权限根据的占有也仍然受到盗窃罪的保护。例如,"暂且有理由的占有"(小野清一郎「判批」『警察研究』33卷1号105頁)、"平稳的占有"(平野206頁、西原211頁)、"一眼看上去,不能被认为是非法占有地对财物的占有"(大塚181、182頁)、"呈现出似乎有本权根据之外观的占有"(藤木273頁),等等。其中,最有影响的莫过于平稳占有说。由于该说认为,盗窃罪的保护法益是占有开始阶段的平稳占有,因而,在构成要件该当性阶段只应排除从盗窃犯人处夺回自己之物的情形,除此之外,可以说,该说在其他方面与纯粹占有说并无不同。

与上述观点相反,为了支持判例理论,纯粹占有说提出了以下几点论据:

---

〔1〕 该案的判旨为,"对他人拥有权利者,其行使该权利的行为只要能被认定,在该权利的范围之内,并且,其方法没有超出按照社会通常观念(对方)一般应该忍受的程度,就不会产生任何违法的问题,不过,超出上述程度的,就属于……违法"。关于这一点,参见香城敏麿「判解」财团法人法曹会编『最高裁判所判例解説刑事篇(平成元年度)』(法曹会1991年)231頁。——译者注

〔2〕 该案大致案情为:作为对B的债务的担保,A在自己所有的建筑物上设定了最高额抵押权,其后,B将该建筑物拍卖出去,在执行官到现场执行拍卖结果时,A实施了毁坏该建筑物的行为。A主张,自己对该建筑物设定抵押权的意思表示,是因为受到了欺骗,在自己毁坏该建筑物之前就已经取消了该抵押权,因而在毁坏当时,自己具有对该建筑物的所有权。对此,一审认为,无法否定B的行为成立诈骗的可能性,而且,在毁坏当时,对于该建筑物属于"他人的"建筑物这一点,B方的证明也并未达到不容合理怀疑的程度,从而判定A无罪。二审否定成立诈骗,但同时认为,案发当时,该建筑物为B所有,进而判定A成立损坏建筑物罪。对此,最高裁判所认为,"要被谓为《刑法》第260条的'他人的'建筑物,并不需要他人的所有权达到在将来可能进行的民事诉讼中并无被否定的可能性这种程度,在上述本案事实关系之下,即便诚如一审判决所言,无法否定成立诈骗的可能性,仍然应该说,本案物件属于《刑法》第260条之'他人的'建筑物",从而判定A成立损坏建筑物罪。——译者注

〔3〕 至此,可以说,判例的态度已经演变至,在彻底贯彻禁止私力救济原则的同时,在判断是否成立财产犯罪之际,尽量避免对民事法律上的权利关系做出判断,而是独立决定是否成立财产犯罪。——译者注

(1)由于民法禁止私力救济,因而在构成要件该当性阶段没有必要考察法律根据问题,一切占有均应成为保护对象(牧野594頁、川端309頁);(2)包括从盗窃犯处夺回自己之物的情形在内,在行使权利的场合,应综合考察行为的必要性、紧迫性、手段的相当性等因素,如能认定违法阻却即已足够(牧野598頁、大谷193頁、[1]前田153頁、木村光江『財産犯論の研究』〔日本評論社1988年〕507頁以下);(3)就窃取违禁品、第三者从盗窃犯人处窃取赃物的行为,认定构成盗窃罪,对此能够做出统一解释(前田152頁、木村光江『財産犯論の研究』〔日本評論社1988年〕488頁以下)。[2]

诚然,禁止私力救济是近代法的重要原则,但问题在于,仅凭这一点便将一切占有,甚至是并不具有值得保护的利益的占有,都作为盗窃罪的保护对象,是否超出了保护个人财产这一刑法的本来任务,又是否存在助长禁止私力救济、强制民事诉讼这种极度法治国家思想之虞吗?在这一点上,《民法》

---

〔1〕大谷196頁〔新版第4版〕认为,在本书看来,(1)是否属于平稳的占有,在行为当时是难以判断的;(2)既然侵犯了事实上的占有,原则上就侵犯了本权,但由于作为行使权利而侵犯占有的场合等属于例外情况,因而只要在判断是否阻却违法性的阶段,考虑行为人是在行使权利等正当化事由即已足够;(3)究竟是基于本权的占有还是违法的占有,只要在违法性阶段个别地、具体地进行判断即可,因此,即便是立足于平稳的占有说,也应该说,该说的上述第二种观点是妥当的(不将焦点聚集于事实上的占有,无论存在什么情况,只要侵害了事实上的占有,就该当于夺取罪的构成要件,从而力图在违法性阻却的层面寻求妥当的解决)。因此,在构成要件阶段,本书的观点与占有说的结论是一致的,但由于占有说认为夺取罪的保护法益是占有本身,因而占有说基本不会把问题集中在违法性阶段(在这一点上,占有说与大谷教授的观点存在差异。——译者注)……例如,处于盗窃犯事实上的支配之下的盗赃也相当于"他人占有的"财物,因此,本权人采取盗窃等手段夺回该财物的行为,或者第三人再从盗窃犯处盗取该财物的行为,就应该该当于盗窃罪的构成要件。但是,夺取罪的保护法益原本应该是本权,如果存在本权这一点事后得以明确,并且能认定,作为行使权利夺回占有的行为存在必要性、紧迫性,以及手段的相当性,那么,从自救行为或者社会相当性的角度来看,就应该被理解为,阻却违法性。——译者注

〔2〕本权说与占有说长期对立的焦点在于,所有人夺取财物的场合是否成立盗窃罪?就盗窃罪的成立与否与民事法律上的权利有无之间的关系,本权说认为,盗窃罪的成立与否应从属于民事法律上的权利关系(从属说),而占有说则持独立说。在这种独立说看来,从属说存在以下不妥之处(安廣文夫『昭和61年度年度最高裁判所判例解説』225頁以下):第一,因对民法的误解,而认为属于"自己之物"的场合,行为人便不存在故意,即便是属于他人之物的可能性很大,也不具有可罚性,这并不合适;第二,由民事诉讼对民事纠纷的解决结果来左右刑事审判的趋势(结论),也不合适;第三,一旦起诉,对"他人的"财物这一点,检察官就负有举证责任,因而也就只能是完全站在该"他人"这一边,造成公权力过度介入民事纠纷的局面,反之,又会出现过度不介入的情况,均不合适。上述批判意见,虽未必可以全盘接受,但也的确反映了从属说的"不妥之处"。不过,占有说论者仍然必须从正面为独立说寻找根据。但问题在于,仅凭禁止私力救济原则这一点是否足以说明其根据?参见山口厚『問題探求 刑法各論』(有斐閣1999年)104~105頁。——译者注

第202条[1]第2款禁止在占有诉讼中基于有关本权的理由进行抗辩,而作为对该条的解释,也有民事判例允许基于本权进行反诉(最判昭和40·3·4民集19卷2号197頁),可以说,即便是在民事诉讼领域,禁止私力救济的思想实质上也正趋于缓和(参见島田禮介『民法判例百選Ⅰ〔第3版〕』〔有斐閣1989年〕148頁、青山善充「占有の訴と本権の訴との関係」『民法の争点Ⅰ』〔有斐閣1985年〕132頁以下)。不过,按照纯粹占有说的观点,在从盗窃犯处夺回自己之物的场合,即便认定具有构成要件该当性,也可以依据自救行为而阻却违法,因而,其结论看上去与本权说、中间说并无不同。但是,要求行为具有必要性、紧迫性,以及手段的相当性,其结果就是,例如,侵入盗窃犯的住宅夺回自己之物的行为就不能阻却违法性(参见香城敏麿『平成元年度最高裁判所判例解説』222頁)。

但是,只是因为手段不当,即便占有人并无值得保护的利益也要成立财产犯罪,这显然也不合适。在占有背后是否存在值得保护的利益,还是应该在构成要件该当性阶段进行判断,而手段的违法(例如,在前述情形下是否构成侵入住宅罪)则应另外考虑(中森喜彦「窃盗罪の保護法益」松尾浩也ほか編『刑法判例百選Ⅱ〔第4版〕』〔有斐阁1997年〕50頁、芝原邦爾「財産犯の保護法益」『刑法理論の現代的展開各論』172頁)。并且,依据自救行为阻却违法,只有在能肯定占有者存在该种利益的情况下,也就是说,虽然能肯定具有盗窃罪的构成要件该当性,但确有紧急进行权利保全之必要的情况下,才考虑行为人实施的夺取占有的行为能否阻却违法性。

其次是有关窃取违禁品、盗赃的情形。就违禁品而言,前面已经谈到,违禁品也可以成为所有权的对象物,这样一来,即便该持有在法律上是违法的,这种违法也只是意味着,国家可以通过正当程序予以扣押或者没收,但对于个人的占有侵害而言,仍然可以说,该占有值得保护。反之,就盗赃而言,盗窃犯的占有确实缺少值得保护的利益,在这一点上,(在行为人不知道是盗赃的情况下)也存在至多可理解为盗窃未遂的余地。但是,如果我们考虑到,明明本来的所有权人的追索权又受到了进一步侵犯,却不能构成赃物罪,那么,就能够肯定,这种行为仍然具有作为盗窃罪的可罚性(植松361頁、平野205

---

[1] 《民法》第202条〔**(占有权)与本权之诉的关系**〕:(1)占有之诉与本权之诉互不妨碍;(2)对占有之诉,不得基于本权理由进行裁判。——译者注

頁、内田 250 頁、曽根 113 頁、中森 107 頁、山口 192 頁、[1] 井田 199 頁。另外,主张仅成立侵占遗失物等罪的观点,参见松原 185 頁)。* 因此,上述判例 3、判例 4、判例 5 的结论能够得到肯定。

* 对所有权的再度侵害　就再度侵害了所有权这一理由,批判意见认为,以此作为属于直接取得罪的盗窃罪的处罚根据,未免牵强(木村光江『財産犯論の研究』〔日本評論社 1988 年〕489 頁)。但是,例如,在丙窃取了甲租借给乙的财物的情形下,丙的行为在侵害乙的基于租赁权的占有的同时,也侵害了甲基于所有权的返还请求权(有关亲属间盗窃的特例,参见最决平成 6・7・19 刑集 48 卷 5 号 190 頁〔243〕)。正因如此,在这种情形下,不仅是乙,甲作为被害人也同样具有告诉权。在这一点上,丙从乙处窃取了乙所盗窃的甲的财物的,可以说,基本上是一样的,因为丙的行为使甲更难以行使返还请求权。该处罚根据确实与后述赃物罪是一样的,但那无非是因为,赃物罪也是针对所有权的犯罪。不过,在这种情形下,由于并不具有助长本犯的特征,因而无法根据赃物罪进行处罚,但只要客观上产生了同样的法益侵害,可以说,基于对所有权的再度侵害这一理由,认定这种行为成立盗窃罪,这还是有可能的。

另外,纯粹本权说主张,应该仅以基于民事上的合法权限的占有作为保护对象,并且,在刑事审判中,作为解决刑事责任的先决问题,应该首先就民事上的权利关系作出明确判断(参见林幹人『財産犯の保護法益』〔東京大学出版会 1984 年〕237 頁、林幹人「本権説本权说与占有说」『判例時报』1387 号 5 頁)。本书认为,这种观点过于勉强。这是因为,首先,正如前述判例 6"国铁年金证书案"所体现的一样,将年金证书用作担保这一行为尽管在私法上属于违法行为,但如果债务人明知这一点而仍然将其用作担保的,就不

---

〔1〕 例如,毫无关系的第三者,从盗窃犯手中夺取了盗赃。在此情形下,相对于所有人而言,盗窃犯的占有是非法占有。但是,盗窃犯负有按照权利人的要求返还盗赃的义务,既然盗窃犯有履行此义务的必要,相对于毫无关系的第三者而言,盗窃犯对盗赃的占有,就仍应受到以保护。这里也是综合考虑对占有人的占有的侵犯以及对所有人的所有权的侵犯这两种法益侵害,而肯定成立盗窃罪。这里考虑的是,行为人的行为是对所有权的"间接(再次)侵犯"。对此观点,批判意见提出,这样会使本罪与(以对原来的财产犯罪的被害人的追索权的侵犯,也就是,以对所有权的再次侵犯作为处罚根据的)赃物罪(《刑法》第 256 条)之间的区别变得暧昧不清。这里所主张的盗窃罪的成立根据,不过是反映了这样一个事实:无论是盗窃罪还是赃物罪,均以对所有权的侵犯作为其处罚根据,二者在这一点上是相通的。参见山口 192 頁(王昭武译・山口各论 222 页以下)。——译者注

能说,担保权人的占有甚至在刑法上也不值得保护。[1] 其次,若被害人一方存在诸如清算利益、同时履行抗辩权等值得保护的利益,其占有当然应当受到保护;即便是在无法切实确认存在这种利益的场合,如果能认定其占有似乎存在合理理由,就仍然应该留待民事诉讼来解决,在此意义上,也应肯定存在值得刑法保护的利益(参见芝原邦爾「財産犯の保護法益」『刑法理論の現代的展開各論』173 頁、前述判例 8 的原审判决理由、山口 193 頁、[2] 山中 265 頁以下)。

根据上述理解,考虑到被害人与行为人之间的关系,如果该占有属于不值得保护的占有,这一点一目了然,那么,就应该否定存在盗窃罪的构成要件该当性,在此意义上,盗窃罪(财物罪)的保护法益,就应该理解为存在合理理由的占有。此观点是前述中间说的一种,与平稳占有说相比,进一步限制了盗窃罪的成立范围。也就是说,不限于从盗窃犯处夺回自己之物这一种情形,对下述行为,也有可能否定成立盗窃罪:例如,在"使用借贷"的情况下,由于租借方超过期限仍不归还财物,出借方便擅自收回自己之物的行为;[3] 在附带有"所有权保留条款"的分期付款销售中,在买方不履行还款义务,而

---

〔1〕 中森 111 頁、芝原邦爾「財産犯の保護法益」『刑法理論の現代的展開各論』173 頁。反之,另有观点主张,应否定成立诈骗罪,例如,林幹人『財産犯の保護法益』(東京大学出版会 1984 年)229 頁、曽根威彦『刑法の重要問題〔各論〕〔増補版〕』(成文堂 1996 年)125 頁。另外,松宫 200 頁基于本权说的立场,认为也可成立诈骗罪。

〔2〕 山口 193 頁以下认为,"有学者开始主张处于本权说、占有说之中间位置的中间说。但问题在于,出于何种考虑、在什么范围之内,可认定存在值得保护的占有呢? 首先,不仅是基于物权、租赁权等权利的占有,甚至是因同时履行的抗辩权而产生的拒绝交付的利益等,只要该占有具有民事法律上得以认定的利益,当然都应当加以保护。而且,这里还包括,针对所有人而言,能认定物的占有人具有拒绝交付之利益的情形(例如,抚恤年金担保案、国铁年金证书案,等等)。进一步而言,法治国家终究是要求通过法律手段来行使权利,原则上禁止私力救济,那么,作为其反向效果,就不能说,占有本身完全不存在值得保护的利益。当然,也并非绝对不可能存在例外情况,也就是,在某些情况下,问题的解决尚无须借助法律手段,这种情况另当别论。总之,即便是相对于权利人而言,也有可能认定,占有本身存在值得保护的利益。这样理解,也并不是因为存在不当取得、不当得利这种行为的不当性而肯定处罚,最终仍然必须是因为侵犯了值得保护的利益,也就是说,只有在认定存在这种法益侵害的基础之上,才能肯定犯罪的成立。因此,不能因为说可以作上述这种理解,诸如因违反公序良俗而无效的债务可以免除那样,就连侵犯对象本身并不存在值得保护的利益的场合(判例连这种情形也肯定成立犯罪。参见最决昭和 61・11・18 刑集 40 卷 7 号 523 頁),也要肯定成立犯罪(在此场合下,要求债务人向裁判所提起不存在债务的确认之诉,这完全没有必要)"(王昭武译・山口各论 224 页以下)。——译者注

〔3〕 曽根 113 頁、芝原邦爾「財産犯の保護法益」『刑法理論の現代的展開各論』174 頁、西田《法学教室》第 55 号 159 頁。

且,显然也不存在清算利益的情况下,卖方收回目的物的行为。[1] 并且,按照此观点,上述判例6、判例7、判例8的结论本身也完全能得到肯定。

(五)非法占有的目的

1. 概述

盗窃罪的构成要件行为是夺取(窃取)他人占有的财物,因此,作为本罪的故意,只要对这一客观方面存在认识即可。但是,一直以来,判例都认为,除了(作为对客观构成要件该当事实之认识的)故意之外,另外还必须存在作为(不成文的)主观构成要件要素的"非法占有的目的"。并且,非法占有的目的被判例定义为,"排除权利人,将他人之物作为自己的所有物,并按照该物之经济的用途进行利用、处分的意思"(大判大正4·5·21刑録21輯663頁〔130〕〔220〕;最判昭和26·7·13刑集5巻8号1437頁〔232〕)。该定义的前半段所谓"权利人排除意思"(排除意思),根据侵害占有的意思达到什么程度(占有侵害的程度),具有将侵害程度轻微的擅自暂时使用行为("使用盗窃")排除在盗窃罪之外的机能(可罚性限定机能);后半段的"利用、处分意思"(利用意思),则通过将占有侵害的目的限于取得财物的利用可能性,具有把盗窃罪与以妨害利用为目的的毁弃、隐匿罪区别开来的机能(犯罪个别化机能)。[2]

对此,学界出现了以下四种学说:学说1,对判例就非法占有的目的所下的定义,持支持态度的观点占主流地位(瀧川122頁、藤木280頁、平野207頁、大谷195頁以下、中森113頁、山口198頁、井田206頁以下、松原207頁);学说2,主张成立盗窃罪只要对占有侵害存在认识即可,无须具有非法占有的目的(大塚197頁、植松375頁、中137頁、内田255頁、曽根121頁以

〔1〕 東京地判昭和42·6·30判タ211号187頁是有关此类行为的判例。该判例认为,尽管行为人的行为超出了自救行为的范围,仍应作为具有社会相当性的行为,判定该行为不存在构成要件该当性或者不具有违法性。

〔2〕 也就是说,"判例认为,非法占有的目的,由以下两个要件构成:其一,排除权利人,将他人之物作为自己的所有物(与自己的所有物一样)处置的意思(排除意思);其二,将他人之物,按照其经济性用途进行利用或者处分的意思(利用意思)。具体而言,根据排除意思这一要件,可区分不具有可罚性的暂时性使用(使用盗窃)与具有可罚性的盗窃;根据利用意思这一要件,又可将毁弃罪与盗窃罪区别开来。"山口198頁(王昭武译·山口各论229頁以下)。——译者注

下、平川347頁);[1]学说3,认为非法占有的目的是指“以自己为所有者而支配财物之意”,因而使用盗窃不具有可罚性,但在出于毁弃的目的的场合,则存在非法占有的目的(団藤563頁、小野237頁、福田230頁以下、佐久間189頁);学说4,认为非法占有的目的是指“通过他人之物而获取某种经济性利益的意思”,要区别于毁弃罪,需存在非法占有的目的,但使用盗窃原则上具有可罚性(江家270頁、岡野104頁以下、中山概说Ⅱ129頁、高橋223頁)。概言之,有关盗窃罪与毁弃、隐匿罪的区别问题,学说1、学说4与学说2、学说3之间相互对立;而就使用盗窃的不可罚性而言,则是学说1、学说3与学说2、学说4之间相互对立。[2]

2. 与保护法益论之间的关系

就是否需要存在非法占有的目的,有观点指出了与盗窃罪的保护法益论之间的理论上的关联问题。具体而言,若采取本权说,所有权这种观念性权利只要不涉及(恶意情形下的)取得时效,就继续存续,只是单纯的占有侵害还不会影响到所有权的存在与否本身,因此,就有必要以指向所有权侵害的意思(排除意思)这一形式,将所有权侵害的要素纳入构成要件之中(団藤564頁);反之,若立足于占有说,只要对侵害占有存在认识即可,因此,当然会主张不要说(牧野583頁、大塚202頁)。但是,判例态度自本权说转变至占有、持有说之后,仍然一直坚持非法占有目的必要说,相反,也有学者虽立足于本权说,却主张不要说(例如,上述“概述”中主张学说2的植松、内田、曽根、平川)。由此可见,应该说,“是否需要非法占有的目的”与“盗窃罪的保护法益论”之间在理论上并无必然的联系。[3] 理由在于,首先,即便是采取本权说,如果存在对占有的侵害,也会损害对该财物的使用、收益、处分等本权机能,因而也可以说,并没有另外要求存在所有权侵害意思的必然性;其次,即便立足于占有说,也可能会出现究竟应以盗窃罪处罚什么范围之内的占有侵

---

〔1〕“不要说”的主要根据在于:其一,非法占有的目的与盗窃罪的保护法益之间,在理论上并无必然联系,即便就保护法益采取本权说,也并非必然采取非法占有的目的必要说;其二,非法占有的目的的内容并不明确,例如,具体就盗窃罪、侵占罪而言,其内容就并不相同;其三,要求具有非法占有的目的,由此是否真能明确且适当地划定盗窃罪的处罚范围,尚存疑问。参见山口厚『問題探求 刑法各論』(有斐閣1999年)110頁。——译者注

〔2〕概言之,就是否需要非法占有的目的及其具体内容,学说1支持判例观点,要求具有排除意思与利用意思;学说2认为,无须具有非法占有的目的;学说3仅要求具有排除意思;学说4仅要求具有利用意思。——译者注

〔3〕现在一般认为,是否需要非法占有的目的与盗窃罪的保护法益论之间,在理论上并无必然联系。这是因为,保护法益是有关盗窃罪的对象范围的问题,而占有目的则是有关对象侵害行为的行为属性问题,两者本属于不同层面的问题。山口198頁注(37)(王昭武译·山口各论230页)。——译者注

害行为的问题,在此意义上,就有必要探讨是否需要非法占有的目的及其内容。

3. 与毁弃犯罪、隐匿犯罪的区别

我们首先从区别盗窃罪与毁弃、隐匿犯罪的必要性开始探讨。在二者的关系上,主张无须非法占有的目的的观点(不要说)的理由在于:只要通过取得对财物的占有而产生了对财物的利用可能性即可(曽根 122 頁)、毁弃也是非所有权人则不能实施的行为(団藤 563 頁)。但是,首先,按照此观点,就不得不认可下述明显不合理的解释:只有在不夺取对财物的占有而损坏了财物的情形下,才能认定成立损坏器物罪(第 261 条),夺得占有并隐匿的行为,只能是一律成立盗窃罪;其次,此观点也无法解释,盗窃罪与损坏器物罪之间为何在法定刑上存在如此大的差异。事实上,在法益侵害这一点上,并无恢复可能性的损坏犯罪明明更为严重,但对盗窃罪的处罚却要比损坏犯罪更为严厉,其理由就正在于,试图利用财物这种动机、目的更值得谴责,并且,从一般预防的角度来看,也更有必要予以抑制。如此一来,即便同样是侵害占有的行为,我们也只能根据行为人的主观——究竟是以取得利用可能性为目的,还是以妨害利用为目的——来区别盗窃罪与损坏犯罪。因此,这种意义上的占有目的就是主观的责任要素(大谷 191 頁、山口 203 頁、[1]平野龍一「不法領得の意思をめぐって〔1〕」『警察研究』61 巻 5 号 5 頁)。

对此,非法占有目的不要说提出了以下批判意见:首先,出于毁弃的目的而夺取了财物,但并未毁弃而是扔在一边,或者其后又产生了取得的意思的,对于这种情况就只能是不予处罚,这样会出现处罚上的漏洞(大塚 200 頁、曽根 123 頁);其次,侵占遗失物等罪(第 254 条)也是取得罪,而其法定刑却轻于毁弃罪,非法占有目的必要说难以对此作出合理解释(内田文昭「不法領得の意思をめぐる最近の議論について」『法曹時報』35 巻 9 号 10 頁)。但是,就前一批判意见而言,在该情形下,如果认为隐匿行为也相当于毁弃,那

---

〔1〕为了能够从根本上区别盗窃罪与毁弃犯罪,就有必要以利用意思作为盗窃罪的主观要件。其内容可以理解为,“享受由财物所产生的某种效用的意思”(并且,出于让他人“享受效用的意思”的,也可包括在内。例如,出于赠与他人的目的而窃取财物的,即可认定这一点)。这种意思超出了单纯的“取得物品的利用可能性的意思(这属于取得财物之占有的意思,无非就是与‘窃取’相对应的盗窃罪的故意内容)”,更具有实质性意义。出于这种意思而实施夺取占有的行为的,由于是基于更为强烈的动机而实施了法益侵害行为,可以认定其责任更重。为此,与毁弃犯罪(《刑法》第 258 条以下)的法定刑相比,盗窃罪(《刑法》第 235 条)的法定刑要重得多。如此一来,就可以将利用的意思理解为,加重夺取财物行为之责任的责任要素。参见山口 202 頁以下(王昭武译 · 山口各论 236 页)。——译者注

么,就能以损坏器物罪来处罚,而且,认定成立侵占遗失物等罪,也是有可能的;[1]就后一批判意见而言,之所以侵占遗失物等罪的法定刑要低,是因为不具有侵犯占有(利用可能性)这一意义上的违法性,以及其诱惑性更大,因而责任更轻(中森喜彦「不法領得の意思」『刑法理論の現代的展開各論』183頁、山口203頁)。[2]

就此问题,判例一直坚持非法占有目的必要说。很早以前就有这样的判例,例如,为了达到让小学校长下台的目的,被告擅自拿走由校长管理的教育敕语誊本(原件的整体抄本),并藏匿在自己担任班主任的教室的天花板上的案件(大判大正4·5·21刑録21輯663頁);由于曾经有恩于自己的律师A正为如何让竞拍延期而苦恼,被告人出于使拍卖延期的目的,擅自从裁判所拿走拍卖记录,并加以藏匿的案件(大判昭和9·12·22刑集13号1789頁〔221〕〔439〕)。此后也出现了相应判例:起初便出于自首的目的而夺取财物的案件(広島地判昭和50·6·24刑月7巻6号692頁〔224〕);为了防止罪行败露,杀害某人之后,出于与尸体分开扔掉的目的,从尸体上拿走了不会腐烂的手表、戒指等贵金属的案件(東京地判昭和62·10·6判時1259号

〔1〕 对此,山口203頁认为,"出于毁弃或者隐匿的目的夺取了占有之后,若丢弃了该物,就成立(因隐匿而构成的)毁弃犯罪;若转而利用该物的,则成立侵占遗失物等罪。不具有可罚性的行为,限于那种虽然丢弃了,但尚未达到隐匿的程度,而是很容易被发现的情形。因为没有必要将这种情形也纳入处罚对象"(王昭武译·山口各论237页)。

对此,松宫215頁认为,"即便是在这种情形下,根据具体案情,也可能成立通过恶作剧或者诡计实施的妨害业务罪,并且,单纯取得的,也可能成立侵占遗失物等罪(第254条),因而不必担心会出现处罚上的漏洞"(王昭武等译·松宫各论175页)。——译者注

〔2〕 的确,在侵害了所有权、利益这一点上,毁弃罪与侵占遗失物等罪在法益侵害的层面上是相同的,尽管如此,属于取得罪的侵占遗失物罪的法定刑相对要轻。对此,如果(像西田教授等所主张的那样)认为其理由在于,侵占遗失物罪"在动机上更具有诱惑性,因而其有责性极低",就难免不招致(基于非法占有目的不要说的立场的)下述批判:同样是"诱惑性要素",在盗窃罪中从重评价,而在侵占遗失物罪中则从轻评价,那么,所谓"诱惑性要素",要么是什么都可以拿来作为理由的毫无内容的空洞之物,要么就是一种恣意之物,显然无法以此来区别盗窃罪与毁弃、隐匿罪。对此,也不是不可以解释为,在(普通)侵占或者侵占遗失物的场合,由于行为人占有该物,具有"诱惑性",因而责任变轻;而在盗窃罪的场合,并不存在这种意义上的"诱惑性要素",取得意思正说明了动机的强烈性,因而其责任更重。即便不是如此,对两者的法定刑的差异,还可以作如下解释:该差异由来于占有侵害的有无,并且,刑法将占有侵害行为评价为性质严重的行为,因此,不存在占有侵害的侵占遗失物罪的法定刑,就规定得极轻;另外,毁弃罪还可分为伴有占有侵害的毁弃罪与不伴有占有侵害的毁弃罪,在不伴有占有侵害的"毁弃遗失物"的场合,也可以认为,(尽管与侵占遗失物的场合一样,也具有"诱惑性")正是因为不存在占有目的,其责任较侵占遗失物的场合更轻,因此,对此行为的处罚,反而不得重于侵占遗失物罪的法定刑。这样一来,就可以解消上述批判或疑问,因而该批判也不能被称为针对非法占有目的必要说的有效批判。参见山口厚『問題探求 刑法各論』(有斐閣1999年)123頁。——译者注

137 頁〔226〕);[1]通过欺骗手段取得裁判所发出的催缴通知正本之后,马上予以毁弃的案件(最決平成 16・11・30 刑集 58 巻 8 号 1005 頁〔228〕[2])。对于上述案件,判例均以不具有利用意思为由,否定成立盗窃罪、诈骗罪。[3]

另外,所谓利用意思,应该被理解为,只要有享受该财物本身所具有的利益或者效用之意即可(東京地判昭和 62・10・6 判時 1259 号 137 頁〔226〕、中森喜彦「不法領得の意思」『刑法理論の現代的展開各論』183 頁),而没有必要一定是遵循该财物的经济性用途或者本来用途。因此,为了拴住木材而割走电线的行为(最決昭和 35・9・9 刑集 14 巻 11 号 1457 頁〔230〕)、出于性的目的而拿走女性内衣的行为(最決昭和 37・6・26 裁集 143 号 201 頁)、出于复印的目的而带走机密资料的行为(東京地判昭和 59・6・15 判時 1126

〔1〕东京地方裁判所以"即便是未必的意思,也不能说被告人等存在享受由手表等产生的某种效用的意思"为理由否定成立盗窃罪。但在与杀人犯的关系上,这是以承认"死者的占有"为前提。倘若立足于全面否定死者之占有的立场,则问题在于,是否成立侵占遗失物等罪。参见橋爪隆「窃盗罪における不法領得の意思について」『法学教室』428 号 83 頁。——译者注

〔2〕本案大致案情为:被告手头拮据,图谋通过恶意利用"支付督促制度",由相关部门查封自己叔父的财产,然后再通过强制执行等手段获取钱财,于是,向裁判所提交了自己对叔父拥有超过 600 万日元的垫付款债权这一内容虚假的支付督促申请。想到裁判所会发出以叔父为收件人的支付督促正本以及附带预先执行宣告的支付督促正本,被告又计划通过让共犯假装为收件人,从邮政投递员手中领取上述文件,由此从外形上造成裁判所的该文件已经及时送达这种事实,进而让叔父丧失对支付督促申请异议的机会,遂让共犯等候在叔父家的附近,在支付督促正本等送达之际,由共犯上前对投递员谎报被告叔父的名字,从而让投递员误信对方就是收件人本人,从投递员手中收受了支付督促正本。另外,被告起始就没打算将该支付督促正本用于某种用途,而是意图迅速销毁,而且在拿到支付督促正本的当天就予以了销毁。针对这种事实,最決平成 16・11・30 刑集 58 巻 8 号 1005 頁认为,"对通过欺骗邮政投递员而收受由对方交付的支付督促正本,只是打算销毁而没有在其他某种用途上进行使用或者处分的意思的,在此场合下,应该说,不能认定存在针对支付督促正本的非法占有的目的,即便是在作为用于获取财产性利益的手段之一而针对邮政投递员实施领取行为之时,这一点也没有什么不同('不能认定存在针对支付督促正本的非法占有的目的'也没有什么不同。——译者注),这样理解是妥当的",从而明确了骗取支付督促正本的诈骗行为不成立诈骗罪这一旨趣。——译者注

〔3〕对此类案件,桥爪隆教授的评述为,"在这些案件中,被告是试图通过隐匿财物的行为而得到财产上或者身份上的利益,尽管如此,仍被否定具有非法占有的目的。这里,被告通过处分财物(销毁、隐匿等)而在结果上获取利益的目的并不充分,因而要求其具有利用财物本身的动机。诚然,按照意欲获取利益的动机会加重责任这种观点,就未必一定要作下述理解:区分从财物本身获取利益的动机与通过处分财物而间接地获取利益的动机,仅限于前者才能予以从重处罚。然而,通过一定的犯罪行为而在结果上获取利益,对其他犯罪类型,这也是能够想见的共通的动机,不能被谓为财产犯罪固有的动机或者目的。最终还是应作为财产犯罪固有的问题,从应该从重处罚不正当取得财物的行为这一视角,限于那些存在通过财物本身而获取利益的动机的场合,才能认定存在作为领得罪的责任加重"(橋爪隆「窃盗罪における不法領得の意思について」『法学教室』428 号 81 頁)。——译者注

号 3 頁〔237〕)等,均可以认定具有非法占有的目的。

4. 使用盗窃

所谓使用盗窃,是指短时间擅自使用他人财物的行为。之所以认为该行为不可罚而将其排除在盗窃罪之外,是出于可罚的违法性的考虑,即这种情形损害程度轻微,没有必要动用刑罚处罚(藤木 279 頁)。例如,短时间借用他人的橡皮擦或者凉鞋之后马上归还的,就是其适例。从判例对非法占有的目的所下定义中的"排除权利人,将他人之物作为自己之物……而利用之意思"来看,在使用盗窃的情况下,由于其利用意思尚未达到排除权利人的程度(或者说不存在达到了排除权利人程度的利用意思),因而非法占有的目的就具有从主观方面排除使用盗窃成立盗窃罪的功能。

作为判断某行为是否属于不具有可罚性的使用盗窃的标准,判例起初是根据有无返还意思来判断的。例如,就擅自骑走他人的自行车的行为,大审院认为,在将该自行车置于自己的持有(占有)之下时,如果仅具有暂时使用的意思,不构成盗窃罪;但如果具有骑后随手扔掉的意思(不返还的意思),则应认定具有非法占有的目的(大判大正 9・2・4 刑録 26 輯 26 頁〔231〕)。又如,抢劫伤害案件的罪犯为了逃走,出于用后扔在河对岸的意思,擅自使用他人船只的,对此,最高裁判所判定行为人存在非法占有的目的(应成立盗窃罪)(最判昭和 26・7・13 刑集 5 巻 8 号 1437 頁〔232〕),也是出于同样的考虑。事实上,针对出于 2 小时至 3 小时之后归还的意思,擅自骑走他人的自行车的案件,也有下级裁判所的判例否定存在非法占有的目的(京都地判 51・12・17 判時 847 号 112 頁〔234〕〔深夜,出于奸淫女性的目的,擅自骑走了他人自行车。但在本案中,行为人因被逮捕而未能返还,但本具有返还的意思,且至多打算使用 2 小时到 3 小时〕)。[1] 之所以要以有无返还意思作为标准,这也是因为考虑到损害恢复

---

〔1〕 本案大致案情为,被告为了强奸某位独居女性,深夜 4 时左右骑走没有上锁的自行车,直接骑行至 2 公里外的犯罪现场,实施了奸淫行为,但被警察发现并逮捕,不过,被告有强奸之后将自行车归还原处的意思。对此,京都地判 51・12・17 判時 847 号 112 頁认为,考虑到"如果被告不被警察逮捕而能够(顺利)回家,从此前的例子来看,从擅自骑走该自行车到回到停车场的时间最多不超过 2 小时到 3 小时,自行车在此期间的消耗轻微到不值一提",进而否定被告存在排除意思。桥爪隆教授对本案的评论为,"在本案中,被告使用自行车的行为限于,深夜 4 时擅自使用的时间最多不超过 2 小时到 3 小时,骑行距离往返 4 公里左右(单程 10 分钟),因而不能认定其存在采取实质性地侵害被害人的利用可能性的使用方式的意思,判例据此否定被告成立盗窃罪。不过,本案被告是为了赶赴强奸罪的犯罪现场而使用本案自行车,一旦其犯罪行为被发现,对被用于性犯罪的自行车,(即便自行车被归还时毫发无损)被害人心理上完全有可能感觉这种自行车已无法再用。如果强调这一点,就本案而言,也不是完全不可能肯定被告存在排除意思"(橋爪隆「窃盗罪における不法領得の意思について」『法学教室』428 号 77 頁)。——译者注

的难易程度。

但是,对于短时间擅自使用的行为,此后的判例的主流倾向是,即便存在返还意思,也肯定存在非法占有的目的。例如,(1)从上午7时至次日下午1时,连续18小时驾驶他人汽车之后再归还的案件(東京高判昭和33・3・4高刑11巻2号67頁);(2)为了搬运赃物,夜间使用他人汽车,第二天早上再归还原处,反复实施这种行为的案件(最决昭和43・9・17判時534号85頁〔233〕);(3)驾驶他人的汽车去兜风,大约4小时之后造成交通事故的案件(札幌高判昭和51・10・12判時861号129頁);(4)深夜无证驾驶他人的汽车,大约4小时之后因无证驾驶而被逮捕的案件(最决昭和55・10・30刑集34巻5号357頁〔235〕[1])。对于上述案件,判例均认定存在非法占有的目的。另外,(5)出于兑奖的目的,不正当地用磁铁从他人的游戏机中获取"弹子"的案件(最决昭和31・8・22刑集10巻8号1260頁〔238〕);(6)出于复印的目的而带出机密资料,复印后大约2小时内,又将资料归还原处的案件(東京地判昭和55・2・14刑月12巻1=2号47頁[2]〔236〕);(7)假装退货,实质上出于获取等额退款的目的,从超市拿走商品的案件(大阪地判昭和63・12・22判タ707号267頁〔239〕)。对于这些案件,判例也肯定存在非法占有的目的。

与判例态度的这种变化相对应,认为使用盗窃原则上具有可罚性,从而主张无须存在非法占有的目的的观点,也成为学界有力观点。但即便是持该说的论者,在客观上受害程度轻微的情况下,也是通过否定存在占有侵害(大塚201頁),或者否定具有可罚的违法性(植松370頁、中137頁、岡野106頁、高橋223頁),而否定成立盗窃罪。但是,首先,在擅自短时间使用的情况下,想必难以否定占有侵害(转移)的存在。而且,要考察夺取占有之后的客观利用程度,在理论上也存在困难。这是因为,既然盗窃罪属于状态犯,就应该根据占有夺取当时的事实来判断擅自短时间使用行为的可罚性,因而,要

---

〔1〕本案大致案情为,某日深夜,本案被告未经自行车所有人同意,擅自将他人停在加油站停车场的(市价大约250万日元)普通汽车开走,在市内无证驾驶兜圈,大约4小时之后因无证驾驶被逮捕,在被告开走该汽车之时,本打算几小时后归还原处。桥爪隆教授对本案的评论为,"在理解本案时,对象是汽车,这一点很重要。亦即,即便是短时间驾驶汽车,也很容易出现因方向盘操作失误而损伤车体等价值耗损。因此,虽然预定的是极短时间的驾驶,但可以说,存在由此侵害对象之效用、价值之虞,能很容易地认定排除意思"(橋爪隆「窃盗罪における不法領得の意思について」『法学教室』428号77頁)。——译者注

〔2〕东京地方裁判所认为,由于秘密资料的经济价值体现于所记载的内容,行为人打算复印该资料之后,转让给处于竞争关系的公司,因而作为行为手段而利用该资料的意思,就相当于这里所谓非法占有的目的。——译者注

判断事后的客观利用程度（对权利人的排除程度）是否具有可罚的违法性，就只能根据夺取占有当时的具体利用意思，而从主观上进行考察。[1] 因此，只要承认擅自短时间使用的行为在一定限度之内不可罚，就无法否认，作为主观的违法要素必须具有非法占有的目的（中森喜彦「不法領得の意思」『刑法理论的现代性展开〔各论〕』180 頁、林幹人「不法領得の意思」『法学セミナー』406 号 105 頁、山口 200 頁）。

由上可见，在判断是否存在作为"可罚的权利人排除意思"[2]的非法占有的目的之时，就无法以有无返还意思作为标准。考虑到现代社会中财物利用价值的重要性，就应将这种排除意思的内容理解为，具有实施在一般情况

---

〔1〕 在划定不具有可罚性的短时间擅自使用与盗窃罪的界限之际，按照仅以利用意思作为非法占有目的之内容的观点，以及非法占有目的不要说，只要不采取下述观点，即只要取得占有，由此便能肯定成立盗窃罪（按照这种理解，所有短时间擅自使用均构成盗窃罪），那么，势必就会考虑妨害利用的客观程度问题。但是，对盗窃罪而言，取得占有即构成既遂，因此，要在既遂之后再考虑妨害利用程度，如果是在量刑上考虑，那另当别论，至少就盗窃罪成立与否的判断而言，那完全没有可能（而且，认为只要不发生具有可罚性的利用妨害就不构成既遂，这只会使既遂时点极不明确，因而无法采纳此观点）。要考虑既遂之后的事态，只有在指向这种事态的（行为当时的）意思的内容中才有可能。在此意义上，排除意思这种意义上的非法占有目的，是绝对必要的（参见中森喜彦「不法領得の意思」『刑法理論の現代的展開各論』180 頁）。如果认为，成立盗窃罪，必须侵犯了构成所有权之内容的所有利益，则另当别论（按照这种理解，在返还了赃物的场合，就并没有侵犯返还请求权，因而凭借返还意思就可以否定占有目的。在毕竟没有否定"所有权"这一意义上，这也是可以理解的。但是，如此一来，只要对于窃取他人之物，做好了损害赔偿的准备，就不难否定盗窃罪的成立；而且，无论多长时间地侵犯了利用可能性，只要有返还的打算，也不构成盗窃罪，这显然并不妥当）；如果是认为，作为盗窃罪之成立要件的法益侵害，只要侵犯了属于所有权之重要内容的利用可能性，就已经足够，那么，不采取可罚的违法性的思想，也就是说，不要求侵犯了达到一定程度的、具有可罚性的利用可能性，要考虑占有夺取、占有夺取之后的对利用可能性的侵犯程度，也是不可能的。如此一来，可以说，以非法占有目的作为盗窃罪的成立要件的意义就正在于：将对于占有夺取之后的利用可能性的侵害程度，作为可罚性评价的对象来加以考虑，立足于这种观点，将这种侵害提前至行为当时，作为指向这种侵害的意思，即，作为排除意思来加以考虑。参见山口厚『問題探求 刑法各論』（有斐閣 1999 年）117 頁以下。——译者注

〔2〕 亦即，达到可罚程度的排除权利人的意思。——译者注

下可能不为权利人所允许的程度或者形式的利用行为的意思(平野 207 页)。[1] 在具体判断之时,不能仅以有无返还的意思、使用时间的长短作为标准,还必须考察该擅自使用行为给权利人所造成的损害以及损害的可能性。因此,在此意义上,正如前述判例(5)(6)(7)那样,对于那种出于给权利人造成进一步损害的目的而实施的暂时使用行为,当然可以肯定存在非法占有的目的。

典型判例

·被告等作为环保组织的成员,主要开展反捕鲸活动,由于得到了"调查目的捕鲸船"(所谓出于科研目的的捕鲸船)的船员擅自将鲸鱼肉带回家的消息,为了确认事实真伪,作为反捕鲸调查活动的一环,在船员将鲸鱼肉装入纸箱且交由快递配送之后,获取了对该纸箱的占有。对此,**仙台高判平成 23 · 7 · 12LEX/DB25472600** 认为,"出于收集证据资料的目的,排除权利人,连箱子带肉,取得了对本案鲸鱼肉的支配,在开箱确认之后,对本案鲸鱼肉,采取诸如拍照、取样保全等只有所有权人才可以实施的方法,基于连同本案纸箱一道,利用本案鲸鱼肉的意思,取得了对装入本案鲸鱼肉的本案纸箱的占有",进而以此为理由,判定被告等存在非法占有的目的。[2]

---

[1] 对此,松宫 217 頁认为,判例倾向于限制不可罚的使用盗窃的范围,因而仅凭返还或者放弃的意思,未必能否定取得的意思,毋宁说,决定性因素是,排除权利人对该财物的使用、处分的意思,达到了与盗窃罪的可罚的违法性相适应的程度(西田典之教授将这一点解释为,"具有实施在一般情况下可能不为权利人所允许的程度或者形式的利用行为的意思"。但是,正常情况下,无论谁都不会允许他人擅自使用自己的所有物,因此,这样的结果就是,使用盗窃的情形一般都会被包括在内)。另外,对包含在信息媒介中的信息进行拷贝的行为,那完全就属于经济性利用,因此,以拷贝为目的而擅自暂时拿走该媒介的,考虑到信息媒介这一财物的特殊性,就应该能认定存在"非法占有的目的",进而肯定取得罪之成立(参见王昭武等译 · 松宫各论 176 页)。——译者注

[2] 对该判决,松宫 216 頁认为,"这是存在疑问的。即便行为人实际上是出于'开箱确认后丢弃鲸鱼肉'这种损坏器物的意思,但该案也是以'丢弃是只有所有人才得以实施的行为'这种错误的理由,而认定行为人存在非法占有的目的。另外,对于完全是出于进监狱坐牢的目的而窃取财物的行为,広島高松江支判平成 21 · 4 · 17 高刑速〔平 21〕205 頁也认定行为人具有非法占有的目的,该判决也是存在疑问的"(王昭武等译 · 松宫各论 175 页)。——译者注

三、侵夺不动产罪

侵夺他人的不动产的，处10年以下惩役（第235条之二）。

犯罪未遂的，应当处罚（第243条）。

（一）概述

本罪是昭和35年（1960年）的刑法部分修正时，与损坏境界罪（第262条之二）一同增设的罪名。在刑法修正以前，对于盗窃罪中的“财物”是否包括不动产，学界曾存在争论。有观点认为，越过境界线而将邻地的一部分纳入自己的范围这种有形侵害占有行为，也构成不动产盗窃（小野234頁），并且，向登记官员提交伪造的文书而改变不动产登记本上的名义人的行为，也属于不动产盗窃（牧野611頁以下、木村105頁、瀧川109頁）。尽管这只是部分学者的观点，但在学界有相当影响。但是，通说、判例对此一直持否定态度。从“窃取”这一表述本身来看，应该要求存在占有的地点上的移动（团藤574頁），想必这也是否定的理由之一，但根本理由还在于，不动产（土地、建筑物）是固定不动的，不会出现所在位置不明的情况，因此，通过民事诉讼程序很容易恢复损害，没有必要运用刑罚来进行一般预防（藤木266頁）。

但是，昭和20年代（20世纪40年代中期到50年代中期）正处于战后的混乱时期，屡屡发生非法占据不动产的案件，民事诉讼程序也变得相对滞后，因而难以实现损害恢复。为了应对这种局面，昭和35年（1960年）增设了侵夺不动产罪，从而将不动产也纳入刑法的保护对象。根据这种刑法修正，认为第235条中的“财物”不包含不动产的观点也随之得以确定。

（二）对象

本罪对象，是由他人所占有的他人的不动产。不过，“有关属于他人占有等的自己的财物的特例”（第242条）以及“有关亲属间犯罪的特例”（第244条）适用于本罪。即便是自己所占有的他人的不动产，如果原本是为了堆放材料而租借了该土地，但租借人擅自建造成住宅的，占有便发生了质的变化，如果行为人的行为可以被评价为新的占有侵害，即可肯定成立本罪（河上和雄、高部道彦『大コンメンタール刑法〔第12巻〕』317頁）。例如，某人拥有某建筑物的租赁权以及附随于该建筑物的土地的使用权，在该土地上堆放废弃物，使之难以恢复原状的，对此，最高裁判所认为，这种行为侵夺了所有权人的间接占有,应成立本罪(最决平成 11・12・9 刑集 53 卷 9 号 1117 頁〔249〕[1])。

所谓不动产,是指土地以及建筑物等存在于土地之上的定着物(《民法》第 86 条第 1 款[2])。土地,还包括其地上空间与地下部分。建筑物的一室也属于不动产(福岡高判昭和 37・8・22 高刑 15 卷 5 号 405 頁、東京高判昭和 46・9・9 高刑 24 卷 3 号 537 頁)。如果通过砍伐等手段而取得原本属于土地上的定着物的树木、石灯笼的,则树木、石灯笼此时就已转化为动产,因而应构成盗窃罪。损坏并取得建筑物之一部分的行为,也是如此。[3] 移动并取得建筑物本身的行为,也不是构成本罪而是构成盗窃罪(河上和雄・高部道彦『大コンメンタール刑法〔第 12 卷〕』314 頁对此持反对意见)。[4] 这是因为,从本罪的立法过程来看,之所以增设本罪,就是为了处罚那种并不伴有不动产的场所上的移动的非法占据行为。

(三)行为

本罪行为是侵夺。所谓侵夺,是指排除他人的占有而为自己或第三者设定占有的行为。[5] 例如,除了在他人的土地上非法建造住宅的行为以外,其他还有很多属于这种情况的行为,例如,擅自耕种他人的农田,在上面建苗床、播撒种子等(新潟地判相川支判昭和 39・1・10 下刑 6 卷 1 = 2 号 25 頁);给自己的住宅加盖第二层,将屋檐突出到相邻的他人所有的土地之上(大阪地判昭和 43・11・15 判タ235 号 280 頁);在他人的土地上挖坑,填埋渣土与废弃物(大阪高判昭和 58・8・26 判时 1102 号 155 頁〔251〕);土地转

〔1〕 大致案情:在土地的所有人去向不明的情况下,土地的使用者在土地上堆积了大量建筑垃圾,使之难以恢复原状。对此,最高裁判所认为,"在上述事实关系之下,作为本案土地所有者的 K 工务店因代表人隐匿行踪而处于事实上的停业状态,因而也处于难以实际支配、管理本案土地的状态,尽管如此,并不能说,K 工务店便丧失了对本案土地的占有。而且,被告等尽管就本案土地享有一定的使用权,但仍应该说,超出使用权限,在土地上堆积大量垃圾,使之难以恢复原状的行为,使得本案土地丧失了使用价值。这样,就可以说,被告等的行为,排除了 K 工务店的占有,而将土地转移至自己的支配之下,因此,判定两名被告成立侵夺不动产罪的原判决,是妥当的。"——译者注

〔2〕 日本《民法》第 86 条〔**不动产及动产**〕:(一)土地及其定着物为不动产。(二)不动产以外之物,均为动产。——译者注

〔3〕 如果不动产的一部分从不动产中分离出来,夺取该"一部分"的,由于对象物已属于动产,就应成立盗窃罪(最判昭和 25・4・13 刑集 4 卷 4 号 544 頁)。——译者注

〔4〕 移动并夺取整个建筑物的,只要该建筑物已经与原来依附的土地分离开来,就可作为动产,肯定成立盗窃罪。参见山口 205 頁(王昭武译・山口各论 239 页以下)。——译者注

〔5〕 松宫 218 頁认为,"要谓之为'侵夺',要求采取的是,可以某种程度上永久性地排除他人占有这种形态的非法占据。以非法占据为必要,因而只是变更登记名义的,不属于这里的侵夺。""此外,在行为人的占有形态发生质变,从权利人所允许的形态变为权利人所不允许的形态之时,在该时点就存在'侵夺'"(王昭武等译・松宫各论 177 页)。——译者注

租人未经所有人同意而改造土地上的简易设施，建造正式店铺（最决平成12・12・15刑集54卷9号1049頁〔250〕）；等等。反之，只是在他人的公寓的门上张贴写有禁止出入的纸条，并更换大门钥匙的，就止于未遂，因而随后的参与者也构成本罪的共同正犯（東京高判平成11・8・27判タ1049号326頁）。另外，侵夺，是指对事实性支配的侵犯，因此，篡改登记名义的，以及通过虚假申报而改变登记名义的行为，均不构成本罪，而仅构成变造公文书罪（第155条）、公正证书原件等不实记载罪（第157条）。〔1〕还有，尽管是非法使用他人土地的行为，诸如搭建帐篷、增设排水沟那样，在很容易恢复原状且损害几近于无的情形下，就应该理解为，这种行为不属于侵夺行为（大阪高判昭和40・12・17高刑18卷7号877頁），或者，作为"使用侵夺"而被认为不具有非法占有的目的（判例对此也否定成立诈骗罪）。〔2〕〔3〕

（四）罪质

与盗窃罪一样，本罪在获得对不动产的占有之时即构成既遂，其后只是违法状态持续的状态犯。因此，土地或房屋的租借人在租借期届满之后仍然继续占有的，不构成本罪（東京高判昭和53・3・29高刑31卷1号48頁）。〔4〕还有，对于本条实施之前便已经开始的非法占据，由于没有实施侵夺行为，也不构成本罪（福岡高判昭和37・7・23高刑15卷5号387頁）。不过，如上所述，如果占有发生了质的变化，能被评价为新的占有侵害的，则可以构成本罪，〔5〕因此，例如，在本条实施之前便已擅自在他人的土地上搭建临时小房子，用于堆放材料，在本条实施之后，小房子因受台风的影响而坍

〔1〕对此，判例也否定成立诈骗罪。参见后述本章第四节"诈骗罪"的"典型案例"。

〔2〕对在准备修建公园的土地上，建造简易建筑物的行为，最判平成12・12・15刑集54卷9号923頁〔246〕通过综合考察恢复原状的难易程度、占有侵害的行为样态、排除占有与设定占有的意思的强弱、给对方造成损害的有无等因素，判定成立本罪。

〔3〕如果是动产，出于暂时使用的意思的，可否定存在非法占有的目的，因此，可以想见的是，对于侵夺不动产罪，也可以通过否定其成立要件即具有非法占有的目的，而否定犯罪的成立。山口207頁注(48)（王昭武译・山口各论242页）。——译者注

〔4〕山口207頁认为，"要称之为侵夺，就必须排除了他人的占有，因此，不动产的租赁人在租赁合同期满之后，仍然赖着不走的，就不存在侵夺行为，不构成侵夺不动产罪（参见東京高判昭和53・3・29高刑集31卷1号48頁）。也就是，对于已经正在利用、使用不动产的人而言，仅仅是因其利用、使用的状态的性质发生变化而处于违法状态的，尚不成立侵夺不动产罪；但当其占有本身发生'质的变化'时，就有可能因为，排除或者侵犯了所有人对该不动产所仍然具有的重叠占有，而成立侵夺不动产罪"（王昭武译・山口各论242页）。——译者注

〔5〕例如，不动产的使用租赁合同期满之后，行为人仍然进行了小规模的扩建，对此，大阪高判昭和41・8・9高刑集19卷5号535頁认为，不过是改变了既存的占有状态，并不存在新的占有夺取行为，进而否定成立侵夺不动产罪。——译者注

塌,于是,被告便给房子建造了半永久性的水泥围墙,对此,最高裁判所判定构成本罪,认为那是处罚"被告的新的行为",而不属于溯及既往的处罚(最决昭和42·11·2刑集21卷9号1179頁〔248〕),应该说,判例观点是妥当的。[1]

四、有关亲属间犯罪的特例

配偶、直系血亲或者同居的亲属之间犯第235条之罪(盗窃罪)、第235条之二之罪(侵夺不动产罪),或者这些罪的未遂的,免除刑罚(第244条第1款)。

前款所规定的亲属以外的其他亲属之间,犯前款规定之罪的,非经告诉不得提起公诉(同条第2款)。

对于非亲属的共犯,不适用前两款的规定(同条第3款)。

(一)特例的法律性质

本条规定了亲属之间的财产犯罪的特例。具体而言,配偶、直系血亲或者同居的亲属之间犯盗窃罪、侵夺不动产罪及其未遂犯罪的,免除其刑罚;其他亲属之间实施上述行为的,作为亲告罪处理。这一特例被称为"有关亲属间犯罪的特例"。本条也准用于诈骗罪、恐吓罪、侵占罪以及背信罪(第251条、第255条)。并且,对于作为特别法的《森林法》中的盗窃罪,[2]判例判定也可予以准用(最判昭和33·2·4刑集12卷2号109頁)。[3]

有关本条第1款所规定的"免除刑罚"的法律性质,通说、判例(最判昭和25·12·12刑集4卷12号2543頁)均采取"政策说、专属一身的刑罚阻却事由说",[4]亦即,正如"法不入家庭"这一法律谚语所显示的一样,该特殊规定是基于国家以不干涉家庭内部纷争为善这一法律政策而制定的,是一种与行为的违法性、责任毫无关系的专属一身的刑罚阻却事由。但是,仅凭基于法政策的考虑这一点,还不能合理说明为何本条仅限于财产犯罪,因而便出现了其他一些学说:由于家庭内的财产属于共同所有、共同占有,对此无

---

〔1〕对该判例观点持反对意见的学者有:町野朔「不動産侵奪罪」平野龍一·松尾浩也編『刑法判例百選Ⅱ各論〔第2版〕』(有斐閣1984年)71頁、中山227頁。另外,中森117頁注(36)认为,如果被告人在此期间曾一度丧失了对土地的占有,则能认定成立本罪。

〔2〕日本《森林法》第197条规定,"在森林中窃取其产物(包括施加了人工的在内)的,是森林盗窃,处3年以下懲役或者30万日元以下罚金";第198条规定,"在保安林区域内犯森林盗窃的,处5年以下懲役或者50万日元以下罚金";第199条规定,"以森林盗窃的赃物为原料制作了木材、木炭等其他物品的,该物品视为森林盗窃之赃物"。——译者注

〔3〕有关侵占罪,详见本章第六节。

〔4〕另见最决平成20·2·18刑集62卷2号37页(这是基于政策性考虑,亦即,对于发生在亲属之间的特定的财产犯罪,最好是国家避免行使刑罚权,交由亲属间的自律)。——译者注

法严格区分,因此,应阻却可罚的违法性(违法阻却说)(佐伯千仭『刑法講義〔総論〕〔4訂版〕』(有斐閣1984年)221頁、中山234頁),或者,行为的违法性得以减轻(违法减少说)(平野207頁、中森118頁以下);由于存在亲属关系这一诱惑性因素,我们不能过于期待行为人能形成反对动机,因而应阻却(可罚的)责任(责任阻却说)(瀧川113頁、松原芳博「親族関係と財産犯」『刑法基本講座〔第5巻〕』323頁),或者,应减轻责任(责任减轻说)(曽根126頁)。

本条第2款将并未同居在一起的亲属之间的情形作为亲告罪来处理,要合理解释这一点,就不得不采取政策说。但是,至少作为第1款的免除刑罚的根据,还需要存在更为实质性的理由,基于以下三点考虑,本书认为,责任减轻说更为妥当:(1)即便财产的所有关系相对明确,仍可适用本条第1款;(2)本条第3款规定,对于非亲属的共犯排除适用本条特例,对此,运用基于限制从属性说的责任个别化来予以解释,要更为合理;(3)免除刑罚处罚,这终究仍属于一种有罪判决。[1]

(二)适用要件

1. 亲属等的含义

本条所谓亲属的范围,应根据民法的相关规定(《民法》第725条[2])来确定。就配偶而言,有观点认为,还应包括非婚同居关系(大谷222頁),但最高裁判所对此持否定态度,因为"有必要明确确定得以免除(刑罚)者的范围"(最决平成18·8·30刑集60卷6号479頁〔242〕)。另外,即便存在户籍上的婚姻关系,如果只是作为骗取财产的手段而结婚的,(在婚姻被宣布无效的场合)也不得适用本条(東京高判昭和49·6·27高刑27卷3号291頁)。所谓同居的亲属,是指在同一住所共同进行日常生活者,至于租借其中一间房屋的,或者只是临时借宿于此的,则不包括在内。

2. 必须存在亲属关系的人的范围

在被窃取的目的物的所有人与占有人并不是同一人的情形下,就会产生

〔1〕 对于本特例的旨趣与根据,山口210頁主张政策说,认为"最终只能做如下解释:亲属之间的纷争,原则上应交由亲属之间自行解决,即便已经诉之于刑罚权,也应该尽量避免刑罚权的介入。对于非亲属的共犯,《刑法》第244条第3款否定适用特例,对此,上述政策说也能作出解释。相反,按照违法减少说、责任减轻说的观点,《刑法》第244条第1款、第2款应该是规定了所谓独立的构成要件,因此,对于只应承担第二性罪责的教唆、帮助,(按照共犯从属性的观点)也不得不适用特例。这显然有悖于《刑法》第244条第3款的规定,在此意义上,也是存在疑问的"(王昭武译·山口各论245页)。——译者注

〔2〕 日本《民法》第725条〔**亲属的范围**〕:"下列人为亲属:(一)六亲等之内的血亲;(二)配偶;(三)三亲等之内的姻亲。"——译者注

这样一个问题:盗窃犯只有与什么人之间存在亲属关系,才可以被认定存在本条的亲属关系? 对此,存在以下几种观点:(1)只要与所有人之间存在亲属关系即可(瀧川 113 頁);(2)只要与占有人之间存在亲属关系即可(中 148 頁、前田〔1988 年初版〕234 頁);(3)需要与所有人和占有人双方均存在亲属关系。其中,第(3)说是通说。最高裁判所的判例一直以来均认为,本条所谓亲属关系,是指"盗窃罪的直接受害人即占有人与罪犯之间的关系……而不是就该物之所有权人与罪犯之间的关系所作的规定",因而可以说,最高裁判所采取的是第(2)说(最判昭和 24·5·21 刑集 3 卷 6 号 858 頁);但下级裁判所的判例则既有采取第(2)说的(東京高判昭和 38·1·24 高刑 16 卷 1 号 16 頁),也有采取第(3)说的(札幌高判昭和 36·12·25 高刑 14 卷 10 号 681 頁)。然而,近年,最高裁判所就下述案件则明确采取了第(3)说:乙将现金暂时存放在甲处由甲代为保管,与甲并未居住在一起的甲的亲属丙窃取了该现金的,对于该案,是否应根据刑法修正之前的本条第 1 款后段(即现行刑法的本条第 2 款)的规定,按照亲告罪来处理,争议很大。对此,最高裁判所认为,"在盗窃犯窃取了所有人以外的其他人所占有的财物的场合,要适用《刑法》第 244 条第 1 款的规定,对于该条第 1 款所规定的亲属关系,就应该理解为,不仅要求盗窃犯与财物占有人之间存在,同时也要求与所有人之间也存在(这种亲属关系)"(最决平成 6·7·19 刑集 48 卷 5 号 190 頁〔243〕)。

这一问题与如何理解盗窃罪的保护法益有关。第(1)说尽管是根据本权说而提出,但不要求与那些基于租赁、租借、使用租借等正当权限而占有的占有人之间存在亲属关系,这就有违本权说之宗旨。可以说,第(3)说是将盗窃罪的保护法益理解为所有权以及占有这一观点的最终归结(不过,这种情况下的占有,仅限于值得刑法保护的合理占有)。这是因为,其前提在于,与占有人一样,所有人也是被害人,也同样拥有告诉权(井田 224 頁)。

不过,基于占有说的立场,也可得出同样的结论(参见牧野 603 頁、木村 116 頁。另见高橋直哉「判批」『判例時報』1543 号〔『判例評論』442 号〕249 頁)。这是因为,占有说,是主张财物的占有、持有本身是独立于所有权等本权的独立法益的学说,该说并不是连作为本权的所有权的法益性也要予以否定。反之,如果仅以占有作为盗窃罪等的保护法益,则理论上就应采取第(2)说。

(三)错误

对本条特例的法律性质的理解,直接影响到如何处理"对亲属关系的错误"。例如,甲误以为父亲乙占有的财物是父亲乙所有的财物而窃取,但实际上是丙寄放于此的财物，对此，按照专属一身的刑罚阻却事由说的观点，这种错误属于与行为的犯罪性毫无关系的错误，因而并不影响甲的罪责。[1] 但是，如前所述，如果认为本条第1款规定的免除刑罚，是基于责任减轻这一实质性理由，那么，就可以说，本条规定的是一种作为减轻类型的构成要件。因而，根据《刑法》第38条第2款的规定，这种情形下的错误就属于抽象的事实错误，应该适用本条第1款。[2] 反之，由于应该将本条第2款理解为基于政策说所作的规定，那么，即便对该款规定的亲属关系存在错误，也没有必要作为亲告罪来处理。[3]

（四）第1款与第2款之间的不均衡

对于本条第2款的情形以亲告罪来处理，而对于第1款的情形，却仅止于作为一种有罪判决的免除刑罚，与不予告诉的情形相比，从理论上讲，处于关系更亲近的亲属关系者，反而要受到不利益的处理。为了纠正这种不均衡，学界提出了以下观点：也可将第1款理解为亲告罪（团藤582頁）；可适用《刑事诉讼法》第337条的免诉处理（植松381頁）；准用《刑事诉讼法》第339条第1款第2项，按照驳回公诉来处理（藤木288頁、大谷224頁、中森120頁）。但是，作为解释论来说，上述观点均难免牵强，还是应通过立法来解决

---

〔1〕 大谷225頁、前田182頁、大阪高判昭和28·11·18高刑6卷11号1603頁〔245〕。但内田267頁则基于专属一身的刑罚阻却事由说的观点，认为也可准用本条规定。

〔2〕 曾根126頁、福岡高判昭和25·10·17高刑3卷3号487頁、広島高岡山支判昭和28·2·17判時31号67頁〔244〕。另外，根据违法减少说，也可得出同样的结论（参见中森119頁）。

〔3〕 对此，山口212頁认为，"按照对《刑法》第244条规定的特例的旨趣持违法减少说或者责任减轻说的学者的观点，《刑法》第244条第1款、第2款实际上规定的是一种减轻构成要件，因此，对亲属关系存在错误认识的，根据《刑法》第38条第2款的规定，就应该与实际存在亲属关系的情形一样，适用或者准用特例（具体而言，在违法减少说看来，由于只能认定存在与减少之后的违法性相对应的责任，因而是'准用'特例；在责任减少说看来，对亲属关系的认识属于责任减轻要件，只要没有这种认识，就不得适用特例，反之，既然存在这种认识，就应'适用'特例）。与此相反，在政策说看来，对亲属关系的认识错误，并不影响罪责。问题的关键在于，客观上是否存在亲属关系，如果客观上存在亲属关系，即便对此并无认识，也能适用特例；反之，如果客观上并不存在亲属关系，即便误以为存在，也不能适用特例（大塚210頁、大阪高判昭和28·11·18高刑集6卷11号1603頁）"（王昭武译·山口各论247頁以下）。——译者注

(参照《改正刑法草案》第334条[1])。[2] 由于第1款规定的免除刑罚是必要性免除,因而,在存在该款所规定的亲属关系的情形下,无论有无告诉,实际上都不会被起诉(参见濱邦久『大コンメンタール刑法〔第13巻〕』445頁)。

第三节 抢劫罪

抢劫罪与盗窃罪同属夺取罪(盗取罪),但在是否使用暴力、胁迫手段,以及对象是否不限于财物,还包括财产性利益等方面存在不同。刑法除规定了作为基本类型的抢劫罪(第236条)之外,还规定了作为准抢劫的事后抢劫罪(第238条)、昏醉抢劫罪(第239条),[3]更规定了作为其加重类型的抢劫致死伤罪(第240条)、抢劫强制性交等罪与抢劫强制性交等致死罪(第241条)。

一、抢劫罪

采取暴力或者胁迫手段,强取他人财物的,是抢劫罪,处5年以上有期惩役(第236条第1款)。

以前款方法,获取非法的财产性利益,或者使他人获取该利益的,与前款同(同条第2款)。

本罪的未遂(第243条)与预备(第237条),应当处罚。

(一)作为手段的暴力、胁迫

作为抢劫罪之手段行为的暴力、胁迫,必须达到足以压制被害人反抗的

---

〔1〕 日本《改正刑法草案》第334条:直系亲属、配偶或者同居的亲属之间,犯第320条至第323条之罪(盗窃罪、加重盗窃罪、非法使用汽车等罪、侵夺不动产罪)或者这些罪之未遂犯罪的,告诉的才处理(第1款)。直系亲属或者配偶之间,犯前款规定之罪的,可以免除刑罚(第2款)。——译者注

〔2〕 对此,山口208頁认为,"本书认为,这种不均衡,原本应通过立法途径来解决;不过,作为对现行刑法的解释,考虑到与第(2)款之间的均衡,可以作为一种'理所当然的解释',将第(1)款也作为亲告罪来处理(团藤第582頁)(对于即便犯罪事实得到确证,仍必须宣判免除刑罚的第1款,事实上,检察机关根本就不会提起公诉。虽然如此,但对于因未能判明亲属关系,而受到错误起诉的情形,作为一种解决方法,对此问题的争议与研究,仍不无意义)"(王昭武译·山口各论243页以下)。——译者注

〔3〕 前田199頁以下就是在"准抢劫"这一与"抢劫罪"相并列的标题之下,讨论"事后抢劫罪""昏醉抢劫罪"这两个具体罪名。——译者注

程度,这一点有别于恐吓罪(第 249 条)。[1] 要判断是否达到了足以压制被害人反抗的程度,必须综合考虑行为人以及被害人的性别、年龄、犯罪行为状况、有无凶器等具体情况(例如,東京高判昭和 29・10・7 東時 5 巻 9 号 380 頁〔254〕〔肯定〕、東京高判昭和 37・10・31 東時 13 巻 10 号 267 頁〔255〕〔否定〕)。但问题在于,是否以行为人实施的暴力、胁迫实际压制了被害人的反抗为必要?关于这一点,判例认为,是否属于作为抢劫手段的暴力、胁迫,即"是否达到了足以压制被害人反抗的程度,取决于按照社会一般观念是否达到了该程度这一客观标准,而不应以具体案件中的被害人的主观为标准来判断"(最判昭和 24・2・8 刑集 3 巻 2 号 75 頁〔252〕),通说也支持这种观点。*

* 客观区别的问题点　值得注意的是,如果根据手段的客观上的程度来区别抢劫罪与恐吓罪,则恐吓罪的性质就有从交付罪转变为夺取罪(盗取罪)的可能。这是因为,若将这一逻辑贯彻到底,那么,只要手段行为是恐吓,即便完全压制了被害人的反抗,也应成立恐吓罪,但是,在这种情况下,理论上不可能存在任意交付、处分财物的行为(尽管有瑕疵)。

然而,尽管从客观上看,已经达到了足以压制反抗的程度,但具体的被害人实际上并未被压制反抗的,对此如何处理就是一个问题。判例认为,这种情形应构成抢劫既遂(最判昭和 24・2・8 刑集 3 巻 2 号 75 頁〔252〕);[2][3] 但学界占支配地位的学说则认为,应构成抢劫未遂与恐吓既遂的想象竞合(大阪地判平成 4・9・22 判タ828 号 281 頁也持这种态度〔253〕)。在这种情况下,作为对《刑法》第 54 条的解释,[4] 所谓"其中最重之刑",是指对未遂犯罪,也按照不予未遂减轻的法定刑来确定(大判大正

---

〔1〕 压制对方的反抗,这是必要且充分条件。只要在以暴力、胁迫实际压制了对方的反抗的状态下夺取了财物,就成立抢劫罪。压制了对方的反抗,这是作为夺取罪之一的抢劫罪的本质性构成要件(单单是暴力、胁迫与财物的转移之间存在因果关系,这还不够),未能压制对方的反抗,但交付了财物的,不过是成立抢劫未遂(与恐吓既遂的想象竞合)(通说)。参见山口厚『問題探求 刑法各論』(有斐閣 1999 年)130 頁。——译者注

〔2〕 藤木 294 頁以下、前田 188 頁对此持支持态度,不过,如果被害人毫不畏惧,而是出于怜悯给了被告财物的,由于缺少抢劫罪所预定的因果关系,就只能构成抢劫未遂。

〔3〕 前田 188 頁认为,"既遂说会受到这样的批判:尽管实施了暴力或者胁迫,但对方连恐惧之心也未产生,反而是出于怜悯之心给予财物的,若彻底贯彻既遂说的观点,连这种情况也要成立抢劫既遂,这并不妥当。但是,对于因恐惧而交付的情形与出于怜悯而交付的情形,应该予以区别。在出于怜悯而交付的情形下,虽然也存在条件关系,但一般情况下,不能将那种怜悯情感的产生与暴力或者胁迫这种手段行为联系在一起。"——译者注

〔4〕 日本《刑法》第 54 条〔**一个行为触犯两个以上罪名时的处理**〕:"一个行为触犯两个以上罪名,或者犯罪的手段或结果行为触犯其他罪名的,依其中最重之刑处断。"——译者注

2·2·3刑録19輯173頁),因此,最终就是按照抢劫未遂来处断。[1] 也许判例重视的是举证的简易化,但由于本罪预定的因果关系是通过压制被害人的反抗而夺取财物,因此,这种情形还是应该被认定为抢劫未遂。反之,如果手段行为在客观上仅限于恐吓程度,即便因被害人生性胆小而实际达到了压制反抗的程度,也应该止于恐吓既遂。对于这种情况,也有观点认为,如果犯罪人事先知道被害人生性胆小,就应构成抢劫(团藤587頁、大塚213頁、大谷228頁、山口218頁、[2] 山中305頁、井田229頁),但既然采取的是客观标准,这种观点在理论上就不具有一贯性。

所谓"抢了就跑"的行为,虽然也是以暴力为手段,但只能构成盗窃罪。这是因为,这种情况下所实施的暴力并不是为了压制被害人的反抗。但如果是从背后推倒被害人,或者,因被害人抓住财物不放而继续对其实施暴力,根据行为的客观程度,当然也可以成立抢劫罪或者恐吓罪(最决昭和45·12·22日刑集24卷13号1882頁〔257〕、札幌地判平成4·10·30判タ817号215頁)。另外,如果出其不意殴打被害人致其昏迷的,由于已经压制了被害人的反抗,也应构成抢劫罪。因为,被害人感到恐惧这种心理状态,并非抢劫罪的必要要件。

(二)强取的含义

1. 暴力、胁迫与夺取之间的因果关系

暴力、胁迫与夺取财物、财产性利益之间,必须存在通过压制被害人[3]

---

〔1〕 但是,团藤588頁则认为,由于不能被评价为已经实施了恐吓行为,因而不能被认定为与恐吓既遂的想象竞合,而仅仅是抢劫未遂。但这种观点的疑点在于,虽然已经夺取了财物,却将已经夺取了财物这一点置于评价对象之外。

〔2〕 山口218頁认为,"作为压制反抗的手段,暴力或者胁迫是抢劫罪的要件,因此,实际上起到了压制反抗的效果的,就可成立抢劫罪;应以'客观标准'来判断是否达到了'足以压制反抗的程度',应该认为,这对于以下情况也是妥当的:虽然偶然出现了未能压制被害人反抗的情况,仍有可能成立抢劫未遂。因此,虽然实施的是通常情况下不足以压制反抗的暴力,但因被害人的特殊情况,而实际起到了压制反抗的效果的,对此,判断时就应考虑到被害人的这种特性,毋宁说,这也是符合'客观的判断'的。反之,如果行为人对这种特殊情况并无认识的,就不具有抢劫的故意,至多具有恐吓的故意(在此意义上,就不成立抢劫罪,而至多可成立恐吓罪)。总之,暴力或者胁迫是否能压制被害人的反抗,判断时也必须考虑到被害人的情况,行为人对这种情况的认识,与暴力或者胁迫本身是否具有压制反抗的性质这种判断无关,而是关系到行为人有无该认识(抢劫罪的故意)"(王昭武译·山口各论254页以下)。——译者注

〔3〕 大谷232頁〔新版第4版〕认为,"作为抢劫手段的暴力或者胁迫的对象,只要是能成为强取财物之障碍的人即可,不必是财物的所有人或者占有人(大判大正元·9·6刑録18輯1211頁)。"不过,山口219頁认为,"暴力或者胁迫的对象,应该限于(至少是)辅助占有人或者对财物的持有处于协助地位的人",也就是,"即便是对被害人以外的其他人实施了暴力或者胁迫,在一定限度之内,也可成立抢劫罪"(王昭武译·山口各论257页)。——译者注

的反抗而夺取财物、财产性利益这种因果关系。这种情形下的夺取，被称为强取。因此，在被害人的反抗被压制的过程中，实施下述行为的，就属于强取：在被害人没有察觉的情况下取得财物的行为（最判昭和23・12・24刑集2卷14号1883頁〔256〕）；接受被害人自己交出的财物的行为（東京高判昭和42・6・20東時18卷6号193頁）；在已被压制反抗的被害人逃走之后，拿走被害人落在现场的财物（名古屋高判昭和32・3・4裁特4卷6号116頁）；等等。但是，获取被害人在逃跑途中落下的财物的行为，则应构成抢劫未遂与盗窃既遂的想象竞合（名古屋高判昭和30・5・4裁特2卷11号501頁〔1〕）。

另外，通过窃取或者骗取等手段取得财物之后又实施暴力、胁迫的，由于暴力、胁迫并非夺取财物的手段，因而即便有可能成立第2款抢劫罪，也不能成立第1款抢劫罪（最决昭和61・11・18刑集40卷7号523頁〔260〕）。不过，判例也认为，出于抢劫的犯意，为了确保已夺取的财物而实施暴力、胁迫的，应成立第1款抢劫罪（最判昭和24・2・15刑集3卷2号164頁〔259〕。藤木293頁、大塚216頁、大谷232頁也持此观点）。如果盗窃尚处于未遂阶段，当然是这样（转化强盗），但如果盗窃已达到既遂阶段，则不无疑问。尽管我们有可能区别犯罪的既遂与终了，但既然刑法另外还规定了事后抢劫罪，那么，对于盗窃既遂之后所实施的暴力、胁迫，就理当以事后抢劫罪来处罚。

2. 抢劫杀人与强取的范围

出于抢劫的犯意，杀害了被害人之后再夺取财物的，当然属于抢劫杀人罪（第240条后段）（大判大正2・10・21刑録19輯982頁）。正是因为行为人杀害了财物的所有人，该财物才变成遗失物等脱离占有物，因而，这种情况不可能成立杀人罪与侵占遗失物等罪。〔2〕有观点认为，在杀害的瞬间即发生了财物占有的转移（木村133頁、植松403頁），但是，财物的转移也未免过快，并不妥当。对此应该理解为，杀害行为仅仅使财物脱离了占有，强取的结果发生在实际取得财物的时点（団藤572頁）。

问题在于，对杀人之后再取得财物的行为，可在什么范围之内被评价为抢劫杀人？如后所述，如果认为杀害之时便构成抢劫杀人罪的既遂，这种讨

〔1〕对于取走被害人在逃跑过程中落下的财物的情形，名古屋高判昭和30・5・4裁特2卷11号501頁认为，行为人取得财物，这并非“强取”行为的结果，亦即，并非因为压制了被害人为了确保自己的占有而实施的反抗，从而判定，不能认定存在强取，仅成立抢劫罪未遂。——译者注

〔2〕有关在旧刑法时期，侵犯继承人的占有的行为，参见大判明治39・4・16刑録12輯472頁。

论似乎并无实际意义。但是,既然抢劫杀人罪也是财产犯罪,那么,对该范围的认定在量刑上便很有意义,尤其是,在有其他人仅仅参与了取得财物的行为的情形下,就取决于对承继的共犯采取何种观点,只要是遵循通说观点,就会出现究竟是构成侵占遗失物等罪的共犯还是构成抢劫罪的共犯这种重大差异。

由于杀人行为是让占有人丧失占有的终极手段,只要是出于强取的意思实施了杀人行为,那么,即便其后的财物取得行为与杀人行为在时间上、场所上并无连续性,仍可以说,整体属于抢劫杀人(東京高判昭和53·9·13判時916号104頁便表明了这种倾向性)。但是,例如,杀人时仅仅瞄准的是被害人持有的现金,一周之后,想起被害人家里还有其他东西而再次去取的;或者,将尸体掩埋一周之后,想起被害人还带有戒指而将尸体重新挖出并取走戒指的,将这些行为认定为抢劫杀人,就未必妥当。当然,也不应该完全限于实施杀人行为当时所计划强取的财物。例如,甲打算杀害乙后夺取乙怀中的现金,实际实施杀人行为之后,又发现除了现金之外还有宝石,遂同时拿走了宝石的,对拿走宝石的行为,自然也应成立抢劫杀人。总之,由于杀人行为已使得财物脱离了占有,那么,能被认定与杀害当时的强取意思具有连续性、单一性的取财行为,就属于这里的强取。因此,例如,通过实施杀人行为而夺取了计划中的钱财,两天后,在掩埋尸体时又发现了其他钱财并取得的,就仅成立侵占遗失物等罪(若肯定"死者的占有",则成立盗窃罪[1])。反之,如果甲事先便已经做好计划,将乙杀害之后又赶到乙家拿走财物的,就可以说,该行为是抢劫杀人的结果。[2] *

* **以客观上的关系作为判断标准的观点** 町野163頁以下认为,不应考虑行为人的主观想法或者意图,而应该根据杀人行为与其后的占有取得行为之间是否存在直接联系这种客观上的关系来判断,因此,对于被前述仙台高判昭和31·6·13裁特3卷24号1149頁判定成立盗窃罪的案件,也可以认定为抢劫杀人;另外,在美国杀害了被害人,数月之后,从被害人在日本的家中拿走财物的,即便是按预先的计划实施了拿走财物的行为,也应否定成立抢劫杀人。但是,本书认为,只要不以侵害其他人的占有为必要,往往就可以说,杀人之后取得财物的行为与杀人行为之间存在直接联系,因而倒不如说,有必要从主观上加以限定。

---

〔1〕 仙台高判昭和31年6月13日裁特3卷24号1149頁认定构成盗窃罪。

〔2〕 在松山地区实施抢劫杀人行为之后,次日赶到东京,拿走被害人家中的财物的,参见東京高判昭和57·1·21刑月14卷1=2号1頁;对于将被害人杀害3至8天后,又到被害人家中夺取财物的行为,参见東京高判昭和60·4·24判タ577号91頁。

3. 实施暴力、胁迫行为之后的取得意思

出于其他目的，例如，出于强制性交的目的实施了暴力、胁迫，压制被害人的反抗之后再产生非法占有的目的并夺走财物的，这种行为是否构成抢劫罪呢？换言之，抢劫罪原本应该是出于强取财物的意思而实施暴力、胁迫行为，有别于此，行为人虽实施了暴力、胁迫行为，并且压制了被害人的反抗，但是，行为人并非出于强取财物的意思而实施，但在压制了被害人的反抗之后，行为人又产生了强取财物的意思，并实施了夺取财物的行为，但并未再另外实施作为手段行为的暴力、胁迫，而只是利用了先前行为所引起的被害人被压制的状态，那么，这种情形是否也可成立抢劫罪呢？

通说认为，必须存在指向强取财物的暴力、胁迫，但“不要说”也很有影响（藤木 294 頁、藤木英雄『新版刑法演習講座』〔立花書房 1970 年〕397 頁以下）。“不要说”的理由在于（参见藤木 302 頁）：(1) 第 238 条（事后抢劫）是因为在盗窃行为之后实施了暴力、胁迫行为，而被作为抢劫罪来处理，与此规定相比，在本类型之下，更容易认定暴力、胁迫行为与取得财物的行为之间存在因果关系；(2) 甲出于抢劫的目的而对丙实施暴力、胁迫行为，压制了丙的反抗之后，乙仅仅参与了夺取财物的行为的，通说认为，乙应构成抢劫罪的承继的共犯，* 那么，为了与这种情形保持均衡，利用自己的先行行为的，也应当被认定为抢劫罪；(3) 如果要求另外实施新的暴力、胁迫行为，那么，在被害人因最初的暴力而陷入昏迷的情况下，由于不存在实施新的暴力的可能性，因而不能构成抢劫罪，但这样一来，就会出现情节严重的反倒处罚更轻这种不合理的现象。但是，第 238 条（事后抢劫）终究只是一种例外类型，就抢劫罪而言，还是必须存在以实现强取财物为目的的暴力、胁迫行为。尤其是，抢劫罪并没有像《刑法》第 178 条（准强奸）那样，明文规定处罚那种利用被害人的不能抗拒状态的“乘机”行为，因此，无法采取“不要说”。

* 抢劫罪与承继的共犯　甲出于抢劫的目的对丙实施暴力、胁迫行为，压制了丙的反抗之后，乙仅仅参与了夺取财物的行为，对此，有以下几种处理方式：(1) 乙对自己并未参与的行为不承担责任，因而止于盗窃罪的共同正犯；(2) 甲的暴力、胁迫行为已使得丙处于恐惧状态，乙利用了甲的先行行为所造成的这种状态，因而应构成抢劫罪的共同正犯；(3) 乙参与了甲的强取行为（可左右强取的结果），因而构成抢劫罪的共同正犯（参见西田典之『刑法の基本判例』68 頁）。

尽管也有判例明确采取“（新的暴力、胁迫行为）不要说”（大阪高判昭和 47・8・4 高刑 25 巻 3 号 368 頁、東京高判昭和 57・8・6 判時 1083 号 150 頁

〔264〕),但判例的主流还是认为,必须为取得财物而另外实施暴力、胁迫行为(東京高判昭和48·3·26高刑26巻1号85頁〔261〕、大阪高判平成元·3·3判タ712号248頁)。不过,在自己的先行行为已达到了压制被害人反抗的程度的情况下,如果认为暴力、胁迫的程度只要达到能继续维持这一压制状态即可的话,那么,要认定存在新的暴力、胁迫行为,应该不是很困难。[1] 例如,出于强制性交的目的实施暴力、胁迫,压制了被害人反抗的,甚至可以说,犯罪人的存在本身,以及犯罪人的细微言行,都可以被谓为作为抢劫手段的新的胁迫。因此,上述对立观点对结论的影响,实际上仅限于那些杀害或者使得被害人昏迷之后再产生取得意思的情形。在此情形下,按照"(新的暴力、胁迫行为)不要说"的观点,也可以认定成立抢劫罪;但对昏迷的情形(高松高判昭和34·2·11高刑12巻1号18頁、札幌高判平成7·6·29判時1551号142頁〔262〕)、死亡的情形(最判昭和41·4·8刑集20巻4号207頁〔192〕),判例均判定成立盗窃罪,因而可以说,判例基本上是持(新的暴力、胁迫行为)必要说。[2]

(三)对象

1. 有关财物的含义,参见前述"盗窃罪"中的相关解说。与盗窃罪一样,第242条("有关属于他人占有等的自己的财物的特例")也适用于本罪。通说认为,由于这里的财物不包括不动产,因此,通过暴力、胁迫手段转移登记名义的场合自不用说,就是侵夺不动产的场合也是构成第2款抢劫罪;但本

---

〔1〕 出于强制猥亵的目的,殴打被害人,并将其双手绑在背后,在实施猥亵行为的过程中,被害人的手机响起,遂夺走了被害人的手机,对此,東京高判平成20·3·19判タ1274号342頁〔265〕认为,"对被告而言,只要没有解除捆绑状态,其乘违法侵犯自由的状态之机取得财物的,就相当于抢劫罪。"应该说,这种情形下,捆绑状态的持续,就可以被谓为指向强取行为的新的暴行、胁迫,因而也可以说,该判例采取的是必要说。

〔2〕 采取"(新的暴力、胁迫行为)必要说",认为必须实施新的暴力、胁迫,就必须明确这种新的暴行、胁迫的内容。一般认为,是由压制对方的反抗的人,再对已经被压制了反抗的人实施暴力、胁迫,因此,与通常的情形相比,(作为暴力、胁迫本身)只要是程度较低的暴力、胁迫即可(東京高判昭和48·3·26高刑集26巻1号85頁);或者,只要是能维持、持续该反抗压制状态的暴力、胁迫即可(大阪高判平成元·3·3判タ712号248頁)。但是,如果认为,只要是单纯地不解除反抗压制状态(也就是说,可成立以作为义务的存在为前提的不作为犯)即可,就存在问题。这是因为,要成立抢劫罪,并非只要引起了反抗压制状态即可,而必须是通过暴力、胁迫而引起了反抗压制状态,因此,只要不能认定存在以不作为方式实施的暴力、胁迫,就不能肯定抢劫罪的成立(参见町野155頁、酒井安行「暴行·脅迫後の財物奪取」『現代刑法講座〔第5巻〕』109頁)。山口222頁(王昭武译·山口各论261页)。

作为抢劫罪之要件的暴力、胁迫,是指向夺取财物的一系列因果进程(构成要件该当事实)的起点,并且,暴力、胁迫作为夺取财物的手段,属于构成要件要素,因此,必须是基于夺取财物的意思而实施。在此意义上,属于通说的"(新的暴力、胁迫行为)必要说"更为妥当。参见山口厚『問題探求 刑法各論』(有斐閣1999年)133頁。——译者注

书认为,通过压制对方反抗而转移(变更)登记名义,取得不动产之处分可能性的,也可构成第1款抢劫罪。[1]

2. 这里所谓"非法的财产性利益",不是指财产性利益本身是非法的,而是指非法地转移财产性利益。有关利益的转移,也存在几个需要明确的问题。

首先,问题在于,要认定存在财产性利益的转移,是否必须存在被害人的诸如免除债务、暂缓支付的意思表示等处分行为呢?对此,判例态度也有一个渐变的过程:最初,判例认为必须发生利益转移的外形上的事实,因而必须存在处分行为(大判明治43·6·17刑録16輯1210頁〔266〕[2]);其次,在出租车抢劫案中,则判定不需要做出免除债务这一意思表示(大判昭和6·5·8刑集10卷205頁〔267〕[3]);最后,明确表示应采取"处分行为不要说"(最判昭和32·9·13刑集11卷9号2263頁〔268〕[4])。在诈骗、恐吓的场合,尽管存在瑕疵,但作出了任意的意思表示,与此相反,在抢劫的场合,由于对方的反抗已经受到压制,因而没有介入以任意性为要件的处分行为的余地,因而不要说是妥当的。[5]

旧判例之所以采取必要说,其目的可能是为了限制第2款抢劫罪的处罚范围。因为,如果抽象地理解利益转移,那么,诸如债务人杀害债权人的行为、共同继承人中的某人杀害其他继承人的行为,就很容易也构成第2款抢劫罪。如前所述,第1款抢劫中的财物转移,完全是因暴力、胁迫而实现,因此,在上述案情下,财产性利益的转移,就必须存在可完全等视于此(第1款抢劫中的财物转移)的具体性与切实性。例如,即便是债务人杀害了债权人,

---

〔1〕与盗窃罪一样,抢劫罪也属于转移罪中的夺取罪,但不同于盗窃罪的是,抢劫罪的对象不仅包括财物,还包括财产性利益(前者被称为第1款抢劫罪或者抢劫取财罪,后者被称为第2款抢劫罪或者抢劫获利罪)。——译者注

〔2〕判例认为,以强制对方实施财产上的处分行为(包括作为或者不作为)为必要,债务人出于逃避债务的目的杀害债权人的,仅此尚不构成第2款抢劫罪(大判明治43·6·17刑録16輯1210頁〔266〕)。——译者注

〔3〕判例认为,即便没有让被害人做出不要求支付的意思表示,但只要使对方陷入无法提出支付要求的状态,从而得以逃避支付即可,不能说,总是以被害人的意思表示为必要(大判昭和6·5·8刑集10卷205頁〔267〕)。——译者注

〔4〕在杀害债权人以试图逃避偿还债务的案件中,判例更是认为,"与第1款之罪一样,只要使用足以压制对方反抗的暴力、胁迫手段,非法取得财产性利益即可,强制对方做出基于其意思的处分行为,这未必有必要",因此,即便是使债权人陷入事实上无法要求支付的状态,从而得以逃避支付的情形,也足以成立第2款抢劫罪(最判昭和32·9·13刑集11卷9号2263頁〔268〕)。这样,就明确改变了上述大审院判决(大判明治43·6·17刑録16輯1210頁〔266〕)的观点。——译者注

〔5〕山口223頁也认为,"要成立抢劫罪,以压制了被害人的反抗为必要,由此可见,意思受到压制的被害人根本就没有作出处分行为的余地,因此,处分行为不要说更为妥当"(王昭武译·山口各论262页)。——译者注

要成立本罪,也必须存在因债权人死亡而不再有人知晓该笔债务之存在这种理由,从而相当于创造了事实上的债务免除这样一种状态(最判昭和32·9·13日刑集11卷9号2263頁〔268〕的案件就属于这种情况);同时,还必须是行为人已认识到这种情况的存在。因此,唯一的继承人为了达到继承的目的而杀害了作为被继承人的父母的,此情形下,即便取得了继承人这种地位,但尚未由此引起第2款抢劫罪所预定的利益的具体性转移,因而不构成抢劫杀人(東京高判平成1·2·27高刑42卷1号87頁〔270〕[1]);还有,即便出于取得公司经营权的目的,杀害了实际上的经营者,并且也实际取得了经营权的,也不能说,因杀害行为本身而转移了"经营上的权益",因而,不属于抢劫杀人,不成立第2款抢劫罪(神户地判平成17·4·26判時1904号152頁〔271〕)。反之,从被害人处盗得银行的借记卡之后,由于不知道密码,于是,为了追问密码,对被害人实施了足以压制其反抗的暴力、胁迫的,对此,有判例认为,"同时掌握借记卡及其密码,可以说,是取得了通过操作ATM,在借记卡的存款余额的范围之内提取钱款的地位,这种经济性利益可以被视为同条(第236条)第2款所谓'非法的财产性利益',是具有足以值得与财物一样保护的具体性、现实性的利益",进而判定成立第2款抢劫罪(神户地判平成19·8·28公开刊物未刊登。判决已生效[2])。对于同样的案件,东京高等裁判所认为,"在窃取了借记卡的犯人向被害人追问密码时,尽管犯人并非由此取得了被害人的存款债权,但应该说,通过使用该借记卡及其密码,就事实上取得了通过ATM从该存款账户提取存款的地位这种财产性利益"(東京高判平成21·11·16判時2103号158頁〔273〕。通过驳回上告,确定了本判决),[3]从而撤销一审判决,判定成立第2款抢劫罪。通过追问密码,犯罪人自己或者通过其他共犯可以直接且容易地从ATM上提取现金,也可以汇款至其他账户,如果存在这种情况,也可以支持判例的这种结论。

3. 但是,其后,也有下级裁判所的判例扩大了第2款抢劫中的利益范围。

---

〔1〕对于该案,東京高判平成1·2·27高刑集42卷1号87頁认为,作为第2款抢劫之对象的财产性利益,与第1款抢劫中的财物一样,必须是在并未被压制反抗的状态之下,被害人能够任意处分的利益,然而,因遗产继承而实施的财产继承,人的死亡是启动遗产继承程序的唯一原因,并无加入任意处分这一观念的余地,因此,作为继承对象的财产性利益,并非被害人能够任意处分的利益,不属于作为第2款抢劫之对象的财产性利益,不成立抢劫杀人罪未遂。——译者注

〔2〕有关本判决以及相关判例的解说,参见樋口正行「判批」『研修』724号111頁。

〔3〕反之,作为本案一审的埼玉地判平成21年6月1日(公开刊物未刊登)认为,追问借记卡密码,尚不能被谓为,已存在达到可等视于第236条第1款所谓取得财物这种程度的具体性、现实性的利益转移,因而仅判定成立强要罪。

例如，在债务人杀害了债权人的案件中，由于在债权人处还保存着有关此债权的大量物证，因而不能说，杀害了债权人，债务人就事实上被免除了债务，即便如此，为了认定成立第 2 款抢劫罪，大阪高判昭和 59 年 11 月 28 日高刑 37 卷 3 号 438 頁〔269〕还是认为，虽然没有被永久性地免除债务，但只要取得下述利益即可：已经使债权人的继承人在短时间不可能迅速行使该债权，取得了完全可以被等视为，接受了债权人的暂缓支付这一处分行为的利益。然而，这种观点是存在疑问的。基于本判决所认定的事实，仍然有切实行使债权之可能，因而不具有利益转移的具体性、切实性，应否定成立第 2 款抢劫。诚然，在第 2 款诈骗与第 2 款恐吓的场合，判例、通说均认为，得以暂时延缓支付，这就相当于非法的财产性利益，因而主张第 2 款抢劫也是如此，这样考虑也不是没有可能。但是，如果将第 2 款抢劫的成立范围扩张延伸到如此程度，那么，其结果就是，凡杀害债权人的行为基本上都可构成有关第 2 款抢劫的抢劫杀人，本书认为，这种做法并不妥当。在本书看来，倒不如说，对于第 2 款诈骗与第 2 款恐吓中的利益转移的认定，应该予以限定性解释。

另外，被告从经营地下钱庄的甲处借款，相互约定了可以被谓为“暴利”的高额利息，为了逃避偿还该债务，试图杀害甲，但归于未遂，对此，大津地判平成 15・1・31 判タ1134 号 311 頁〔272〕认为，要么该借款合同因属于暴利行为而无效，要么根据《限制利息法》而可以被认定为已经清偿了债务，即便存在这种可能性，“容忍通过非法手段而扰乱财产法律秩序的行为，最终会使得个人无法实现其财产性正当权利或利益，因此，被免于支付因暴利行为所产生的债务，仍属于利益抢劫罪的对象”，进而判定成立抢劫杀人罪未遂。但是，如果借款债务显然无效或者显然不存在，连这种情形也要肯定成立第 2 款抢劫，应该说并不妥当（井田教授也持同样观点。参见井田良「刑法と民法の関係」『理論刑法学の最前線Ⅱ』62 頁）。

4. 在骗取财物之后（例如，起初便没有付钱的意思而吃了“霸王餐”之后），通过实施暴力、胁迫行为而达到了免于付款的目的的，对于此类行为人的罪责，下级裁判所判例的观点不尽一致：(1)仅构成第 1 款诈骗与暴行罪或者胁迫罪的并合罪（数罪并罚）（神户地判昭和 34・9・25 下刑 1 卷 2069 頁）；(2)构成第 1 款诈骗与第 2 款抢劫的并合罪（数罪并罚）（大分地判昭和 52・9・26 判時 879 号 161 頁）；(3)成立第 1 款诈骗与第 2 款抢劫，但作为包括的一罪，以其中的重罪，即第 2 款抢劫之刑来处断（大阪地判昭和 57・7・9 判時 1083 号 158 頁）。最高裁判所明确采取第(3)种观点（最决昭和 61・11・18 刑集 40 卷 7 号 523 頁〔260〕）。正如财物本身受到诈骗罪的保护一样，被害人所拥有的价款请求权也值得另外保护，因而应认定同时成立二罪，但由于其最终都是为了保护同一个财产性利益,因此,应该说最高裁判所的观点更为合适,即构成包括的一罪。另外,先行犯罪行为是盗窃行为,再通过实施暴力、胁迫行为而达到免于返还的目的的,除了成立事后抢劫的情形之外,就应该认定成立盗窃罪与第 2 款抢劫罪,而按其中的重罪,即第 2 款抢劫罪的包括的一罪来处罚(最决昭和 61 · 11 · 18 刑集 40 卷 7 号 523 頁〔260〕)。* 对此,也有观点认为,如果先行犯罪是盗窃罪,那么,后行行为就不过是不可罚的事后行为,因而不应成立第 2 款抢劫罪(古田佑紀「判批」『研修』464 号 63 頁);还有观点认为,尽管是共罚的事后行为,但只应择一成立盗窃罪或者第 2 款抢劫罪(町野 143 頁〔1〕),但这两种观点均难言妥当。

* 共罚的事后(事前)行为　对此,有批判意见认为,实施诈骗之后再逃避支付价款的,这就如同在盗窃之后损坏目的物一样,不过是不可罚的事后行为而已。但是,这种行为原本便不是不可罚的行为,而应属于共罚的事后行为。例如,在盗窃犯损坏盗得的赃物的场合,并不是不成立损坏器物罪,只是损害器物的行为已经完全被盗窃这一重罪所评价,因此,两罪的关系是,以重罪即盗窃罪处罚之时,便不再另外处罚该损坏行为。如果认为损坏行为不可罚,那么,仅仅参与损坏行为的共犯,或者,行为人在实施作为先行行为的盗窃行为之时无责任能力,(其后恢复责任能力而)实施了损坏行为的,都将无法予以处罚。即便是实施第 1 款诈骗之后再实施第 2 款抢劫的情形,诈骗也属于共罚的事前行为,只是因为抢劫罪相对更重,而仅成立第 2 款抢劫一罪。

二、事后抢劫罪

盗窃犯〔2〕窃取财物之后为了防止财物被追回,或者为了逃避逮捕,或者为了隐灭罪迹,而实施暴力或者胁迫的,以抢劫论(第 238 条)。

犯罪未遂的,应当处罚(第 243 条)。

(一)含义

对本罪含义的理解,观点不尽一致。有观点认为,盗窃犯逃跑之时很多时候会实施暴力、胁迫行为,着眼于刑事法学上的这一实际情况,从保护人身的角

〔1〕 町野 143 頁认为,属于共罚的事后行为,若不以盗窃罪处罚,就可以以第 2 款抢劫罪来处罚。——译者注

〔2〕 日文原文使用的是“窃盗”。但正如本书正文所论,“本条中的‘窃盗’这一用语,就是指‘盗窃犯’(盗窃罪的罪犯)”,因而这里直译为“盗窃犯”。——译者注

度来看,有必要对此类行为与抢劫行为作同样处断(大谷 240 頁);还可能有观点认为,盗窃犯在盗得财物之后,为了确保已盗得的财物而实施暴力、胁迫行为的,这种行为实质上可以被评价为,通过暴力、胁迫行为获取了财物,[1]因而应与抢劫作同样处断。事实上,旧《刑法》第 382 条就曾规定,“盗窃犯窃得财物之后,为抗拒追还而临时实施暴力或者胁迫的,以抢劫论”,也曾像现行刑法那样,扩大了目的范围,对此,当时的立法者也做出了相应说明,认为其旨趣也是如此(实质上可评价为通过实施暴力、胁迫行为而获取了财物)(田中正身『改正刑法釈義〔下巻〕』〔西東書房 1908 年〕1300 頁)。[2] 正如后面所要谈到的那样,如果采取后一种观点,会直接影响到本罪未遂的成立范围。

本条中的“窃盗”这一用语,就是指“盗窃犯”(盗窃罪的罪犯)。[3] 本

---

〔1〕 对本罪对象,山口 226 頁注(72)认为,“值得注意的是,这里并不以财产性利益作为其客体。准抢劫罪的规定,并非单纯的确认规定,而是抢劫罪的扩张规定”(王昭武译·山口各论 265 页)。——译者注

〔2〕 对此,松宫 217 頁认为,“事后抢劫罪增加逃避逮捕或者隐灭罪迹的目的,这一点有再考之余地”。应该说,这种观点是妥当的。

〔3〕 有学说认为,“抢劫犯”不包括在内。例如,大谷 243 頁〔新版第 4 版〕认为,本罪主体“不包括抢劫犯。抢劫犯出于逃避逮捕的目的等,实施暴力而致人伤害的,另外成立伤害罪。不过,如果能认定是乘抢劫之机致人伤害的,则成立抢劫伤人罪”;前田 201 頁认为,不包括抢劫犯的含义在于,“即便盗窃犯在离盗窃现场很远的地方以暴力手段伤害了他人,如果实施该暴力是为了逃避逮捕或者防止财物被追回的,就成立抢劫伤人罪(《刑法》第 240 条)。反之,如果是抢劫犯在离抢劫现场(与上述离盗窃现场大致)相同距离的地方伤害他人的,由于并不适用事后抢劫罪,因而在抢劫罪之外,仅成立伤害罪。这一点会很大程度上影响到对抢劫伤人罪的解释。”但山口 227 頁(王昭武译·山口各论 266 页)则认为,“由于可以认为,抢劫罪中也包括盗窃罪,因此,没有必要做这种限定性的理解(在认为也包括抢劫犯在内的场合,出于《刑法》第 238 条所规定的目的而实施暴力,造成伤害或者死亡的结果的,即便认为,只有因抢劫罪或者准抢劫罪的实行行为而引起了致人死伤的结果时,才成立抢劫致死伤罪,也仍然可肯定成立抢劫致死伤罪。不过,由于刑法并未规定针对利益的事后抢劫罪,因此,在实施第 2 款抢劫之后,出于《刑法》第 238 条所规定的目的实施暴力,造成伤害或者死亡的结果的,如果不将抢劫致死伤罪中的致人死伤的原因,较构成要件该当行为作进一步的扩张,就不能肯定成立该罪)”。

对本罪主体是否包括“抢劫犯”这一问题,松宫 236 頁以“抢劫之后的事后抢劫?”为题,作了详尽的分析:“第 238 条中的‘盗窃’,不包括‘抢劫犯’(多数说。反对意见,参见伊東 174 頁、山口 227 頁)。探讨该问题在如下情形下具有实际意义:抢劫结束之后,为了防止财物被追回,实施暴力、胁迫而致人死伤。如果将抢劫后的暴力、胁迫也作为抢劫罪来处理,则应成立抢劫致死伤罪(第 240 条),而非单纯的伤害罪、伤害致死罪或者杀人罪。乍看上去,只要抢劫行为之中含有夺取财物的行为,在该情形下,即便是盗窃犯,出于这种目的实施暴力、胁迫的,也被作为抢劫来处理,因而抢劫犯更是理所当然应包含其中。但是,这样考虑过于草率。”“原本来说,所谓抢劫,是指实施足以压制对方反抗的暴力、胁迫,强取财物等的行为。这里设想的是,在抢劫当时,被夺取财物的被害人的反抗受到压制。为此,在抢劫案中,被害人本人出于追回财物的目的而追赶抢劫

条属于既遂类型,通说、判例认为,本罪的未遂是指盗窃的未遂,因而本条的"窃盗"就意味着"盗窃既遂犯"。如果认为本条的"窃盗"也包括盗窃未遂,那么,如果盗窃未遂犯出于逃避逮捕的目的而实施暴力的,仅凭这一点就应构成本罪,这并不妥当。* 所谓"以抢劫论",不仅仅是指法定刑,在与其他条文(如第240条〔抢劫致死伤罪〕、第241条〔抢劫强制性交等罪、抢劫强制性交等致死罪〕)的关系方面,也意味着按抢劫论处。

* 旧规定 在平成7年(1995年)刑法修正之前,第238条规定,"盗窃犯窃取财物之后,为了抗拒追还,或者为了逃避逮捕,或者为了隐灭罪迹,而实施暴力或者胁迫的,以抢劫论",因此,有可能将"窃取财物之后"理解为,与抗拒追还、逃避逮捕、隐灭罪迹这些目的均有关系。并且,既然第238条规定的是既遂类型,作如此理解,也应该说是妥当的。但新规定修正为"窃取财物之后为了防止财物被追回,或者为了逃避逮捕,或者为了隐灭罪迹",显然,"窃取财物之后"仅与防止追回财物有关。其结果就是,也完全有可能作如下理解:在重视人身保护的场合,如果是出于逃避逮捕、隐灭罪迹的目的,则即便盗窃尚处于未遂阶段,也可按本条(既遂)处理。[1]但正如后面所要谈到的一样,通说、判例均认为本罪的既未遂取决于盗窃的既未遂,因此,这一点现在已不再是问题,但为了使这种解释更为明确,还是应该将"盗窃犯窃取财物之后为了防止财物被追回,或者为了逃避逮捕,或者为了隐灭罪迹"修正为"盗窃犯窃取财物之后,为了防止财物被追回,或者为了逃避逮捕,或者为了隐灭罪迹"。

(二)暴力、胁迫与盗窃机会的持续性

在事后抢劫罪中,如何把握暴力、胁迫的程度也是问题。也就是说,既然本罪也是以抢劫论处,那么,就不能是单纯的暴力、胁迫,而必须是达到足以

犯的情形是不太多见的。反之,在盗窃案中,被害人的反抗并未受到压制,出于追回财物的目的而追赶犯人的情形则比较常见。这是被害人作为权利人被允许的自救行为,为此,盗窃案的被害人遭受那些为了防止财物被追回的盗窃犯之危害的可能性也要更大一些。事后抢劫罪正是考虑到盗窃行为所具有的这种刑事学特性而设置的犯罪类型,这种观念则未必适合于抢劫的情形。""为此,主张第238条的'盗窃'不包含抢劫的多数说是妥当的。另外,超越第238条所规定的情形,对于盗窃犯在被害人尚未意识到财物被盗的时点,为了确保占有财物而实施的暴力、胁迫,理解为利益抢劫(第236条第2款),从而将事后抢劫解释为一种利益抢劫的做法,也是存在疑问的(出于就窃取或者诈取的财物逃避返还或者支付价款的目的,而实施了杀人未遂行为,对此,最决昭和61·11·18刑集40卷7号523頁判定成立利益抢劫杀人未遂,也是存在疑问的)"(王昭武等译·松宫各论192頁以下)。——译者注

〔1〕草野豹一郎认为,即便是在旧规定之下,也可作如此理解(参见草野豹一郎『刑法要論』〔有斐閣1956年〕342頁)。

压制被害人反抗程度的暴力、胁迫(福岡地判昭和62・2・9判時1233号157頁〔275〕、大阪高判平成16・2・19判時1878号155頁)。不过,从本罪的性质上看,暴力、胁迫的对象不限于盗窃的被害人,也可以是参与追捕的第三人或者警察。但考虑到本罪是以抢劫论处,盗窃行为与暴力、胁迫行为之间,有必要存在时间上、场所上的接续性,对此应该理解为,必须是在盗窃犯与被害人处于相互对抗、较量的状态的盗窃现场或者盗窃机会的持续过程中实施了暴力、胁迫行为。

例如,在他人住宅内盗得戒指之后,出于待会儿继续实施盗窃的意思,躲在天花板顶上吃东西、睡觉,被害人约1小时后回到家,察觉到家里被盗,而且盗窃犯就躲在天花板顶上,伺机报警,案发约3小时后警察闻讯赶到,因被警察发现,为了抗拒抓捕(逃避逮捕),用随身携带的刀具刺向警察面孔,致警察负伤,对此,最高裁判所认定处于"盗窃机会的持续过程中",判定成立事后抢劫致伤罪(最决平成14・2・14刑集56卷2号86頁〔279〕。参见安田拓人『平成14年度重要判例解説』151頁);又如,行为人潜入他人住宅,盗得装有现金的钱包与信封,离开时没有被任何人发现,也没有被任何人追踪,在离现场约1公里的公园内打发时间,数钱时,感觉3万日元太少,打算再去一次,约30分钟之后又折回到同一地点时,刚要进门便被已经回家的主人发现,为了抗拒抓捕(逃避逮捕),持刀威胁,乘对方胆怯后退之际逃走,对于本案,最高裁判所认为,"被告并不处于容易被被害人发现、被追回财物或者被逮捕的状况之下",因而不属于"盗窃机会的持续过程中"(最判平成16・12・10刑集58卷9号1047頁〔280〕);再如,被告潜入被害人家中,窃得手提包之后离开,没有受到任何人的追踪,顺利返回自己家中并放好赃物,但想到有可能已被被害人看到,大约15分钟之后又返回被害人住宅,出于隐灭罪迹的目的杀害了被害人,对此,东京高等裁判所撤销判定成立事后抢劫杀人罪的一审判决,改判成立盗窃罪与杀人罪,其理由在于,"由于被告已经完全脱离被害人一方的支配领域,因而适于认定为,并不处于容易被被害人等发现、被追回财物或者被逮捕的状况之下。就本案杀人行为,不能被谓为在盗窃机会的持续过程中所实施的行为"(東京高判平成17・8・16判タ1194号289頁〔281〕。本判决因被告人的上告被最高裁判所驳回而生效)。综合考察上述判例,可以看出,是否属于"盗窃机会的持续过程中",其判断标准在于,是否没有受到追踪,而完全脱离了被害人等的支配领域,即是否进入了所谓"安全区域"。

其他判定属于"盗窃机会的持续过程中"的判例还有:判例1,盗窃既遂犯人在逃离现场大约30分钟之后,距离大约1公里的地方,对被害人实施了暴力,造成伤害(広島高判昭和 28・5・27 判特 31 号 15 頁〔276〕);判例 2,被告因扒窃被列车员当场抓获,为了将其交给警察,列车靠站后,刚下列车进入月台之际,对列车员实施了暴力(最决昭和 34・3・23 刑集 13 卷 3 号 391 頁〔277〕);判例 3,被害人从犯罪现场骑车追赶被告,因未能发现被告而折返回现场,正巧被告因迷路而又出现在犯罪现场,遭到被害人的再次追赶,于是,用刀刺伤被害人(福岡高判昭和 42・6・22 下刑 9 卷 6 号 784 頁);判例 4,与被害人一起饮酒之后,趁被害人熟睡之际,盗取了被害人装有现金的钱包,为了隐灭罪迹,打算杀害被害人,因朋友恰巧来访,只得暂时放弃杀害被害人的打算,最终在实施盗窃后,时隔 11 个小时之后,杀害了被害人(千葉地木更津支判昭和 53・3・16 判時 903 号 109 頁);判例 5,两名盗窃罪犯在给被害人服下安眠药之后,窃取了被害人的信用卡与借记卡,并利用所盗得的银行卡实施了信用卡诈骗行为,还从 ATM 上取款,其后,为了隐灭罪迹,又让被害人服下安眠药,并用车将被害人带进山中,在盗窃行为后,时隔大约 40 小时之后,在距离犯罪现场约一百几十公里的别墅区,杀害了被害人(名古屋高判平成15・7・8 研修 669 号 85 頁);等等。就判例 4 而言,尽管时间上间隔很长,但考虑到是在被告人自己家中让被害人陷入睡眠状态,因而仍然可以说,被害人处于自己的支配之下,对抗、较量的状态依然在存续;就判例 5 而言,尽管时间上、空间上的间隔很大,但考虑到自始至终将被害人置于自己的控制之下,还是可以肯定成立事后抢劫的。[1]

另外,否定属于"盗窃机会的持续过程中"的判例还有:判例 6,在离盗窃现场约 200 米的地方,因受到正在巡逻的警官的职务盘问,而对警官实施了暴力(東京高判昭和 27・6・26 判特 34 号 86 頁);判例 7,盗窃未遂之后,在未受到追赶的情况下,来到离开犯罪现场 100 余米的地方,休息了大约 1 小时之后,打算回家而又走了 100 余米,正好遇到接到报案而正在四处搜查的警官,警官盘问他是谁、正在干什么,被告人遂赶紧逃走,且最终杀害了该警官(福岡高判昭和 29・5・29 高刑 7 卷 6 号 866 頁。但此判决留有疑问);判例 8,盗窃未遂的犯人,在经过被害人约 70 分钟的劝说之后,答应去自首,在与被害人一起去警署的途中,为了逃走,而对被害人实施了暴力、伤害,对此,判例认为,"在被告人答应 A〔被害人〕的劝说之时,即可视为逮捕状态已经消灭"(京都地判昭和 51・10・15 刑月 8 卷 9 =10 号 431 頁〔278〕);等等。

---

〔1〕 参见井上弘通「刑法 240 条における致死傷の結果と強盗の機会」『上村立郎判事退官記念論文集〔第 1 卷〕』(立花書房 2011 年)141 頁以下。

（三）与盗窃罪之间的关系

所谓“转化抢劫”，是指着手盗窃之后，或者在着手之前，因为被发现，转而出于强取财物的目的而实施暴力、胁迫的情形，这种情形属于第236条的抢劫。盗窃既遂之后，再通过实施暴力、胁迫行为而强取财物的，则予以包括性评价，只构成抢劫既遂一罪（高松高判昭和28·7·27高刑6卷11号1442頁）。与此相关联，问题在于，盗窃既遂之后，又出于抢劫的犯意实施了暴力、胁迫行为，由于很可能被逮捕，进而再通过实施暴力、胁迫行为才得以逃脱的，应如何认定行为人的罪责呢？如果这种情形被认定构成盗窃的既遂与抢劫的未遂的包括的一罪，相反，没有着手实施抢劫行为，只是通过实施暴力、胁迫行为而逃脱的，却要构成事后抢劫的既遂，显然，两者之间有失均衡。因此，为了逃脱而实施的暴力，就可以被视为，出于防止最初的盗窃行为所获取的财物被追回这一目的而实施，进而将其整体评价为一罪，认定构成事后抢劫罪的既遂（広島高判昭和32·9·25高刑10卷9号701頁）。不过，在盗窃既遂之后又着手实施了抢劫行为，由于听到警车的警笛声而逃走的，这种情况则构成盗窃既遂与抢劫未遂的想象竞合。

（四）本罪的未遂

通说、判例（最判昭和24·7·9刑集3卷8号1188頁）认为，事后抢劫罪的既未遂，取决于先行行为即盗窃的既未遂。[1] 因此，要构成本罪的未遂，就必须已经着手实施盗窃，即便是在着手之前被发现而实施了暴力，也不适用第243条（不作为本罪的未遂来处罚）（東京高判昭和24·12·10高刑2卷3号292頁）。还有，在“为了防止财物被追回”的情形下，不可能构成未遂；只有在逃避逮捕（抗拒抓捕）或者隐灭罪迹的情形下，并且，盗窃行为尚处于未遂阶段之时，才可以认定本罪的未遂。[2] 反之，也有观点认为，在盗窃尚处于未遂之时，构成本罪的未遂，这一点与通说的观点一致，但即便盗窃已达到了既遂，如果财物最终被追回，则仍属于本罪的未遂（植松394頁以下、曽根136頁）。本罪属于财产犯罪，其基本类型是，在盗窃行为的延长线上，出于确保所盗取的财物不被追回的目的而实施暴力、胁迫行为；而且，就

---

〔1〕 对于通说观点，山口229頁认为，“这种理解，不仅体现了事后抢劫罪的财产犯特征，而且，还很清楚地表明，作为先行行为的盗窃，不单是指盗窃犯是事后抢劫罪的主体，盗窃行为本身也构成了事后抢劫罪的法益侵害的一部分，盗窃才是事后抢劫罪的重要的构成要件要素。因此，事后抢劫罪是既遂还是未遂，并非取决于暴行或者胁迫本身是既遂还是未遂”（王昭武译·山口各论269页）。——译者注

〔2〕 大谷240頁认为，出于逃避逮捕（抗拒抓捕）、隐灭罪迹的目的之时，盗窃罪的未遂犯也可成为第238条（事后抢劫罪）的主体，但大谷第242頁又认为，盗窃行为处于未遂之时，本罪（事后抢劫罪）也属于未遂，不得不说，这之间是存在矛盾的。

防止财物被追回的行为类型,第 243 条也规定了未遂,考虑到这两点,可能后一观点更为妥当,但本书对此仍保留疑问。*

* 事后抢劫罪的未遂　之所以将事后抢劫罪作为抢劫来处罚,这是因为,在通过实施盗窃而获取了财物的情况下,作为确保已取得的财物不被追回的手段而实施了暴力、胁迫行为,可以认为,这一点与为了获取财物而实施暴力、胁迫行为的第 236 条,在规范性上是相同的。如果这样理解的话,下面的观点就完全有可能成立:本罪当然是以已获得财物为前提,因此,在盗窃尚处于未遂阶段之时,包括事后抢劫罪未遂在内,基本上不可能成立事后抢劫罪;[1] 在盗窃达到既遂之时,尽管实施了暴力、胁迫行为,但最终仍未能保住财物的,只有在这种情况下,才有可能成立事后抢劫罪的未遂。在此,仅限于提出疑问而不作进一步的探讨。

(五)本罪的预备

判例认为,事后抢劫罪也可以成立预备犯罪(最决昭和 54・11・19 刑集 33 卷 7 号 710 頁〔274〕。团藤 598 頁、大谷 254 頁、前田 218 頁也是同样旨趣)。具体而言,出于在着手盗窃之后一旦被发现,即实施暴力、胁迫以便于逃走这一意图,而随身携带凶器的,这种情形就属于事后抢劫罪的预备犯罪。可以想见,该观点会遭受下述批判:从刑法典条文的先后顺序来看,由于是在预备罪(第 237 条)之后再规定了事后抢劫罪,因此,第 237 条中所谓"出于抢劫的目的",就不应包括事后抢劫的目的。然而,不可否认的是,出于昏醉抢劫(第 239 条)的目的而准备安眠药的行为,也符合第 237 条的规定,因而,可以说,条文的具体位置并不能成为决定性的根据。另有有力观点认为,如果处罚事后抢劫的预备行为,可以说,这实质上就是处罚盗窃的预备行为,而盗窃的预备行为在现行刑法中并不具有可罚性,因此,认为事后抢劫罪也可以成立预备犯罪的观点并不妥当(大塚 237 頁、[2] 内田 284 頁、曾根 136 頁、中

---

〔1〕 参见西村克彦『強盗罪考述』(一粒社 1983 年)118 頁以下。但该书认为,无法想象本罪可能存在未遂犯。

〔2〕《刑法》第 237 条所谓"出于抢劫的目的",是否包括出于犯准抢劫之罪的目的呢?就事后抢劫罪,判例持肯定态度(最决昭和 54・11・19 刑集 33 卷 7 号 710 頁),也有不少学者表示赞同。然而,基于下述理由,还是应该否定这一点:首先,在刑法典上,本条规定位于准抢劫罪的规定之前,由此可见,刑法是将出于犯准抢劫之罪之目的的情形排除在外的;其次,在不存在盗窃的情况下,不可能存在事后抢劫罪,作为对刑法不处罚盗窃预备这一点的(当然)解释,处罚事后抢劫罪的预备并不合适;再者,即便是就昏醉抢劫而言,从预备阶段即予以处罚,实际上也并无多大必要性。参见大塚 237 頁。——译者注

森 127 頁、松宫 231 頁、[1]高橋 273 頁)。但是,首先,就事后抢劫,第 238 条规定的是“以抢劫论”(大谷 254 頁);其次,转化抢劫与事后抢劫的差别仅有“片纸之隔”(山口 230 頁以下、[2]井田 253 頁),考虑到这些,本书还是认为,判例的观点更为妥当(在此问题上,本书修正了以往观点)。

（六）本罪是否是身份犯

就本罪是不是身份犯这一点,尚存争论。例如,盗窃犯甲从丙处盗得财物后逃走,并对追赶过来的丙施以暴力,乙在知情的情况下仍参与了甲的暴力,结果使丙负伤,这里的问题是,乙能否构成事后抢劫(致伤)的共同正犯或者帮助犯? 对此,判例之间、学说之间观点并不一致,主要有以下几种观点:(1)认为盗窃犯这一地位相当于第 65 条第 2 款的加减的身份、不真正的身份,甲成立抢劫致伤罪,而乙仅成立暴行罪或者伤害罪(東京地判昭和60・3・19 判時 1172 号 155 頁〔283〕、内田 285 頁、大谷 243 頁、松宫 235 頁);(2)认为盗窃犯这一地位相当于第 65 条第 1 款的构成的身份、真正的身份,乙构成事后抢劫(致伤)的共犯(大阪高判昭和 62・7・17 判時 1253 号 141 頁〔284〕、前田 200 頁、堀内 135 頁);(3)认为盗窃犯这一地位属于何种身份

---

〔1〕 对此,松宫 231 頁认为,“对于本条(《刑法》第 237 条)的‘抢劫之罪’是否也包括事后抢劫罪(第 238 条)与昏醉抢劫罪(第 239 条)这一问题,现在依然存在争议。对于出于事后抢劫之目的的情形,虽然有判例承认本条之适用(最决昭和 54・11・19 刑集 33 卷 7 号 710 頁),但对此是存在疑问的。因为,如下所述,对事后抢劫罪(第 238 条),应该将其理解为身份犯——加减的身份犯(第 65 条第 2 款),其主体是具有通过着手实行盗窃罪而获得的‘盗窃犯’这种身份者,而在行为人获得‘盗窃犯’这种身份之前,就将其与抢劫犯作同样对待,显然不妥当。而且,倘若可以适用,如果我们问一下(趁家中无人时)入室盗窃的盗窃犯,在被人发现将要被捕时,是否有不惜实施暴力、胁迫也要逃脱的打算,想必几乎所有盗窃犯的回答都是肯定的,那么,就会出现应该将入室盗窃的预备行为全部作为事后抢劫罪的预备来处理这种结果。进一步而言,从该规定被作为第 237 条,规定在第 236 条(抢劫罪)之后可见,不仅是第 238 条,对第 239 条适用本条,也是值得怀疑的(同旨,大塚 237 頁)。那种认为也应适用本条的观点,无非是认为,正因为行为人起始便打算实施以暴力、胁迫为手段的凶恶犯罪,因而有必要对其预备行为进行处罚”(王昭武等译・松宫各论 188 页)。——译者注

〔2〕 山口 230 頁以下认为,“条文本身在位置上的先后,并不能成为决定性理由(事实上,对于规定在事后抢劫罪之后的昏醉抢劫罪(《刑法》第 239 条)的预备,很多学者也认为具有可罚性);在具有事后抢劫的意思的场合,已不能说,这仅属于盗窃的预备;而且,若按照反对说的观点,对于具有转化抢劫的未必的故意的场合,也应否定成立抢劫预备罪,这并不合适。由此可见,还是应该认为,事后抢劫罪的预备同样具有可罚性。当然,事后抢劫罪,是在实际实施暴力或者胁迫之后,不过是作为其结果才成立的犯罪,从这一视角来看,认为事后抢劫罪的预备具有可罚性,也不是完全没有疑问”。而且,“基于将事后抢劫罪理解为身份犯的观点,还可以提出这样的理由:在预备阶段,尚不具有‘盗窃’这一身份,因而可否定预备的可罚性。但是,正如后面所要谈到的那样,认为事后抢劫罪是身份犯,这种理解本身就存在问题”(王昭武译・山口各论 270 页)。——译者注

应区别对待,在出于防止财物被追回这一目的的场合,相当于第 65 条第 1 款的身份(违法身份),而在出于逃避逮捕(抗拒抓捕)或者隐灭罪迹这一目的的场合,则相当于第 65 条第 2 款的身份(责任身份),乙只有在前一场合才构成事后抢劫(致伤)的共犯(佐伯仁志「事後強盗罪の共犯」『研修』632 号 3 頁);(4)认为事后抢劫罪不是身份犯而是结合犯,该观点还可进一步分为二种具体观点,其一,根据承继的共犯的理论,承认存在承继,认为乙应构成事后抢劫(致伤)的共犯(中森喜彦「判批」『判例時報』1273 号〔『判例評論』353 号〕216 頁);其二,否定存在承继,认为乙仅属于暴行罪或者伤害罪的共犯(山口 233 頁、[1]山中 325 頁、松原 255 頁〔肯定有成立第 2 款抢劫罪的共同正犯的余地〕)。

这一问题的实质最终可归结为,究竟应采取下述哪一种立场:立场 1,乙毕竟只是参与了暴力行为,应仅仅在暴行罪或者伤害罪的限度之内追究其罪责;立场 2,乙尽管只是参与了暴力行为,但该行为是为了防止甲所窃取的财物被追还,因而具有财产犯罪的实质,可追究其事后抢劫的罪责,但如果甲的盗窃犯罪归于未遂,由于不具有财产犯罪的实质,就不能将乙认定为事后抢劫的共犯。事实上,这种情况既可以根据身份犯的理论也可以根据承继的共犯的理论来解决。如果采取立场 1 的观点,根据身份犯理论来解决,则第 238 条所谓"盗窃犯"就属于第 65 条第 2 款之身份;反之,若根据承继的共犯的理论来解决,对于事后抢劫这一点,就应否定存在承继。反之,如果采取第(2)种立场,则无法根据身份犯理论来解决。这是因为,在甲的盗窃行为达到既遂的场合,可以是第 65 条第 1 款的身份,但如果连甲止于盗窃未遂之时,也要根据第 65 条第 1 款,让乙承担事后抢劫(致伤)的罪责,就并不妥当。在这一点上,如果认为本罪属于结合犯,则完全有可能采取立场 2 的观点。理由在于,在甲的盗窃行为达到既遂的场合,事后的暴力(胁迫)就实质上可以被评价为抢劫的手段,对于知情参与的乙,也可以认为其承继了事后抢劫的部分,而可以肯定成立事后抢劫(致伤)罪的共犯;在甲的盗窃行为止于未遂的场合,由于实质上并不能将事后的暴力(胁迫)评价为抢劫的手段,因而乙并未承继事后抢劫的部分,只能在暴行(胁迫)罪或者伤害罪的限度之内成立

---

〔1〕 山口 233 頁认为,"将事后抢劫罪理解为,盗窃罪与暴行罪、胁迫罪的(一种)结合犯,要更为妥当。具体而言,在事后抢劫罪中,盗窃与暴力、胁迫一起成为该罪的法益侵害的内容;并且,在与抢劫罪、抢劫罪未遂做相同处罚的事后抢劫罪、事后抢劫罪未遂中,要求实际实施了暴力、胁迫;再者,由于事后抢劫罪是针对财物的犯罪,事后抢劫罪的既遂、未遂就理应取决于盗窃的既遂、未遂。按照这种理解,仅参与了暴力、胁迫的后行行为人的罪责,就取决于是否成立承继的共犯;按照承继的共犯否定说,就不过是追究其作为暴行罪、胁迫罪的共犯的罪责"(王昭武译 · 山口各论 272 页以下)。——译者注

共犯。不过,即便是持结合犯说,依据后行者的行为与已经过去的事实——先行者的行为及其结果——之间并无因果关系这一理由,基于承继的共犯否定说(基本不承认承继的共犯)的立场,也可得出这样的结论:即便是在甲的盗窃行为达到既遂的场合,乙仍然只能构成暴行(胁迫)罪或者伤害罪的共犯(山口 233 頁、山中 325 頁)。但是,第 238 条是第 236 条第 2 款(利益抢劫)的一种特别类型,只要甲的盗窃行为达到既遂,甲出于第 238 条所明文规定的目的(防止财物被追回的目的)实施的暴力、胁迫,就完全可以作为阻碍被害人等实现返还赃物这一要求的行为,在可以成立第 2 款抢劫的限度之内,成立与此属于法条竞合的关系的事后抢劫罪。并且,甲所实施的暴力、胁迫行为,事实上决非已经过去的事实,而完全属于正在实施的犯罪,因此,即便是持承继的共犯否定说,也不得不承认,乙应构成事后抢劫(致伤)罪的共犯。由此可见,应将本罪理解为结合犯而非身份犯,而且,在先行者的盗窃行为达到既遂的场合,对于知情而仅参与作为事后抢劫之手段行为的暴力(伤害)、胁迫的后行者,在可以构成第 2 款抢劫罪的限度之内,应成立事后抢劫(致伤)罪的共犯。

三、昏醉抢劫罪〔1〕

使他人昏醉而窃取其财物的,以抢劫论(第 239 条)。

犯罪未遂的,应当处罚(第 243 条)。

所谓使他人昏醉,是指通过使用安眠药、麻醉药、酒精等,使他人的意识出现暂时性或者持续性障碍的行为。〔2〕 昏醉的手段本身也有可能被作为未经被害人同意而行使有形力的行为,而被认定为属于抢劫罪中的暴力行为,但由于刑法并未规定暴力的含义,因而应按照本条规定,对此情形也准用抢

〔1〕 本条是与旧《刑法》第 383 条相同的规定,不过删除了有关"使他人昏醉"的方法的例示。本罪与事后抢劫罪一同被称为"准抢劫罪"。——译者注

〔2〕 山口 234 頁(王昭武译·山口各论 274 页)指出,"昏醉所造成的意识障碍本身,对昏醉抢劫罪的构成要件而言,这属于理所当然的前提,因此,不属于抢劫致伤罪(《刑法》第 240 条)中的'负伤'(中森 113 頁)"。对此,松宫 238 頁(王昭武等译·松宫各论 194 页)也认为,"昏醉所伴有的意识障碍仅由本罪评价,不构成抢劫致死伤罪(第 240 条)"。——译者注

劫罪,在此意义上可以说,本条更加明确了这一旨趣(大塚 226 頁〔确认性规定〕[1])。[2] 适用本罪必须是行为人自己使被害人昏醉,不包括利用被害人已处于昏醉状态的情形。[3]

一般认为,本条也处罚预备行为。但如同事后抢劫的情况那样,也有观点主张不应适用预备罪的规定(第 237 条)(大塚 237 頁、松宫 231 頁以下)。

例如,B 与 C 曾数次趁到酒吧消费之机,通过对店主下安眠药,实施昏醉抢劫。某日,因手头拮据,又计划到 X 经营的酒吧实施同样手段的昏醉抢劫,C 事先准备了安眠药,并邀约 A 女一同参与。A、B、C 三人具体商量了如何使 X 昏醉的方法之后,按计划进入目标酒吧。在其他客人都离开之后,继续劝 X 一起喝啤酒,并让 X 喝下 C 偷偷下入的安眠药。X 尽管已有些意识蒙眬,但始终没有进入熟睡状态,按捺不住的 B 打算直接通过暴力使之昏迷之后夺取财物。于是,B 用拳头数次殴打 X 的面部,并用脚踢对方,致 X 受伤昏迷。其间,A 一直在旁边目睹了这一切。其后,B 与 C 从 X 的包中拿走现金。对于 B 出于抢劫财物的意图而实施了暴力这一点,A 存在认识,并在 C 的催促之下,拿走了抽屉中的数千日元。对此,东京地方裁判所认为,"对于以暴力或胁迫作为手段、与昏醉抢劫在手段方法上存在质的不同的普通抢劫,如果不能认定存在共谋,对于由其他共犯的暴力所引起的伤害结果,就不

---

〔1〕 大塚 226 頁注释(1)认为,使用安眠药、麻醉药、催眠术等行为,从广义上讲,这属于行使有形力的一种具体类型,可包含在暴力概念之内。由于现行刑法并未就暴力概念规定其定义,在解释论上,就有可能将上述情形排除在暴力之外,因而现行刑法特别设置了本条规定。为此,采取典型形态的暴力而使人昏倒的,当然属于普通抢劫罪,而不应纳入本罪的昏醉之中。另外,例如,摁住被害人,强行对其注射麻醉药的,也属于普通抢劫罪。——译者注

〔2〕 但山口厚认为,本规定之旨趣在于,在不通过暴力、胁迫而压制反抗的各种形态之中,也有通过使对方"昏醉"这一方法,创造出压制反抗的状态,进而"盗取"财物的情形,正是考虑到这种行为的危害性,才作为抢劫(而不单是伤害与盗窃)来处理,而并非像部分学者所主张的那样,本规定只是一种确认性规定(大塚 226 頁注[1]、西田〔第 5 版〕180 頁),即昏醉这一手段也可被谓为暴力。这是因为,即便从规定的形式上看,仅就对象是财物时,才确认为抢劫(值得注意的是,作为立法论而言,该规定是否妥当,这另当别论,按照现行法律的规定,对于通过使之昏醉而获取财产性不法利益的行为,并不构成昏醉抢劫),这有点过于奇妙;而且,在将安眠药混入饮料中,而使之昏睡的场合,既然被害人就将饮料喝入身体之中这一点表示了同意,就不存在"有关法益的错误",该同意就是有效的,只要采取这种观点,就无法肯定存在暴力。至于强行让对方服用安眠药、用渗入了麻醉药的手帕捂住对方的嘴使之休克等,当然能肯定存在暴力,那属于普通的抢劫罪(采取使之昏醉而获取财产性不法利益的行为,事实上,就可肯定成立以这种形式的暴力所实施的普通抢劫罪)。参见山口厚『問題探求 刑法各論』(有斐閣 1999 年)134～135 頁。——译者注

〔3〕 从已经处于昏醉状态的被害人处夺走财物的,仅构成盗窃罪(名古屋高判昭和 29・10・28 高刑集 7 卷 11 号 1655 頁)。——译者注

能直接让被告A承担罪责”，因而属于昏醉抢劫的未遂；但在利用B所创造出的X不能抗拒这一状态而夺取了钱款这一点上，A应当承担作为抢劫罪之承继的共犯的罪责（東京地判平成7・10・9判時1598号155頁）。如果A、B之间的共谋仅限于昏醉抢劫，那么，以暴力为手段行为的（普通）抢劫就属于共谋的射程之外的行为，因此，应该理解为，对B所导致的抢劫致伤结果，不能让A承担罪责。

四、抢劫致死伤罪

抢劫致人负伤的，处无期徒役或者6年以上有期徒役；致人死亡的，处死刑或者无期徒役（第240条）。

犯罪未遂的，应当处罚（第243条）。

1. 判例（最判昭和23・6・12刑集2卷7号676頁）、通说认为，这里所谓“抢劫”，就是指抢劫犯，而不问是既遂还是未遂。不仅是指第236条的（普通）抢劫，还包括事后抢劫、昏醉抢劫的抢劫犯。[1]

2. 由于本罪是以结果加重犯的形式规定的，那么，是否包括出于伤害、杀人故意的情形呢？对于抢劫杀人的情形，过去曾有判例将其认定为杀人罪与抢劫致死罪的想象竞合（大判明治43・10・27刑録16輯1764頁。小野244頁、瀧川132頁、香川531頁对此持支持态度），其后，判例改变了态度，仅适用第240条后段（大連判大正11・12・22刑集1卷815頁），通说也支持此观点。如果认定成立两罪，无疑是对死亡结果作了双重评价，并不妥当，还是只应适用第240条后段。因此，本条包括抢劫杀人、抢劫致死、抢劫伤人、抢劫致伤这四种构成要件。*

* 改正刑法草案　《改正刑法草案》分别规定了抢劫致死罪（第327条后段）与抢劫杀人罪（第328条），由此既解决了该问题，同时也对两罪设定了不同的法定刑。

3. 对于死伤结果，虽有观点认为，应限于由抢劫手段即暴力、胁迫所引起（“手段说”）（瀧川131頁），但判例、通说则认为，只要是在抢劫的机会之下

〔1〕 山口235頁认为，“这里的‘抢劫’，不仅是指抢劫罪（《刑法》第236条）及其未遂的犯罪人，还包括‘以抢劫论处’的事后抢劫罪（《刑法》第238条）及其未遂、昏醉抢劫罪（《刑法》第239条）及其未遂的犯罪人（参见大判昭和6・7・8刑集10卷319頁）”（王昭武译・山口各论275页）。——译者注

所产生即可("机会说"[1])(最判昭和24・5・28刑集3卷6号873頁〔286〕[2])。[3] 既然本条所谓"抢劫"也包含事后抢劫,手段说显然不妥当;考虑到与此之间的均衡,在普通抢劫的场合,也应该采取机会说。这是因为,如果盗窃犯为了逃避逮捕(抗拒抓捕)而对追击者施以暴力并造成死伤结果的,可根据第238条的规定,适用第240条;而在普通抢劫的情况下,即便是实施了同一行为,仅基于行为人并非盗窃犯这一理由便不能适用第240条,这并不合理。但是,如果仅仅考虑"在抢劫的机会之下",就会将其他本不应包括进去的情形也包括进去,例如,抢劫犯在逃跑途中,偶然碰到一直以来便想杀之而后快的某人而将其杀害的;还有,抢劫共犯相互之间发生内讧而杀害团伙的。为了将此类情形排除在外,有力观点主张,应限于由与抢劫行为具有密切关联性的行为所引起的结果(大塚231頁、大谷248頁、曽根138頁),[4]但这种限定尚难言充分(中森130頁注55)。按照上述机会说的实质性根据,就应该直接限于,作为抢劫手段的暴力、胁迫,以及类似于事后抢

---

〔1〕 例如,大判昭和6・10・29刑集10卷511頁认为,在抢劫的机会之下,实施残虐行为的不在少数,因此,是将此类行为作为严重情节加以规定。——译者注

〔2〕 该案大致案情为:抢劫犯在试图逃走之际,用日本刀刺中追赶而来的被害人的下腹部,杀害了被害人。——译者注

〔3〕 又如,抢劫杀人行为终了之后,行为人基于新的犯意,在其他机会之下杀害了目击证人的,最判昭和23・3・9刑集2卷3号140頁认为,尽管两个行为在时间上接近,后面的杀人行为也是出于隐灭罪迹的意图,但仍应另外构成独立的杀人罪,不能作为在抢劫机会之下的杀人,而被包含在抢劫杀人罪之中,最终否定成立抢劫杀人罪。——译者注

〔4〕 例如,对于未被抢劫犯发现的被害人为了避险而自己跳楼受伤的案件,東京地判平成15・3・6判タ1152号296頁判定成立抢劫致伤罪。该案大致案情为:被告等在位于大楼二楼的中式风俗店,持看上去像手枪的气枪胁迫店长B等4人,让他们在该店铺的接待室集中,并且压制其反抗,抢走了现金6万日元。当时,该店的经营者A女正在其他房间休息,虽然被告等尚未发现A女,但A女察觉到被告等的入室抢劫之后,感到自己也有可能被抓住,极度恐惧之下,为了躲避危险,试图从窗口跳下而逃走,但因没有站稳而直接摔倒在地上而受伤。对此,判例认为,"……由于在抢劫的机会之下,伴有致人负伤等的行为的情形不在少数,因此,作为抢劫罪的加重类型,规定了'抢劫(犯)致人负伤的',成立抢劫致(死)伤罪。由此可见,要成立抢劫致死伤罪,仅仅是在抢劫现场发生了致人死伤的结果,还不足以成立,必须是能够被评价为,伤害等结果的发生,是基于抢劫犯在抢劫时所通常实施的行为……比照受害店铺当时的情况以及被告人等的行为样态,当时在店铺的人,即便没有被气枪顶住,但亲眼看到被被告等用气枪顶住,并受到胁迫的B等人的情况,要不被被告等发现逃出店铺,事实上是很困难的,如果被被告等发现,就会与B等人一样遭受胁迫,他们这样考虑,也是很自然的事情,因此,被告等用气枪顶住B等人进行胁迫的行为,可以被评价为,该胁迫的威力已经客观上影响到(当时)在店铺内的所有人……抢劫当时,被告等尽管对A在店铺之内这一点,并无具体的认识,但处于完全可认识到A之存在的状态之下,被告等用气枪顶住B等人的行为,可以被评价为,客观上对当时在店铺之内的A也实施了胁迫,因此,只要A是由此而陷入恐惧状态之中,进而打算从窗口跳到地上,导致受伤,认定被告等承担抢劫致伤罪的罪责,就是妥当的。"——译者注

劫的情形下所实施的暴力、胁迫。[1]

4. 本条所谓死伤结果，只要是由在抢劫的机会之下所实施的暴力、胁迫所引起即可，不仅包括暴力行为的结果加重犯，还应包括胁迫行为的结果加重犯（大阪高判昭和60・2・6高刑38卷1号50頁）。* 但是，至少对暴力、胁迫行为必须存在故意，诸如在抢劫过程中不小心踩死婴儿的情形那样，应当将这种属于纯粹的过失犯的死伤结果排除在外（大塚233頁、大谷248頁。藤木300頁持反对意见）。[2] 而且，考虑到本条的法定刑很重，一直以来均认为，应该将轻微伤害排除在外（伤害概念的相对性[3]），但根据2004年的刑法部分修正，本条前段的有期刑的最低刑期已经降至6年惩役，[4] 可以说，已以立法形式基本解决了此问题。

* 胁迫致伤　抢劫犯出于胁迫的目的，用日本刀逼近被害人，被害人由于抓住日本刀不放而受伤。对此，有判例认为，用日本刀逼近被害人这一行为本身就相当于暴力行为，因而，应构成抢劫致伤（最决昭和28・2・19刑集7卷2号280頁〔40〕）。然而，如果认为本条也包括胁迫的结果加重犯，则至少就抢劫罪而言，没有必要对暴力概念进行这种扩张解释。

5. 就本罪未遂（第243条）的含义也存在争议。判例、通说认为，本罪重视的是保护人身安全，只要出现死伤结果，即便抢劫尚属未遂，也构成本罪的

---

〔1〕这种观点被称为“扩张的手段说”，山口236頁也持此观点。——译者注

〔2〕伤害的故意：由于本条具有抢劫的结果加重犯的一面，因而不需要对属于重结果的伤害存在认识。另外，有学说认为，从“致人负伤的”这一用语来看，至少应存在暴力的故意，因而不包括过失致伤的情形（团藤595頁）。的确，在几乎所有情形下，都存在作为抢劫之手段的暴力，都能认定存在暴力的故意。但是，将所有过失伤害的情形一概排除在外，却并不妥当。抢劫犯在逃跑过程中，在距离现场很远的地方，撞翻他人致其负伤的，对于这种情况都要以《刑法》第240条来处断，这确实不合理，然而，强取财物之时，因过失而造成伤害，例如，作为被害人的母亲将婴儿藏在被絮中，抢劫犯不小心踩到婴儿，致其重伤的，就应该适用本条。而且，出于胁迫的故意而造成伤害结果的，也不成立《刑法》第240条，这并不合理。参见前田209頁。——译者注

〔3〕伤害概念的相对性：需要认定这种相对性的理由在于，（在2004年的刑法部分修正之前）第240条前段的法定刑的最低刑期为7年，还有，正如后面所要谈到的一样，只要造成了死伤的结果就构成本条前段的既遂，即便是予以酌情减轻，其处断刑的下限也是3年6个月，无法满足缓刑条件。在这种情况下，如果认定构成第204条的伤害而不构成第240条的伤害，则为抢劫与伤害的想象竞合，只要予以酌情减轻就可以适用缓刑。对此，就应该通过立法降低第240条前段的法定刑的下限（为此，《改正刑法草案》第327条前段的下限为6年）。——译者注

〔4〕这样一来，通过酌情减轻，就有可能被判处缓期执行。——译者注

既遂。[1](实施抢劫之时)出于伤害的故意,但伤害尚处于未遂的,在这种情形下,由于手段行为是暴力,只应构成抢劫罪(而非抢劫伤人罪),[2]因而最终就是,本罪的未遂仅限于,在杀人这一点上尚处于未遂的情形(大連判大正11·12·22刑集1卷815頁)。反之,有力观点认为,不限于杀人未遂的情形,如果在抢劫这一点上尚处于未遂的,也应构成抢劫杀人罪的未遂(平野211頁、中山259頁、曽根140頁)。想必该观点是考虑到,本罪也具有财产犯罪的一面。但是,在杀人达到既遂,而抢劫尚处于未遂的场合,对此也认定构成抢劫杀人罪的未遂,那么,也未免过于轻视了杀人已达到既遂这一点。因此,还是通说、判例更为妥当。*

* **结果加重犯说** 也有观点认为,第240条是纯粹的结果加重犯,按照该说,在尚未达到致人死亡、致人伤害这种程度的场合,就不可能存在第240条的未遂,因而,第240条的未遂就只能是指抢劫处于未遂的情形。因此,在杀人达到既遂、抢劫尚处于未遂的情形下,就势必构成杀人既遂与抢劫致死未遂的想象竞合(香川534頁)。

五、抢劫强制性交等罪、抢劫强制性交等致死罪

犯抢劫之罪或者该罪之未遂者又犯强制性交等罪(除第179条第2款之罪〔监护人性交等罪〕之外。在本款中下同)或者该罪之未遂的,或者,犯强制性交等罪或者该罪之未遂者又犯抢劫之罪或者该罪之未遂的,处无期惩役或者7年以上有期惩役(第241条第1款)。

在前款的情形中,所犯之罪均为未遂的,除了致人死伤的情形之外,可以减轻其刑。但是基于自己的意思中止其中任一犯罪的,减轻或者免除其刑(同条第2款)。

由符合第一款之罪的行为致人死亡的,处死刑或者无期惩役(同条第3款)。

第三款之罪的未遂,应当处罚(第243条)。

1. 平成29年(2017年)的刑法部分修正之前,第241条前段规定的是,"抢劫犯强奸女子的,处无期惩役或者7年以上有期惩役"。因此,仅限于抢劫犯实施强奸行为的情形才成立本罪,强奸之后产生抢劫的犯意而强取财物

---

〔1〕 松宫240頁认为,"本罪的既遂,包括对加重结果不存在故意的情形在内,取决于死伤结果的发生,而非取决于强取财物的既遂与否。因此,在存在杀人犯意之时,本罪的既遂、未遂取决于是否发生了死亡结果(大判昭和4·5·16刑集8卷251頁)"(王昭武等译·松宫各论195页)。——译者注

〔2〕 大塚233頁、内田295頁对此持反对态度,认为这种情形应构成抢劫伤人罪的未遂(第240条、第243条)。

的，则不成立本罪，而被认定为强奸罪与抢劫罪的并合罪（数罪并罚）（最判昭和24・12・24刑集3卷12号2114頁）。不过，加重本罪刑罚的根据在于犯罪性质的恶劣程度，即在同一犯罪机会之下连续实施了抢劫与强奸这两种严重的犯罪，因此，抢劫与强奸的先后顺序未必有那么重要。正是基于这种问题意识，根据平成29年（2017年）的刑法部分修正，本罪被规定为，只要在同一机会之下实施了抢劫与强制性交即可，不问两罪之间的先后顺序。

要成立本罪，以在同一机会之下实施抢劫罪（或者抢劫罪未遂）与强制性交等罪（或者强制性交罪未遂）为必要。抢劫罪与强制性交等罪中，作为其实行行为的暴力或者胁迫需要达到的程度，以及故意的内容并不相同，因而成立本罪必须同时满足两罪的成立要件。因此，起始便出于强取财物并且强制性交等的意图，实施了足以压制反抗的暴力、胁迫的，在此阶段即成立两罪的未遂，因而应成立本罪（不过，适用本条第2款）；反之，实施强制性交等行为之后，方始产生夺取财物的意思的，按照通说观点，限于产生夺取财物的意思之后，又实施了足以压制反抗的新的暴力、胁迫的场合，才成立本罪。

2. 对修正之前的抢劫强奸罪，通说认为，应以强奸行为作为区别其既遂与未遂的标准，但修正之后的第241条第2款规定，限于抢劫罪与强制性交等罪均为未遂，并且尚未发生死伤结果的情形，才予以刑罚的任意性减轻。第241条第1款规定的旨趣是，即便抢劫罪与强制性交等罪均属于未遂，仍成立抢劫强制性交等罪（既遂），因而，对抢劫强制性交等罪而言，我们无法设想其未遂犯，也不能适用第43条的规定。因此，第241条第2款规定的旨趣也不在于处罚该罪的未遂犯，而是由于在抢劫与强制性交等均处于未遂，并且，尚未发生死伤结果的场合，法益侵害未必严重，因而才有可能任意性地减轻其刑罚（参见加藤俊治「性犯罪に対処するための刑法改正の概要」『ひろば』70卷8号60頁）。

并且，在适用第241条第2款的情形之中，行为人“基于自己的意思中止其中任一犯罪的”，必要性地减免其刑（第241条第2款但书）。准确地说，这也不是有关中止未遂的规定，只是考虑到至少存在因行为人自己的意思中止了某一犯罪这一事实，而规定与中止未遂的情形一样必要性地减免其刑。第241条第2款但书规定的是，只要任意地（自动地）中止“其中任一犯罪”，就可以适用该规定，因此，例如，基于自己的意思中止了抢劫之后，又着手实施强制性交等行为的，即便该行为结束于障碍未遂，也必要性地减免其刑。

3. 平成29年(2017年)的刑法部分修正之前,第241条后段规定的是,抢劫强奸罪的犯罪人"因而致该女子死亡的,处死刑或者无期惩役"(抢劫强奸致死罪)。根据本次修正,第41条第3款除了将"抢劫强奸罪"扩大至"抢劫强制性交等罪"之外,还在下述两个方向上扩大了本罪的构成要件。

第一,扩大了造成死亡结果的原因行为的范围。在平成29年(2017年)的刑法部分修正之前,抢劫强奸致死罪要求,强奸行为或者伴随于此的行为导致了死亡结果,但修正之后,只要由"符合第一款之罪的行为"导致了死亡结果即可,因此,由抢劫行为、强制性交等行为中的任一行为导致了死亡结果的,均能认定成立本罪。

第二,承认对死亡结果存在故意的情形也可成立本罪。在平成29年(2017年)的刑法部分修正之前,第241条后段采取的是"因而"(致该女子死亡的)这一表述,因此,一直被理解为,第241条后段规定的是结果加重犯,因而仅限于没有杀人犯意(对死亡结果不存在故意)的情形才有适用之可能(大判昭和10・5・13刑集14巻514頁)。反之,修正之后的第241条第3款没有再采取"因而"这一表述,从而明确也包括对死亡结果存在故意的情形(参见加藤俊治「性犯罪に対処するための刑法改正の概要」『ひろば』70巻8号60頁)。再者,按照第243条的规定,也可以处罚第241条第3款的未遂,但由于对死亡结果存在故意的情形也能成立本罪,因此,就应以故意的杀人行为作为既遂与未遂的区别标准。

另外,对抢劫强制性交等致伤的情形,本条未作规定。一直以来,有力观点认为,对这种情形只要认定成立抢劫强奸罪即可(大判昭和8・6・29刑集12巻1269頁、東京地判平成元・10・31判時1363号158頁、大谷252頁、曽根141頁、中森132頁),平成29年(2017年)的刑法部分修正也没有改变这种解释的旨趣。这是因为,鉴于抢劫强制性交等罪的法定刑本身就很重,由抢劫、强制性交等行为引起伤害结果的,对该情形的评价就已经被包括在该法定刑之中。在这次刑法修正之前,虽发生了伤害结果,但强奸止于未遂的,会被作为抢劫强奸罪的未遂而减轻刑罚,因而有力观点认为这属于抢劫强奸罪与抢劫致伤罪的想象竞合(本书第6版也采取这种观点),[1]但按照这次的刑法修正,这种情形没有减轻刑罚的余地,因而也就失去了认定成立抢劫致伤罪的实际意义。

---

〔1〕 参见浦和地判昭和32・9・27判時131号43頁、藤木304頁、大塚236頁。——译者注

第四节 诈 骗 罪

一、概述

（一）含义

诈骗罪，是指欺骗他人使之产生错误认识，并基于该错误认识所形成的有瑕疵的意思，交付财物或者财产性利益的犯罪。针对财产性利益也可成立本罪（第2款诈骗罪），这一点不同于盗窃罪；基于对方的（有瑕疵的）意思而转移财物或者财产性利益（交付罪），这一点又区别于盗窃罪、抢劫罪。亦即，要成立本罪，必须经过欺骗行为（诈骗行为）→错误→处分（交付）行为→诈取（在旧刑法中称为“骗取”）这一因果进程，从而取得财物或者财产性利益。另外，恐吓罪尽管同属交付罪，但与本罪的区别在于，恐吓罪的手段行为是恐吓（暴力或者胁迫）。

刑法除规定了作为基本类型的诈骗罪（第246条）之外，还规定了准诈骗罪（第248条）。尤其是，通过昭和62年（1987年）的刑法部分修正，还增设了使用电子计算机诈骗罪（第246条之二），以处罚通过不正当使用电子计算机而实施的获利行为。

（二）针对国家法益的诈骗

有观点认为，诈骗罪是针对作为个人法益的财产性法益的犯罪，那种针对国家法益的诈骗行为由于缺乏诈骗罪的定型性，因而不构成本罪（团藤607頁、大塚240頁、福田249頁）。但是，既然国家、地方公共团体也可以成为财产权的主体，因而，主张针对国家法益的诈骗行为也可成立诈骗罪的通说观点要更为妥当。的确，对于偷税（大判明治44・5・25刑録17輯959頁）、通过诈骗手段而获取护照或者印章证明书（最判昭和27・12・25刑集6卷12号1387頁〔338〕〔520〕、大判大正12・7・14刑集2卷650頁〔337〕）的行为，判例否定成立诈骗罪。但是，各种税法中的逃税犯罪可以说是诈骗罪的特别法；另外，通过欺诈手段获取各种证明书的行为，正如后面还要谈到的那样，是因为其他理由而不构成本罪。因此，可以说，认定下述行为构成本罪的判例是正确的：通过欺诈手段获取被封存的存款的行为（最判昭和25・3・23刑集4卷3号382頁）；不正当地领取配额粮食的行为（最判昭和23・11・4刑集2卷12号1446頁）；谎称具有务农的意思而买入国有土地的行为（最决昭和51・4・1刑集30卷3号425頁〔332〕）；从地方公共团体承包自来水管道工程的承包人，对于作为工程承包款而打入本人账号的首付款，未经工程的其他具体承包人同意而擅自以该人名义开设账户,并欺骗银行职员,让其将首付款汇入该账户(最决平成19・7・10刑集61卷5号405頁);等等。

二、诈骗罪

欺骗他人使之交付财物的,处10年以下惩役(第246条第1款)。

以前款方法,获取非法的财产性利益,或者使他人获取该利益的,与前款同(同条第2款)。

犯罪未遂的,应当处罚(第250条)。

(一)对象

本罪的行为对象是财物(第1款诈骗罪)以及财产性利益(第2款诈骗罪)。

1. 财物

所谓财物,是指他人所占有的他人的财物。关于财物的含义,可参见盗窃罪(本章第二节)中的相应解说。就本罪而言,也可以将电力视为财物(第251条、第254条)。另外,对于本罪,也准用"有关属于他人占有等的自己的财物的特例""有关亲属间犯罪的特例"(第251条、第242条、第244条)。

不同于盗窃罪,本条第1款所谓"财物",既包括动产也包括不动产。这是因为,行为人通过实施欺骗行为改变登记名义,就让自己取得了该不动产的处分可能性,因而可以说,由此便转移了不动产的占有。[1] 那么,在骗取了权利证书等其他转移登记所必需的一切材料之时,也可以认定为骗取不动产(藤木『経済取引と犯罪』104頁)。反之,例如,明明没有支付租金的意思,却租借了公寓的一个房间,或者一幢房屋的;没有工作的意思却通过签订工作合同,得以入住职工宿舍的;打算用作暴力团的办公室,却隐瞒该目的,租借了公寓的;[2] 极端组织的成员隐瞒用作活动据点的意图,租借公寓的(大阪地判平成17・3・29判タ1194号293頁),在这些情况下,即便取得了不动产的占有,那也不过是取得了不动产的利用可能性,因此,应被看作是取得了与租金相当的利益,或者直接被看作是取得了居住的利益,而应认定构成第2款诈骗。

---

〔1〕 因此,转移了登记之时,本罪即达到既遂。大判大正11・12・15刑集1卷763頁〔307〕。

〔2〕 行为人出于一旦有什么情况,就用作暴力团的办公室的目的租借他人房屋,但行为人租借房屋时却隐藏了这种目的的,可以构成第2款诈骗,具体参见水上嘉寛「暴力団組長らによる不動産賃貸借詐欺の事案について」『捜査研究』681号44頁以下。

2. 财产性利益

第2款所谓"非法的财产性利益(財产上的非法利益)",是指非法地获取财产性利益,而不要求利益本身具有非法性。按照通说、判例的观点,这里所谓财产性利益,是指财物以外的其他一切财产性利益,例如,除了取得债权或者担保权、让人提供劳务或者服务等这些积极性利益之外,还包括得到诸如免除债务或者暂缓偿还债务等消极性利益。这基本上是妥当的,但以下几点也值得注意。

(1)在行为人实施以骗取财物为最终目的的行为的场合,作为其前提的债权取得行为,终究不过是第1款诈骗的未遂,要认定该行为成立第2款诈骗的既遂,就必须另外存在某种特殊情况。例如,通过实施欺骗行为而使被骗人同意交付钱款,但尚未实际取得的,则止于第1款诈骗的未遂。对于骗取不动产的情形,判例也认为,仅仅只是使对方作出了转移所有权的意思表示还不够,还必须是实际转移了占有,或者转移了所有权的登记名义,才能构成第1款诈骗罪的既遂(大判大正11·12·15刑集1卷763頁)。相反,有判例认为,在赌博诈骗的场合,在使对方(赌客)答应承担债务之时,即构成第2款诈骗的既遂(最决昭和43·10·24刑集22卷10号946頁〔308〕),对此观点不无疑问。[1]

(2)通说、判例认为,除了免除债务之外,获准暂缓履行或者偿还债务的,也相当于取得了财产性利益(大判明治44·10·5刑録17輯1598頁、大判大正12·6·14刑集2卷537頁〔306〕、[2]最决昭和34·3·12刑集13卷3号298頁)。但正如在第2款抢劫罪中已谈到的那样,要谓之取得了财产性利益,就必须存在可以等视为财物转移的具体性、切实性。因此,在暂缓履行债务的场合,就必须存在由此而减少了债权的财产性价值这一事实(平野219頁)。例如,债务人已处于延迟履行的状态,通过欺诈手段而得以暂时免受催促的,对此,判例认为,要谓之取得了财产性利益,就必须存在诸如"如果债权人没有受欺骗,就一定会敦促、要求对方,使之不得不全部或部分履行债务,或者不得不采取其他替代措施,或者不得不采取提供担保等某种具体措

〔1〕大谷275頁、中森142頁、曽根150頁。不过,在该案中,由于诈骗犯是暴力团成员,也许裁判所认为,只要被害人答应承担债务,就可以被视为已经实际交付了钱财。

〔2〕本案主要判决理由:债务人得以避免以不利益的条件筹措还款资金,在暂缓期间也可将本来应用于还款的资金挪作他用,因而得以延期还款,就不能说没有获取财产性利益。——译者注

施”等特殊情况(最判昭和 30·4·8 刑集 9 卷 4 号 827 頁〔305〕)。[1] 可以说,该判例就肯定了上述观点。事实上,判定暂缓履行相当于取得了财产性利益的案件,基本上都是针对那种名义上是暂缓偿还而实际上是试图逃避债务的情形。

(3)提供劳务

通说认为,劳务、服务的提供,当然也属于财产性利益。然而,诸如谎称母亲突然患病而让朋友用车接送等行为,显然不能构成第 2 款诈骗罪,因此,对劳务本身的性质应有所限制,应限于有偿劳务、伴有对价的劳务(有偿劳务说)(平野 219 頁、中森 104 頁、曽根 109 頁、山口 248 頁、高橋 299 頁)。最近,另外一种学说也很有影响,该说认为,由于提供的劳务本身不具有转移性,[2]因而不属于财产性利益,只有尽管利用了有偿劳务,却最终逃避支付相应对价这种行为,才属于获取了财产性利益(债务免除说)(町野 128 頁以下。内田 274 頁以下的结论也是如此)。这里,通过并无支付车费的意思却乘坐出租车这一案例来说明这两种学说之间的差别:按照“有偿劳务说”的观点,在出租车开始运行之时,即构成第 2 款诈骗的既遂;而按照“债务免除说”的观点,只有在通过欺骗手段得以免于支付车费之时,才构成第 2 款诈骗的既遂,在此之前,如果起初是意图通过欺骗手段而逃避支付车费,则构成第 2 款诈骗的未遂,如果起初是意图通过逃走这一手段而达到免于支付的目的(由于并不存在指向处分行为的欺骗行为),则不具有可罚性。应该说,“债务免除说”也有其合理之处,但考虑到其处罚范围的局限性,还是应采取有偿劳务说。

(二)欺骗行为

所谓“欺骗他人”,是指通过欺骗手段而使他人产生错误。旧刑法采取的是“欺罔他人”这一表述,因而也曾被称为“欺罔行为”。现在,尽管法律条

---

〔1〕 本案大致案情与判决理由:从事苹果买卖中介的被告人签订了苹果出售合同,收取货款后,逾期仍不履行合同,买主再三催促,于是,虽根本没有履行的意思,却将买主带到火车站,让对方误认为已经办理了发货手续,遂安心回去了。对此,判例认为,“已经处于延迟履行状态的债务人,采取欺骗手段,虽说暂时避免了债权人的催促,但仅此尚不能说,取得了《刑法》第 246 条第 2 款中的财产性利益。当时,如果债权人没有受欺骗,就一定会敦促、要求对方,使之不得不全部或部分履行债务,或者不得不采取其他替代措施,或者不得不采取提供担保等某种具体措施。只有在明明存在这种特殊情况,但债权人因受债务人的欺骗,而没有为了让对方采取上述措施而进行敦促、要求之时,才可以说,尽管是暂时性的,但债务人得以避免了上述结果,获取了财产性利益”,进而撤销了判定成立诈骗罪的二审判决(最判昭和 30·4·8 刑集 9 卷 4 号 827 頁)。——译者注

〔2〕 亦即,即便提供了劳务,提供者本身不会丧失劳务(能力),劳务本身不会转移至对方。——译者注

文中已不再存在这种表述，但学说、判例仍多使用“欺罔”一词，因而本书也将“欺骗他人的行为”称之为欺罔或者欺罔行为。[1]

1. 由于诈骗罪预想的是欺骗→错误→处分行为→骗取这一因果过程，因此，首先，欺骗行为，必须是指向人的行为。亦即，由于机器不会陷入错误，因而，把类似于货币的金属片插入自动售货机而不正当地获取果汁、香烟、乘车券等的行为，就不构成诈骗罪，而是构成盗窃罪。同样，判例也认为，利用伪造的借记卡，或者利用拾得、窃得的借记卡从 ATM 上取款的行为，就不是诈骗而是盗窃(東京高判昭和 55・3・3 判時 975 号 132 頁〔302〕、札幌地判 59・3・27 判時 1116 号 143 頁〔北海道银行案〕)。反之，即便实施了利用类似于货币的金属片而不正当地使用公用电话机、投币储物柜、游戏中心的游戏机的行为，由于那属于利益盗窃，按照现行刑法的规定，既不是诈骗也不是盗窃，而只能是不可罚。*

* 自动设施的不正当利用　《改正刑法草案》第 339 条第 1 款规定：“采取不正当手段，不支付对价而使用自动售货机、公用电话等其他有偿的自动设施，获取财物或者非法利益的，处 3 年以下惩役、20 万日元以下罚金、拘留或者科料”。第 339 条第 1 款既规定了现行刑法可以作为盗窃罪处罚的针对财物的犯罪类型，也规定了现行刑法无法处罚的利益盗窃的类型，并鉴于案件危害程度的轻微，规定了轻于盗窃罪的法定刑。

其次，欺骗行为，必须是针对财物或者财产性利益的处分行为的行为。[2] 那么，诸如装成顾客在试穿衣服之时逃走的行为，或者，通过打假电话而让他人外出之后潜入其家中取得财物的行为，等等，尽管采取了诡计手段，但由于该行为本身并不是以让对方实施处分行为为目的，因而成立盗窃罪，而不成立本罪。显然，这种情况也不成立诈骗罪的未遂。

---

〔1〕 但在本书的翻译中，仍将“欺罔”“欺罔行为”译为“欺骗”“欺骗行为”。——译者注

〔2〕 山口 251 頁认为，“欺骗他人的行为，必须指向他人交付物、利益的交付行为。否则，就不属于欺骗他人的行为，连诈骗未遂也不成立。”“不正当地操作器械的行为由于并未针对人，不属于欺骗他人的行为，因而不成立诈骗罪，如果获取了财物，就成立盗窃罪(《刑法》第 235 条)。例如，用磁铁诱导弹子机中的弹子的(浦和地判昭和 28・8・21 判時 8 号 19 頁)，用窃取的借记卡从自动取款机上提取现金的(東京高判昭和 55・3・3 判時 975 号 132 頁)，就不是诈骗罪，而应成立盗窃罪。反之，通过非法操作器械而获取服务的(例如，非法使用公用电话机、游戏机等)，就不具有可罚性(至多属于是否成立使用电子计算机诈骗罪的问题)。”“以谎言分散对方的注意力，乘机拿走其随身物品的，不构成诈骗罪，而是成立盗窃罪”(王昭武译・山口各论 293 页)。——译者注

2. 所谓欺骗行为,行为人必须是捏造了重要事实。换言之,如果交易的对方知道真实情况(重要事实),便不会实施该财产处分行为。例如,即便谎称了商品名称,但该商品的品质、价格并无改变,买主本身也不拘泥于商品名称,而是依据自己的鉴别而购买的(大判大正 8・3・27 刑録 25 輯 396 頁);又如,尽管作为担保物的画作是赝品,但其本身仍具有充分的担保价值的(大判大正 4・10・25 新聞 1049 号 34 頁),对此类案件,判例均判定不属于本罪的欺骗行为。还有,对于串通投标行为(事前已经协商内定中标者),只要是在发标方的预定价格之下中标,判例也认为,发标方对价格本身并不存在错误(大判大正 8・2・27 刑録 25 輯 252 頁),难以成立诈骗罪。这一问题在昭和 16 年(1941 年)的刑法部分修正时,通过增设串通罪(现行《刑法》第 96 条之六第 2 款),而得以彻底解决。[1]

另外,一般商品交易均允许存在一定程度的讨价还价或者夸大其词,要构成本罪的欺骗行为,就必须是在以交易对方的知识、经验为基准的情况下,虚构了足以使一般人陷入错误的事实(团藤 611 頁)。如果尚未达到这种程度,则要么不可罚,要么只成立虚假广告罪(《轻犯罪法》第 1 条第 34 项)。

3. 欺骗行为,也可以不作为的方式来实施。所谓不作为的诈骗,是指明知对方已陷入错误却仍不告知其真实情况。* 不过,在此情形下,以行为人存在法律上的告知义务为必要(大判大正 6・11・29 刑録 23 輯 1449 頁)。诸如在订立生命保险合同时没有告知既往病史的案件那样(大判昭和 7・2・19 刑集 11 巻 85 頁〔297〕),除了存在法定告知义务的情形(《保险法》第 4 条、第 37 条、第 66 条)之外,例如,准禁治产者[2](相当于现在的"被保佐人")隐瞒自己的这一特殊情况而借款(大判大正 7・7・17 刑録 24 輯 939 頁〔295〕)、隐瞒已经在不动产上设立了抵押这一事实而出售该不动产(大判昭和 4・3・7 刑集 8 巻 107 頁〔296〕)、隐瞒是他人的错误汇款这一事实而提取存款(最決平成 15・3・12 刑集 57 巻 3 号 322 頁〔304〕)等,基于诚实信用的原则,判例广泛认定存在告知义务。但在这种情况下,应该考察该事实是否属于有关某具体交易的重要事实,还应在考虑到对方的知识水平、经验、调查

---

〔1〕"串通投标",是日本特有的一种违法竞标行为,多发生在建筑工程领域。在 1941 年增设"串通罪"之前,一直是作为是否成立诈骗罪的问题来对待。具体是指在进行有关公共事务的竞标中,本应相互竞争的业界同行,事先协商确定中标价格与中标人,采取高价中标、轮流中标等方式,让业界整体分享非法利益。由于此类行为有害于公平的价格竞争,增加了作为发标方的国家、地方政府的财政支出,为刑法所禁止。发标方的公务员等参与协商的,特称为"官制串通"。由此可见,这并非简单意义上的私下串通投标。——译者注

〔2〕准禁治产者:是指心神耗弱者、铺张浪费者被家庭裁判所宣告为准禁治产,也就是,给无能力管理财产者指定财产监护人。详见《民法》第 7 条至第 13 条。——译者注

能力等诸多情况之后，再来判断是否存在告知义务（東京高判平成元・3・14 判タ700号266頁〔299〕持此观点）。不同于个别的履约意思、履约能力，对于一般的经营状况、信用状况，就不应该认为存在告知义务（大判大正13・11・28新聞2382号16頁、福岡高判昭和27・3・20判特19号72頁〔298〕、東京高判平成元・3・14判タ700号266頁〔299〕）。

＊ 找零诈骗　用一张1000日元钞票购买500日元的商品，卖方误以为收到的是1万日元的钞票而找零9500日元，行为人收到零钱后，虽然已经意识到对方弄错了，却默不作声地拿走零钱的，该行为就属于侵占遗失物等脱离占有物。但通说认为，行为人已经意识到卖方找回的是9500日元而仍然收取，基于诚实信用的原则，此时，行为人负有告知对方多找了零钱这一事实的义务，因此，行为人的行为属于不作为的诈骗。相反，也有观点认为，如果认定成立不作为的诈骗，则无疑是承认行为人具有保护对方的财物的义务，但在通常的交易中，不应该承认这一点，因而，这种情况不成立诈骗罪（中森137頁、井田261頁、松原266頁）。

应与不作为的诈骗区别开来的是举动诈骗。例如，起初便没有付款的意思也没有付款的能力，却在饮食店点菜吃饭，行为人的这种行为看上去似乎属于不作为的诈骗，但在通常情况下，点菜便意味着具有吃后付款的意思，因而可以理解为，是由装作有付款的意思而点菜这一作为所构成的诈骗（作为方式的诈骗）（最决昭和30・7・7刑集9卷9号1856頁〔312〕）。对于赊货赖账的欺骗行为，也有判例认为，行为人原本没有付款的意思也没有付款的能力，却订购并接受商品的，这就是以作为方式实施的诈骗（最决昭和43・6・6刑集22卷6号434頁）。

（三）处分行为

1. 概述

如上所述，要成立诈骗罪，必须是通过欺骗行为让对方（被害人）产生错误认识，并基于由这种错误认识所形成的带有瑕疵的意思，实施将自己的财物或财产性利益移转至对方(行为人或者第三人)的处分行为。[1] 因此,虽然存在以使对方实施处分(交付)行为为目的的欺骗行为,但事与愿违,对方并未陷入错误,而是出于其他理由(例如,出于怜悯之心)交付财物的,由于诈骗罪所预定的因果进程(因果关系)被切断,因而止于成立诈骗未遂。

交付的对象,也可以是实施欺骗行为的人之外的第三者,但应该限于,交给该第三者可以实质上被视为交给了行为人的情形,或者,行为人实施欺骗行为的目的就在于,让该第三者取得利益的情形(大判大正5・9・28日刑録22輯1467頁、大阪高判平成12・8・24判時1736号130頁〔326〕)。因此,如果是交给毫无关系的第三者,就不构成本罪,至于是否成立毁弃罪等其他犯罪,则另当别论。行为人欺骗占有人,使之一度放弃财物,而后自己再取得该财物的,对此应如何处理,意见不一,既有主张成立盗窃罪的(団藤616頁),也有主张成立侵占遗失物等罪的(瀧川159頁),但本书认为,如果在让对方放弃之后自己可以马上拾得的,也可以成立诈骗罪。[2]

2. 是否需要处分意思

是否存在处分行为,是区别盗窃罪与诈骗罪的重要因素。如果仅限于财物,二罪的区别就只是犯罪个别化的问题;如果是有关财产性利益,与利益诈骗应受处罚相反,利益盗窃不具有可罚性,因此,有无处分行为就划定了可罚性的界限。为此,确定处分行为的认定要件就很有意义。

要认定存在处分行为,首先,必须是基于受骗者的有瑕疵的意思表示,财物的占有发生了终局性转移。例如,谎称试驾而让车辆销售商同意其单独驾驶一段时间的,对方的同意就是处分行为,行为人构成诈骗罪(東京地八王子支判平成3・8・28判タ68号249頁〔311〕〔在同意让其单独试驾的时点,就

---

〔1〕 山口255頁认为,交付行为(也被称为"处分行为"),是将物、财产性利益转移至对方的行为(不仅包括作为形式的占有转移,还包括不作为形式的占有转移,即不阻止对方转移占有)。必须是通过交付行为,直接转移物或者财产性利益(这也被称为"直接性要件")。如果为了取得占有,(交付行为的)对方还必须再实施占有转移行为的[在此情形下,如果能将(受骗者)甘愿接受对方转移占有的行为视为交付行为,则有可能成立诈骗罪],就不足以被称为交付行为。这种情形不是"占有的转移",而不过是出现了"占有的弛缓",如果占有转移行为有违受骗者的意思的,就成立盗窃罪(例如,欺骗对方,转移其注意力,乘机取得对物的占有的,就不是诈骗罪,而是成立盗窃罪)(王昭武译・山口各论297页)。——译者注

〔2〕 山口255頁认为,欺骗占有人,使之一度放弃财物,而后自己取得该财物的(例如,某人中了彩票,却骗他说没有中,该人听信其言扔掉了彩票,而后自己拾得该彩票),考虑到受骗者的放弃与行为人的拾得行为之间的关系,仅限于可以被视为,正是因受骗者的放弃而才取得了占有的情形(例如,让对方扔在不为第三人所知的地方,而后拾回该彩票),才可肯定成立诈骗罪(除此之外的场合,则属于是否成立损坏器物罪或者侵占遗失物等罪的问题)(王昭武译・山口各论298页)。——译者注

可肯定存在基于销售商之意思的占有转移，因而不是构成盗窃罪，而是成立诈骗罪〕）；经店员同意而试衣者乘店员不注意逃走的，由于没有发生基于被骗者（店员）之意思的占有的终局性移转，因而仅构成盗窃罪（広島高判昭和30·9·6高刑8巻8号1021頁）。又如，出于诈骗的目的，谎称需要用钱，让被害人准备了70万日元现金，被害人本打算自己带着，临出门时将装有现金的包袱布放在门口台阶上，留被告人一人在门口，自己去卫生间，被告人乘机拿走了现金的，对此，判例认为，是通过欺骗对方，使之将财物置于被告的自由支配的范围之内，因而成立诈骗罪（最判昭和26·12·14刑集5巻13号2518頁〔309〕[1]）。实际上，在这种情形下，占有仍属于受骗者，应该说，并没有发生基于其意思的占有的终局性转移。[2]

问题在于，如何处理被害人对所要转移的财物或者财产性利益并无认识的情形？例如，甲发现乙的书中夹有一张10000日元钞票，于是以定价100日元买下了这本书，就这10000日元而言，行为人是成立诈骗罪还是成立盗窃罪呢？"有意识的处分行为说"认为，要谓之处分行为，被害人需要对将某种特定财物转移给对方存在认识，因而本案成立盗窃罪；反之，"无意识的处分行为说"则认为，在可以认定某种财物的占有已经依照受骗者的意思发生了终局性转移的情形下，没有必要要求，受骗者对各个具体财物的转移也存在认识，因而，本案应成立第1款诈骗罪。又如，甲在乙的家里谎称拨打市内电话，实际上却拨打了国际电话，都只支付了（市内电话费）10日元，对此，按照"无意识的处分行为说"的观点，有可能成立第2款诈骗罪，而按照"有意识的处分行为说"的观点，则是不可罚的利益盗窃行为。

在学界，"有意识的处分行为说"也很有影响（中山272頁、曽根147頁、平川371頁、松原272頁、山口厚「詐欺罪における処分行為」『平野龍一博士古稀祝賀論文集〔上〕』〔有斐閣1990年〕441頁以下、林幹人「詐欺罪における処分行為」『刑法理論の現代的展開各論』215頁）。但是，(1)只要能认定财物或财产性利益的占有已基于受骗者的意思转移至对方，便可以肯定成立诈骗罪；(2)有意不让对方认识到所转移的对象，这是最典型的诈骗，将此类诈骗排除在诈骗罪之外，并不妥当，因此，应该认为，无意识的处分行为也足

---

〔1〕主要判决理由："《刑法》第246条第1款所规定的骗取财产，是指因为罪犯所实施的欺骗手段，使他人陷入错误，将财物交付给罪犯本人或者其代理人或者第三者，或者置于这些人的自由支配的范围之内。"——译者注

〔2〕但大谷271頁〔新版第4版〕认为，"即便没有完全转移占有，但只要是放在'自由支配的范围之内'，就应该视为，财物的取得是基于对方的处分行为"。——译者注

以构成本罪的处分行为(平野 215 頁、中森 139 頁、大谷 275 頁、高橋 311 頁)。[1][2] 对于此问题,判例态度也不尽一致:一方面,对于伪造文书内容并让受骗者在债务证书上签名的行为,有判例认为,这属于伪造文书的行为,不应成立诈骗罪(大判明治 43・10・7 刑録 16 輯 1647 頁);另一方面,诸如倒转电表的指针而试图逃避支付电费的行为那样,对于受骗者就利益的转移并无认识的情形,也有判例判定成立诈骗罪(大判昭和 9・3・29 刑集 13 巻 335 頁〔320〕)。无钱食宿、买“两头票”逃票,[3] 是有关是否需要处分意思这一问题的典型类型,下面分别予以解说。

3. 无钱食宿

前面已经谈到,在无钱食宿(无钱饮食、无钱住宿)的情形下,如果起初便没有付款的意思,就属于以举动方式实施的欺骗行为,在点菜、食用之时,至少成立第 1 款诈骗罪。问题在于,起初本有付款的意思,而后再产生逃避支付的意思的,对此应如何处理?具体而言,在这种情况下,如果是乘店员不注意而逃走,则属于利益盗窃行为,不具有可罚性,但问题在于,在采取某种诡计手段而得以免于付款的情形下,在什么范围之内可构成第 2 款诈骗罪?

例如,无钱食宿之后,谎称开车送朋友回家而逃离旅店,对此,有判例在判决书的旁论中谈到,“需要存在欺骗债权人并使之作出免除债务的意思表示的事实,如果仅仅只是逃走,事实上没有付款这一行为还不够”(最决昭和

---

〔1〕 现在,就是立足于“有意识的处分行为说”,有力观点也是大幅度地缓和处分意思的内容,实质上与“无意识的处分行为说”之间基本上没有什么区别。另外,井田 266 頁虽然就第 1 款诈骗要求对具体财物的占有转移存在认识,但就第 2 款诈骗,则主张只要存在缓和的处分意思即可。佐伯仁志也体现了同样的态度(参见佐伯仁志「詐欺罪(2)」『法学教室』373 号 119 頁以下)。

〔2〕 山口 259 頁认为,“但是,即便是无意识的交付行为说,为了肯定存在‘基于意思的占有转移’,也以存在某种转移意思为必要;而且,也将虚构所交付之物的价值的情形包括在内,因此,可以说,如果对交付意思的内容作相对宽泛的理解,两种学说之间的对立就止于表面(并不存在根本性对立)。总之,本书认为,只要不采取极端观点,也就是,只要不将‘基于意思的占有转移’限于就所转移的物或者财产性利益不存在任何错误的场合,那么,在基于受骗者的转移意思而转移了物或者财产性利益的场合,即便对所转移的物或者财产性利益的价值、内容、数量存在错误,也可认定存在‘基于意思的占有转移’,进而肯定存在交付行为,并最终成立诈骗罪。因此,只要是出于占有转移意思,即便并未具体地认识到所转移的物或者财产性利益的存在亦可(例如,谎称要去处理掉,而拿走了夹有 1 万日元纸币的旧杂志,或者谎称已经履行了债务,而事实上逃避债务的履行的情形,也包括在内)(所谓只要存在‘对物或者利益的表面上的转移的认识’即可,就是此意思)”(王昭武译・山口各论 302 頁)。——译者注

〔3〕 这是指故意只买上车站与下车站附近几站的车票,而白白乘坐中间各站的非法逃票行为。——译者注

30・7・7 刑集9巻9号1856 頁〔312〕〔不过,仍以逃走之前通过欺骗手段无钱食宿,判定已经构成诈骗罪的既遂〕[1])。显然,该判例的态度是,必须存在有意识的处分行为。其后,有下级裁判所的判例根据最高裁判所的该判例观点,对行为人谎称"去看电影"而一去不复返的行为,认为必须存在同意免除债务或者暂缓付款这种有意识的处分行为,进而判定无罪(東京高判昭和31・12・5 東時7巻12号460 頁〔313〕)。但也有判例持不同意见,例如,行为人谎称"外出一下,傍晚回来"而就此逃走的,有判例判定该行为成立第2款诈骗罪(仙台高判昭和30・7・19 裁特2巻16=17号821 頁);又如,行为人谎称"晚上肯定回来"而出门后就此逃走的,有判例认为存在同意暂缓付款的默示的意思表示,进而判定成立第2款诈骗(東京高判昭和33・7・7 裁特5巻8号313 頁〔314〕)。

对上述最高裁判所昭和30年7月7日的决定,有意识的处分行为必要说的应对未必明确,有观点一边认为必须存在处分意思(对于利益转移这一结果的认识),一边却对通过实施诡计而逃走这一类型的案件,以债权人已经认识到债权的存在为理由,而主张可以肯定存在处分行为(曽根151 頁。大塚262 頁大概也是同样意见)。应该说,这种观点不具有理论上的一贯性。反之,在主张只要存在无意识的处分行为即可的观点看来,在谎称"去看电影"或者"去散步"而就此一去不复返的场合,如果债权人对行为人的离开表示了认可,就可以说,财产性利益(对价款债权的准占有)已经依据被害人的意思而终局性地转移至实施欺骗行为的行为人,因而可以认定存在处分行为(大谷276 頁[2])。不过,正如前面已经谈到的那样,存在基于被害人意思的利益的终局性转移是处分行为的认定要件,例如,谎称去店内的卫生间的(福岡地小仓支判昭和34・10・29 下刑1巻10号2295 頁)、谎称送朋友

---

〔1〕 反之,就相同案情的案件,大判大正15・10・23 日新聞2637号9頁则认为,只要存在无意识的处分行为即可。

〔2〕 对无钱食宿的情形,大谷280 頁〔新版第4版〕认为,"旅馆住客在离店结账时发觉自己带的钱不够,遂采取诡计手段逃避付账的,如何处理此类情形就成为问题。对无钱食宿之后,谎称送开车回家的朋友到店门口,进而就此逃走的案件,有判例认为没有处分意思因而不构成诈骗(最决昭和30年7月7日刑集9巻9号1856 頁)。但是,店方就送朋友这一点表示同意,造成了被免于支付住宿费的结果,因此,应该将该同意行为理解为处分行为即无意识的处分行为。例如,住客提出要'出去一下'或者'去散步',只要对此表示了同意,那么,价款(住宿费)债权这种财产性利益就基于被害人的意思发生了转移,应构成利益诈骗罪。但是,只是谎称'去送朋友'而就此从大门逃走的,由于店方仅仅对住客去店门口表示了同意,因此,行为人并非因为得到了被害人的认可而外出,而是出于自己的意思摆脱了店主人的支配,从而获取了免于支付住宿费这种利益,应该认为这种行为属于利益盗窃。"——译者注

而仅仅走到店门口的(最决昭和30·7·7刑集9卷9号1856頁〔312〕),由于债权人对将财产性利益事实上交由对方处分这一表面事实尚无认识,换言之,债权人对利益的终局性转移并无认识,因而,应否定存在处分行为。

4. 买“两头票”逃票

所谓买“两头票”逃票,是指这样的情形:例如,在乘坐JR线的列车时,购买A站到B站的车票,在A站的检票口向工作人员甲出示该车票,通过检票口顺利上车,在D站检票口再向工作人员乙出示预先购买的C站到D站的车票,顺利通过出站口,从而通过这种方式逃避B站至C站的车费。对于这种行为,有两种相互对立的观点,一种观点认为应构成第2款诈骗罪,而另一种观点则否定构成本罪,认为仅构成《铁道运营法》第29条的无票乘车罪(根据《罚金等临时措施法》第2条的规定,处2万日元以下的罚金或科料)。

首先,否定说的理由在于,(1)从A站到B站的车票是有效车票,并且,行为人也没有义务告知对方自己是越站乘车,因而,不能认定行为人在上车车站的检票口对工作人员甲实施了欺骗行为;(2)由于下车车站的工作人员乙完全没有意识到,行为人尚未支付从B站到C站的车费这一情况,即根本没有意识到该车费债权的存在,因而,按照有意识的处分行为必要说的观点,不能认定存在处分行为(東京高判昭和35·2·22東時11卷2号43頁〔316〕;岡野161頁、曽根151頁以下、平川372頁、山中390頁以下等也持同样观点)。反之,肯定说还可以进一步分为两种观点。一是上车车站标准说,该观点认为,(1)A站到B站的车票属于无效车票,而甲却误认为该车票有效并允许行为人进入站上车,因而,可以认定存在对甲的欺骗行为;(2)其结果就是,列车工作人员向行为人提供了劳务、运送的利益而将其运至D站,因而,可将列车工作人员的这一行为视为处分行为,并认定在离开上车车站A站之时便构成既遂(大阪高判昭和44·8·7刑月1卷8号795頁〔317〕。大塚264頁、大谷278頁等持同样观点,但他们均认为,甲是提供劳务的处分行为人)。但是,首先,认为从A站到B站的车票无效显然不妥;其次,列车上的工作人员并非欺骗行为的直接对象,不能认为他们是处分行为人(平野216頁);最后,认为检票口的工作人员甲具有运送这种劳务提供的处分权限,也未免牵强。二是下车车站标准说,该说认为,欺骗出站口的工作人员乙,使之相信行为人仅仅乘坐了从C站到D站的这一段,而不要求行为人补交从B站到C站的车费,因而,只要把握得以免于支付车费这一点,就可以肯定成立第 2 款诈骗罪(平野 216 頁、内田 318 頁、福田 259 頁)。[1]

如果认定行为人的行为成立诈骗罪,那么,下车车站标准说在理论上要相对更为妥当。但是,这里的问题也在于,是否需要具有处分意思? 由于出站口的工作人员乙对存在从 B 站到 C 站的差额车费的请求权这一点并无认识,因而,难以认定其实施了有意识的处分行为。因此,只要采取下车车站标准说,就应该以"无意识的处分行为说"作为其理论前提。* 有观点虽然主张必须存在有意识的处分行为,但却认为,在本案中,受骗者对于债权价值具有结算意思,进而主张可肯定受骗者存在处分意思(山口厚「詐欺罪における処分行為」『平野龍一博士古稀祝賀論文集〔上〕』〔有斐閣 1990 年〕455 頁、山口 261 頁)。然而,由于乙甚至连债权的存在都没有意识到,因而不得不说,这种理由过于牵强。

* 收费公路的买"两头票"逃票　行为人使用 A 收费口至 C 收费口之间的收费公路,却预先购买了从离 C 收费口更近的 B 收费口至 C 收费口的过路费,而未支付自 A 收费口至 B 收费口的过路费,对此,福井地判昭和 56・8・31 日判時 1022 号 144 頁〔319〕认为,C 收费口的收款人只要求行为人支付 B 收费口至 C 收费口的过路费,该收款人的这种少额要求行为,就相当于处分行为。可以说,该判例也是以无意识的处分行为说为前提(芝原邦爾「社会現象の変化と刑法の解釈」『法学セミナー』333 号 131 頁)。

现在,由于快速普及了自动检票系统,买"两头票"逃票行为再无构成诈骗罪的余地(判定成立使用电子计算机诈骗罪的判例,参见后述"使用电子计算机诈骗罪"中的"典型判例"之东京地判平成 24・6・25 判タ1384 号 363 頁〔357〕)。应该说,要应对此类非法行为,技术性措施是第一位的,如果仍然需要采取刑罚措施,则有必要进行诸如《改正刑法草案》第 339 条第 2 款那样的立法。[2]

(四)三角诈骗

1. 含义

例如,欺骗某银行的支店长而获得融资的,受骗人以及处分行为人(交付人)均为该支店长,而被害人则是银行。像本案那样,诈骗罪中存在受骗人与

---

〔1〕 不过,持上车车站标准说的学者为了应对行为人在通过 A 站之后才产生逃票乘车的意思这种情况,也同时兼采下车车站基准说。

〔2〕《改正刑法草案》第 339 条第 2 款规定:"使用不正当手段,不支付对价而利用公共交通工具的,与前款同。"

被害人不一致的情形,这被称为三角诈骗。在三角诈骗中,受骗人与被害人可以不同,但受骗人与处分行为人必须相同。这是因为,如果受骗人与处分行为人不是同一人,则缺少基于错误认识而实施的处分行为,而这一点属于诈骗罪的本质要素。[1] 并且,在这种情况下,受骗人还必须具有处分被害人财物的权限。[2] 例如,A 向 B 谎称 C 院子里的皮球是自己的,而让 B 替其把皮球拿过来,由于 B 无论在事实上还是在法律上都没有处分 C 院子里的皮球的权限,因而,A 构成盗窃罪的间接正犯,而不成立诈骗罪。又如,A 向公寓管理人 B 谎称自己是住户 C 的父亲,让 B 用钥匙打开 C 的房间,拿走了 C 的财物,由于 B 并无处分权限,因而,A 的行为仅成立(侵入住宅罪与)盗窃罪。

2. 诉讼诈骗

三角诈骗的问题主要体现于诉讼诈骗。例如,A 针对 B 提起了依据买卖合同请求交付不动产的民事诉讼,A 通过实施伪证行为欺骗裁判所,使裁判所作出了命令 B 交付该不动产的判决,并且,通过让裁判所采取强制执行的方式而将不动产移交给了 A。对此,有观点否定成立诈骗罪。其理由在于:

---

〔1〕 对此,团藤 614 頁等认为,受骗人与交付行为人也不必是同一人,但这种观点受到了批判。山口厚认为,"之所以要求受骗人与交付行为人具有同一性,是因为作为诈骗罪的成立要件,要求物或者利益是基于错误认识而直接转移。反对说也许是考虑到,在诉讼诈骗中,受骗人是裁判所,而交付行为人是被害人。但是,正如反对说的论者本身也承认的那样,对于(强制性地被迫交付的)败诉者即被害人而言,很难认定其实施了交付行为,而应该认为裁判所才是交付行为人(在败诉之后被强制执行的场合,如果要更忠实于直接性要件,理论上更为妥当的做法应该是:不是因为物的取得而成立第 1 款诈骗,而是就物的交付,欺骗行为的行为人取得了可以要求强制执行的具体权利,因而在判决确定之时,成立第 2 款诈骗)"(山口厚『問題探求 刑法各論』〔有斐閣 1999 年〕154 頁)。——译者注

〔2〕 就受骗人能够成为交付行为人的要件,判例对受骗人作了限定性要求,必须是"受骗人具有可以替被害人处分其财产的权能或地位"。这基本上是妥当的,但问题在于如何理解其内容。要求受骗人所具有的"权能或者地位",就其内容而言,仅仅处于可以转移他人之物的占有这种事实上的地位,这还不够。这是因为,与被害人毫无关系的(例如,在"皮球案"中,具有翻过围墙的能力的)其他人也可能有此地位。对此,阵营说认为,受骗人属于被害人"阵营"之时,对受骗人就可肯定具有交付行为性;授权说认为,受骗人在被害人的授权范围之内处分财产的,即可肯定具有交付行为性;还有观点主张,对于被害人的占有辅助者(例如,被害人家中雇用的保姆),可肯定具有交付行为性。在否定诈骗罪与盗窃罪之竞合的立场看来,受骗者必须具备的要件,在这种场合下,也应该能够切实地划定两罪之间的界限。因此,问题不在于受骗人与被害人的单纯的"事实上的接近程度",也就是,不应该采取阵营说,而应该立足于授权说,必须是被害人明确赋予了受骗人处分自己财产的权限,或者,至少必须是,在对外关系上事实上可以如此认为。问题最终归结于,被害人是否处于,应将受骗人的财产交付这一结果归属于自己,这种"必须甘愿接受的立场"。这是因为,在此场合下,即便有违其真实意思,但被害人仍必须甘愿接受物或者利益的转移,其结果就是,能够认定已存在"交付",因此,交付的是物的,可否定成立盗窃罪,交付的是利益的,可肯定成立诈骗罪,这样理解亦无不妥。参见山口厚『問題探求 刑法各論』(有斐閣 1999 年)154 ~ 155 頁。——译者注

第一,在民事诉讼中,裁判所采取的是形式真实主义或者辩论主义,即便裁判所明知A作了虚假陈述,也只能作出A胜诉的判决,因此,这种情况下不存在错误认识;第二,B向A交付土地的行为有违B的意思,因而,不能被称为基于B之意思的交付行为(団藤614頁)。在上述两点理由中,第二点理由的前提是,B是处分行为人。然而,在这种情况下,显然是裁判所受到欺骗并由此实施了处分行为,因而,B仅仅是被害人(而非处分行为人)。因此,可以将这种情况视为一种三角诈骗,即通过欺骗具有处分权的裁判所(处分权人)而给B(被害人)造成了损失(平野217頁。大判明治44・11・27刑録17輯2041頁〔321〕〔通过提出虚假的公示催告申请,让裁判所做出除权判决〕、大判大正5・5・2刑録22輯681頁〔322〕〔依据虚假的证书,申请裁判所发出支付命令〕)。

反之,尽管上述第一点理由看似根据充分,然而,裁判所明知是虚假陈述而仍必须作出A胜诉的情形,应该说,是极其有限的。事实上,在(论者所引用的)具体案件中,在法庭辩论的当天,B并没有出庭,因而裁判所采纳了原告的主张,这实际上属于所谓"拟制自白(拟制供认)"的情形(《民事诉讼法》第159条)。在该情形下,基于辩论主义,即便裁判所明知A的主张有假,也会判定A胜诉。但是,B明知不到庭就会败诉而仍然没有到庭的,对此,可以说,该案实际上是基于被害人B的承诺而不具有诈骗罪的构成要件该当性,因而,就有可能被理解为,并不构成诈骗罪。在除此之外的其他情况下,根据自由心证原则,民事诉讼中对于证据的评价,也同样是基于裁判所(裁判官)的自由心证,应该说,完全有可能存在针对裁判所的欺骗行为。

在上述就原被告双方的权利义务关系作出判决的审判程序中(诉讼阶段),裁判所是具有处分权的;反之,在强制执行阶段,裁判所则不具有处分权,因而,在强制执行阶段就不能成立诉讼诈骗。例如,经过与A的共谋,B谎称自己是C,向简易裁判所申请起诉前和解,同意将自己(C)名下的土地的所有权转移给A,并办理相关变更登记手续,然后又向负责登记的官员提交了由裁判官制作的调解书,最终办理了所有权变更登记,将所有权由C转移至A。在该案中,简易裁判所的裁判官与登记官员均无处分该不动产的权限,因而,本案不构成诈骗罪(最決昭和42・12・21刑集21巻10号1453頁〔323〕)。又如,X将裁判所以前作出的、已经失效的自己与A之间的调解书正本提交给裁判所助理书记官,申请强制执行证,拿到该书记官因受骗而制作的强制执行书之后,将该执行书交给执行官,让其对讼争房屋实施了强制执行,从而将B占有的房屋转移至X的占有之下。对此,判例认为,此案也不成立诈骗罪(最判昭和45・3・26刑集24巻3号55頁〔324〕。不过,在本案事实下,有可能构成侵夺不动产罪的间接正犯)。

3. 信用卡的非法使用

信用卡是一种商品交易的结算系统,具体而言,A 与信用卡公司 C 订立会员合同,如果从与 C 订立了加盟店合同的 B 店购买商品,则由 C 公司向 B 店垫付货款,然后,A 通过自己的银行账户以自动结算的方式向 C 公司支付价款。问题在于,如果 A 明知自己的账户内没有足够的存款余额,却仍然从 B 店购买商品的,该行为是否构成诈骗罪呢? 对此,有观点认为,不管是什么情况,B 都能取得由 C 所垫付的价款,即便 A 没有向 C 支付价款的意思与能力,也不存在针对 B 的欺骗行为以及 B 的错误,因而,不能成立诈骗罪(吉田敏雄「クレジットカードの不正使用」平野龍一・松尾浩一・芝原邦爾編『刑法判例百選Ⅱ各論〔第 3 版〕』〔有斐閣 1992 年〕91 頁)。[1] 但是,如果 B 明知 A 没有付款意思、付款能力,那么,尽管 B 店与 C 公司之间签订了垫付合同,C 仍可以以违反诚实信用原则为由而拒绝支付。这样一来,B 就不可能对 A 的支付意思、支付能力毫不关心,就这一点而言,本书认为,这里仍有认定存在欺骗、错误认识的可能。

即便同样是主张成立诈骗罪的观点,其具体理论结构也不尽相同:第一,认为加盟店 B 既是受骗人也是被害人,因而,应构成第 1 款诈骗(福岡高判昭和 56・9・21 刑月 13 巻 8 =9 号 527 頁〔328〕、大谷 265 頁、大塚 250 頁)。这种观点最为简单明了,然而,由于 B 店收到了 C 公司垫付的价款,实际上没有遭受损失,能否被谓为"被害人",在这一点上是存在疑问的。第二,认为 A 通过加盟店 B 这一中介而欺骗了信用卡公司 C,并使 C 向 B 垫付价款,从而 A 自己获得利益,因而应构成第 2 款诈骗罪(藤木 370 頁)。然而,C 即便知道被骗也仍须垫付货款,因而,难以认定存在基于错误认识的处分行为。第三,认为 B 是被欺骗人、处分行为人,而 C 是被害人,从而主张构成三角诈骗。现在,这种观点属于学界有力学说。该学说还可以进一步分为以下三种具体观点:(1)把握 C 向 B 垫付价款这一点,主张构成第 1 款诈骗(芝原邦爾「クレジットカードの不正使用と詐欺罪」『法学セミナ－』334 号 116 頁);(2)主张在 C 向 B 垫付货款而使得 A 得以免除债务(避免支付货款)之时,即构成第 2 款诈骗的既遂(山口厚「クレジットカードの不正使用」平野龍

〔1〕 山口 264 頁注(103)认为,否定说"否定存在针对加盟店的欺骗行为以及加盟店存在错误认识的根据在于,利用信用卡进行商品买卖,这是一种信用交易,有关买方的支付能力的风险,由信用卡公司承担;作为加盟店,不可能对买方的财力进行判断,而且,也并未要求其作此判断,加盟店只要对信用卡的有效性、信用卡背面的签名与销售票据上的签名的同一性,予以确认即可"(王昭武译・山口各论 308 页)。——译者注

一、松尾浩一编『刑法判例百選Ⅱ各論〔第2版〕』〔有斐閣1984年〕97頁)；(3)把握A获得商品取得了利益，而C承担债务蒙受了损失这一点，主张在购入商品之时，即构成第2款诈骗的既遂(中森喜彦「クレジット・カードの不正使用と詐欺罪の成立」『判例タイムズ』526号79頁)。对这些观点的疑问在于：就观点(1)而言，明明认为A得到的是免除债务这一利益，却主张A成立的是第1款诈骗(这之间存在矛盾)；就观点(2)而言，按照其观点，直至垫付价款之前，一直属于未遂，这不无疑问。由此可见，观点(3)似乎更为合适。不过，在A之获得与C之损失并不一致这一点上，也仍然存在疑问。因此，本书认为，如果将信用卡合同的实质理解为债务的承担(关于民事法律对信用卡合同的理解，参见長谷川貞之「クレジットカード」森泉章・池田真朗編『消費者保護の法律問題』〔勁草書房1994年〕85頁以下)，那么，在A购得商品之时，就通过让C承担债务而使A获得了免除货款债务的利益，因而在该时点即构成第2款诈骗的既遂(松原290頁也是相同旨趣)。

另外，行为人并非信用卡的名义人却冒称名义人，用该信用卡在加油站加油，对此，判例的态度是，“即便被告人误信本案信用卡的名义人会允许其使用该信用卡，且会按照信用卡会员章程就自己(被告)的信用卡消费进行结算，被告的本案行为是否构成诈骗罪，也不得为此事实所左右”(最决平成16・2・9刑集58卷2号89頁〔327〕[1])。由此可见，信用卡限于名义人本人使用这一信用卡章程本身，是受到诈骗罪的保护的。这样一来，名义人本人也可以成为诈骗罪的共犯。但是，他人受信用卡名义人之托使用该信用卡的，或者，名义人的亲属使用该信用卡的，至少就此类情形而言，应该说，这种行为不具有诈骗罪的“实质的违法性”(另见山中364頁)。

4. 双重抵押

如何处理双重抵押，这也是与三角诈骗有关的问题。例如，A在为B设定了第一顺位的抵押权之后，又为C设定抵押权，并首先为C的抵押权进行了登记。在此情形下，只要C获得了第一顺位的抵押权登记，至少就C而言，不会发生财产上的损失，因而，难以认定成立针对C的诈骗罪。但有判例认为，此类案件应构成三角诈骗，其中，B是被害人、C是受骗人与处分行为

〔1〕 大致案情：被告人获取了他人名义的信用卡，未经许可，却装成是持卡人，出示该信用卡，在加油站加油。对此，判例认为，装成是信用卡的持卡人本人，明明没有使用该卡的正当权限却装成有此权限，使加油站的工作人员信以为真，并接受了对方交付的汽油，这一行为应构成诈骗罪。在此基础上，进一步指出，“即便被告误信本案信用卡的名义人会允许其使用该信用卡，且会按照信用卡会员章程就自己(被告)的信用卡消费进行结算，被告人的本案行为是否构成诈骗罪，也不得为此事实所左右”。——译者注

人(大判大正元・11・28 刑録 18 輯 1431 頁)。但应该说,并不存在 C 可以处分 B 的财产这种授权关系,因而,此类情形不属于三角诈骗。为此,判例现在一般认为,双重抵押行为该当于背信罪(最判昭和 31・12・7 刑集 10 卷 12 号 1592 頁〔394〕)。

(五)财产性损失

成立诈骗罪,是否以存在财产性损失为要件?通说一方面认为,诈骗罪终究是财产犯罪,当然应以发生某种财产上的损失为必要,但同时又将财物或财产性利益的交付(财物等的丧失)本身理解为损失(团藤 619 頁、福田 250 頁、大塚 255 頁),因而,可以说,这实质上与财产性损失不要说并无不同。但是,本书认为,既然诈骗罪属于财产犯罪,就必须具备存在实质的财产性损失这一要件(实质的个别财产说)。[1] 例如,承包人原本具有领取工程承包款的权限,却采取欺骗手段不正当地提前支取了工程款。对此,判例认为,要对承包款全额认定成立诈骗罪,必须是"行为人得以提前的支付期,达到(提前获取的承包款)与不采用欺骗手段而会获得的承包款,按照社会一般观念,可以被谓为另外的支付的程度"(最决平成 13・7・19 刑集 55 卷 5 号 371 頁〔349〕。另见伊藤涉「判批」『2002 年度判例セレクト』〔有斐閣 2003 年〕35 頁)。对此,有观点主张,此类问题不应作为第 246 条的不成文的构成要件要素,而应作为对于欺骗行为或者错误认识这一要件的理解来予以解决(山口 268 頁、佐伯仁志「詐欺罪の理論的構造」『理論刑法学の最前線 Ⅱ』106 頁),但结论上不会存在差异,判例也多以不存在财产性损失为理由而否定成立诈骗罪。

1. 给付相应对价的情形(提供相当价格的商品的情形)

最大的问题在于,提供了价格相当的商品的,是否仍构成诈骗罪?例如,(1)对于在市场上公开销售,很容易买到的市价为 2100 日元的电按摩器,谎称是很难买到的,能有效治疗中风、小儿麻痹的特殊治疗器,是很昂贵的商品,而以 2200 日元出售给对方的,对此,判例认为,"像这种即便提供了价格

---

〔1〕 研究诈骗罪中的财产性损失的出发点在于,诈骗罪是"针对个别财产的犯罪"这种认识。也就是说,诈骗罪的特征是,被害人因受骗而实施交付,由交付而丧失了对物或者利益的占有,且该占有转移至对方,因而诈骗罪是一种"财产转移罪"。在这一点上,与盗窃罪相同,而不同于背信罪。背信罪作为"侵犯财产罪",是"针对整体财产的犯罪"("针对整体财产的犯罪",必须是侵犯了被害人的"整体财产",也就是,发生了某种经济性损失,且只要发生这种经济性损失即可,无须被害人丧失了个别的转移可能的物或者利益)。这一点首先必须予以明确。由此可见,诈骗罪中的财产性损失的实质是"所转移的物或者利益""物或者利益的丧失"本身就是损失。参见山口厚『問題探求 刑法各論』(有斐閣 1999 年)167 頁。——译者注

相当的商品,但如果告知实情,对方便不会支付货款的情形”,应成立诈骗罪(最决昭和34·9·28刑集13卷11号2993頁〔331〕)。对此判例,一般认为,由于发生财产上的损失并非诈骗罪的要件,因而,判例结论是妥当的。但是,(2)谎称自己是医师,以(与药品本身的价格)相当的价格销售某种药品的,对此,判例认为,由于被害人并没有发生财产上的损失,因而不构成诈骗罪(大决昭和3·12·21刑集7卷772頁〔330〕)。[1]

那么,上述两个判例是否相互矛盾呢?如果认为,被害人所失去的与其所得到的,只要客观上具有相同的金钱价值,就不存在财产上的损失,那么,就可以说,这两个判例之间相互矛盾。但是,诈骗罪中应该比较的是,受骗者在该交易中“意欲获得的东西”与对方“所支付的东西”(参见伊藤涉「詐欺罪における財産的損害〔2〕」『警察研究』63卷5号28頁以下)。具体而言,在案例(1)中,被害人意欲获得的是,超出购买价的价值,因而可以说,存在财产上的损失;而在案例(2)中,被害人意欲获得的正是该药品,如果是按定价销售且功效相同,那么,谎称自己是医师这一行为,并不能成为认定存在财产上的损失的理由。由此可见,有无实质性的财产上的损失,应该取决于,对被害人意欲获得而最终未能获得的东西进行经济性评价,看能否被谓为损失。并且,如果这样理解损失的概念,则应该说,诈骗罪也是以存在财产上的损失

---

〔1〕 近期还有这样一个判例:行为人打算让株式会社住宅金融债权管理机构(住管机构)放弃其拥有的针对某不动产的“最高额抵押权”,以便利用该不动产从银行融资,用于支付其他债务。于是,欺骗住管机构,谎称要将该机构设定了“最高额抵押权”的该处不动产卖给第三人,该机构信以为真,遂答应对方只要履行部分债务即可,并放弃了所设定的“最高额抵押权”。对此,判例认为,“作为放弃本案最高额抵押权的对价,A公司向住管机构所支付的价款,按照当时的市价,在住管机构看来属于与市价相当的金额,并且,对于答应对方只要履行部分债务即可,并放弃本案最高额抵押权,住管机构并无错误认识。即便如此,但应该说,如果不是因受被告的欺骗,误以为是将本案不动产按照正规程序卖给第三者,住管机构原本不会答应放弃该最高额抵押权。被告在对此存在认识的基础上,对自己的真实意图——实际上是卖给由自己实际控制的‘皮包公司’——秘而不宣,欺骗住管公司的具体负责人员,使之误信是将该不动产卖给第三者,从而让住管公司放弃了本案最高额抵押权,并完成了注销登记手续,因此,应该成立《刑法》第246条第2款之诈骗罪”(最决平成16·7·7刑集58卷5号309頁)。——译者注

为其成立要件。[1]

对于诈骗配给的行为、不正当地取得国有土地的行为,也适于作同样的理解。例如,谎称自己有接受粮食配给的资格而接受配给的(最判昭和23·6·9刑集2卷7号653頁〔333〕)、谎称有经营农业的意思而买受国有土地的(最决昭和51·4·1刑集30卷3号425頁〔332〕[2]),对此,判例判定成立诈骗罪。对于此类案件,有力学说认为,问题仅仅在于违反了行政规制这一点,因而,缺少作为诈骗罪的定型性(团藤607頁、福田249頁)。在上述案件中,想必行为人的确是按照国家规定的价格支付了相应价款。然而,这些情况下所确定的粮食、农地的价格要低于本来的价格,因而,可以认定存在财产上的损失。而且,还可以说,按照国家政策公平且有效地分配有限的资源,这种利益本身就具有经济性价值。从结论上来看,通说也肯定此类情形成立诈骗罪,但却以财物的交付本身就属于损失这一点作为其理由。然而,按照通说的理解,甚至连伪造医生的处方而购买处方药的行为、[3]17岁的少年虚报年龄而购买非18岁以上者不能购买的书籍的行为,势必也要成立诈骗罪。

---

〔1〕 对此,山口269頁认为,反向给付的属性,是决定是否进行"财产交换"的重要条件,因此,只要对这一点存在欺骗,就属于有关法益的错误,对于所交付的财物,当然成立诈骗罪。在商品交易中,重要的是,受骗者是否取得了他意欲取得的东西。例如,在出售电按摩器的案件中(参见最决昭和34·9·28刑集13卷11号2993頁),即便所提供的商品是价格相当的东西,但只要不具有所标榜的功效,就存在有关法益的错误,应成立诈骗罪;又如,在谎称自己是医师而出售药品的案件中(参见大决昭和3·12·21刑集7卷772頁),在让对方接受诊疗,并以规定价格(正常市场价格)买入某种药品时,如果被害人的目的仅仅在于买入对症药品,就可否定成立诈骗罪。当然,在接受假医生的诊疗,并支付了诊疗费的场合,只有在假医师所做的诊疗对治疗本身毫无意义之时,才会成立诈骗罪(王昭武译·山口各论314页)。

对此,松宫265頁认为,"问题在于,针对所交付的财物,支付了相应金额的对价的,是否也能被谓为造成了损失?""可以说,这是与'诈骗国家机关'(以国家机关为对象的诈骗)'募捐诈骗'的情形相类似的问题。也就是,除了发挥以追求利润为目的的'商人'的作用而行动的情形之外,任何个人都可以自由地决定,出于何种目的、以何种方式处分自己的财产。也就是,对这一点,任何个人都有不接受虚假的信息,并由此作出违背自己本意的财产处分行为的权利。因此,(由于被提供了虚假信息)处分行为的动机产生错误,并由此实施了无法达成处分之目的的财产处分的,这本身就属于损失。为此,即使支付了相当金额的对价,仍然存在财产损失,因而有可能成立诈骗罪"(王昭武等译·松宫各论215页)。——译者注

〔2〕 对于欺骗县知事,接受未开垦土地的划拨的案件,最高裁判所认为,"即便是以欺骗手段侵犯了国家法益的场合,既然同时也侵犯了,属于诈骗罪之保护法益的财产权,只要不能认定,该行政刑罚法规具有作为特别法而排除诈骗罪的适用这一旨趣,对此就应认定成立诈骗罪,这也是自大审院时代以来业已确立的判例态度"(最决昭和51·4·1刑集30卷3号425頁〔332〕)。——译者注

〔3〕 对此,東京地判昭和37·11·29判タ140号117頁〔335〕否定成立诈骗罪。但平野220頁肯定成立诈骗罪。

但是,从财产上的损失的角度看来,这种结论并不妥当。这是因为,药品的规制、书籍等的年龄限制,这与财物的分配本身毫无关系,其目的完全在于,防止因使用不当而造成的危害。

2. 骗取证明文书的情形

与有无财产性损失这一要件相关联,如何处理通过虚假申报而取得各种证明文书的行为,也是一个问题。对建筑物所有权证明书(大判大正3·6·11刑録20輯1171頁)、印章证明书(大判大正12·7·14刑集2卷650頁〔337〕)、护照(最判昭和27·12·25刑集6卷12号1387頁〔338〕〔520〕)、驾照的再次申领(高松地丸亀支判昭和38·9·16下刑5卷9=10号867頁〔336〕),判例均否定成立诈骗罪。就其理论根据,尽管也有观点认为,是因为这种行为属于规避行政规制的非法行为,不具有诈骗罪的定型性(团藤608頁);但一般来说,有力观点还是认为,是因为这些文书不属于财物或者财产性利益(财物性或者财产性利益的阙如)(平野219頁。另见中森135頁)。确实存在这种情况,上述有关骗取印章证明书的大正12年的判例就是其适例。该判例认为,"诈骗罪以能够侵害财产权之行为为其要素,为此,即便实施了欺骗他人,让其作出一定意思表示的行为,倘若该情形下的行为不具有上述性质,则当然不构成本罪。"这里考虑的是,这些文书均属于有关相应资格、某种事实证明的东西,其本身与财产权并无关系。但同时必须考虑的是,刑法另外还规定了第157条第2款(资格证等不实记载罪)。[1] 该款处罚的是,针对资格证、执照、护照的间接无形伪造行为。可以想见,虽然申请、受领内容虚假的资格证等的行为属于诈骗罪的行为类型,但也应一并包括在本款(第157条第2款)之内予以处罚,因此,不能再另外认定成立诈骗

---

〔1〕《刑法》第157条第2款〔**资格证等不实记载罪**〕:"向公务员进行虚假申报,致其在资格证、执照或者护照上作不实记载的,处1年以下惩役或者20万日元以下罚金。"——译者注

罪(最判昭和 27・12・25 刑集 6 卷 12 号 1387 頁[1])。进一步而言,对于通过虚假申报而骗取除资格证、执照、护照之外的其他证明书的行为,如果按照诈骗罪来处理,对于通过虚假申报而骗取第 157 条第 2 款所明文规定的资格证、执照、护照的行为,却按照第 157 条第 2 款来处罚,那么,由于第 157 条第 2 款与第 246 条之间存在刑罚的轻重之别,显然,就会导致刑罚适用上的不均衡,因此,原则上不应允许这种情况存在。

不过,由于第 157 条第 2 款的处罚对象是,针对那些有关事实证明的公文书的间接无形伪造行为,此类公文书本身的经济性价值很低,因此,对于那些不属于本条的处罚对象,但在社会生活中具有很重要的经济性价值的公文书(尤其是以一定的财产性给付为内容的文书),也可以认定成立诈骗罪。从这一意义上来看,对于非法申领粮食配给本(最判昭和 24・11・17 刑集 3 卷 11 号 1808 頁)、出口证明(大阪高判昭和 42・11・29 判時 518 号 83 頁)、国民健康保险证(大阪高判昭和 59・5・23 高刑 37 卷 2 号 328 頁〔339〕、最决平成 18・8・21 判タ1227 号 184 頁〔341〕。但名古屋地判昭和 54・4・27 刑月 11 卷 4 号 358 頁则否定成立诈骗罪)、简易生命保险证书(最决平成 12・3・27 刑集 54 卷 3 号 402 頁〔340〕)等的行为,认定成立诈骗罪的判例结论是妥当的。这是因为,上述行为不仅侵犯了国家以及其他公务机关针对相关事实的证明职能,而且这些文书显然还会造成财产性损失或者具有造成财产性损失的可能性。

---

〔1〕 该案中与是否成立诈骗罪相关的部分的大致案情为:被告出生于美国,为了去美国,试图通过向美国领事馆提交虚假的证明文件(这另外涉及是否成立无形伪造的间接正犯。否定成立该罪)而取得护照,经过占领军官员的调查,发现证明文件的内容虚假,而未达目的。原判决肯定成立诈骗未遂。对此,本判决指出,"《刑法》第 157 条第 2 款尽管只是规定,向公务员作虚假的申报,使对方在资格证、执照或者护照上作不实记载,但资格证、执照或者护照这种资格证明书,如果名义人不接受官方的交付而持有,就毫无效用,因此,应该认为,该条所规定的犯罪构成要件,仅凭向公务员作虚假的申报,使对方在资格证等上作不实记载,即得到满足,但同时,也当然包括对于在其性质上作了不实记载的资格证等,行为人接受官方的交付这一事实。而且,也考虑到该条款的刑罚不过是 1 年以下惩役或者 300 日元以下的罚金,诸如就资格证、执照或者护照等接受官方之交付的行为,就不应以《刑法》第 246 条的诈骗罪来问责,而仅应适用《刑法》第 157 条第 2 款,作如此理解是相当的。"而且,由于本案证明书并不属于《刑法》第 157 条的公正证书原件或者资格证、执照、(日本国)护照,再者,本案行为所针对的对象是美国领事馆的占领军官员,也不是《刑法》第 157 条中的"公务员",最终判定被告人无罪。

日本刑法中的"护照"仅指"日本国护照",本案中,行为人试图取得的是"美国护照",在日本刑法中不过是"私文书",因而,行为人的行为不属于《刑法》第 157 条第 2 款的行为。——译者注

3. 骗取存折的情形

上述观点同样适合于私文书。例如,(1)某人以他人的名义在银行开设账户且领取了存折,对此,最高裁判所认为,“银行存折本身可以成为所有权的对象,不限于此,还可以利用存折来存款、取款,能认定其具有财产性价值,因此,即便是以他人名义在银行开设账户,并由此从银行取得存折的场合,认为该存折相当于《刑法》第246条第1款的财物,这也是合适的”(最决平成14·10·21刑集56卷8号670頁〔343〕)。又如,(2)行为人隐瞒打算将存折转让给第三者的意图,申请开设存款账户,让对方(银行职员)交付以自己为名义人的银行存折(以及借记卡),且最终接受了银行存折等的交付,对此,判例认为,按照银行的相应规定,有关存款合同的一切权利,以及存折、借记卡等均不得转让、质押给第三人,也不得供第三人使用,“申请人向银行工作人员申请开设银行账号,应该说,这本身就已经表明,仅限于申请人本人使用这一意思,因此,行为人明明具有将存折与借记卡转让给第三者的意图,却对此秘而不宣而实施的上述申请行为,就正是诈骗罪中的欺骗行为,由此而接受存折以及银行卡之交付的行为,也显然构成《刑法》第246条第1款的诈骗罪”(最决平成19·7·17刑集61卷5号521頁〔335〕)。在上述案例(1)中,判例判定银行存折属于财物;在案例(2)中,判例判定,隐瞒转让给第三者的意图而实施的申请行为,属于以举动实施的欺骗行为,而完全不考虑银行是否存在财产性损失这一问题。

可以说,这些判例无疑是考虑到,非实名账户、借用他人名义的账户,会被用作洗钱等犯罪,尤其会用作电信诈骗的工具这种值得忧虑的社会现实。下述法律的制定也体现了这一点:为了保护电信诈骗的被害人,平成19年(2007年)(法第133号)制定了《汇款诈骗救济法》,并于次年6月开始施行。对此问题,《防止转移犯罪收益法》第26条(旧《本人确认法》第16条之二)规定,“出于冒充他人以接受或者让第三者接受与特定事业者之间有关储蓄、存款合同的劳务提供为目的,对于有关该储蓄、存款合同的存折,提取储蓄、存款之用的银行卡,储蓄、存款之提取或者转账所必需的信息,以及其他由政令所规定的、为了接受与特定的事业者之间有关储蓄、存款合同的劳务提供所必需的东西,予以转让、收受、接受该物之交付,或者接受该物之提供的,处50万日元以下罚金”。但是,该规定处罚的是,针对已经接受了银行等金融机构之交付的存折(针对已经从银行等金融机构领取的存折),所实施的接受转让、交付、提供等行为,而没有就直接从银行等金融机构接受存折之交付的行为(直接从银行等金融机构领取存折的行为)作出规定,如何处理此类直接接受交付的行为(直接领取的行为),就取决于是否成立诈骗罪这一判断。[1]

这里的问题在于,上述判例(1)与判例(2)的结论是否妥当?首先,就判例(1)而言,有观点认为,订立账户合同(同意开设账户)以及交付存折,由此会给予对方取款、使用ATM等的权益,进而也会给银行带来经济负担,银行职员对此是存在认识的,因而,并不存在“针对法益处分的有无、数量、目的的错误”,因此,不应成立诈骗罪(佐伯仁志「詐欺罪の理論的構造」『理論刑法学の最前線Ⅱ』112頁、高橋334頁);同样,还有观点认为,以他人名义接受存折之交付的行为,“对银行方面来说,不会引起有关经济性盈亏的重要的事实错误,对此认定成立诈骗罪,是不妥当的”(伊藤渉「判批」『ジュリスト』1277号139頁)。进一步而言,按照这种(对判例结论持反对态度的)观点,判例(2)是有关接受自己名义的存折之交付的案件,理所当然也应否定成立诈骗罪。[2]

反之,基于支持判例(1)与判例(2)之结论的立场,有学者提出了下述观点:在诈骗罪中,财物并不是作为财物本身受到保护,而是作为“达到一定目的的手段”受到保护,因而,只有在未达到该目的之时,才能肯定存在欺骗行为或者错误。具体而言,在存折的场合,考虑到上述这种社会状况的变化,对于判例(1)与判例(2),均能够认定,没有达到“向进行了本人确认者交付存折”“向具有自己使用之目的者交付存折”这一目的,因而,可以肯定成立诈骗罪。[3] 的确,不可否认的是,这种“目的未达到理论”具有相当的说服力。然而,如何来具体设定这种“目的”呢?这一点极不明确。例如,如果认为“向进行了本人确认者交付存折”属于这里的目的,那么,在判例(1)中,确实可谓之未达到目的,但对于判例(2)则不合适。也就是说,如果不将这里的目的扩大至“交付了存折之后,让名义人本人使用该存折”,对于判例(2),就无法认定未达到目的(足立友子「判批」『刑事法ジャーナル』11号123頁)。进一步而言,按照这种观点,对于迄今为止一直被否定成立诈骗罪的案件,例如,因对方谎称自己已成年,而受骗按图书定价向未成年人出售“有害”图书

---

〔1〕参见町田鉄男「金融機関等による顧客等の本人確認等に関する法律の一部を改正する法律について」『研修』685号59頁以下。

〔2〕事实上,作为判例(1)之控诉审的福岡高判平成13・6・25刑集56卷8号686頁就认为,通过以他人名义开设账户所得到的利益,不具有诈骗罪所预定的利益的定型性,进而否定成立诈骗罪。

〔3〕参见山口厚『新判例から見た刑法〔第2版〕』(有斐閣2008年)234頁。持同样态度的还有,長井圓「判批」『平成19年度重要判例解説』181頁、松澤伸「判批」『2007年度判例セレクト』(有斐閣2008年)35頁、橋爪隆「詐欺罪成立の限界について」『植村立郎判事退官記念論文集〔第1卷〕』(立花書房2011年)175頁以下。

的行为；又如，因对方出示了医师处方，而受骗按药品定价出售处方药的行为，也都有可能成立诈骗罪（事实上，就有持该说的学者对此肯定成立诈骗罪。例如，長井圓「判批」『平成 19 年度重要判例解説』182 頁）。事实上，对判例（2）的最高裁判所调查官解说也承认，之所以判定成立诈骗罪，确实在深层次意义上存在防止电信诈骗以及洗钱犯罪这一考虑；在此基础上，对主张向未成年人销售烟酒、“有害”图书的案件不成立诈骗罪的现在的通说观点，调查官解说进一步指出，“考虑到针对此类行为的规制及其运用，以及当时所处的社会意识，这种共识是适于‘那个特定的年代’的，但这绝非指定条件，也绝非一成不变。就此类案件而言，鉴于当下的法律规制与社会情势，重视且尽力仅向成人销售的销售者绝非罕见，如果敢于向这类销售者实施这种（欺骗）行为，这种（欺骗）行为被解释为，无碍于诈骗罪之成立，毋宁说，要更为自然”（前田巖『平成 19 年度最高裁判所判例解説』143 頁）。但是，调查官解说的这种观点，是将诈骗罪从财产犯罪转化为针对国家法益的犯罪、针对社会法益的犯罪，并不妥当（参见佐伯仁志「詐欺罪〔1〕」『法学教室』372 号 113 頁、松原 280 頁）。

在实质的个别财产说看来，既然以存在财产性损失为必要，那么，即便采取“目的未达到理论”，仍然应该以银行等金融机构蒙受了或者有可能蒙受某种财产性损失为必要。那么，在判例（2）的案件中，能否认定银行蒙受了或者有可能蒙受某种财产性损失呢？例如，A 将在 X 银行开设的 A 名义的账户转让给 B，该账户被 B 用于电信诈骗，让受骗人将钱款打入该账户，在此情形下，由于 B 并非正当的存款合同方，因此，B 本人从 ATM 上提取该钱款的行为，或者，B 本人从银行柜台提取存款的行为，就有可能属于盗窃或者诈骗。不过，这种情况下，也可以说，存在账户的名义人 A 的承诺。的确，按照有关“错误汇款”的平成 8 年（1996 年）的民事判例（最判平成 8・4・26 民集 50 卷 5 号 1267 頁），不管具体原因如何，A 均有效取得存款债权，那么，B 在得到 A 的承诺之后所实施的行为，看上去似乎不应构成犯罪。但是，最高裁判所平成 15 年（2003 年）的决定则认为，在“错误汇款”的场合，认为是“天上掉馅饼”而提取了他人错误汇入的钱款的，该人存在告知属于“错误汇款”的义务，从而判定该人成立不作为的诈骗罪（最决平成 15・3・12 刑集 57 卷 3 号 324 頁）。并且，最近还有这样一个民事判例：原审认为，X 银行向犯罪行为人 B 支付存款的行为，即便 X 银行存在过失，也仍然有效，对此判决，平成 20 年（2008 年）的最高裁判所民事判例（最判平成 20・10・10 民集 62 卷 9 号 2361 頁）判定予以撤销，并且，为了让原审对“X 银行向 B 支付存款的行为作为向债权的准占有者的偿还是否有效”这一点进行审理，而发回重审。

综上所述,可以将结论归纳如下:从银行接受他人名义的存折之交付的行为,以及即便是自己的名义,但隐瞒准备转让给第三者的意图而接受存折之交付的行为,均属于通过欺骗行为而取得银行存折这种财物,因而,该当于诈骗罪的客观构成要件;并且,在此情形下,如果有人从不知情的银行处以不正当的手段取得存折,并将该存折用于电信诈骗犯罪,尽管银行有可能作为对于债权的准占有者(具有作为受领权人之外观者)的偿还而得以免予承担存款债务,但有些情况下,银行仍然有可能承担基于被害人的不当得利返还请求或者基于非法行为的损害赔偿责任。银行承担的这种风险,就可以被谓为,存在遭受财产性损失的可能性。在此意义上,具体就判例(1)与判例(2)的案件而言,既然也存在遭受财产性损失的可能性,在实质的个别财产说看来,判例结论是妥当的。

可以说,下面的情形也存在同样的问题:隐瞒让他人搭乘飞机的目的,实施欺骗行为,装作是自己乘机而领取了登机牌。案情大致如下:被告人A与B经过共谋,出于将登机牌交给在中转站候机的中国人C,帮助其偷渡至加拿大的目的,B把以自己名义经过正常手续购买的机票以及护照交给登机柜台,换取了登机牌。被告人及其辩护律师主张,交付(发放)本案登机牌,不会由此给航空公司造成生意上的损失,以维持出入境行政管理秩序为由,将本案登机牌的交付定位于财产性处分,并不妥当。作为控诉审的大阪高等裁判所基于下述理由,判定成立诈骗罪(大阪高判平成20·3·18刑集64卷5号859页):"不具有同一性的人使用登机牌搭乘飞机,存在给飞机的飞行安全带来重大弊害的危险,会导致航空公司的社会信用的降低、业绩的恶化,并且,在本案中,如果航空公司因本公司发放登机牌的疏漏,使得登机牌的(冒名)使用者非法进入加拿大,会被该国政府科处最高额达3000美元的罚款,因而,对航空公司而言,防止他人非法使用登机牌是具有极大的财产性利益的。"

对此,最高裁判所基于下述理由,驳回了被告人的上告(最决平成22·7·29刑集64卷5号829页〔345〕):"之所以进行如此严格的本人确认,是因为机票上所记载的乘客之外的其他人搭乘飞机,存在给飞机的飞行安全带来重大弊害的危险,而且,加拿大政府也赋予了本案航空公司为防止有人非法进入该国而应该切实发放登机牌的义务,因而,不让该乘客之外的其他人搭乘飞机,对本案航空公司的航空运输业务的经营具有重要意义……如果本案航空公司职员知道,要求换取登机牌者具有将登机牌转交给他人而让本人之外的其他人搭乘飞机的意图,就不会答应其换取登机牌的要求。""从上述事实来看,要求换取登机牌者本人是否搭乘飞机,对本案航空公司职员而言,属于判断是否交付登机牌的重要基础事项,因此,明明具有将发给自己的登机牌转交给他人并让该他人登机的意图,却隐瞒该意图,向本案航空公司职员要求换取登机牌这一行为,就正是诈骗罪中的欺骗他人的行为,由此换取登机牌的行为显然应构成《刑法》第 246 条第 1 款的诈骗罪。”

与控诉审判决相比,显然,最高裁判所的本判决试图将财产性损失排除在诈骗罪的要件之外。然而,切实管理登机牌与登机人员,对航空运营安全非常重要,这是显而易见的。换言之,不切实管理登机牌与登机人员,会失去公众对该航空公司业务的信赖,而且,也会给航空公司的经济运营造成重大影响,因此,本书认为,就本案而言,要认定存在财产性损失的危险性、可能性,这是完全有可能的。[1]

4. 不法原因给付与诈骗罪

《民法》第 708 条规定,“因不法原因予以给付的,不得请求返还该给付物。但是不法原因仅存在于受益人一方的,不在此限”。按照该条本文的规定,即便是行为人谎称卖给对方毒品而骗取了货款,货款给付人也不得请求返还货款,问题在于,这种情况是否也不成立诈骗罪呢?

判例对此一直肯定成立诈骗罪。例如,谎称是用于伪造货币的资金而骗取金钱的案件(大判明治 43・5・23 刑録 16 輯 906 頁)、谎称替对方买黑市米而骗取金钱的案件(最判昭和 25・12・5 刑集 4 巻 12 号 2475 頁〔352〕)、谎称会替雇主卖淫而事先从雇主处骗取借款的案件(最决昭和33・9・1 刑集 12 巻 13 号 2833 頁)、赌博诈骗(最决昭和 43・10・24 刑集 22 巻 10 号 946 頁〔308〕)等就属于此类案件。此类案件的判决理由在于,“只要是通过欺骗手段侵犯了对方对财物的支配权,即便对方交付财物是基于不法原因,在民法上不能请求返还或者要求损害赔偿,也无碍诈骗罪的成立”(最判昭和 25・7・4 刑集 4 巻 7 号 1168 頁〔骗取政府管制物质〕)。

虽然也有学说认为,既然按照《民法》第 708 条本文的规定不存在返还请求权,就不存在财产上的损失,因而,也不构成诈骗罪(瀧川 157 頁、松原 295 頁),但通说肯定构成诈骗罪。通说观点具体又分为以下两种不同的理论根据:(1)如果不是因为受骗,被害人便不会交付财物(福田平『旧注釈刑法〔6〕』241 頁、大塚 253 頁、大谷 282 頁);(2)被害人所交付的财物、财产性利益本身在交付之前并不具有违法性,毋宁说,是通过欺骗行为而侵犯了被害人的合法财产状态(平野 220 頁、中森 135 頁、林幹人「不法原因給付と横領罪・詐欺罪——財産に対する民法と刑法の規律の関係——」芝原邦爾編

---

〔1〕 支持本判决的观点,参见伊藤涉「判批」『2010 年度判例セレクト〔Ⅰ〕』(有斐閣 2011 年)36 頁。反对本判决的观点,参见照沼亮介「判批」『刑事法ジャーナル』27 号 87 頁、高橋 335 頁注 90、松原 281 頁。

『刑法の基本判例』〔有斐閣 1988 年〕154 頁)。的确,对这种情况以诈骗罪论处,并不会助长不法行为,相反还会起到抑制作用,因此,按照第(2)种观点认定构成诈骗罪,可以说,也有其合理性。但是,即便立足于这种观点,如果否定对方对给付物存在返还请求权,那么,从财产性损失的角度来看,其观点也是存在疑问的;而且,如果不具有返还请求权,至少从追索权说(参见后述"赃物罪")的角度来看,就不能认定存在赃物性(因此,不成立赃物罪),这一点也是存在疑问的。〔1〕

如果第(2)种观点是从行为人制造了不法原因这一点中寻求处罚根据,那么,其结果就只能是认为不法原因仅存在于受益人一方,因而,可适用《民法》第 708 条但书的规定,进而也可认定存在返还请求权,因此,也便有可能认定成立诈骗罪。〔2〕

另外,例如,谎称事后付钱而让对方卖淫,或者谎称支付报酬而让对方实施犯罪行为,事后却逃避付钱的,此类行为是否构成第 2 款诈骗罪,也是需要研究的问题。〔3〕 对于卖淫的案件,判例观点并不一致:既有判例认为,诈骗罪的处罚根据并不仅仅在于保护被害人的财产,也可以根据这种违法的手段行为扰乱了社会秩序而认定构成第 2 款诈骗罪(名古屋高判昭和 30・12・13 裁特 2 巻 24 号 1276 頁〔350〕。団藤 618 頁、福田平『旧注釈刑法〔6〕』242 頁、内田 307 頁等也持同样观点);也有判例认为,由于卖淫行为有违公序良俗,此类契约应归于无效,行为人并不承担所谓的债务,因而,不构成诈骗罪(札幌高判昭和 27・11・20 高刑 5 巻 11 号 2018 頁〔351〕、福岡高判昭和 29・3・9 判特 26 号 70 頁。大塚 253 頁以下、平野 220 頁、曽根 156 頁、中森 108 頁注 22 等也持同样观点)。既然卖淫行为有违公序良俗,其本身就不存在值得法律保护的财产性利益,因此,就应该认为,通过实施欺骗行为而逃避付款的行为,并未给对方造成财产上的损失。

(六)与他罪之间的关系

首先,是与各种伪造罪之间的关系。通说、判例认为,本罪与伪造文书、使用伪造的文书的犯罪,以及伪造有价证券、使用伪造的有价证券的犯罪之间属于牵连犯(大判大正 4・3・2 刑録 21 輯 221 頁、大判昭和 8・

---

〔1〕 中森 146 頁尽管采取的是追索权说,但仍认为,只要成立诈骗罪,这种情况也可以认定存在赃物性。

〔2〕 对于谎称用于走私鸦片而以消费借贷的名义骗取金钱的行为,最判昭和 29・8・31 民集 8 巻 8 号 1557 頁就认为,可以不适用《民法》第 708 条,进而肯定存在返还请求权。

〔3〕 不过,如前所述,如果认为卖淫行为、犯罪行为这种劳务的提供行为本身不属于财产性利益,那么,要构成诈骗罪,就必须是因为其他新的欺骗行为而得以逃避支付。

10・2 刑集 12 巻 1721 頁)。而就伪造货币、使用伪造的货币的犯罪与本罪之间的关系,通说、判例则认为,诈骗罪被使用伪造的货币罪所吸收,不再单独成罪(大判明治 43・6・30 刑録 16 輯 1314 頁)。这是因为,不知是伪造的货币而收受,在收受之后又知情使用的(第 152 条“收受伪造的货币后知情使用罪”),对此,考虑到责任的减轻,其法定刑是“处面额 3 倍以下的罚金或者科料”,如果对此行为另外再认定构成诈骗罪,那么,势必会淹没此立法宗旨。

其次,将窃取或者骗取的财物进一步用作实施诈骗的手段,另外又获取了财物、财产性利益的,如果该行为又造成了新的法益侵害,则该行为并非共罚的(不可罚的)事后行为,而是应另外再成立诈骗罪,按照并合罪来处罚。例如,利用窃取的邮政存折,在邮局窗口取款的(最判昭和 25・2・24 刑集 4 巻 2 号 255 頁);又如,窃取出租车乘车券后又使用此券乘坐出租车的(秋田地判昭和 59・4・13 判時 1136 号 161 頁〔329〕),此类行为就是其适例。有关侵占罪、背信罪与本罪之间的关系,后面另行论述(参见侵占罪、背信罪中的相关解说)。

最后,例如,行为人本无偿还的意思却骗取了带有限额的融资卡,并使用该卡从融资企业的 ATM 上提取了现金。对此行为,下级裁判所的判例态度并不一致,既有认定仅构成诈骗罪一罪的,也有认定构成融资卡的骗取(诈骗罪)与现金的盗取(盗窃罪)之并合罪(数罪并罚)的,最高裁判所采取的是并合罪说(最决平成 14・2・8 刑集 56 巻 2 号 71 頁〔303〕。参见林美月子『平成 14 年度重要判例解説』148 頁)。在该情形下,金融企业在交付融资卡之时,其处分意思并不及于 ATM 之内的现金;并且,在限额之内,数次从不同 ATM 上提取现金的行为,应该认定构成盗窃罪,因此,最高裁判所的上述结论是正确的。而且,这一法理也同样适用于下面这种情况:在小额诈骗〔1〕的场合,由于被害人手头没有现金,而将借记卡交给实施欺骗行为的行为人,

---

〔1〕 所谓“小额诈骗”,日文原文为“寸借詐欺”,是诈骗的典型手段之一,是指诈骗行为人抓住人们的善良心理,以借款等名义分别向不同的人骗取小额钱财,而试图不引起被害人的警觉,以逃避罪责。

近期,最高裁判所做出了一个引人注目的决定:被告人自 2004 年 10 月至 12 月,雇用大量不知情的钟点工,谎称要筹款医治患有疑难病的小孩,在大阪、京都、神户街头募捐,共募得资金 2480 万日元。对此,一审、二审均判定成立诈骗罪,处 5 年惩役,并处 200 万日元罚金。被告人以“被害人的数量与各自的金额均无法特定,不属于诈骗”为理由,向最高裁判所提出上告,主张无罪。对此,2010 年 3 月 17 日,最高裁判所认为,“即便无法特定各个具体被害人与受害金额,但如果能就募集钱款的方法、地点、钱款总额等予以特定,就可以作为一个整体来考虑”,从而驳回了被告人的上告(最决平成 22・3・17 刑集 64 巻 2 号 111 頁)。这是最高裁判所第一次就募捐诈骗的案件做出判决(决定)。——译者注

行为人利用此借记卡从 ATM 上提取了 10 万日元。也就是,在这种情形下,行为人既骗取了银行卡,又针对银行的现金实施了盗窃行为,因而应属于并合罪(详见西田典之「キャッシュカード等の詐取とその不正利用について」『研修』621 号 3 頁)。

典型判例

·被告以他人名义向相关部门申领居民基本信息卡,并接受了相关部门交付的居民基本信息卡,对此,**東京高判平成 27·1·29 東時 66 巻 1 =12 号 1 頁**〔342〕认为,如果使用本案居民基本信息卡,就可以通过证明文件自动打印机打印并领取相关证明文件,并且,在相关窗口领取相关证明文件时手续费也相对要低,因此,"对市区町村各级机构而言,交付居民基本信息卡,不仅具有交付公共证明文件的性质,还包含着提供伴有财产性负担的服务的性质(或者提供伴有财产性负担的服务的可能性)",因而应构成诈骗罪。可以说,本判决重视的是,不正当获取居民基本信息卡的行为,不仅有害于公共机关的事实证明职能,还具有给交付者造成财产性损失的可能性,进而以此为理由判定成立诈骗罪。

·对暴力团相关人员隐瞒身份申请使用高尔夫球场设施的行为,既有判例即**最判平成 26·3·28 刑集 68 巻 3 号 582 頁**〔346〕(判例 1)否定成立诈骗罪,也有判例即**最判平成 26·3·28 刑集 68 巻 3 号 646 頁**〔347〕(判例 2)肯定成立诈骗罪。这两个案件的相同之处是,高尔夫球场均明确表示拒绝暴力团相关人员使用球场相关设施。不过,在判例 1 中,球场并没有采取诸如由工作人员确认客人不是暴力团相关人员,或者让客人签字保证自己不是暴力团相关人员等措施,而且,周边也有不少球场允许或者默许暴力团相关人员使用球场设施,因此,"在上述事实关系之下,属于暴力团相关人员的(非球场会员的)客人不告知自己是暴力团相关人员,而是和其他一般客人一样,如实填写姓名等指定事项之后,将'客人登记表'提交给前台工作人员,由此申请使用球场设施,该行为本身只是表明,申请者会按照通常使用方法使用球场设施,使用之后会支付相关费用这一意思,而不能由此认定,除此之外还表明申请者当然并非暴力团相关人员。这样的话,本案中的被告人以及 D 申请使用本案各个高尔夫球场的各种设施的行为,就不属于诈骗罪中所谓欺骗他人的行为",最高裁判所进而以申请使用高尔夫球场的行为本身不能被评价为举动欺骗为由,否定成立诈骗罪。相反,在判例 2 中,第一,高尔夫球场之所以拒绝暴力团相关人员使用球场设施,是出于防患于未然的意图,是为了防止球场客流量的减少以及损害球场的声誉或者等级,是从高尔夫球场经营的角度采取的措施;第二,在本案高尔夫球场,除了采取入会审查之际要求会员保证不与暴力团相关人员结伴来球场,并且不向球场介绍暴力团相关人员这种措施之外,还将排除暴力团的相关信息加以数据化,在此基础上,在预约时或者前台接待时予以确认,由此事先防止暴力团相关人员使用本球场,最高裁判所在指出这些情况的基础上,再基于下述理由,判定成立第2款诈骗罪,即"本案高尔夫球场会员A在入会之时曾保证,不与暴力团相关人员结伴来球场,并且不向球场介绍暴力团相关人员,因而A向球场申请与其同伴一同使用球场设施,这本身就表明,A保证其同伴不是暴力团相关人员,而且,客人是否是暴力团相关人员,这是本案高尔夫俱乐部工作人员是否允许对方使用球场设施的重要判断事项,因此,同伴明明是暴力团相关人员,而在申请使用球场设施时却不告知这一点,该行为使球场工作人员误以为其同伴并非暴力团相关人员,这正属于诈骗罪所谓欺骗他人的行为"。

在判例2中,最高裁判所是从以下两个视角来判断是否成立诈骗罪:其一,申请使用球场设施的行为本身是否属于"通过举动的欺骗"的视角;其二,被欺骗的内容是否属于"是否允许对方使用球场设施的重要判断事项"的视角(重要事项性)(参见野原俊郎「判解」『法曹時報』68卷4号270頁)。是否具有"通过举动的欺骗"这种行为性,属于申请行为本身能否被评价为表明一定意思或者事实的行为的问题,根据该行为的社会性意义或者当事人关心的事项来判断。相反,重要事项性这一判断要素是接受了最决平成22·7·29刑集64卷5号829頁〔345〕的观点——"要求换取登机牌者本人是否搭乘飞机,对本案航空公司职员而言,属于判断是否交付登机牌的重要基础事实"("决定是否交付的重要判断事项"),是以能否被谓为就经营上的重要事实受到了欺骗这一点作为问题。作为诈骗罪的成立要件,判例2是否同时要求发生了财产上的损害,这一点未必明确,但可以被评价为,事实上,是否存在实质性损害已被纳入对该"重要事项性"的判断之中。

判例2尽管没有明确区分上述两个判断要素(判断视角),但就对第一个视角(是否属于"通过举动的欺骗"的视角)的判断而言,本案高尔夫球场为了防止暴力团相关人员使用球场设施采取了严格的措施,这一事实属于重要判断材料;在对第二个视角(重要事项性)的判断中,存在这样理解的余地:暴力团相关人员使用球场设施会造成客人减少,从而妨碍球场的经营,这属于重要事实。

相反,在判例1中,对于客人是否是暴力团相关人员,该案高尔夫球场未必采取了严格的确认措施,即便非会员的客人申请使用球场设施,该行为本身也不能表明客人并非暴力团相关人员,因而否定具有“通过举动的欺骗”这种行为性。本判决是通过否定“通过举动的欺骗”这种行为性而否定成立诈骗罪,因而,对本案高尔夫球场而言,客人是否是暴力团相关人员能否被谓为“重要事项”,本判决并未就此作出具体判断。

·被告隐瞒自己是暴力团成员这一点,以被告本人名义申请开设综合账户,[1]并接受了银行职员交付的被告名义的综合账户存折。对此,**最决平成26·4·7刑集68卷4号715頁**〔348〕指出,(1)接受政府的指针指导,本案银行也采取了不认可包括暴力团成员在内的反社会势力开设账户的方针;(2)在开设综合账户申请书上,有表明并保证申请人并非反社会势力这一旨趣的内容,接待被告的银行职员也确认了这一内容。在此基础上,最高裁判所基于下述理由,判定被告成立第1款诈骗罪,即“申请开设综合账户,并由此接受综合账户存折与借记卡的申请人是否是包括暴力团成员在内的反社会势力,这是本案银行职员决定是否交付的重要判断事项,因此,属于暴力团成员的人,表示并保证自己不是暴力团成员,进行上述申请,该行为就属于诈骗罪所谓欺骗他人的行为”。

在最高裁判所的本决定中,申请开设账户的申请者是否属于暴力团成员,这是“决定是否交付的重要判断事项”,因而能肯定其申请行为具有欺骗行为性。这是基于这样一种理解:对金融机构而言,不让暴力团成员等开设账户,这是事关其经营的重大利害事项(重要事项性)。另外,对是否具有“通过举动的欺骗”这种行为性,本决定虽未就此作出具体判断,但这是以下述评价为前提的:本案被告在申请书上写有表明并保证自己并非反社会势力这一内容的地方,亲自签名盖章,因此,伴有签名盖章的本案申请行为显然属于“通过举动的欺骗”(橋爪隆「判批」『旬刊金融法務事情』2025号10頁)。

---

〔1〕 所谓综合账户,是活期存款和定期存款记入一本存折的户头,在活期存款余额不够时,以定期存款为担保,可以在定期存款金额的90%的范围之内借款。——译者注

三、使用电子计算机诈骗罪

除前条(第246条)规定的情形之外,向他人用于处理事务的电子计算机输入虚假的信息或者不正当的指令,从而制作出有关财产权得失或变更的不真实的电磁记录,或者提供有关财产权得失或变更的虚假的电磁记录,供他人用于处理事务,由此获取非法的财产性利益或者使他人获取的,处10年以下惩役(第246条之二)。

犯罪未遂的,应当处罚(第250条)。

(一)立法的必要性

随着计算机系统的普及,更多的交易结算不再需要介入人的判断,而是交由计算机自动处理,本条就是为了应对通过滥用这种系统而出现的侵犯财产的新型犯罪行为,而根据昭和62年(1987年)的刑法部分修正(法第52号)所增设的。

例如,对于非法使用他人的借记卡从ATM上提取现金的行为,可以将金融机构作为被害人,以盗窃罪来处罚(参见東京高判昭和55・3・3判時975号132頁〔302〕、札幌地判昭和59・3・27判時1116号143頁〔北海道银行案〕)。然而,通过ATM将他人的存款转入自己的账户的,如果只是实施了转账行为,仅此尚不能被称为取得了"财物",不构成盗窃;而且,以不正当的手段将他人的存款转入自己的账户之后,并未使之现金化,而是通过自动转账来支付电话费、水电费等的,毕竟从头至尾一次也没有实际取得过现金,因而,难以认定成立盗窃罪。还有,金融机构的职员向自己的账户输入子虚乌有的存款数据,尽管可以说,通过这种非法手段已经事实上取得了可以自由处分的财产性利益,但在非法操作计算机的阶段,并未介入人的判断,因而缺少欺骗、错误等要件,我们只能是认为,这种行为不构成第2款诈骗罪(参见大阪地判昭和57・7・27判時1059号158頁〔三和银行茨木支店案〕)。当然,对部分内部人员,可以按照背信罪来处罚,但由于必须是具有一定权限的"事务处理者",因而即便按照背信罪来处罚,其处罚范围势必也要受到很大限制。本条正是为了应对这种处罚上的漏洞而增设(参见米澤編『刑法等一部改正法の解説』〔的场纯男〕113頁以下、西田典之「コンピュータの不正操作と財産犯」『ジュリスト』885号16頁)。

(二)罪质

从"取得非法的财产性利益或者使他人取得的"这一表述来看,显而易见,本罪属于非法获利罪。本罪规定在诈骗罪之后,法定刑也是10年以下惩役;而且,本条还使用了"除前条规定的情形之外"这一表述,由此可见,本罪基本上可以被谓为《刑法》第246条第2款(利益诈骗罪)的补充类型。要成立本罪,无须存在第2款诈骗罪中的欺骗、错误等要件,因而,也可以说,是从立法上排除了所谓“机械不能陷入错误”这种不成立诈骗罪的根据。因此,例如,伪造进款传票,欺骗拥有处分权的金融机构工作人员,让其通过计算机而凭空进行汇款处理的,就不构成本罪,而是成立第246条第2款的利益诈骗罪(米澤編『刑法等一部改正法の解説』〔的场纯男〕136頁。大阪地判昭和63・10・7判時1295号151頁就是这种案件)。

另外,本罪也准用第244条规定的“有关亲属间犯罪的特例”(第251条)。

(三)行为

本罪的行为类型可以分为前段行为与后段行为。〔1〕

1. 前段行为

前段行为,是通过向计算机输入“虚假的信息”“不正当的指令”,制作出“有关财产权得失或变更的不真实的电磁记录”,从而使自己或第三者取得财产性利益。这里所说的“不真实的电磁记录”,是指“记录了有关财产权的得失、变更之事实,或者可产生该得失、变更之事实的电磁记录,在一定的交易场合,这种制作(更新)就可以在事实上造成该财产权的得失、变更”(米澤編『刑法等一部改正法の解説』〔的場純男〕118頁)。因此,例如,银行等机构的顾客台账中的存款余额记录、有关公司债务(社债)过户或者公司股票过户的过户账户台账中的顾客账户的记录内容(《有关社债、股票等的过户的法律》第68条、第129条)等就相当于此;反之,借记卡或信用卡的磁条上的记录、汽车登记台账、不动产登记台账等,这些只是用于证明一定的资格与事实的东西,其制作与变更不会直接影响到财产权的得失、变更,因而,不包括在内。

首先,所谓“虚假的信息”,是指比照该计算机程序预先设定的事务处理目的,其内容与真实情况不相符合的信息(米澤編『刑法等一部改正法の解説』〔的場純男〕121頁)。例如,前述不正当地转入他人存款,或者存款数据的凭空输入等,就属于这种情况。反之,金融机构的董事管理人员为了减少该机构名下的不良贷款,或者贴现不具有支付能力的票据,而在计算机终端进行操作,将贷款额或贴现额输入受贷方或被贴现方的账户,这种行为就不构成本罪。这是因为,即便该行为构成背信罪,但贷款行为与贴现行为本身

---

〔1〕 本罪行为必须是:(1)向他人用于处理事务的电子计算机;(2)输入虚假信息或者不正当指令;(3)从而制作出有关财产权得失或变更的不真实的电磁记录,或者提供有关财产权得失或变更的虚假电磁记录,供他人用于处理事务;(4)由此获取非法的财产性利益或者使他人获取(王昭武等译・松官各论219页)。——译者注

属于民事法律上的有效行为，因而，输入电子计算机的信息就不能被谓为虚假信息，所制作的电磁记录也不能被谓为不真实的电磁记录（参见米澤編『刑法等一部改正法の解説』〔的場純男〕142 頁、西田典之「コンピュータの不正操作と財産犯」『ジュリスト』885 号 19 頁）。另外，客户根本没有提出存款、贷款、出款等要求，却毫无理由地进行入款、出款处理的，即便该行为由诸如金融机构的支店长等拥有概括性权限的人员所实施，也应被视为虚假信息（東京高判平成 5・6・29 高刑 46 巻 2 号 189 頁〔353〕）。*

* **神田信用金库案** 神田信用金库 S 支店的支店长为了偿还自己的债务以及增加自己的活期存款，凭空向第三者的账户与自己的活期账户作了入款处理。对此，一审判决认为，由于支店长具有入款、出款的权限，因而，仅构成背信罪（東京地判平成 4・10・30 判時 1440 号 158 頁。对于该案的评释，参见西田典之「判批」『ジュリスト』1021 号 95 頁）；反之，东京高等裁判所则认为，“被告人指示职员操作计算机，输入有关资金汇入的信息，实际上完全没有与之相对应的资金汇入，显然，这完全属于不伴有经济上、资金上之实质的信息，因而，属于‘虚假的信息’，应成立使用电子计算机诈骗罪”（参见東京高判平成 5・6・29 高刑 46 巻 2 号 189 頁〔353〕、西田典之「判批」『判例時報』1515 号〔『判例評論』433 号〕252 頁）。不过，在银行的实际操作中，也可能存在应客户要求，尚未汇入资金却提前办理汇款手续的情形，这种情形当然不构成本罪，但如果事后客户仍未汇入资金的，应以什么理由来否定成立本罪，也是一个问题。本书认为，较为妥当的解决方式是：在这种情形下，入款处理相当于垫付行为或者贷款行为，可谓之银行的义务之一，而不能谓之“虚假的信息”，因而不构成本罪；而且，即便这种入款处理违反了银行的内部操作规程，但如果是为了维系与客户之间的交易关系，则属于出于为了本人（银行）之利益的意思，而并没有牟利、加害的目的，因而也不构成背信罪。

其次，作为“不正当的指令”的例子，可以设想诸如通过改变程序，以完成向自己的账户输入不真实的入款数据等情形。

2. 前段行为的两种类型

前段行为还可进一步区分为积极获利型、逃避债务型这两种具体行为类型。

首先，积极获利型的典型案件，主要是前述通过不正当地使用借记卡而将他人存款转入自己账户的行为，以及凭空输入入款数据的行为等，最近，还发生了利用银行信息系统(firm banking)凭空输入出款(汇款)数据的案件。此类情形下,被输入的与事实不符的数据就相当于“虚假的信息”,因输入“虚假的信息”而被改动的客户台账上的账户存款余额记录就属于“不真实的电磁记录”,由此而事实上可以自由处分的存款,就相当于“非法的财产性利益”。*

* 积极获利型的案件 就非法操作金融机构的在线网络系统的行为,除了上述“神田信用金库案”之外,还有以下案件适用了本条规定。(1)被告作为从事存款、汇兑业务的银行职员,利用客户A将自己的存折寄放在银行对外出租的保险箱的机会,以A的名义重新制作了一张活期存折,并利用这张存折,非法在银行在线网络的终端机进行操作,将A账户中的160万日元划入自己以及第三者的账户(大阪地判昭和63·10·7判時1295号151頁〔第一劝业银行案〕);(2)被告作为信用金库的负责汇兑业务的职员,与X共谋,在银行在线网络的终端机进行操作,尽管实际上并未收到转入款项的要求,却将总计9亿7千万日元的款项划入X所开设的账户(東京地八王子支判平成2·4·23判時1351号158頁〔青梅信金案〕);(3)操作与电话线相连的笔记本电脑,连线银行的网络系统,向该系统输入虚假的出款信息,从而将他人账户中的总计16亿3千万日元的款项汇入其他共犯的账户(名古屋地判平成9·1·10判時1627号158頁〔东海银行案〕);(4)行为人利用手机向信用卡结算代办业者设置的负责处理电子货币的计算机,输入窃得的信用卡的持有人姓名、卡号、有效期限等虚假信息,申购以该卡支付的电子货币,在与该计算机相连的硬件处理器上,制作出该持有人本人以该信用卡购买相当于11万3千日元的电子货币这种有关财产权之得失的不真实的电磁记录,从而取得了上述金额的电子货币的使用权,获取了非法的财产性利益(最决平成18·2·14刑集60卷2号165頁〔356〕。不过,在本书看来,该案似乎也属于下述逃避债务型的行为)。

其次,篡改各种收费台账上的记录、凭空输入还款数据、抹消借款数据等,就属于逃避债务型。** 还有,擅自使用他人的ID号码与密码,并使用其中的数据库,这样,收费台账上的记录会发生变化,且显示是该他人所使用,结果就使得该非法利用者得以逃避付费,此类行为就有可能被认定为,逃避债务型的计算机诈骗。同样,对于擅自使用他人电话的行为,考虑到与话费收费台账上的记录的关系,认定构成本罪也是妥当的。例如,在他人的电话线路接线板上接入像电话机一样的设备,而向自己所开设的拨号Q2节目打电话,从而由NTT(日本电信电话株式会社)将信息费汇入自己的账户,对于此类案件,事实上就有判例认为,这相当于“不正当的指令”,进而认定构成本罪(水户地土浦支判平成5・5・27〔公开刊物未刊登〕。关于此案的介绍,参见大森良明『警察公論』48卷11号85頁)。但也有观点认为,只要是利用签约用户的ID号码与密码,就应被认为是该用户在使用,因而不能说是提供了“虚假的信息”。[1] 但疑问在于,按照这种观点,利用所拾得的借记卡,将该卡中的存款转入自己的账户的,只要是使用了签约用户(借记卡的真正持有人)的借记卡与密码,是否也不构成本罪呢?例如,行为人利用不正当获取的他人的信用卡信息,以该他人的名义,在网络上购买且下载了大量软件,从而得以逃避支付价款。对于此案,有判例认为,行为人的行为属于“在计算机上,制作出并非自己而是该卡的真正的持有人购买了这些软件这样一种有关财产权之得失与变更的虚假的电磁记录,因而得以逃避支付上述价款,并由此取得了非法的财产性利益”,进而判定成立本罪。[2] 可以说,该判例就正是以本书所持的这种立场作为其理论前提。[3]

** 逃避债务型的案件　利用KDD[4]的受话方支付话费服务功能,在接通国外的电话之后,虽然仍在通话,却从笔记本电脑发出虚假信息,一边取消该连线申请,一边妨碍国外的电话交换系统向KDD发送取消信号,使得KDD与国外的电信公司都认为不应由己方收取话费,从而逃避支付话费。对此,東京地判平成7・2・13判時1529号158頁〔355〕判定属于本条前段行为。在该案中,尽管明明没有利用受话方支付话费服务功能(让对方支付相应话费)的意思,却发送了具有这种意思的号码,这就相当于“不正当的指令”,而制作了向KDD的收费系统发出由受信方支付话费这一意思的资料,这一点就属于制作了“不真实的电磁记录”。

与此相关联,利用拾得的电话卡在公用电话机上打电话的行为,对此如

---

〔1〕 米澤編『刑法等一部改正法の解説』〔的場純男〕132頁。按照此观点,即便是擅自使用他人的电话机,只要利用的是签约电话用户的电话线路,势必也不能被认为是虚假的信息。

〔2〕 東京地判平成16・6・1(公开刊物未刊登)。在本案的起诉阶段介绍本案的论文,参见岩山伸二「電子計算機使用詐欺罪の適用が問題となった事例」『研修』688号93頁。

〔3〕 关于这一点,详见西田典之「電子計算機使用詐欺罪についての覚書」『植村立郎判事退官記念論文集〔第1卷〕』(立花書房2011年)155頁以下。

〔4〕 KDD是国际电信电话株式会社的简称。该公司是由日本电信电话公社分离出来而组建的日本的“特殊会社”。——译者注

何处理也是问题。在此情形下,尽管行为人的使用行为改变了电话卡的磁条信息(余额),但那是使用该卡的结果,无法将“不真实的电磁记录”的制作本身视为财产性利益的取得,因而不构成本罪。

3. 后段行为

本条的后段行为,是指通过“提供有关财产权得失或变更的虚假的电磁记录,供他人用于处理事务”,由此取得非法的财产性利益或者使他人取得的行为。制作内容虚假的银行本账,以此替换银行内部的正式本账的行为;制作、使用内容虚假的充值卡或者 IC 卡,而非法接受相关服务并逃避付款的行为等,就是后段行为的典型情形。例如,用伪造、变造的电话卡在公用电话机上打电话的行为;利用伪造的“乘车卡”(Suica card[1])不正当地乘坐 JR 电车的行为等,也属于此类情况。反之,利用伪造的“乘车卡”(Suica card)从自动售票机上获取 JR 电车车票的,该行为就成立盗窃罪。

(四)着手、既遂时点

本罪的着手时点,就前段行为而言,是指着手输入虚假的信息或者着手发出不正当的指令之时;对后段行为而言,是指着手将虚假电磁记录提供给他人用于事务处理之时。例如,为了将他人的存款转入自己的账户而就要将伪造的借记卡插入 ATM 之时、就要输入虚构的存款数据之时、就要将伪造的电话卡插入公用电话机之时等,就属于本罪的着手时点。

本罪的既遂时点,是指通过制作出不真实的电磁记录,或者,将虚假的电磁记录提供给他人用于事务处理,从而获得了非法的财产性利益之时。

首先,不正当地将他人银行卡的资金转入自己的账户之时即认定既遂,这没有问题。即便是将款项转账至第三者的账户的场合,在本人持有该第三者的印章、存折或借记卡之时,[2]也可以直接认定为既遂。与此相反,转账至他人账户,如果不伪造印章、存折或者借记卡就无法直接取款的,则根本不构成本罪,其后,如果是从营业窗口取款就构成第 1 款诈骗,如果是利用伪造的借记卡从 ATM 取款则构成盗窃,但是,如果是利用伪造的借记卡转账,就应认为该行为构成本罪。

---

〔1〕 Suica card:全称是“Super Urban Intelligent Card”。是 JR 东日本(东日本铁道公司)在日本首都圈中引进的具有月票、充值卡功能的非接触式 IC 卡。由于一张 Suica card 同时具有月票和充值卡这两种功能,当乘车超过月票范围时,其可以自动从预付余额中只扣除超出月票的那一部分金额;同时,因为 IC 芯片可以把月票的有效期限和预付卡的余额等作为电磁信号来记录,所以在月票的更新和预付金额的追加时也能够继续使用同一张卡;并且,采用的是无线通信方式,只要把 Suica card 接近检票机的传感器(在 10 厘米以内),即能进行正常处理,无须从钱包或者月票夹等中将卡取出。——译者注

〔2〕 亦即,可以随时从该第三者的账户取款之时。——译者注

其次,制作出达到什么程度的不真实的电磁记录,才能谓之取得了财产性利益呢?例如,有力观点认为,虽然已经篡改了公司内部制作的工资数额台账(记录了工资等级、职务津贴、加班时间等的"工资表"),此时尚不能被谓为已达到既遂,只有在公司基于该台账再制作出用于交给银行的磁条或磁盘之时,才达到既遂(米澤編『刑法等一部改正法の解説』〔的場純男〕119頁)。想必这种观点的理由在于,只要制作出该电磁记录,其后,指定交易银行便必然根据公司所提供的数据,相应更改行为人的账户余额信息。但是,取得财产性利益是本罪的既遂要件,如果更严密地审视该要件,就必须存在行为人可以自由处分该款项的状态,因此,只有在更改了反映行为人账户余额的电磁记录之时才构成既遂。〔1〕 在本书看来,后一观点要更为妥当。* 不过,当下,上述处理可以通过计算机瞬间且自动地完成,也完全有可能作其他理解。

* 有关既遂时点的判例　使用变造的电话卡,利用公用电话向自己开办的拨号 Q2 节目拨打电话,以达到让 NTT(日本电信电话株式会社)将信息费打入自己账户的目的,但在拨打电话阶段即被发现,对此,岡山地判平成 4·8·4(公开刊物未刊登)〔354〕判定构成本罪未遂。在被发现之时,NTT 的相关公司为了将信息费汇入该节目的开办人的账户,已经制作了用于交给银行转账之用的磁盘,该判决认定该磁盘就相当于"有关财产权得失或变更的不真实的电磁记录"。

(五)与他罪之间的关系、罪数

1. 如前所述,本罪是第 246 条第 2 款(利益诈骗罪)的补充类型,因此,如果在计算机处理事务的过程中,有人介入其中,能够认定存在针对该控制计算机事务处理的人员的欺骗行为,以及该人所实施的处分行为,则构成第 2 款诈骗罪。例如,伪造入款凭证,欺骗拥有处分权限的负责汇兑的职员,让该职员利用计算机凭空进行了汇款处理的,就不构成本罪,而是构成第 2 款诈骗罪(大阪地判昭和 63·10·7 判時 1295 号 151 頁)。

2. 计算机进行入款、出款处理的前提在于,存在贷款、还款、票据贴现等事实,即便此类贷款、还款、票据贴现行为等可构成背信罪,但如果该贷款、还款、贴现本身属于民事法律上的有效行为,那么,就不能说,输入到电子计算

〔1〕 对此,松宫 270 頁认为,"例如,篡改了客户存款原始台账的,仅此行为即达到本罪既遂。这实质上处罚的是,诈骗罪、盗窃罪的预备阶段的行为"(王昭武等译·松宫各论 219 页)。——译者注

机的信息属于虚假的信息,因而,不构成本罪(東京高判平成 5・6・29 高刑 46 巻 2 号 189 頁〔353〕)。但是,此前由于没有设立本罪,有些案件是按照背信罪来处理的,今后,如果这种凭空处理是通过不正当地操作计算机来实现,则可依照本罪来处理。例如,银行的支店长为客户进行已经偿还债务这种虚假的账目处理(松江地判昭和 33・1・21 一审刑集 1 巻 1 号 41 頁);银行中负责外汇业务的职员虚构客户买断了出口汇票这一事实,而在该客户的活期存折本账中进行入款处理(東京高判昭和 53・10・20 高検速報 2316 号)。

3. 不正当地使用借记卡,或者,凭空输入入款数据而改变存款余额记录的,成立非法制作电磁记录罪(第 161 条之二第 1 款)、提供非法制作的电磁记录罪(第 161 条之二第 3 款),以及本条前段之罪,但由于这些犯罪是由一个行为所引起,因而属于想象竞合(和田雅樹『大コンメンタール刑法〔第 8 巻〕』243 頁)。而且,成立本罪之后,又从银行营业窗口或者 ATM 上取款的,另外再构成诈骗罪或者盗窃罪,与本罪构成包括的一罪(米澤編『刑法等一部改正法の解説』〔的場純男〕138 頁)。另外,例如,伪造、变造诸如电话卡那样的充值卡,并在公用电话机等上面使用的,由于各行为是分阶段实施的,因而,上述行为构成的非法制作电磁记录罪(第 161 条之二第 1 款)、提供非法制作的电磁记录罪(第 161 条之二第 3 款),与本条后段之罪属于牵连犯(米澤編『刑法等一部改正法の解説』〔的場純男〕143 頁)。不过,对于伪造、变造电话卡的磁条信息的行为,判例判定应构成伪造、变造有价证券罪(最决平成 3・4・5 刑集 45 巻 4 号 171 頁),因此,按照判例观点,上述行为就应成立伪造、变造有价证券罪(第 162 条)、使用伪造、变造的有价证券罪(第 163 条),与本罪属于牵连犯。

4. 如上所述,凭空输入入款数据的行为,相当于本条的前段行为,那么,反复多次实施此类行为的,应如何处理呢?本书认为,同一天内多次实施的这种行为,属于包括的一罪;如果是在不同日期多次实施,则属于并合罪(数罪并罚)(東京地八王子支判平成 2・4・23 判時 1351 号 158 頁)。

典型判例

・对通过使用自动检票机而实施的买"两头票"逃票行为,**東京地判平成 24・6・25 判タ1384 号 363 頁**〔357〕判定成立本罪。本案被告等人使用票价 130 日元的区间内有效的车票,从上野站上车,乘坐 JR 东日本的列车,到达"东北本线"的宇都宫站,然后再通过将自雀宫站至冈本站这一区间有效的"联票"投入自动检票机而出站(雀宫站、冈本站是分别与宇都宫站相连的车站)。回程时,也是通过使用票价180日元的区间内有效的车票,从宇都宫站上车,到达东京都的赤羽站等,将用于返程的自上野站130日元区间内有效的车票投入设置在赤羽站等的自动精算机,获取精算券,然后再将该精算券投入自动检票机出站。另外,按照JR东日本的自动检票机的程序,如果进站时将车票插入自动检票机,有关进站车站的信息就会被自动编码,出站时,如果自动检票机不能显示(确认)该进站信息,自动检票机就不会开闸放行,但对那些购买了"联票"的乘客,如果其联票中包括未设置自动检票机的车站,考虑到乘客的方便,特别规定即便出站时没有进站车站的相关信息也可出站,本案中的冈本站就正是这种未设置自动检票机的车站。对本罪中的"虚假的电磁记录"的含义,本判决作了与本书正文中相同的定义,在此基础上,本判决判定,在来程时,在宇都宫站将联票投入自动检票机的行为,"实质上是让宇都宫站的自动检票机读取进站信息,即持有本案联票的乘客是从该联票的有效区间内的未设置自动检票机的车站(冈本站)进站乘车",因而"本案联票上的电磁记录……是内容虚假的信息";回程时也是如此,本案乘车券(车票)被编码的进站信息是,上野站是上车站,但这是"与实际的上车站宇都宫站不同的信息",进而以此为理由判定成立本罪。

作为第246条之二的后段行为中的"虚假的电磁记录",一般认为,最典型的是伪造、变造的预付卡,而在本案中,被告所使用的联票、乘车券(车票)均是正规发行的票证,也并未对此进行任何不正当的改变。本判决研究的问题是,插入自动检票机的联票、乘车券(车票)在具体情形下体现何种意义,由此认定自动检票机实际读取的记录是与实际的上车站不一样的信息,进而肯定存在虚假性。

四、准诈骗罪

利用未成年人的智虑浅短或他人的心神耗弱,使之交付财物,或者获取非法的财产性利益或使他人获取的,处10年以下惩役(第248条)。

犯罪未遂的,应当处罚(第250条)。

(一)含义

准诈骗罪,是指即便没有实施(普通)诈骗罪中的那种欺骗行为,但如果利用对方的智虑浅短或心神耗弱,使之交付财物,或者,取得非法的财产性利益或使他人取得的,对于此类行为,也与诈骗罪作相同处罚。因此,以欺骗行为为手段的,构成普通的诈骗罪(大判大正4·6·15刑録21輯818頁)。[1]通说认为,如果是从完全没有意思能力的年幼者或者心神丧失者处获取财物的,则不构成本罪而应构成盗窃罪(木村137頁、植松430頁认为应构成本罪)。[2]

根据第251条的规定,与(普通)诈骗罪一样,本罪也准用第242条("有关属于他人占有等的自己的财物的特例")、第244条("有关亲属间犯罪的特例")、第245条("有关将电力视作财物的'视作规定'")。

(二)行为

本条所谓"未成年人",是指未满20周岁者(《民法》第4条)。《民法》第753条规定了基于婚姻的成年拟制,[3]但出于保护未成年人的考虑,该规定不应适用于本罪。所谓"智虑浅短",[4]是指知识缺乏思虑不足;所谓"心神耗弱",是指尽管有意思能力但精神并不健全,对于事物的判断,不完全具备一般人所应有的知识与能力这种状态(大判明治45·7·16刑録18輯1087頁)。值得注意的是,本罪中的"心神耗弱",与第39条第2款所规定的"心神耗弱"的含义有所不同。条文中的"乘(乗じて)",[5]就是利用的意思,例如,抓住幼儿、精神耗弱者知识缺乏这一弱点,用点心或塑料模型来换取贵重手表或宝石的,该行为就应构成本罪。

---

〔1〕亦即,即便是针对未成年人等,如果通过"欺骗他人"的行为,使之基于错误而实施交付行为,由此获取财物或者利益的,仍成立(普通的)诈骗罪(大判大正4·6·15刑録21輯818頁)。成立准诈骗罪,是指那种使用尚未达到欺骗行为这一程度的诱惑等手段的情形。而且,要成立本罪,必须是通过对方的交付行为而获取财物或者利益(福岡高判昭和25·2·17判特4号74頁持反对态度),因此,(直接)从完全不具有意思能力的幼儿、心神丧失者手中获取财物的,就不能认定存在交付行为,不属于准诈骗罪,而是构成盗窃罪。参见山口277頁(王昭武译·山口各论325页)。——译者注

〔2〕对此,松宫271頁认为,"本罪是以尚未达到欺骗、胁迫程度的诱惑等方法,利用未成年人的智虑浅薄或者他人的心神耗弱,使之处分财产,由此获利的犯罪。得到心神丧失者、无意思能力者的表面上的同意,进而取得财物的行为,构成盗窃罪(不过,因对被害人的能力存在错误,不能认定存在盗窃罪之故意的场合,就补充性地成立本罪)"(王昭武等译·松宫各论220页)。——译者注

〔3〕《民法》第753条〔**婚姻的成年拟制**〕:未成年人结婚时,视为其已达成年。——译者注

〔4〕日文原文为"知慮浅薄"。"智虑浅短"这一翻译来自《南史·郑绍叔传》:"臣智虑浅短,以为其事当如是,殆以此误朝廷也。"——译者注

〔5〕日本原文为"乗じて",一般被译为"乘机",但这里意译为"利用"。——译者注

第五节　恐　吓　罪

恐吓他人使之交付财物的，处10年以下惩役（第249条第1款）。

以前款方法，取得非法的财产性利益或者使他人取得的，与前款同（同条第2款）。

犯罪未遂的，应当处罚（第250条）。

恐吓罪，是指恐吓他人并使之交付财物或财产性利益的犯罪。本罪以暴力、胁迫为手段，但该手段尚未达到压制对方反抗的程度，为此，尽管存在瑕疵，但被害人仍然是基于自己的意思而转移财物、利益，在这一点上，可以认为，本罪与诈骗罪同属交付罪。与诈骗罪一样，尽管被害人的行为（转移财物、利益的意思表示）在民法上可以被撤销（《民法》第96条第1款[1]），但本罪并不以被害人行使民法上的撤销权为处罚前提。

一、对象

本罪的行为对象，是他人占有的财物（第1款）或者财产性利益（第2款）。[2] 本条第1款（财物）还准用第242条（“有关属于他人占有等的自己的财物的特例”）、第245条（“有关将电力视作财物的‘视作规定’”），本条第1款、第2款也准用第244条（“有关亲属间犯罪的特例”）。

这里的财物包括不动产（大判明治44・12・4刑録17輯2095頁）。与诈骗罪的情形一样，如果以恐吓手段获取登记名义或者权利证书，从而取得了处分不动产之可能性的，构成第1款恐吓；如果仅仅是取得了事实上的利用可能性，则构成第2款恐吓。关于财产性利益，参见诈骗罪中的相关解说。

二、恐吓

所谓恐吓，是指为了使他人交付财物或者财产性利益，作为手段实施的、

〔1〕《民法》第96条〔**欺诈、胁迫**〕第1款：“因受欺诈或者胁迫而进行的意思表示，可以撤销。”——译者注

〔2〕为此，对象是财物的，被称为第1款恐吓罪或者恐吓取财罪，对象是财产性利益的，则被称为第2款恐吓罪或者恐吓获利罪。

出于通过恐吓而取得钱财的目的，使对方交付（签订）了约定付款的合同的，判例认为，即便该合同书属于无效合同，鉴于其利用价值，能认定其具有重要的财产性价值，因而应成立第1款恐吓罪的既遂（東京高判昭和53・3・20刑月10巻3号210頁）。——译者注

尚未达到压制被害人反抗程度的暴力、胁迫。[1] 最高裁判所的判例存在这样一种倾向:将恐吓的手段限于胁迫,并且,在如果不答应要求就有可能遭受暴力这一使人产生畏惧的意义上,暴力也相当于胁迫(最决昭和33・3・6刑集12卷3号452頁)。[2] 这是因为,从渊源上看,恐吓罪是由实施告知对方要揭发有损其名誉的事实(名誉毁损性事实),从而使得对方交付财物的行为(chantage,black mail)发展而来(参见木村138頁、植松433頁)。但可以说,现在的判例、通说已经从正面承认,暴力也可成为恐吓的手段(最判昭和24・2・8刑集3卷2号75頁〔252〕、团藤624頁、植松433頁、福田266頁、大谷281頁、小倉正三『刑法解释大全〔第13卷〕』261頁以下)。[3] 在抢劫罪(本章第三节)中已经谈到,区别抢劫罪与恐吓罪,应该根据客观标准来判断,亦即,在社会一般观念看来,作为其手段的暴力、胁迫是否已达到足以压制被害人反抗的程度(最判昭和24・2・8刑集3卷2号75頁〔252〕)。

暴力,必须针对被害人(交付财物等的人)实施。不过,针对第三者的暴力,一定限度内也可成为针对被害人的胁迫。胁迫,是指以恶害相通告,且必须达到足以让对方产生畏惧的程度,不包括仅使得对方困惑为难的情形(藤木323頁、大塚273頁、札幌地判昭和41・4・20下刑8卷4号658頁)。* 不一定要求恶害的内容本身是违法的,例如,威胁对方让其提供封口费,否则便向搜查机关告发,这种行为也属于本罪(最判昭和29・4・6刑集8卷4号407頁)。[4] 不同于胁迫罪(第222条)、强要罪(第223条)中的胁迫,所通告的恶害的实施对象,不限于被害人本人及其亲属,还包括其友人等相关第三人(大判大正11・11・22刑集1卷681頁、小倉正三『大コンメンタール刑法〔第13卷〕』271頁、大塚273頁)。但是,为了明确区别于人质强要罪(《关于处罚以人质强要等行为的法律》第1条:处6个月以上10年以下惩

〔1〕 恐吓,是指通过暴力或者胁迫,使被害人感到畏惧,进而交付财物,这种恐吓行为必须针对财物或者财产性利益的交付。要成立属于交付罪的恐吓罪,必须是被害人基于自己的意思实施交付行为,因而行为人的暴力、胁迫行为虽足以引起被害人的畏惧,但必须尚未达到抑制被害人反抗的程度,否则可能构成抢劫罪。——译者注

〔2〕 木村138頁、伊達秋雄『ポケット注釈全書刑法』574頁将恐吓理解为胁迫。

〔3〕 对此,山口281頁指出,"暴力,也可成为恐吓的手段(参见最判昭和24・2・8刑集3卷2号75頁),但可以认为,一旦遭受暴力之后也许还会遭受暴力,这种胁迫性因素才是让被害人感到畏惧的实质(最决昭和33・3・6刑集12卷3号452頁)。在此意义上,我们可以将暴力理解为'以态度进行的胁迫'"(王昭武译・山口各论329页)。——译者注

〔4〕 通过第三者的行为通告恶害的,要构成恐吓,必须是以通告者可以对第三者的加害行为施加影响这种形式来通告(大判昭和5・7・10刑集9卷497頁)。即便通告的加害是虚构的,如果足以让对方感到畏惧,也包括在内(東京高判昭和32・1・30東高刑時报8卷1号16頁)。——译者注

役),针对那些与被害人之间并无任何人际关系的其他人的恶害的通告行为,一般不足以使人产生畏惧心理,因而,不属于本罪的胁迫。

* 准恐吓罪　《改正刑法草案》第346条增设了准恐吓罪,规定使他人困惑为难并使之交付财物的,构成准恐吓罪。不过,就连续几天在报纸上刊登有关医师的人气指数的投票结果的案件,大判昭和8・10・16刑集12卷1807頁认为,所谓恐吓,"不包括以使之困惑为手段"的情形。[1]

三、处分行为

同诈骗罪一样,要成立本罪,作为通过恐吓手段使被害人感到畏惧的结果,还必须存在被害人的处分(交付)行为,即被害人基于自己的意思将财物或者财产性利益转移至对方。因此,被害人毫不畏惧,而是出于其他理由交付财物的,则属于本罪的未遂。[2] 接受交付者也可以是第三者,但不包括与行为人毫无关系的第三者。由于处分行为也可以是默示的处分,因此,乘被害人感到畏惧而默认之机拿走财物的(最判昭和24・1・11刑集3卷1号1頁);或者,尽管被害人就暂缓支付没有明示的意思表示,但已使被害人对收回钱款感到绝望的(最决昭和43・12・11刑集22卷13号1469頁〔291〕),也构成本罪。

不过,如前所述,暴力也可成为恐吓的手段,并且,通过由暴力、胁迫是否达到了足以压制一般人的反抗的程度这一客观标准来区分抢劫与恐吓,事实上,在判例中,本罪的处分行为这一要件似乎已丧失了其原有的重要性。例如,因遭受暴力、胁迫而感到畏惧的被害人答应交付若干金钱而拿出了钱包,可行为人却乘隙拿走了该钱包的,对此,判例认为,不构成恐吓未遂与盗窃既遂的想象竞合,而是仅构成恐吓既遂(名古屋高判昭和30・2・16高刑8卷1号82頁〔290〕〔达到使对方不得不默认财物被夺走的程度的,就可以等视为任意的交付〕)。又如,趁被害人不注意,拾得该受恐吓的被害人落在现场的手表的,仅构成恐吓既遂(浦和地判昭和36・7・13下刑3卷7=8号693頁)。[3] 这里的做法是,如同在抢劫的场合,即便没有实际压制被害人的反抗,也可以认定成立抢劫既遂那样,只要是通过恐吓手段而夺取了财物,就属

〔1〕 不过,小倉正三『大コンメンタール刑法〔第13卷〕』272頁认为,此类案件也属于使之感到畏惧的范畴。

〔2〕 例如,感到畏惧的被恐吓人向警察报案,听警察说他们会暗中监视,遂安心地交付了现金等,恐吓人被警察当场逮捕,对此,東京地判昭和59年8月6日判時1132号176頁判定成立恐吓罪未遂。——译者注

〔3〕 但小倉正三『大コンメンタール刑法〔第13卷〕』276頁认为,该判例并不妥当。

于恐吓既遂。然而,如果向该方向穷尽下去,其结果就是,抢劫罪与恐吓罪之间并无实质性差异,恐吓罪也便成了所谓“微型抢劫罪”。

四、权利行使与恐吓

1. 为了实现自己的正当权利而采取了恐吓手段(暴力、胁迫)的,是否构成恐吓罪呢(在通过欺骗行为实现自己正当权利的场合,也存在同样的问题)?对此可以分为两种情形来考察:第一,在取回他人非法占有的自己的所有物的场合,该问题的解决最终可归结于,如何解释财产犯罪的保护法益,即如何解释第242条(“有关属于他人占有等的自己的财物的特例”),因为根据第251条的规定,第242条准用于恐吓罪;第二,在拥有正当债权者通过恐吓手段而接受偿还(实现债权)的场合(例如,消费借贷的贷款人向借款人催讨贷款的场合)。这作为“权利行使与恐吓”的问题,一直存在争议,可以说,这也属于处于本权说与占有说之对立的延长线上的问题。[1]

2. 对此类问题,二战前的判例否定成立恐吓罪。具体而言,(1)以行使权利为借口的场合另当别论,除此之外,即便正当的权利人在行使权利之际采取了恐吓手段,如果没有超出权利范围,则不成立恐吓罪(大連判大正2・12・23刑録19輯1502頁〔279〕[2]);(2)不过,如果该手段逾越了正当的范围(即便所交付的财物或者利益属于权利的范围之内),则构成胁迫罪(大判昭和5・5・26刑集9巻342頁〔293〕)。

二战之后,最高裁判所在一段时间内也曾沿袭了这种观点(最判昭和26・6・1刑集5巻7号1222頁),但随着有关财产罪的保护法益问题的有力观点转向占有说,判例也转而开始肯定成立恐吓罪。例如,在追讨3万日元的债务时,采取胁迫手段,使被害人交付了6万日元的,对于此案,判例认为,权利的行使“只要在该权利的范围之内,并且,其方法没有超出社会一般观念所能容忍的程度,就不会产生任何违法的问题,但如果逾越了上述范围、程度,就属于违法,可成立恐吓罪”(最判昭和30・10・14刑集9巻11号2173頁〔294〕)。其后,虽有下级裁判所的判例遵循最高裁判所昭和30年(1955年)的判决,以没有超过容忍限度为由,否定成立恐吓罪(東京高判昭和

---

〔1〕 参见西田典之「権利の行使と恐喝」藤木英雄、板倉宏編『刑法の争点(新版)』(有斐閣1987年)285頁。反之,町野朔则认为,二者属于不同层面的问题(参见町野朔「権利の実行と恐喝罪」松尾浩也・芝原邦爾・西田典之編『刑法判例百選Ⅱ各論〔第4版〕』〔有斐閣1997年〕102頁)。

〔2〕 超出权利范围之时,如果财物或者利益在法律上是可分的,仅就超出权利的部分,成立恐吓罪(或者诈骗罪);如果不可分,则就所获取的财物或者财产性利益之整体成立恐吓罪(或者诈骗罪)。——译者注

36・11・27東時12巻11号236頁、福岡地小倉支判昭和47・4・28判タ279号365頁),但不再有判例仅凭手段违法这一点而肯定成立胁迫罪。

3. 与判例态度的这种变化相对应,学界也是恐吓罪说占支配地位。〔1〕具体而言,既然债务人交付了当时所持有的财物(现金等),就不能否定债务人存在财产性损失,因此,只有在满足(1)处于权利范围之内;(2)有行使实力的必要性;(3)在社会一般观念看来手段相当等这些要件的场合,才可阻却恐吓罪的违法性。〔2〕但是,除了债务人一方存在期限利益、同时履行的抗辩权、清算利益等值得保护的利益的情形之外,只要是在债权范围之内行使权利,就应该说,债务人并不存在财产性损失。那种认为只要存在财物交付,就必然存在财产性损失的观点,只会使得损失这一概念有形无实流于形式(损失概念的形骸化)。因此,至少应该否定成立恐吓罪(瀧川167頁、内田335頁、中森136頁、山中408頁、松原305頁。另见曾根164頁)。〔3〕当然,也不能无视手段的违法性,根据其程度的不同,可分别构成暴行罪、胁迫罪。〔4〕但是,在这种情况下,如果存在手段的必要性与相当性,也应该承认存在阻却违法的可能性。

---

〔1〕对此,松宫273頁认为,"但是,民法并不承认,债权人具有可以通过暴力、胁迫以强制债务人履行债务的权利,因而这种催讨行为超出了行使权利的范围,因此,恐吓罪说更为妥当"(王昭武等译・松宫各论221页)。——译者注

〔2〕大塚277頁、福田270頁、大谷295頁、前田260頁、木村光江「権利行使と詐欺・恐喝罪」『刑法基本講座〔第5巻〕』212頁以下。但町野朔认为,基于违法阻却说,也可以认定仅成立胁迫罪(参见町野朔「権利の実行と恐喝罪」松尾浩也・芝原邦爾・西田典之編『刑法判例百選Ⅱ各論〔第4版〕』〔有斐閣1997年〕103頁)。

〔3〕对此,山口286頁认为,"行使权利的场合,债务归于消灭,因而被害人并不存在财产性损失,以此为理由,否定成立恐吓罪,就是以恐吓罪属于'针对整体财产的犯罪'这一理解为前提,但作为对现行法的解释,这种理解并不妥当。恐吓罪也是'针对个别财产的犯罪',是以物或者财产性利益的转移作为法益侵害。在金钱债权的场合,被害人虽负有债务,但不能由此认为,被害人对属于交付对象的该金钱的占有是不合法的(町野朔「権利の実行と恐喝罪」松尾浩也・芝原邦爾・西田典之編『刑法判例百選Ⅱ各論〔第4版〕』〔有斐閣1997年〕103頁),然而,金钱债权,并非是指对具体的日本银行券的占有,而不过是对金额具有意义,因此,除了能认定债务人具有期限利益,同时履行的抗辩权等正当持有金钱的利益的情形之外,在未履行债务的状态下,债务人对作为金额的金钱的占有,在债务的限度之内,就可以被认为是不合法的。但是,既然否定私力救济、通过法律手段来实现金钱债权等属于原则性规定,作为其反射性利益,就应该肯定,具有非经法律手段不予交付的利益。因此,肯定成立恐吓罪,这也是有可能的(有阻却违法性的余地)。在此意义上,这与盗窃罪中的本权说与占有说之间的对立,属于同根同源的问题,有必要从相同视角来加以解决"(王昭武译・山口各论334页)。——译者注

〔4〕就此问题,野村稔立足于区别行为违法与结果违法的违法二元论的立场,提出了一种耐人寻味的观点:这种情形下,应成立恐吓罪的未遂(野村稔「権利の行使と恐喝罪」芝原邦爾・西田典之・山口厚編『刑法判例百選Ⅱ各論〔第5版〕』〔有斐阁2003年〕111頁)。

还有,诸如以不法行为、不履行债务作为根据的损害赔偿请求权那样,上述理论原则上不适于这种其内容本身尚未确定的债权。这是因为,这种情况下的债务人还具有通过民事裁判来诉争债务内容的正当权益。当然,如果手段行为尚未达到恐吓罪所规定的暴力、胁迫的程度,也可以说,当事人之间达成了和解、调停,因而,并不构成恐吓罪。

五、与他罪之间的关系

作为恐吓罪之手段的暴力、胁迫为本罪所吸收(不再成立暴行罪、胁迫罪)。如果造成伤害结果,则构成本罪与伤害罪的想象竞合(最判昭和23·7·29刑集2卷9号1062頁)。如果同时采取了诈骗手段与恐吓手段,但被害人是出于畏惧而交付财物或财产性利益的,仅成立本罪(最判昭和24·2·8刑集3卷2号83頁〔216〕)。[1] 通过恐吓手段收受贿赂的,有判例认为,属于本罪与受贿罪的想象竞合,同时,对方也有可能构成行贿罪(大判昭和10·12·21刑集14卷1434頁、福岡高判昭和44·12·18刑月1卷12号1110頁〔620〕),学说一般也支持此立场(江家320頁、内田339頁、大谷293頁、中森147頁、井田597頁以下)。但是,例如,公务员并无执行公务的意思,仅仅是借执行职务之名而行恐吓之实的,对此,最高裁判所判定只成立恐吓罪(最判昭和25·4·6刑集4卷4号481頁〔619〕),本书认为,这一理论应该也适于公务员有执行职务的意思的情形。理由如下:第一,根据公务员有无执行职务的主观意思,来左右是否成立受贿罪、行贿罪,这难言合理;第二,只要能认定成立恐吓罪,即便被害人仍有一定的意思决定自由,但也只能说,要求被恐吓人不为恐吓所动(不行贿),这是勉为其难。并且,既然否定成立行贿罪,相应地,也不应成立受贿罪(小倉正三『大コンメンタール刑法〔第13卷〕』316頁)。[2]

---

〔1〕 对此,山口287頁作了进一步的论述:"反之,在陷入错误的同时,因畏惧而实施了交付行为的,有力观点认为,成立诈骗罪与恐吓罪的想象竞合(大判昭和5·5·17刑集9卷303頁、大塚275頁、曽根158頁,等等)。然而,由于只有一个法益侵害——财物或者财产性利益的交付,因而认为这种情形属于想象竞合,并不妥当。基于同样的理由,对于认为两罪属于包括的一罪的观点,事实上也是存在疑问的,但由于没有其他更好的解决办法,只能说,这种解决也是没有办法的办法"(王昭武译·山口各论335页)。——译者注

〔2〕 对此观点,山口287頁提出了疑问:"然而,行为的期待可能性,应该是就各个具体构成要件进行具体判断[例如,隐灭证据罪(《刑法》第104条),不处罚隐灭有关自己的刑事案件的证据的行为,其理由就是,不具有期待可能性。但是,杀人犯遗弃被害人遗体的,虽然不成立隐灭证据罪,但成立遗弃尸体罪(《刑法》第190条)。由此可见,同一行为的期待可能性,也应该就具体构成要件进行具体判断],因而,这是否足以成为否定行贿罪的理由,不无疑问。"(王昭武译·山口各论335页)。——译者注

第六节　侵　占　罪

一、概述

刑法典第38章“侵占之罪”，是指不伴有占有侵害行为而取得财物的犯罪，具体分为普通侵占罪（第252条，也被称为“侵占委托物罪”）、[1]业务侵占罪（第253条）、侵占遗失物等罪（第254条）。[2] 三罪均无处罚未遂的规定；而且，在不存在对占有的侵害这一点上，三罪也是相同的。为此，有学说把侵占委托物罪理解为侵占遗失物等罪的加重类型（木村164頁、瀧川142頁。另见内田359頁）。但是，侵占遗失物等罪是最为单纯的取得罪，而侵占委托物罪、业务侵占罪是获取自己基于他人的委托而占有的他人所有的财物，具有背信性，因此，侵占遗失物等罪与侵占委托物罪、业务侵占罪属于不同性质的犯罪，毋宁说，后两罪与背信罪（第247条）一同属于背信犯罪的类型。[3][4]

侵占委托物罪的法定刑为5年以下惩役，轻于盗窃罪、诈骗罪。这是因为，本罪的行为对象是自己占有的他人之物，该物处于行为人可以自由处分的状态，无须通过排除他人的占有而取得，在此意义上，可以说，在动机方面更具有诱惑性，因而其责任非难的程度得以减轻；而且，妨碍他人对物的利用的程度也有所减轻，因而其违法性程度也能够得以减轻（瀧川幸辰『刑法講義〔改訂版〕』〔弘文堂書房1930年〕243頁、団藤628頁）。还有，侵占遗失物等罪的法定刑为1年以下惩役或者10万日元以下罚金或科料，之所以明显

---

〔1〕 尽管西田教授的原著基本采取的是“单纯侵占罪”这一罪名，但在本译著中，一律采取“侵占委托物罪”这一罪名，而不采取“单纯侵占罪”（“普通侵占罪”）这种罪名。——译者注

〔2〕 西田教授将此类犯罪称为“侵占脱离占有物罪”（“占有離脱物横領罪”），而山口289頁、松宮289頁则称为“侵占遗失物等罪”（“遺失物等横領罪”）。这里统一将“占有離脱物横領罪”翻译为“侵占遗失物等罪”。——译者注

〔3〕 団藤627頁。《改正刑法草案》第350条以下将侵占罪与背信罪规定在同一章。

〔4〕 对于“侵占三罪”之间的关系，山口289頁认为，“‘侵占之罪’这一章，除了侵占委托物罪（《刑法》第252条）之外，另外还规定了业务侵占罪（《刑法》第253条）、侵占遗失物等罪（《刑法》第254条），在现行法上，都属于‘侵占罪’。其中，侵占遗失物等罪，仅以对所有权的侵犯为要件，属于上述三种侵占罪的基本类型。侵占委托物罪，在此基础上，又附加了委托关系这种有关物的委托者之委托的利益，属于违法加重类型。正如后面所详述的那样，业务侵占罪，属于针对业务上占有之物的责任加重类型。由此可见，三种侵占犯罪（‘侵占三罪’）之间，是一种相互加重或减轻的关系”；山口315頁进一步指出，“可以这样理解：侵占委托物罪，是附加了对委托关系的侵害的、侵占遗失物等罪的违法加重类型；业务侵占罪，是由业务者实施的、侵占委托物罪的责任加重类型”（王昭武译·山口各论337页以下、368页）。——译者注

减轻到如此程度,除了不具有侵害占有这一违法性之外,也是因为考虑到,该行为在动机方面的诱惑性更大,因而有责性极低。

根据第 255 条的规定,本章之罪也准用有关亲属间犯罪的特例(第 244 条)。由于侵占委托物罪的主要保护法益是所有权,因此,不仅要求行为人与委托人之间存在亲属关系,还要求行为人与所有人之间也存在亲属关系(大判昭和 6・11・17 刑集 10 卷 604 頁)。对侵占遗失物等罪而言,由于不存在委托关系,因而,只要行为人与所有人之间存在亲属关系即可。

另外,在监护人与被监护人之间存在第 244 条所规定的亲属关系之时,监护人侵占了处于自己的管理之下的被监护人的财物的,是否可以准用该条的规定呢?对此,最高裁判所近年做出了一个引人注目的判断。具体而言,家庭裁判所指定祖母 A 担任其孙子 X 的监护人,负责管理 X 的财产,A 经过与 X 分开居住的 X 的叔父 B、叔母 C 共谋,从作为监护业务的内容之一而存放、保管的 X 的存款中,取出并使用了 1500 万日元。对此,最高裁判所第一小法庭指出,(1)第 244 条的立法宗旨,是基于"法不介入家庭"这一政策性理由;(2)未成年人的监护人,在管理未成年人的财产之际,负有善良管理人的注意义务(《民法》第 859 条第 1 款、第 869 条、第 644 条);(3)家庭裁判所对监护人具有监督权,必要时可以解除其监护权(《民法》第 863 条、第 846 条)。最高裁判所在此基础上判定,"这样的话,未成年人的监护人的监护事务,具有'公务'性质,家庭裁判所选定的未成年人的监护人,侵占了基于业务所占有的、为该未成年人所有的财物时……应该说,对其并无准用《刑法》第 244 条第 1 款,免除刑罚处罚的余地",从而否定准用第 244 条第 1 款(最决平成 20・2・18 刑集 62 卷 2 号 37 頁〔240〕)。本案一审判决(福島地判平成 18・10・25 刑集 62 卷 2 号 63 頁)基于委托人是家庭裁判所这一理由,否定准用第 244 条第 1 款;而控诉审(二审)判决(仙台高判平成 19・5・1 刑集 62 卷 2 号 76 頁)没有采用一审的理论结构,而是认为,对未成年人的监护人而言,既不存在因为是亲属关系,其法益侵害的程度得以降低的理由,也不存在可使得犯罪的诱惑性变大的理由,因此,并无进行政策性考虑之必要,从而也否定准用第 244 条第 1 款。

由此可见,最高裁判所的这一决定,是基于与控诉审判决几乎相同的立场,与祖孙这一亲属关系相比,更加重视、强调未成年人的监护人与被监护人这种关系所具有的"公务"性质,并以此为依据,从第 244 条第 1 款的立法宗旨的角度,否定准用该条规定。对于最高裁判所的这一根据,可以说,批判意见也具有相当理由。亦即,如果不能以家庭裁判所作为委托人,那么,只要作为未成年人的孙子 X 与其祖母 A 之间存在第 244 条第 1 款所规定的亲属关系，不准用该条规定就有违罪刑法定原则。[1] 但是，如果像本书那样，认为第244条第1款这一特例的根据在于，基于亲属之间的“彼此依赖的心理结构”[2]而减少责任，那么，从监护人这一职务的“公务”性质来看，可以说，根本没有认定责任减少的余地，因此，最高裁判所的观点完全应该得到支持。

成年人的监护人也发生过同样的案件，对是否准用第244条第1款，判例也同样予以了否定（参见秋田地判平成18・10・25判タ1236号342頁，以及作为该案之控诉审的仙台高秋田支判平成19・2・8判タ1236号104頁〔判决已生效〕[3]）。

可以想见，今后还会发生类似案件。但是，采取上述最高裁判所决定针对第244条第1款的解释来应对，也有其局限性。例如，对于基于《有关任意监护合同的法律》的任意监护人，就显然不能适用上述解释（家令和典「判解」『ジュリスト』1358号168頁）。而且，不是对未成年人的监护，而是因收养关系而成为养父母的人，如果该人使用（花销）了养子的财产，对此如何处理，也是一个问题。鉴于此，本书认为，更妥当的做法是，要么将第244条作为落后于时代的规定予以删除，要么将亲告罪的范围限于配偶、直系亲属、同居亲属之间。

---

〔1〕 参见堀内捷三「未成年後見人の横領行為と刑法244条1項の準用の有無について」『中央ロージャーナル』5巻1号99頁；松宫孝明「判批」『法学セミナー』647号128頁；川口浩一「判批」『平成20年度重要判例解説』192頁。山口教授也表示了同样的担忧（参见山口厚「判批」『刑事法ジャーナル』13号91頁）。

〔2〕 日文原文为“甘えの構造”。该词源于已故日本著名心理学家、原东京大学教授土居健郎的著作《“甘”之构造》（弘文堂1971年版。商务印书馆于2006年出版了中文翻译版《日本人的心理结构》），被公认为分析日本人之心理结构与社会结构（例如，重视纵向关系等）的最具代表性的作品之一，在当时引起极大轰动。该书认为，日本人生活于彼此依赖的世界，内心固有着对他人敏感的精神依赖，“娇情”是日本人最不同于西方人的文化心理特征，因而“甘”是理解日本人心理与日本社会的关键词。在该书中，“甘”被定义为，想得到周边人的喜爱、认同，从而可以依靠这种日本人特有的情感，就如同小孩对父母的态度一样。该书主张，父母与子女之间的关系才是人与人之间的关系的理想状态，在其他人际关系中，也应追求这种状态。“甘”这一词语直译过来是“甜”“娇情”“撒娇”“依赖”等意思，但其内涵要远远比这些字面含义丰富深刻得多。——译者注

〔3〕 不过，一审判决采用了家庭裁判所属于委托人这一理由。控诉审虽然认为，从法律上讲，家庭裁判所并非被害人，不具有告诉权，但仍然从成年人之监护制度的立法宗旨这一角度，实质上认为家庭裁判所属于委托人，但应该说，这种理论结构已经被上述最高裁判所平成20年（2008年）的决定（最决平成20・2・18刑集62巻2号37頁）所推翻。有关这些判例的评析，参见小池信太郎「判批」『刑事法ジャーナル』10号108頁。

典型判例

·被告是家庭裁判所选任的成年人的监护人,且是该已成年的被监护人的养父,作为监护事务之一而代为保管着该被监护的成年人的存款,但被告提取并侵占了该存款,对此,**最决平成 24·10·9 刑集 66 卷 10 号 981 頁**〔241〕认为,"由家庭裁判所选任的成年人的监护人的监护事务具有'公务'的性质,为了该已成年的被监护人,负有诚实管理该财产的法定义务,因此,成年人的监护人侵占了基于业务所占有的、为已成年的被监护人所有的财物的场合,成年人的监护人与该已成年的被监护人之间,即便存在《刑法》第 244 条第 1 款所规定的亲属关系,也不能通过准用该条款而免除刑法上的处罚,这一点自不必说,就是在量刑之际,将这种关系作为应该酌情考量的事项,也是不合适的"。

如正文所述,对于未成年人的监护人实施的侵占行为,已有最高裁判所的判例否定准用第 244 条第 1 款(参见最决平成 20·2·18 刑集 62 卷 2 号 37 頁〔240〕)。本决定进一步明确了下面这一点:监护人的监护事务具有"公务"性质,在这一点上,成年人的监护人与未成年人的监护人之间并无不同,因此,对成年人的监护人实施的侵占行为,也不能通过准用第 244 条第 1 款而免除其刑。而且,辩方主张,即便不能通过准用第 244 条第 1 款而免除刑罚,但存在第 244 条第 1 款所规定的亲属关系,这本身就应该作为量刑上必须考量的事项,在量刑时加以考虑,对此观点,本决定也予以了否定(参见石田寿一「判解」『ジュリスト』1484 号 106 頁)。

二、普通侵占罪(侵占委托物罪)

侵占自己所占有的他人之物的,处 5 年以下惩役(第 252 条第 1 款)。

虽然是自己之物,但在公务机关命令其保管的情形下,仍侵占该物的,与前款同(同条第 2 款)。

(一)主体

本罪的主体,限于他人之物的占有人,以及受公务机关的命令保管自己之物的保管人,因此,本罪属于第 65 条第 1 款的(真正)身份犯(最判昭和 27·9·19 刑集 6 卷 8 号 1083 頁)。由于是为了对本条所规定的情形之下的法益侵害(对于所有权以及值得法律保护的委托关系的侵害)的可能性予以限定,因而,本罪主体属于违法身份(有关侵占罪中共犯与身份的问题,参见业务侵占罪中的相关解说)。

（二）对象

1. 物

本罪的对象是“物”。其含义与盗窃罪等中的“财物”相同，但除了动产之外，还包括不动产。不同于盗窃罪、诈骗罪，第 245 条（有关将电力视作财物的“视作规定”）并不准用于本罪，因而，只要是采取有体物说，电力就不能成为本罪的行为对象。还有，由于权利与利益均不是本罪的对象（瀧川 136 页、牧野 783 页持反对意见），因此，受托保管债权证书者，在保管期间行使债权从债务人处获取金钱的，该行为也不构成侵占罪（大判明治 42・11・25 刑録 15 輯 1672 頁）。亦即，所谓第 2 款侵占（利益侵占）不具有可罚性（但如后所述，也有可能作为背信行为而受到处罚）。

2. 委托关系

本条第 1 款的行为对象是自己所占有的他人之物，考虑到与第 254 条（侵占遗失物等罪）之间的关系，该占有必须是基于所有人或者其他权利人的委托。[1] 因此，例如，对方找错零钱，或者误送商品或邮件，行为人明明意识到这一点却仍然接受并取得的，就可能因不作为的欺骗而成立第 1 款诈骗罪；但是在受领之后，明明已经意识到对方搞错了，却默不作声顺水推舟而获取的，由于该金钱、商品、邮件的占有并不是基于委托信任关系，因此，不构成侵占罪，仅成立侵占遗失物等罪（有关错投的邮件的案件，参见大判大正 6・10・15刑録 23 輯 1113 頁〔359〕〔肯定成立侵占遗失物等罪〕）。

委托关系，除了根据委任、寄托、租赁、使用租借等以对物的保管为内容的合同而形成的情形之外，还可以是基于法定代理人或者法人代表的地位、买卖合同中的卖方地位或者雇佣合同等而产生。例如，在双重买卖的情形下，已经出让了指定债权的出让人又接受债务人的偿还的（最决昭和 33・5・1刑集 12 卷 7 号 1286 頁〔358〕[2]）；以收款为其业务内容的某人起

---

〔1〕 亦即，侵占委托物罪的客体，是“自己（基于委托关系）所占有的他人之物”。为此，必须是（1）属于“物”（利益侵占不具有可罚性）；（2）为自己所占有；（3）该占有是基于他人的委托；（4）该物是他人所有之物。——译者注

〔2〕 本案大致案情为，虽然 A 公司所拥有的债权已经转让给 B 组合，但在向债务人 C 公司发出债权转让通知之前，C 公司已经支付了部分钱款，作为 A 公司董事长的被告侵吞了这部分钱款。对此，二审基于下述理由判定成立侵占罪：“已经转让债权，即便尚未发出债权转让通知，该通知也仅止于针对债务人的对抗要件，在作为债权受让方的 B 组合与以被告为董事长的 A 公司之间，上述债权已经完成转让，A 公司已经丧失权利，C 公司所支付的钱款理应归（受让方）B 组合所有，因而，A 公司并无取得所有权之理由。因此，被告在从债务人处收受、保管该钱款期间，擅自用于自己或者 A 公司的（相关事务的），就属于为了自己或者第三者获取、消费了自己所占有的他人的钱款，显然应构成侵占罪。”最高裁判所肯定了该判决，但判决书中同时附录了下述反对成立侵占委托物罪的部分裁判官的意见：“在

初便出于非法占有的目的而收款的(東京高判昭和28・6・12高刑6巻6号769頁)等,*对此,判例均认定构成本罪。

* 收款侵占　以收款作为其业务内容的某人最初便出于非法占有的目的而收款,对此,也有可能认定构成以付款者为被害人的诈骗罪。事实上,对于违反公司内部有关收款程序的规定而收款的行为,也有判例否定行为人具有具体的收款权限,进而判定行为人成立诈骗罪(千葉地判昭和58・11・11判時1128号160頁)。但是,(1)只要是拥有抽象的收款权限者所实施的收款行为,就可以认为,付款人的偿还是有效的;(2)即便行为人没有收款权限,但这种情形下的偿还,有可能被作为付款人向准占有人(呈现出拥有收款权限之外观者)的偿还(《民法》第478条)而最终认定有效;(3)雇用了这种收款人的雇佣者也存在值得责难的地方。基于以上理由,本书认为,将偿还行为视为有效偿还,认定行为人成立(业务)侵占罪,要更为合适。

3. 占有的含义

本罪的对象是自己"占有"的他人之物。获取他人占有之物或者共同占有之物的,成立盗窃罪。关于两罪之间的界限,参见盗窃罪(本章第二节)中的相关解说。

在盗窃罪等夺取罪中,占有是指事实上的支配,而本罪中占有的含义要更为广泛,不仅包括事实上的支配,还包括法律上的支配。例如,一般可以说,不动产的登记名义人就占有着该不动产(大判明治44・2・3刑録17輯33頁、最判昭和30・12・26刑集9巻14号3053頁〔365〕)、仓库提单或船运提单等物权性有价证券的持有人就占有着该动产(大判大正7・10・19刑録24輯1274頁〔367〕)。这是因为,侵占罪中的占有,无非是指基于自己的占有而具有处分可能性,具体而言,不动产的登记名义人、仓库提单或者货运单的持有者,即拥有处分该对象的可能性。如此一来,如果认为占有就是处分可能性,那么,在设定抵押权时,也可以认定受托掌握一切必要资料(已登记的权利证书以及印章等)者存在对该不动产的占有(福岡高判昭和53・4・

本案中,只要不存在收受的钱款的所有权归属于转让人,或者受受让人之托代收债务这种特别情况,就没有针对受让人即B组合成立侵占罪之余地。"对此,山口293頁(王昭武译・山口各论342页)的评价是:"指名债权的转让人,虽已将债权转让给第三人,但在向债务人发出债权转让通知之前,收受了债务人为偿还债务而交付的金钱,就此据为己有的,判例肯定成立侵占委托物罪,显然,对于作为债务偿还而收受的金钱,判例是肯定存在委托关系的"。——译者注

24 判時 905 号 123 頁〔366〕、中森 152 頁、山中 413 頁。但山口 294 頁持反对态度)。不过,对于尚未登记的不动产,就只能认定事实上支配或者管理本案该不动产者才存在占有(最决昭和 32・12・19 刑集 11 卷 13 号 3316 頁),当然,接受建筑工程完工转交证明书之交付、完成"表示登记",[1]或者接受建筑物钥匙之交付的,此类情况下也可承认占有(大阪地判平成 22・1・8 判夕 1322 号 269 頁)。

能否认定存在作为法律上的支配的占有,问题主要集中在银行存款。亦即,问题在于,能否认定存款人对与存款额相当的(存放在银行的)金钱就存在占有?判例、通说对此持肯定态度。具体而言,在乙银行存有 100 万日元的存款人甲,在乙银行所持有的现金中,对于与自己的存款额相当的现金存在占有。因此,例如,村长将自己保管的公款存入银行,该款项便相当于自己所占有的他人之物,如果出于非法占有的目的提取该款项,就构成侵占(大判大正元・10・8 刑録 18 輯 1231 頁〔368〕。另见東京高判昭和 51・7・13 東時 27 卷 7 号 83 頁、広島高判昭和 56・6・15 判時 1009 号 140 頁)。

但是,与上述观点相反,也可能存在以下观点:银行存款在合同性质上属于消费寄托[2](约定应在期限之前返还同种、同等、同量之物的寄托〔《民法》第 666 条〕),存款人不过是据此取得了存款的支付请求权(取款权)而已,因此,所谓 100 万日元的存款债权人,对银行内的 100 万日元的现金并不存在占有。按照这种观点,在上述村长侵占村公款的案件中,仅仅只对提取之后的现金才会发生侵占的问题。例如,就转账汇款而言,那是在维持存款债权的形式下进行处分,因而,只能构成背信(片岡聡『続民・商事をめぐる

---

〔1〕 表示登记,是日本的一种不动产登记制度,是指在不动产登记簿的标题(封面)部分所进行的登记。具体而言,如果是土地,就要登记土地面积、土地具体位置等;如果是建筑物,就要登记建筑物的门牌号、房屋结构、建筑面积等。原则上是指不动产登记簿的标题部分发生改变时所进行的一切登记。一般而言,如果是新造的房屋等,由于尚无不动产登记本,就是指进行登记、重新制作标题(封面),该登记必须在房屋交付使用后一个月之内进行,逾期则处以 10 万日元的"过料"(较轻的行政处罚)。——译者注

〔2〕 消费寄托,是寄托的一种形式,接受寄托者(受托人)按照契约,可以消费寄托物,只要其后返还同种、同等、同量之物即可,最典型的就是银行存款。《民法》第 666 条〔**消费寄托**〕规定,"保管人可以依契约消费寄托物时,准用有关消费借贷的规定。但是,契约未定返还时间的,寄托人可以随时请求返还"。——译者注

犯罪200問』〔東京法令出版1993年〕284頁、松宫281頁。[1] 山中414頁一边肯定基于存款的占有,对此情形却只肯定成立背信,这是存在疑问的)。的确,侵占罪中的占有也包括法律上的支配,但在前述登记名义人、仓库提单的持有人的案件中,仅仅只是对占有的概念进行了扩张解释,而对财物的概念本身并没有进行任何修正。反之,承认基于存款的占有,其结果也就是承认对存款的占有,考虑到会出现"这样难道不正是对财物概念也作了修正吗"这一疑问,可以说,上述观点也具有充分的理由。但是,也不能无视下面这种批判意见:在出于保管的目的而将受托保管的钱款存入银行的场合,以现金的形式持有的,所实施的取得行为就属于侵占;反之,在存款的形式下,对该存款进行处理的,却只构成背信,这之间并无合理性可言。[2] 正是考虑到这一点,本书认为,下述观点要更为妥当:仅仅对侵占委托物、业务侵占才承认对"基于存款的金钱的占有"[3](并非对存款的占有)(山口

---

〔1〕 松宫281頁认为,在对客体(对象)的占有这一点上,"存款债权会出现问题。因为,存款债权不是债权凭证、有价证券,无法将'债权'本身理解为'物'。具体而言,在受托人与委托人之间达成合意,将受托的金钱存入自己的存款账户进行管理的场合,对于挪用处于存款状态下的该金钱的行为是否构成侵占的问题,大审院判例认为,从委托的旨趣来看,被提取的现金的所有权属于委托者,进而作为对被提取的现金的侵占,而认定成立本罪(大判大正9·3·12刑録26輯165頁。牧野等人的越权行为说,正是为了批判该判例而提出的。参见牧野英一『刑法研究〔第3卷〕』397頁以下。与之相对,大判大正元·10·8刑録18輯1231頁的理论构成则并不明确〔该判决认为,村长将由自己保管的、该村所有的现金存入银行,该款项便相当于自己所占有的他人之物,如果出于非法占有的目的而提取该款项,就构成侵占〕,虽然有解释为'该判例是对被提取的现金判定构成侵占'的余地,但无法断定为,肯定了针对存款的占有)。学界虽然也有观点将存款视为'物',并承认是针对这种'物'的侵占(大谷301頁〔新版第4版〕、西田第255頁〔第7版〕、山口295頁等),但在消费寄托的场合,则与所有权转移至受托人这一前提(大谷305頁〔新版第4版〕)相矛盾,而且,从'债权'以及'物'的定义来看,也是存在疑问的。在存款的阶段,应解释为仅构成背信罪(如果认为这种观点不合理,就应直接采取'越权行为说'。若非如此,虽立足于多数说即'有体性说',却将'债权'视为'物',对于如何避免出现这种不合理,就应该作出说明)。""此外,这种解释还与'汇款错误'情形下的判例态度相矛盾:在ATM上取款的,存款债权人构成盗窃罪(東京高判平成6·9·12判時1545号113頁);在银行柜台取款的,存款债权人构成诈骗罪(最决平成15·3·12刑集57卷3号322頁)。这也是因为,如果存款的'占有'属于存款债权人,那么,对该行为人肯定成立伴有占有侵害的盗窃罪,或者伴有占有转移的诈骗罪,这之间就存在矛盾"(王昭武等译·松宫各论228页以下)。

对此,大谷301頁〔新版第4版〕认为,"诚然,存款的名义人履行一定手续,可以提取存款,因而看上去似乎存在法律上的支配。但是,并非只要履行了取款手续,邮局或者银行就会自动地回应取款,而是通过确认对方是真实的权利人之后,再回应对方的取款,因此,应该认为,对存款的事实上、法律上的支配,实际上存在于邮局、银行"。——译者注

〔2〕 参见的場純男「横領罪における占有の意義——不動産及び預金の占有を中心として——」芝原邦爾編『刑法の基本判例』(有斐閣1988年)134頁。

〔3〕 亦即,基于存款而取得的对金钱的占有。——译者注

295 頁[1])。[2] * 并且,既然肯定"基于存款的金钱的占有",正当的存款人(包括具有进行存取款之正当权限的人)利用 ATM 转移存款,从而取得该存款的,由于不能谓之"虚假的信息",不能成立使用电子计算机诈骗罪(第 246 条之 2),因此,仅构成(业务)侵占。[3]

* 汇款错误的处理　汇款错误的问题在于,例如,甲原本想将款项转入 X 银行的乙的账户,却误转到了与乙名字相似的丙的账户,丙把这当作是"天上掉馅饼",于是,(1)从银行营业窗口提取了该款项;(2)用卡从 ATM 上提取了该款项;(3)利用 ATM 将该款项又转入其他人的账户以偿还债务。那么,丙的上述三种行为应分别承担什么罪责呢?如果在本案中也采取"基于存款的占有"这一观点,丙就应成立侵占遗失物等罪(参见東京地判昭和 47・10・19 研修 337 号 69 頁、曽根 171 頁、林 281 頁)。但如果认为,仅仅只对侵占委托物罪才可肯定"基于存款的占有",那么,因汇款错误(错误转账)所形成的金钱占有便应属于 X 银行,因此,上述第(1)种情形成立第 1 款诈骗(札幌高判昭和 51・11・11 判タ347 号 300 頁),第(2)种情形构成盗窃,第(3)种情形成立使用电子计

[1] 山口 295 頁认为,"以存款形式保管受托金钱的情形。对于此类情形,判例(大判大正元・10・8 刑録 18 輯 1231 頁)认为,可以基于存款而取得占有。反之,若对此持否定态度,这就属于针对所实际提取的存款是否成立侵占罪的问题,但在转账存款、转账付款的场合,由于并未实际经手钱款,不能成立侵占委托物罪,而限于是否成立背信罪的问题,这样就有失均衡(在侵占的情形下,其主体范围更广,并且存在业务侵占罪这种加重类型)。因此,肯定基于存款而占有,要更为妥当。""基于存款而占有金钱,其根据不在于处分可能性,即,由银行支付存款的可能性所产生的事实上的支配。这一点从下述案件中,就可一目了然:窃取了存折与(在银行登记的专门用于该存折的)登记印章的犯罪人,在要求银行支付存款时,除了(针对存款人的)盗窃罪之外,还成立(针对银行的)诈骗罪(最判昭和 25・2・24 刑集 4 卷 2 号 255 頁等)。这也就是,对于通过窃取存折而只是可以事实上处分存款的犯罪人而言,相对于银行来说,不能认定其对存款存在占有,应成立诈骗罪;并且,相对于存款人来说,也不能认定其对存款存在占有,应否定成立侵占遗失物等罪。对存款的占有,不是依据事实上的处分可能性,而是根据针对银行以及存款人而言,能够认定该人具有要求支付存款的权限。因为,如果存在要求支付存款的权限,那么就该支付请求而言,银行就不再具有要保护性(不成立诈骗罪),具有要求支付存款这种权限的人,就对存款存在占有(受托提取存款的,就可成立针对委托人即存款人的侵占委托物罪)。在此情形下,问题不在于对特定的日本银行券(日本货币)的占有,而应该是对一定金额的占有(在此意义上,存款的占有,不仅仅扩张解释了占有的概念,而且还扩张解释了物的概念)"(王昭武译・山口各论 344 页)。——译者注

[2] 在这一点上,修正了作者以前的观点(西田典之「コンピュータの不正操作と財産犯」『ジュリスト』885 号 16 頁)。

[3] 这里所谓"正当的存款人",应当是指对银行而言具有正当权限的存款人,但对所存款项的委托人(所有人等)而言,则可能构成侵占。——译者注

算机诈骗罪。例如,由于银行将日元本位误以为是美元本位,而向某人的账户汇入了多余款项,于是,该人用卡从ATM上提取了该款项的,对此,東京高判平成6・9・12判時1545号113頁认为,该多余款项的占有属于银行,进而认定成立盗窃罪。但是,其后,最判平成8・4・26民集50卷5号1267頁却判定,不论是否存在作为原因的法律关系,汇款错误的受领人仍然对银行存在存款债权。但值得注意的是,该判决针对的是,受领人的债权人扣留了与错误汇入的多余款项相关的存款,本来的汇款人向该债权人提起了第三者异议之诉,对此,最高裁判所的该民事判决只是驳回了该汇款人的诉讼请求,而并非从正面肯定,原本没有请求权限的受领人在刑法上享有支付请求权。除非银行明明清楚错误汇款的事实,仍然同意受领人的支付请求,那另当别论,应该说,针对前述类型的刑法上的处理还是妥当的(西田典之「判批」『1998年度判例セレクト』〔有斐閣1999年〕30頁)。在错误转账的场合,银行在实际业务中应该存在纠错程序(更正程序),最高裁判所以此为前提指出,"为了让银行采取上述纠错程序,(错误汇款的受领人)负有将该项转账属于错误汇款这一事实告知银行这种诚实信用法则上的义务",因此,(错误汇款的受领人)隐瞒该事实并提取存款的,应构成诈骗罪(最决平成15・3・12刑集57卷3号322頁〔304〕。对此判决表示支持的有:長井圓・渡辺靖明「『誤振込』の告知義務と民刑の法的統一」『横浜国際経済法学』13卷1号1頁以下。对此判决表示反对的有:林幹人《平成15年度重要判例解説》165頁、松宫189頁以下[1])。[2][3]

---

〔1〕 松宫189頁以下认为,"在'汇款错误'的情形下,以存款债权有效成立为前提的补救措施即存款(这里是指与受害人错误汇入的款项相对应的存款金额。——译者注)的'撤销',实际上,是与所错误汇入的款项相关的存款债权人所做出的债权让渡行为,银行也不得无视存款债权人的意思而随意实施该补救措施(参见最判平成12・3・9金判1091号12頁)。因此,就应该认为,只要不存在诸如存款债权人处于应当防止错误汇款人之错误的地位等特别情况,则存款债权人仅承担返还不当得利这种债务(《民法》第703条)(参见最判平成8・4・26民集50卷5号1267頁),取出乃至消费该汇款的行为,没有成立针对银行的财产犯的余地。若非如此,那么,存款债权人取出错误汇入的款项,并以现金形式返还给错误汇款人的,也要成立针对银行的诈骗罪,这显然是不合适的。""以上案件都是将民法上认定'可以做'的行为,在刑法上作为犯罪来处理。如此一来,就会造成行为规范之间相互矛盾,一般国民无所适从的结果。为了防止造成这种矛盾,刑法就应当比照整体法秩序的精神,统一地解释与适用法条('法秩序的统一性')。总之,财产秩序的确立,应建立在这种统一性的基础之上"(王昭武等译・松宫各论155页)。——译者注

〔2〕 有关错误汇款之刑法处理的文献,主要有下述论文:佐藤文哉「誤って振り込まれた預金の引出しと財産犯」『佐々木史朗先生喜寿祝賀・刑事法の理論と実践』(第一法規2003年)340頁以下、今井猛嘉「預金の占有・誤振込と財産犯の成否」『現代刑事法』5卷11号104頁、大谷實「誤振込による預金の払戻と刑法上の取扱い」『研修』662号3頁、穴沢

4. 物之他人性

本罪的对象是自己占有的“他人的”物。这里的物，也包括与他人共有之物（大判明治44・4・17刑録17輯587頁）。因涉及与民法理论之间的关系，有关“物之他人性”，问题集中在以下几种情形。

(1)受托的金钱

首先，例如，诸如被封缄的现金那样，受托保管作为特定物的钱款之时，受托人非法获取了该钱款的，受托人应成立盗窃罪，因为，就封缄的现金而言，不仅是其所有权，就是其内容物的占有也属于委托人。另外，如果委托保管的是那种允许消费的消费寄托的类型（例如，银行存款、公司内部存款，等等），该钱款的所有权当然转移至受托人，即便实际使用了该钱款，也不会出现侵占的问题。这里的问题在于，受托人使用了已特别限定用途的受托钱款，或者，原本受托催收债务却擅自使用了催收而来的钱款的，对此类行为应如何定性？

大輔「いわゆる『誤振込・誤記帳』事案における財産犯の成否1(2・完)」『上智法学』48卷2号322頁、48卷3=4号428頁、黒川ひとみ「誤振込と財産犯の成否」『慶応法学』9号151頁，等等。

〔3〕对汇款错误的问题，山口296页以下认为，“具体来说，还可进一步分为两种情形：首先，因银行操作失误而出现汇款错误的，由于无须与受领人发生关系，即可在账面上消除入款记录，若账户的名义人（受领人）明知是错误汇入的款项，仍取出存款或者转账汇款的，可分别成立诈骗罪（在银行柜台取款的）、盗窃罪（用借记卡在ATM上取款的）、使用电子计算机诈骗罪（用借记卡在ATM上转账汇款的）；其次，如果是因汇款人自己的错误而将款项错误汇入他人账户的，问题则相对复杂。民事判例（最判平成8・4・26民集50卷5号1267頁）认为，即便如此，也属于有效的存款债权。其后，又有地方裁判所的判例认为，民事与刑事性质完全不同，在汇款错误的情形下，鉴于银行应采取事后补救措施这种业务现状，银行有被卷入纷争之虞，因此，对银行而言，汇款错误是一件不容小视的事情，如果行为人对此秘而不宣，接受银行支付的存款（从银行提取存款），应成立诈骗罪（大阪高判平成10・3・18判タ1002号290頁）。近期，最高裁判所认为，可以接受银行支付（可以从银行提取的）的存款，是否是因汇款错误而取得，这属于决定银行是否应直接回应其取款要求的重要事项，受领人负有告知实情（汇款人弄错了汇款对象，属于汇款错误）这种诚实信用法则上的义务，如果受领人明知是错误汇款，却对此秘而不宣，要求银行支付相应存款的，就属于诈骗罪中的欺骗行为，针对有无汇款错误的认识错误，就相当于该罪的错误，因此，受领人从陷入错误的银行柜台职员处，接受银行对存款的支付的，就成立诈骗罪（最决平成15・3・12刑集57卷3号322頁）。”“要像上述最高裁判所的决定那样，肯定成立诈骗罪，就必须存在这样的前提：就银行而言，如果知道属于汇款错误，尽管（以上述民事判例为前提）可以承认受领人具有存款债权，但仍可以拒绝向受领人支付，能认定银行的这种拒绝支付存在正当利益（佐藤文哉认为，恶意的受领人并没有请求银行付款的正当权限。参见佐藤文哉「誤って振り込まれた預金の引出しと財産犯」『佐々木史朗先生喜寿祝賀・刑事法の理論と実践』〔第一法規2003年〕340頁以下）。如前所述（以存款形式保管受托金钱的情形），只有具有要求银行支付存款的正当权限之时，才能认定存在对存款的占有，而在汇款错误的场合，就银行确认属于汇款错误，并对此采取相应措施这一点而言，能认定银行存在正当利益，在此意义上，虽承认受领人具有要求支付的权限，但对此应附加一定的限制，通过这样理解，就最终能够肯定成立针对银行的诈骗罪”（王昭武译・山口各论345－347页）。——译者注

民法理论上占支配地位的观点认为,金钱的占有与所有是一致的(我妻栄著・有泉亨補訂『新訂物権法』〔岩波書店 1983 年〕185 頁以下)。例如,如果甲将 100 万日元委托给了乙,对此,一般认为,不仅该 100 万日元的占有被转移至乙,其所有权也同时被转移至乙。* 也就是说,按照民法的相关理论,受托保管作为不特定物的金钱的,该金钱就属于自己所占有的自己之物,因而,不成立侵占罪。但是,民事法律之所以认为所有与占有一致,是因为对于金钱这种具有极强流通性的交换、结算手段,为了保护交易安全、(权利关系的)动态安全,有必要直接承认所有权的转移,而无须等待适用“即时取得原则”(《民法》第 192 条[1])之后再决定是否承认所有权的转移。亦即,即便乙是非法地将该 100 万日元交给丙,无论丙是否出于善意或者有无过失,丙均当然取得所有权。然而,不同于民事法律,刑法保护的是甲与乙之间的静态权利关系。因此,通说、判例认为,在刑事法律上,与其他动产一样,受托保管的金钱的所有权仍然属于委托人。[2]

* 民事法律上的金钱的所有与占有　民事法律认定金钱的所有与占有一致的理由更在于,对于具有替代性的金钱而言,没有必要肯定有关特定金钱的物权性返还请求权,并且,这事实上也是不可能的。例如,X 谎称从 Y 处骗取的金钱是自己的财物,并提交给了执行官。对此,最判昭和 39・1・24 判時 365 号 26 頁认为,“除了特殊场合之外,应该认为,金钱并不具有作为物之个性,其本身仅仅只是有价值之物而已,由于其价值与金钱本身时时相随,因此,只要没有特殊事由,就应认定金钱的所有者与占有者是一致的”,从而驳回了 Y 提出的第三者异议之诉(《民事执行法》第 38 条)。

另外,也不能完全把金钱当作特定物来对待。否则,在甲委托乙保管 100 万日元的场合,对乙在另外拥有 100 万日元情况下使用了甲所委托保管的 100 万日元的行为,甚至连单纯的兑换行为,客观上都要属于侵占,显然,这毫无合理性可言。因此,刑法承认的不是作为特定物的金钱所有权,而是作为不特定物的金额所有权(藤木 332 頁)。在这种理解之下,下面的问题就是如何处理短期的挪用行为(暂时挪用)。首先必须考察的是,该行为的客

---

〔1〕《民法》第 192 条〔**即时取得**〕:“因交易行为平稳且公然地开始占有动产者,如系善意且无过失,则即时取得使用该动产的权利。”——译者注

〔2〕参见最判昭和 26・5・25 刑集 5 卷 6 号 1186 頁〔360〕。有关催收债务的委托,参见大判昭和 8・9・11 刑集 12 卷 1599 頁。另见西田典之「使途を定めて寄託された金銭の他人性」平野龍一・松尾浩也编『刑法判例百選Ⅱ各論〔第 2 版〕』(有斐閣 1984 年)112 頁。

观方面。例如,某人受他人之托购买某物,且收受了100万日元的购物款,即便行为人实际上用掉了该100万日元,并且,也具有非法占有的目的,但如果行为人另外还持有100万日元现金,或者,拥有100万日元的银行存款的,换言之,在购物期限之前,维持着与自己实际拥有100万日元的现金这一状态相同的状态的,那么,只要对"金额所有权"这一观点持肯定态度,就应该说,客观上并不存在侵占行为(山口302頁。〔1〕另见后述"非法占有的目的")。

(2)二重买卖

根据民法的意思主义(《民法》第176条〔2〕),所有权依据买卖合同的成立自卖方转移至买方,如果A将动产或者不动产卖给B之后,又再卖给C,并完成转让或已将登记名义转移至C,A就构成侵占罪,这是通说、判例的观点。〔3〕然而,有关买卖尤其是不动产买卖中所有权的转移时点,在民法学界,相关学说也在发生变化。不过,在刑法上,由于必须具备值得以侵占罪来予以保护的所有权的实质,因此,仅有A、B之间的买卖合同的成立,或者,仅仅收受了定金(押金),尚不具有完全的物之他人性,并不构成侵占,应该要求价款的支付已经完成,或者,至少必须是已经支付了大部分价款。〔4〕另外,例如,A已将不动产卖给B,在转移登记尚未完成之前,作为针对C之债务的担保,A又在该不动产上完成了抵押权设定登记的,该行为同样属于侵占。对于A、C基于合谋对抵押权设定登记进行虚假表示的情形,该理论同样适用。例如,A将某不动产转让给B之后,因为登记名义尚属于A,对此,

---

〔1〕对于受托保管限定用途的金钱的情形,山口302頁认为,"民事法律中的金钱的'占有与所有相一致'原则,是为了保护有关金钱流通的动态安全,而侵占委托物罪以保护内部的所有权为目的,该民法原则并不能直接用于解释侵占委托物罪。而且,考虑到与作为特定物而寄托金钱的场合的均衡,也应认为金钱的所有权仍属于寄托人,因此,保管人的不法处分行为,应成立侵占委托物罪(最判昭和26·5·25刑集5卷6号1186頁等)。然而,寄托的金钱的特定性,并没有实际意义,因而不是针对特定的金钱的所有权,应该被认为是'针对金额的所有权'。因此,即便兑换了所寄托的金钱,理所当然,也不成立侵占委托物罪,同样,只要持有等额的金钱(或者,以银行存款的形式持有等额金钱),即便暂时挪用了所寄托的金钱,也不会发生对'金额所有权'的侵害(不属于侵占行为),因而不成立侵占委托物罪"(王昭武译·山口各论352页)。另外,日本《民法》第657条〔**寄托**〕规定,"寄托,因当事人一方约定为相对人保管而受取某物,而发生效力"。——译者注

〔2〕《民法》第176条〔**物权的设定及转移**〕:"物权的设定及转移,仅因当事人的意思表示而发生效力。"——译者注

〔3〕关于动产,参见大判明治30·10·29刑録3輯139頁、名古屋高判昭和29·2·25判特33号72頁;关于不动产,参见最判昭和30·12·26刑集9卷14号3053頁〔365〕。

〔4〕藤木『経済取引と犯罪』116頁、大塚298頁、大谷315頁、中森150頁等主张,以已经结清价款为必要。

A 视为大好机会,为了以恢复原状的名义从 B 处获取纠纷解决金,尽管实际并不存在抵押权,但经过与 C 共谋,又在该不动产上设定了以 C 为登记权人的抵押权,并进行了虚假登记。对于此案,最高裁判所判定成立侵占罪、电磁公正证书原件不实记载罪及其提供他人使用罪,两罪属于想象竞合(最决平成 21・3・26 刑集 63 卷 3 号 291 頁〔372〕)。应该说,该判例的结论是妥当的。

A 所实施的二重买卖构成既遂的时点,是向作为第二受让人的 C 转移登记的完成之时。尽管在此之前,A 与 C 之间的买卖合同已经成立,且收受了价款,因而不能说,A 的非法占有的目的尚未显现于外部,但本书认为,只要在因为 C 具备了对抗要件,从而使得 B 已确定丧失所有权的阶段认定为既遂,就足以规制此类行为(藤木『経済取引と犯罪』115 頁)。

关于第二受让人 C,有两个问题值得注意。第一,如果 C 是出于善意,那么,A 是否成立针对 C 的诈骗罪呢?如果针对 C 的转移登记手续已经结束,C 便没有蒙受任何财产性损失,因而,不应成立(针对 C 的)诈骗罪;并且,在这种情况下,C 并没有处分 B 的财产的权利,因而,也不能成立以 C 为处分行为人、B 为受害人的三角诈骗。[1] 不过,如果 A、C 之间已经完成价款的支付与收受,却首先完成了针对 B 的转移登记手续,则对 B 不构成侵占罪,而对 C 成立诈骗罪(参见東京高判昭和 48・11・20 高刑 26 卷 5 号 548 頁〔371〕)。第二,如果 C 是出于恶意,那么,C 是否成立 A 的侵占罪的共同正犯呢?判例对此持否定态度(最判昭和 31・6・26 刑集 10 卷 6 号 874 頁〔369〕〔373〕)。按照民法理论,如果 C 只是出于单纯恶意,则仍相当于《民法》第 177 条的"第三人",[2] C 在民法上可以有效取得所有权,[3] 因而可以说,判例这样做是为了保持两者之间的整合性。这样一来,我们就可推导出以下结论:如果 C 不属于《民法》第 177 条的第三人,而属于背信的恶意者,由于 C 在民法上并未有效取得所有权,因此,就可将 C 作为 A 的共犯予以处罚(福岡高判昭和 47・11・22 刑月 4 卷 11 号 1803 頁〔370〕)。

---

〔1〕 因此,判定成立三角诈骗的大判昭和 2・9・10 新聞 2746 号 16 頁是不妥当的。

〔2〕《民法》第 177 条〔**有关不动产的物权之变动的对抗要件**〕:"有关不动产的物权之取得、丧失以及变更,除非根据不动产登记法或者其他有关登记的法律进行登记,不得以之对抗第三人。"——译者注

〔3〕 民事判例(最判昭和 36・4・27 民集 15 卷 4 号 901 頁)认为,在单纯恶意的情形下,取得了不动产登记的第二受让人,能以所取得的所有权对抗第一受让人;而在背信的恶意的情形下,则不能对抗。——译者注

(3)转让担保〔1〕

例如,A 借给 B 100 万日元,B 将自己的动产或不动产的所有权转移至 A,在约定期限之前,可以在支付本息之后回购该动产或不动产,转让担保就是这样一种附有特别约定条款的合同。亦即,所谓转让担保,是指在形式上采取所有权转移这样一种形式,而实质上属于担保权的类型之一(称为“非典型担保”)。该制度是为了防止出现不履行债务的情况,而事先将担保目的物的所有权转移至债权人。转让担保这种制度之所以被广泛采用,主要是因为有其自身的优点:就动产而言,债务人仍享有对担保物的占有;就不动产而言,可以避免被拍卖变现。

很早以前,所有权自债务人转移至债权人的方式,曾分为以下两种类型:类型 1,仅作外部转移的类型(处分清算型:在债权额与担保物的价格之间存在差额之时,须进行清算);类型 2,内外部均转移的类型(归属清算型:不必进行差额清算的完全取得型)[大連判大正 13・12・24 民集 3 卷 555 頁判定以第(2)种形式为原则]。按照这种区别,在类型 1 的情形下,如果债权人在期限之前将目的物转卖给他人,就构成侵占罪(大判昭和 11・3・30 刑集 15 卷396 頁);而在类型 2 的情形下,债务人转卖目的物的行为,也构成侵占罪(名古屋高判昭和 25・6・20 判特 11 号 68 頁)。但是,在转让担保的场合,只要所有权一旦转移至债权人,那么,债权人在期限之前所实施的处分行为,就仅仅是是否构成背信的问题。〔2〕

问题在于,能否将债务人所实施的非法处分行为认定为侵占?如果考虑到转让担保的实质仍在于担保,则在支付本息之前,债务人不过是出于善良保管人的注意义务,负有保管目的物的义务而已,因此,也有可能被认定只构成背信罪(平川 381 頁)。并且,随着就转让担保原则上肯定存在清算义务的民事判例(最判昭和 46・3・25 民集 25 卷 2 号 208 頁)的出现,一般认为,背信罪说更具有合理性(神山敏雄「横領と背任——両者の関係と区別——」芝原邦爾編『刑法の基本判例』〔有斐閣 1988 年〕162 頁)。但是,该判例是将归属清算型作为转让担保的基本类型,毋宁说,该判例是肯定目的物的所有

〔1〕 转让担保的实现,主要有两种形式:一是“归属清算型”。也就是说,债权人取得目的物,将目的物的适当价款与被担保债权之间的差额部分返还给债务人的一种清算方法;二是“处分清算型”。也就是说,债权人将目的物处分给第三者,债权人从所得价款中优先清偿债权,将所得价款与被担保债权之间的差额部分返还给债务人的一种清算方法。——译者注

〔2〕 大阪高判昭和 55・7・29 刑月 12 卷 7 号 525 頁〔362〕。还有,有关同类案件,最判昭和 35・12・15 民集 14 卷 14 号 3060 頁认定并不是非法行为,而是“履行不能”所引起的不履行债务。

权归属于债权人的。这样的话,债务人的非法处分行为,就应该是构成侵占罪。

(4)所有权保留

例如,A将货物(如汽车)以分期付款的方式卖给B,B按月支付货款,在B完全付清货款之前,该货物的所有权仍然属于A(A保留所有权),所有权保留就是这种类型的合同。之所以采取这种合同形式,是为了担保买卖合同中卖方的货款债权(参见《分期付款销售法》第7条)。问题在于,如果买方B在付清货款之前就将汽车转卖给他人,应如何认定该行为的刑事责任呢?有这样一个案例:B以分期付款的方式从A处购得汽车,约定分24个月付清车款,并且,在车款付清之前该汽车的所有权仍属于A,但B在仅仅支付了3个月的车款之后,便因资金不足将该汽车作为担保抵押给某金融业者,对此,判例判定成立侵占罪(最决昭和55・7・15判時972号129頁〔364〕)。对于B的这一行为,学界分为三种观点:第一种观点是侵占罪说(通说);第二种观点认为,(只有)行为人在较早阶段〔1〕的擅自处分行为(才)构成侵占(中森151頁);第三种观点是背信罪说(藤木・各論372頁)。〔2〕尽管所有权保留实质上仍是一种担保行为,但卖方所保留的所有权仍值得刑法保护,因此,第一种观点更为妥当。不过,根据货款的支付程度,有时也应认定不具有可罚的违法性。〔3〕

(5)不法原因给付物、委托物

《民法》第708条本文规定,凡因不法原因而实施给付行为者,不得主张不当得利的返还请求(不得主张对方是不当得利而要求返还)。例如,为了维持情人关系,A将房屋赠与B的,A当然不能主张不当得利的返还请求而要求B返回房屋。但判例认为,也不得行使基于所有权的物权性质的返还请求权,作为不法原因给付的间接效果,目的物的所有权也随之归属于B(最大判昭和45・10・21民集24卷11号1560頁)。然而,例如,A委托B杀死C,作为报酬的预付款而支付了100万日元,结果B并未杀C却花掉了这100万日元的,按照该民事判例的观点,B似乎也不能成立侵占罪。

问题在于,该观点是否也适于基于不法原因的委托物。例如,某人受托

---

〔1〕也就是说,在仅支付了小部分货款的阶段。——译者注

〔2〕有关民法的学说,参见米倉明「月賦品処分の刑法的処遇」『北大法学論集』17卷1号27頁。

〔3〕对此,阿部纯二肯定可阻却故意或者责任(参见阿部純二「割賦売買と横領罪」『法学』52卷3号13頁)。

斡旋行贿却花掉了用来行贿的钱款,对于该案,最高裁判所的判例认为,即使可适用《民法》第708条,但“侵占罪的目的物,仅以该物属于犯罪人所占有的他人之物为要件,而并不一定要求该物的给付人在民法上具有返还请求权”,进而判定成立侵占罪(最判昭和23·6·5刑集2卷7号641頁〔375〕。作为同样旨趣的判例,另见大判明治43·7·5刑録16輯1361頁、大判昭和11·11·12刑集15卷1431頁〔有关走私物的购货款的案件〕)。学界有力观点对判例持支持态度(藤木340頁、内田363頁、前田267頁以下)。但是,如果承认适用《民法》第708条,那么,由于不能肯定委托人具有返还请求权,因此,从保持法秩序的统一的角度来看,某种所有权在民法上不受保护,却受到刑法保护,对此是存在疑问的。〔1〕的确,在这种情形下,受托人的自主返还行为并不是“非债清偿”,〔2〕委托人仍然有权接受返还品,但仅以此作为处罚根据(藤木340頁),则难言充分。

但是,根本问题在于,基于不法原因的委托,究竟是否属于《民法》第708条的“给付”?按照民法理论,所谓给付,是指终局性的利益移转。〔3〕这样,出于购买毒品或者行贿的非法目的,而将金钱托付给某人的,就属于委托而非给付,对此完全有可能理解为,仍然存在返还请求权。〔4〕按照这种观点,对出于不法原因的委托,仍有可能认定成立侵占罪。〔5〕可以想见,这种解释会受到下述批判:这样的话,会促进行贿等非法行为,并不妥当。但是,认定委托人仍具有返还请求权,这同时也具有遏制非法行为的意义。也就是说,受托人之所以被处罚,并不是因为没有行贿,而是因为中止行贿行为之后,没有将受托的金钱返还给委托人。

---

〔1〕团藤637頁、平野224頁、中森149頁以下、井田305頁、松原330頁。大塚291頁、植松444頁甚至认为,这种情形下的受托物已不能再被称为“他人之物”。

〔2〕《民法》第705条〔**非债清偿**〕:“作为债务的清偿而进行给付者,清偿当时已知不存在该债务的,不得请求返还其已为的给付。”另外,非债清偿制度是指没有任何法律上的债务而以清偿目的为一定给付,因给付人之给付目的无法实现,受领人之财产增益欠缺法律上的原因,因而受给付人受领给付构成不当得利,给付人可向受领人请求返还的制度。——译者注

〔3〕参见我妻栄『債權各論〔下〕Ⅰ』(岩波書店1972年)1156頁、谷口知平『不法原因給付の研究〔第3版〕』(有斐閣1970年)199頁。

〔4〕详见林幹人『財産犯の保護法益』(東京大学出版会1984年)169頁以下。但有学者指出,民法学界并未采取这种区别(参见佐伯仁志·道垣内弘人『刑法と民法の対話』〔有斐閣2001年〕48頁)。

〔5〕参见林幹人「不法原因給付と横領罪·詐欺罪——財産に対する民法と刑法の規律の関係——」芝原邦爾編『刑法の基本判例』(有斐閣1988年)153頁。另外,江家324頁虽否定该情形应适用《民法》第708条,但同时认为,这种情形下的委托关系并不值得刑法保护,进而主张成立侵占遗失物等罪。

(6)赃物(盗赃等)的处分价款

受托保管赃物却(非法)获取该赃物的,或者,受托斡旋有偿处分赃物却(非法)获取出售所得钱款的,判例认为,也应成立侵占罪。[1] 诚然,这种情况属于不法原因委托,不适用《民法》第708条。但是,侵占罪是针对所有权的犯罪,既然作为本犯的委托人没有所有权,那么,就不应成立侵占罪。对此,有观点认为,既然第三者窃取盗窃犯所盗来的财物的行为也应成立盗窃罪,即盗窃犯的占有也值得保护(参见前述第二节"盗窃罪"中有关"保护法益"的解说),那么,上述情形下的委托信任关系也应该是值得保护的,因而受托人应构成侵占罪(前田267頁以下、大谷308頁)。但是,侵占罪要保护的,并非委托信任关系本身。下述案件就很清楚地反映了这一点:例如,甲拾得遗失物等,委托乙将该物交给警察,即便乙(非法)获取了该物,也不构成侵占罪,而是仅构成侵占遗失物等罪;还有,考虑到与本犯的被害人之间的关系,受托人的行为也可以构成侵占遗失物等罪,但既然也成立间接侵害所有权的保管赃物罪、赃物有偿处分斡旋罪(第256条第2款),那么,就构成包括的一罪,侵占遗失物等罪为后面的重罪所吸收。[2][3]

5. 受公务机关命令而保管的自己之物

尽管是自己之物,但在公务机关命令其保管的场合,仍然属于本罪的对

---

〔1〕 有关将出售所得钱款据为己有的行为,参见最判昭和36·10·10刑集15卷9号1580頁〔376〕。藤木340頁、大谷308頁、前田267頁对此持支持态度。

〔2〕 大塚292頁、曽根173頁、中森149頁。作为早年的判例,大判大正11·7·12刑集1卷393頁〔378〕也持此观点。

〔3〕 对此,山口304頁认为,"受托处分赃物的人,私吞了赃物的出售所得价款的,是否成立侵占委托物罪,也是问题(研究此类问题,有一个前提:受物的所有者之托出售该物的,只要没有特别约定,在出售之前,该物的所有权仍然属于委托人,出售所得价款亦归属于委托人,因此,取得该物,或者取得出售该物所得价款的,成立侵占委托物罪。参见最决昭和28·4·16刑集7卷5号915頁)。对此,判例态度不尽一致:(1)肯定成立侵占委托物罪(最判昭和36·10·10刑集15卷9号1580頁〔其所持立场为,不需要委托人具有返还请求权,不法原因给付物仍属于'他人之物'〕);(2)否定成立侵占委托物罪(大判大正8·11·19刑録25輯1133頁〔委托契约违反了公序良俗,应归于无效,因而委托人对出售所得价款,并未取得所有权〕);(3)成立保管赃物罪(大判大正11·7·12刑集1卷393頁〔委托人不是所有人,作为不法原因给付,不具有返还请求权,因而不成立侵占委托物罪。而且,应成立保管赃物罪,其后的处分行为,不能评价为针对所有权的新的侵害行为〕)。有关赃物的处分的委托,属于违法行为的委托,因而不值得保护,对此肯定成立侵占委托物罪(藤木340頁等),并不妥当。事实上,问题仅在于,是否成立以针对本犯行为的被害人的所有权的法益侵害为其内容的犯罪(赃物有偿处分斡旋罪、侵占遗失物等罪),对此,应该这样理解:成立相对更重的赃物有偿处分斡旋罪(《刑法》第256条第2款),至于侵占遗失物等罪,则可作为不可罚的事后行为(共罚的事后行为),包括在前罪之中(包括的一罪)(大塚292頁等)"(王昭武译·山口各论354页以下)。——译者注

象(第252条第2款)。具体而言,例如,根据《民事执行法》《国税征收法》,自己之物被强制执行,或者作为滞纳处分而受到查封,相关机关命令债务人或者滞纳人暂时保管该查封物的(参见《民事执行法》第123条第3款、第4款;《国税征收法》第60条、第61条),就属于这种情形。

(三)行为

1.越权行为说与取得行为说

关于侵占行为的含义,存在两种互相对立的观点,一是主张以非法占有的目的为必要的取得行为说(通说),二是主张不以非法占有的目的为必要的越权行为说(牧野797頁、木村158頁、大塚295頁、内田364頁)。按照越权行为说的观点,凡受托人违反委托目的而对占有物实施僭越其权限的行为,即构成侵占,那么,毁弃、隐匿占有物的行为势必也构成侵占。但是,侵占罪并不是单纯的背信罪,而是背信利得罪,具有利欲犯的性质,因此,取得行为说更为妥当。[1] 判例采取的也是取得意思必要说,为此,即便针对占有物实施了越权处分行为,但如果那是出于为了委托者本人利益的意思,则并不构成侵占罪。*

* 出于为了本人利益的意思　例如,寺院主持未经施主代理人的同意,也未经政府主管机关的认可,将自己保管的寺院器物以附带可回购的特别条款的形式卖给他人,但那是出于补充寺院建设经费的目的(大判大正15·4·20刑集5卷136頁〔386〕);农协负责人违反协会章程,未经总会或者理事会决议而以协会名义从事货车经营业务,为此支出了协会资金,但那是为了协会的利益而实施(最判昭和28·12·25刑集7卷13号2721頁〔387〕)。对于上述案件,判例均认为,行为人不具有非法占有的目的,从而判定不成立侵占罪。还有所谓缴款罢工行为,作为斗争手段,不缴付替公司代收的款项,并为了保管该款项而以工会会员的个人名义存入银行的,对于该行为,判例也认定不具有非法占有的目的(最判昭和33·9·19刑集12卷13号3047頁)。[2]

2.非法占有的目的

(1)按照判例的观点,本罪中的非法占有的目的,是指“他人之物的占有

---

〔1〕 松宫277頁认为,“所谓‘侵占’,就是指不伴随占有转移的‘非法取得’(不伴随占有转移的取得罪),也就是,是以非法的方法将他人之物或者公共之物据为己有(未必正式获得了所有权)”(王昭武等译·松宫各论225页)。——译者注

〔2〕 对此,平野226頁认为,应当以“为了本人利益的占有仍在继续之中”作为理由。

人,违背委托之任务,明明对该物并无权限,却具有实施非所有人则不能实施的处分行为的意思”(最判昭和24・3・8刑集3巻3号276頁〔381〕)。这一定义与判例就盗窃罪中的非法占有的目的所采取的定义相去甚远。理由之一在于,本罪不存在对占有的侵害,因而无需存在排除权利人(排除意思)这一要素,然而,甚至连按照其经济用途予以利用、处分(利用意思)这一要件也不需要,这是存在疑问的。我们还是应该认为,本罪中的非法占有的目的,基本上与盗窃罪中的非法占有的目的是一样的,是指违反委托之旨趣,按照自己所占有的他人之物的经济用途,利用、处分该物的意思。因此,首先,毁弃、隐匿自己所占有的他人之物的,由于不具有非法占有的目的,不构成本罪。〔1〕反之,早年的判例对隐匿自己所保管的公文书的行为,也有认定构成本罪的(大判大正2・12・16刑録19輯1440頁〔383〕)。尽管也有学者基于将非法占有的目的理解为“作为所有人而实施行为的意思”的立场,对本判决表示支持(团藤630页),但在本书看来,该判决还是有欠妥当。

其次,在违背委托旨趣的暂时使用(使用侵占)的情形下,如果该使用行为达到了不为权利人所允许的程度、状态,则可以肯定存在非法占有的目的。因此,例如,委托人要求好好保管,却擅自驾驶该汽车的,虽然此行为并不会立即构成侵占,然而,明明只被允许短时间使用,却连续8天驾驶委托人的汽车的(大阪高判昭和46・11・26高刑24巻4号741頁〔379〕);还有,为了复印而把由自己保管的机密资料带出公司,复印之后归还的(東京地判昭和60・2・13刑月17巻1=2号22頁〔380〕〔新瀉铁工案〕)。难以想象,权利人会允许此类行为,因此,即便存在返还的意思,仍可构成本罪。

(2)通说、判例认为,非法占有的目的还包括让第三者获取的意思(大判大正12・12・1刑集2巻895頁〔384〕)。但是,既然侵占罪属于利欲犯,让与自己毫无关系的第三者获取的,即便该行为能构成背信罪或者毁弃罪,也不应构成本罪(平野226頁)。即便认为可以包括让第三者获取的情形,那也应该限于,可以被视为行为人本人取得的情形。〔2〕判例判定第三者获取也构成本罪的案件,也是针对那些以行为人为代表人的合资公司(大判大正12・12・1刑集2巻895頁),以及行为人作为常务董事的公司(大判昭和8・3・16刑集12巻275頁〔385〕)的情形,在此类情形下,实质上,仍然可以被谓为行为人自己获取。

(3)有关侵占金钱的情形,还存在这样一个问题:收款人为了填补自己

---

〔1〕平野225頁、大谷313頁、中森153頁。不过,出于消费、使用的目的而隐匿的,当然可认定存在非法占有的目的。参见大判大正8・6・7新聞1582号20頁。

〔2〕有关诈骗罪,可以被认为是肯定了该观点的判例,参见大判大正5・9・28刑録22輯1467頁。

所造成的资金亏空，依次用收到的钱款填补前次的亏空（填补亏空的侵占），那么，对于用于填补资金亏空的钱款，是否也构成侵占罪呢？对此，判例一般持肯定态度（大判昭和6・12・17刑集10巻789頁、東京高判昭和26・12・27判特25号134頁），但也有学说认为，那仅仅是为了掩盖罪迹的行为，不具有非法占有的目的（藤木『経済取引と犯罪』54頁）。但是，尽管是出于填补亏空的目的，但由于完全是交由自己的自由处分，因此，应该肯定存在非法占有的目的。这种情形下的实际损失金额当然少于受害金额，但那不过是事后情节而已。[1]

（4）保管人暂时挪用自己所保管的已特别限定用途的金钱或者其他不特定物的，即便存在日后填补该亏空的意思与财力，也仍然不缺少非法占有的目的，应构成侵占罪，这是已经确立的判例态度（大判明治42・6・10刑録15輯759頁、最判昭和24・3・8刑集3巻3号276頁〔381〕）。对那种确有填补亏空的意思与能力的情形，否定成立侵占罪的学说很有影响，但其具体理由不尽相同：其一，认为该行为不属于取得行为（町野朔「横領罪における不法領得の意思」平野龍一・松尾浩也編『刑法判例百選Ⅱ各論〔第2版〕』〔有斐閣1984年〕117頁、前田270頁。平野223頁想必也是同样意思）。其二，认为此类行为不具有可罚的违法性（藤木『経済取引と犯罪』44頁。另见東京高判昭和31・8・9裁特3巻17号826頁〔382〕的傍论）。其三，认为行为人不具有非法占有的目的（大塚304頁、[2]大谷304頁）。如前所述，就金钱而言，其特定性本身并不是问题，如果处于可以被等视为，拥有与受托金钱等额的金钱的状态（例如，自己家里另外持有现金、存款等），则可以说，客观上不存在取得行为。但是，如果不过是拥有支票以及其他确实存在的债权，就很难认定不存在取得行为，而只能是根据挪用的金额以及所能预想到的填补空缺的切实程度等，来认定不具有可罚的违法性或者非法占有的目的（参见西田典之「使途を定めて寄託された金銭の他人性」平野龍一・松尾浩也編『刑法判例百選Ⅱ各論〔第2版〕』〔有斐閣1984年〕113頁）。

3. 侵占行为

取得行为说认为，所谓侵占行为，是指就自己所占有的他人之物，为了实

---

〔1〕对此，山口308頁认为，“在保管不特定物的场合，即便暂时挪用了该不特定物，如果另外持有同等物，可以等视为仍保管着不特定物的，就应否定侵犯了不特定物的所有权，不应成立侵占委托物罪。反之，如果只是具有其后（在实现委托的旨趣之前）填补亏空的意思的，对此就应该限于，只有在能够认定行为人确实能够填补所能想象到的亏空之时，才可能有否定非法占有的目的的余地”（王昭武译・山口各论359页）。——译者注

〔2〕但大塚278頁又认为，挪用之时即转移了金钱的所有权。

现非法占有的目的而实施的一切行为(关于将金钱交给共犯的行为,参见大判大正6・7・14刑録23輯886頁)。既可以是买卖、典当、赠与、设定抵押等法律行为,也可以是消费、侵吞(转换为为了自己而占有的行为)、拐走(携款潜逃)、截留(不返还的行为)等事实行为,还包括不作为(有关警官对于自己依据职务所保管的他人之物不办理相应扣押手续的案件,参见大判昭和10・3・25刑集14卷325頁)。反之,质权人重新设定质权(转质)的,只要是在原质权的范围之内,就不属于侵占(最决昭和45・3・27刑集24卷3号76頁)。

侵占并没有处罚犯罪未遂的规定。* 通说、判例认为,只要非法占有的目的显现于外部,即达到既遂。例如,在出售动产的场合,在作出出售的意思表示之时即告既遂,而无须对方作出买入的意思表示(大判大正2・6・12刑録19輯714頁);[1] 又如,在设定质权之时,只要提出提供担保的申请即可(大判大正11・2・23刑集1卷69頁);再如,就存款而言,在提取存款之时即达到既遂(大判明治43・7・26刑録16輯1431頁);还有,作为自己的所有物而提起民事诉讼的,也属于侵占(大判昭和8・10・19刑集12卷1828頁)。不过,如同不动产的二重买卖、设定抵押权等那样,对于以登记作为对抗要件的情形,有力学说认为,应以完成登记之时为既遂(藤木『経済取引と犯罪』116頁、120頁、大塚300頁、大谷311頁)。另外,在诸如侵吞侵占或者拐走侵占那样的场合,则必须是通过收款人携款潜逃,或者期限届满仍不缴款等事实,将非法占有的目的体现于外部(藤木335頁)。

* 侵占罪的未遂　有力学说认为,现行法之所以不处罚侵占罪的犯罪未遂,是因为理论上不可能存在侵占的未遂(藤木333頁)。但是,在不动产二重买卖的场合,如果认为,只有针对第二受让人的买卖意思表示,仅此尚不足以构成既遂,那么,无论是在理论上还是在实践中,均可认定为侵占的未遂。在出售动产的场合,判例认为,只要作出了出售的意思表示即构成既遂,毋宁说,判例的这种观点反倒有进一步探讨的余地。

(四)与他罪之间的关系

首先,判例一直以来均认为,对于同一财物,不可能两次实施侵占行为,因此,他人的不动产的登记名义人利用登记名义人这一地位,非法设定、登记抵押权之时,即成立侵占罪;其后又设定、登记第二顺位的抵押权的行为,或者出售该不动产的行为,则属于不可罚的事后行为,不再构成侵占罪(大判明治43・10・25刑録16輯1747頁、最判昭和31・6・26刑集10卷6号874

[1] 因此,对方并不构成侵占罪的共犯,而是构成受让赃物罪。

頁〔369〕〔373〕[1])。[2] 这属于判例的传统观点,其后,最高裁判所明确变更了先例,认为"在此之前所实施的抵押权设定行为这种先前行为,应该理解为,这无碍于后续行为即所有权转移行为成立犯罪本身",进而判定也构成侵占罪(最大判平成15·4·23刑集57卷4号467頁〔374〕。[3] 浅田和茂『平成15年度重要判例解説』168頁对此持反对态度)。在本书看来,最高裁判

---

〔1〕 该案大致案情为:A将自己所有的不动产卖给B,并转移了所有权之后,乘尚未办理所有权登记转移之机,又在该不动产上对C设定了抵押权,并办理了抵押权登记,其后,更是将该不动产的所有权转移至C,并完成了所有权登记转移。对此,基于上述理解,判例判定,A(明知不动产的所有权已经属于B,仍对C设定了抵押权,仅此即已经)成立侵占委托物罪,即便其后对C进行了所有权登记转移,也不再另外成立侵占委托物罪。——译者注

〔2〕 也就是说,此前的判例一直认为,对自己所占有的他人之物,成立了侵占委托物的,那么,即便对所侵占的同一物,又实施了非法处分行为,也不再另外成立侵占委托物罪。——译者注

〔3〕 该案主要案情为:一审判决认定的事实是,被告人是宗教法人A的责任董事,基于与A的代表董事等人的共谋,(1)于2002年4月30日,将业务上所占有的为A所有的本案土地X,以1亿324万日元的价格卖给株式会社B,同日,办理了所有权登记转移,并侵占了该款项;(2)于同年9月24日,将业务上所占有的为A所有的本案土地Y,以1500万日元的价格卖给株式会社C,并于同年10月6日,办理了所有权登记转移,且侵占了该款项,因而被判定成立业务侵占罪。对此,辩护人提起控诉,提出下述主张:被告人在实施上述出售行为之前,首先,对于本案土地X,已于1980年4月11日,设定了以被告人所经营的株式会社D作为债务人的最高额为2500万日元的最大额抵押权,且办理了相关登记,其后,又于2002年3月31日,设定了以D为债务人的债权额为4300万日元的抵押权,且办理了相应登记;其次,对于本案土地Y,于1989年1月13日,设定了以D为债务人的债权额为3亿日元的抵押权,且办理了相应登记。因此,应该是这些抵押权设定行为构成侵占罪,至于其后的土体出卖行为,应该作为不可罚的事后行为,不另外构成犯罪。对此,二审维持一审判决,但辩护人又以二审判决违反了最高裁判所的判例(最判昭和31·6·26刑集10卷6号874頁)为由,向最高裁判所提起了上告。

最高裁判所大法庭的判决理由:对此,最高裁判所认为,"受托占有他人的不动产的人,擅自在该不动产上设定抵押权并办理相应登记之后,该不动产仍为他人之物,受托人仍占有该不动产,这一点并无变化。其后,针对该不动产,受托人擅自实施出售等所有权转移行为,并办理了相应登记之时,这无非就是,违背委托任务,明明对该物没有相应权限,却实施了非所有人则不能实施的处分行为。因此,对于通过出售而转移所有权的行为,成立侵占罪,这一点是能够肯定的。在此之前所实施的抵押权设定行为这种先前行为,应该理解为,这无碍于后续行为即所有权转移行为成立犯罪本身"(否定属于不可罚的事后行为),从而做出了改变前述判决(最判昭和31·6·26刑集10卷6号874頁)的结论。在此判决理由之后,最高裁判所大法庭又进一步指出:"这样,既然所有权转移行为能成立侵占罪,无论先前行为即抵押权设定行为所成立的侵占罪,与后续行为即所有权转移行为所构成的侵占罪之间的罪数关系如何,检察官可以考虑到案件的轻重、举证的难易等相关情况,不以前面的抵押权设定行为,而是以后面的所有权转移行为,提起公诉。而且,受理了此公诉的裁判所,应该仅以所有权转移这一点作为审理对象,在决定是否成立犯罪之际,对于出售之前是否还存在可以构成侵占罪的抵押权设定行为,不得再就这种诉因之外的情况进行审理判断。在这种情况下,对于被告人,如果允许其通过主张、举证诉因之外的犯罪事实,而就属于诉因之内的事实是否成立犯罪展开争辩,那么,围绕诉因之外的犯罪事实,被告人就会尽力证明成立犯罪,而检察官则努力证明不成立犯罪,因而,就难免不会出现让当事人双方进行不正常的诉讼活动的情况,应该说,这不符合采取诉因制度的诉讼程序的宗旨。"——译者注

所平成15年的判例是将抵押权设定之后所实施的买卖行为认定为针对所有权的新的侵害行为,并将先行的抵押权设定行为认定为共罚的事前行为(详见西田典之「抵当権の設定による横領について」『研修』657号3頁)。

其次,由于侵占罪的客体是自己所占有的他人之物,因而,即便是采取欺骗手段而得以逃避返还,由于没有转移占有,也不构成第1款诈骗罪(大判明治43・2・7刑録16輯175頁、大判大正12・3・1刑集2卷162頁)。不过,理论上仍有成立第2款诈骗罪之可能(牧野806頁、佐伯165頁、藤木342頁)。例如,非法出卖受托之物并侵占之后,受到委托人的追讨之时,谎称该物已被人偷走,由此得以逃避返还的,在这种情况下,如果认为,返还请求权也属于值得另外保护的财产性利益,那么,就完全有可能被理解为,应成立侵占委托物罪与第2款诈骗罪,前罪为法定刑更重的后罪所吸收,属于包括的一罪。但是,如前所述,侵占委托物罪的法定刑之所以轻于盗窃罪与诈骗罪,是考虑到在侵占罪中,存在基于诱惑性要素的责任减轻。为了不淹没这一立法旨趣,对于为了确保侵占物,而向同一被害人(与侵占罪中的被害人相同的被害人)实施的欺骗行为,就应理解为不可罚的事后行为。反之,明明是借来的他人的财物,却装作是自己的财物的样子,并以此作为担保实施了借款行为的,由于伴有针对不同被害人的新的法益侵害,因而,该行为应构成侵占罪与第1款诈骗罪的想象竞合(東京高判昭和42・4・28判夕210号222頁)。另外,有关本罪与背信罪之间的关系,参见(本章第七节)背信罪中的相关解说。

三、业务侵占罪

侵占自己基于业务所占有的他人之物的,处10年以下惩役(第253条)。

(一)概述

本罪以基于业务而占有他人之物者为主体,属于侵占委托物罪的加重类型。在必须具有他人之物的占有者这一身份(第65条第1款)的同时,还必须具有业务人员这一身份,属于双重意义上的身份犯。有关因业务人员这一身份而被加重处罚的根据,有观点认为,这是因为在以保管他人之物作为业务内容的情形之下,这种侵占行为有损多数人的信赖,因而法益侵害的范围更广(大塚308頁、中森155頁)。但是,这种理解并不适于个别的侵占行为,因而,还是应该理解为,是由于责任非难程度加重之故(中山313頁、大谷316

頁、曽根 177 頁)。因此,业务人员这一身份属于责任身份(第 65 条第 2 款)。[1]

本罪的成立要件与侵占委托物罪基本相同,因而,这里仅探讨业务的含义,以及共犯与身份的问题。至于本罪与他罪之间的关系,尤其是与背信罪之间的区别问题,参见(本章第七节)背信罪中的相关解说。

(二)业务的含义

所谓业务,一般是指基于社会生活上的地位,反复、持续地从事的事务;本罪中的业务,按照其性质,应该是指接受委托,以保管金钱或其他财物作为其职业或者职务内容。典当行、仓库租赁业者、临时寄存业者当然属于这种业务人员,不过,更多的还是在银行以及其他公司、政府机关中,因其职务而负责保管金钱的职员或者公务员。拥有公司、团体之代表权的主要负责人员,也可以说,是该公司、团体的财产保管者(大判大正 2・11・4 刑録 19 輯 1090 頁持反对态度)。有观点认为,针对遗失物的保管业务,也能成立本罪(中森 156 頁),[2]但由于并不存在来自所有权人的直接或者间接的委托,因而,认定成立侵占委托物罪或者本罪,则不无疑问。

业务的根据,除了法令、合同之外,还包括惯例。[3] 判例还认为,作为本职业务的附随事务而保管财物的情形,也包括在内(大判大正 11・5・17 刑集 1 巻 282 頁),但在该情形下,就必须与本职业务之间存在密切关联性(团藤 644 頁)。另外,即便丧失了作为业务人员的地位,但作为业务人员的保管责任,仍然存续至将相关事务移交至继任者为止(名古屋高判昭和 28・2・

[1] 对此,山口 313 頁认为,"业务人员是一种责任身份,业务侵占罪是(属于违法身份犯的)侵占委托物罪的责任加重身份犯"(王昭武译・山口各论 366 页)。——译者注

[2] 例如,山口 314 頁认为,"虽然占有的委托者通常是所有者,但被所有者授予了委托权限的人,当然也应包括在内,而且,像遗失物的拾得者那样,即便所有者没有直接或间接地赋予其委托权限,但因为存在独立的委托关系,仍可成立侵占委托物罪(业务侵占罪)(也可认为存在所有者的推定的委托)(参见大塚 309 頁、中森 156 頁)"(王昭武译・山口各论 367 页)。

松宫 289 頁认为,"由于本罪是侵占委托物罪的加重类型,因而有观点主张,对于那些没有直接或者间接地得到所有人之委托的、负责保管遗失物的业务,就不属于本罪中的业务(西田 269 頁〔第 7 版〕)。的确,收到的遗失物不能被谓为委托物。但是,当物之借用人未经所有人允许而将该物寄存在第三人处之时,委托关系也是成立的;而且,在所有人出现之前,由财物的拾得人予以寄存的,也完全有可能被理解为,属于来自拾得人的委托物(大塚 309 頁、中森 156 頁、山口 314 頁)"(王昭武等译・松宫各论 236 页)。——译者注

[3] 有关依据惯例而保管共有金的案件,参见大判明治 44・10・26 刑録 17 輯 1795 頁;有关依据惯例而负责收款的案件,参见札幌高判昭和 28・6・9 判特 32 号 29 頁。

26判特33号11頁)。[1]

(三)共犯关系

由于本罪是双重身份犯,在既非业务人员也非占有人的某人参与了本罪的场合,这牵涉第65条的适用,因此,如何处理也是一个问题。

首先,对于非身份者,判例一直以来是根据第65条第1款认定构成本罪的共犯(包括共同正犯),并根据第65条第2款,科以侵占委托物罪之刑(大判明治44·8·25刑录17辑1510頁、大判昭和15·3·1刑集19卷63頁)。关于第65条,有观点认为,第1款是针对真正身份犯以及不真正身份犯的有关共犯成立的规定,而第2款则是有关对不真正身份犯中的非身份者仅科以通常之刑的规定,按照该观点,上述判例的处理就应该是妥当的(团藤643頁、大塚311頁)。[2] 但是,这种观点无疑是承认罪名与科刑可以分离,在这一点上难言妥当。[3] 其次,另有观点认为,由于非身份犯者不具有占有者的身份,因而,不能适用第65条第2款,而是应根据第65条第1款的规定,成立本罪的共犯(植松450頁、香川575頁)。但是,考虑到在参与者为占有人之时反而仅成立轻罪即侵占委托物罪,因而,此观点也不合理。最后,还有观点认为,为了矫正这种不均衡,还是判例的处理方式更为合适(内田372頁。另见中森156頁),但该观点在理论上并无说服力。有关第65条的通说认为,第65条第1款是有关真正身份犯、第2款是有关不真正身份犯的规定。按照该通说观点,想必会作如下理解:根据第1款的规定,成立侵占委托物罪的共犯,同时,根据第2款的规定,业务人员应构成相对更重的本罪(大谷320頁)。但是,按照真正、不真正的身份犯或者构成的、加重的身份犯这种形式上的区别,也可以将侵占委托物罪理解为侵占遗失物等罪的加重类型,因此,在上述情形下,根据第2款的规定,非身份者势必应构成相对更轻的侵占遗失物等罪。[4] 有关第65条所规定的共犯与身份的问题,本书的理解为:第65条第1款规定的是违法身份的连带性,第2款规定的是责任身份的个别性。按照本书的这一观点,占有人这一身份是违法身份,而业务人员这一身份则是责任身份,因此,业务人员与非身份者首先应根据第65条第1款构成侵占委托物罪的共犯(共同正犯),而业务人员还根据第65条第2款的规定

---

〔1〕 又如,判例认为,即便雇佣关系已经结束,但在与继任者完成业务交接之前,业务上的占有者的身份仍然存续(大判大正11·8·3刑集1卷407頁)。——译者注

〔2〕 倒不如说,该观点正是以上述这种判例为根据而提出。

〔3〕 最判昭和25·9·19刑集4卷9号1664頁则认为,按照第65条第2款的规定,(不仅是科刑,非身份者所成立的)罪名也应是侵占委托物罪。

〔4〕 木村164頁肯定此结论,但现在已几乎不再有支持者。

构成相对更重的本罪(参见西田『新版 共犯と身分』245 頁以下)。

四、侵占遗失物等罪(侵占脱离占有物罪)

侵占遗失物、漂流物或者其他脱离占有的他人之物的,处 1 年以下惩役或者 10 万日元以下罚金或科料(第 254 条)。

(一)对象

所谓“脱离占有的他人之物”,[1]是指非出于占有者的意思而脱离其占有之物,包括现在不属于任何人占有之物,以及并非出于委托关系而归属于行为人占有之物。遗失物、漂流物只是其例示,其他还包括:因认识错误而多付的钱款(大判明治 43・12・2 刑録 16 輯 2129 頁)、误送的邮件(大判大正 6・10・15 刑録 23 輯 1113 頁〔359〕)、误以为是自己之物而占有之物、从邻居家掉进来的晾晒的衣物等。占有的有无是区别本罪与盗窃罪的标准,关于这一点,参见盗窃罪(本章第二节)中的相关解说。

他人放弃所有权之物以及无主物不能成为本罪对象。不过,只要能认定该物是涉及他人所有之物即可,未必要具体明确所有权的归属(最判昭和 25・6・27 刑集 4 巻 6 号 1090 頁)。例如,有关高尔夫爱好者丢弃在高尔夫球场的高尔夫球,判例根据无主物先占原则,认定其所有权与占有均属于球场经营者(“弃球案”)(最决昭和 62・4・10 刑集 41 巻 3 号 221 頁〔185〕);还有,从放置在水域辽阔的湖中的养殖用鱼笼中逃走的锦鲤(最判昭和 56・2・20 刑集 35 巻 1 号 15 頁)、1500 多年以前的古墓中的埋藏物(大判昭和 8・3・9 刑集 12 巻 232 頁)等,判例对此均认定并非无主物,可成为本罪的对象。

(二)行为

侵占,就是指取得行为。起初便出于非法占有的目的,将脱离占有之物置于自己的事实性支配之下的,其时便构成既遂;起初并非出于非法占有的目的而取得了脱离占有之物的,则在其实施隐匿、持有等可以表征其非法占有的目的的行为之时,就达到既遂(大判大正 10・10・14 刑録 27 輯 625 頁)。

---

〔1〕 对于本罪对象,松宫 290 頁指出,“‘脱离占有’这一表述属于‘表面的构成要件要素’,并非真正的构成要件要素,其显示的是,若伴有侵害占有或者转移占有,则属于盗窃罪等夺取罪。因此,‘脱离占有’之物也包括下述情形:误认为是自己之物而开始占有,后来虽意识到是他人之物,却取得该物的;以为处于他人占有之下的财物是遗失物而取得的(東京高判昭和 35・7・15 下刑集 2-7 巻 8 号 989 頁)”(王昭武等译・松宫各论 237 页)。——译者注

（三）与他罪之间的关系

本罪虽然属于取得罪，[1]但其法定刑极轻，如前所述，这主要是考虑到，不存在占有侵害这种违法性；同时，本罪的诱惑性因素极强，因而，其有责性也相对要轻。因此，对于侵占的财物所实施的正常的利用、处分行为，就并非共罚的事后行为，而属于不可罚的事后行为，并不另外构成他罪。例如，行为人侵占了脱离占有之物，然后又加以损坏的，如果认为损坏行为属于共罚的事后行为，则应构成法定刑相对更重的损坏器物罪（第261条），[2]因此，还是应该理解为，属于本罪的不可罚的事后行为。又如，某人拾得（旧国营铁道公司的）乘车券后，[3]通过退票而获取了相应的票款，对此，有判例否定成立诈骗罪（浦和地判昭和37・9・24下刑4卷9=10号879頁），想必也是出于这种考虑。但是，在该场合下，由于伴有针对不同被害人的新的法益侵害，因而，也可以认定构成诈骗罪。

第七节　背　信　罪

一、概述

（一）罪质

背信罪，是指为他人处理相关事务者，出于为自己或第三者谋取利益，或者给本人（委托人）造成损害的目的，实施违背其任务的行为，并给本人（委托人）造成财产上的损失，由此所构成的针对整体财产的犯罪。本罪的加重类型是《公司法》第960条以下规定的、由股份公司的董事等构成的特别背信

---

〔1〕有关本罪的性质，松宫290頁指出，“侵占遗失物等罪是‘取得罪’中最基本的类型，是以那种‘将拾得之物昧起来’的行为等为对象。其客体是‘他人之物’。成立本罪，无须存在盗窃罪那样的夺取（侵害占有）、诈骗罪那样的由被害人交付财物（处分行为）、侵占委托物罪那样的委托关系。作为针对所有权以及其他本权的犯罪，在基于某种理由而不成立其他侵犯所有权的犯罪时，对这些犯罪，本罪就发挥‘兜底’作用（‘兜底的构成要件’或者‘善后的构成要件’）。例如，误以为是遗忘物，将他人有意识地放在公园椅子上的财物拿走的，由于没有侵犯他人的占有的故意，不构成盗窃罪，但取而代之的是，可以构成本罪”（王昭武等译・松宫各论236页）。——译者注

〔2〕参见林幹人「罪数論」芝原邦爾ほか編『刑法理論の現代的展開総論Ⅱ』（日本評論社1990年）282頁。反之，虫明满则认为应构成并合罪（参见虫明満『包括一罪の研究』〔成文堂1992年〕257頁）。

〔3〕这里的乘车券，是单指可以乘坐自甲地至乙地的车辆的车票，不包括另外收取的特快费等。——译者注

罪,[1]其成立要件除主体要件之外,其他要件均与本罪相同(其他参见《保险业法》第322条以下)。

明治13年(1880年)的旧刑法并没有规定本罪,本罪是由明治40年(1907年)的现行刑法所增设的犯罪类型。刑法典将本罪规定在“第37章 诈骗以及恐吓罪”中,但通说、判例均认为,在违背信任(背信)这一点上,倒不如说,本罪与侵占委托物罪具有共通性。为此,《改正刑法草案》将两者规定在同一章之中(“第39章 侵占以及背信罪”)。因此,在有可能成立背信罪与(业务)侵占罪这两个犯罪之时,仅成立(业务)侵占罪;[2]如果对象并非财物(例如,后述的二重抵押的案件),背信罪就发挥所谓第2款侵占罪的功能。

(二)背信的含义

背信罪属于什么性质的财产犯呢?对此,存在滥用权限说(滥用代理权说)与背信说之间的对立。滥用权限说认为,背信罪属于因滥用委托人(即第247条中的“他人”“本人”)所授予的法律上的处分权限(代理权),而给本人(委托人)造成财产损失的犯罪(瀧川170頁)。滥用权限说的长处在于,将本罪主体(为他人处理事务者,即事务处理者)范围限于具有法定代理权的人,本罪行为也仅考虑法律行为,因而,可以明确界定本罪的成立范围;并且,刑法典将本罪与诈骗、恐吓(强迫)等以在民法上可以撤销的法律行为为内容的犯罪类型置于同一章,该说与这种规定形式之间也更具有整合性。但是,按照该说的观点,本罪行为不包括与委托人(本人)处于内部关系的背信行为、事实行为、僭越权限的行为,因而,在很大程度上就无法处罚那些具有当罚性的行为,从而会招致行为规制范围上的不当。例如,受托保管财物者所实施的毁损财物的行为、默认第三者运走该财物的不作为,以及企业营业秘密的保管者所实施的泄密行为,等等。为此,通说采取的是背信说:凡违背信任关系的财产侵害都属于背信行为。通过下述判例可以看出,判例采取的也是背信说。例如,质物的保管者(擅自)将质物归还给债务人的行为(大判明治44・10・13刑録17輯1698頁〔409〕)、在账本上作虚假记录的行为(大判大正3・6・20刑録20輯1313頁)、在账本上凭空填写收入的行为(松江地判昭和33・1・21一审刑集1卷1号41頁)、*不正当输入计算机程序的行为(東京地判昭和60・3・6判時1147号162頁〔390〕),**对于这些僭

〔1〕 特别背信罪的法定刑原为7年以下惩役或者300万日元以下罚金,但平成9年(1997年)的刑法部分修正将其加重至10年以下惩役或者1000万日元以下罚金,或者二者之并科。

〔2〕 参见大判明治45・6・17刑録18輯856頁、大判大正11・3・8刑集1卷124頁。该理论是否同样适用于平成9年(1997年)修正之后的《公司法》第960条,仍有很大疑问,但这里仅限于提出问题。

越权限的行为,判例均认定成立背信罪。

*　凭空记入收入　债务人原本没有清偿债务,但银行的支店长却在银行台账上为债务人凭空记入债务清偿(松江地判昭和33・1・21一审刑集1卷1号41頁);并没有买入出口货物汇兑票据,但银行的负责外汇业务的人员却凭空在卖方的活期存款本账里记入收入(東京高判昭和53・10・20高检速報2316号)。针对上述行为,由于当时无法以他罪进行处罚,一直以来均认定成立背信罪。但是,昭和62年(1987年)刑法部分修正增设了使用电子计算机诈骗罪(第246条之二),因此,此后凡通过非法操作计算机而凭空进行收支处理的,都可以根据第246条之二来进行处罚(参见西田典之「判批」『ジュリスト』1021号95頁)。

**　综合计算机案　"株式会社综合计算机"(公司名)规定只能在本公司所购入的计算机上输入本公司所研发的程序,但负责该项业务的某程序员却擅自在其他公司的计算机上输入了该程序,给公司造成了相当于程序输入收入这一金额的财产上的损失。

反之,最近,出于明确背信罪的成立范围的目的,学界存在试图重新评价滥用权限说的动向。一是背信的滥用权限说。该说认为,权限的含义不限于法定代理权,主张扩大至他人财产的管理权限或者事实上的事务处理权限,并在此基础上,将侵占理解为僭越权限、将背信理解为滥用权限(植松458頁、藤木354頁、内田345頁、前田291頁)。但是,如果将权限的含义扩大到如此程度,则所谓背信的滥用权限说实质上与背信说并无不同;而且,二重抵押行为显然属于僭越权限,但由于其侵犯的对象并非财物,按照该说,就只能是将其作为背信而认定具有可罚性,因此,尽管背信的滥用权限说是着眼于侵占与背信的区别,但作为对背信罪的理解,该说却不具有普适性。二是意思内容决定说。该说一边基本上维持原来的滥用权限说,一边将事务处理者理解为,有关本人(委托人)的财产处分受托决定意思内容的受托者,还进一步将其范围扩大至,尽管没有直接权限但参与了意思内容决定过程的参与者,以及意思内容决定过程的监督者(上嶌一高『背任罪理解の再構成』〔成文堂1997年〕238頁以下)。[1] 按照这种观点,事实行为与二重抵押并不构成背信罪,这尽管明确了背信罪的成立范围,但从刑事政策上看,能否充分确保处罚范围,对此是存在疑问的。

---

〔1〕 平川390頁、山口319頁以下、松原339頁也采取的是相近立场。

(三)相关法条的准用

根据第251条的规定,本罪除准用第242条("有关属于他人占有等的自己的财物的特例")、第245条("有关将电力视作财物的'视作规定'")之外,还准用第244条("有关亲属间犯罪的特例")。行为人必须与事务的本人(委托人)以及蒙受财产上的损失的受害人之间存在这种亲属关系(中森157頁注110)。

二、背信罪

为他人处理事务者,出于为自己或第三者谋取利益,或者给本人造成损害的目的,实施违背其任务的行为,给本人造成财产上的损害的,处5年以下惩役或者50万日元以下罚金(第247条)。

犯罪未遂的,应当处罚(第250条)。

(一)主体

1. 本罪的主体限于"为他人处理事务者"即"他人事务的处理者",因此,本罪属于第65条第1款所规定的身份犯。这里的"他人",是指事务处理的委托人,即本条(第247条)中的本人(委托人)。除自然人之外,这里的委托人还包括法人、不具有法人人格的社团,法人也包括国家与地方公共团体。

2. 对于被委托的事务的性质,有观点认为,没有必要加以限定,只要其最终结果是造成了财产上的损害即可(植松454頁),但考虑到本罪属于财产犯罪,还是应该限于财产性事务(通说)。因此,受托治疗的医师懈怠任务或者泄露秘密的行为即便构成他罪(例如,泄露秘密罪〔第134条第1款〕),也不构成本罪。判例认为,受托处理事务的原因,除了依据法令、合同的情形之外,还可以是依据无因管理(关于事实上的收入业务代理人的案件,参见大判大正3・9・22刑録20輯1620頁)。然而,连那些与本人没有直接或间接的信任关系的情形也要认定成立本罪,就不无疑问。有关事务处理权限,除了独立拥有权限的人之外,还包括其辅助人员、代办人员(大判大正5・6・3刑録22輯874頁)。不过,由于限于行为人直接负责的事务,因此,诸如负责保管、管理企业营业秘密的职员以外的其他职员,即便该职员泄露了其偶尔获知或以不正当手段获取的秘密,虽然有可能构成其他犯罪(例如,盗窃罪、诈骗罪),但不可能构成本罪(神户地判昭和56・3・27判時1012号35頁〔东洋人造纤维案〕[1])。有关事务处理的内容,有力观点认为,要求具有某种程度的概括性、裁量性,而不包括仅仅负责看管的人或者雇工等承担的单纯机械性事务(团藤652頁[2]、大谷329頁),但判例对诸如质物的保管者、负有登记协助义务的抵押权设定者等那些并无裁量余地的事务处理,也认定构成本罪。

3. 这里的事务,必须是他人的事务。所谓处理他人的事务,是指代替委托人实施委托人所固有的事务[3](大判大正3・10・12新聞974号30頁)。因此,例如,在买卖、消费借贷等合同关系中,卖方出让目的物的义务、买方支付货款的义务、借方的偿还义务等,虽然是"为了"对方的事务,但仍属于自己的事务,因而,违反该义务的,就只是单纯的债务不履行,不构成本罪;又如,尽管财物的租借人对保管该财物负有善良管理人的注意义务,但不履行返还义务的,即便构成侵占也不应构成本罪。

判例态度也有一个逐渐转变的过程。例如,有关矿业权的转让,转移登记是受让人(借此对抗他人的)的对抗要件,转让人对转移登记之申请负有协助义务,对此,判例起初的态度是,"不应将该义务理解为,负有(为了受让人而)处理其事务的任务",因而即便转让人进行二重转让,且已将登记名义实际转让至第二受让人,也不构成背信罪(大判大正8・7・15新聞1605号21頁〔391〕)。但其后判例态度发生变化,对于下述案件均认定成立背信罪:判例1,以登录为对抗要件的电话加入权的二重转让(大判昭和7・10・31刑集11卷1541頁〔392〕);判例2,二重抵押(最判昭和31・12・7刑集10卷12号1592頁〔394〕);判例3,农地买卖如果没有得到县知事的许可,则不发

〔1〕本案大致案情为:被告X原是A公司爱知工厂制造部技术科职员,欺骗担当职员,借用了自己所担当的调查研究业务范围之外的机密资料,并擅自拿到公司外复印之后再归还。其后,X将该复印件卖给了其他与A公司存在竞争关系的公司。对此,神户地方裁判所认为,"要成立《刑法》第247条之背信罪,必须是处理一定的他人之事务者,在处理该事务之际,违背就处理该事务所承担的任务,出于加害本人之目的或者为自己或第三者牟利的目的,而实施该事务处理行为。如果该行为没有违背上述任务,只是僭越了事务处理范围的,是否构成他罪暂且不论,但不应构成《刑法》第247条之背信罪……被告X基于就业章程等,负有保管为A公司所有的秘密,并不得泄露至公司之外的义务,被告X之本案各行为,虽然有违反此类义务的一面,但无论与该被告所担当的事务是否有关,此类义务仍然存在,这种义务违反,即便产生了作为基于雇用合同的一般忠实义务的违反责任,但不能将其评价为,属于《刑法》第247条之背信罪所谓违背事务处理义务。"——译者注

〔2〕事务的处理,应具有某种程度的概括性。从违背任务这一构成要件要素的反面也可推导出这一点,而且,"处理"这一用语之中也应该含有此意思。虽然不必要求行为人具有基于自己单独的意思而处理事务的权限,但还是应该认为,那种特定的单纯事务,尤其是,不过负有处理机械性事务之义务的情形,就不应包括在内。参见团藤652頁。——译者注

〔3〕亦即,委托人本可自己实施的事务。——译者注

生所有权转移的效力，在尚未发生效力期间，卖方又向第三者设立了抵押权（最决昭和 38・7・9 刑集 17 卷 6 号 608 頁〔395〕〔410〕）。[1] 对此，有学者提出了这样的疑问：协助对方进行登记、登录的协助义务，只是基于买卖合同、抵押权设立合同的自己的义务，并不能被称为他人的事务。[2] 然而，以上判例的共同点在于，如果不具备登记、登录这一对抗要件，就无法保全权利，对此可以理解为，判例 1 通过赠与、判例 2、判例 3 通过清偿价款，财产的实质性处分权已转移至合同的相对方（香城敏麿「背任罪——各要件の意義と関係——」芝原邦爾編『刑法の基本判例』〔有斐閣 1988 年〕156 頁）。如果限定于上述情形，那么，在转移登录、登记名义之前，作为现在的登录、登记名义人而处于能够处分对方财产之地位者，由于仍然可以直接左右对方的财产，因此，协助对方进行登录、登记的协助义务，就应该被理解为他人的事务。如前所述，不动产的二重买卖应成立侵占罪，为了与这一点取得平衡，这种解释也有其合理性。[3] 又如，判例 4，股票质权的设定人在将股票交给质权人之后，欺骗裁判所而使之进行了除权判决，[4] 由此使得股票归于失效，对于该案，最高裁判所认为，质权设定人负有保全担保价值的义务，[5] 并进一步指出，"这种保全担保价值的任务（义务），就应该被理解为，（质权设定人）为了他人即质权人所负有的任务（义务）"，进而判定质权设定人的上述行为构成本罪（最决平成 15・3・18 刑集 57 卷 3 号 356 頁〔396〕。参见山本輝之『平成 15 年度重要判例解説』171 頁）。如前所述，既然可以将让对方具备对抗要件的事务理解为他人的事务，那么，超出对抗权并使得质权丧失效力的

〔1〕 还有，就指名债权的二重转让认定构成背信罪的案件，参见名古屋高判昭和 28・2・26 判特 33 号 9 頁〔393〕。

〔2〕 平野 229 頁、中山 334 頁、芝原邦爾『刑法の社会的機能』（有斐閣 1973 年）101 頁。还有，下述学者否定成立背信罪：上嶌一高『背任罪理解の再構成』（成文堂 1997 年）241 頁、平川 392 頁、山口 324 頁、松原 341 頁、松宫 278 頁（仅限于担保权的保全被信托的情形〔也就是，担保权之保全已经委托给被告的情形〕，才成立背信罪）。

〔3〕 另外，林 272 頁通过把《刑法》第 247 条中的"（为他人）处理其事务者"中的"其事务"理解为"自己的事务"，而对判例持支持态度；盐见淳则认为，在二重抵押的情形下，抵押权设定合同中规定有相关义务，却超出单纯的不履行义务，而让本来仅处于第二顺位的抵押权人作为第一顺位的抵押权人完成了登记，这样就造成了超出单纯的不履行债务的损害，并以此为理由支持判例态度（塩見淳「背任罪」『法学教室』297 号 52 頁）。

〔4〕 除权判决是一种确定权利归属的司法手段。催告申请人向裁判所提出申请，启动公示催告程序，在规定日期之前，如果无人对催告对象提出申请或权利请求，裁判所则作出有利于催告申请人的判决，以消灭或变更某种法律关系。针对遗失的支票宣告无效就是此类判决。——译者注

〔5〕 保全担保价值的义务之中，当然也包括以不得通过除权判决而使该股票失效这一不作为为内容的任务。——译者注

行为,就更应该构成背信,因此,该场合下的质权保全义务,就理应相当于他人的事务(山中457頁。但山口323頁持反对态度[1])。

(二)任务违背行为

本罪行为,是指“违背其任务的行为”。背信说并没有像滥用权利说那样对此加以限定,而是认为,本罪行为,是指该行为有违作为诚实的事务处理人所应实施的事项或者法律所期待的事项。如前所述,不仅包括诸如买卖、消费信贷、债务承担行为等法律行为,还包括毁损所保管之物、泄露秘密等事实行为。

有没有违背任务,一般而言,是根据各个事务的具体内容、事务处理人的地位与权限、行为当时的状况等来判断。具体而言,如果是违反法令、预算、通知、章程、内部规定、合同等的行为,只要该行为具有能造成财产上的损害的性质,便原则上属于任务违背行为,然后,只要考察行为人对财产性加害有无认识、有无牟利或加害的目的(反言之,就是看行为人是否具有为了本人的意思)即可。[2] 对股票交易、商品期货交易、金融衍生产品期货交易等具有一定风险的冒险性交易而言,如果由金融机构等部门负责资金运作的专职人员进行操作,只要是在其裁量权范围之内,就不属于违背任务,但如果由专职负责人员之外的包括董事会成员在内的其他人挪用其他用途的资金来进行操作,则有可能构成本罪。反之,有观点主张,应对“任务违背性”进行更加实质性的理解(山口326頁),但如此一来,本罪除故意(对任务违背性的认识)之外,另以牟利、加害目的为要件的意义便会丧失,应该说,这种观点并不妥当。

典型的背信行为有以下类型:(1)不良贷款。这是指尽管没有回收资金的希望,银行等金融机构的董事会成员却在未让对方提供充分担保或保证的情况下进行贷款。对信用度很低的票据进行贴现、对活期存款账户里并无资

---

〔1〕 山口323頁以下认为,“按照这种理解,连不履行债务的行为,也有可能以背信罪来处罚,对此,原则上是存在疑问的。债务人怠于履行债务的,一定程度上可以左右债权人的财产,因此,是否处于能左右合同相对方的财产的地位(参见藤木344頁等),这并不能成为任何的限定要件。按照这种理解,物的借用者对物的使用方法粗暴恶劣,给所有人造成财产性损失的,也可被认定具有可罚性,可以以背信罪来处罚,这显然不妥。通过另外制定罚则来处罚二重抵押等侵害担保权的情形,这当然是完全有可能的,但判例对此采取的却是通过解释法律的方式。尽管这种解释已由判例所确立,然而,一边处罚二重抵押等侵犯担保权的情形,同时又将不履行债务的情形从根本上排除出处罚对象,但背信罪的成立要件之中却又并不存在这种标准,在此意义上,可以说,这属于一种‘解释性立法’,因而不得不对此表示怀疑”(王昭武译·山口各论377页以下)。——译者注

〔2〕 不过,违反内部规定,超过融资额度予以融资的,如果取得了充分的担保,这种情况就应另当别论。

金保证的支票予以兑现等行为，也属于此类型。(2)粉饰决算。这是指违反法令、(公司)章程进行虚假的决算，本来没有盈利却伪装盈利而向股东分红(也称为违法分红、动用资本金分红)，或向董事会成员发放董事奖金等。〔1〕(3)债务承担行为。这是指公司的董事会成员滥用职权，以公司名义实施开具期票或支票、对商业票据进行背书、进行债务担保等行为，从而让公司承担债务。(4)自己与公司之间进行交易。这是指违反《公司法》第356条之规定，董事会成员未经董事会认可而向公司转让自己的财产，或者从公司借款等。

典型判例

·某银行的董事长向实质上处于倒闭状态的某企业集团，在实质上等于无担保的情况下继续融资，对于该案，**最决平成21·11·9刑集63卷9号1117頁**(北海道拓殖银行案)判定成立特别背信罪。对违背任务("任务违背性")这一点，最高裁判所的该决定认为，(1)对银行董事所应承担的注意义务，有适用所谓"经营判断的原则"的余地；(2)鉴于银行业务的特殊性及其社会影响，与一般的公司董事相比，银行的董事所应承担的注意义务的程度处于较高水准，适用"经营判断的原则"的余地也应有所限制。

本决定明确表示，在判断是否违背了任务之际，有适用"经营判断原则"的余地，这一点具有重要意义。因此，在对"任务违背性"进行判断之时，应在一定范围之内尊重行为人在经营上的裁量判断(自主判断)。不过，本决定考虑到银行业务的特殊性，判定对银行董事而言，应限定性地适用"经营判断的原则"。为此，为了将向那种实质上处于倒闭状态的企业进行救济性融资的行为例外地予以正当化，要求"该融资判断必须具有合理性，在程序上不得缺少银行内部的明确的计划制定以及正式认可"(有关本决定，参见青柳勤「判解」『ジュリスト』1444号99頁)。

(三)牟利、加害的目的

要成立本罪，除了必须对违背任务以及财产性加害存在认识这一故意之外，还必须是出于为自己或第三者谋取利益的目的(牟利目的)或者出于给本人(委托人)造成损害的目的(加害目的)。这里所谓"第三者"，是指自己与本人(委托人)之外的其他人，共犯也包括其中(大判明治45·6·17刑録

〔1〕《公司法》第963条第5款第2项规定了违法分红罪，但如果成立背信罪，则不再成立该罪。

18 輯 856 頁)。因此,本罪具有利欲犯与毁弃罪的双重性质。

例如,不良贷款中为借方谋取利益的目的、违法分红中为股东谋取利益的目的等,就属于为第三者谋取利益的目的;不良贷款中收受回扣、通过粉饰决算而获取董事奖金的目的等,则属于为自己牟利的目的。有力观点认为,由于本罪属于财产犯罪,这里所谓利益应限于财产性利益(団藤 655 頁、大塚 326 頁、大谷 331 頁、曽根 187 頁)。然而,牟利目的只是犯罪动机,因而,没有限定为财产性利益的必然性,还应包括诸如为了保全自己的地位或者维系自己的信用、面子等身份性利益(保身利益)(大判大正 3・10・16 刑録 20 輯 1867 頁、最决昭和 63・11・21 刑集 42 巻 9 号 1251 頁〔东京相互银行案〕〔401〕、山口 328 頁、山中 464 頁)。所谓加害目的,是指通过不良贷款、损毁所保管之物、泄露秘密等给本人(委托人)造成损失的目的。同样,这种情形下的加害内容也不限于财产性损失,还包括使本人(委托人)丧失信用、失去面子等。

有关牟利、加害的目的,有力观点认为,必须是就牟利、加害的事实存在确定性认识或者追求(藤木 348 頁、大塚 327 頁、大谷 332 頁、曽根 187 頁),但判例认为,没有必要达到追求或积极放任的程度(最决昭和 63・11・21 刑集 42 巻 9 号 1251 頁〔东京相互银行案〕〔401〕)。确实,本罪以造成财产上的损害这一结果为必要,因而,对此结果的认识就属于故意的要件。如果认为,对于加害目的,只要存在未必的认识即可,那么,只要存在本罪的故意,就同时可以肯定存在加害目的,因而,便失去了在故意之外另外将加害目的作为主观要件予以规定的意义,同时,也便失去了选择性地规定牟利目的的意义。但可以说,牟利、加害目的这一要件,正是从反面规定了另一要件,即实施该违背任务的行为,并不是出于为本人(委托人)牟利的意思(本人〔委托人〕牟利目的)(香城敏麿「背任罪の成立要件」『刑法基本講座〔第 5 巻〕』265 頁、[1] 中森

〔1〕 牟利加害目的:要解析牟利加害目的这一论点,取决于对下一问题的理解,即除了客观要件(对通过违背任务而故意给予损害这种具有违法性的行为予以规定)之外,为什么本罪还特意附加了牟利加害目的这一主观要件?对此,应该这样理解:考虑到仅就背信罪附加了这一主观要件,就应该认为,这并非出于责任的角度(因具有牟利加害目的,而增加了非难程度),而是出于违法性的角度;而且,也是考虑到并不能说,牟利加害目的会当然提升违法性,即便是通过违背任务而故意给予损害的情形,如果是出于为委托人(本人)牟利的目的而实施了行为,更为妥当的结论就应该是,对此否定具有违法性,并不构成背信罪,因此,为了体现这种旨趣,才特意附加了上述主观要件。基于这种视角来探讨的话,与财产性的东西相比,本人(委托人)利益的重点更在于非财产性的东西,因此,第一,出于保持

161 頁、山口 327 頁、高橋 402 頁)。[1]因此，就应该认为，在不能认定存在为本人(委托人)牟利的目的的场合，对于作为本罪之要件的牟利、加害目的，只要是未必的认识即可。这谓之“消极的动机说”(持反对意见，要求存在牟利加害之动机的有：斎藤信治 194 頁、松原 345 頁、佐伯仁志「判批」『ジュリスト』1232 号 192 頁)。

在同时存在牟利、加害目的与为本人(委托人)牟利目的的场合，应根据这两个目的的主从关系来决定是否成立本罪(有关违法分红的案件，参见大判大正 3・10・16 刑録 20 輯 1867 頁)。例如，在违法分红的场合，既出于从银行继续融资的目的，同时也出于保全股东利益以及自己地位的目的，而伪装公司业绩良好；在无担保追加融资的场合，既出于防止债务人倒闭进而使得债权回收成为可能的目的，同时也出于为借方谋取利益以及保全自己地区之目的的场合等，是否成立本罪，就取决于究竟是以哪个目的为主而实施了该行为(最决平成 10・11・25 刑集 52 卷 8 号 570 頁〔平和相互银行案〕〔402〕)。

典型判例

・被告是大型综合商社 I 的社长，从 K 公司社长 A 处收到 K 公司计划开发高尔夫球场的项目提案，遂对 K 公司实施了大额融资。其后，为了让公司在决算期的经常利润出现盈利，要求 A 向商社支付 100 亿日元的企划费，作为回报，商社对 A 提供了 230 亿日元的无担保融资。对

本人(委托人)的信用、颜面这种非财产性的目的而实施行为的，也应该是不处罚，反之，为了让本人(委托人)丧失信用、颜面，或者，保持行为人自己的信用、颜面而实施行为的，就应该予以处罚；第二，也自然能够接受判例的结论(根据为自己或者第三者牟利的目的、为本人〔委托人〕牟利的目的这两者之间的主从关系，来决定是否成立背信罪)。

根据目的的主从关系来决定是否成立背信罪，这实际上是指，是否成立背信罪，取决于究竟是哪一目的成为行为动机。具体而言，以牟利加害目的为主，就是指如果没有该目的就不会实施行为；反之亦然。如此，可以说，判例是将目的内容理解为动机。进一步而言，既不存在牟利加害目的也不存在为本人(委托人)牟利目的的场合，或者，这两个目的之间主次不明的场合，对此如何处理，判例并未涉及。本书认为，在上述场合下，由于并不存在可以将通过违背任务而给予本人(委托人)损害的行为予以正当化的理由，因此，即便没有牟利加害的动机，只要对此存在认识，就应肯定成立背信罪。

总之，对牟利加害目的的含义，应该理解为，是指对牟利加害存在认识，并且，没有为本人(委托人)牟利的动机。参见香城敏麿「背任罪の成立要件」『刑法基本講座〔第 5 巻〕』265 頁。——译者注

〔1〕对此，前田 284 頁认为，“牟利、加害目的的机能在于，在明明认识到会造成财产性损害却仍然实施了违背任务的行为之中，应将‘意图为本人谋取利益的场合’排除在处罚对象之外。也就是，如果能认定其动机在于‘为了本人’，就否定其存在牟利・加害目的”。——译者注

于该案,**最决平成 17·10·7 刑集 59 卷 8 号 779 頁**(イトマン案)〔403〕判定,"能够认定,被告实施本案融资的动机在于,与 I 商社的利益相比,是为了给自己或者 A 谋求利益,而且,也能认定,对于给 I 商社造成损害,被告是存在认识或者放任的,因此,不仅能认定被告存在特别背信罪中的牟利目的,还能认定其存在加害目的"。

最高裁判所的本决定不仅判定被告存在特别背信罪中的牟利目的,还判定其存在加害目的,这一点具有重要意义。本决定尽管认定被告存在加害目的,但并未对加害 I 商社的动机作出具体认定,因而并非以积极的动机说为前提。毋宁说,(1)以存在给 I 商社造成损害的认识或者放任为前提,(2)以不能被谓为,为 I 商社谋取利益是本案融资的主要动机为根据,而认定被告存在加害目的,因此,对此,我们可以评价为,最高裁判所的这种判断更接近于消极的动机说。

(四)财产上的损害

本罪是结果犯,必须是因违背任务的行为给本人(委托人)造成了财产上的损害。所谓财产上的损害,是指"从经济的角度评价本人的财产状况,由于被告的行为而使得本人的财产价值减少或者本应增加而未能增加"(最决昭和 58·5·24 刑集 37 卷 4 号 437 頁〔信用保证协会案〕〔405〕)。例如,明明没有回收资金的希望,却仍然在无担保的情况下贷款 1000 万日元,此时,在贷出 1000 万日元资金的同时也取得了等额的债权,因而,也可以说,在法律上并无损失,而只是存在损失的危险。〔1〕但是,如果从经济的角度进行评价,则只要没有回收的希望或者相应担保,就可以说,已经造成了损害。前述最高裁判所有关"信用保证协会案"的决定就从正面对此予以了肯定(参见最决昭和 58·5·24 刑集 37 卷 4 号 437 頁)。* 因此,即便其后债务人因彩票中奖而偿还了贷款,那也不过是犯罪成立之后的量刑情节而已。对此,有观点认为,如果在债务履行期限之前偿还的,就应构成背信罪的未遂,〔2〕但这样一来,只要是在履行期限之前偿还,就只能构成背信罪的未遂,这并不合理。本书认为,在实施违背任务的贷款行为之时,如果能被认定为不可能回收,则达到既遂;只有在贷款行为虽违背了任务,但存在一定程度的回收可能性,并且,在履行期限之前已经偿还了贷款的情形下,才能认定为未遂。

---

〔1〕 最判昭和 37·2·13 刑集 16 卷 2 号 68 頁〔404〕基于此观点,认为发生实害的危险也应包含在财产性损失之中。

〔2〕 参见岡本勝「背任罪における『財産上ノ損害』について」阿部純二等編『荘子邦雄先生古稀祝賀·刑事法の思想と理論』(第一法規出版 1991 年)430 頁。

＊ 信用保证协会案　某中小企业主从银行等金融机构贷款之时，负责债务保证的信用保证协会的某支店长明知该企业处于倒闭边缘，却超出职权限额，独自决定为其承担债务担保。对此，最高裁判所认为，该企业"尚未(糟糕)到不履行债务的程度，因而，该协会的财产也尚未因代位偿还而实际造成了损害，尽管如此，如果从经济的角度来看，仍然可以评价为，该协会的财产性价值已经减少"，从而肯定存在财产上的损害。

通说认为，由于背信罪是针对整体财产的犯罪，因此，即便一方面存在损失，但与此同时，如果另一方面又存在与此相应的反向给付的，就应否定存在财产性损失。但问题在于，什么场合才能被谓为存在"相应的反向给付"呢？例如，因1亿日元的不良贷款而可以被认定成立背信罪的场合，(为了规避法律制裁)如果再追加融资2亿日元，并根据与客户的事先协议，由客户将其中的1亿日元用来偿还前面的1亿日元的债务(准照"填补亏空的侵占"，这里可被称为"填补亏空的背信")，那么，用于偿还贷款的1亿日元是否属于财产性损失，就是一个问题。在这种情况下，只要实施了追加融资的行为，并且，已将该资金汇入客户的账户，其时，就追加融资的资金全额而言，就已经将其置于不能回收的状态之下，构成背信罪的既遂，至于其后将该资金用至何处，那不过是犯罪成立之后的量刑情节而已(新潟地判昭和59・5・17判時1123号3頁〔大光相互银行案〕〔400〕)。另外，在可能构成背信罪的贷款的期限届满之前，通过在账面上记入已经还贷，同时又记上等额的新贷款，从而在账面上将旧贷款转换为新贷款的，在这种情形下，由于没有实际发生资金的转移、流出，就应该否定造成了财产上的损害(東京地判昭和40・4・10判時411号35頁〔第一相互银行案〕)。又如，某银行的支店长明知某公司因透支而陷入过量债务，已无偿还能力，却仍以银行名义对该公司所开出的期票进行票据担保，该公司在获得票据贴现之后，为了偿还自己的活期存款的透支债务而将该贴现金额存入该公司在该银行的账户中，并且，是在同一地点同时实施支票担保、支票贴现、进款等行为，对此，判例认为，该进款虽暂时减少了超额融资余额，做出了公司有债务偿还能力的表象，但如果这是出于继续让银行向该公司融资的目的而实施，那么，"不能说，上述进款已使得与该票据担保相对应的经济性利益确定性地归属于该银行"，因而应肯定存在财产性损失(最决平成8・2・6刑集50卷2号129頁〔406〕[1])。[2][3] 与前述不良贷款的情形相比,在承担债务的情形下,必须存在确实归属于银行的与该债务金额相当的对应给付,因此,最高裁判所的判断是妥当的(参见西田典之「判批」『研修』607号13頁、高橋405頁[4])。

已着手实施任务违背行为,但尚未造成财产上的损害的,构成本罪的未遂(第250条)。判例对下述案件判定构成未遂:在二重转让电话加入权的场合,将名义转换至第二受让人的登记程序尚未完成的(大判昭和7・10・31刑集11卷1541頁〔392〕);在二重转让农地的场合,在获得县知事的许可之前,已为第二受让人进行了所有权转移请求权保全的临时登记,但尚未进行正式登记的(東京高判昭和42・9・14東時18卷9号249頁)。

(五)共犯

判例认为,尽管相当于背信行为的不良贷款等行为在民事上属于有效的法律行为,其相对方仍然有可能构成本罪的共同正犯(大判昭和8・9・29刑集12卷1683頁、最决昭和63・11・21刑集42卷9号1251頁〔401〕)。然而,在这种场合之下,由于不良贷款的相对方与贷款事务处理人之间利害关系不同,在对担保的评价等方面也可能存在不同的认识,因此,这里的问题就

---

〔1〕 该案大致案情为:被告是某公司的董事长,与作为被害人的某银行之间开展了活期账户交易,并接受银行的融资,在此过程中,融资额大幅超出了授信的额度或者担保物的总评估价值,因而已经处于即便开具期票,自己也无力结算的状态之下,尽管如此,被告经过与该银行支店长之间的共谋,前后9次以银行的名义为该公司开具的期票提供担保。对此,最决平成8・2・6刑集50卷2号129頁认为,"除了部分票据之外,与票据的担保相对应,与票据面额等额的资金被汇入该公司在该银行的活期存款账户之中,用于偿还针对该银行的活期超额借款而引起的债务,然而,这种进款完全是基于被告与该支店长之间的事前合意而实施,其目的在于,为暂时减少上述超额融资余额,而做出该公司有偿还债务的能力的表象,从而让该银行继续进行上述活期账户交易,甚至进一步地向该公司融资",因此,"不能说,上述进款已使得与该票据担保相对应的经济性利益确定性地归属于该银行,因而,该银行承担上述票据担保债务,就与不伴有上述进款的其他票据担保的情形一样",属于财产上的损害。——译者注

〔2〕 反之,一审判决则否定存在财产上的损害,支持该观点的有,佐伯仁志「判批」『金融法務事』1460号78頁、山口330頁、松原347頁。

〔3〕 山口330頁认为,"但是,如果该进款只是做做样子,并没有实际存入银行,那自应另当别论,但只要一旦实际转入银行,该进款就可谓已'确实归属于'银行,问题就应该是,新的融资是否成立背信罪,因而,对此判决是存有疑问的。"松原347頁也认为,"在本案中,(被告等)是以实际汇入的资金来弥补因担保债务而引起的经济性负担,因而,判例以这种行为的目的在于将来继续有可能进行融资,并以这种指向将来的目的为理由,而否定存在对应给付的确定性归属,这是存在疑问的"。——译者注

〔4〕 高橋405頁认为,"与财产上的损害相应的反向给付必须确定性地归属于本人,因此,本决定是妥当的"。——译者注

在于,要追究其作为共同正犯的罪责,必须具备何种要件?[1]迄今为止,有不少判例对此做出了判断。例如,有判例认为,在追究其作为共同正犯的罪责之时,“对于违背任务这一点,其认识程度必须与负有任务者的认识程度大致相同”,进而否定了借款人的罪责(東京高判昭和 38・11・11〔公开刊物未刊登〕〔千叶银行案控诉审判决〕);另有判例指出,“对并无身份的借款人而言,要认定其构成针对金融机构的特别背信罪的共谋共同正犯……必须对于该(该金融机构的——本书加注)职员违背作为职员的任务这一点虽存在明确的认识,却与该职员之间就背信行为形成意思联络,或者,利用能够对该职员施加影响力的关系(地位),采取不为社会一般观念所允许的方法,积极地鼓动该职员,勉强其实施背信行为等。也就是说,必须能够认定是利用该职员的背信行为,让其实施了就借款人而言也属于犯罪的加功行为”,从而否定借款人构成共同正犯(東京地判平成 12・5・12 判タ1064 号 254 頁〔高峰休闲区开发案〕);还有判例指出,“基于非身份者与身份者之间的关系、非身份者对于身份者的任务违背的认识内容以及对此任务违背行为予以鼓动的形态等,有关非身份者对身份者的任务违背行为的参与程度,要看该行为是否明显超出了通常的融资等交易的正常形态”,并以此作为判断基准,肯定借款方具有共同正犯性(大阪高判平成 14・10・31 判時 1844 号 123 頁);等等。又如,B 金融公司的董事甲,为了从 A 住宅金融专业公司的融资担当者乙等人处继续接受融资,明明实质上处于无担保的状态,却仍采取迂回融资的方式继续接受了融资,对此,最高裁判所判定,“针对乙等融资担当者违背其任务的行为,甲既未行使支配性影响力,也未采取不为社会一般观念所允许的方法而积极鼓动,尽管如此,对于乙等人的任务违反行为以及该行为会给 A 公司带来财产上的损失等,甲是存在认识的,并且,甲还认识到,乙等人具有为他们自己以及 B 公司谋取利益的目的,甲利用乙等人处于不得不继续融资的处境,对于 A 公司采取迂回融资的程序(继续融资的行为)予以协助,因而,对实现本案融资实施了加担行为,因此,应该说,甲难免要承受这样的评价:对乙等人的特别背信行为,甲予以了共同加功”(最决平成 15・2・18 刑集 57 卷 2 号 161 頁〔住专案〕〔407〕)。再如,被告是 E 公司的社长,从 B 银行融资一百几十亿日元,建造了高尔夫球场,因高尔夫球场的会员证销售低

〔1〕 有关该问题,参见中森喜彦「背任罪の共同正犯」『研修』609 号 3 頁以下、関哲夫「背任罪の共同正犯についての一考察」『佐々木史朗先生喜寿祝賀・刑事法の理論と実践』(第一法規出版 2002 年)347 頁以下、林幹人「背任罪の共同正犯」『判例時報』1854 号 3 頁、伊東研祐「特別背任罪における正犯性」『板倉宏博士古稀祝賀論文集・現代社会型犯罪の諸問題』(勁草書房 2004 年)275 頁以下。

迷,苦于无钱支付承担了球场建造工程的G公司的工程款,于是,向B银行的董事长D提议所谓"重振(再生)方案"的计划。具体而言,为了让实质上由被告本人经营的C公司收购本案高尔夫球场,由B银行向C公司贷款57亿日元,然后,将该资金的一部分用于偿还G公司的工程款,剩余的大部分资金通过C公司回流至E公司,E公司再用回流而来的资金偿还针对B银行的债务,由此降低B银行持有的E公司的不良债权金额,从而制造出似乎正在进行债权回收的假象。D作为B银行的董事长,将该计划付诸实施,通过C公司向被告人迂回贷款57亿日元。被告将该项贷款中的25亿日元用于偿还E公司针对B银行的债务,17亿日元用于支付G公司的工程款,将剩余资金用于B银行增资的担保。对于该案,最高裁判所判定,"被告虽然不具有特别背信罪的行为主体之身份,但在上述认识之下(是指对D等人的自我保全的目的,以及D等人的行为的任务违背性存在认识——本书加注),不仅仅是提出了本案融资申请,还向D等人提议了作为本案融资之前提的所谓重振方案,并让不动产鉴定师按照其所指定的价格就本案高尔夫球场的担保价值制作了存在大量水分的不动产鉴定评估书,再另外成立了作为本案高尔夫球场之转让对象的C公司,在此基础上,又与D等人就融资条件展开协商,因此,能够被评价为,积极地参与(加担)了本案融资的实现,判定被告人成立特别背信罪之共同正犯的原判决是正确的"(最决平成20·5·19刑集62卷6号1623頁〔石川银行案〕〔408〕)。从上述这些判例中,可以很清楚地看到判例所采取的理论,即如果满足了下述要件,接受融资的一方也应成立(特别)背信罪的共同正犯:接受融资者(1)对融资担当者的牟利、加害目的及其任务违背性,存在充分的认识;并且,(2)积极地参与了迂回融资等融资的不正当操作;(3)其本人也具有牟利、加害的目的。

另外,某非身份者参与了由董事所构成的特别背信罪,对于该非身份者,有判例判定,根据第65条第1款,构成《公司法》第960条之罪(特别背信罪)的共同正犯;根据第65条第2款,科以《刑法》第247条(背信罪)之刑(東京高判昭和54·12·11東時30卷12号179頁)。但是,如果认为特别背任罪属于本罪的责任加重类型,那么,就应该根据第65条第1款,对该非身份者认定成立《刑法》第247条的共同正犯,而对该董事则根据第65条第2款,认定成立相对更重的《公司法》第960条之罪。

(六)与他罪之间的关系

1.与诈骗罪之间的关系

判例认为,任务违背行为也包括针对本人(委托人)的欺骗行为,在由此使本人(委托人)交付财物、财产性利益的场合,仅成立诈骗罪。例如,保险公司的推销员A谎称被保险人身体健康,而与保险公司订立了以A为受益人的保险合同,并让公司开具了保单(大判昭和7·6·29刑集11卷974頁);在买卖山林树木之时,作为买方的公司职员与卖方合谋虚报树木数量,并让公司以超额价格购入,从而使公司蒙受损失(最判昭和28·5·8刑集7卷5号965頁)。对于这些案件,判例均认定构成诈骗罪,而驳回构成背信罪的主张。[1] 相反,通说则认为,这种情形属于诈骗罪与背信罪的想象竞合。但是,这两种观点之间的对立并不重要,不如从刑法仅对背信罪规定了相对较轻的法定刑这一点来进行判断,在这种场合,就有必要像考虑侵占委托物罪与诈骗罪之间的关系那样,来考虑本罪与诈骗罪之间的关系,因而,就存在这样的问题:是否应该是仅仅成立背信罪呢(小野275頁)?本书认为,有必要视具体情况而定:存在针对本人(委托人)的欺骗行为以及本人(委托人)所实施的处分行为,并且,行为人自己由此取得了财物或利益的,就构成诈骗罪;如果终究只是作为本人(委托人)的事务处理而实施了违背任务的行为,即便在该过程之中采取了欺骗手段(例如,不良贷款中的虚假担保或者夸大评价),也仅成立背信罪。

另外,就背信罪与使用电子计算机诈骗罪之间的关系,例如,通过操作计算机终端进行转账,实施不良贷款的,判例认为,即便属于背信行为,如果贷款至少在民事上是(暂时)有效的,则该操作伴有资金转移的实质,不能被谓为"虚假信息",因此,并不构成使用电子计算机诈骗罪(東京高判平成5·6·29高刑46卷2号189頁〔353〕)。

2. 与侵占罪之间的关系

(1)区别的必要性

在财物的租借人非法出卖该财物的场合,由于租借人不是他人事务的处理者,因而仅构成侵占罪。另外,诸如二重抵押那样,在对象属于财物之外的其他权利的场合,就不能构成作为财物罪的侵占罪,而是成立背信罪。但是,在他人事务的处理者非法处分自己所占有的他人财物的场合,似乎可成立同为背信性质的犯罪的侵占罪与背信罪,对此,通说、判例认为,两罪属于法条竞合的关系,仅成立其中的重罪即侵占罪(大判明治43·12·16刑録16輯2214頁)。此时,(业务)侵占罪与背信罪的区别标准就成为问题。

(2)学说

有关两罪的区别标准,主要有以下几种学说:第一种学说认为,背信罪是一种法律行为,是对法律上的处分权限的滥用,而侵占罪是因事实行为而造

〔1〕 中森163頁以背信罪属于补充性财产犯罪为由,支持判例立场。

成的对特定财物或者特定利益的侵害(瀧川 173 頁);第二种学说主张,根据对象的不同来区别二罪,针对财物的背信行为是侵占罪,而针对财物之外的利益的背信行为是背信罪(牧野 759 頁、小野 274 頁、木村 150 頁、江家 321 頁、岡野 190 頁);第三种学说认为,僭越一般性权限的是侵占罪,滥用一般性权限的则是背信罪(植松 458 頁、大塚 320 頁、内田 345 頁、藤木 354 頁、佐久間 250 頁);第四种学说认为,针对财物的取得行为是侵占罪,而其他的背信行为则是背信罪(平野 231 頁、曽根 184 頁、中森 163 頁、山口 333 頁、高橋 410 頁、松原 351 頁。另见大谷 336 頁)。〔1〕

具体而言,第一种学说是基于认为背信罪的本质在于权限(代理权)之滥用的滥用权限说所得出的结论,如前所述,既然也应承认由事实行为所引起的背信,便不能采取该说。第二种学说实质上是将背信罪理解为第 2 款(利益)侵占罪。背信罪具有第 2 款侵占罪的功能,这的确是事实,但是,对于这两种构成要件之间存在很大不同的犯罪,分别简单地定位于财物罪与利益罪,这未免牵强,而且,不可否认的是,即便是针对财物的情形,有时也应该认定成立背信罪。第三种学说是基于有关侵占罪的越权行为说所得出的结论,近年,也有持取得行为说的学者主张此说(藤木 354 頁)。但是,首先,诸如二重抵押、泄露秘密的行为那样,对于那些明显属于僭越权限的情形,如果因为其侵害的对象是利益,就将此类行为也认定为背信罪(参见内田 347 頁),那么,就应该说,这种区别不可能具有普适性;并且,在对象为财物的场合,只要不将侵占罪简单地理解为针对财物的背信行为,而认为其属于背信的取得行为,那么,认为只有僭越权限(越权行为)才构成侵占罪的观点便难言妥当。由此可见,第四种学说更为妥当。

(3)判例

首先,在背信行为的对象是所有权之外的其他权利、利益的场合,即便明显属于僭越权限的情形,判例也认定成立背信罪。例如,就质物的保管人(擅自)将质物返还给债务人的案件,判例以侵犯的对象是质权而非所有权为理由,判定成立背信罪(大判明治 44・10・13 刑録 17 輯 1698 頁〔409〕)。除此之外,判例对于下述案件也判定成立背信罪:电话加入权的二重转让(大判昭和 7・10・31 刑集 11 巻 1541 頁〔392〕);二重抵押(最判昭和 31・12・7 刑集 10 巻 12 号 1592 頁〔394〕);在农地买卖中,由于没有得到县知事的许可,所有权的转移尚未发生效力,在此期间卖方却为第三者设立了抵押权(最决昭和 38・7・9 刑集 17 巻 6 号 608 頁〔395〕〔410〕)。在这里,就取得权利、利

---

〔1〕 另外,井田 323 頁虽以第四种学说为前提,但主张作为判断是否属于客观的取得行为的标准,应该根据究竟是僭越权限还是滥用权限来区分。

益的行为而言,背信罪是作为第2款侵占罪来运用的。在此限度内,可以说,那种认为背信罪具有侵占罪的补充性功能的观点是有其合理性的。

其次,在他人事务的处理人非法处分了自己所占有的他人财物的场合,如果那是为了自己而消费,那么,即便其拥有一般性支付权限,也当然构成(业务)侵占罪(大判大正6・12・20刑録23輯1541頁)。另外,有关为第三者谋取利益的情形,判例的主流观点是,如果是以本人(委托人)的名义或者为本人(委托人)打算而处分的,[1]成立背信罪;如果是以自己的名义或者为自己打算而处分的,则成立侵占罪。例如,某村的出纳以自己的名义,将自己所保管的公款借给他人的,就构成业务侵占罪(大判昭和10・7・3刑集14巻745頁〔412〕);村长将自己基于职务所保管的村有基金,出于为村里打算的想法,借贷给第三人,但给村里造成了财产上的损害的,则构成背信罪(大判昭和9・7・19刑集13巻983頁〔413〕)。这是因为,如果是以本人(委托人)的名义或者为本人(委托人)打算而处分,亦即,如果是作为本人(委托人)的事务进行处理,则其经济性效果通过取得对应债权等而归属于本人(委托人),因而不能被称为取得行为;反之,如果是以自己的名义或者为自己打算而实施,就可以理解为,是自己一度取得财物,然后再将所取得的财物交付给第三者(平野231頁)。因此,例如,虽然名义上是以本人(委托人)的名义实施借贷行为,但实施该行为时,并未履行正规手续,也未记入账本的(広島高岡山支判昭和28・6・25高刑6巻12号1631頁);又如,被告人是某信用协会的支店长,为了提升支店的业绩,向储户支付了存款特别酬金,为了弥补亏空,将以前通过在账面上虚构向协会会员发放贷款的事实而"储备"的金钱,高息借贷给不具有接受融资的正规资格的非会员的(最判昭和33・10・10刑集12巻14号3246頁〔414〕)[2]。对于这两个案件,判例的态度是,由于该行为的经济性效果并不归属于本人(委托人),因而,属于为自己打算而实施的行为,应构成业务侵占罪。

不过,也有判例根据前述第三种学说的观点,认为只要是僭越权限的,就应成立侵占罪。例如,判定下述案件构成业务侵占罪的,就属于此类判例:某董事为了行贿而动用了自己所保管的资金(大判明治45・7・4刑録18輯1009頁〔418〕);为了慰劳町议会议员,町公所负责财务的职员用公款支付议员的餐饮费,但这并不属于町的行政事务范围(大判昭和9・12・12刑集13巻1717頁〔415〕);森林协会会长将禁止转贷给会员之外的其他人的指定用途的政府贷款,以协会名义借贷给作为第三者的地方公共团体(最判昭和

---

〔1〕这里的"打算",应该是指经济性利益之归属。——译者注

〔2〕有关同样属于凭空借贷的案件的判例,参见東京地判昭和58・10・6判時1096号151頁。

34·2·13刑集13卷2号101頁〔419〕)。并非本人权限范围之内的处分行为,无论是以谁的名义或者为谁打算,当然都可构成侵占。但是,如果是作为本人(委托人)的事务而处理,并且是为了本人(委托人)而实施的处分行为,由于不具有非法占有的目的,要认定此类行为构成作为利欲犯的侵占罪,就不无疑问。在这一点上,有关下一案件的最高裁判所的决定值得特别关注:公司的财务部长等人,出于与囤购本公司股票的投机集团相对抗的目的,委托第三者(通过购入本公司的股票等)对囤购行为实施妨害,并支出自己所保管的资金,用作妨害活动的活动资金与报酬,但该行为属于商法所规定的违法取得自己股票的行为。此案的审理一波三折,历经地方裁判所判决、高等裁判所判决、最高裁判所决定。具体而言,对于本案,东京地方裁判所(一审)认为,被告不具有非法占有的目的,判定其不构成业务侵占罪,宣判被告等无罪(東京地判平成6·6·7判時1536号122頁〔国际航业案〕);而东京高等裁判所(控诉审)则基于行为的目的违法等理由,认为作为资金占有者的被告等的行为性质,属于即便是作为资金委托者的公司本身也不得实施的行为,因而,不能谓之完全是为了公司的利益而实施该行为,进而撤销原判,改判被告成立业务侵占罪(東京高判平成8·2·26判タ904号216頁);尽管在结论上最终肯定被告存在非法占有的目的(并驳回了被告的上告),但最高裁判所(上告审)认为,"行为的客观性质的问题与行为人的主观的问题,原本属于不同问题,即便是违反了商法或者其他法令的行为,但行为人在主观上具有那完全是为了公司这一意识,并在此意识之下实施该行为,这并非完全没有可能。因此,不能因为该行为违反了商法或者其他法令这一点,便直接肯定被告存在非法占有的目的"(从而否定了二审在这一点上的判断)(最决平成13·11·5刑集55卷6号546頁〔388〕〔420〕)。

第八节　有关盗赃等的犯罪(赃物罪)

一、概述

1. 本罪是参与事后处分"盗赃或者其他构成财产犯罪的行为所取得之物"(以下简称赃物)的犯罪。本书将本罪称为赃物罪。[1]

---

〔1〕 日文原文为"盗品関与罪(盗赃等参与罪)"。按照中国刑法的习惯,本书将其译为"赃物罪"。但值得注意的是,正如下文所述,这种译法未能体现1995年的日本刑法部分修正对本节罪名的修改,作为翻译本身未必合适。——译者注

在旧规定中,本罪的对象是“赃物”,由于其含义未必明确,学界存在(1)追索权说(通说)与(2)违法状态维持说(木村166頁、伊東239頁以下)之间的对立。具体而言,(1)追索权说认为,本罪是使得财产犯罪的被害人难以实现其所拥有的对被害财物的恢复请求权(追索权)的行为,因此,所谓赃物,就是指被财产犯所取得之物;(2)违法状态维持说则认为,本罪是试图维持所有犯罪所造成的违法财产状态的行为,因此,赃物不限于财产犯罪的对象物,还包括因财产犯罪以外的其他犯罪所取得之物,例如,受贿、赌博、特别法所规定的私自猎捕或走私等所取得的目的物,也属于赃物。但是,考虑到刑法将本罪规定为一种财产犯罪,再者,特别法另有准用本罪的规定(例如,《森林法》第201条,《关税法》第112条,《鸟兽保护法》第27条、第84条1款第5项等),应该说,追索权说更为妥当。判例也认为,本罪的“实质在于使得所有权人难以实现其对物之追索权”(大判大正11·7·12刑集1卷393頁〔361〕。最决昭和34·2·9刑集13卷1号76頁〔407〕也是该旨趣),一直采取的是追索权说。[1]

通过平成7年(1995年)的刑法修正,“赃物”这一用语被修改为“盗赃或者其他构成财产犯罪的行为所取得之物”。据此,可以说,至少有关本罪的对象,已以立法形式明确了追索权说。《改正刑法草案》第358条提出,以“盗赃或者其他针对财产的犯罪所得到之物”来替代“赃物”。本次刑法修正不同于改正刑法草案的地方在于,加上了“构成财产犯罪的行为”这一表述,并将“所得到之物”(によって得た物)改为“所取得之物”(によって領得された物)。重要的是,前者(“盗赃或者其他构成财产犯罪的行为所取得之物”)表明,并不要求针对财产的犯罪行为本身已经成立犯罪(例如,无责任能力人所窃取的财物);而后者(“盗赃或者其他针对财产的犯罪所得到之物”)则表明,作为本罪对象的财物,必须是由财产犯罪所直接取得之物。因此,例如,将公司的机密资料暂时带出公司,复印之后又归还原处的行为,即便这种行

---

〔1〕对此,松宮308頁认为,追索权说与违法状态维持说的差异体现于,“由不侵犯所有权的财产犯罪所取得的物品,是否也属于这里的‘赃物’?例如,通过侵犯他人的渔业权而捕获的鱼,并非他人的所有物(《民法》第239条第1款规定的‘无主物先占取得’),因此,对知情购买者,按照追索权说,将不构成有偿受让赃物罪;而按照违法状态维持说,则应构成有偿受让赃物罪。在这一点上,本法条的用语本身并非决定性因素。这是因为,渔业权也是财产权,对渔业权的侵犯也包含在‘针对财产的犯罪’之中(参见《渔业法》第143条)。关于该问题,也有违法状态维持说的论者提出,财产犯罪之外的犯罪所获得的物品也属于这里的‘赃物’,但应该说这种理解并不正确。”“一般认为,日本的通说、判例均立足于‘追索权说’。但是,如果深入考察的话,‘追索权说’仍存在各种问题”(王昭武等译·松宫各论253页)。——译者注

为本身可能构成盗窃或者业务侵占,但由于该复印件并不属于财产犯罪所直接取得之物,因而,也不属于本罪的"赃物";又如,用照相机拍摄公司的机密资料,然后出售底片,即便该出售行为可能构成背信,但由于该底片并非背信行为的直接对象,因而,也不属于本罪的"赃物"。

2. 但是,在赃物罪中,有一种情况是仅凭侵犯追索权所无法解释的。具体而言,针对第256条第2款的犯罪类型,刑法规定处以10年以下惩役与50万日元以下罚金的并科("处10年以下惩役及50万日元以下的罚金"),其法定刑要重于盗窃、诈骗等犯罪,显然,仅凭侵犯了追索权这一点难以说明其间的法定刑差异。对本罪的本犯所夺取的赃物实施保管、销赃等事后帮助行为,会类型性地助长财产犯罪,可以说,立法者正是考虑到了本罪的这种性质(本犯助长性、事后共犯性)。可以在下述意义上认定这种性质:例如,职业盗窃犯通常多以现金为盗窃对象,而避开宝石等事后容易被发现(查获)的财物,但如果存在购买赃物者或者斡旋销赃者,也会转而以宝石等作为其盗窃的对象,因而,可以说,这些行为具有助长财产犯罪的性质。并且,这些赃物参与行为,要么是从财产犯处无偿取得财物,要么是通过参与处分赃物而自己获取利益,因而也具有获利的一面(利益参与性之性质)。正因为赃物罪具有本犯助长性与利益参与性的性质,更有必要类型性地加以预防,这也是对本罪予以重罚的刑事政策上的根据。正是因为考虑到本罪所具有的这种复合性特性,有力学说认为,不应仅从侵犯追索权这一点来说明本罪,而试图在财产犯罪的框架之内谋求与违法状态维持说的折衷乃至结合(例如,団藤660頁以下、大塚333頁以下、前田296頁以下)。最近,更有观点否定本罪对作为个人法益的追索权的保护这一面,而把本罪解释为,针对"对财产取得罪予以禁止这种刑法规范的实效性"这一抽象法益的犯罪(井田良「賍物罪」『刑法理論の現代的展開各論』257頁以下、330頁)。这种复合性特性会影响到对本罪的解释,这一点的确无法否认,但只要将本罪定位于针对作为个人法益的财产的犯罪,就应慎重探讨这种观点妥当与否。

二、赃物罪(赃物参与罪)

无偿受让盗赃或者其他构成财产犯罪的行为所取得之物的,处3年以下惩役(第256条第1款)。

搬运、保管或有偿受让前款规定之物,或者就该物的有偿处分进行斡旋的,处10年以下惩役及50万日元以下的罚金(同条第2款)。*

---

* 旧规定　本条的旧规定如下:"收受赃物的,处3年以下惩役(第1

款）；搬运、隐藏、明知而购买贜物，或者进行贜物之买卖牙保的，处10年以下惩役及50万日元以下的罚金（第2款）”。

（一）赃物等的含义

1. 追索权说认为，所谓赃物，是指因财产犯罪而取得，且被害人在法律上可以追索之财物（大判大正12·4·14刑集2卷336頁）。虽然不包括权利，但不仅包括动产还包括不动产。虽有观点认为，不动产不会移动位置，因而，无法侵犯追索权，不动产不能成为赃物（伊达秋雄『ポケット注釈全書刑法』596頁。另见平野234頁以下），但是，只要承认基于登记的不动产占有，就可能通过转移登记名义，实施无偿收受、保管、有偿受让（以及对于有偿受让的斡旋行为）等行为，因此，立足于追索权说，当然也能认定其赃物性。作为本犯的财产犯罪只要符合构成要件且违法即可，不必具有有责性（大判明治44·12·18刑録17輯2208頁）。这是因为，有无追索权与是否具有有责性无关。而且，即便本犯因“有关亲属间犯罪的特例（第244条）”而被免除刑罚（大判大正5·7·13刑録22輯1267頁），或者本犯已过公诉时效（大判明治42·4·12刑録15輯435頁），或者本犯因享有免责特权而不受我国裁判权的管辖（福岡高判昭和27·1·23判特19号60頁），也仍然可以成立本罪。不过，要成立本罪，本犯必须达到既遂，即便答应企图盗窃的某人，届时为其斡旋销赃，那也不过是构成盗窃罪的帮助犯（最决昭和35·12·13刑集14卷13号1929頁）。问题在于，如果本犯是外国人，并且，是在外国实施了相应财产犯罪，显然，这种行为不适用我国的财产犯规定，但在将赃物带入我国的情况下，该赃物是否属于本条所规定的赃物呢？有力学说基于应从国际范围予以取缔这一视角，对此持肯定态度（参见团藤663頁以下、藤木359頁、大谷341頁、前田雅英「贜物の意義について」『ジュリスト』1003号90頁以下、井田良「賍物罪」『刑法理論の現代的展開各論』261頁，等等）。但是，对于“构成财产犯罪的行为所取得之物”这一用语的解释应限于“我国的财产犯罪”，因此，否定说更为妥当（河上和雄·渡边咲子『大コンメンタール刑法〔第13卷〕』479頁）。

2. 按照追索权说的观点，本罪的对象是被害人在法律上可以追索之物。那么，被害人没有追索权，或者丧失了追索权的，就失去赃物性。例如，第三者即时取得（《民法》第192条）赃物的，其后，该赃物就不再具有赃物性（大判大正6·5·23刑録23輯517頁)。不过,根据《民法》第193条[1]的规定,在被盗或者遗失的场合,受害人或者遗失人在此后的2年之内仍具有返还请求权,因而,在此期间并不丧失赃物性(最决昭和34·2·9刑集13卷1号76頁〔422〕)。还有,相当于《民法》第243条[2]的动产的附合或者《民法》第246条[3]的加工的场合,也丧失赃物性,但尚未出现判定属于附合或加工的判例(大判大正4·6·2刑録21輯721頁〔421〕、最判昭和24·10·20刑集3卷10号1660頁〔427〕[4])。对于不法原因给付的情形,学界观点不一:既有学说认为应一律肯定赃物性(藤木359頁);也有学说认为应一律否定赃物性(中山概说Ⅱ188頁);还有学说主张,应该根据本犯能否就不法原因给付物成立财产犯罪来加以区别,因而,对于侵占罪应该否定赃物性,而对于诈骗罪、恐吓罪则应该肯定赃物性(大塚326頁、[5]中森166頁、井田335頁)。如前所述,就侵占罪而言,只要属于不法原因"给付",就不成立犯罪,因而也应该否定赃物性;另外,就诈骗罪而言,有观点一边肯定属于不法原因给付,一边却认定成立诈骗罪,但是,根据《民法》第708条的规定,对不法原因给付之物,应当否定给付者存在返还请求权,因此,难以认定成立本罪。另有观点认为,在不法原因给付的场合,仍然存在返还请求权,《民法》第708条本文只是否定通过裁判来强制性实现而已,并以此为理由,肯定具有赃物性(大谷342頁以下),但是,能否将追索权的含义扩大解释到如此程度,这是存在疑问的。反之,如果在不法原因给付与诈骗的场合可以适用《民

---

〔1〕《民法》第193条〔**有关盗赃、遗失物的特则**〕规定,"在前条〔即时取得〕情形之下,占有物系盗赃或者遗失物的,受害人或者遗失人,自被盗或者遗失之时起2年之内,可以向占有人请求返还其物"。——译者注

〔2〕《民法》第243条〔**动产的附合**〕规定,"分属于数个所有人的数个动产,因附合致非毁损不能分离时,其合成物的所有权,归属于主动产的所有人。分离需花费过大费用的,亦同"。——译者注

〔3〕《民法》第246条〔**加工**〕规定,"有对他人之动产进行加工的人(在本条以下简称'加工者')之时,加工物的所有权归属于材料的所有人。但是,因加工致其价格显著超过材料价格的,加工者取得该加工物之所有权(第1款);在前款规定的情形下,加工者提供了部分材料的,以其价格加上因加工而产生的价格超过材料价格为限,加工者取得该加工物之所有权(第2款)"。——译者注

〔4〕大判大正4·6·2刑録21輯721頁对于改变所窃取的贵重金属的外形,使之成为金块的案件,最判昭和24·10·20刑集3卷10号1660頁对于拆下属于盗赃的自行车的车轮、车把等部件,将其装在其他自行车上的案件,均认定不属于加工,进而肯定具有赃物性。——译者注

〔5〕大塚326頁注(六)认为,"像侵占罪那样,针对不法原因给付物无法成立犯罪的场合,该不法原因给付物不能成为盗赃等,这一点是毋庸置疑的;像抢劫罪、诈骗罪等那样成立犯罪的场合,也能肯定不法原因给付物具有作为盗赃等的性质,针对该物的追索权,就应该被理解为,是超过了单纯的民法上的返还请求权的权利"。——译者注

法》第708条的但书规定，则可认定成立本罪。[1]

（二）追索权的性质

一般认为，追索权是物权性质的返还请求权，但严格来说，并非一定如此。例如，如前所述，在即时取得的场合，被害人在2年之内可以通过支付价款追回目的物。对此，判例认为，被害人的这种（通过支付价款追回目的物的）追索权，属于具有物权性质的返还请求权（大判大正10·7·8民録27輯1373頁），但在学界，有力观点则认为，这属于具有债权性质的返还请求权。在本犯为诈骗、恐吓的场合，也会出现类似情况。具体而言，在被害人尚未撤销因受诈骗、强迫而作出的意思表示的阶段，如果行为人从本犯手中购买的，在购买当时，由于所有权属于本犯，因而，被害人并无物权性质的返还请求权。但是，即便是在上述场合，既然应该认定成立赃物罪，那么，追索权就不应只限于严格意义上的物权性质的返还请求权，而应该被理解为，被害人所具有的法律上的追索可能性。事实上，判例也承认，追索权，没有必要限于物权性质的返还请求权（大判大正12·4·14刑集2卷336頁）。

（三）赃物的同一性

由于追索权是针对赃物的权利，当该赃物丧失了同一性之时，则同时丧失追索权。例如，收受对方所窃取的金钱的，可能构成无偿受让；但如果是用所窃取的金钱请客吃咖喱饭，显然，就不能将咖喱饭也称为赃物（平野234頁）。同样，用赃物换钱而得到的金钱，也不是赃物。不过，通过兑换侵占得来的纸币而换取的金钱（大判大正2·3·25刑録19輯374頁）、兑付骗得的支票而取得的金钱（大判大正11·2·28刑集1卷82頁〔428〕[2]），判例对此也肯定了赃物性。就前者而言，根据前述有关金额所有权的观点，可肯定赃物性；就后者而言，兑换成现金的行为本身就构成诈骗罪，因而，也应肯定具有赃物性（内田384頁、大谷343頁、前田297頁、松原358頁）。如前所述，将机密资料拿出去复印之后，返还原件而仅将复印件卖给第三者的，即便拿出资料的行为构成盗窃，但由于复印件不属于“（盗窃罪）所取得之物”，因而不能被称为赃物。

---

〔1〕对于如何处理“不法原因给付物”的情形，松宫309頁认为，“按照‘追索权说’，被害人不具有恢复请求权的不法原因给付物，不能成为本罪的对象。反之，按照‘违法状态维持说’，则可以成立本罪。但是，如前所述，是否应该承认返还请求权，应该通过综合考虑各种情况进行判断，因此，在民法上否定存在返还请求权，却在刑法中认定成立赃物罪，这种情况实际上是不可想象的。不过，在‘违禁品’的场合，由于被害人的追索权本身并未被否定，因而是有可能成立本罪的”（王昭武等译·松宫各论254页）。——译者注

〔2〕判决强调，支票不过是让对方支付现金的手段方法而已。——译者注

(四)行为

本罪行为是无偿受让(第256条第1款)以及搬运、保管、有偿受让、有偿处分的斡旋(第256条第2款)。* 这些行为有一个共性,即都是通过将赃物从被害人或本犯处转移,使得恢复更为困难。而且,原则上都以行为当时知道是赃物(知情)为必要(但有关保管的情形,参见后述)。只要对赃物性存在未必的认识即可(最判昭和23·3·16刑集2巻3号227頁),亦即,只要认识到是因某种财产犯罪所取得之物即可;而且,也没有必要知道被害人、本犯具体是谁;并且,转移赃物也没有必要是直接从本犯处转移,从受让人、斡旋人处知情购买的行为,也属于有偿受让。但是,如果只要求是知情转移赃物,那么,从本犯处窃取赃物或者侵占本犯所遗失的赃物的,似乎也可构成本罪,然而,之所以此类行为不构成本罪(有关侵占遗失物的案件,参见最判昭和23·12·24刑集2巻14号1877頁),其理由就在于,这种情形不具有本罪所特有的本犯助长性、事后从犯性的性质(平野234頁)。

* 与旧规定之间的对应　在平成7年(1995年)的刑法改正中,将第256条第1款的收受改为无偿受让,同条第2款的隐藏、明知而购买(故买)、进行买卖牙保则分别被改为保管、有偿受让、就有偿处分进行斡旋。

1. 无偿受让

所谓无偿受让,是指无偿接受交付并取得赃物。仅有约定还不够,必须是实际转移了赃物。之所以与第2款相比其法定刑要轻,是因为此类行为只是得益于他人的犯罪行为而已。[1]

2. 搬运

搬运,是指受托转移赃物的场所,不问有偿还是无偿。而且,按照判例的观点,也不问移动距离的长短远近(最判昭和33·10·24刑集12巻14号3368頁)。[2] 不过,将赃物搬运至被害人处的行为,从恢复追索权的角度来看,原则上不应构成本罪(大塚338頁、曾根194頁)。具体而言,考虑到本罪的本犯助长性之性质,如果是受被害人之托,为了被害人的利益,站在被害人的立场实施搬运赃物的行为的,就不应构成本罪;反之,如果是为了盗窃犯等

〔1〕 也就是说,此类行为本身并不具有本犯助长性。——译者注

〔2〕 即便距离不是太长,但若能被谓为,已使赃物难以被追索,也成立搬运赃物罪。——译者注

本犯的利益，站在本犯的立场实施搬运赃物的行为的，则也可成立本罪。例如，受被害人之托，作为本犯与被害人之间的中介，让被害人支付价款之后，再搬运赃物的，最高裁判所的判例以使得赃物的"正常恢复"变得更为困难为理由，判定构成本罪（最决昭和27・7・10刑集6卷7号876頁〔423〕[1]）。如果仅仅是因为使得赃物的"正常恢复"变得更为困难，就要成立本罪，那么，势必会出现奇妙的结论：盗窃的被害人自己与盗窃犯交涉，通过支付对价而取回被盗物品的，也要成立本罪，因此，这种理由并不充分。但值得注意的是，在本案中，负责中介、搬运的被告，处于可容易地与盗窃犯进行密切交涉的环境之下，也查明了盗窃犯，却不报警，反而让被害人放弃报警的念头，并就被盗物品，从被害人处勒索了金钱，因此，本决定是以被告人"搬运本案赃物，并不是为了被害人而实施，而是为了盗窃犯的利益，承继其取得，且转移了赃物的所在位置"为理由，认定成立本罪，这应该是妥当的（中森167頁、前田300頁、[2]山口346頁、[3]井田338頁。但是，大谷345頁、高橋422頁、松原363頁对判例持反对态度。关于这一问题，本书对以前的观点作了更正[4]）。

---

〔1〕这是在学界引起极大争议的判例。大致案情为，被害人A被盗走了缝纫机，委托被告X取回缝纫机，X经过调查，找到了盗窃犯B，B说如果出8万日元就卖给你，X于是从A处拿到8万日元付给B，并将缝纫机搬回至A宅。一审作了无罪宣判，但二审撤销一审判决，判定成立搬运赃物罪。最高裁判所认为，"搬运本案赃物，并不是为了被害人而实施，而是为了盗窃犯的利益，承继其取得，且转移了赃物的所在位置"，从而判定X将赃物搬回A宅的行为构成搬运罪。对此，大塚338頁认为，"这种情形也不能被谓为，已经使被害人更加难以追索，因而，应否定成立搬运罪"；大谷347頁〔新版第4版〕认为，"该行为并未使得对赃物的追索难以实现，上述判决并不妥当。这是因为，如果持判例所采取的追索权说的立场，是否成立本罪，重要的问题理应是，能否被谓为，已使得对被盗物品的追索权难以实现"；林306頁认为，"但是，不能将返还赃物的行为认定为，有害于针对赃物的追索权的行为。这里，认为不属于'正常恢复'的根据在于，被害人因受胁迫而被迫交付了不当的财产性利益，但那本应由恐吓罪等来处罚。即便是受本犯的犯罪人之托，与被害人交涉，取得不报警这种旨趣的约定，然后将赃物搬运至被害人住宅，虽然难言是'正常恢复'，但似乎也不应认定成立本罪"。——译者注

〔2〕前田300頁认为，"按照追索权说的观点，无论出于什么目的，将赃物搬运至被害人家中的行为，都不构成搬运罪。但是，只要明知是赃物，仍然为了本犯的利益而搬运的，就有该当于搬运之余地"。——译者注

〔3〕山口346頁认为，"所谓追索权，是指无需承担无端的负担，就能够要求返还赃物的权利，因此，在这种有害于'正常恢复'的情形下，肯定成立搬运赃物罪，这也是有可能的。当然，如果参与者作为被害人的代理人等，完全是在被害人的指挥、命令之下行事，处于从属地位，该参与者就不过是从属地辅助被害人自身所实施的恢复行为，应该否定成立搬运赃物罪"（王昭武译・山口各论403页）。——译者注

〔4〕西田第4版补正版第250頁曾对此判例持否定态度。——译者注

3. 保管

保管,是指受托保管赃物。不问是有偿还是无偿(大判大正3·3·23刑録20輯326頁)。不知道是赃物而受托保管者,知情后仍继续保管的,对此,判例认为,知情之后所实施的保管行为应构成本罪(最决昭和50·6·12刑集29卷6号365頁〔426〕)。因此,本罪属于继续犯。* 对此,存在诸多批判意见(平野235頁、曽根196頁、中森168頁、高橋423頁、井田337頁、松原365頁)。〔1〕其理由在于:其他行为所构成的赃物罪均以转移赃物之时对赃物性存在认识为必要,并且,如果着眼于追索权这一层面,那么,正是因为接受委托而转移了赃物的占有,才使得追索更为困难,因此,就必须是在转移占有之时对赃物性存在认识。持这种观点者是将本罪理解为状态犯。〔2〕但是,不仅仅是受托转移赃物的行为,可以说,转移赃物之后的保管行为本身,在防止赃物被发现、让本犯更容易处分赃物等方面,也会使得追索权更加难以实现;在此基础上,再考虑到保管行为所具有的本犯助长性,应该说,肯定说〔3〕要更为妥当(大谷346頁、西田典之「判批」『警察研究』56卷2号68頁)。

* 继续犯与状态犯　一般而言,继续犯是诸如监禁罪那样,在行为的持续过程中,法益侵害也在持续;而状态犯则诸如盗窃罪那样,行为结束,犯罪也随之结束,其后不过是法益侵害的状态仍在持续而已。但仅凭这种定义,未必能明确界定两者之间的区别。为此,有学者便提出了下面的观点:与最初的法益侵害同等程度的侵害状态仍然持续的,是继续犯(在监禁罪中,剥夺自由这一法益侵害一直处于同等程度的持续状态),否则,就是状态犯(在盗窃罪中,与最初的占有侵害相比,其后的不能利用目的物这种不利益,则属于较低程度的侵害)(平野龍一『刑法総論Ⅰ』〔有斐閣1972年〕132頁)。另外,也有学说根据以下标准来说明两者的区别:究竟是构成要件该当行为在持续(监禁处于持续之中,就可以说,监禁行为本身仍在持续),抑或只是法益侵害状态在持续(在盗窃的场合,要符合构成要件,必须同时存在占有侵害与利用妨害这两点,那

〔1〕山口347頁认为,"取得对赃物的占有,也是构成要件要素,因而,也必须要求在此阶段存在对赃物性的认识(即便是不作为的占有取得的问题,也以存在作为义务为必要),并且,正是在认识到赃物性之后的意思联络,才能认定具有本犯助长性,因此,消极说(否定成立保管赃物罪。——译者注)更为妥当"(王昭武译·山口各论404页)。——译者注

〔2〕不过,中森168頁虽认为本罪是继续犯,但以行为人知情之后并没有就此结束保管的义务为理由,反对判例结论。

〔3〕肯定属于继续犯,认为知情之后的保管行为应构成保管赃物罪。——译者注

么，既然在行为之后，不再具有占有的夺取这一点，构成要件该当行为便应该已经结束）（林美月子「状態犯と継続犯」『神奈川法学』24 卷 3 = 4 号 1 頁以下、町野朔『刑法総論講義案 I〔第 2 版〕』〔信山社出版 1995 年〕148 頁）。本书认为，后一观点更为妥当。

4. 有偿受让

有偿受让，是指有偿取得。买卖、交换、用赃物清偿债务（代物清偿[1]）等各种形态均可。但仅仅是签订了合同还不够，必须是实际转移了赃物（大判大正 12・1・25 刑集 2 卷 19 頁）。

5. 有偿处分的斡旋

有偿处分的斡旋，是指对买卖、典当等处分赃物的行为进行中介。处分行为本身必须有偿，但不问斡旋行为是有偿还是无偿（最判昭和 25・8・9 刑集 4 卷 8 号 1556 頁）。判例认为，仅仅只是接受斡旋请求的，当然不能成立本罪，但是，只要实施了斡旋行为即成立本罪，至于赃物的转移自不必说，连合同的成立也不需要。作为其理由，判例最初只是提出，只要存在斡旋行为这一事实，便已经使被害人难以行使追索权（最判昭和 23・11・9 刑集 2 卷 12 号 1504 頁〔425〕）。想必裁判所自己也觉得这一理由未免牵强，其后的判例发展至，在提出只要存在斡旋行为便足以成立本罪这一形式上的理由的同时，也强调本罪的本犯助长性之特性（最判昭和 26・1・30 刑集 5 卷 1 号 117 頁）。对此，学界态度不尽一致：既有学说对判例持支持态度（前田 301 頁），也有学说认为应以合同成立为必要（内藤谦『旧注釈刑法〔6〕』567 頁、大塚 339 頁、大谷 347 頁、佐久間 257 頁），还有学说主张应以赃物已从本犯转移至斡旋的对方为必要（曽根 195 頁）。从对追索权的侵犯这一视角来看，还是应该以已经转移赃物为必要。

另外，对于将属于盗窃物品的期票转卖给被害人等相关人员的行为进行中介的中介人，最高裁判所的判例也判定构成本罪。也就是说，"即便是以盗窃等的被害人作为处分行为的相对方，该行为不仅会使被害人难以将赃物恢复到正常状态，而且有助长、诱发盗窃等犯罪之虞，因此，该行为符合《刑法》第 256 条第 2 款所谓赃物的'有偿处分的斡旋'"（最决平成 14・7・1 刑集 56 卷 6 号 265 頁〔424〕）。从该案的具体事实来看，该斡旋行为不是为了被害人一方的利益，而主要是为了犯罪人一方的利益，因而，应该说判例结论是

---

〔1〕《民法》第 482 条〔**代物清偿**〕："债务人得债权人之承诺，就其所承担的给付，实施其他给付以替代的，该给付与清偿具有同一效力"。——译者注

妥当的(山口346頁、朝山芳史「判批」『平成14年度最高裁判所判例解説』115頁以下、鈴木左斗志「盗品等関与罪」西田典之・山口厚・佐伯仁志編『刑法の争点』〔有斐閣2007年〕214頁。持反对意见的观点,参见高山佳奈子『平成14年度重要判例解説』155頁。关于这一问题,本书也对以前的观点作了更正)。

(五)与他罪之间的关系

1. 在本犯为侵占罪的场合,知情购买目的物的,该行为是构成侵占罪的共犯,还是属于有偿受让呢?判例认为,不必等到购买者作出购买的意思表示,只要侵占行为人作出出售的意思表示,即可发现该人存在非法占有的目的,侵占行为人就已经构成侵占罪的既遂,并以此为理由,认定购买者不构成侵占罪的共犯,而是仅成立有偿受让罪(大判大正2・6・12刑録19輯714頁)。但是,在不动产的二重买卖的场合,如果第二受让人是恶意的背信者,就应认定该人构成侵占罪的共同正犯,因此,不能将上述理解予以一般化(大谷341頁以下〔1〕)。如后所述,这种情况下,便会产生应如何理解本犯的共犯与赃物罪之间的关系这一问题。

2. 判例认为,在对有偿处分进行斡旋的场合,从不知情的对方手中收受价款,这是斡旋行为的当然结果,并不构成诈骗罪,而仅成立赃物有偿处分斡旋罪(大判大正8・11・19刑録25輯1133頁〔377〕)。在目的物为动产的场合,对方属于善意取得,就是在不动产的场合,由于善意的买方受到《民法》第96条〔2〕第3款的保护,因而应支持该判例结论。〔3〕但是,这限于前述以转移赃物作为斡旋罪之成立要件的情形,如果是以合同之成立作为构成斡旋罪既遂的条件,那么,尽管卖方已收受了价款,但由于买方尚未实际占有动产或者尚未进行不动产的登记转移,因而,还不具备对抗要件,就有可能出现买方由此蒙受损失的情形,因此,认为一律不构成诈骗罪,这有欠妥当。这一点同时也可证明,(对于赃物有偿处分斡旋罪的成立要件)主张以赃物的转移为必要这一观点是妥当的。

---

〔1〕大谷344页〔新版第4版〕认为,"在不动产的场合,仅有单纯的意思表示,尚不能认为侵占行为已经完成,因此,对此判决是抱有疑问的;但至少就动产而言,上述判决是妥当的"。——译者注。

〔2〕《民法》第96条〔**欺诈或者胁迫**〕:"因欺诈或者胁迫而进行的意思表示,可以撤销(第1款);有关对相对方的意思表示,第三人实施欺诈时,限于该相对方明知其事实的情形,可以撤销该意思表示(第2款);根据前二款的规定,因受到欺诈而进行的意思表示之撤销,不得对抗善意第三人(第3款)。"——译者注

〔3〕也有学者以《民法》第193条之存在为理由而持反对意见(参见河上和雄、渡边咲子『大コンメンタール刑法〔13〕』519頁)。

3. 本犯不能构成赃物罪。例如,甲与乙共同搬运甲所窃取的财物的,只有乙构成搬运罪。从本罪的本犯助长性考虑,这种场合下的甲原本就不可能成为搬运罪的主体,因此,这并非共罚的事后行为,而是不可罚的事后行为(对此,大谷 214 頁认为是共罚的事后行为)。若非如此,例如,在盗窃犯委托第三者保管赃物的场合,如果认为保管罪是继续犯,那么,即便盗窃行为本身已过诉讼时效,盗窃犯却仍被作为保管罪的共犯而具有可罚性,这显然不妥。

4. 本犯的共犯行为与赃物罪构成并合罪(数罪并罚),这是已经确立的判例态度。例如,盗窃教唆与赃物的有偿受让(大判明治 44·5·2 刑録 17 輯 745 頁、最判昭和 25·11·10 裁集 35 号 461 頁)、盗窃教唆与赃物有偿处分的斡旋(最判昭和 24·7·30 刑集 3 巻 8 号 1418 頁)、盗窃帮助与保管赃物(最判昭和 28·3·6 裁集 75 号 435 頁)。在学界,尽管有并合罪说(植松 469 頁、大谷 349 頁、河上和雄·渡边咲子『刑法解释大全〔第 13 巻〕』516 頁、井田良「盗品等に関する罪」『刑法理論の現代的展開各論』264 頁)与牵连犯说(大塚 340 頁、曽根 192 頁、中森 168 頁)之间的对立,但均认为这种情形应该成立两个犯罪。其理由在于两罪的罪质不一,即如果重视本罪的本犯助长性之特性,那么,赃物参与行为显然存在本犯的共犯行为所不具有的违法性(中森 168 頁)。但是,如果从对追索权的侵害这一角度来考察,共犯参与了本犯的犯罪行为,这种参与行为是对占有、所有权的直接侵害,因此,既然认为本犯的共同正犯不构成本罪,那么,当然也不能以本罪来处罚其他类型的参与行为。尤其是,如果肯定共谋共同正犯理论,那么,根据望风行为究竟是构成共同正犯还是构成帮助犯,就可直接左右其后的赃物参与行为是否具有可罚性,这显然不合理。

5. 赃物的保管人取得该赃物的(亦即,将该赃物据为己有的),或者,有偿处分的斡旋人取得销赃所得的(亦即,将销赃所得据为己有的),判例对此均认定成立侵占罪。〔1〕〔2〕 但是,此类情形止于成立侵占遗失物等罪,并且,

---

〔1〕 有关销赃所得的案件,参见最判昭和 36·10·10 刑集 15 巻 9 号 1580 頁〔376〕。藤木 340 頁、大谷 308 頁、前田 267 頁对此持支持态度。

〔2〕 最判昭和 36·10 月 10 日刑集 15 巻 9 号 1580 頁的判决理由:"按照大审院以及本裁判所之判例,《刑法》第 252 条第 1 款侵占罪之目的物,只要是罪犯所占有的他人之物即可,并不以该物之给付者在民法上有权要求该罪犯返还为要件(大判大正 2·12·9 刑録 19 輯 1393 頁、大判大正 4·10·8 刑録 21 輯 1578 頁、最判昭和 11·11·12 刑集 15 巻 1431 頁、最判昭和 23·6·5 刑集 2 巻 7 号 641 頁)……因此,就本案之金钱,即便属于盗窃罪犯的一审被告 X 无权要求作为牙保者的本案被告返还,由于本案被告是为了自己之外的其他人而占有该金钱,只要在该占有过程中侵吞了该金钱,就不得免除侵占之罪责。"——译者注

该罪被针对所有权的间接侵害的保管、斡旋罪所吸收。详细解说参见“侵占罪”(本章第六节)。

三、有关亲属间犯罪的特例

配偶之间或者直系血亲、同居的亲属或这些人的配偶之间犯前条之罪的,免除其刑罚(第257条第1款)。

前款规定不适用于非亲属的共犯(同条第2款)。

有关本条的含义,有学说站在彻底贯彻追索权说的立场,认为该条与第244条的“有关亲属间犯罪的特例”是同一旨趣,进而主张以本犯的被害人与赃物罪的罪犯之间存在亲属关系为必要(植松470頁、香川592頁)。[1] 但是,这样的话,原本只要准用第244条即可;而且,从本条的文理结构来看,这种解释也不免牵强。毋宁说,本条与第105条(“有关亲属犯罪的特例”)旨趣相同,从本罪的事后共犯性的特征来看,其理由在于,在一定亲属之间实施本罪行为的,期待可能性得以减少,亦即,责任得以减轻。可以说,第2款是基于(有关共犯之从属性的)限制从属性说而规定了责任的个别性。因此,本条所规定的亲属关系,必须存在于本犯与赃物罪的罪犯之间(通说。最决昭和38·11·8刑集17卷11号2357頁〔429〕)。问题在于,在赃物罪的罪犯相互之间存在本条所规定的亲属关系之时,能否适用本条呢?换言之,能否将赃物罪的罪犯也称之为本犯?通说、判例(最决昭和38·11·8刑集17卷11号2357頁〔429〕)对此持否定态度。反之,肯定说的理由在于,赃物罪本身也是财产犯罪,责任减轻这一立法理由同样适合于该情形(曾根197頁、中森170頁)。但是,考虑到本罪的本犯助长性之特性,应该说,赃物参与行为原本是以本罪(赃物罪)之外的取得罪为对象,因而,否定说更为妥当。

第九节　毁弃、隐匿罪

一、概述

1.“第40章 毁弃以及隐匿之罪”,是指因毁弃、隐匿行为而灭失财物的

---

〔1〕 另外,曾根197頁、中山概説Ⅱ190頁认为,第257条第1款也有可能适用于该情形。

效用,妨害其利用的犯罪。除了毁弃公用文书罪、毁弃私用文书罪、损坏建筑物罪、损坏器物罪、隐匿书信罪之外,随着昭和 35 年(1960 年)增设侵夺不动产罪(第 235 条之二),也同时增设了损坏境界罪。而且,作为昭和 62 年(1987 年)针对计算机犯罪的刑法部分修正的一环,将电磁记录也加入毁弃公用文书罪、毁弃私用文书罪的对象。

毁弃财物,有时候会造成永远再无法利用财物的结果,可以说,其法益侵害性要高于盗窃罪,但在不具有非法占有的目的这一点上,又属于粗暴犯,再者,考虑到一般预防的必要性不大,因而,其法定刑甚至还要低于取得罪。

2. 毁弃、损坏,不限于物理性(物质性)损坏,是指有害于物之效用的一切行为(侵害效用说)。因此,例如,向餐具撒尿的行为(大判明治 42・4・16 刑録 15 輯 452 頁〔437〕)、放走鱼池里的鲤鱼的行为(大判明治 44・2・27 刑録 17 輯 197 頁〔438〕)、拿走并藏匿法庭拍卖记录的行为(大判昭和 9・12・22 刑録 13 巻 1789 頁〔221〕〔439〕)、拿走并藏匿招牌的行为(最判昭和 32・4・4 刑集 11 巻 4 号 1327 頁〔441〕),像这种使之在心理上再不能使用的行为、使之丧失占有的行为以及藏匿行为等,也相当于损坏,这是通说、判例的立场。[1] 这种解释之所以妥当,其主要理由在于:其一,如果限于物理性损坏,处罚范围会过于狭窄;其二,在盗窃罪中,对那些不具有非法占有的目的的情形(例如,拿走拍卖记录),有必要作为毁弃罪来把握。* 反之,如果认为成立盗窃罪不以存在非法占有的目的为必要,对那些不具有非法占有的目的的情形,就会理解为,出于毁弃、隐匿的意思而夺取占有的行为也包含于盗窃之中,因而,对毁弃概念作扩张解释并无多大必要,而应该将毁弃限于物质性损坏(曽根 199 頁。另见木村 174 頁),或者,将毁弃理解为,不夺取占有,但

---

〔1〕 对判例、通说立场,松宫 319 頁提出如下批判:"但是,'毁弃'一词原本的含义是'毁而弃之',作上述解释是存在疑问的。毋宁说,问题在于'隐匿'与'拿走'会妨害公务,因而应探讨是否成立强要罪(第 223 条)或者妨害执行公务罪(第 95 条);反之,凡不构成强要罪与妨害执行公务罪的,最好是解释为不可罚。这是因为,如果此类案件的问题在于,'隐匿''拿走'等行为会使得被害人暂时无法使用该物,那么,与通过暴力或者胁迫而不让被害人使用该物的强要的情形相比,就没有处以更重的刑罚的理由。再者,如后所述,将'隐匿'作为'毁弃'的一种行为样态,也有违隐匿书信罪(第 263 条)的立法提案理由,而且,这样一来,隐匿书信罪就完全变成了毁弃文书罪的减轻类型"(王昭武等译・松宫各论 263 页)。——译者注

予以隐匿,进而妨害使用的行为(大塚 346 頁、[1] 内田 396 頁)。诚然,按照物质性损坏说的观点,其处罚范围相对明确,但是,这种观点不仅在对盗窃罪的理解上存在问题,而且,也无法规制诸如向餐具撒尿的行为、放走鱼池内的鲤鱼的行为、放走笼中小鸟的行为等那种没有取得占有的情形,因而有失狭窄。

* 夺取财物罪 如果虽认为构成盗窃必须存在非法占有的目的,但又试图将毁弃、损坏的概念限于物理性损坏,那么,就只能考虑像瑞士《刑法》第 143 条、奥地利《刑法》第 135 条那样,增设夺取财物罪(Sachentziehung),以专门处罚那些侵犯财物的占有并妨害其利用的行为。另见旧西德刑法的 1962 年草案第 251 条。

二、毁弃公用文书罪

毁弃供公务机关使用的文书或电磁记录的,处 3 个月以上 7 年以下惩役(第 258 条)。

(一)对象

本罪对象是"供公务机关使用的文书",必须与第 155 条(伪造、变造公文书罪)的"公文书"区别开来。具体而言,公务机关在其事务处理上所保管的所有文书,均可成为本罪对象(公用文书),不同于应由公务机关制作(应以公务机关为制作名义人)的文书(公文书)。为此,即便是私文书或者伪造

[1] 大塚 346 頁认为,毁弃"是指损毁文书或者电磁记录之本来效用的一切行为。对文书而言,将文书揉成一团扔在地板上的行为(最决昭和 32・1・29 刑集 11 卷 1 号 325 頁)、将文书周边烧焦达到难以使用的程度的(東京高判昭和 36・6・15 下刑集 3 卷 5 =6 号 427 頁)等情形当然属于毁弃,但未必应被限于物理性损毁的情形。例如,抹掉文书的部分内容或者文书上的署名或印章的(大判大 11・1・27 刑集 1 輯 16 頁)、不夺取公务机关的占有但通过隐匿而妨碍其使用的情形等也属于毁弃[通说、判例认为,对那些不具有非法占有目的的意思的隐匿行为而言,将文书拿到其他地方的情形也属于毁弃(小野 286 頁、团藤 671 頁注 5、最决昭和 44・5・1 刑集 13 卷 6 号 907 頁),但只要是夺取公务机关的占有,将文书拿至其他地方,即便是出于隐匿的目的,也应该构成盗窃罪]。而且,例如,诸如将贴在公正证书原件上的印纸剥离的情形那样,没有损毁文书的实质性部分,不过是损毁其形式性部分的,也可以说属于毁弃(大判明治 44・8・15 刑録 17 輯 1488 頁)。另外,妨碍文书使用的时间不问是暂时性的还是永久性的,而且,也与行为人是否具有日后返还的意思无关(最决昭和 44・5・1 刑集 23 卷 6 号 907 頁)。对电磁记录而言,物理性损毁电磁记录的,当然属于毁弃,全部或者部分抹去已经输入的数据或者程序的、输入另外的数据或者程序从而使之不同于本来的记录的,这些情形也属于毁弃。再者,不夺取公务机关的占有,但通过隐匿电磁记录而使得公务机关难以使用该电磁记录的,与文书的情形一样,也属于毁弃"。——译者注

的文书，例如，如果是警察出于犯罪侦查的目的而将其置于保管之下，也可成为本罪对象。判例认为，征税官员所扣押的账本（最决昭和28・7・24刑集7卷7号1638頁[1]）、保管在村公所的伪造的征税书（大判大正9・12・17刑録26輯921頁〔431〕[2]）、国营铁道公司的助理用粉笔所写的表示列车指南的紧急告示牌（最判昭和38・12・24刑集17卷12号2485頁〔432〕）等，就属于此类文书。即便是尚未完成的文书，如果已经具备了作为文书本身的意思、内容，就相当于公务机关现在正在使用的文书（有关缺少嫌疑人、司法警员的署名且尚未盖章的辩解笔录，参见最决昭和32・1・29刑集11卷1号325頁）。[3]

本罪也具有妨害公务罪的性质，[4]但不同于第95条（妨害执行公务罪），并不一定以公务的合法性为要件。为此，例如，即便警察的调查取证行为本身是违法的，但只要正在制作的笔录已具备作为文书的意思、内容，公务机关将来便有合法使用该笔录的可能性，该笔录就属于公务机关应予保管的文书，因而，应构成本罪（最判昭和57・6・24刑集36卷5号646頁〔418〕[5]）。

有关"电磁记录"的含义，参见第7条之二的规定。所谓供公务机关使用的电磁记录，从其性质上看，不仅包括现处于公务机关保管之下的记录，还包括虽然物理上置于公务机关之外，但能通过链接方式而将其置于公务机关支配、管理之下的记录（米澤編『刑法等一部改正法の解説』〔的場純男〕152

---

〔1〕判例认为，征税官员扣押账本之后，装入容器之内并贴上封条，命令对方予以保管的账本，也属于公用文书。——译者注

〔2〕判例认为，即便是伪造的征税书，但由于是使用该征税书向纳税义务人征税，因而，属于应予保存，以供日后之用的文书。——译者注

〔3〕对此，松宫318頁认为，"'供公务机关使用的文书'，不同于制作人或者制作名义人是公务员或者公务机关的'公文书'，是指公务机关出于使用目的而保管的文书（最决昭和38・12・24刑集17卷12号2485頁）。'供公务机关使用的电磁记录'，也必须是公务机关出于使用目的而保管的电磁记录。本罪不问其制作人是公务员（'公文书'）还是个人（'私文书'），也不要求其原本的制作目的是用于公务（大判明治44・8・15刑録17輯1488頁、東京高判昭和28・6・3高刑集6卷10号1269頁）。此外，本罪既不问文书之真伪，也不问其所有者是何人（大判昭和11・3・27刑集15輯342頁）。即便是尚未完成的文书，只要已具备作为文书的意思、内容，就属于为供将来之用，应由公务机关予以保管的文书，亦属于'公用文书'（最判昭和52・7・14刑集31卷4号713頁）"（王昭武等译・松宫各论263页）。——译者注

〔4〕《改正刑法草案》第148条就将本罪规定在"妨害公务罪"这一章中。

〔5〕又如，即便为了完成文书，所采取的手段是违法的，但由于并不是不能预想到，将来有可能被公务机关合法使用，因而该文书应该由公务机关予以保管，以备这种情况下的使用，对此，也有判例判定属于公用文书（最判昭和52・7・14刑集31卷4号713頁）。——译者注

頁)。例如,汽车登记台账、居民登记台账、不动产登记台账、专利登记原件等就属于此。

(二)行为

本罪的行为是毁弃。除了物理性损坏之外,还包括隐匿。损坏,也包括诸如剥离粘贴在公证证书上的印纸那样,那种并不损害文书的实质性内容的行为(大判明治44·8·15刑録17輯1488頁)。就电磁记录而言,损坏媒介或者消除记录的行为,也属于毁弃电磁记录。就文书、电磁记录而言,如果消除或者改变其内容的行为产生了新的证明力,则属于是否成立伪造文书、不正当制作电磁记录的问题。[1]

三、毁弃私用文书罪

毁弃他人的有关权利或义务的文书或者电磁记录的,处5年以下惩役(第259条)。

本罪为亲告罪(第264条)。

所谓"有关权利或义务的文书",是指用于证明权利、义务的存在与否或者其得失变更的文书。有别于伪造私文书罪(第159条),不包括仅仅"有关事实证明的文书"。除了债务证书、公务员的退职申请(大判大正10·9·24刑録27輯589頁)之外,还包括有价证券(最决昭和44·5·1刑集23卷6号907頁)。所谓"他人的文书",是指为他人所有的文书,不问其具体名义人是谁。不过,即便是自己之物,如果被扣押、负担物权,或已出借的,也属于本罪对象(第262条)。银行的账户余额台账、电话费的收费台账、充值卡的磁条信息部分等,就属于本罪所谓电磁记录。

〔1〕山口355頁认为,"有关毁弃的含义,如前所述,不仅是指对文书等的物理性损坏,凡有损文书等的效用的一切行为,均包括在内(因此,也包括隐匿行为)。例如,将文书揉成一团,弄得满是褶皱之后,扔在地板上的情形(最决昭和32·1·29刑集11卷1号325頁);部分抹掉记载事项的情形(大判大正11·1·27刑集1卷16頁)。除此之外,诸如剥离粘贴在公正证书之上的印纸的行为(大判明治44·8·15刑録17輯1488頁)那样,部分毁损其形式(而并未损害文书的实质性内容)的情形,也包括在内。并且,篡改提交给村长的辞职信的日期的行为(大判大正10·9·24刑録27輯589頁)、篡改公立高中入学考试的考卷答案的行为(神户地判平成3·9·19判タ797号269頁[公立高中的校长等人抹掉入学考试答卷中的错误部分,重新写入正确解答]),诸如这种毁损文书的证明力的行为,也属于毁弃(反之,重新制作出具有证明力的文书的行为,则属于伪造文书罪)"(王昭武译·山口各论413页)。——译者注

四、损坏建筑物罪、损坏建筑物致死伤罪

损坏他人的建筑物或者船舰的，处5年以下惩役；因而致人死伤的，与伤害罪比较，依照较重的刑罚处断（第260条）。

（一）“他人的建筑物”的含义

首先，这里所谓“建筑物”，是指房屋或者与此类似的建造物，应有房檐，用墙壁或柱子支撑而固定在地上，至少是能供人出入其中（大判大正3·6·20刑録20輯1300頁〔435〕）。因此，只完成了上梁工程（还没有屋顶或者墙壁）的（大判昭和4·10·14刑集8卷477頁）、带有很小的便门的大门或围墙等，就不属于建筑物。判例一直认为，损坏与构成建筑物之骨架的柱子、屋檐、墙壁等连在一起不易拆卸之物（门槛、门楣、屋檐瓦等）的，构成本罪；反之，对可以（轻易）拆卸的窗户玻璃、隔扇、拉门、滑窗等，即便予以损坏，也仅属于损坏器物。但最高裁判所的下面一个判例值得特别关注。对于用金属材质的棒球球棒敲击集体住宅一楼起居室的金属大门，并使大门凹陷的行为，二审（原判）判定成立损坏建筑物罪，但被告方提出上告，认为本案大门属于若使用适当的工具，就有可能轻易拆卸之物，因而，本案行为只应属于损坏器物。对此，最高裁判所认为，“是否属于损坏建筑物罪的对象，除了应考虑该物与建筑物的结合程度之外，还应通过综合考虑该物在该建筑物中的功能上的重要性来决定……（具体就本案而言，）本案大门作为起居室的正门与外墙连在一起，发挥着与外界隔断、防盗、防风、隔音等重要作用，因此，应认定其属于损坏建筑物罪的对象，即便是若使用适当工具，就可以在不损坏建筑物的情况下将该大门拆卸下来，也不能左右上述结论”，进而驳回了上告（最决平成19·3·20刑集61卷2号66頁〔436〕）。众所周知，近年来，随着建筑技术以及建筑材料的发展与变化，通过使用适当工具即可轻易拆卸的建材不断出现。例如，本案中的正门、起居室的隔门、固定在墙上的铝合金窗框、石棉瓦屋顶，等等。鉴于这种现状，最高裁判所有关本案的决定以“除了结合程度之外，该物在建筑物中的功能上的重要性”作为区别建筑物与器物的标准，从而在一定程度上扩大解释了建筑物的范围，这一点是能够得到肯定的。不过，对于建筑物概念的这种扩大解释，其界限并不明确，而且，也有可能直接影响到向建筑物放火罪的既遂与未遂的区别，考虑到这些因素，还是应该慎重判断（参见城下裕二「判批」『平成19年度重要判例解説』183頁）。

其次，这里所谓船舰，是指军舰与船舶。

所谓“他人的”，是指建筑物等的所有权属于他人，但即便是自己的建筑

物,如果被扣押、承担物权或已出借,也属于本罪对象(第 262 条)。[1] 有关"他人性"的判断,判例认为,"无须达到他人的所有权将来不会有在民事诉讼中被否定的可能性这种程度"(最判昭和 61·7·18 刑集 40 卷 5 号 438 頁〔434〕)。因此,例如,甲将房屋卖给乙,并且转移了房屋登记,但在以欺诈为由而解除合同之后(《民法》第 96 条第 1 款),如果再损坏该房屋的,也有可能构成本罪。亦即,与有关盗窃罪的保护法益的情形一样,对于刑事案件中的民事权利关系的判断,本决定采取的是消极态度。这种做法基本上是妥当的,然而,如果存在因受欺骗而可解除合同的事由这一点一目了然,就应该肯定存在否定物之他人性的余地。* 最高裁判所的本决定附带保留了长岛敦裁判官的"在不存在应该否定民事法上的所有权的明确事由之时"这一补充意见,想必也是基于同一宗旨。

* 第 262 条的解释　同样的问题也存在于第 262 条。房东甲在出于正当理由拒绝乙所提出的更新租借合同的要求之后,损坏了出租用的房屋,那么,按照该决定,在刑事案件中,就不应该深入判断是否在民事法律上具有正当事由,因而,应认定成立本罪。但是,在本案中,在考察是否属于私力救济这种违法阻却事由之前,就显然存在正当事由,因而对此场合,就应该认为,不存在适用第 262 条的余地。

(二)损坏

损坏,不限于物理性损坏,还包括效用的灭失。[2] 正是出于这种视角,判例对于下述案件作出了不同判决:对在建筑物的墙壁、玻璃门、窗户玻璃等地方,分三次,每次张贴 500 张至 2500 张传单的行为,认定构成本罪(最决昭和 41·6·10 刑集 20 卷 5 号 374 頁〔443〕);而对于在木板墙、裙板上张贴 34 张传单的行为,则否定成立本罪(最判昭和 39·11·24 刑集 18 卷 9 号 610 頁)。在下级裁判所的判例中,也有判例认为,建筑物的美观、外观,也属于建筑物的效用,并基于这种观点,认定张贴传单的行为构成本罪(名古屋高判昭

〔1〕《刑法》第 262 条〔**自己之物的损坏等**〕:"虽然是自己之物,但如果已被查封、已负担物权或者已经出租,却加以损坏或者伤害的,依照前三条的规定处断。"——译者注

〔2〕损坏,无须达到使得建筑物等完全不能使用的程度(大判明治 43·4·19 刑録 16 輯 657 頁)。将建筑物从其本身的定着点移至他处的行为,也属于损坏(大判昭和 5·11·27 刑集 9 卷 810 頁)。——译者注

和39·12·28下刑6卷11=12号1240頁〔1〕)。另外,被害物是设置在公园内的公共厕所,其外观、美观凝聚了设计者相当程度的心血,由于被告在厕所的外墙上用油漆写了"反战!"几个大字,其结果就是,建筑物的外观明显异样,显得很不雅观,极大地损害了其美观(一般人对于利用该厕所,难免不产生抵触情绪、不安情绪,鉴于此,厕所的管理者判断,这种状态之下,已难以继续供公众使用)。对于此案,判例认为,"已经明显污损了建筑物的外观或美观,造成了要恢复原状已相当困难的结果",属于本条所规定的"损坏",进而判定成立损坏建筑物等罪(最决平成18·1·17刑集60卷1号29頁〔444〕)。但是,对于并不具有文化价值的建筑物持如此观点(即将建筑物的外观、美观也包括在其效用之中),不无疑问。还是应该以恢复原状的难易程度,以及在采光、通风等方面是否影响到建筑物的使用作为判断标准。

(三)损坏建筑物致死伤罪

损坏他人的建筑物等,结果致人死伤的,与伤害罪相比,以较重的刑罚来处断(参见前述"不同意堕胎罪、不同意堕胎致死伤罪"中的相关解说)。本罪属于结果加重犯。

五、损坏器物罪

除前三条规定的以外,损坏或者伤害他人之物的,处3年以下惩役或者30万日元以下罚金或科料(第261条)。

本罪是亲告罪(第264条)。

1. 本罪对象,是除毁弃公用文书罪(第258条)、毁弃私用文书罪(第259条)、损坏建筑物罪(第260条)的对象之外的所有器物。这里的"物",除去属于第262条的情形,当然是指他人之物。除了包括动物、植物在内的动产之外,还包括土地等不动产。判例认为,违反旧《电信法》的电信设施中的器物(最判昭和25·3·17刑集4卷3号378頁)、违反《公职选举法》的招贴广

〔1〕 该判决虽然认为,建筑物的美观、外观,也属于建筑物本身的效用,但同时主张应限定性地理解,认为要能被称为"损坏",必须达到明显给人以不快感,并带来障碍,达到了在建筑物内几乎无法从事本来的业务这种程度。——译者注

告(最决昭和55・2・29刑集34卷2号56頁〔429〕[1])等其他法规上的违法之物,也可成为本罪客体。

2. 有关损坏的含义,参见概述。[2] 例如,开挖他人为建房而平整的用地,使之成为农田,在上面种植农作物的行为(大判昭和4・10・14刑集8卷477頁);在学校庭院的宽6间、长20间的范围内挖坑打桩,妨害到教学的行为(最决昭和35・12・27刑集14卷14号2229頁),就相当于损坏不动产。所谓伤害,是指杀伤动物,损害其效用的行为。[3]

---

〔1〕 判决理由:"根据二审(原审)判决所认定的事实,两名被告人将印有'杀人犯'等字样的粘贴纸,贴在某政党张贴在街头的该党演讲会用招贴广告上,覆盖了该党的委员长B的照片等部位,对此,二审(原审)判定,其行为属于灭失招贴广告之效用的行为,构成《有关处罚暴力行为等的法律》第1条(《刑法》第261条)所规定之罪,此判决是正当的。""辩方主张,本案招贴广告违反了《公职选举法》第129条、第143条第1款,因而该招贴广告不受《刑法》第261条之保护,即便灭失了其效用,也不构成该条之损坏器物罪。但是,《公职选举法》中有关选举活动的禁止规定,与《有关处罚暴力行为等的法律》第1条(《刑法》第261条),立法目的、保护法益并不相同,即便如辩方所言,张贴本案招贴广告的行为属于违法行为,由此也难以直接认定,上述招贴广告不是该法第1条(《刑法》第261条)之对象,不受该条之保护,显然,辩方的上告理由不能成立"。——译者注

〔2〕 除了前述大判明治44・2・27刑録17輯197頁(放走鱼池内的鲤鱼的行为)之外,有关放走他人所捕获的海豚的案件,参见静岡地沼津支判昭和56・3・12判時999号131頁。

〔3〕 对于通说观点,松宫323頁以下提出了下述批判:"通说认为,第261条的'损坏'与'伤害'不限于物理性毁坏,只要在广义上使物丧失其效用即可。作为遵循该宗旨的典型判例,一般会举出下述两个大审院的判例:对于向餐具撒尿的行为(大判明治42・4・16刑録15輯452頁。但本案是旧刑法时期的案件)、擅自将鱼塘中的鲤鱼放走的行为(大判明治44・2・27刑録17輯197頁),大审院均判定成立损坏器物罪。""具体而言,对于向营业用的酒壶与烧锅中撒尿的行为,前一判例判定,旧《刑法》第421条以及现行《刑法》第261条中的毁弃或者损坏,不仅仅是指物质性地改变或者灭失器物本身形状的情形,还包括事实上或者感情上难以再将该物用于其本来目的的情形。对于拆掉鱼塘的挡水门板与铁质格子窗而使近三千尾鲤鱼游走的案件,后一判例判定,被告的行为属于《刑法》第261条所谓'对物的伤害'。但是,本书认为,倒不如说,这些更应该属于应按照妨害业务罪(第233、234条)处理的案件。这是因为,在前一案件中,被撒尿的酒壶与烧锅之所以被废弃不用,正是因为属于营业之用,倘若是供个人使用的话,经过消毒处理之后再用,也是有可能的;在后一案件中,在鱼塘中养殖近三千尾的鲤鱼,想必这并非出于个人爱好,亦可看出,被害人可能是在从事鲤鱼养殖业。总之,明明没有让鲤鱼受伤,却要认定为'伤害了鲤鱼',这种解释还是过于勉强"(王昭武等译・松宫各论267页以下)。——译者注

典型判例

·被告人将被称为"墨鱼章鱼病毒"（或称为"章鱼墨鱼病毒"）的电脑病毒伪装成音乐电子文档而在网络上公开，使被害人接受并运行这种病毒。对此，**東京地判平成23·7·20判タ1393号366頁**〔442〕判定，"通过本案病毒的机能、作用，在运行本案病毒的时点，保存在电脑硬盘的文档就会顺次、高速地被墨鱼、章鱼图像的文档所替换，从而使得电脑利用者所保存的文档无法正常读出。这能够被视为，就保存该文档的部分，硬盘已经丧失了读出功能"，进而以损害了硬盘本来的效用，因而"损坏"了硬盘为理由，判定成立损坏器物罪。另外，本案是刑法增设"制作非法指令电磁纪录等罪"（第168条之二）之前的案件，现在，本案行为也可能成立该罪。

六、损坏境界罪

损坏、移动、拆除境界标示，或者以其他方法导致不能识别土地境界的，处5年以下惩役或者50万日元以下罚金（第262条之二）。

尽管将本罪定位于毁弃罪中的一种，但其保护法益应该是土地的权利关系的明确性（中森175頁）。该权利关系可以是私法上的也可以是公法上的，并且，不仅仅是指所有权，还包括地上权、借地权（租地权）等。

本罪行为，是指一切使土地境界不明确的行为。境界标志的损坏、移动、拆除只是其例示。作为"其他方法"，可以想见到填没界沟的行为、改变河流走向的行为等。要成立本罪，必须造成已无法识别境界这一结果，虽然损坏了境界标志本身，但尚未达到境界不明的程度的，即便可以成立损坏器物罪，也不构成本罪（最判昭和43·6·28刑集22卷6号569頁）。不过，只要事实上造成境界不明即可，至于有可能根据登记簿等重新确定境界的，也无碍本罪的成立（团藤679頁〔1〕）。

---

〔1〕 作为行为之结果，要求达到已经无法识别土地境界的程度。由于本罪没有处罚未遂犯的规定，即便对境界标示实施了损坏等行为，只要没有造成上述结果，就不得处罚。已无法识别境界，是就一直以来的事实上的境界而言的，因此，即便通过比照登记簿，或者重新测量等方法，而有可能重新正确地识别境界，那也与本罪的成立与否无关。而且，对于一直以来的事实上的境界，并不要求达到已经不存在识别的方法这一程度，只要是如果不设法重新确认，就不可能识别即可。也不要求对土地的所有境界均产生上述结果，只要就部分境界产生上述结果即可。参见团藤第679頁。——译者注

七、隐匿书信罪

隐匿他人书信的,处6个月以下惩役或监禁,或者10万日元以下罚金或科料(第263条)。

本罪是亲告罪(第264条)。

所谓“他人的书信”,是指为他人所有的,由某特定的人发给其他特定的人,以传达意思的文书。[1]

本罪的行为是隐匿。如果认为隐匿原本就包含在毁弃之中,则可将本罪理解为,是仅对隐匿书信的行为较第261条予以从轻处罚的规定(平野236頁)。反之,按照将毁弃限于物质性损坏的观点,本罪行为根本上就是区别于毁弃书信的行为,是独立处罚隐匿行为(曽根205頁)。还有观点尽管认为隐匿也是损坏行为的一种类型,但同时主张,隐匿行为只有达到使得该书信已不可能再作为书信来使用的程度,才属于损坏,仅仅达到妨害被害人发现书信这一程度的隐匿行为,就应构成本罪(団藤680頁、大塚355頁)。但本书认为,是否有可能作这种区别,尚存疑问,再者,仅仅针对书信扩大(损坏器物罪的)处罚范围,也并不妥当。[2]

[1] 对书信的含义,松宫326頁认为,“‘书信’,是指由包括团体在内的特定人发给特定人的文书,不以邮寄发送(属于邮寄物)为必要。不过,不同于第133条(开拆书信罪),本条不要求‘封缄’,因而也包括明信片”(王昭武等译·松宫各论269页)。——译者注

[2] 山口361頁认为,“有关隐匿书信罪的性质,学界尚存在争议:究竟是损坏器物罪的减轻类型或规定,还是其扩张类型或规定?按照有关毁弃的含义的物理性损坏说的观点,毁弃不包括隐匿,因而本罪是特别处罚隐匿书信的行为,属于损坏器物罪的扩张规定(曽根202頁以下等)。但是,尽管能认定书信具有重要机能,但另外还有比书信更为重要之物,而对隐匿这些重要之物的行为,却不予处罚,因此,仅就书信肯定这种扩张处罚,可以说,理由并不充分”。“相反,按照有关毁弃的含义的侵犯效用说的观点,隐匿也包括在毁弃之内,因此,隐匿书信罪,是就书信特别从轻处罚对其的非物理性毁弃行为(因此,物理性地毁弃了书信的,就应成立损坏器物罪)。这种理解是正确的。另外,学界有观点虽立足于侵犯效用说,但将本罪理解为,对于书信,是特别从轻处罚那种属于轻微形态的隐匿行为(団藤680頁、大塚355頁,等等)。这种观点是试图根据具体的隐匿程度(是达到了不可能使用书信的程度,还是限于对发现书信予以妨害的程度),区分成立损坏器物罪的情形,以及仅成立隐匿书信罪的情形。然而,实际上是否真能明确地加以区分,不无疑问。总之,仅就书信扩张(损坏器物罪的)处罚范围,难言具有充分理由”(王昭武译·山口各论420页)。——译者注

第三编　针对社会法益的犯罪

第一章　公共危险罪

第一节　概　　述

公共危险罪,是指侵犯不特定或者多数人的生命、身体、财产的犯罪。其特征在于,多数公共危险罪属于抽象的危险犯。作为公共危险罪,刑法规定了基于从众心理而实施的骚乱罪,还分别规定以火、水作为工具而实施的放火罪、决水罪。除此之外,因危害公共交通工具而妨害交通的犯罪、有害于公众健康的有关鸦片烟的犯罪以及有关饮用水的犯罪,也属于公共危险罪。

第二节　骚　乱　罪

一、概述

刑法第八章"骚乱罪"(旧规定中称为"骚扰罪")规定了作为集团性暴力、胁迫行为的骚乱罪(第106条),以及位于其前一阶段的多众不解散罪(第107条)。在二战前以及二战后昭和20年代(20世纪40年代中期到50年代中期),曾多次适用骚乱罪,* 不过,在对昭和43(1968年)年发生的"新宿火车站骚乱案"适用本罪之后,至今未再适用。* *

* 战后主要的骚乱事件　昭和24(1949)年的"平案"、昭和27(1952)年的"劳动节案""吹田案""大须案"被称为战后四大骚乱(骚扰)事件。(1)平案:昭和24(1949)年6月,在福岛县平市,共产党员以及劳动协会(工会)会员为了抗议撤除贴有共产党报纸的招贴板而闯入并占据了平市警察署。230余人被立案,其中,159人以骚扰罪被起诉。最判昭和35·12·8刑集14卷13号1818頁做了有罪判决。(2)劳动节案:昭和27(1952)年5月1日,以禁止使用皇宫前广场为导火索,部分游行队伍约7000人与警察发生冲突、打斗。1232人被立案,其中,261人以骚扰罪被起诉,以否定存在集团的同一性与静谧侵害性为理由,東京高判昭

和47·11·21高刑25卷5号479頁判定无罪。(3)吹田案:昭和27(1952)年6月,在朝鲜动乱二周年纪念日的前夜,参加纪念仪式的群众中,大约1000人的游行队伍闯入吹田练车场、吹田火车站,与警察发生冲突。大约250人被立案,其中111人以骚扰罪被起诉,大阪高判昭和43·7·25判時525号3頁以不存在共同意思为理由,判定不成立本罪。(4)大须案:昭和27(1952)年7月,在名古屋市大须球场举行的欢迎中苏议员访问团报告会结束之后,大约1000人的游行队伍向该球场外进发,因投掷火焰瓶等而与警察发生冲突。对此,最决昭和53·9·4刑集32卷6号1077頁判定成立骚扰罪。

** 新宿火车站骚乱案 昭和43(1968)年10月21日的国际反战日的当天,大约1500人的游行队伍占据新宿火车站,在数万群众的观望之下与警察机动队发生冲突。734人被逮捕,其中21人以骚扰罪被起诉。对此,最决昭和59·12·21刑集38卷12号3071頁判定有罪。

有关骚乱罪的保护法益,判例认为是公共的静谧或平稳(最判昭和35·12·8刑集14卷13号1818頁〔平事件〕)。学说也多支持该观点(团藤173頁、大塚359頁、大谷365頁)。但是,究竟什么是公共的平稳,其含义未必明确。而且,按照这种观点,针对特定少数人的集团暴力行为或者针对官方的抗议行为,也很容易被认定为骚乱罪。从宪法保障集会自由(《宪法》第21条)这一角度来看,不应轻易适用用于取缔集团行动的本罪。因此,本罪属于公共危险罪,只有产生危害不特定或者多数人的生命、身体、财产的危险之时,才能适用本罪(平野241頁、中山369頁、内田415頁、中森179頁、平川91頁、山口367頁、井田365頁、松原425頁)。有下级裁判所的判例以针对警察队伍的集团暴力行为尚未达到有危及一般居民的生命、身体、财产之虞的程度为理由,否定成立骚乱罪,可以说,也是出于同样的考虑(東京高判昭和47·11·21高刑25卷5号479頁〔劳动节事件〕、福岡高那霸支判昭和50·5·10刑月7卷5号586頁〔宫古农民骚乱事件〕)。

二、骚乱罪

多众聚集实施暴力或者胁迫的,是骚乱罪,按照下列区别处断:

(1)首谋者,处1年以上10年以下惩役或者禁锢;

(2)指挥他人或者率先助势的,处6个月以上7年以下惩役或者禁锢;

(3)附和随行的,处10万日元以下罚金(第106条)。

(一)主体

1. 多众

本罪主体是聚集起来的多众。按照判例的观点,所谓“多众”,是指实施足以有害于一个地方的公共的平和、静谧的暴行、胁迫所需要的适当数量的多数人(大判大正2・10・3刑録19輯910頁、最判昭和35・12・8刑集14巻13号1818頁〔平事件〕)。另外,从将本罪理解为公共危险罪的角度出发,也有学者主张以下观点:所谓多众,是指“达到隶属于此的各个个人的意思所不能支配的程度的集团”(平野第241頁、中森第180頁);或者,是指“一眼望上去不能掌握其人数的大集团”(曽根210頁、小暮等266頁〔岡本〕)。尽管无法提出具体的规模或者人数,但是应该理解为,考虑到集团成员的性质、聚集的场所与时间、有无凶器等因素,应该是达到有可能危及相当多数的一般居民、行人或者其他人的生命、身体、财产的程度的多数人(山口367頁以下)。对于不能认定存在该危险的集团暴力行为,仅构成《有关处罚暴力行为等的法律》第1条所规定的集团暴力、胁迫、毁弃罪。

这里的集团,无须达到内乱罪(第77条)所要求的组织化的程度,即便是偶发性的(临时纠集的)乌合之众亦可。因此,也可以是缺少共同目的或者首谋者的情形。另外,如果起初是和平的集团,但中途开始暴徒化的,也成立本罪(大判大正4・11・6刑録21輯1897頁)。

2. 集团犯

参与本罪者,按照其所起作用分别处罚。首谋者,是指首先提出、策划骚乱行为,聚集多人利用其合力实施暴力、胁迫的人(最判昭和28・5・21刑集7巻5号1053頁〔世佐保案〕)。指挥者,是指指挥、诱导、煽动全部或部分骚乱行为参与者的人(大判昭和5・4・24刑集9巻265頁)。率先助势者,是指独出于众人,实施增强骚乱之势的行为的人(最决昭和53・9・4刑集32巻6号1077頁〔大须案〕)。附和随行者,是指其他随声附和的参与者,不以其亲自实施暴力、胁迫行为为必要(大判大正4・10・30刑録21輯1763頁)。通说、判例认为,首谋者、指挥者、率先助势者并不一定需要亲自在骚乱现场。

3. 是否成立共犯

有力观点认为,本罪属于必要的共犯之一的集团犯,就本条所规定的各参与行为,不适用刑法总则有关共犯的规定(団藤181頁、大塚362頁、内田427頁)。[1] 但是,例如,教唆、帮助首谋者等人实施骚乱行为,而本人却未赶到现场的,对这类人不予处罚,这并不合理,因而,对此类人应该适用共犯

〔1〕 大判明治44・9・25刑録17輯1550頁认为,仅参与谋议者不可罚。

规定(藤木 81 頁、大谷 372 頁、曽根 213 頁、中森 182 頁)。

(二)行为

本罪行为,是由集团所实施的暴力、胁迫行为。不过,这种暴力、胁迫,必须能认定是基于“众人的合力”即由集团整体所实施。因此,尽管不需要集团的全体成员均实施暴力、胁迫行为,但只是集团的部分成员偶发性地实施暴力、胁迫行为的,就不足以认定为本罪行为。这里的暴力,是指最广义的暴力,也包括诸如损坏器物、闯入建筑物等对财物实施有形力的行为(最判昭和 35・12・8 刑集 14 巻 13 号 1818 頁〔平案〕)。

由于判例以公共的平稳、静谧作为本罪的保护法益,因而,判例要求本罪的暴力、胁迫必须达到“足以有害于某一地方的平稳的程度”(大判大正 2・10・3 刑録 19 輯 910 頁、最判昭和 35・12・8 刑集 14 巻 13 号 1818 頁〔平案〕)。其结果就是,本罪属于只要多人实施了暴力、胁迫行为即达到既遂的抽象的危险犯,既便是以特定的个人或警察队伍为目标而实施的集团暴力,也可成立本罪(最判昭和 28・5・21 刑集 7 巻 5 号 1053 頁〔世佐保案〕、大判大正 12・4・7 刑集 2 巻 318 頁)。这大概是因为考虑到,即便是这种行为,也已经侵害了公共的平稳即治安。但是,如果将本罪理解为公共危险犯,那么,暴力、胁迫就必须达到足以危及不特定或者多数人的生命、身体、财产的程度(平野 242 頁)。因此,在以特定的个人或警察队伍为目标的场合,该暴力的对象范围就必须扩大,必须是已经有可能危及附近的一般居民或行人。从这一意义上看,本罪属于具体的危险犯。从这一角度来看,可以说,以新宿火车站及其周边地带相当于“某一地方”为理由,认定成立本罪的最高裁判所决定(最决昭和 59・12・21 刑集 38 巻 12 号 3071 頁〔新宿火车站骚乱案〕)是妥当的。

(三)共同意思

通说、判例认为,作为本罪的主观要件,除了对集团实施的暴力、胁迫以及自己所起作用存在认识之外,还必须存在“共同意思”。[1] 判例认为,共同意思分为“自恃有众人合力,亲自实施暴力或胁迫行为,或者让众人实施该行为的意思”以及“对该暴力或胁迫行为表示同意,并加入该合力的意思”,因而,“所聚集的众人由具有前一意思者与具有后一意思者所组成之时,则存在该多众的共同意思”(最判昭和 35・12・8 刑集 14 巻 13 号 1818 頁〔平案〕)。其时,“并不一定需要对各个暴力、胁迫存在确定且具体的认识”,而且,“并不以全体之间存在意思联络或相互介绍认识为必要”(最判昭和 35・12・8 刑集 14 巻 13

---

〔1〕 参见大判明治 43・4・19 刑録 16 輯 657 頁、大判大正 2・10・3 刑録 19 輯 910 頁、最判昭和 35・12・8 刑集 14 巻 13 号 1818 頁〔平案〕。但平场教授认为,不需要存在“共同意思”(参见平場安治「騒乱罪の構造」『法学論叢』71 巻 5 号 1 頁以下)。

号 1818 頁〔平事件〕)，但是，“要谓之存在共同意思，其参与骚扰行为的意思必须是确定的”(最决昭和 53・9・4 刑集 32 卷 6 号 1077 頁〔大须案〕)。

该共同意思既是认定暴力、胁迫是由“众人的合力”即集团整体所实施的要件，也是得以将集团成员所实施的暴力、胁迫行为的结果归责于其他成员(主要是附和随行者)的条件。这是因为，骚乱罪是集团犯，属于非严格意义上的共同正犯的一种，尽管加入集团本身对集团的行动存在一定的影响力，但要对此追究罪责，还至少必须存在参与(加担)的意思。为此，尽管已经开始实施集团性的暴力、胁迫行为，但是，对于那些为了制止该行为而继续留在集团之中的人，以及试图脱离集团的人而言，由于缺少参与(加担)意思，这些人不应成立本罪。

(四)与他罪之间的关系

由于本罪的行为是暴力、胁迫，因而，暴行罪、胁迫罪为本罪所吸收。因此，在附和随行者实施了暴力、胁迫行为的场合，对其反而处罚得要轻，这是考虑到其行为是基于从众心理而实施，因而得以减轻责任(团藤 181 頁)。判例以本罪的暴力、胁迫无须达到触犯其他罪名的程度为理由，判定本罪与侵入建筑物罪、损坏建筑物罪、妨害执行公务罪之间属于想象竞合的关系(最判昭和 35・12・8 刑集 14 卷 13 号 1818 頁〔平案〕)。对此，学说观点并不一致：既有学说认为，应以指挥者、率先助势者之刑为标准，较其要轻的罪则为本罪(附和随行)所吸收(团藤 181 頁)；也有学说认为，与法定刑的轻重无关，凡骚乱罪本身所预定之行为则被吸收(非骚乱罪本身所预定之行为则与本罪处于想象竞合的关系)(西原 389 頁、大谷 373 頁)。但是，考虑到附和随行者的行为有可能多种多样，还是判例的立场更为妥当(中森 182 頁)。

三、多众不解散罪

在多众为实施暴力或者胁迫而聚集的情形下，有权公务员三次以上发出解散命令，仍不解散的，对首谋者处 3 年以下惩役或者禁锢，对其他人处 10 万日元以下罚金(第 107 条)。

本罪处罚的是骚乱罪的预备阶段，属于真正的不作为犯。即便已经成立本罪，如果此后又成立骚乱罪的，则本罪被骚乱罪所吸收。要成立本罪，必须存在实际实施暴力、胁迫行为的紧迫危险。

作为发出解散命令的法律根据，战前有《治安警察法》(该法第 8 条第 1 款规定，如出于维持秩序安宁之必要，警官具有解散集会的解散命令权)，但该法已为新宪法所废止。为此，通说认为，现在的根据是，《警官职务执行法》第5条所规定的警官的制止权(団藤185頁、大塚366頁、藤木82頁)。尽管批判意见也很有影响(平野242頁),但为了能使本条发挥作用,还是通说更为妥当。这里规定的是“三次以上”,那么,在第三次发出解散命令之后,经过解散所必要的时间,就应该认定构成既遂(団藤185頁、中森163頁则认为,第三次发出解散命令之时,即构成既遂)。[1]

第三节　放火罪、失火罪

一、概述

1. 放火罪、失火罪,是因火而造成的公共危险罪。亦即,一旦向建筑物等放火或者引起建筑物等失火,往往不限于烧毁其对象本身,还有可能延烧到其他很多建筑物等,从而有可能给不特定或者多数人的生命、身体、财产带来极大损害。不仅仅是制定现行刑法之时,就是在现在,我国仍以木结构建筑为主,其危险是显而易见的。

2. 首先,根据其对象的不同,放火罪可以分为三种基本类型:第一,“现在供人居住的”建筑物等(以下简称现住建筑物),或者是“现在有人在内的”建筑物等(以下简称现在建筑物)(第108条“向现住建筑物等放火罪”);第二,“现在非供人居住,而且,现在也无人在内的”建筑物等(第109条“向非现住建筑物等放火罪”);第三,“前两条规定以外之物”(第110条“向建筑物等以外之物放火罪”)。其中,向现住建筑物、现在建筑物放火罪,具有浓厚的针对特定个人的生命、身体之罪的特征。要理解第109条第1款与第108条之间的法定刑之差,以及为何第108条的法定刑与杀人罪相同,只有先认识到,该罪既具有针对直接对象即在建筑物之内的人的危险,同时还具有公共危险,才有可能理解。另外,在因火而损坏建筑物、器物这一意义上,放火罪还具有针对个人法益即属于侵犯财产罪的一面。这一点体现于第109条第2款、第110条第2款,即放火的对象为自己的所有物之时减轻其刑。

3. 放火罪还可以区分为抽象的危险犯与具体的危险犯。通说、判例认为,从文理上看,第109条第2款与第110条要求发生“公共危险”,以存在延

---

[1] 对此,松宫教授的观点是,“尽管就‘三次以上’的含义尚存争议,但本书认为,要成立本罪,需要达到的程度是,虽然有权公务员发出了三次以上的解散命令,但聚集者仍未显出解散的迹象,而并非只要发出了第3次命令便即刻构成本罪”(王昭武等译·松宫各论283页)。——译者注

烧至其他物件的具体的危险为必要;而没有“因而发生公共危险的”这种表述的第108条、第109条第1款就属于抽象的危险犯,只要实施了所规定的行为,就总是存在“公共危险”,也就是,拟制存在延烧的危险(団藤187頁、大判明治44·4·24刑録17輯655頁)。

4. 失火罪是过失犯,可分为失火罪(第116条)与业务失火罪、重失火罪(第117条之二)这两种类型。与放火罪一样,根据对象的不同,还可区分为抽象的危险犯与具体的危险犯。除此之外,刑法典还规定了作为第109条第2款、第110条第2款的结果加重犯的延烧罪(第111条)与妨害灭火罪(第114条),另外,准照于放火罪、失火罪,还规定了使易爆物爆裂罪(第117条)、泄漏煤气等罪(第118条)。(见表3-1)

表3-1　放火等犯罪的类型[1]

向现住建筑物等放火罪	处死刑、无期或者5年以上惩役(第108条)
	犯罪未遂的(第112条)、犯罪预备的(第113条),应当处罚
向非现住建筑物等放火罪	他人所有之物:处2年以上有期惩役(第109条第1款); 犯罪未遂的(第112条)、犯罪预备的(第113条),应当处罚
	自己所有之物:处6个月以上7年以下惩役; 但未发生公共危险的,不处罚(第109条第2款)
向建筑物等以外之物放火罪	他人所有之物(要求发生“公共危险”):处1年以上10年以下惩役(第110条第1款)
	自己所有之物(要求发生“公共危险”):处1年以下惩役或者10万日元以下罚金(第110条第2款)
延烧罪	故意向自己所有的非现住建筑物等放火,或者故意向自己所有的建筑物等以外之物放火,由此不小心延烧至他人所有的建筑物的:处3个月以上10年以下惩役(第111条第1款)
	故意向自己所有的建筑物等以外之物放火,由此延烧至他人所有之物的:处3年以下惩役(第111条第2款)(《森林法》第202条、第205条存在特别规定)
妨害灭火罪	处1年以上10年以下惩役(第114条)

〔1〕参见王昭武等译·松宫各论286页。——译者注

续表

失火罪	他人所有的建筑物等:处50万日元以下罚金(第116条第1款)
	自己所有之建筑物等或者建筑物等以外之物,且发生了“公共危险”的:处50万日元以下罚金(第116条第2款)
使易爆物爆裂罪	故意犯罪:与第108条至第110条相同(第117条第1款)
	过失犯罪:与第116条相同(第117条第2款)
泄漏煤气等罪	具体危险犯:处3年以下惩役或者10万日元以下罚金(第118条第1款)
	结果加重犯:与伤害罪比较,依照较重的刑罚处断(第118条第2款)
有关自己所有的查封物之特例(第115条)	
业务过失	针对第116条与第117条之行为(第117条之二)

二、向现住建筑物等放火罪

放火烧毁〔1〕现在作为居所使用或者现在有人在内的建筑物、火车、电车、船舰或者矿井的,处死刑、无期惩役或者5年以上有期惩役(第108条)。

犯罪未遂的,应当处罚(第112条)。

以犯本罪为目的而进行预备的,处2年以下惩役。但是,依情节可免除其刑(第113条)。

(一)对象

1. 建筑物等的含义

如前所述,本罪的对象是现住建筑物等或现在建筑物等。建筑物,是指房屋等其他类似于此的建造物,这种建造物定着于土地之上,具有适于供人出入的结构(有关堆砌建筑材料的小屋,参见大判大正13·5·31刑集3卷459頁)。与损坏建筑物罪中的建筑物,含义大致相同(大判大正3·6·20刑録20輯1300頁〔435〕〔451〕)。一间半呈正方形且以稻草为顶、周边用稻草围起来的简陋小屋(大判昭和7·6·20刑集11卷886頁),以及用于烧炭的小屋(仙台高判昭和43·5·23下刑10卷5号542頁)等,都属于建筑物。又如,虽然是流浪汉的建筑物,但有打入地下的柱子,有墙壁与屋顶,还铺有预制板,结构相对

〔1〕日文原文为“烧损”,关于“烧损”与“烧毁”之间的关系,参见本书作者在书中的介绍。考虑到中文表述的习惯,本书仍译为“烧毁”。第109条第1款、第110条第1款也是如此。——译者注

牢固,且实际有人出入其中的,对此,最近也有判例判定属于(第108条的)建筑物(東京地判平成17・4・6判時1931号166頁)。这里的“火车”还包括汽油机车(有关妨害交通罪,参见大判昭和15・8・22刑集19卷540頁)与柴油机车,但公共汽车与航空器不在其中(有关这一点,参见《改正刑法草案》第177条)。“船舰”是指军舰与船舶,“矿井”是指煤坑等用于采掘地下矿物的设备。

建材等其他从属于房屋的东西,只有在不将其毁损则无法拆卸之时才属于建筑物之一部分(最判昭和25・12・14刑集4卷12号2548頁〔453〕)。因此,被子、草席、拉门、隔窗等就不属于建筑物,即便将其烧毁也只是构成本罪的未遂。不过,有关损坏建筑物罪(第260条)中的建筑物的含义及其范围,可以参见最决平成19・3・20刑集61卷2号66頁(〔436〕)。

这里的“人”,是指犯人(包括共犯。大判昭和9・9・29刑集13卷1245頁)之外的其他人,如果有犯人的家属或其他同居在一起的人的,也可以成为本罪的对象;但如果犯人单独居住,房屋内现在并无其他人的,则并非本罪对象,而是第109条的对象(大判昭和4・6・13刑集8卷338頁)。另外,对于杀害全体居住人员之后再放火的行为,判例认为,并不构成本罪而是构成第109条(向非现住建筑物等放火罪)(大判大正6・4・13刑録23輯312頁〔439〕)。因此,即便偶尔有其他人在内,如果行为人误以为已经杀害全部居住人员并放火的,则根据《刑法》第38条第2款的规定,不构成本罪而构成第109条(但是,团藤197頁、青柳165頁对此判例提出了质疑)。

2. 现住建筑物

(1)现住性的含义

与第109条相比,本条对于现在建筑物与现住建筑物均同样加重刑罚。为此,如何理解现住建筑物的含义便成为一个问题(详见西田典之「放火罪」『刑法理論の現代的展開各論』280頁以下)。判例认为,所谓现住建筑物即居所,是指作为人的生活起居之所,日常所使用的地方,无须昼夜不间断有人在里面(大判大正2・12・24刑録19輯1517頁〔454〕)。通说、判例还认为,如果是这种供人日常生活之用的建筑物,则不要求放火当时有人在里面(大判明治44・12・25刑録17輯2310頁、大判昭和4・2・22刑集8卷95頁)。其理由在于以下两点:其一,从文理上看,现住建筑物对应于现在建筑物;其二,向现住建筑物放火,一般会伴有危及他人生命的危险(大判大正14・2・18刑集4卷59頁)。亦即,不得不说,“这是因为考虑到,如果是居所,则也许不时会有人在里面或者有人来访,而放火行为就会危及他人的生命、身体”(香城敏麿『平成元年度最高裁判所判例解説』249頁)。对于向现住建筑物放火的加重处罚的根据,有观点认为,在于剥夺了“居所”即“生活的据点”

(平野龍一「刑法各論の諸問題〔14〕」『法学セミナー』221号46頁)),但是,对于学校的值班室(大判大正2·12·24刑録19輯1517頁〔454〕)、(与主建筑物分离的)会客室(最判昭和24·6·28刑集3卷7号1129頁〔461〕),判例也认定具有现住性,而并未采纳此观点。还有学说主张,在将全体居住人员撤离并确认无人的情况下,就不应按照第108条来处罚(内田443頁。山口380頁也是同样旨趣)。但是,从现住建筑物在文理上对应于现在建筑物这一点来看,该观点也未免牵强,进一步而言,如此一来,根据"我以为没有任何人住在里面"这一错误,便会轻易地否定第108条的适用,因而,并不妥当(井田良「放火罪をめぐる最近の論点」『刑法基本講座〔第6卷〕』184頁)。〔1〕

这样,按照判例的观点,向现住建筑物放火罪不仅仅是抽象的公共危险犯,也是针对建筑物内部可能存在的人的生命、身体的抽象的危险犯,因而,在双重意义上具有抽象的危险犯的特性。这里只有"现住性"才可能具有限定机能,因而,就必须非常慎重地解释"现在供人居住"这一法条用语的含义。为此,在放火当时,如果该建筑物并未现实且持续地作为饮食起居的场所来使用,就应该否定其具有"现住性"。基于这一视角,诸如因季节已过而处于关闭状态的别墅、因长期海外出差而处于关闭状态的房屋等,就并非现住建筑物(藤木89頁、小暮等285頁〔岡本〕、村瀬均『大コンメンタール刑法〔第5卷〕』52頁。但植松100頁、大谷381頁、高橋458頁注32持反对意见)。在这一点上,对于罪犯妻子已离家出走的房屋,判例以该妻子尚有"属于自己居所的意思"为理由而肯定"现住性"(横滨地判昭和58·7·20判時1108号138頁〔456〕),本书对此尚存疑问。〔2〕 另外,某人为了妨害拍卖自

〔1〕 对此,山口379頁以下认为,"要称之为现住建筑物等,无须犯罪行为当时有人实际在里面,只要具有能作为居所而认定的、现在有人在里面的这种类型性的高度可能性即可。虽然如此,但连已经排除现在有人在里面的可能性的情形,也要成立向现住建筑物等放火罪,就存在疑问。因为,在此情形之下,不能认定存在针对建筑物等内部的人的危险,而这种危险是该罪的处罚根据。这里的问题就在于,连较具体的危险更为缓和的危险(抽象的危险)也被排除的情形下,能否认定成立本罪?学界有学者持反对说,认为如果能认定这一点,就可以根据'我以为没有任何人住在里面'这种错误的辩解,轻易地排除适用《刑法》第108条。但是,要排除适用《刑法》第108条,仅仅是以为'似乎没有人'还不够,必须对'能排除有人在里面的可能性之状况'也存在认识。另外,对现在建筑物而言,无论是如何轻易地认为'没有人在里面',理所当然,都应阻却故意,否定成立犯罪。由此可见,反对说并无理由。在本书看来,即便有可能做出属于居所这种判断,但要肯定成立向现住建筑物等放火罪,还必须能实质性地肯定有人存在的可能性"(王昭武译·山口各论441页)。——译者注

〔2〕 当时的具体情况是:妻子出走时,(什么也没带)只是穿着随身穿的衣服;而且,当年2月,也曾三度离家出走,但很短时间内便回家了;再者,在犯罪行为当时,妻子出走还不到半天时间。——译者注

己所有的房屋而让5名职工住在里面,后来为了骗保,便带着这5名职工出去旅行,而让共犯在自己旅行途中放火烧毁了该房屋,对此事案,应该说,判例认定存在“现住性”(最决平成9・10・21刑集51卷9号755頁〔457〕)是妥当的。[1]

(2)复合建筑物的现住性

问题在于,如果认定复合建筑物的一部分存在现住性,能否将整个建筑物视为现住建筑物呢(详见西田典之「放火罪」『刑法理論の現代的展開各論』283頁以下)?一直以来,判例对于以下情况均认定存在现住性、现在性:二层校舍的一楼的一间为值班室,对于其二楼部分(大判大正2・12・24刑録19輯1517頁〔454〕);对于中间隔开后几户合住的长条性房子的空房间(大判昭和3・5・24新聞2873号16頁)、对于用隔板与走廊连接起来的几栋建筑物的无人部分(東京高判昭和28・6・18東時4卷1号5頁〔452〕,但对于白铁皮屋顶的木质结构的过道则予以了否定。另外,对于用走廊连接起来的具有阻燃性的建筑物,福岡地判平成14・1・17判タ1097号305頁〔465〕则以没有延烧的盖然性为由,否定具有现住性)。还有,平安神宫的结构(本殿、偏殿、办公室)是用很长的走廊将几幢建筑物连在一起,其中的一部分是神社的办公、保安用房,晚上有神职人员在办公室值班,某人在夜间向神殿放火,对于该案,最高裁判所认为,“可以将该神殿看作是向其一部分放火则会危及整体的一体性结构,而且,也可以认定整个建筑合为一体,日夜供人居住”,从而认定无论在物理性上还是功能性上,均属于一个现住建筑物,肯定具有“现住性”,判定成立向现住建筑物等放火罪(最决平成1・7・14刑集43卷7号641頁〔459〕〔平安神宫案〕)。

这些判例无一不是从建筑物的构造、物理性能上的一体性来考虑,而认定有向现住部分延烧的可能性,并以此为根据而肯定具有“现住性”,应该说,在这一限度之内是妥当的。但问题在于,能否如前述最高裁判所平成元年(1989年)的决定(最决平成1・7・14刑集43卷7号641頁〔459〕〔平安

〔1〕大致案情如下:某人出于妨害拍卖自己所有的房屋的目的,(为了装出有人在里面生活的样子,同时兼带防盗的意思)让自己所经营的公司的5名职工交替住在里面,而后,出于骗保的目的意欲放火烧毁该房屋,虽然在放火之前,已带着这5名职工出去旅行(虽然另外安排了留守值班者,但特意关照在旅行期间,不必过来值班,之所以如此,是为了放火行为作准备,并且,不让职工察觉自己的意图),但房屋内仍有日常生活的必需品,而且,职员在该犯罪行为之前,已经在大约一个半月的时间内交替住在该房屋内,并且,职工都以为,旅行回来之后还要继续交替值班。对此,判例认为,“本案房屋,属于作为人的起居之所而使用的建筑物,即便在冲绳旅行期间的犯罪行为当时,这种使用状态也并无变化”,进而判定成立向现住建筑物放火罪。——译者注

神官案〕)那样,考虑使用功能上的一体性呢?的确,诸如卫生间、厨房那样,即便是另外独立于现住部分的建筑物,也无法否认其是供日常生活之用。向几乎不可能延烧至现住部分的阻燃性集体住宅的公用部分电梯放火的行为,最高裁判所的决定对此也认定属于向现住建筑物放火(最决平成1・7・7判時1326号157頁〔450〕〔464〕),可以说,这也是基于对这种功能上的一体性的重视。还有,裁判所办公大楼与值班室虽然是不同的建筑物,但值班人员居住在该区域之内并负责巡视裁判所,对于这种情况,判例认定裁判所办公大楼本身即为现住建筑物(大判大正3・6・9刑録20輯1147頁〔460〕),这也是基于同样的考虑。但是,在日常生活中,是否与居住部分连为一体而使用,这种标准极不明确,因而,上述解释难言妥当。前面已经谈到,现住建筑物的概念本身,就已经在很大程度上考虑了抽象性危险,在此基础之上,再按照功能上的一体性这一标准,扩张现住建筑物的概念,对此,本书认为,应该非常慎重(中森187頁、井田良「放火罪をめぐる最近の論点」『刑法基本講座〔第6卷〕』194頁)。

(3)阻燃性建筑物的现住性

某房间属于作为阻燃性(难燃性)建筑物的集体住宅的专用部分,并未作为住宅使用,向此类房屋(包括空房间)放火的行为,是否成立向现住建筑物放火罪,这是与上述"(2)复合建筑物的现住性"相同的问题。具体而言,在这种情况下,尽管在结构上连为一体,但由于各个专用部分具有耐火构造,很难延烧至其他居住部分,为此,放火的对象究竟是包括居住部分在内的、作为整体的一幢现住建筑物,还是应该将非居住部分视为独立的非现住建筑物,这就是一个问题。

对此,下级裁判所的判例观点并不一致。例如,某幢10层钢筋混凝土公寓建筑的一层是外科医院,被告人深夜侵入,向该医院放火,当时无人在内,对此,判例认为,该医院是"具有在一般情况下不易延烧至其他区域的非常良好的防火结构"的建筑物之一间,并且,能认定具有很强的结构上、功能上的独立性,因而,作为放火罪之对象的性质,应仅就该部分进行判断,从而认定仅构成向非现住建筑物放火罪(仙台地判昭和58・3・28刑月15卷3号279頁〔462〕)。再如,向某幢钢筋混凝土三层公寓建筑的空房间放火,但止于未遂的,对此,判例则认为,从其具体结构来看,"尽管是耐火结构,但仅仅只是不容易延烧至其他房间,在某些情况下,火势也并不是绝对没有延烧至其他房间的可能",从而认定整体属于一个现住建筑物,判定构成向现住建筑物放火罪未遂(東京高判昭和58・6・20刑月15卷4＝5＝6号299頁〔463〕)。又如,某银行宿舍属于钢筋混凝土结构的4层建筑,被告人向该建筑的空房间放火，对此，东京地方裁判所基于下述理由，判定成立向现住建筑物放火罪：存在火灾所产生的有毒气体进入其他房间，进而危及他人的可能性，而且，也存在通过楼道与通道延烧至其他房间的可能性，因而，具有物理性能上、功能性上的一体性（東京地判平成16・4・20判時1877号154頁）。这些判例的结论妥当与否另当别论，但应该说，判例所采用的判断方法是可取的。亦即，对于这种情况，也应该从该集体住宅的具体耐火结构来判断延烧至其他居住部分的可能性程度，进而从中寻求解决问题的标准。

（二）行为

"放火"，原则上是指向目的物点火。不仅是向目的物直接点火，也包括向媒介物（如报纸等）点火。即便没有实际实施点火行为，如果泼洒汽油等引火性很高的物质，也可以认定为实行的着手（広島地判昭和49・4・3判夕316号289頁、横滨地判昭和58・7・20判時1108号138頁〔456〕）。反之，被告人在现住建筑物的大门口的木质地板上泼洒汽油，然后，在大门外用打火机点燃了报纸，但报纸被路过的行人踩灭，对此，也有判例判定，不存在放火行为的着手，而仅判定为放火的预备（千葉地判平成16・5・25判夕1188号347頁）。

放火行为既可以是作为也可以是不作为。不过，对于因过失而引起火苗，很容易扑灭却置之不理的情形，对此，判例有一种广泛认定为不作为的放火的倾向（参见西田典之「不作為犯論」芝原邦爾ほか編『刑法理論の現代的展開総論Ⅰ』〔日本評論社2008年復刊版〕90頁以下）。

（三）既遂时点

1. 烧毁的含义

在将本罪对象"烧毁" * 之时，本罪构成既遂。有关烧毁的含义，存在四种学说之间的对立：（1）"独立燃烧说"：只要达到火离开媒介物之后，目的物能独立地继续保持燃烧状态即可（团藤194頁、藤木88頁）；（2）"效用丧失说"：要求因火力而烧掉了目的物的重要部分，使得目的物丧失了其本来的效用（木村189頁、曾根218頁以下）；（3）"重要部分开始燃烧说"（燃起说）：要求目的物已经燃烧起来，即只要求目的物的重要部分已经开始燃烧，并且达到不易熄灭的程度（小野75頁、福田67頁、松原396頁〔要求陷入难以控制火势的状态〕）；（4）"毁弃说"：要求因火力而使得目的物达到毁弃罪所要求的"损坏"程度（大塚372頁、大谷378頁以下、山中524頁、井田382頁）。对此，判例以放火罪是公共危险罪为根据，一贯采用第（1）说即"独立燃烧说"。也就是说，"所谓烧毁，是指犯人所点着的火离开媒介物而移至作为燃烧目的物的建筑物等本条所列举的其他物体，并且，该物体能独立地继续燃烧这一事实”(大判大正7·3·15刑録24輯219頁)。对于以下情况认定达到既遂,就是适用此观点的具体案例:烧掉宽达4尺长达1间(约6尺)的住宅屋檐(大判明治43·3·4刑録16輯384頁);烧掉3尺4方的天花板,并烧熏了其上面大约2坪(约6.6平方米)的屋顶(大判昭和7·12·9新聞3508号15頁);烧掉1尺4方的地板,以及橱柜地板和其上部各3尺4方(最判昭和25·5·25刑集4卷5号854頁)。

＊ 烧毁与烧损　平成7年(1995年)的刑法改正之前,旧规定使用了将对象物“烧毁者”这一表述,为了限制汉字的使用而将“烧毁”改为“烧损”。为此,从语感上来讲,可以说,增强了效用丧失说、毁弃说的语意,但事实上,这次刑法改正并无此意(参见松尾『刑法の平易化』48頁)。

在效用丧失说、重要部分开始燃烧说以及毁弃说看来,独立燃烧说的既遂时点过早而没有认定中止犯的余地,这三种学说正是基于此考虑,为了修正判例理论而分别提出。具体而言,重要部分开始燃烧说以独立燃烧说为基本,但推迟了既遂时点;而毁弃说则以效用丧失说为基本,但提早了既遂时点。但是,就重要部分开始燃烧说而言,何为“重要部分”并不明确;就毁弃说而言,只要建筑物达到独立燃烧状态,就应该可以说,也同时损坏了建筑物,因而,毁弃说究竟能否起到限制独立燃烧说的作用,值得怀疑;就效用丧失说而言,想必该说是要求建筑物已经全部烧毁或者(至少)一半已经烧毁,这显然会使得既遂时点过迟,而且,该说还存在过于强调放火罪作为财产犯罪的性质这一问题。如前所述,放火罪是公共危险罪,而且,在仍然以木结构为建筑物之主流的我国,只要作为放火行为之对象的建筑物达到能继续独立燃烧的状态,就可以说,在该时点,至少已经产生了延烧至其他东西的抽象危险,因此,应该说,判例所主张的独立燃烧说是有其合理性的。不过,值得注意的是,所谓独立燃烧,终究是指“达到火离开媒介物而延烧至该目的物,尔后仍能维持独立燃烧这种程度”(東京地判昭和59·6·22刑月16卷5=6号467頁〔东京交通会馆案〕〔449〕),在此意义上,可以说,独立燃烧原本便预定了某种程度的持续可能性。因此,应该理解为,仅仅只是对象着火、燃烧,尚不足以认定为“独立燃烧”(参见丸山雅夫「判例理論としてのいわゆる『独立燃焼説』〔下〕」『判例時報』1397号148頁、山口385頁、[1]高橋453頁、前田321頁)。

2. 阻燃性建筑物的既遂时点

近年来,有关烧毁概念的论争,围绕阻燃性建筑物,又增加了新的内容。这是因为,就最近不断增加的阻然性(难燃性)建筑物而言,很多情况下,尽管媒介物的火力会造成建材或者混凝土墙壁剥落,从而丧失作为房屋的效用,却尚未达到独立燃烧的程度。为此,又有观点提出了新效用丧失说:放火行为尽管尚未达到使建筑物本身独立燃烧的程度,但如果因媒介物的火力而使得建筑物丧失了效用,就应该认定为既遂(河上和雄「放火罪に関する若干の問題について」『捜査研究』26巻3号36頁以下)。

学界也有学者对该观点持相对肯定的态度。例如,有观点认为,应"并用"独立燃烧说与效用丧失说(団藤195頁);还有观点认为,被火力损坏的目的物,会产生有毒气体,当出现了这种与燃烧相同的公共危险之时,就构成既遂(大谷379頁、井田384頁)。但是,这种观点并未被判例所接受。例如,在钢筋混凝土结构的建筑的地下二层有一间废物处理场,被告人点着多余的纸屑,结果造成该处理场的混凝土内墙的泥浆剥离、脱落,并损坏、剥离了天花板表面的石棉(但尚未燃烧起来),对此,东京地方裁判所驳回了检察机关所主张的新效用丧失说,认为并不存在"火离开媒介物……延烧至建筑物本身,达到维持独立燃烧的程度这一事实",最后基于独立燃烧说的立场,认定仅成立向现住建筑物放火罪的未遂(東京地判昭和59・6・22刑月16巻5=6号467頁〔东京交通会馆案〕)。除此之外,对于阻燃性建筑物,下级裁判所的其他判例也是站在独立燃烧说的立场来判断既未遂(東京高判昭和49・10・22東時25巻10号90頁〔448〕、東京高判昭和52・5・4判時861号122頁)。

若进行实质性考虑,不可否认,新效用丧失说也有其可取之处。这是因为,即便建筑物本身并未燃烧,但媒介物的火力或者作为非建筑物的室内物品的燃烧,也会损毁建筑物的效用,危及室内的人的人身安全,并且,还存在延烧至其他建筑物的危险。但是,该说的难点就在于,没有满足放火罪的构

---

〔1〕 山口385頁认为,"总之,从结论上看,通过限定性地理解第(1)说即独立燃烧说,由此来确定烧毁的概念,要更为妥当。如前所述,对于烧毁概念,要求是从由此通常会发生公共危险这一角度来考虑,而在建筑物已经开始独立燃烧之时,就能够肯定存在这种危险。不过,开始独立燃烧之后,还要求具有一定程度的持续燃烧的可能性。这是因为,由此就能肯定,存在由持续燃烧所引起的公共危险,而不仅仅是'烧一下即灭'。这样,通过附加'某种程度的持续燃烧的可能性'这种限定,独立燃烧说应受到支持"(王昭武译・山口各论447页以下)。——译者注

成要件,即通过“烧毁建筑物”而产生公共危险。无论采取新效用丧失说还是采取独立燃烧说,都应该受到这种构成要件的限制。只有在无视建筑物的“烧毁(燃烧)”这一文理上的根本性限制之时,才有可能接受新效用丧失说以及支持该学说的实质论(中森 185 頁、山口 386 頁、[1] 高橋 454 頁)。因此,新效用丧失说所提出的问题,在现行法上还是应该通过第 110 条来解决(村瀬均『大コンメンタール刑法〔第 7 巻〕』28 頁)。

(四)罪数、与他罪之间的关系

由于本罪属于公共危险罪,在以一个或数个行为向建筑物放火的场合,如果能够认定所产生的公共危险只有一个,则包括性地只构成本罪一罪(曽根 216 頁、中森 186 頁)。实施一个或数个行为,除烧毁了现住建筑物之外,还烧毁了第 109 条规定之物或者第 110 条规定之物的,同样,也包括性地只构成本罪一罪(大判昭和 8・4・25 刑集 12 巻 482 頁)。另外,出于本罪的故意,向接近于现住建筑物等的第 109 条规定之物或者第 110 条规定之物放火的,即便没有烧毁第 109 条规定之物或者第 110 条规定之物,也成立本罪的未遂。

典型判例

・对于全部烧毁属于他人住宅的建筑物,并且烧死两名居住在里面的人的案件,**最决平成 29・12・19**(裁判所官网)〔467〕认为,“放火罪,是以通过火力而引起针对不特定或者多数人的生命、身体以及财产的危险为内容的犯罪,尽管人的死伤结果本身没有被规定为犯罪的构成要件要素,但作为上述危险的内容,原本应包含在所想定的范围之内。尤其是,向现住建筑物等放火罪是以现在作为居所使用或者现在有人在内的建筑物、火车、电车、船舰或者矿井作为对象,因此,可以说,类型性地存在发生人的死伤结果之相当程度的盖然性,其法定刑是包括死刑的重刑。对于通过致人死伤这种结果而实际实现了上述危险的场合,鉴于并没有就此另外规定从重处罚的特别的犯罪类型,因而就应该理解为,在该

〔1〕 山口 386 頁认为,“新效用丧失说,的确是一种值得倾听的观点,然而,现行刑法要求的是,因火力而烧毁了目的物,因而不得不说,要以此来规制非因目的物的燃烧而引起的危险,很难做到。当然,作为公共危险的内容,一并考虑由目的物的燃烧而产生的有毒气体,这也并非不可能,但即便如此,考虑由媒介物的燃烧所引起的危险,认为这属于烧毁,就只会使得未遂与既遂的界限更加不明确,并不妥当。要成立放火罪,发生了因火力而延烧至周边建筑物的危险,这属于(认定已发生公共危险的)最低要求,因此,仅凭因产生了有毒气体而造成了针对位于建筑物内部的人的危险这一点,还不能肯定放火罪的成立”(王昭武译・山口各论 449 页)。——译者注

罪的量刑中，考虑这种致人死伤的结果，这当然是法律上已经预定的情形。因此，因该当于向现住建筑物等放火罪的行为而引起致人死伤的结果时，就应该说，是允许在该法定刑的框架之内，在量刑上予以考虑的。”

向现住建筑物等放火罪与杀人罪、伤害罪属于想象竞合的关系，对此，观点是一致的。然而，在放火的行为人因过失而致人死伤的场合，就存在下述两种观点之间的论争：(1)向现住建筑物等放火罪与过失致死伤罪属于想象竞合的关系，[1](2)过失致死伤罪被向现住建筑物等放火罪吸收。可以说，本判决接近于第(2)种观点。我们可以这样来理解：最高裁判所的本决定虽同时谈到了放火罪的一般罪质，但做出了尤其重视“向现住建筑物等放火罪”的特殊性的判断，因此，对于其他类型的放火罪，就留有做不同判断的余地。

三、向非现住建筑物等放火罪

放火烧毁现在非作为居所使用而现在无人在内的建筑物、船舰或者矿井的，处2年以上有期惩役（第109条第1款）。

犯罪未遂的，应当处罚（第112条）。

以犯本罪为目的而进行预备的，处2年以下惩役；但是，依情节可免除其刑（第113条）。

前款之物属于自己所有的，处6个月以上7年以下惩役。但是，未发生公共危险的，不处罚（第109条第2款）。

（一）概述

首先，根据第109条第1款的规定，在对象为他人所有的非现住建筑物等之时，属于抽象的危险犯，但由于本罪并不存在针对建筑物内部的人员的人身安全的危险，与第108条相比，很大程度上降低了其法定刑。其次，根据本条第2款的规定，如果对象属于自己所有之物，考虑到不存在财产侵害，在被规定为具体的危险犯的同时，还进一步降低了其法定刑。因此，在征得所有人同意或者属于无主物之时，也可做同样考虑。还有，在本条第1款的情形下，处罚其未遂与预备；而在第2款的情形下，则不处罚其未遂与预备。不过，即便属于自己之物，如果“被扣押、承担物权、已租赁，或者已参加保险的”，则应根据本条第1款予以处罚（第115条），并且，其未遂、预备也同样具有可罚性（大判昭和7·6·15刑集11卷841頁）。这是因为，这种情况具有侵犯他人财产的性质，不存在第2款所预定的刑罚减轻理由。另外，本罪的既

〔1〕《刑法》第209条第1款、第210条分别规定了过失致伤罪、过失致死罪。——译者注

遂时点是:第 1 款为烧毁对象物之时,第 2 款则为产生具体的公共危险之时。

(二)对象

本条第 1 款的对象为,现在并非供人居住而且现在无人在内的建筑物、船舰或矿井。与第 108 条不同,本罪对象不包括火车、电车,因此,向(现在并非供人居住而且现在无人在内的)火车、电车所实施的放火行为适用第 110 条。作为第 109 条的对象,最典型的是那些用于存放物质的小屋、仓库、杂物房等。前面已经谈到,判例认为,全部居住人员被杀害之后的住宅,转而属于第 109 条的对象。

有下级裁判所的判例认为,尽管某些建造物与建筑物相类似,而且,人也有可能在此起居出入,但如果其性质属于完全无法预料到会有人在此出入的猪屋、犬屋、肥料屋等的,则不属于本条的建筑物(東京高判昭和 28・6・18 東時 4 巻 1 号 5 頁〔452〕;前田 325 頁对此表示支持)。但是,由于本罪以不存在针对建筑物内部的人员的人身安全的危险为前提,因此,以是否完全无法预料有人出入这一点来判断本罪对象是否属于建筑物,应该说,这并无合理的根据。本条的处罚根据在于,存在延烧至其他建筑物的抽象危险,由此可见,只要该建造物的规模达到了人有可能在此起居出入的程度,那么,即便属于供动物所用的小屋之类,毋宁说,也相当于建筑物(藤木『旧注釈刑法〔第 3 巻〕』166 頁、植松 99 頁也是同样旨趣)。

(三)公共危险及其认识

本条第 2 款规定的向自己所有的非现住建筑物放火,以发生具体的公共危险为必要。问题在于,这种具体的公共危险是什么?是否以对此存在认识为必要?第 110 条也存在同样的问题,在此一并进行解说。

以前的判例将公共危险定义为,“可以想见有发生延烧至第 108 条以及第 109 条之物这种结果之虞的状态”(有关第 110 条,参见大判明治 44・4・24 刑録 17 輯 655 頁),这实际上是指,存在延烧至第 108 条以及 109 条之物的危险(限定说)。如果作如此理解,就与以下观点相符合,即第 111 条(延烧罪)是作为第 109 条第 2 款、第 110 条第 2 款的结果加重犯,处罚那些延烧至第 108 条以及第 109 条第 1 款之物的行为。判例对于以下案件也否定成立第 109 条第 2 款、第 110 条第 1 款:向远离人家而处于山腰中的炭窑前面的小屋放火,并无延烧危险的(広島高岡山支判昭和 30・11・15 裁特 2 巻 22 号 1173 頁〔470〕[1]);向他人的汽车车罩放火,但并无延烧至附近建筑物的危险的(浦和地判平成 2・11・22 判時 1374 号 141 頁〔471〕)。然而,尽管是

---

〔1〕 大致案情为:烧炭用小屋位于离开人家 300 米以上的山腰,点火之前,砍光了周边的杂草树木等,使周边不再存在任何有延烧危险之物,而且,前晚开始一直在下小雨,行为人也密切关注,使之不致延烧至周边,在此情形下烧毁了该小屋。——译者注

针对第110条第1款的决定，但最高裁判所基于下述理由，其态度由一直以来的“限定说”转换至“无限定说”：“第110条第1款所谓‘公共危险’，并不一定仅限于有延烧至该法第108条以及第109条第1款所规定的建筑物等的危险，应该理解为，也包括存在针对不特定或者多数人的生命、身体，或者前述建筑物等之外的财产的危险，这种理解是合适的”（最决平成15·4·14刑集57卷4号445頁〔469〕）。但是，这种无限定说其本身并不包含限定的逻辑，因而，完全就是对其适用范围不做任何限定，这并不合适（详细内容参见下述“向建筑物等以外之物放火罪”）。本书以为，作为公共危险罪的放火罪的处罚根据应该在于，以延烧至建筑物等为媒介，因火势蔓延而给不特定或者多数人的生命、身体、财产造成损害（山口389頁）。

接下来的问题是，作为第109条第2款、第110条的主观（故意的）要件，是否需要对这种具体的公共危险存在认识？在这一点上，判例与学说针锋相对。

关于第110条第1款，判例认为，“在该条的解释上很清楚，尽管以使之发生公共危险作为该犯罪之构成要件，但只要认识到如果实施放火行为就会烧毁该条所规定之物即可，而无须对产生公共危险存在认识”（大判昭和6·7·2刑集10卷303頁）。此后，判例几乎一直采取的是不要说（不过，名古屋高判昭和39·4·27高刑17卷3号262頁〔472〕持必要说）。并且，最高裁判所在下述判例中也明确坚持不要说的立场：甲命令属下乙等人烧毁丙的轻便摩托车，乙等人在丙的院子里向丙的轻便摩托车放火，既烧损了丙的轻便摩托车，还延烧至丙家，对此，最高裁判所判定，“要成立第110条第1款的放火罪，必须对实施放火行为会烧毁该条所规定之物存在认识，但不必对会发生公共危险这种烧毁结果也存在认识”（最判昭和60·3·28刑集39卷2号75頁〔473〕）。

与判例相反，在学界持不要说者只是少数（藤木92頁、香川144頁以下、前田329頁、村瀬均『大コンメンタール刑法〔第7卷〕』17頁），必要说占据支配地位（团藤199頁、大塚380頁、大谷387頁、曽根221頁、中森189頁、平川107頁、山口390頁〔1〕山中534頁以下、高橋452頁、井田390頁、松原405頁以

---

〔1〕　山口390頁认为，“认识不要说以下述实质性考虑为其根据：如果将公共危险理解为，延烧至《刑法》第108条、第109条第1款所规定的客体，那么，在对公共危险存在认识之时，无疑存在对《刑法》第108条、第109条第1款的放火罪的故意，因而势必应成立该罪的未遂，但这样一来，就只能是否定《刑法》第109条第2款有其单独适用的领域。但是，烧毁自己的所有物，这本身并不存在任何的法益侵害，而《刑法》第109条第2款的放火罪，只有发生公共危险才能认定具有法益侵害性、违法性，因此，从责任主义以及故意犯的处罚原则的角度来看，当然应该要求对公共危险存在认识，因而认识必要说是妥当的”（王昭武译·山口各论454页）。——译者注

下)。必要说的理由在于:(1)第109条第2款、第110条第2款中,烧毁自己之物的行为原本并非违法行为,只有出现公共危险才会构成犯罪,因而应以存在该认识为必要;(2)第110条第1款之所以能构成比毁损器物更重的公共危险罪,其理由就在于,发生了具体的公共危险,因而也应以存在该认识为必要。

不可否认,这种认识必要说也有其合理性,但是,如果如前所述,将公共危险的内容理解为延烧至其他东西的危险,那么,要求对此存在认识,倒不如说,就不得不要求存在第108条、第109条第1款的故意。举例来说,对于作为结果加重犯的伤害致死罪中的致死这一结果,如果要求对具体的危险存在认识(亦即,如果行为人对会发生致死这一加重结果的具体危险存在认识),最终就只能是认定存在杀人罪的故意。认识必要说与这种要求对发生加重结果的具体危险存在认识的情形,(在逻辑上)完全是一样的。对此,必要说所主张的认识内容是,“尽管对公共危险的发生存在预见,但并无放任延烧的心理状态”(植松104頁、曽根221頁以下、山口390頁〔区分延烧的认识与延烧危险的认识〕、山中536页以下〔以是否存在有关延烧的实现意思作为问题〕也是同一意思),或者,“尽管没有延烧的危险,但一般仍会对此幻影(可能性)感到恐惧,就是指对这种情况存在认识”(中207頁。中森189頁也是同一意思〔1〕)。但是,这种心理状态究竟是否有可能存在,这一点很值得怀疑。即便有存在这种心理状态的可能,然而,对于毫不在意公共危险而向自己所有的房屋点火的行为认定为失火罪,但对于那些认识到公共危险,或者,已经想到一般人会对延烧存在畏惧感的行为人,却要以第109条第2款从重处罚,应该说,这种做法毫无合理性可言。

如此看来,还是不要说更为妥当。不过,正如前面已经谈到的那样,作为第109条第2款、第110条第2款之结果加重犯的第111条,以对会延烧至第108条以及第109条第1款所规定之物这种结果存在预见可能性为前提。这样一来,对第109条第2款以及第110条而言,也要求对公共危险即延烧危险存在预见可能性(过失)。在此意义上,第109条第2款以及第110条就属于由故意犯与过失犯所构成的复合的犯罪类型。必要说认为,像前述昭和60年(1985年)的最高裁判所判例(最判昭和60·3·28刑集39卷2号75頁〔473〕)那样有关共犯过剩(实行过限)的案件,正好印证了必要说在理论上的正当性,然而,如果根据共犯对于具体的公共危险之发生是否存在过失

〔1〕 中森189頁认为,“学界一般持认识必要说。不过,危险的认识不得是对延烧至放火罪的重大对象的(可能性的)认识(如果有此认识,应成立重罪即放火罪)。其内容是,一般公众想必能感受到存在延烧至那些对象的危险的认识,或者,针对除此之外的对象的认识。”——译者注

来进行区别,那么,采取不要说也完全有可能得出妥当的结论。具体而言,在指示烧毁轻便摩托车之时,如果严格交代必须要在远离人家的地方焚烧,便可以否定存在过失,仅成立损坏器物罪的共犯(共同正犯)。

四、向建筑物等以外之物放火罪

放火烧毁前二条规定以外之物,因而发生公共危险的,处 1 年以上 10 年以下有期惩役(第 110 条第 1 款)。

前款之物属于自己所有的,处 1 年以下惩役或者 10 万日元以下罚金(同条第 2 款)。

(一)对象

本罪的对象,是第 108 条、第 109 条所规定的对象以外之物即非建筑物。本条第 2 款是在行为对象为自己之所有物的情形之下,考虑到缺少财产侵害这一点而降低其法定刑。因此,在征得所有人同意或者属于无主物的场合(大阪地判昭和 41・9・19 判タ200 号 180 頁〔468〕),也可以做同样考虑。但是,即便是自己的所有物,如果该物"被扣押、承担物权、被租赁,或者已投保",则应根据本条第 1 款予以处罚(第 115 条)。

(二)公共危险

无论对象属于自己所有还是他人所有,本罪只有在"因而发生公共危险的"之时,才予以处罚。因此,本罪属于具体的公共危险罪,以产生延烧至第 108 条以及第 109 条第 1 款所规定之物的危险为必要,并且,在产生了该危险之时,即达到既遂。但正如前述,最高裁判所采取的是"无限定说",认为本条所谓公共危险不限于上述延烧的危险,还包括产生了针对不特定或者多数人的生命、身体、财产的危险(最决平成 15・4・14 刑集 57 卷 4 号 445 頁〔469〕)。[1] 具体而言,在市中心的停车场,某人在晚上 10 时左右向他人的汽车泼洒汽油并点火,在受害车辆的左右两边各停有一辆汽车,并且,在离现场 3.8 米之处还放有 300 公斤左右的可燃性垃圾,另外,马路对面还有小学以及农业公共组合的建筑物。对于此案,最高裁判所以上述一般论("第 110 条第 1 款所谓'公共危险',并不一定仅限于有延烧至该法第 108 条以及第 109 条第 1 款所规定的建筑物等的危险,应该理解为,也包括存在针对不特定或者多数人的生命、身体,或者前述建筑物等之外的财产的危险,这种理解是合适的")为前提

〔1〕 支持本决定的学者有:山中 538 頁、高橋 448 頁、芦澤政治『平成 15 年度最高裁判所判例解説』254 頁以下、大塚裕史『平成 15 年度重要判例解説』175 頁、古川伸彦「判批」『ジュリスト』1275 号 179 頁。

认为,“在市中心的停车场,因受害车辆起火,而已经具有延烧至第1、第2辆车的危险的本案事实之下,应该能够肯定发生了该法第110条第1款之‘公共危险’。”但是,对于最高裁判所的这一决定的疑问在于,按照判例的观点,如果行为人起初便向3辆汽车泼洒汽油并点火,则仅构成损坏器物罪,两者之间难道不存在处罚上的不平衡吗?而且,如果向停放有大量自行车的车棚之内的1辆自行车泼洒汽油并点火,也会构成本罪,应该说,并不合适。最高裁判所之所以做出上述决定,可能是考虑到,已存在以可燃性垃圾为媒介而延烧至小学与农业共同组合的建筑物的危险。可以说,在“已经具有延烧至第1、第2辆车的危险的本案事实之下”这一说明,就正含有这种限定之意。[1]

正如前面就第109条第2款所已经谈到的一样,如果以对延烧危险存在认识为必要,就会认定存在向第108条、第109条第1款所规定之物放火的故意,因此,这里也不需要对产生公共危险存在认识,而只需要对危险发生存在过失即可。不过,在给自己的香烟点火,因没有处理好火苗而延烧至自己房屋的情形下,当然成立失火罪(第116条),不应适用第110条第2款、第111条。因此,为了与这种情形区别开来,第110条所谓“建筑物等以外之物”,就应该限定于,烧毁该对象以及其行为样态本身,便具有会直接延烧至第108条以及第109条第1款所规定之物的危险性的场合(中野次雄『ポケット注釈全書刑法』279頁、藤木92頁也显示了这一方向)。

五、延烧罪

犯第109条第2款或者第110条第2款之罪,因而延烧至第108条或者第109条第1款规定之物的,处3个月以上10年以下有期惩役(第111条第1款)。

犯第110条第2款之罪,因而延烧至该条第1款规定之物的,处3年以下有期惩役(同条第2款)。

本条第1款是结果加重犯,是为了加重处罚由第109条第2款、第110条第2款的放火罪而造成延烧至第108条、第109条第1款所规定之物这一结果的情形。之所以不包括烧毁第110条第1款所规定的他人所有的非建筑物的情形,是因为该款的法定刑(处1年以上10年以下惩役)相对要重。延烧至因适用第115条而被视为他人所有之物的,也可以适用本款(内田463

〔1〕 不过,向载有乘客的公共汽车等放火的,若既不构成第108条之罪(向现住建筑物等放火罪)也不构成本罪,这显然不妥。東京地判昭和59・4・24判時1119号40頁(新宿公交纵火案)在并未认定存在延烧至建筑物的危险的情形下,仍然判定成立本罪,可能就正是出于这种考虑。但是,还是应该通过另外认定构成针对人身安全之罪来处理这一问题。

頁、中森 190 頁。但是,大塚 381 頁、大谷 391 頁、平川 113 頁持反对态度)。要成立本罪,必须是由第 109 条第 2 款、第 110 条第 2 款的放火行为直接引起了延烧这一结果,并且必须对该结果的发生存在过失(预见可能性)。

本条第 2 款也是结果加重犯,是为了加重处罚由第 110 条第 2 款的放火罪而造成延烧至该条第 1 款所规定的他人所有的非建筑物这一结果的情形。

六、妨害灭火罪

在火灾之际,隐匿或损坏灭火用器具,或者以其他方法妨害灭火的,处 1 年以上 10 年以下有期徒役(第 114 条)。

本罪是在发生火灾之际妨害灭火行为的犯罪(相关内容参见《消防法》第 38 条以下、《轻犯罪法》第 1 条第 8 项)。本罪也是抽象的公共危险犯,只要实施了妨害行为即可,而不以灭火行为实际遭到妨害为必要(团藤 203 頁、大塚 383 頁)。

所谓“火灾之际”,是指不问火灾发生原因,在火灾已经发生或即将发生之时。不过,应以已经发生了火势猛烈延烧的危险为必要。所谓“灭火用器具”,是指消防车、消防软管、灭火器等。作为“其他方法”,可以想见的是,诸如妨害消防车出动的行为、妨害消防员开展救火活动的行为等。

七、失火罪

因失火而烧毁第 108 条规定之物或者属于他人所有的第 109 条规定之物的,处 50 万日元以下罚金(第 116 条第 1 款)。

因失火而烧毁属于自己所有的第 109 条规定之物,或者第 110 条规定之物,因而发生公共危险的,与前款同(同条第 2 款)。

第 116 条或者第 117 条第 1 款的行为是出于懈怠了业务上的必要注意,或者是出于重大过失而引起的,处 3 年以下禁锢或者 150 万日元以下罚金(第 117 条之二)。

“因失火”是指因过失而着火。因失火而造成烧毁第 108 条以及第 109 条第 1 款所规定之物的结果的,属于抽象的危险犯;因失火而造成烧毁第 109 条第 2 款、第 110 条所规定之物的结果的,属于具体的危险犯,二者均以发生公共危险即发生延烧至第 108 条、第 109 条第 1 款所规定之物的危险为必要。对于第 116 条第 1 款,也应适用第 115 条(中森 190 頁)。

第 117 条之二是昭和 16 年(1941 年)增设的条文,是有关业务过失失火罪与重大过失失火罪的加重规定。这里所谓“业务”,是指“处于作为职务行为而应当考虑用火安全的在社会生活中的某种地位”(最决昭和60·10·21刑集39卷6号362頁〔77〕)。因此,诸如吸烟或做饭等家庭之内的行为,即便是反复持续实施的行为,也不属于职务行为,因而,不包含在业务之内(大塚384頁)。本条所谓的“业务”,可以想见有以下三种类型(大谷394頁):(1)从事直接用火的工作(例如厨师等。有关电焊工,参见名古屋高判昭和61·9·30高刑39卷4号371頁);(2)从事直接接触容易着火的物质、器具、设备的工作(有关液化气销售人员,参见最决昭和42·10·12刑集21卷8号1083頁;有关负责桑拿浴的人员,参见最决昭和54·11·19刑集33卷7号728頁;有关负责加油的人员,参见最决昭和57·11·8刑集36卷11号879頁;有关负责管理〔易燃物〕聚氨酯泡沫的人员,参见最决昭和60·10·21刑集39卷6号362頁);(3)从事发现并防止火灾的工作(有关夜警,参见最判昭和33·7·25刑集12卷12号2746頁)。

另外,所谓“重大过失”,是指疏忽程度严重,例如,对于盛夏晴天在加油站的油罐近旁使用打火机的行为(最判昭和23·6·8裁集2号329頁)、在油炉燃料里加入汽油的行为(東京高判平成1·2·20判夕697号269頁)等,判例就认定存在重大过失。

八、使易爆物爆裂罪、过失使易爆物爆裂罪

使火药、锅炉或者其他有可能爆炸之物爆裂,而损坏第108条规定之物或者属于他人所有的第109条规定之物的,依照放火的规定处断;损坏属于自己所有的第109条规定之物,或者第110条规定之物,因而发生公共危险的,亦同(第117条第1款)。

前款行为出于过失的,依失火的规定处断(同条第2款)。

对于使爆炸物破裂而损坏器物的行为,本条规定准照放火罪、失火罪予以处罚。

所谓“有可能爆炸之物”,是指会因急剧膨胀、爆裂而具有破坏器物之力的物质。除条文所例示的火药、锅炉之外,高压气体、液化气等也属于此类物质。《爆炸物取缔罚则》里的“爆炸物”,也是本条所谓爆炸物的一种,该罚则可以视为本条的特别法,因此,对于使用“爆炸物”的情形,仅成立该罚则的使用爆炸物罪(第1条,其法定刑为死刑或者无期或七年以上惩役或者禁锢)(大塚386頁。但判例认为属于想象竞合,参见大判大正11·3·31刑集1卷186頁)。

九、泄漏煤气等罪

使煤气、电力或蒸汽泄漏、流出或者将其阻断，因而使他人的生命、身体或者财产发生危险的，处3年以下惩役或者10万日元以下罚金（第118条第1款）。

使煤气、电力或蒸汽泄漏、流出或者将其阻断，因而致人死伤的，与伤害罪比较，依照较重的刑罚处断（同条第2款）。

由于本条中的“人”“他人”，是指行为人以外的特定且少数人，因而，本罪是针对个人法益的犯罪，属于具体的危险犯，但该行为同时也可能会给不特定或者多数人的生命、身体、财产造成危险，因而也属于一种抽象的公共危险罪。与第109条第2款、第110条一样，这里也不需要对具体的危险存在认识（藤木107頁。通说持反对态度）。

本条第2款是第1款行为的结果加重犯。有关“与伤害罪比较，依照较重的刑罚处断”的含义，参照前述“不同意堕胎罪（第215条）、不同意堕胎致死伤罪（第216条）”中的相关解说。

第四节　决水罪、妨害水利罪

一、概述

决水罪，是由水而引起的公共危险犯，与放火罪、失火罪的结构大致相同（第119条至第122条）。妨害水利罪（第123条前段）以水利权这种财产权作为保护法益，因而，并不直接属于公共危险罪，但由于其手段与决水罪相通，于是，便将其一并规定在第十章“有关决水与水利之罪”之中。

二、浸害现住建筑物等罪

决水浸害现在作为居所使用或者现在有人在内的建筑物、火车、电车或矿井的，处死刑、无期惩役或3年以上有期惩役（第119条）。

本罪属于抽象的公共危险犯，相当于放火罪中的向现住建筑物等放火罪（第108条）。

（一）对象

与第108条相同，但船舰排除在本罪对象之外。

(二)行为

所谓使之“决水”,是指打开由人管理、控制的水力并使之泛滥。不问是处于流动状态的水还是被储存的水。决开水坝或堤防的行为、拦截水流的行为等,就属于此类行为。所谓“浸害”,是指因水而造成对象物流失、损坏,或者使其丧失效用。即便只是暂时性地丧失其效用亦可。

三、浸害非现住建筑物等罪

决水浸害前条规定以外之物,因而发生公共危险的,处1年以上10年以下有期惩役(第120条第1款)。

被浸害之物属于自己所有的,只要该物已被查封、已负担物权、已被出租或者已投保的,仍依前款处断(同条第2款)。

本罪相当于放火罪中的向非现住建筑物等放火罪(第109条)、向建筑物等以外之物放火罪(第110条)。本罪属于具体的公共危险犯,需要发生浸害第119条所规定以外之物的具体的危险,并且,在该时点即达到既遂。但在将浸害第109条第1款所规定之物的行为也认定为具体的公共危险犯这一点上,不同于前述放火罪。在浸害自己所有的非现住建筑物、非建筑物的场合,按照本条第1款处断的情形,限于该物已被查封、已承担物权、已被出租或者已投保。如果这里也要求对具体的公共危险存在认识,就会归结为要认定存在第119条的故意,因此,仍然应该理解为,不需要对公共危险存在认识(大塚391頁、大谷400頁、中森194頁持反对意见)。

四、妨害防汛罪

在发生水灾之际,隐匿或损坏防汛用物,或者以其他方法妨害防汛的,处1年以上10年以下有期惩役(第121条)。

本条相当于放火罪、失火罪中的妨害灭火罪(第114条)。有关本条的解释,参见妨害灭火罪。

五、过失浸害建筑物等罪

过失决水,浸害第119条规定之物的,或者浸害第120条规定之物因而发生公共危险的,处20万日元以下罚金(第122条)。

本条相当于失火罪(第116条)。不过,在过失浸害第109条所规定之物的场合,也要求发生公共危险,以及没有针对业务过失、重大过失的加重规定这二点上,又不同于失火罪。

六、决水危险罪

决溃堤防、破坏水闸,或者实施其他足以造成决水的行为的,处2年以下有期惩役、禁锢或者20万日元以下罚金(第123条后段)。

所谓"足以造成决水的行为",是指具有使之决水之危险的行为,决溃堤防、破坏水闸等就是其例示。不要求已经发生浸害的结果或危险。因此,本罪具有处罚决水罪的未遂或预备的机能。

七、妨害水利罪

决溃堤防、破坏水闸,或者实施其他足以妨害水利的行为,处2年以下有期惩役、禁锢或者20万日元以下罚金(第123条前段)。

本罪属于侵害水利权的犯罪。水利权,是指将河流的流水作为工业用水、灌溉用水、自来水用水而加以利用的权利。所谓"足以妨害水利的行为",除了条文所例示的决溃堤防、破坏水闸之外,堵塞水流或者改变水流方向的行为,以及使蓄水流失的行为等,也属于此类行为(大塚394頁)。并不以实际妨害了水利为必要,在此意义上,应将本罪理解为具体的危险犯。[1]只是由于妨害水利的行为,其手段往往与决水罪相同,且多伴有决水的危险,刑法才将本罪与决水罪规定于同一章之内。

第五节　妨害交通的犯罪

一、概述

刑法典第11章"妨害交通的犯罪"规定的是,向道路等交通设施、铁路等交通工具做"手脚",侵害交通安全的犯罪。这种行为会给利用交通工具的

〔1〕亦即,只要实施了"足以妨害水利的行为"即可,无须达到实际妨害了水利的程度(参见团藤219頁、山口403頁)。——译者注

不特定或者多数人的生命、身体、财产带来危险,因而,与放火罪等一样属于公共危险罪。

鉴于立法当时的交通情况,刑法典仅仅规定了针对道路、铁路、船舰安全的犯罪,应该说并不充分。其后,随着汽车、航空器等交通手段的发达,为了保护其安全,还制定了不少特别法。例如,有关铁路交通,制定了《铁道运营法》《有关处罚妨害新干线列车运行安全的行为的特例法》;有关道路以及汽车交通,制定了《道路法》《高速汽车国道法》《道路交通法》《道路运送车辆法》;有关航空交通,制定了《航空法》《有关处罚劫机行为的法律》《有关处罚造成航空危险的行为的法律》等。

二、妨害交通罪、妨害交通致死伤罪

损坏或者堵塞陆路、水路或者桥梁,以致妨害交通的,处2年以下惩役或者20万日元以下罚金(第124条第1款)。

犯前款之罪,因而致人死伤的,与伤害罪比较,依照较重的刑罚处断(同条第2款)。

本条第1款的犯罪未遂,应当处罚(第128条)。

本罪属于妨害陆路、水路交通的犯罪。

1. 所谓"陆路",是指公路(道路)。所谓"水路",是指供船舶、竹筏等航行之用的河流、运河、港口等。"桥梁"包括陆桥、栈桥,但铁路专用桥则属于第125条(交通危险罪)的对象。不问其所有权属于公有还是私有,但必须是供公众交通之用(大判昭和11·11·6新聞4072号17頁)。

2. 本罪行为限于损坏与阻塞。因此,假立禁止通行的招牌以妨害车辆通行的行为等,就不属于本罪行为。通说认为,"损坏"限于炸坏道路或者桥梁等物理性损坏,因而,不包括诸如抛撒污秽之物而让人心理上认为不能通行的行为(香川177頁持反对意见)。"堵塞",是指利用障碍物而堵住道路等。[1] "妨害交通",是指实施损坏、阻塞行为而使得人或者车辆不能通行或

---

〔1〕 对此,松宫教授的解说是,"第124条第1款中的'堵塞'(1995年刑法修正之前的用语是'壅塞'),原本是指通过障碍物而'堵塞'了某种东西。但是,有关刑法修正之前的'壅塞'的含义,最高裁判所认为,'即便不过是通过所设置的障碍物而部分阻塞了道路的场合,但在阻碍该道路之效用,发生了交通危险之时,就属于壅塞了陆路',并由此判定,将汽车横在马路上,浇上汽油使之燃烧起来,产生了发生爆炸的危险的,尽管汽车旁仍有约2米的马路可以通行,该案仍成立因'壅塞'陆路而构成的妨害交通罪(最决昭和59·4·12刑集38卷6号2107页)。但是,本罪处罚的是,通过'堵塞'道路而妨害交通的行为,因此,不应从保护法益的角度,超越构成要件要素的本来语义,对其进行扩张解释"(王昭武等译·松宫各论300页)。——译者注

者通行显著困难（团藤 223 頁、大谷 404 頁）。不过，本罪属于具体的危险犯，因而，并不需要实际发生妨害交通的结果。判例认为，在道路上放置招牌，但如果只要稍加注意就可以避开或者可以清除，则该行为就不构成本罪（名古屋高判昭和 35・4・25 高刑 13 卷 4 号 279 頁[1]）。另外，尽管只是占据了宽 6 米的道路中的 4 米，但在路上焚烧车辆，产生了只要接触燃料就会着火、爆炸的危险的场合，尽管只是部分阻塞道路，但这种行为产生了交通危险，因而，应成立本罪（最决昭和 59・4・12 刑集 38 卷 6 号 2107 頁）。

3. 本条第 2 款是第 1 款（妨害交通罪）的结果加重犯。由于是以妨害交通罪达到既遂为前提，因此，不包括损坏行为或者阻塞行为本身（例如，爆炸行为）引起死伤结果的情形（通说。前田 340 頁持反对意见）。[2] “与伤害罪比较，依照较重的刑罚处断”的含义，[3] 参见“不同意堕胎罪、不同意堕胎致死伤罪”中的相关解说。

三、交通危险罪

损坏铁道或其标识，或者以其他方法使火车或电车的交通发生危险的，处 2 年以上有期惩役（第 125 条第 1 款）。

损坏灯塔或浮标，或者以其他方法使船舰的交通发生危险的，与前款同（同条第 2 款）。

本条第 1 款、第 2 款的未遂，应当处罚（第 128 条）。

本条针对的是，使得作为重要交通工具的火车、电车、船舰的交通发生危险的行为，与一般的妨害交通罪相比，对此类行为加重处罚。

1. 所谓“火车”“电车”，是指在轨道上运行的交通工具，作为具有同样构造的交通工具，“火车”还包括柴油机车、汽油机车，“电车”还包括轻轨、电动缆车（大塚 399 頁）。但不包括公共汽车、无轨电车、空中索道、航空器（《改正刑法草案》第 194 条还增加了空中索道、公共汽车、航空器）。“浮标”是指浮筒，是用来指明暗礁所在位置以及航路的水上标识。

---

〔1〕该判例认为，要认定为因阻塞而妨害了交通，阻塞必须达到可等视为损坏的程度，在道路上零零星星地放置立式招牌的，如果只要稍加注意就可以避开或者可以清除，进而也可以通行，就不成立本罪。——译者注

〔2〕对此，山口 406 頁认为，“本罪是妨害交通罪的结果加重犯，以妨害交通罪达到既遂为必要。因此，致人死伤的结果，必须是由妨害交通的结果所导致，即便是因损坏行为、堵塞行为本身引起了致人死伤的结果，也不成立妨害交通致死伤罪”（王昭武译・山口各论 472 页以下）。——译者注

〔3〕其旨趣在于，如果造成伤害的，与《刑法》第 204 条相比较，致死的，与《刑法》第 205 条相比较，分别按照较重的刑罚处断（最判昭和 36・1・10 刑集 15 卷 1 号 1 頁）。——译者注

所谓“铁道”的损坏,不仅是指线路,还指凡火车、电车运行所必需的一切设施、设备,包括枕木、道钉、隧道等。“其他方法”,可以是在线路上放置障碍物的行为、表示错误信号的行为、发动处于入库休整状态空无一人的电车并使之疾驶(试图使该电车在车库门口脱轨而妨害其他电车进出)的行为(最判昭和30·6·22刑集9卷8号1189頁〔三鹰案〕〔478〕),以及使得电车不按正常的运行计划运行的行为(最判昭和36·12·1刑集15卷11号1807頁〔人民电车案〕〔474〕[1])等。

2. 本罪要达到既遂,必须发生“交通危险”,亦即,必须发生火车或电车撞车、脱轨、倾覆,或者,船舰相撞、沉没的危险状态。因而,本罪属于具体的危险犯。已着手实施能发生交通危险的行为,但未及发生具体危险的,则为本罪的未遂。有关本罪的故意,通说、判例认为,必须对具体的危险存在认识(大判大正13·10·23刑集3卷711頁〔476〕)。[2] 但如后所述,如果考虑到第127条处罚的是本罪的结果加重犯、第126条处罚的是本罪的故意犯,则对此观点不无疑问(参见藤木114頁)。

---

〔1〕 该案大致案情与判决如下:在劳动争议的过程中,作为工会组织的罢工的一个环节,几个具有驾驶资格的电车司机,为了运送上下班的乘客,按照正式的电车运行时刻表运行名为“人民电车”的电车,被检方以交通危险罪起诉。该案称为“人民电车”事件。该案一审判决(横滨地判昭和31·12·26刑集15卷11号1827頁)以没有发生事故的“违法的危险”为由,判定不成立交通危险罪。但二审判决(東京高判昭和33·6·23高刑集11卷8号437頁)则认为,在“人民电车”的运行区间内,在与其他线路电车汇合之际,有发生事故的抽象的危险,因而,“引发上述危险的行为是否具有违法性,这与发生事故的必然性或者盖然性之有无或者强弱无关,应脱离这一点,根据行为整体是否具有违反法秩序之性质来进行判断”,由此进一步判定,不服从当局的统一线路规制的本案驾驶电车行为,不属于正当业务行为(第35条),故而应构成交通危险罪。最终,最高裁判所判定构成交通危险罪(最判昭和36·12·1刑集15卷11号1807頁)。——译者注

〔2〕 例如,山口教授与松宫教授均持“认识必要说”。例如,山口教授认为,“对于交通危险的产生,必须存在认识或预见(大判大正13·10·23刑集3卷711頁、最判昭和36·12·1刑集15卷11号1807頁,等等)。使得火车、电车、船舰发生交通危险,这只是交通危险罪的客观成立要件,而且,另外还规定了过失交通危险罪(《刑法》第129条),由此可见,没有采取认识不要说的余地”(王昭武译·山口各论475頁)。松宫教授明确提出,“成立本罪的故意,需要对交通危险存在认识”(王昭武等译·松宫各论301頁)。——译者注

典型判例

·被告人挖掘靠近(旧)国铁的铁道用地的自己所有的土地,结果造成塌陷,使得电车运行被迫中止,对此,**最决平成 15·6·2 刑集 57 卷 6 号 749 頁**〔475〕认为,本罪中的"交通危险",是指"火车或者电车的脱轨、倾覆、撞车、损坏等,有给这些交通工具的运行带来危险结果之虞的状态,单单是妨害了交通还不够,但也没有必要达到具有发生上述脱轨等实害的必然性或者盖然性的程度,只要存在发生上述实害的危险性即可",在这种前提性认识之下,最高裁判所进一步认为,如果以本案挖掘行为的规模以及具体位置,还有(旧)国铁职员以及相关工程人员的认识为前提,"能认定存在发生上述实害的危险性",最终判定成立交通危险罪。

本决定是在将交通危险罪理解为具体危险犯的基础上,除了考虑本案行为的物理性情况等客观情况之外,还考虑相关人员对于危险的认识,进而肯定存在具体的危险性(参见平木正洋『平成十五年度最高裁判所判例解説』347 頁以下)。

四、倾覆火车等罪、倾覆火车等致死罪

倾覆或者破坏现在有人在内的火车或者电车的,处无期或者 3 年以上有期惩役(第 126 条第 1 款)。

倾覆、沉没或者破坏现在有人在内的船舰的,与前款同(同条第 2 款)。

犯前二款之罪,因而致人死亡的,处死刑或者无期惩役(同条第 3 款)。

第 126 条第 1 款、第 2 款的未遂,应当处罚(第 128 条)。

本条第 1 款、第 2 款之罪是抽象的危险犯,处罚的是针对利用火车、电车、船舰的不特定或者多数人的人身安全的犯罪。

(一)对象

本罪对象,是犯罪人以外的其他人现在所在的火车、电车、船舰。可以是处于停车、停泊状态的,但诸如正处于修理之中的那样,凡停止了作为交通工具之职能的,则不包括在内(大塚 341 頁、大谷 407 頁以下、中森 198 頁)。关于"有人在内"的时间,有观点认为,应该是在发生倾覆、破坏等结果之时,即便是在车船里安放定时炸弹之时有人在内,而爆炸之时无人在内的,也只是构成本罪的未遂(団藤 231 頁、松原 417 頁)。但是,考虑到本罪属于抽象的危险犯,还是应该理解为,只要在从实行开始到结果发生的时段内的任何一个时间点有人在内即可(大

塚401 頁、大谷407 頁、中森198 頁、山中558 頁、高橋477 頁、井田493 頁。另外,大判大正12・3・15 刑集2 卷210 頁认为,只要在实行开始之时有人在内即可,应该说判例态度与这种观点并不矛盾)。[1]

(二)行为

本罪行为,是指倾覆、破坏现在有人在内的火车、电车,以及倾覆、沉没、破坏现在有人在内的船舰的行为。所谓火车、电车的"倾覆",是指掀翻、掀倒火车、电车。通说认为,如果仅仅只是脱轨的,并不包括在内,本书对此观点存在疑问。所谓"破坏",是指"损害火车或电车的实质,达到使其丧失作为交通工具的全部或部分功能的程度的损坏"(最判昭和46・4・22 刑集25 卷3 号530 頁〔本判决是有关炸掉列车的一节车厢的顶棚以及部分座位,而使得列车无法继续安全运行的案例〕)。因此,扔石头砸坏电车车身,或者破损车窗玻璃等程度的行为,就不属于这里的"破坏"(大判明治44・11・10 刑録17 輯1868 頁)。船舰的"沉没"不包括触礁。然而,在严寒期,行为人将渔船搁浅在千岛列岛中"乌鲁普"岛的海滩上,使之触礁之后,又拔掉进水栓让海水流入驾驶舱,并将启动引擎用的压缩空气全部排空,使得渔船不可能凭己力离开,从而使该渔船丧失航行能力的,对此案件,判例认为在该案事实关系之下,即便船体本身并无破损,也仍然属于"破坏"(最决昭和55・12・9 刑集34 卷7 号513 頁〔477〕)。

(三)结果加重犯

本条第3 款规定的是第1 款、第2 款的结果加重犯。首先,由于是以通过倾覆或者破坏火车、电车、船舰而造成人员死亡这一结果为前提,因而,第1 款、第2 款之罪归于未遂的,不适用本款。因此,因倾覆、破坏等行为(例如,爆炸行为)本身而造成死亡结果的,不包含在本款之内(平野244 頁、大谷409 頁、中森199 頁。但是,东京高判昭和45・8・11 高刑23 卷3 号524 頁持

〔1〕 对此,山口教授认为,"尽管就当时必须有人在内这一点不存在异议,但就要求有人在内的具体时点,学说之间观点并不一致:(1)实行行为的开始之时(大判大正12・3・15 刑集2 卷210 頁〔向船舰的船体打孔,开始浸水之后,乘客避险〕);(2)倾覆等结果的发生之时(団藤230 頁以下等);(3)从实行开始到结果发生的时段内的任何一个时点(大塚401 頁等);(4)实行行为的开始之时以及结果发生之时(中山405 頁等)。如果要求在倾覆等结果的发生当时有人在里面,将无法处理因发生了倾覆的危险,乘客、乘务员最终得以避险这种情形,并不妥当(在此情形下,得以避险的乘客、乘务员的生命、身体正处于危险之下)。虽说如此,例如,白天在车上安装了定时炸弹,将爆炸时间设定在电车深夜运行结束,停在无人在内的车库之时,对此,就不能说,因为在安装定时炸弹当时有人在里面,而肯定成立本罪(此情形下,并不存在针对乘客、乘务员的危险)。这样一来,就必须且只需在实际发生了倾覆等结果的危险的时点有人在里面"(王昭武译・山口各论476 页)。——译者注

反对态度[1])。其次,作为倾覆、破坏之结果,造成火车等里面的人以外的其他人(例如,月台上的乘客、沿线居民)死亡的,是否也包括在内?判例对此持肯定态度(最判昭和30・6・22刑集9卷8号1189頁〔三鷹案〕〔478〕。团藤232頁、大塚403頁、大谷410頁、山中560頁等也此同样态度)。尽管否定说也很有影响(中山406頁、曽根230頁、中森199頁、平川132頁、山口410頁、[2]松原418頁),但由于完全可以预见到,电车倾覆会造成沿线居民等的死亡,因此,本书认为,肯定说更为妥当。

在出于杀人犯意而倾覆电车等,因而造成人员死亡的场合,本款与杀人罪之间的关系也是一个问题。如果仅仅考虑法定刑的均衡,则只要认定成立本款之罪即可。不过,如果并未造成死亡结果的,就应该属于本条第1款或者第2款之罪与杀人罪未遂之间的想象竞合。[3]

五、交通危险致使火车倾覆等罪

犯第125条之罪,因而倾覆或破坏了火车、电车,或者倾覆、沉没或破坏了船舰的,依前条处断(第127条)。

本罪属于交通危险罪(第125条)的结果加重犯。例如,因损坏线路而使电车倾覆(第126条第1款),并造成乘客死亡的结果的(第126条第3款),就属于此类,但限于对电车的倾覆并无认识或者预见的情形。

---

〔1〕对于在电车内安装定时炸弹,使之爆炸,破坏了电车,同时因碎片而致乘客死亡的案件,東京高判昭和45・8・11高刑23卷3号524頁认为,“因爆炸而破坏电车,由于并不是作为该破坏行为本身的结果,而致该人死亡,因此,是否该当于《刑法》第126条第3款,也并不是完全没有疑问”,然而,“像本案那样,由破坏电车这一个行为同时造成电车的破坏、人员的死亡这种结果之时,就应适用该法条”。——译者注

〔2〕山口410頁认为,“属于基本犯的倾覆火车等罪,以发生针对交通工具的利用者、乘务员的危险作为要件,只有作为该危险的实现,发生了死亡结果之时,才成立结果加重犯即倾覆火车等致死罪,从此角度来看,应该支持否定说”(王昭武译・山口各论478页)。——译者注

〔3〕对此,山口410頁以下认为,“出于针对他人的杀人故意,使火车等发生颠覆,由此致人死亡的,(1)应该仅成立颠覆火车等致死罪一罪。相反,(2)认为成立杀人罪与颠覆火车等致死罪的想象竞合的观点(大判大正7・11・25刑録24輯1425頁、団藤232頁,等等),在对死亡结果进行双重评价这一点上,并不妥当。(3)主张成立杀人罪与颠覆火车等罪的想象竞合的观点(大塚404頁等),在与并未发生死亡结果的情形的处理的关系问题上,应该说具有理论上的一贯性,然而,同样是发生了死亡结果,具有杀人故意的,反而处刑要轻,在具体结论上并不合适(对此问题,大塚404頁认为,那是因立法原因所造成的缺陷,应该在具体量刑上,避免结论的不当)。另外,虽然具有杀人故意,但最终并未发生死亡结果的,就应成立颠覆火车等罪与杀人罪未遂的想象竞合”(王昭武译・山口各论478页以下)。——译者注

问题在于,因交通危险而造成无人在内的电车等倾覆的,是否也按照第126条第1款处断,还有,(理所当然地)结果造成电车之外的人死亡的,又能否按照第126条第3款来处断呢? 判例在“三鹰案”* 中,对这两种情形均予以了肯定(最判昭和30・6・22刑集9卷8号1189頁〔三鷹案〕〔478〕[1])。有力学说立足于本条并未特别规定必须现在有人在内这一文理结构,而对判例观点表示支持(内田488頁、大谷412頁)。但是,第127条规定的是,依照第126条处断,由此可见,本条至少以其对象是有人在内的电车等为前提(团藤229頁、平野244頁、中森200頁、山口412頁、高橋480頁以下、井田405頁、松原419頁)。那么,在运行无人电车的场合,只有在由此造成其他有人在内的电车倾覆之时,才可依照第126条处断。结果造成车内的人或者车外的人死亡的,就应适用第126条第3款(但如果将该款解释为,不包含车外的人在内,则仅限于造成车内的人死亡的情形)。还有观点认为,由于本条仅就电车等的倾覆作出了规定,因而,在这种情况下,应否定适用第126条第3款(曾根232頁以下、平川134頁认为本条对象限于有人在内的场合,大塚405

〔1〕 主要判决理由:“第127条规定,犯第125条之罪,因而发生了火车、电车被倾覆或者被破坏的结果之时,依照第126条的规定处断。其法意在于,不仅是发生上述结果之时,应按照第126条第1款、第2款的规定处断,而且,因倾覆或者破坏了火车、电车而发生致死的结果之时,也应按照第126条第3款的规定处断,这样理解是妥当的。这是因为,对于发生上述致死结果的情形,第127条并没有作出明文规定。如前所述,第127条只是规定‘依照前条规定处断’,既没有排除第126条第3款,也没有规定‘依照前条第1款、第2款规定处断’,从文理上看,这当然表示,发生了第126条各款所规定的结果之时,均应与该条款同样处断。其次,第126条规定的是,对现在有人在内的火车、电车的倾覆或破坏的结果的发生持故意的情形,与之相反,第127条广泛规定的是第125条之罪的结果犯。尽管如此,就其处断而言,第126条与第127条之间并无差异,对其法意就应该理解为,第125条所规定的造成火车或电车的交通危险的行为,其本质上就充分内含着,存在倾覆或者破坏汽车或者电车,进而引起致人死亡的结果这种惨剧的危险,因此,只要发生了上述各种重大结果,准照第126条各款的情形,作同样处断,就是相当的。另外,第126条第3款中的‘人’,未必一定限于第126条第1款、第2款中的现在位于车内、船内的人,还可能包括因火车或电车的倾覆或破坏而致死的人,这样理解其法意,是相当的。盖因倾覆或破坏现在有人在内的火车或电车,或者造成火车或电车之交通危险,由此发生与前面同样的结果之时,针对他人生命的危害的所及范围,并不会单单局限于处于车内之人。而且,没有理由认为,第127条所谓火车或电车,不包括供第125条犯罪之用的火车或电车。”“这样,按照原审(二审)判决所认定的被告人的犯罪事实,该被告人原本打算,在三鹰电车场内,启动处于入库状态下的无人在内的电车,在无人驾驶的情形下,让电车疾驰而出,在电车场的出口附近脱轨,由此妨害(其他)电车进出停车库。被告人操作电车的发车装置,让电车在无人状态下疾驰,由此发生了电车的交通危险,但事与愿违,该电车急速行至三鹰车站南行方向1号线上,与1号线的停车装置发生碰撞,该电车因脱轨而损坏,损坏之际同时还致正好在此的A等6人死亡。在认定该事实的基础上,必须说,对此行为适用《刑法》第127条,按照《刑法》第126条第3款的规定来处断,是合法的”。——译者注

頁虽然认为本条对象也包括无人的场合在内,但这两种观点均否定适用第3款),但是,从“依照前条处断”这一表述本身来看,这种观点不免牵强。相反,在倾覆无人在内的电车,结果造成车外的人死亡的,属于交通危险罪(第125条)与杀人罪或者过失致死罪等的想象竞合(平川133頁)。[1]

＊“三鹰案”　昭和24年(1949年)7月,行为人为了妨害电车出入车库,而启动停在中央线三鹰车站车库内的无人在内的7辆电车,使之在无人驾驶的状态下疾速行驶,并冲破三鹰车站第一号线的停车闸且使得电车脱轨倾覆,不仅损坏了警亭与民宅,还造成6名路人死亡。

六、过失交通危险罪

由于过失,使得火车、电车或船舰发生了交通危险,或者倾覆或破坏了火车、电车,或者倾覆、沉没或破坏了船舰的,处30万日元以下罚金(第129条第1款)。

从事交通业务者犯前款之罪的,处3年以下禁锢或者50万日元以下罚金(同条第2款)。

本罪是为了处罚因过失而造成的交通危险罪、倾覆火车等罪。这种场合下的火车、电车等,也包括无人在内的情形。例如,汽车驾驶员在铁道路口造成汽车熄火的就属于此类情形,因而造成死伤结果的,与(业务)过失致死伤罪构成想象竞合。

所谓“从事交通业务者”,是指火车、电车、船舰的运行业务的直接或间

〔1〕犯交通危险罪,结果倾覆了电车,并且致人死亡的,是否适用《刑法》第126条第3款的规定呢?对此存在肯定适用说与否定适用说之争。“的确,(1)犯《刑法》第125条之罪,虽没有倾覆火车等,但因出现差错而致人死亡的,不适用《刑法》第126条第3款;而且,(2)由《刑法》第126条第1款的未遂而发生死亡结果的(试图倾覆火车等,虽归于失败,但发生了致人死亡的结果),对此也不适用《刑法》第126条第3款。这样一来,根据是否是因倾覆而死亡,分别处以‘2年以上有期惩役’‘死刑或者无期惩役’,看上去似乎并不均衡。但是,事实上,我们很难想象会出现上述第(1)(2)种的情形;进一步而言,只要出现倾覆的结果,无论对该结果的发生是有意还是无意,《刑法》第127条均规定以相同的法定刑来处断,显然,行为人对倾覆这一结果持何种意图或认识,这里并不重要,因而还是肯定适用说要更为妥当。”至于死亡结果发生在处于车外的人身上的情形,“判例认为,死亡结果发生在被倾覆的火车、电车、船舶等的乘客以外的其他人身上时,也应适用《刑法》第126条第3款(最判昭和30·6·22刑集9卷8号1189頁〔三鹰案〕)。对此,批判意见认为,《刑法》第126条、第127条原本考虑的是,要保护乘客的生命、身体,为此才附加了‘现在有人在内’这一限制(平野254頁)。然而,对周边居民而言,交通工具也是一种危险的存在,因此,认为这些犯罪也以周边居民的安全作为保护对象,这在理论上是完全有可能的。”参见前田(第4版)399~400頁。——译者注

接参与者(大判昭和2·11·28刑集6卷472頁),驾驶员、列车员、船长、保线员等就属于此类人员。

第六节　有关鸦片烟的犯罪

刑法典第14章“有关鸦片烟的犯罪”,是鉴于鸦片的有害的药理作用及其依存性,而力图通过禁止其进口、销售,以保护不特定或者多数人的健康。

所谓鸦片烟,是指将罂粟的液汁凝固之后,再予以加工使之适合于用烟嘴、管子来吸食之物(鸦片烟膏)(对于由凝固罂粟液汁而形成的生鸦片,由《鸦片法》第3条第2项、第51条来规制其生产)。刑法规定了进口鸦片烟等罪(第136条)、进口吸食鸦片烟用的器具等罪(第137条)、海关职员进口鸦片烟等罪(第138条)、吸食鸦片烟罪以及提供吸食鸦片烟场所罪(第139条)、持有鸦片烟等罪(第140条)。但是,现在,《鸦片烟法》设置了较为概括的取缔规定,除了进口吸食鸦片烟用的器具等罪(刑法第137条、第138条以及第140条的一部分)之外,基本上都可以根据《鸦片烟法》来处罚。还有,由于现在的药物犯罪的主流是麻药、兴奋剂、大麻,因而,可以说,刑法中有关鸦片烟之罪的规定几乎没有得到适用。为此,本书省略对本章犯罪的解说。

但是,有害于身体并且具有依存性的毒品的滥用及其助长行为本身,是极其严重的社会问题,为了规制这类犯罪,除了上述《鸦片烟法》之外,还有《兴奋剂取缔法》《麻药以及精神药品取缔法》《大麻取缔法》,这就是所谓的“毒品四法”。关于信纳水等有机溶剂,还制定了《毒物以及剧毒物取缔法》。另外,平成3年(1991年),在国际合作的框架之内,为了防止助长有关限制药物的不正当行为,还制定了《有关麻药以及精神药品取缔法的特例的法律》(一般称为“麻药特例法”),新设了作为职业所实施的非法进口等罪(第5条)、隐匿毒品犯罪收益等罪(第6条)、收受毒品犯罪收益等罪(第7条),并且,整理、完善了有关毒品犯罪收益的没收、追缴制度,新设了有关没收、追缴的保全程序,除此之外,还规定了“漂游”搜查(让犯人在监控之下活动,以便掌握更多罪证)这种搜查手法。

第七节 有关饮用水的犯罪

一、概述

刑法典第15章“有关饮用水的犯罪”，属于一种侵害利用饮用水的不特定或者多数人的生命、身体的安全的抽象的公共危险犯。〔1〕刑法分别规定了污染净水罪（第142条）、将毒物混入净水罪（第144条）、污染净水等致死伤罪（第145条），以及污染水道罪（第143条）、污染水道致死伤罪（第145条）、将毒物混入水道罪与将毒物混入水道致死罪（第146条）。由于后者（第143、145、146条）的受害范围可能牵涉很广，因而，加重其刑罚。尽管损坏水道罪（第147条）属于与上述犯罪性质不同的妨害利用水道之罪，但由于同是有关水道的犯罪，因而，也被规定在本章之内。

二、污染净水罪

污染供人饮用的净水，因而导致不能饮用的，处6个月以下惩役或者10万日元以下罚金（第142条）。

所谓“供人饮用的净水”，是指预备供人饮用之水，且达到了适合饮用程度的清洁、洁净。因此，不包括山涧流动的溪水。本罪属于公共危险罪，因而，这里的“人”是指不特定或者多数人（大判昭和8·6·5刑集12卷736頁）。为此，也不包括为供特定人饮用而灌入杯中的水等。不过，第143条规定加重处罚污染“供公众饮用的净水”的行为，因而，通说认为，为了与第143条区别开来，本条尽管要求达到多数，但只要达到一定程度的多数即可，也包括供一家人饮用的水缸或水井内的净水（团藤239頁、大塚505頁、大谷415頁。但平野龙一持反对意见〔参见平野龍一『法学セミナー』221号49頁〕）。

本罪行为，是指因污染而使得物理上、心理上无法再使用。除了投入泥巴、粉尘以及搅拌底土等行为之外，向井中投入食用红粉，使得他人心理上不能再将其作为饮用水使用的行为也构成本罪（最判昭和36·9·8刑集15卷

---

〔1〕本章犯罪的对象是“供人饮用的净水”以及“通过水道供公众饮用的净水或者其水源”，这些都是指供不特定或者多数人饮用之水（大判昭和8·6·5刑集12卷736頁虽作上述理解，但对于将毒物灌入盛有饮用水的伙房的储水池的行为，判定构成第145条的污染净水等致死罪）（王昭武等译·松宫各论309页）。——译者注

8 号 1309 頁)。

三、污染水道罪

污染通过水道供公众饮用的净水或者其水源,因而导致不能饮用的,处 6 个月以上 7 年以下惩役(第 143 条)。

对于污染通过水道以供不特定或者多数人饮用的饮用水或其水源的行为,由于该行为所造成的危害有可能波及甚广,本罪规定加重处罚。“水道”,是指用于供给饮用净水的人工设备;“水源”,是指进入水道之前的水,即蓄水池、净水池等之中的水。有关污染的含义,参见污染净水罪中的相关解说。

四、将有毒物质混入净水罪

将有毒物质或者其他足以危害他人健康的物质混入供人饮用的净水的,处 3 年以下有期惩役(第 144 条)。

有关净水的含义,参见污染净水罪中的相关解说。“其他足以危害他人健康的物质”,是指如果饮用会足以危害他人健康的有害物。病原菌、寄生虫等,就属于此类物质,还包括其他因日常饮用而蓄存于体内,结果有害于健康的物质。

五、污染净水等致死伤罪

犯第 142 条、第 143 条、第 144 条之罪,因而致人死伤的,与伤害罪比较,依照较重的刑罚处断(第 145 条)。

本罪是污染净水罪(第 142 条)、污染水道罪(第 143 条)、将毒物混入净水罪(第 144 条)的结果加重犯。有关“与伤害罪比较,依照较重的刑罚处断”的含义,参见“不同意堕胎罪、不同意堕胎致死伤罪”中的相关解说。如果对死伤结果存在故意,则分别构成污染净水罪、污染水道罪、将毒物混入净水罪与伤害罪、杀人罪的想象竞合。

六、将有毒物质混入水道罪、将有毒物质混入水道致死罪

将有毒物质或者其他足以危害他人健康的物质混入通过水道供公众饮用的净水或者其水源的，处 2 年以上有期惩役；因而致人死亡的，处死刑、无期惩役或者 5 年以上有期惩役（第 146 条）。

有关本罪的对象与行为，参见污染水道罪、将有毒物质混入净水罪中的相关解说。结果加重犯仅限于发生死亡结果之时。如果导致伤害结果，从其法定刑来看，仅构成本条前段之罪。如果对死亡结果存在故意，则只要认定成立本条后段之罪即可。但在未遂的场合，则构成本条前段之罪与杀人罪未遂之间的想象竞合。

七、损坏水道罪

损坏或者堵塞供公众饮用的净水的水道的，处 1 年以上 10 年以下有期惩役（第 147 条）。

本条是为了处罚那些通过损坏或者阻塞水道设备，而使得向不特定或者多数人供给饮用水变得不可能或者显著困难的行为。《水道法》第 51 条是本条的特别法。

第二章　针对交易安全的犯罪

在现代资本主义社会，必须保护经济交易安全以及经济交易秩序。为此，刑法典规定了伪造货币罪（第 16 章）、伪造文书罪（第 17 章）、伪造有价证券罪（第 18 章）、有关支付用磁卡的电磁记录的犯罪（第 18 章之二）、伪造印章罪（第 19 章）等一系列伪造犯罪。其中，货币与有价证券作为经济交易的决算手段，具有相当的重要性；文书与印章在经济交易中，作为合同等其他有关权利、义务事实关系的证据，也具有相当的重要性。一旦货币、有价证券、文书等因被伪造而不为人们所信赖，就会造成经济停滞，并导致经济秩序的混乱。因此，刑法典通过处罚这些伪造行为而力图保护对此的公共信用。另外，文书作为身份关系与其他事实关系的证明手段也相当重要，在这一意义上，可以说，文书不仅关系到经济交易的安全，而且，作为公共信用之对象，与货币、有价证券具有同等的保护价值。

第一节　伪造货币的犯罪

一、保护法益

《刑法》第 16 章“伪造货币的犯罪”，分别规定了伪造货币罪、使用伪造的货币罪（第 148 条），伪造外国货币罪、使用伪造的外国货币罪（第 149 条），收受伪造的货币罪（第 150 条）以及收受伪造的货币后知情使用罪（第 152 条）等。

本章的保护法益，是对于货币的真正性的公共信用，这一点不存在任何争议。但问题在于，国家的货币发行权（货币额度权）是否也是本罪的保护法益？通说对此持否定态度，但判例以及部分学说则持肯定态度（最判昭和 22・12・17 刑集 1 卷 94 頁、木村 232 頁、植松 130 頁、大塚 410 頁、411 頁）。的确，如果将国家的货币发行权理解为国家的威信与权力，将其作为保护法益是不妥当的（平川 426 頁），但如果将其理解为货币发行量（money supply）

的调节这种国家的金融政策权限，则也有可能将其作为第二性的法益。*

* 新币兑换案　昭和21(1946)年实行新币兑换，采取的兑换方法是，发给每位国民相当于100日元的证纸，然后由国民自己将证纸粘贴在旧币上使用。行为人从不需要证纸的人手中购得这种证纸，然后粘贴在旧币上，但总金额超过了100日元这一限额，检察机关以伪造货币罪起诉了行为人。对此，最高裁判所认为，"伪造货币罪是通过保障货币发行权人的发行权，而力图确保货币的社会信用，因此，只要该制作人不具有货币发行权限"，其制作行为就构成伪造货币罪(最判昭和22·12·17刑集1卷94頁)。相反，否定说也很有力。否定说对该判决的批判是：在这种情况下，无法将违法制作的新币与合法制作的货币区别开来，只能是作为有效货币而通用，因此，该行为并未损害对于货币真正性的信用，认定构成本罪并不合适(平野256頁、中森206頁注3)。的确，在这种情形下，由于不能宣布违法制作的新币无效，并且，也并未超过国家的预定发行额度，应该说，认定成立伪造货币罪是不妥当的。但是，例如，伪造了与真币同一材质、外形的10万日元的纪念硬币，与伪造日本银行券(纸币)不同的是，一旦其进入流通领域，要认定哪种硬币是无效硬币是几乎不可能的，因而，也只能是认定其有效，但如果将这种行为认定为不可罚的行为，显然也不妥当。因此，本书认为，要认定行为具有可罚性，就只能以侵害了国家的货币发行权为根据。

二、伪造货币罪

以使用为目的，伪造或者变造通用的货币、纸币或者银行券的，处无期或者3年以上惩役(第148条第1款)。

犯罪未遂的，应当处罚(第151条)。

(一)对象

本罪对象是"通用的货币、纸币或者银行券"。所谓"通用"，不是指事实上的流通，而是指具有强制通用力。货币、纸币是指由政府发行的货币，银行券是指经政府许可而由特定银行发行的货币代用证券。现在，在我国，只有由政府制造并发行的货币(硬币)与由日本银行发行的银行券(日本银行券)才属于(法定)货币(参见《有关通货单位以及货币发行等的法律》〔昭和62年法42号〕第2条、第4条)。

(二)行为

本罪行为,是指出于使用目的的伪造或者变造。本罪处罚所有国外犯(第2条第4项)。所谓"伪造",是指无制作权限人制作出具有与货币相似外观之物。利用彩色复印机的制作,就是其典型例子。必须达到能使一般人误认为是真正的货币的程度(大判昭和2·1·28新聞2664号10頁、最判昭和25·2·18判例体系32卷596頁),凡未达到该程度的,只能作为"仿造"(模造),成为《通货以及证券仿造取缔法》(明治28年法28号)的规制对象。所谓"变造",是指无制作权限人通过对真正的货币进行加工,制作出具有与货币相似外观之物。例如,将两张1000日元纸币表里剥离,进行切断、加工,制作出六张具有外表上看似一折四或者一折八的1000日元的行为(最判昭和50·6·13刑集29卷6号375頁)就属于变造。不论伪造还是变造,均按照本条进行处罚,两者之间的区别并不重要。

(三)目的

本罪行为,必须是出于"使用的目的"而实施(目的犯)。所谓"使用",是指将伪造的货币作为真正的货币置于流通领域。只有出于使用的目的,才会产生有损对于货币真正性的公共信用的危险。在此意义上说,该目的属于主观的违法要素。因此,出于作为演出的小道具而使用的目的的情形等,就不构成本罪。凡缺少该目的的伪造行为,不过是有可能被作为"仿造"(模造)来处罚。

三、使用伪造的货币罪

使用伪造或变造的货币、纸币或银行券,或者以使用为目的,将伪造或变造的货币、纸币或银行券交付他人或者进口的,与前款同(第148条第2款)。

犯罪未遂的,应当处罚(第151条)。

(一)对象

本罪对象,是伪造或者变造的货币、纸币或银行券(总称为假币)。不必是出于使用的目的而伪造的假币,也不问具体制作人是谁。例如,将他人为了用作道具而制作之物作为真正的货币而使用的,也构成本罪。

(二)行为

本罪行为,是使用假币,以及出于使用目的的交付或进口。本罪处罚所有的国外犯(第2条第4项)。所谓使用,是指将假币作为真正的货币置于流通领域。除了用于支付买卖价款与偿还债务之外,还包括赠与。在自动售货机上使用的,最终也会使得假币进入流通领域,因而也构成本罪(東京高判昭和53・3・22刑月10卷3号217頁）。并不以使用方法合法为要件，因而，用作赌资的行为也构成本罪（大判明治41・9・4刑録14輯755頁）。反之，作为所谓“亮相金”[1]而出示的行为，或者委托保管的行为，由于不能被谓为将假币置于流通领域，因而并不构成本罪。

其次，所谓“交付”，是指告知对方是假币，或者，在对方已经知道是假币的情形之下交给对方，不问有偿还是无偿。对于将假币交给不知情的某人去购物的行为，尽管有观点认为相当于交付（大判明治43・3・10刑録16輯402頁、平野258頁），但还是应该理解为，与在自动售货机上购物的情形一样，相当于使用（团藤252頁、大塚416頁、中森209頁注7、山口425頁）。所谓“进口”，有观点认为，只要运入领海或领空之内即可（植松136頁、大塚416頁），但是，同走私毒品等行为一样（参见最判昭和58・9・29刑集37卷7号1110頁），还是应该理解为：在船运的情形下必须卸货、在空运的情况下必须着陆。

（三）罪数、与他罪之间的关系

在伪造、变造货币者犯本罪之时，构成牵连犯。用假币购物的，除本罪之外，似乎还应成立诈骗罪，但通说、判例认为，诈骗罪为本罪所吸收（大判明治43・6・30刑録16輯1314頁）。正如后述，其理由在于，如果认定成立诈骗罪，则会淹没对于“取得伪造的货币后知情使用罪”（第152条）予以从轻处罚的立法意图。

四、伪造外国货币罪、使用伪造的外国货币罪

以使用为目的，伪造或者变造正在日本国内流通的外国的货币、纸币或者银行券的，处2年以上有期徒役（第149条第1款）。

使用伪造或者变造的外国的货币、纸币或者银行券，或者以使用为目的，将伪造或者变造的外国货币、纸币或者银行券交付他人或者进口的，与前款同（同条第2款）。

犯罪未遂的，应当处罚（第151条）。

（一）对象

伪造外国货币罪的对象，是“正在日本国内流通的外国的货币、纸币或者银行券”。“日本国内”，是指在日本的主权所及范围之内。判例认为，根据《日美安保条约》而允许在驻日美军设施之内流通的以美元表示的军票也属于本罪对象（最决昭和28・5・25刑集7卷5号1128頁。平川431頁对此持

[1] 所谓“亮相金”，是指为了取得对方信任而故意亮出给对方看的钱款。——译者注

反对意见)。所谓"正在流通",不是指具有强制通用力,而是指处于事实上的流通状态。其他内容可参见"伪造货币罪"。

使用伪造的外国货币罪的对象,是"伪造或者变造的外国的货币、纸币或者银行券"。尽管没有明文规定,在该场合之下,当然也应该是"正在日本国内流通"的外国货币的假币(大塚 418 页)。

(二)行为

有关伪造外国货币罪、使用伪造的外国货币罪的行为,参见伪造货币罪、使用伪造的货币罪。

五、收受伪造的货币罪

以使用为目的,收受伪造或者变造的货币、纸币或者银行券的,处 3 年以下惩役(第 150 条)。

犯罪未遂的,应当处罚(第 151 条)。

本罪对象,是伪造或者变造的货币、纸币或者银行券。尽管并无明文规定,但由于是承接前二条的规定,因此,通说认为,所谓"货币、纸币或者银行券",不仅仅是指日本的货币,还包括正在日本国内流通的外币。并不需要是出于使用的目的而伪造的货币。

本罪行为,是指明知是假币仍然出于使用的目的而收受。所谓"收受",是指将假币收为己有的一切行为。不问有偿还是无偿,凡买入、接受交付、拾得、窃取、骗取等都属于此类行为。由于本罪处罚的是使用的前阶段行为,因而可以认为,这里的"收受"也包含侵占(中森 210 页)。收受之后再使用的,成立使用伪造的货币罪,与本罪构成牵连犯。

六、收受后知情使用罪

收受货币、纸币或者银行券后,知道是伪造或者变造的而使用,或者以使用为目的交付他人的,处面额 3 倍以下罚金或者科料,但不得少于 2000 日元(第 152 条)。

收到假币之后方知其为假币,尽管如此却仍然使用,或者,出于使用的目的而交付给他人的,对于上述行为,本罪规定以极轻的法定刑予以处罚。其理由在于,将受到假币之后所蒙受的损失转嫁给他人这一行为,可以说,要求行为人实施合法行为的期待可能性类型性地很低。因此,在成立本罪的情况下,排除适用诈骗罪(通说)。比照这种立法意图,应该说,本罪中的"收受"

仅限于通过合法手段取得,应该将窃取或诈骗等违法手段排除在外(通说)。出于使用目的的"交付"的含义,与使用伪造的货币罪(第148条第2款)中的交付相同。明知是假币仍然接受交付的行为,构成收受伪造的货币罪(第150条),如果此后再使用,则成立一般的使用罪。因为,在这种情况下,不能认定其期待可能性类型性地很低。

本罪是身份犯,本罪主体,限于收到假币之后方知其为假币者。并且,由于该身份能减轻责任,因而,属于第65条第2款的身份(参见西田『新版 共犯と身分』245頁以下)。如此一来,根据第65条第2款的规定,教唆收到假币者知情使用的教唆者,构成通常的使用伪造的货币罪(第148条第2款)的共犯。

所谓"处面额3倍以下罚金",是指如果收受的假币为1万日元,则处以3万日元以下的罚金。

七、伪造货币准备罪

以供伪造或者变造货币、纸币或者银行券之用为目的,准备器械或者原料的,处3个月以上5年以下惩役(第153条)。

在伪造、变造货币罪的预备行为中,本罪仅处罚准备器械或者原料的行为。应该说,除了针对自己的伪造行为的准备行为(自己预备行为)之外,还包括为了帮助他人的伪造行为而实施的准备行为(他人预备行为)(大判昭和7·11·24刑集11卷1720頁、団藤255頁、大塚420頁、大谷434頁、中森208頁、井田423頁)。由于本罪属于预备罪中的一种,因而,除故意之外,还必须出于"供伪造或者变造之用为目的"。问题在于,是否要求实施准备行为者自身也存在"使用的目的"呢?如果是自己预备行为,当然需要"使用的目的";即便是他人预备行为,由于使用的目的属于主观的违法要素,因此,只要认识到正犯存在使用的目的即可。

对于本罪的准备行为本身的帮助行为,例如,提供购买器械或者原料的货款的行为,能否根据第62条的规定,将该行为作为本罪的帮助犯而认定其具有可罚性,对此尚存争议。通说、判例肯定成立帮助犯(大判昭和4·2·19刑集8卷84頁)。但有观点从否定预备犯的共犯以及帮助的帮助这一角度出发,否定成立帮助犯(大塚422頁、中山424頁);还有观点以本罪属于独立预备犯为根据,而主张有条件地肯定成立帮助犯(団藤256頁、福田88頁)。对于"有关共犯的规定"(第60~62条)中的"实行""正犯"这种用语的含义,有观点将其限于符合基本构成要件的行为,而认为并不包含共犯行为与预备行为,否定说正是这种观点的归结。但是,共犯行为与预备行为本身是符合修正的构成要件的行为,就对于“有关共犯的规定”的解释而言,也可以说这种共犯行为与预备行为就是实行行为,因此,对此予以帮助的行为,当然可以构成帮助犯(详见西田典之「実行および正犯の概念と共犯成立の限界」『香川達夫博士古稀祝賀・刑事法学の課題と展望』〔成文堂 1996 年〕341 頁以下)。

第二节 伪造有价证券的犯罪

一、概述

刑法典第 18 章“伪造有价证券的犯罪”,是为了处罚伪造、变造有价证券,或者在有价证券上作虚假记载的行为。本章的保护法益,是对于有价证券的真正性的公共信用。由于有价证券也属于一种有关权利、义务的文书,因此,刑法典将本章规定在伪造文书罪(第 17 章)之后。但是,从其功能上看,有价证券相当于货币,因而,在这一意义上,与伪造的货币一样,对于出于使用的目的而交付、进口伪造的有价证券的行为,刑法典也规定予以处罚。为此,本书将伪造有价证券罪置于伪造货币罪之后加以解说。

二、伪造有价证券罪、虚假记载有价证券罪

以使用为目的,伪造或者变造公共债券、政府证券、公司股票或者其他有价证券的,处 3 个月以上 10 年以下惩役(第 162 条第 1 款)。

以使用为目的,在有价证券上作虚假记载的,与前款同(同条第 2 款)。

(一)对象

本罪对象,是有价证券。公共债券(例如,国债证书〔国库券〕)、政府证券(例如,大藏省〔财政部〕证券)、公司股票等,就是其例示。所谓有价证券,在《商法》或《金融商品交易法》意义上,是指所有有关权利的发生、转移、行使,均以存在该证券为必要(完全有价证券);而本罪中的有价证券的含义更广,判例认为,应该是表示财产权的票据,凡有关权利的行使或转移均以占有该票据为必要(大判明治 42・3・16 刑録 15 輯 261 頁〔530〕、最判昭和 34・12・4 刑集 13 巻 12 号 3127 頁)。因此,作为设权票据或提示票据的期票、支票,当然属于有价证券,另外,以下各种票据也属于本罪中的有价证券:权利的转移、行使,以该票据为必要的提货单(大判大正 10・2・2 刑録 27 輯 722

頁)、船运货单等;行使权利以票据为必要的车票(最判昭和25·9·5刑集4卷9号1620頁)、定期车票(月票或季票)(最判昭和32·7·25刑集11卷7号2037頁〔531〕)、购物券、彩票(最决昭和33·1·16刑集12卷1号25頁)、自行车赛车(用于填写优胜者)的奖票(名古屋高判昭和27·12·22判特30号23頁)、赛马的马票(東京高判昭和34·11·28高刑12卷10号974頁)等。另外,啤酒票与出租车乘车券等,也可以说是有价证券。判例还判定,诸如与电磁记录部分连为一体的电话卡那样的预付卡,也相当于有价证券(最决平成3·4·5刑集45卷4号171頁),有关这一点,参见后述"电话卡的伪造、变造"。

与此相反,银行存折与邮政存折(大判昭和6·3·11刑集10卷75頁)、不记名定期银行存折(最决昭和31·12·27刑集10卷12号1798頁),由于不是权利本身的转化物,因而不属于有价证券,而属于证据票据。还有,鞋子存取牌、手提行李存取单,也仅仅只是免责票据,同样也不属于有价证券。对于高尔夫俱乐部的入会保证金预付证书,下级裁判所的判例之间意见不一(東京高判昭和53·2·16高刑31卷1号22頁持否定说,而東京地判昭和53·3·28判時911号166頁则持肯定说)。尽管是有关贿赂的没收、追缴对象之判断的案件,最高裁判所以不能被谓为代表高尔夫会员权的东西为由,否定这种预付证书具有有价证券性(最决昭和55·12·22刑集34卷7号747頁〔622〕〔1〕)。另外,由于印花、邮票属于金券(可以兑换成现金的票据),而非私法上的权利的转化物,因而也不属于有价证券。对此,参见《印花犯罪处罚法》第1条以及《邮政法》第84条、第85条。

(二)行为

本罪行为,是指伪造或变造有价证券,以及在有价证券上作虚假记载的行为。

首先,所谓"伪造",是指无制作权限者以他人名义或者以实际并不存在的人的名义制作有价证券。其外观必须达到足以使一般人误认为是真正的有价证券的程度,但不以完全具备法定要件为必要(例如,没有写明开具地的期票亦可。参见東京高判昭和58·5·26東時34卷4=5=6号18頁)。

其次,所谓"变造",是指无制作权限者对真正的有价证券进行篡改。例

〔1〕对于高尔夫俱乐部的会员证,该判例认为,"不能认为该证书属于代表了高尔夫俱乐部会员权的有价证券"。"可以说,此后,否定属于有价证券的态度就在实务部门确定下来"(参见王昭武译·山口各论562页)。——译者注

如,篡改支票金额(最判昭和36・9・26刑集15卷8号1525頁)。[1]

最后,有关虚假记载的含义,判例与学说相互对立。判例认为,所谓虚假记载,既包括针对(开具票据等)基本证券行为的无形伪造(制作权限者制作出内容虚假的证券),例如,实际上并无货物交付却开具提货单的行为(大判大正15・9・18刑集5卷413頁);还包括针对(背书、收受、保证等)附随证券行为的无形伪造与有形伪造(由无制作权限者所实施的行为),例如,在票据或支票上背书或写上保证(大判大正2・6・12刑録19輯705頁)。对此,学界通说认为,无论是基本证券行为还是附随证券行为,只有无形伪造才属于虚假记载,而有形伪造即便是针对附随证券行为,也属于本条第1款的伪造。不过,两个行为最终结果都是成立本罪,因而,其间的区别并不重要。

另外,要成立本罪,必须存在使用的目的。有关"使用"的含义,参见使用伪造的有价证券罪。

(三)权限的僭越与滥用

问题在于,在由法人或者自然人的代表人或代理人制作有价证券的场合,如果对其制作权限就目的、限度以及方式等作了一定限制,那么,违反这种限制而实施的制作行为,是否构成本罪?

判例认为,即便是诸如代表董事[2]等享有概括性制作权限的人开具支票、票据,如果该行为是出于行贿的目的(大判明治45・7・4刑録18輯1009頁〔418〕),或者,是出于为自己或第三人谋取利益的目的(大判大正3・12・17刑録20輯2426頁),也应成立本罪。但此后判例观点发生改变,对于银行支配人(行长或者店长等)为了自己个人的利益而以银行名义开具支票的案件,大审院认为,如果该行为客观上是在其权限范围之内,则不构成本罪(大連判大正11・10・20刑集1卷558頁〔510〕)。另外,某人并无制作有价证券的一般性权限,仅仅只是在制作权限者的承诺范围之内,作为机械性的辅助人员而可以制作有价证券(例如,公司会计),如果该人在上述范围(制作权限者的承诺范围)之外制作了有价证券的,则应构成本罪(大判大正11・12・6刑集1卷736頁、大判昭和18・3・31新聞4837号10頁)。由此可

---

〔1〕 又如,篡改票据的开具日期、收受日期(大判大正3・5・7刑録20輯782頁)的,判例认为属于变造有价证券罪;对已过有效期而丧失了效力的铁路乘车券的失效日予以篡改,做成有效的样子的,就属于伪造有价证券的行为(大判大正12・2・15刑集2卷78頁)。——译者注

〔2〕 代表董事是指享有代表权的董事,但并不一定是董事长,因为,有时候社长也可能是具有代表权的董事,因而在一家公司中,可能存在几个具有代表权的董事。——译者注

见，判例是根据究竟是制作权限的滥用还是僭越，来决定是否构成本罪。但问题在于，即便某人享有概括性的制作权限，但对其权限设置了内部限制规定的情况下，对此如何处理？例如，某人担任渔业工会的参事，负责期票开具业务，尽管工会内部规定，在开具可转让票据之时必须事先征得专务理事甲的许可，但该参事在未征得甲的许可的情况下，仍然开具了可转让票据，对此案件，最高裁判所认为，就可转让票据而言，“其制作权限全部属于专务理事甲，被告人仅仅只是作为单纯的起草人、协办人而参与制作票据”，因此，“并不仅仅止于对该被告人如何行使票据制作权限存在内部限制这一程度，而是应该视为，该被告人实质上并无上述票据的制作权限”，从而判定构成本罪（最决昭和 43・6・25 刑集 22 卷 6 号 490 頁〔512〕）。对于这种情况，可以想见，会存在下述观点：准用《公司法》第 11 条第 3 款的规定（参见《水产业工会法》第 45 条第 3 款），对于代理权所作的内部限制不可对抗善意第三人，因而，根据这一点，支票等在私法上是有效的，在此情况下，就没有必要认定成立本罪（町野 312 頁的观点可以被认为是这种观点）。但是，尽管可以说，外观理论以及有关保护善意人的规定是为了保护交易安全，但那也仅仅是限于个别救济，在更多场合下，应该让有价证券的受领人承担善意（有时候更是无过失）的举证责任。在此限度之内，即便在上述场合，也只能说，仍然损害了对于有价证券的公共信用。事实上，对于某株式会社的董事在退职之后登记之前[1]以董事名义开具期票的行为，[2]判例也认定成立本罪（大判大正 15・2・24 刑集 5 卷 56 頁）。如此看来，应该说，是否成立本罪，不应当为私法上的相对有效性所左右。因此，是否成立本罪，应该根据是否实质上拥有有价证券的制作权限来决定：如果内部限制能够否定其具有该权限，则成立本罪；如果内部限制仅仅是针对权限行使方法的一种程序性的限制，则不成立本罪（参见藤木英雄『旧注釈刑法〔第 4 卷〕』198 頁、岡田雄一『大コンメンタール刑法〔第 8 卷〕』270 頁、鬼塚賢太郎『昭和 43 年度年度最高裁判所判例解説』203 頁）。还有，对于尽管并无概括性权限，但被授权可以在一定限额之内开具支票的诸如财务部长等人的情况，也会引起争议。如果能够认定，该行为人是根据业务处理程序而负责保管开具支票所必需的印章等，并且，可不经上司同意而开具支票，那么，即便对上限金额存在限制，也应肯定

---

〔1〕 虽然已经退职，但尚未完成相关登记之时。——译者注

〔2〕 按照《商法》第 12 条的规定，退职的事实并不能对抗善意第三人，公司仍然对票据承担责任。最判昭和 35・4・14 民集 14 卷 5 号 833 頁就是基于该趣旨的判例。

其具有制作权限。[1][2]

(四)电话卡的伪造、变造

1. 问题点

篡改电话卡背面的磁条信息部分(电磁性记录),例如,将电话刻度由50度变造至500度("变造电话卡案")的,这种行为应该构成何罪呢?根据以电磁记录不属于刑法意义上的文书这一点为前提而在昭和62年(1987年)所作的刑法改正的规定,篡改磁条信息的行为符合第161条之二的第1款(非法制作私电磁记录罪);在公用电话上使用所变造的电话卡的行为则符合该条第3款(提供使用罪),同时,也作为第246条之二后段所规定的使用电子计算机诈骗罪来处罚,这一点想必没有异议。但是,上述最初引起争议的"变造电话卡案"的案情为,将已篡改了磁条信息部分的通话刻度的电话卡卖给兑换商,并告知对方是变造的电话卡。由于第161条之二第3款并未规定交付罪,因而,要处罚此行为,就只能适用第163条第1款的交付变造的有价证券罪,并且,东京地方裁判所的判例也肯定了此结论(東京地判平成1·8·8判時1319号158頁)。由此,便引发了有关伪造、变造电话卡的行为是否构成伪造、变造有价证券罪这一问题的争论。

2. 判例与学说

当初的下级裁判所判例考虑到1987年刑法改正的前后经过,以诸如电话卡之类的电磁记录不能被称为有价证券(文书)为理由,否定成立本罪(千葉地判平成1·11·2判時1332号150頁),但最高裁判所则肯定成立本罪。亦即,在将有价证券定义为"是以证券来表示财产性权利,而就所表示的财产性权利的行使而言,应以占有该证券为必要"的基础上,认为"若将电磁信息

---

〔1〕 参见藤木『経済取引と犯罪』278頁。对于在金额并无限制的情况下的总务部长的此类行为,広島高判昭和56·6·15判時1009号140頁判定不成立本罪。

〔2〕 对此,山口484頁以下认为,"在概括性权限受到内部制约的场合,就能够根据实质上是否具有制作权限,来决定伪造有价证券罪的成立与否(如果有制作权限,就属于滥用权限,不成立伪造有价证券罪;如果不具有制作权限,就属于僭越权限,成立伪造有价证券罪)。前面已经谈到,是否成立伪造有价证券罪,不是取决于意思表示的法律效果之归属的有无,而应该根据意思表示本身的归属来判断。基于这种观点,对于以有无实质上的制作权限来区别滥用权限与僭越权限的做法,也应予以支持(对于具有概括的权限的人以外的其他人,尤其是那些虽然没有概括的权限,但被赋予某种程度的广泛权限的人〔财务部长等〕,也应该通过分析其所具有的实质性权限的具体内容,来判断是否具有权限)。不过,这种判断有时候很难明确界定,对此,学界有观点主张,应根据对概括性权限的内部限制,究竟是对权限范围本身的限制(若违反限制,就属于僭越权限),还是只是对权限的具体行使方法的限制(便违反限制,也只是滥用权限),由此来划定处罚界限"(王昭武译·山口各论565页以下)。——译者注

部分、券面上的记载及其外观作为一个整体来看待，就可以认定，该证券上面显示了接受电话劳务的提供这种财产性权利，并且，将该证券插入卡式公用电话机就可以使用，因此，将电话卡理解为有价证券是相当的”，进而采取了1987年的刑法改正也无碍于这一解释的态度。并且，最高裁判所的这一决定还附有补充意见，提出了卡面上完全没有写明是电话卡的所谓“白卡”的问题，认为即便按照法庭意见，对于白卡不能认定成立伪造、变造有价证券罪，但事实上，在利用可能性这一点上，“白卡”又与通常的电话卡并无不同，既然如此，一律认为伪造、变造“白卡”的行为不可罚便有失均衡，因此，就电话卡等预付卡而言，还是通过整体考虑而以立法形式解决为善（最决平成3·4·5刑集45卷4号171頁）。

对此问题，学说大致可以分为三种观点：(1)“无限定说”认为，所谓有价证券，只要是财产权的载体（转化之物）即可，而电磁记录当然可认定为有价证券，因此，电话卡显然也属于有价证券，就是“白卡”也可以（古田佑紀「判批」『研修』495号41頁）；(2)“一体说”认为，有价证券没有必要一定是可视性文书，磁条信息部分与电话卡上的记录（写明是电话卡，并表示出可使用刻度）连为一体便构成有价证券（仅仅是磁条信息部分本身，尚不属于有价证券），不过，在电话机上使用的行为，虽然也相当于出于使用的目的，但“白卡”并不属于有价证券（大谷487頁、大塚426頁、427頁、岡野222頁）；(3)“非文书说”认为，有价证券属于文书，这是当然的前提，因而，既然就通常的文书而言，1987年的刑法改正已认定电磁记录不属于文书，那么，含有磁条信息的电话卡也不应属于有价证券（山口厚「判批」『ジュリスト』951号52頁、西田典之「判批」『研修』537号3頁、団藤259頁、中森230頁注42、平川435頁）。可以说，上述最高裁判所的决定（最决平成3·4·5刑集45卷4号171頁），就是以第(2)种观点为基础并融入了第(1)种观点的逻辑。

3. 探讨

首先，“无限定说”的特点在于，一贯不要求有价证券具有可读性，甚至不要求所变造的电话卡具有让人误认为是真正的电话卡的可能性，因而，即便是制作“白卡”，该行为也有可能成立本罪。但问题在于，本罪是一种文书犯罪，这种做法是否超越了（属于文书犯罪的）本罪的保护法益的范围（限定框架）呢？文书犯罪所预先设想的情况是，伪造、变造的文书的流通，会有害于对于文书的社会信用，还会使得流通陷入停滞状态，进而会使得相关制度难以维持。但在电话卡的场合，在上述过程中，并不会（直接）侵害预付卡制度，只是因变造的电话卡的使用行为会直接使得电讯公司NTT蒙受财产损害，由此才使制度受到侵害。如此看来，即便无限定说直接抓住了妨害NTT

的业务处理这一电话卡变造行为的实质,但仍然必须说,该理论超出了作为一种文书犯罪类型的变造有价证券罪的范围。

其次,像前述最高裁判所的决定(最决平成3・4・5刑集45卷4号171頁)那样,"一体说"是通过排除"白卡"的情形,而力图将变造电话卡的行为最终定位于文书犯罪的框架之内。然而,只要将券面上的记录内容作为有价证券的要件之一,那么,这无非就是将人的认识可能性即可视性、可读性作为问题。该说一边采取一体说,对于"出于使用的目的"这一要件完全不考虑是否存在足以使人误信的可能性,然而,在有价证券的场合,又为什么要以具有有价证券的外观为必要呢?该说显然难以避免遭受这种质疑。

通过上述分析可以看出,要将电话卡的伪造、变造行为纳入本罪之中,难免牵强,在此意义上,可以说,"非文书说"要更为妥当。正如后述,这一问题是通过立法形式来解决的。也就是,通过平成13年(2001年)的刑法改正,增设"有关支付用磁卡的电磁记录的犯罪"(刑法典第18章之二),而使得前述最高裁判所的决定丧失作为判例的效力(详见本章第三节"有关支付用磁卡的电磁记录的犯罪")。

三、使用伪造的有价证券罪

使用伪造或变造的有价证券或者存在虚假记载的有价证券,或者以使用为目的而交付他人或者进口的,处3个月以上10年以下惩役(第163条第1款)。

犯罪未遂的,应当处罚(同条第2款)。

本罪对象,是伪造、变造或者存在虚假记载的有价证券,不以行为人自己亲自制作为必要,也不以制作者出于使用的目的而制作为必要。

所谓"使用",是指将伪造等的有价证券作为真正的或者内容真实的有价证券来使用。判例认为,本罪不同于使用伪造的货币罪,不以置于流通领域为必要(大判明治44・3・31刑録17輯482頁)。因此,为了掩盖对自己所管理的财产的浪费行为,谎称存在票据借贷,而将伪造的票据向亲属出示的行为(大判明治44・3・31刑録17輯482頁);为了票据贴现而出示伪造的汇票的行为(大判昭和13・12・6刑集17卷907頁);为了让对方误信自己的资产状态而将伪造的票据向对方出示的行为(大判昭和7・5・5刑集11卷578頁)等,就属于使用。其理由在于,"在供他人阅览之时,就已经发生了有害于公共信用的危险"(大判昭和13・12・6刑集17卷907頁)。尽管通说对该判例观点持肯定态度,但是,本书认为,既然连伪造的货币都要以置于流通流域为必要，伪造的有价证券等就更应该以置于流通流域为必要。至于为了取得对方的信任而向对方出示伪造的票据的行为，如果该行为是作为诈骗罪的手段而使用，在本书看来，只要认定成立诈骗罪，即足以规制此类行为。[1]

另外，就使用伪造、变造的电话卡的情形下的使用目的，参见前述（“伪造有价证券罪与虚假记载有价证券罪”中的“电话卡的伪造、变造”）。就交付以及进口的含义，参见使用伪造的货币罪中的相关解说。

第三节 有关支付用磁卡的电磁记录的犯罪

一、概述

（一）含义

平成13年（2001年）的刑法改正（法第97号）通过增设刑法典“第18章之二 有关支付用磁卡的电磁记录的犯罪”，而新设了《刑法》第163条之二至第163条之五。该改正的内容为处罚下述行为：非法制作或提供使用以电磁记录为构成部分的信用卡等支付用卡的行为、持有非法制作的磁卡的行为、为非法制作作准备的行为等。同时，对于《刑法》第2条进行修正，处罚上述犯罪的所有国外犯。根据该改正法附则第2款的规定，对《关税定率法》第21条第1款第3项进行改正，除了将非法制作的支付用磁卡认定为禁止进口物之外，还作了相关必要的改正（作为现行法，由《关税法》第69条之十一第1款第6项进行规定）。

另外，不是针对信用卡的电磁记录，而是针对刻在信用卡表面的卡号、有效期限等信息的保护，参见《分期付款销售法》第49条之二。

（二）立法背景

随着诸如信用卡等以电磁记录为构成部分的支付用磁卡的广泛普及，并且，在面对面的交易之中也作为结算手段而使用，近来，通过机械性手段秘密

---

〔1〕 对此，山口485頁认为，“（为了让对方误信自己的资产状态）作为‘显示票据’而使用的行为等，也相当于使用（大判明治44・3・31刑録17輯482頁、大判昭和7・5・5刑集11卷578頁）。要谓之使用，必须是向人出示伪造的有价证券，只是插入机器内的行为还不足以被称为使用（因此，对于最决平成3・4・5刑集45卷4号171頁将变造的电话卡插入卡式电话机的行为认定为使用的结论，存在疑问）。另外，伪造的票据的善意取得者，日后知道该票据属于伪造的票据，仍然向作了真实署名的票据债务人出示该伪造的票据，并要求偿还债务的，那属于正当权利的行使，不构成使用伪造的有价证券罪（大判大正3・11・28刑録20輯2277頁）”（王昭武译・山口各论567页）。——译者注

窃取磁卡中的电磁信息(利用所谓“快速读取”〔skimming〕手段)的行为横行,而且,利用所窃取的信息伪造各种磁卡,或者使用所伪造的磁卡来购买商品、兑换现金的行为也随之频繁发生。因伪造的信用卡所造成的受害金额在2000年一年就高达140亿日元。对于信用卡的伪造行为本身,原本也可根据《刑法》第161条之二第1款(非法制作私电磁记录罪)进行处理,但立法机关基于下述理由,认为还是有必要进行新的立法:(1)与伪造有价证券罪相比,其法定刑要轻;(2)没有规定交付罪与进口罪;(3)也有必要处罚不正当获取磁卡信息的行为本身;(4)从比较法的角度来看,对于伪造的磁卡的持有行为本身也有必要加以处罚。

二、非法制作、提供使用、出让支付用磁卡罪

以使他人的财产性事务处理出现错误为目的,非法制作供该事务处理之用,且构成信用卡以及其他用于支付价款或费用的磁卡的电磁记录的,处10年以下惩役或者100万日元以下的罚金。非法制作构成用于提取存款的磁卡的电磁记录的,亦同(第163条之二第1款)。

出于前款的目的,将前款非法制作的电磁记录供他人的财产性事务处理之用的,与前款同(同条第2款)。

出于第1款的目的,转让、出借或者进口以第1款的非法制作的电磁记录为其构成部分的磁卡的,与第1款同(同条第3款)。

犯罪未遂的,应当处罚(第163条之五)。

(一)保护法益

根据本法的起草机关的说明,本罪的保护法益为,对于构成支付用磁卡的电磁记录的真实性,以及使用这些支付用磁卡的支付体系的社会信赖。因此,与现行的伪造货币罪、伪造有价证券罪相并列,将本罪定位于伪造罪的一种(長瀬敬昭「刑法の一部を改正する法律について」『警察学論集』54巻9号107頁)。在使用非法制作出来的伪造的信用卡而骗取商品或者兑换现金的场合,在有损对于信用卡的真实性的社会信赖方面,的确可以说,本罪具有伪造罪的特征。但是,如后所述,本罪的对象还包括诸如预付卡以及现金卡等不针对人使用,而仅仅针对机械使用的支付用磁卡。正因为如此,对于非法制作那种不具有真正磁卡之外观的磁卡的行为,例如,仅在“白卡”上粘贴(印磁)电磁记录的行为,也应当认定构成本罪。这样一来,就应该将本罪罪质理解为,与伪造罪相并列,或者超出伪造罪的,以电磁记录为构成部分的支付用磁卡所形成的结算系统的安全且圆满的运行。

(二)对象

1. 支付用磁卡的含义

本条第 1 款前段所谓以电磁记录为构成部分的“用于支付价款或费用的磁卡”,除了所列举的信用卡(后付款方式)之外,还包括诸如预付卡(先付款方式)等以结算商品货款以及服务价款为目的的磁卡。另外,第 1 款后段所谓“用于提取存款的磁卡”,是指为了提取或储存邮政存款以及在各种金融机构里的存款之用的磁卡,即所谓的现金卡。在后段对现金卡做出独立规定的结果就是,附加了转账(即时转账结算)功能的现金卡即转账卡,也便成为支付用磁卡的一种,从而使得非法制作转账卡的行为不属于前段所规定的行为,而属于后段所规定的非法制作现金卡的行为。相反,贷款经营业者所发行的贷款卡(loan card)、各种超市或餐饮店所发放的积分卡(point card)、作为除存款之外的有关金钱交易的 ATM 卡的人寿保险卡(投保人在 ATM 上用来借贷合同贷款额,或者提取累计红利的磁卡)、证券卡(证券综合账户的利用人在 ATM 上用来提取或存入现金的磁卡)等,就不属于支付用磁卡之列(長瀬敬昭「刑法の一部を改正する法律について」『警察学論集』54 巻 9 号 108 頁、西田典之「カード犯罪と刑法改正」『ジュリスト』1209 号 11 頁)。按照提案当局的解释,各种超市、饮食店、电器大卖场以及航空公司等所发行的积分卡,也不属于这里的支付用磁卡。但是,近年来,随着积分卡的普及,积分卡作为现金决算的一种手段而利用的机会与规模日渐增大,鉴于此现状,本书认为,也可以将积分卡理解为本罪对象。

2. 预付卡(充值卡)

本条第 1 款前段所规定的支付用磁卡里还包括各种预付卡,另外,卡式电子货币等也包含在里面。尽管有观点认为,预付卡的金额很小且难以想象会出现被“快速读取”其磁条信息的情况,因而,应排除在这里所谓支付用磁卡之外,但鉴于预付卡已在国民生活中广泛普及,立法者最终还是将其纳入本罪对象之中。

如前所述,针对篡改电话卡的磁条信息的行为,最高裁判所认为,由于卡面上的记录与磁条信息部分连为一体而相当于《刑法》第 162 条所规定的有价证券,因而,篡改磁条信息的剩余刻度的行为,应构成伪造有价证券罪(最决平成 3・4・5 刑集 45 卷 4 号 171 頁)。这样,预付卡与最高裁判所的该决定之间的关系,便成为问题。这是因为,本罪的法定刑为“10 年以下惩役或者 100 万日元以下罚金”,而伪造有价证券罪的法定刑则为“3 个月以上 10 年以下惩役”,如果继续维持该判例,那么,就非法制作的电话卡等预付卡而言,就应该优先适用伪造有价证券罪。但是,我们应该认为,这次的立法已经对该判例作出了修正。其原因就在于,预付卡通常在公用电话机等机械上使用,其中,很重要的一点就是,这里的电磁记录是使得利用机械成为可能的电磁记录,因此,凡篡改或非法制作该电磁记录部分的行为,今后就应该成为第163条之二以下的规定的规制对象(長瀬敬昭「刑法の一部を改正する法律について」『警察学論集』54卷9号110頁)。考虑到非法制作预付卡的行为所造成的个别受害金额相对较小,而本条的法定刑里还规定了罚金刑,因而,这一点也可以进一步佐证上述解释。因此,包括仅在"白卡"上粘贴(印磁)磁条信息部分的行为在内,针对伪造预付卡的行为,今后都应适用本条的规定。

另外,即便作上述解释,如何处理以下两种行为仍然容易引起争议:(1)既非法制作了预付卡卡面上的记载内容(图案、发行名义人、标志等),也非法制作了预付卡里面的电磁记录部分的;(2)非法制作的磁卡虽然伪造了卡面上的记载内容,但里面并未印入(印磁)任何电磁记录。本书认为,就第(1)种情形而言,应成立本罪与伪造私文书罪(《刑法》第159条)或者侵犯商标罪(《商标法》第78条)的想象竞合;就第(2)种情形而言,则只要成立伪造私文书罪或者侵犯商标罪即可。

(三)行为

1. 目的犯

本罪行为,是非法制作支付用磁卡的电磁记录(第1款),将非法制作的电磁记录磁卡提供给他人使用(第2款),出让、出借或进口以非法制作的电磁记录为其构成部分的磁卡(第3款)。这些行为均必须以"使他人的财产性事务处理出现错误"为目的。从这一意义上看,这些犯罪均属于目的犯,其真实目的就在于,在支付程序中,将非法制作的支付用磁卡用于机器(针对机器使用)。本条第3款所规定的出让、出借或进口以非法制作的电磁记录为其构成部分的磁卡,以及第163条之三所规定的持有非法电磁记录磁卡罪,也必须存在该目的。与一般的伪造罪一样,即便本人并没有供他人使用的目的,但如果能够认识到,最终会有某人提供给他人使用,即可以认定存在该目的。不仅仅是指作为支付用磁卡提供给他人使用这一目的,利用信用卡以及现金卡所具有的提现功能的目的,也包含在上述目的之中。然而,出于证明身份的目的,或者,出于向朋友显示的目的等场合,则应排除在外。

2. 非法制作(非法制作支付用磁卡的电磁记录罪)

所谓非法制作,是指并无制作权限或者滥用制作权限,制作出有可能供他人在支付系统中使用的支付用磁卡的电磁记录。由于条文表述为"供该事务处理之用,且构成信用卡以及其他用于支付价款或费用的磁卡的电磁记录的”，因而，仅仅是指与磁卡连为一体的电磁记录，因此，非法制作出与磁卡连为一体的电磁记录，且该磁卡为完成品，处于可提供使用于支付系统的状态之时，构成既遂。那么，仅仅是非法制作出了与磁卡处于分离状态的电磁记录（例如，磁条信息部分），而尚未粘贴（印磁）到磁卡之上的，则仅构成非法制作的未遂（第163条之五）或者准备（第163条之四）。

由于非法制作的对象是与磁卡连为一体的电磁记录，因此，本罪不同于伪造有价证券罪，所制作的磁卡不必具备正规磁卡的外观，即便一眼即可发现是伪造或变造的磁卡，只要制作出可能提供使用的支付用磁卡，就构成本罪的既遂。如果电磁记录的内容不真实。也就是说，实际上无法提供使用的，便毫无意义，那么，制作当初就明白是无法使用的虚假的电磁记录的，由于缺少“以使他人的财产性事务处理出现错误为目的”，因而，这种行为就不构成本罪的既遂或未遂。相反，原本属于真实的信息，只是在制作电磁记录之时，在印磁阶段弄错了其部分内容，从而导致所制作的磁卡无法提供使用的，就应构成本罪的未遂。另外，支付用磁卡的正当持有人，为了防止遗失而复制了磁卡，这种情形下，尽管可以理解为缺少目的，但如果是出于转让给他人的目的，就应该说，仍然构成本罪。

对非法制作行为的未遂，应予处罚（第163条之五）。例如，某人试图将磁卡信息印入与磁卡连为一体的电磁记录部分，却最终归于失败的，就是其适例。

3. 提供使用（提供非法制作的支付用磁卡的电磁记录罪）

所谓提供使用，是指将非法制作的支付用磁卡的电磁记录，供他人进行财产性事务处理之用。[1] 例如，在电话机上使用预付卡、在信用卡的加盟店的CAT（信用对照终端）上使用信用卡、在CD机或ATM上使用现金卡（转账卡）、在转账卡的端子机上使用转账卡等，就属于提供使用。本罪的未遂行为也应予以处罚。试图将磁卡插入公用电话机或ATM之时被抓获的，就构成未遂；插入之后，电磁记录的内容处于可能读取的状态的，则构成既遂。

4. 出让、出借、进口（出让、出借、进口非法制作的电磁记录磁卡罪）

本罪对象，是以非法制作的电磁记录为构成部分的支付用磁卡。出让与出借均属于交付磁卡的行为，其中，所谓出让，是指将磁卡的处分权限移转至

---

〔1〕 大谷499頁认为，提供非法制作的支付用磁卡的电磁记录罪的行为，是“将非法制作的支付用磁卡的电磁记录供他人处理财产上的事务之用。‘供……之用’（提供使用）相当于‘使用’，不过，使用一般是指用于以人为对象的场合，为了明确是用于电子计算机，而（特意）使用了‘供……之用’（提供使用）这一表述。所谓‘提供使用’，是指将非法制作的电磁记录用于他人的事务处理。例如，在CD机上使用现金卡”。——译者注

对方的行为;所谓出借,是仅允许对方使用磁卡的行为。[1] 交付伪造的货币罪(第148条第2款)与交付伪造的有价证券罪(第163条第1款)中的“交付”,是指将伪造的货币、有价证券的占有移转至对方的行为,要求对方明知该货币、有价证券属于伪造物;而本罪则不问对方是否知情。因此,本罪行为也包括将非法制作的支付用磁卡作为真正的支付用磁卡,出让或出借给对方的行为。本罪之所以将出借行为也纳入规制对象,这是因为,行为人虽然并未出让非法制作的磁卡,但利用多数人(行为人所雇佣的“车手”等专司采购者)用卡来购买商品的,对此行为也有规制的必要。

另外,进口,是指将非法制作的磁卡从外国运入我国的行为。前面已经谈到,根据这次的法律修正,本条第1款所规定的以非法制作的电磁记录为构成部分的支付用磁卡,也被追加规定在《关税定率法》所规定的禁止进口物品之列,因而,对于进口此类磁卡的行为,也有可能成立《关税法》第109条第1款所规定的进口违禁品罪(处5年以下惩役或3千万日元以下罚金或者其并科)。在同时成立本罪与进口违禁品罪的场合,两罪属于想象竞合的关系。然而,要构成本罪或者进口违禁品罪,必须以非法制作的支付用磁卡已经制作完成(已经是成品)为要件,因此,进口未完成品的,就不构成本罪。在这种情况下,根据未完成品的状态,可以成立侵犯商标罪、无许可进口罪(《关税法》第111条),或者成立第163条之四第3款所规定的非法制作准备罪(准备非法制作支付用磁卡的电磁记录罪)。

就出让罪、出借罪而言,当然可以想见会存在受让、借用行为,问题在于,这里并未将受让、借用行为规定为处罚对象。《兴奋剂取缔法》第30条之九以及第41条之二规定,兴奋剂的出让与受让行为均为可罚行为,与此规定相比照,想必是根据必要共犯的理论,而认定受让行为与借用行为不可罚。不过,如果是在明知该支付用磁卡属于非法制作的磁卡的情况下,实施了受让行为或者借用行为,那么,只要持有这种伪造的磁卡,就构成第163条之三所规定的“持有非法电磁记录磁卡罪”。这一点与伪造货币罪相同,接受伪造的货币之“交付”的接受人,尽管作为交付罪的共犯不可罚,但仍然构成“收受伪造的货币罪”(《刑法》第150条)。这种情况下的争议在于,知情实施出让与受让的斡旋、中介行为的,如何认定这种行为人的罪责?如果作为出让、

---

〔1〕 山口491頁认为,“作为出让罪、出借罪的构成要件的行为,出让、出借,是指将‘非法(制作的)电磁记录磁卡’(限于可直接供他人使用的成品)交给他人的行为,给予了处分权的是出让,没有给予处分权的是出借。不问对方是否知道是非法制作的支付用磁卡(也就是说,包括作为真正的磁卡而交给对方的情形)”(王昭武译·山口各论573页)。——译者注

出借一方的共犯，则具有可罚性，反之，作为受让、借用一方的共犯，却不具有可罚性。尽管如此，在实施中介行为之时，只要一旦持有伪造的磁卡便可构成持有罪的正犯；即便并未持有，但如果受让方、借用方成立持有罪，即作为持有罪的共犯，仍具有可罚性。对于本罪，也处罚其未遂。

三、持有非法电磁记录磁卡罪

出于前条第 1 款（第 163 条之二）的目的，持有该条第 3 款的磁卡的，处 5 年以下惩役或者 50 万日元以下罚金（第 163 条之三）。

（一）含义

本罪是为了规制“以使他人的财产性事务处理出现错误为目的”，而持有“以非法制作的……电磁记录为其构成部分的磁卡”的行为。刑法典的伪造罪中，并没有处罚持有伪造的货币、伪造的文书、非法制作的电磁记录等的相关规定，由此可见，本罪属于本节（非法制作支付用磁卡的电磁记录罪）所特有的规定。其立法理由主要有以下几点：(1)由于伪造的支付用磁卡可以反复使用，因而，由持有行为造成法益侵害的危险性很大；(2)由于非法制作的支付用磁卡，无论其内容还是外观，均与真正的磁卡并无不同，在机械上使用时难以被发现、立案；(3)其他各国有关伪造支付用磁卡的相关立法，均对持有罪科以较重的法定刑。

（二）行为

所谓“以使他人的财产性事务处理出现错误为目的”，是指提供使用的目的。不仅仅是自己亲自提供使用，只要认识到，他人也会提供使用即可。非法制作的磁卡必须是所谓完成品，因而，即便持有半成品也不成立本罪，仅止于可能成立第 163 条之四第 3 款的准备罪。有关持有的含义，由于毒品犯罪中的持有概念也适于本场合，因而，应理解为“保管非法制作的支付用磁卡这种实力支配关系”。与毒品犯罪的情况一样，包括共谋共同正犯在内，存在持有罪的共犯。

另外，对于被非法使用的四张信用卡中的三张，即便已经被采取了停止使用的相应措施，如果解除停止使用措施，也有可能再使用该信用卡，那么，也可以认定成立出于非法使用目的的持有罪［広島高判平成 18・10・31 高刑速（平 18）279 頁］。

四、准备非法制作支付用磁卡的电磁记录罪

以供第163条之二第1款的犯罪行为之用为目的，获取该款的电磁记录信息的，处3年以下惩役或者50万日元以下罚金。知情而提供该信息的，亦同(第163条之四第1款)。

出于前款的目的，保管非法取得的第163条之2第1款的电磁记录信息的，与前款同(同条第2款)。

出于第1款的目的，准备器械或者原料的，与该款同(同条第3款)。

本条第1款犯罪未遂的，应当处罚(第163条之五)。

(一)含义

本罪是为了规制非法制作支付用磁卡所必不可少的准备行为，即获取磁卡信息的行为，以及为制作磁卡准备器械或原料的行为。本条第1款、第2款分别规定，应处罚磁卡信息的获取、提供与保管行为，这是因为，考虑到自获取磁卡信息到非法制作电磁记录这一期间有多人参与这一事实，并力图分别切实恰当地处罚发生在各阶段的非法行为。

(二)对象

本条所谓"电磁记录信息"，是指概括性的磁卡信息，由于该信息与真正的磁卡信息相同，因而，只要利用写卡机进行印磁，就有可能立即非法地制作出可以使用的磁卡。因此，诸如磁卡表面的花样、样式信息那样仅属于磁卡信息之一部分的信息，不包含在本条所谓的"信息"之中。通过如此限定作为对象的"信息"的含义，那么，信息的获取与保管的含义，也自然受到限定。

(三)行为

本罪行为，是指磁卡信息的获取、提供、保管，以及器械与原料的准备。获取行为的典型例子就是所谓的"快速读取"(skimming)行为，亦即，在加盟店的CAT(信用比照终端)或者转账卡的终端机上偷偷地设置读取、储存信息用的器械(扫描仪)以获取信息的行为，另外，接受利用这种方式所获取的信息的行为也属于获取行为。对于通过设置扫描仪而获取信息，以及提供所获取的信息的行为，在(犯罪人)回收储存于扫描仪内的信息之前，有可能就已经被立案，因此，对于本条第1款的犯罪，特别规定处罚其未遂(第163条之五)。

本条第2款所谓的保管，就是指保管前面已经提到的"磁卡信息"，其行为形态大多是作为数字信息保管在扫描仪中，或者下载到FD中加以保管，

但也有可能作为数字信息记录在纸张上加以保管。[1]

有关本条第3款的出于伪造磁卡的目的而准备器械或原料的行为，可以参见《刑法》第153条中有关伪造货币准备罪中的解释。这里所说的器械，泛指为非法制作支付用磁卡所必要的一切器械，包括扫描仪、写卡机、图案机、标志印刷机等。[2] 原料包括原始卡、未完成的卡、印刷用的材料等。由于本条也处罚国外犯，因而，对于在国外制作尚未完成的磁卡，然后运入日本国内的行为，前面已经谈到，虽然不成立第163条之二第3款的进口罪，但作为本条第3款之罪是具有可罚性的。

五、罪数

本章之罪，通常按照准备罪、非法制作罪、持有罪、提供使用罪的顺序实施，其罪数关系如下：(1)第163条之四的非法制作准备罪中的信息的非法获取与保管、提供，分别构成牵连犯；(2)当由准备罪转化到非法制作的阶段之时，准备罪即为非法制作所吸收，仅成立第163条之二的非法制作罪；(3)非法制作罪、持有罪、提供使用罪处于牵连犯的关系，而且，提供使用罪与作为其结果的诈骗罪也处于牵连犯关系。例如，非法制作出十张支付用磁卡，然后持有并提供使用，再从十家店铺分别骗取商品的，在这种情况下，有可能成立十个非法制作罪与诈骗罪，但由于持有属于概括性一罪，且持有与提供使用、诈骗又处于牵连犯关系，因此，依照所谓“搭扣现象”，应将持有与十个诈骗罪作为牵连犯，按照处刑上的一罪来处断。

第四节 伪造文书的犯罪

为了保护针对公文书以及私文书的公共信用，刑法典第17章“伪造文书

---

〔1〕 山口494頁认为，“获取，是指从磁卡中将电磁记录的信息(磁卡信息)复制下来，置于自己的支配之下的行为(也处罚获取行为的未遂)。通过读取磁卡信息而非法获取的情形，以及将记录于记录媒介物之上的磁卡信息连同记录媒介物本身一同获取的情形等，都属于这里的获取。提供，是指将磁卡信息置于对方可以使用的状态之下的行为(也处罚提供行为的未遂)。例如，将记录了磁卡信息的记录媒介物交给对方、通过电信通讯将属于电磁记录的磁卡信息传送给对方、将磁卡信息作为模拟信息传真给对方，等等。保管，是指将磁卡信息置于自己的实力支配之下。例如，将磁卡信息保存于电脑硬件、持有记录了磁卡信息的磁卡信息读取机(skimmer)，等等”(王昭武译·山口各论576页)。——译者注

〔2〕 但长濑敬昭认为，销售、购买为了“快速读取(skimming)”用的器械、装置的行为，属于准备罪的准备行为，不构成本罪。参见長瀬敬昭「刑法の一部を改正する法律について」『警察学論集』54卷9号116頁。

的犯罪”分别规定了伪造诏书罪(第 154 条)、伪造公文书罪(第 155 条)、制作虚假公文书罪(第 156 条)、公正证书原本不实记载罪(第 157 条)、使用伪造的公文书罪(第 158 条)、伪造私文书罪(第 159 条)、制作虚假诊断书罪(第 160 条)、使用伪造的私文书罪(第 161 条),以及非法制作、提供电磁记录罪(第 161 条之二)。公文书与私文书相比较,公文书的证明力与社会信用度更高,因此,刑法规定,对于伪造与制作虚假公文书的行为均加以处罚,而就私文书而言,则是以处罚伪造行为为原则,只是例外处罚制作虚假私文书的行为。还有,同样是伪造行为,如果文书上有制作名义人的印章或署名,则该文书的社会信用度更高,因此,刑法对于有印伪造的处罚要重于无印伪造。并且,随着公证事务与民间事务的处理中电脑化的广泛普及,有必要在刑法上保护电磁记录的证明功能,因而,昭和 62 年(1987 年)的刑法部分修正新设了第 161 条之二,同时,对第 157 条与第 158 条也作了相应修正。

一、概述

(一)保护法益

一般认为,伪造文书罪的保护法益是对于文书的公共信用。其具体内容如下所述。在我们的日常社会生活中,作为证明权利、义务关系以及一定事实的手段,文书发挥着重要作用。例如,合同、出生证明、毕业证明、纳税证明、印章证明等各种证明书,以及付款通知单、发票等。由于名义人的意思表示内容得以固定,因而,这些文书具有很强的证明效力,其结果就是,具有证明价值(川端 526 頁、川端博『文書偽造罪の理論〔新版〕』(立花書房 1999 年)6 頁)。我们将这些文书作为真实的文书加以信赖,并以此为基础而形成新的权利或义务关系、身份关系。如果我们需要对文书的真实性逐一加以甄别,社会生活势必会陷入停滞状态。此时,如果文书的制作名义人能够担保制作了该文书这一事实,即担保文书成立的真实性,那么,人们就会相信该文书属于内容真实的文书,该文书从而也得以在社会上使用。当然,文书之中也会存在内容虚假的部分。但是,即便是这种情况,只要文书的制作主体即名义人本身实际存在(并非虚构),就至少有可能追究名义人的法律责任。因此,对于虚构文书的制作名义的行为。也就是说,使得文书制作的责任所在无法明确的行为,尤其有必要运用刑法加以禁止。从此意义上说,伪造文书罪的保护法益,实质上是文书所具有的证据功能,该功能当然也会因文书的内容虚假而受到损害,但从更为实质的意义上看,该功能会因为损害文书的责任明示作用而遭受损害(川端 535 頁、中森 216 頁、平川 441 頁、山口 429 頁、今井猛嘉「文書概念の解釈を巡る近時の動向について」『松尾浩也先生古稀祝賀論文集〔上〕』〔有斐閣 1998 年〕461 頁。详细内容可参见今井猛嘉「文書偽造罪の一考察〔3〕〔4〕〔6・完〕」『法学协会雑誌』114 卷 7 号 72 頁以下、第 116 卷第 6 号第 88 頁以下、第 116 卷第 8 号第 160 頁以下)。

(二)文书的含义[1]

1. 可读性

所谓文书,是指通过文字或者其他具有可视性、可读性的符号,以可以在一定期间之内永久保存的状态,记载在某个物体之上的人的意思或观念的表示(大判明治 43・9・30 刑録 16 輯 1572 頁〔480〕)。因此,通过(盲文)凸字、速记符号、条形码等作出的表示,也可以被称为文书。还有,在竞标用的陶器上所作的记载(大判明治 43・9・30 刑录 16 辑 1572 页〔480〕)、用粉笔在黑板上所作的记载(有关毁弃公文书罪,参见最判昭和 38・12・24 刑集 17 卷 12 号 2485 頁〔432〕)也属于文书。相反,录音带、录像带、电磁记录等,就不属于文书。有关电磁记录,前面已经谈到,昭和 62 年(1987 年)在立法上进行了处理。要被称为文书,就必须具有一定的含义,因而,单纯的号码牌等不是文书。不过,诸如邮局所盖的邮戳等尽管已经被简化,但仍然具有一定含义,因而,也属于文书(省略文书)(有关认为不过是印章而已的反对意见,参见第五节"伪造印章罪"之二)。宾馆寄存行李用的号码牌也是如此。另外,伪装成本人在邮件送达书上签收盖章(最决平成 16・11・30 刑集 58 卷 8 号 1005 頁〔228〕)、他人名义的信用卡的非法使用者在售货单上以该他人的名义署名(名古屋高判平成 19・10・4 判夕1270 号 440 頁)也属于伪造私文书,而不仅仅是伪造署名(第 167 条第 1 款)。

---

〔1〕 山口厚教授认为,伪造文书罪中的文书,并不能涵盖日常用语中可谓之"文书"的所有东西,而是从本罪的保护法益或者罪责的角度予以了限定。按照其理解,属于本类罪之前提的文书的意义在于其证据机能。也就是说,作为证据,显示文书上所记载的内容(名义人所作出的意思、观念的表示)的存在,因此,文书作为"名义人所作出的意思表示的证据",并且作为贡献于社会生活中重要的实体关系的证明的东西,而成为本类罪的保护对象。构成伪造私文书罪之对象的文书限于"有关权利、义务或者事实证明"的东西,就正体现了这一点(在此意义上,对于法条本身并未作出特别限制的公文书,认为其实际上存在与私文书一样的限制,就完全是有可能的。作为"本应由公务员制作的文书",既然具有相当程度的重要性,公文书事实上就已经满足了此要件,正是在此前提之下,法条才没有作特别的限制规定)。这样,基于这种着眼于文书作为证据的意义的理解,就可以将伪造文书罪理解为,(在制作出不能成为证据的东西这一意义上)属于有害于文书的证据性的"证据犯罪"。这样的话,就很容易理解,名义人的认识可能性、存在名义人的意思或者观念的表示等属于文书的基本要件。这是因为,名义人不明的文书没有任何证据价值,显然不能成为本类犯罪的保护对象。参见山口厚『問題探求 刑法各論』(有斐閣 1999 年)242 頁。——译者注

2. 社会重要性

前面已经谈到,伪造文书罪是为了保护文书在社会生活中所具有的证据功能,因而,要被称为文书,其所表示的意思与观念,就必须是有关社会生活中的重要事实的证据(最决昭和 33・9・16 刑集 12 卷 13 号 3031 頁〔527〕)。伪造私文书罪之所以将其对象限于"有关权利、义务或事实证明的文书",其理由正在于此。在此意义上,学术论文与小说就不属于刑法上的文书。(刑法典本身对)公文书虽然没有类似限制表述,但本书认为,也应做同样的限制。

3. 名义人的存在

文书的证据价值,至少(最低限度)反映在,就其表示的意思与观念的内容,可以追究制作名义人的责任。因此,如果文书没有作为责任主体的名义人的意思表示,或者,无法确定名义人,则该文书的信用度大为降低,也便不值得运用刑法来加以保护,那么,也就不属于伪造罪中的文书。[1] 但是,即便没有直接写明名义人为何人,但如果通过文书的内容、形式、笔迹、附属物等能够确定名义人的,就可以肯定具有文书性。[2]

名义人既可以是自然人、法人,也可以是无法人人格的社团。不要求名义人本人实际存在。如果名义被随意使用(称为"制作名义的冒用"),受到某种损失者,确实只会限于实际存在的名义人,但是,对于这种名义被冒用的名义人的利益的保护,属于妨害业务罪(第 233 条)与背信罪(第 247 条)所要研究的问题。伪造文书罪要保护的是,对于名义人实际存在,且该名义人会对文书的内容承担责任这一点的一般人的信赖。为此,即便是虚构的名义人,如果在一般情况下会使人误以为该名义人实际存在,那么,也可以作为伪造文书罪来处罚。判例最初认为,名义人必须实际存在(大判明治 45・2・1 刑録 18 輯 75 頁〔484〕),现在则认为,也可以是虚构的名义人。[3]

4. 原件性

文书必须是名义人直接表示其意思或观念,或者,必须是直接表示了这

---

〔1〕 有关以"甲町议会议员代表"的名义所发出的记载了虚假事实的明信片,参见大判昭和3・7・14 刑集 7 卷 490 頁〔482〕〔由于不能具体确定名义人,因而不属于文书〕。

〔2〕 有关在标有"甲酿酒株式会社"这一公司名称的烧酒瓶上粘贴虚假的酒精含量证明书的案件,参见大判昭和 7・5・23 刑集 11 卷 665 頁〔483〕〔认定属于文书〕。但大谷 439 頁认为,必须能从文书本身可以判明是否具有文书性。

〔3〕 有关私文书,参见最判昭和 28・11・13 刑集 7 卷 11 号 2096 頁;有关公文书,参见最判昭和 36・3・30 刑集 15 卷 3 号 667 頁〔485〕。

一点。因此,就文书的“写本”[1]而言,尽管其可以表示存在该文书这一观念,但只要没有另外用文字来认证其内容与原件同一无误,以及没有署名或盖章,则由于不存在名义人,因而也不属于文书。篡改真正成立的文书的某一部分,然后再制作复印件(照相复印)的情形,也同样如此。对于这种情况,判例认为,由于复印件(照相复印)在内容、笔迹、形状等方面与原件完全相同,具有正确再现的外观,因而,对于存在与该复印件(照相复印)相同的原件这一点,便可以具有强有力的证明力,并以此为理由判定,复印件(照相复印)“作为存在原件制作名义人的印章、署名的文书,可以成为伪造文书罪的对象”(最判昭和51・4・30刑集30巻3号453頁〔486〕、最决昭和54・5・30刑集33巻4号324頁),支持该判例的学说也很有影响(藤木144頁、西原264頁、川端544頁、前田375頁以下。大塚444頁还肯定属于无印伪造)。近来,对于先篡改公文书,再用自己家里的传真机传送至对方,然后由对方的传真机打印出来而作为写本使用的案件,也有下级裁判所的判例肯定成立伪造公文书罪(広島高岡山支判平成8・5・22判時1572号150頁〔488〕)。但是,被篡改的文书有可能被称为对于原件文书的伪造或变造的情形、将复印件(照相复印)作为原件使用的情形,这些另当别论,至少在利用尚未达到伪造或变造程度的文书而制作写本的场合,无论该写本制作得如何精妙,将其理解为原件,这都属于类推解释,而应该予以否定(平野『犯罪論の諸問題〔下〕各論』413頁、団藤273頁、中山429頁、大谷442頁、中森

---

〔1〕在日语中,与“原本”(原件)相对应的是“写”。“写”包括正本、誊本以及狭义的“写”,为了避免歧义,这里将上述意义上的“写”,翻译为“写本”。在日本的文书规范中,往往在写本上盖有“写”字章,表明其不是原件。按照大谷实教授的解释,“正本,是指按照法定形式所制作的‘写本’,与持有原件具有同等效力。判决书的正本就属于此。誊本,是原件的整体抄写,户籍誊本即属于此。抄本,是对原件的摘抄。上述几种形式均附有相应的认证表述,因而,其本身就具有原件性。狭义的‘写’,只有以原件的存在为前提,才具有作为文书的机能”(大谷442頁)。其中,狭义的“写”,就是汉语中的“副本”。——译者注

215 頁、曽根 243 頁、平川 444 頁、町野 324 頁、山口 433 頁[1]、今井猛嘉「文書概念の解釈を巡る近時の動向について」『松尾浩也先生古稀祝賀論文集〔上〕』〔有斐閣 1998 年〕463 頁)。

(三)伪造的概念

1. 伪造的含义

所谓伪造,是指在并无制作权限的情况下,制作出他人名义的文书,其结果就是,所制作的文书被称为不真正的文书或者伪造的文书。与此相对应,具有文书制作权限者制作内容虚假的文书的行为,被称为虚假制作,其结果就是,所制作的文书被称为虚假的文书。在授课中,伪造这一概念包括上述两种含义,并将狭义的伪造称为有形伪造,而将虚假制作称为无形伪造。广义的伪造还包括变造。所谓变造,是指对真正成立的文书加以改变的行为,无权限者实施的改变行为被称为有形变造,而由有权限者实施的改变行为则被称为无形变造。[2] 对于公文书,刑法既处罚有形伪造、有形变造(第 154 条、第 155 条),也处罚无形伪造、无形变造(第 156 条);对于私文书,刑法则是以处罚有形伪造、有形变造为原则(第 159 条),对于无形伪造只是例外处罚(第 160 条),而对于无形变造则不予处罚。

2. 形式主义与实质主义

以处罚制作伪造的文书的行为,即处罚有形伪造为原则的立场,称为形

[1] 山口 432 頁以下认为,"随着复印技术的进步,极其精确地复印原件已经成为可能,其结果就是,原件的复印件(照相复印)开始作为原件的替代物而使用。在此背景之下,随之也出现了这样的情况:对真正成立的文书的一部分予以篡改,再制作出复印件,然后代替原件来使用。对此,最高裁判所认为,作为伪造文书罪之对象的文书,没有理由将其仅限于原件,即便是原件的写本,只要能认定,具有与原件一样的意思内容,作为证明文书,也与原件具有同样的社会功能与信用性,就包含在伪造文书罪的对象之内;在此基础上,最高裁判所进一步指出,在可以被谓为与原件具有同样的社会功能与信用性的限度之内,复印件就可成为伪造文书罪的对象,应该被认为是,属于与原件具有同样的意思内容的原件制作名义人的文书;而且,对于有无原件制作名义人的印章、署名这一问题,最高裁判所的判断是,只要印章、署名被复印在复印件上,就可作为具有原件制作名义人的印章、署名的文书,成为伪造文书罪的对象(最判昭和 51・4・30 刑集 30 巻 3 号 453 頁、最决昭和 54・5・30 刑集 33 巻 4 号 324 頁)。""对上述观点,虽然也有学说表示赞同,但多数学说持反对意见,否定成立伪造文书罪。理由在于,如前所述,无论多么精确地再现了原件,除了原先预定将写本本身作为原件来使用的情形之外,写本的制作名义人就是写本的制作者本人,那么,因没有注明而无法认识制作者的写本,就不属于伪造文书罪中的文书。""这样,文书的写本不存在认证表述(包括注明制作者等)之时,就不能被谓为伪造文书罪中的文书,在此意义上,也可以说,文书以'原件性'为要件"(王昭武译・山口各论 505 页以下)。——译者注

[2] 仅仅对不真正的文书的非本质部分加以改变的,由于并非另外又危害到针对文书的信用的行为,因而不属于变造(参见大塚 453 頁)。——译者注

式主义；以处罚制作虚假的文书的行为，即以处罚无形伪造为原则的立场，称为实质主义。之所以如此称呼，这是因为，前者重视文书的真正成立（形式的真实），而后者则重视文书内容的真实（实质的真实）。正如前述，刑法典对于公文书是并用形式主义与实质主义，而对于私文书则是以形式主义为原则。对此，持实质主义立场的学者认为，由于伪造文书罪的处罚根据在于，如果以内容虚假的文书作为证据，就会损害事实的真相。因此，该说主张，即便属于无权制作的文书，只要其内容与真实相符，就应该是不可罚的（牧野 151 頁。瀧川 245 頁、平野 261 頁、曾根 239 頁对此观点持部分支持的态度）。为此，在该立场看来，如果甲借给了乙 100 万日元，甲因遗失了乙所出具的借条，而未经乙同意随意以乙的名义另外制作了 100 万日元的借条的，由于没有发生实际损害，因而，不构成伪造。但是，本书认为，这种逻辑颠倒了事实关系。具体而言，该借条只有在甲、乙之间就权利关系发生纠纷之时才具有意义，其时，该借条在法庭上最终就成为有关权利关系的有无及其范围的重要证据。尽管如此，仍然坚持如果文书的内容真实便不属于伪造的观点，就只是一种结果论，是将证明的对象与证明的证据混为一谈。如果真正重视文书所具有的证据价值，那么，就应该采取重视文书成立的真实性的形式主义（参照《民事诉讼法》第 228 条）。[1]

---

〔1〕 山口教授认为，现行刑法将属于处罚对象的伪造行为，分为有形伪造（制作不具有成立的真正性的不真正文书）与无形伪造（制作内容虚假的文书），原则上，对于公文书，处罚这两种伪造行为，而对于私文书（除《刑法》第 160 条规定的制作虚假诊断书等罪之外），不处罚无形伪造。由此可见，我国刑法采取的是处罚有形伪造的“形式主义”，仅仅是补充性地采取也处罚无形伪造的“实质主义”。在形式主义之下，即便内容与真实相符，有形伪造行为（例如，债权人丢失了债务人提供的借条，便擅自以债务人的名义，制作了内容正确的借条）也属于处罚对象。伪造文书罪采取这种基本原则的背后，存在有关本罪法益的相应理解。具体而言，在以文书内容的虚假性作为处罚要件的实质主义看来，文书发挥其作为证据机能的经济交易的实体关系本身就是其保护法益。这是因为，由于与真实相符的文书并不能侵害实体关系（即便债权人擅自制作了借条，如果该借条与实体关系相符，使用该借条，也不会产生错误的权利、义务，权利、义务关系本身也并无遭受侵害之虞），要引起对法益的侵害，就要求文书内容本身是虚假的。相反，在形式主义看来，即便内容与真实相符，只要是不真正成立的文书，仍属于处罚对象。这是以区别于实体关系的、用于证明实体关系的证据本身的真实性，作为独立的保护法益，认为对于侵害此法益的行为有处罚之必要。也就是说，形式主义以制作出不能用于证明实体关系之证据的文书这种制作行为本身作为处罚对象。这主要是考虑到，有关实体关系的事实并不是一开始就是明白无误的，在当事人之间存在争议之时，作为用于确定事实关系的证据，文书就具有其意义，因此，不真正的证据“横行”本身，就会给实体关系的把握造成混乱，更有损害“法交易”的安全之虞。应该说，避免出现这种情况，有其独立的意义。由此可见，将有形伪造（制作不真正的文书）作为第一顺位的处罚对象，其意义就在于确保作为证据的文书的真正性。参见山口厚『問題探求・刑法各論』（有斐閣 1999 年）244～246 頁。——译者注

3. 有形伪造的含义

所谓狭义的伪造即有形伪造,是指明明没有制作权限却随意利用他人名义制作文书,伪构文书制作之责任主体的行为(制作名义的冒用)。最近,也开始采用有形伪造是指伪构文书的名义人与制作人之间的人格同一性的行为这一定义。[1] 上述两种定义最终都是一个意思,之所以出现后一种定义,是因为,在以一定范围之内通用的通称来制作文书的情况下,与判断是否冒用了制作名义相比,考虑制作人是否试图将与自己并不相同的人格作为名义人(文书制作的责任主体)而为人所认识,要更容易理解。

所谓名义人,是指一般人通过该文书所认识到的意思与观念的表示主体。而就制作人的含义,则可能存在两种学说:一是行为说,认为制作人就是物理性地制作文书者;二是意思说,认为制作人是在文书上(直接)表示意思与观念的某人,或者通过该文书而表示自己的意思与观念的某人。[2] 按照行为说的观点,秘书按照社长的命令制作社长名义的文书的,秘书所实施的制作行为就符合伪造文书的构成要件,只是因为得到了作为名义人的社长的承诺才得以阻却违法性。但是,在意思说看来,在该情形下,秘书只是表达了作为名义人的社长的意思,因而,文书的制作人应该还是社长本人,因此,该文书的制作人与名义人是一致的,并不成立伪造。本书认为,意思说的观点要更为妥当。

4. 伪造的程度

要成立狭义的伪造罪,以他人名义制作的文书,就必须具有足以使一般人误认为是真正制作的文书的外观。在制作出具有这种外观的文书之时,伪造罪就达到既遂(大判明治 44・9・14 刑録 17 輯 1531 頁)。成立伪造罪所必要的文书外观,不应该因该文书的使用方法的不同而发生变化(山口 439 頁。高橋 492 頁持反对态度)。为此,出示由照相复印所制作的写本的行为,即便有可能相当于使用,但其前提在于,(用于复印的)原件本身必须具备有可能被称为伪造的外观。例如,某人为了向高利贷业者[3]借款,从他人的驾照复印件上剪下姓名、出生年月日等部分而放在自己的驾照上,再用粘胶带将整个驾照粘贴固定,然后在金融公司的无人店铺内,通过设置在无人店

〔1〕 最判昭和 59・2・17 刑集 38 卷 3 号 336 頁〔501〕认为,伪造是指制作名义的冒用,其本质就在于伪构文书的名义人与制作人之间的人格的同一性,从而将二者(上述两种定义)结合在一起。

〔2〕 详细内容参见林幹人「有形偽造の考察」林幹人『現代の経済犯罪』(弘文堂 1989 年)103 頁以下、伊東研祐「偽造罪」『刑法理論の現代的展開各論』311 頁以下、今井猛嘉「文書偽造罪の一考慮〔4〕」『法学协会杂志』116 卷 6 号 79 頁以下。

〔3〕 这里是指以工薪阶层为对象的高利贷业者。——译者注

铺内的合同自动处理机的扫描仪进行扫描,经过电脑传送,将制作的驾照显示在担当职员面前的电脑屏幕上,对于此案,大阪地方裁判所认为,应考虑到也存在这种间接使用形态,进而判定属于伪造公文书罪(驾照)(大阪地判平成8・7・8判タ960号293頁〔492〕)。又如,被告人复印自卫官医疗证,在医疗证上用黑色图章以及圆珠笔填写了出生年月日与姓名,然后通过扫描,传送并展现在终端画面上,对此,札幌高等裁判所认为,是否属于伪造文书,应通过考察其使用形态来判断,最终判定属于伪造有印公文书罪(札幌高判平成17・5・17高检速報〔平成17年〕343頁。对于本案的评析,参见小野正弘「判批」『研修』688号103頁)。再如,出于延长有效期限的目的,在国家公安委员会签发的、在禁止停车区域可以停车的指定车辆标识的有效期栏以及签发日的数字部分,粘贴印有不同数字的纸张,并夹在塑料文件夹中,使之固定,对此行为,东京地方裁判所认为,考虑到该标识上的数字呈现出仿佛是正规的有效期的外观,同时还考虑到,这种该标识的本来用法是,警官等是透过前面的挡风玻璃来确认内容,因而即便存在印在纸张上的数字与标识上的其他数字的位置上下有所偏差这一事实,仍然"可以说,本案标识……具备了足以让一般人相信是真正的公文书的外观",最终判定成立伪造有印公文书罪(東京地判平成22・9・6判時2112号139頁〔493〕)。还有,被告人用黑白复印机复印了三张自己的国民健康保险证,把从其他复印件上剪下的数字,用胶水粘贴在复印件的被保险人的出生年月日栏以及家庭住址栏上,而制作出篡改了相应数字的国民健康保险证,再传真至手机公司,让对方看到此国民健康保险证,从而签订手机使用合同,取得了两部可以通话的手机。对此行为,不同于上述判例的做法,东京高等裁判所虽然认为,如果不经过电子器械的传送,只要是用肉眼来看,难以想象,一般人会认为此复印件是保险证的原件,但同时又认为,(通过传真机传送的)本案篡改物具备了能让人误信为保险证的真正的写本或复印件的外观,从而判定伪造并使用保险证之写本或复印件的行为,构成伪造有印公文书罪、使用伪造的有印公文书罪(東京高判平成20・7・18判タ1306号311頁)。这里就体现了,不应根据使用形态的不同而使得伪造概念本身发生改变的观念。不过,由于东京高等裁判所的该判例认定属于"写本"的伪造,因而,该判例立足的前提在于,只有公务机关才有公文书的写本的制作权限。本书对这一点留有疑问。而且,即便承认这一点,由于本案篡改物上并没有"本件是写本"这一旨趣的认证表述,也没有相关人员的签名盖章,因此,原本来说,应该是成立伪造无印公文书罪(参见藤木英雄「公文書の『写』の偽造と文書偽造罪の成否」『警察研究』45卷10号3頁以下)。

二、伪造诏书罪

以使用为目的,利用御玺、国玺或者御名伪造诏书或者其他文书,或者利用伪造的御玺、国玺或者御名伪造诏书或者其他文书的,处无期或者3年以上有期惩役(第154条第1款)。

变造盖有御玺、国玺或者署有御名的诏书或者其他文书的,与前款同(同条第2款)。

本罪是有关特别从重处罚伪造、变造天皇文书的规定。

御玺是指天皇的印章,国玺是指日本国印章,御名是指天皇的署名。诏书,是指天皇就一定的国事行为公示其意思表示的文书,并被贯以诏书这一名称,例如国会的召集诏书、众议院的解散诏书等。其他文书是指诏书以外的天皇文书,例如法律的颁布文书、内阁总理大臣或者最高裁判所长官的任命文书、有关国务大臣任免的认证文书等。

三、伪造公文书罪

以使用为目的,利用公务机关或者公务员的印章或者署名,伪造应由公务机关或者公务员制作的文书或者图画,或者利用伪造的公务机关或者公务员的印章或者署名,伪造应由公务机关或者公务员制作的文书或者图画的,处1年以上10年以下惩役(第155条第1款)。

变造经公务机关或者公务员盖章或者署名的文书或者图画的,与前款同(同条第2款)。

除前两款规定的情形之外,伪造应由公务机关或者公务员制作的文书或者图画,或者变造已由公务机关或者公务员制作的文书或者图画的,处3年以下惩役或者20万日元以下罚金(同条第3款)。

(一)对象

本罪对象,是应由公务机关或者公务员制作的文书(公文书)、图画(公图画)。公务机关,是指“官公厅以及其他公务员执行职务的场所”(第7条第2款),具体而言,是指国家或者地方公共团体的官署等。公务员,是指“国家或者地方公共团体的职员,以及其他依照法令从事公务的议员、委员与其他职员”(第7条第1款),还包括被视为公务员者(详细内容参见后述“妨害执行公务罪”)。公文书、公图画,是指公务机关或者公务员依据其制作权限,以该公务机关或者公务员为名义人而制作的文书、图画。不过,即便该公务机关或者公务员实际并无制作权限,但如果具备足以使一般人相信此文书为公务机关或者公务员在其职权范围之内所制作的形式或外观的,该文书就包含在本罪的公文书之内。[1] 另外,即便是由公务员所制作,但如果不能被谓为基于其职权、有关其职务而制作的文书,则不能包含在本罪的公文书之中。[2] 驾照、纳税证明、外国人登录证明书、印章证明、邮政存折等,就属于公文书。邮政局的日期邮戳作为证明事实之物,也相当于公文书(大判昭和3・10・9刑集7卷683頁〔481〕。但团藤301頁、大塚495頁持反对意见)。所谓图画,是指以象形符号所记载的意思或观念之表示。例如,旧烟草专卖公社发售的"光"牌香烟的烟盒(最判昭和33・4・10刑集12卷5号743頁〔489〕)、地方法务局的土地台账所附带的地图(最决昭和45・6・30判時596号96頁〔490〕)、尸检报告里的人体图形等就属于公图画。下面仅讲解公文书。

(二)行为

本罪行为是:(1)伪造有印公文书(第1款);(2)变造有印公文书(第2款);(3)伪造或变造无印公文书(第3款)。[3] 由于在有印的情况下,亦即,使用了公务机关或者公务员的印章或署名的公文书,其社会信用度更高,因而,从重处罚此类伪造行为。

1. 伪造有印公文书,是指以使用为目的,(1)使用公务机关或者公务员的印章或者署名,伪造本应由公务机关或者公务员制作的文书的行为;(2)使用伪造的公务机关或者公务员的印章或者署名,伪造本应由公务机关或者公务员制作的文书的行为。有关使用的目的的含义,参照后述"'六、使用伪造的公文书罪'之(二)"。

所谓印章,是指象征(表象)公务机关或者公务员之物,不问究竟是公章、私章、职务章,还是认证印章(参见大判昭和9・2・24刑集13卷160頁)。但这里的印章不是指印鉴(图章)本身,而是指印影(印迹)。[4] 有力观点认为,署名仅限于自己的签名(团藤302頁、大塚469頁、大谷455頁),但由于公务机关不可能自己签名,因而,也应包括记名(通过印刷、胶印等方

---

〔1〕 有关大分县议会事务局名义的工程委托书案件,参见最判昭和28・2・20刑集7卷2号426頁。

〔2〕 有关村公所书记员的退职申请书,参见大判大正10・9・24刑録27輯589頁;有关以公务员名义向政党机关报发出的"祝贺发展"的广告,参见最决昭和33・9・16刑集12卷13号3031頁〔527〕。

〔3〕 换言之,伪造公文书罪(第155条)规定了以下三个具体罪名:(1)伪造有印公文书罪(第1款);(2)变造有印公文书罪(第2款);(3)伪造、变造无印公文书罪(第3款)。——译者注

〔4〕 判例认为也包括印鉴。对此判例观点的批判,参见后述"第三节 伪造印章罪"。

式来表记名称)(大判大正4・10・20新聞1052号27頁、平野260頁、中森223頁。详细内容参见后述第五节"伪造印章罪")。

欺骗具有制作权限的公务员,使之误认为是其他文书,并在不让该公务员认识到文书内容的情况下让其制作了公文书的,对此,判例认为,这种情形不能被谓为,该具有制作权限的公务员具有制作该文书的意思,因而,应构成本罪(東京高判昭和28・8・3判特39号71頁〔509〕〔523〕)。〔1〕 但是,如果具有制作权限的公务员对文书的内容存在认识,即便属于虚假内容,也不成立本罪,而属于是否成立制作虚假公文书罪的间接正犯的问题。

2. 变造有印公文书,是指以使用为目的,在没有制作权限的情况下,对已经真正成立的公文书的非本质部分加以篡改与变更。如果篡改了公文书的本质部分的,则不是变造而是伪造。〔2〕 例如,对于篡改邮政存折的存款日期的行为,判例认定属于变造(大判昭和11・11・9新聞4074号15頁)。

3. 伪造或变造无印公文书,是指伪造或变造没有公务机关或者公务员之盖章或署名的公文书。例如,旧国铁的站名牌(大判明治42・6・28刑録15輯877頁)、物品税的证纸(最决昭和29・8・20刑集8卷8号1363頁)等,就属于无印公文书。

(三)公务员的辅助者的制作权限

现在的实际情况是,由于公务机关组织庞大,事务工作量巨大,公文的制作,往往是由本来的制作权限人委托给代决人,甚至委托给下一级别的公务员的辅助人员来完成。这里的辅助人员可以分为以下三种情况:(1)仅仅只是进行事实上的文书制作的机械性辅助人员;(2)受托起草文书,但最终由职权人进行裁决的负责文书起草的人员;(3)受托保管职务印章等,负责实施制作文书的一切行为,而事后由职权人进行裁决的准代决人。但是,对于上述公务员的辅助人员制作内容虚假的公文书的行为,如果是随意使用公章,判例一直以来均一律认定构成本罪。〔3〕 但是,最高裁判所的下述判决的态度则发生了变化。市民课调查组组长作为属于市长之代决者的市民科科长的辅助人员,具体负责制作印章证明书的工作,在并未履行提交申请书、比

---

〔1〕 该判例的标题为"利用不知情的公务员制作公文",主要是被告人在公务员并不知情的情况下让该公务员在运输合同上盖上职务印章,从而制作了公文。——译者注

〔2〕 对于将驾照的照片换成他人的照片,并且更改出生时间的案件,最决昭和35・1・12刑集14卷1号9頁判定属于伪造。

〔3〕 大判大正5・12・16刑録22輯1905頁、最判昭和25・2・28刑集4卷2号268頁〔514〕〔593〕。对于利用上司的错误的行为,参照后述"'四、制作虚假公文书罪'之(二)"。

照影印件（对方提交的影印件本身是真正的影印件）、交付手续费等手续的情形下，制作了印章证明书，对于此案，最高裁判所认为，具有公文书的制作权限的人，不仅是一般允许不经制作名义人的裁决，可按照自己的判断制作公文书的代决者，在诸如履行一定的程序等特定条件之下，被允许制作公文书的辅助人员，“在诸如确保公文书内容的正确性等，遵循了能确定对该被告人之授权的一定基本条件的限度之内”，也具有制作权限，因此，由于市民科科长的裁决是第二天进行的事后裁决，市民科科员基于市民科科长的辅助人员的地位，在一定条件之下，也具有制作印章证明书的权限，进而撤销了认定构成伪造文书罪的原判决，判定本案行为人的行为不成立本罪（也就是说，成为问题的印章证明书的内容本身是正确的，如果履行正常的申请手续，理所当然会将证明书交付给申请人，因而，该行为不能被谓为超出了作为辅助者的制作权限的行为。最判昭和 51・5・6 刑集 30 卷 4 号 591 頁〔495〕〔515〕）。但是，既然刑法已经将伪造公文书的行为（第 155 条）与制作虚假公文书的行为（第 156 条）区别开来，那么，就应该说，只要内容正确就具有制作权限的这种解释，有违其基本前提（高橋 509 頁、松原 461 頁）。只要认定其在一定限度之内具有独立的制作权限，那么，从形式主义的角度看来，再附加所谓内容的正确性这种要件，就并不合适。如果认定本案无罪，原本就应该是从正面直接认定行为人存在制作权限（参见西田典之「判批」『警察研究』52 卷 11 号 48 頁。另外，高橋 509 頁主张应成立伪造公文书罪）。[1]

---

〔1〕 公务机关这种组织制作文书之时，有各种形式的参与者参与其中。具体包括：(1) 公文书的制作名义人（制作权限人）；(2) 得到公文书的制作名义人的授权，具有可不经其裁决，而按照自己的判断制作公文书之权限（代决权）的代决者；(3) 虽未被授予代决权，但允许不经事前裁决（事后进行裁决），可按照一定程序制作公文书的准代决者；(4) 虽负责起草公文书，但应由制作权限人或者代决者进行裁决的起草担当者；(5) 仅仅是从事单纯的文书制作工作的机械性辅助者；等等。第 (1) 种制作名义人（制作权限者）以及第 (2) 种代决者滥用权限制作公文书的，不成立伪造公文书罪，如果制作了内容虚假的公文书，则止于可能成立制作虚假公文书罪；第 (4) 种起草担当者以及第 (5) 种机械性辅助者由于不具有制作权限，如果这些人擅自制作公文书，则成立伪造公文书罪。上述这些情形都不存在争议。问题在于第 (3) 种准代决者的情形。判例曾一度认为，对于 (3) 准代决者的情形下的公务员的辅助者，如果未经裁决而擅自制作了公文书，一律应肯定成立伪造公文书罪（大判大正 5・12・16 刑録 22 輯 1905 頁、大判昭和 8・10・5 刑集 12 卷 1748 頁、最判昭和 26・10・26 裁集刑 55 号 785 頁、最判昭和 27・12・25 裁集刑 71 号 463 頁、最决昭和 34・6・30 裁集刑 130 号 351 頁，等等）。然而，最判昭和 51・5・6 刑集 30 卷 4 号 591 頁的态度发生了改变。对此，山口教授认为，“对于不过是进行事后裁决的第 (3) 种准代决者而言，在不经裁决而允许其制作公文书这一意义上，应该说，能肯定其具有制作权限”（参见王昭武译・山口各论 519 页）。——译者注

四、制作虚假公文书罪

公务员有关其职务,以使用为目的,制作虚假的文书或图画,或者变造文书或图画的,依据有无印章或者署名进行区分,按照前两条的规定处断(第156条)。

(一)含义

本条是为了处罚具有该公文书制作权限的公务员(身份犯)出于使用的目的,制作内容虚假的公文书或公图画的行为(无形伪造),以及变造已经真正成立的公文书或公图画的行为(无形变造)。与后述私文书的情况不同,刑法全面处罚公文书的无形伪造行为。其理由在于,一般而言,公文书的社会信用度比私文书要高(大塚471頁、大谷456頁)。另外,国家以及地方公共团体无法就虚假内容承担相应的法律责任,可能也是理由之一。

具体而言,与第154条、第155条相对应,对于(1)制作虚假的有印的天皇文书或者变造有印的天皇文书的行为,(2)制作虚假的有印公文或者变造有印公文的行为,(3)制作虚假的无印公文或者变造无印公文的行为,分别按照各自所规定的法定刑予以处罚。[1] 有关使用的目的的含义,参见后述。本条所谓"变造",是指具有制作权限的公务员对于已经真正成立的公文书或公图画,加以变更,使之成为内容虚假的公文书的行为。下面仅就制作虚假的公文书的行为(无形伪造)进行探讨。

(二)无形伪造公文书的间接正犯

本罪属于身份犯,并且,考虑到与公正证书原件等不实记载罪(第157条)之间的关系,非身份者([不具有公务员身份的]个人或者无制作权限的公务员)能否构成本罪的间接正犯,就是一个问题。

可以说,二战前的判例对非身份者构成本罪的间接正犯持肯定态度。例如,(1)村助理让不知情的选举长(村长)在作了虚假记载的选举记录上署名(大判昭和11·2·14刑集15卷113頁〔521〕),(2)村助理让不知情的村长在作了虚假记载的军事扶助调查书上署名盖章(大判昭和15·4·2刑集19卷181頁),对此,判例一般认定成立间接正犯。但在二战后,最高裁判所则转为否定说。例如,(3)某人向村公所提交内容虚假的申请,而使得村公所以村长名义制作了在日本未曾服过兵役这一虚假的证明书,原判对此认定成

---

〔1〕 具体而言,本罪包括以下行为:(1)对有印诏书等的无形伪造(处无期或者3年以上惩役),(2)对有印诏书等的无形变造(处无期或者3年以上惩役),(3)对有印公文书等的无形伪造(处1年以上10年以下惩役),(4)对有印公文书等的无形变造(处1年以上10年以下惩役),(5)对无印公文书的无形伪造(处3年以下惩役或者20万日元以下罚金),(6)对无印公文书的无形变造(处3年以下惩役或者20万日元以下罚金)。——译者注

立第 156 条,而最高裁判所则撤销原判,并宣判无罪(最判昭和 27・12・25 刑集 6 卷 12 号 1387 頁〔338〕〔520〕)。其理由在于,刑法“设置了第 157 条的处罚规定,并且,处刑明显轻于第 156 条,由此可见,立法意图在于,在非公务员者构成伪造虚假公文书的间接正犯的场合,除了属于该法第 157 条的情形之外,不予处罚”。但是,此后,最高裁判所又改变了态度。例如,(4)地方事务所中负责起草文书等工作的建筑部门担当人员,让不知情的所长在作了虚假记载的现场审查合格证上署名盖章,从而使之制作了虚假的现场审查合格证,对此,最高裁判所认为,对于负责辅佐有制作权限之公务员的公文立案起草人员,也可认定成立本罪的间接正犯(最判昭和 32・10・4 刑集 11 卷 10 号 2464 頁〔522〕)。

在学界,全面否定说认为,除了具有制作权限的公务员之外,其他人均不可能构成本罪的间接正犯(植松 167 頁、香川 234 頁);但自上述的判例(4)之后,修正否定说占据主导地位,该说将本罪的主体扩大到负责立案起草的公务员,认为除此以外的其他人均不能构成间接正犯(团藤 296 頁、平野 263 頁、大塚 474 頁、大谷 459 頁、曽根 250 頁、町野 350 頁、山口 449 頁、山中 628 頁、井田 444 頁)。相反,肯定说也很有影响(瀧川幸辰『刑事法判例批評〔第 2 卷〕』〔立命館出版部 1937 年〕128 頁、牧野 224 頁、柏木 274 頁、川端 553 頁)。肯定说认为,一般可以承认非身份者也能构成间接正犯,但如果其行为同时也符合第 157 条,则属于法条竞合,仅成立第 157 条所规定之罪。

否定说的论据主要有以下两点:第一,既然第 157 条已针对一定的公文,在第 156 条的间接正犯实行形态之外,另外予以了规定,并大幅减轻其刑罚,那么,如果再就其他类型的公文书认定构成第 156 条的间接正犯,就会有失刑罚之均衡,也会使得第 157 条失去存在理由;第二,第 156 条是身份犯,即便可以说非身份者是间接正犯,但也无法构成正犯。

但是,首先,“虚假申报”这一行为形式在日常生活中极为常见,属于诱惑他人实施犯罪的诱惑性因素,因而,对于第 157 条的刑罚减轻根据,应理解为责任减轻。那么,对于未采取“虚假申报”这一手段,利用不知情的具有制作权限的公务员(包括立案人)制作虚假公文书的行为,就应该说,仍然可以作为第 156 条的间接正犯,认定其具有可罚性。其次,本罪属于身份犯这一点也不能成为否定说的充分根据。的确,间接正犯也是正犯,因而,也必须符合第 156 条的构成要件,但是,这里的构成要件该当性是指构成要件的实现,即便是非身份者,只要其通过利用不知情的具有制作权限的人(身份者),而有可能实现对公文书的内容真实性的伪造这一构成要件结果,那么,就应该说,非身份者也有可能成为本罪的间接正犯。

当然,对于不加限制地认定成立第156条的间接正犯的当下的肯定说,本书也是抱有疑问的。如前所述,如果认为,第157条的减轻处罚根据在于,由“虚假申报”这一行为形式所引起的责任的减轻,那么,只要是采取“虚假申报”这种行为形式,除了是有关第157条所规定的公文书之外,第156条的间接无形伪造便不应具有可罚性,可以说,这也是立法者的意图之所在。因此,一直以来的肯定说也有必要在此限度之内进行修正(详细论述参见西田典之「公文書無形偽造の間接正犯について」『西原春夫先生古稀祝賀論文集〔3〕』〔成文堂1998年〕261頁以下)。倘若采取这种观点,如果考虑到该案采取的是虚假申报这种行为形式,就可以说,前述判例(3)的无罪判决的结论也并无不妥。反之,如果某人夜间潜入公务机关,将内容虚假的文书塞进具有制作权的公务员的办公桌上的一堆公文书之中,使得该公务员在不知情的情况下在上面署名盖章的,对此,仍能认定构成本罪的间接正犯(松原463頁也是同样旨趣)。

五、公正证书〔1〕原件等不实记载罪

向公务员进行虚假的申报,致其在登记簿、户籍簿以及其他有关权利或义务的公正证书原件上作不实的记载,或者致其在作为有关权利或义务的公正证书原件使用的电磁记录上作不实的记录的,处5年以下惩役或者50万日元以下罚金(第157条第1款)。

向公务员进行虚假的申报,致其在资格证、执照或者护照上作不实的记载的,处1年以下惩役或者20万日元以下罚金(第157条第2款)。

前两款的未遂,应当处罚(同条第3款)。

(一)含义

本条规定了公正证书原件等不实记载罪(第1款)、资格证等不实记载罪(第2款),以及两罪的未遂犯罪(第3款)。这种行为实质上就属于第156条的无形伪造公文的间接正犯这种实行形式,〔2〕前面已经谈到,考虑到虚假申报这种行为形式属于诱惑性因素,该因素可使得行为人责任减轻,因而,刑法

〔1〕　按照《广辞苑》的解释,“公正证书”是指公务员基于其权限而制作的证书,特别是指公证员制作的有关私权的证书,可以认定其在法律上具有完全的证据力。考虑到日文中除了“公正”一词之外,还另外存在“公证”“公证人”等词汇,再者,对照《刑法》第157条所规定的事项,译者认为,这里的“公正证书”并不仅指由公证机关所出具的公证书,因而,这里直接使用刑法法条原文,而不将其译为“公证证书”。——译者注

〔2〕　亦即,本罪行为是,个人通过进行虚假申报,而实施的间接无形伪造公文书的行为,但对属于行为对象的公文书的范围做了限制。——译者注

减轻了此类行为的刑罚。

（二）对象

作为第一款犯罪之对象的“有关权利或义务的公正证书原件”，是指公务员基于其职务权限而制作的文书，该文书对于有关权利义务的事实具有证明效力（最判昭和36·6·20刑集15卷6号984頁）。不动产登记簿、商业登记簿、户籍簿只是其例示，其他还有公证人制作的公证书、土地台账（最判昭和36·3·30刑集15卷3号605頁〔524〕）、居民证（最判昭和36·6·20刑集15卷6号984頁）、外国人登录原票（名古屋高判平成10·12·14高刑51卷3号510頁）、船籍簿（最决平成16·7·13判時1870号150頁）等。以上均要求必须是原件，不包括誊本与写本。考虑到这种公证事务正逐渐步入电子化这种现状，昭和62年（1987年）的刑法修正追加规定了作为公正证书原件使用的电磁记录。汽车登记电子文档、专利原簿电子文档、居民基本台账电子文档等，就属于这种电磁记录。也可以认为，还包括不动产登记电子文档、商业登记电子文档等。

第二款犯罪的对象是资格证、执照、护照。所谓资格证，是指由公务所或公务员制作的并赋予特定的人从事一定行为的权利的证明书（大判明治41·9·24刑録14輯797頁），各种驾照、医师证、狩猎资格证等，就是其例。所谓执照，是指用以证明已经得到公务所许可或者已向公务所登记的票证，例如，养犬证（《狂犬病预防法》第4条）、旧货营业许可证（《旧货营业法》第5条第2款）等。

（三）行为

本罪行为，是指向公务员作虚假申报，使其在本条所规定的公文书中做不实记载的行为。在公务机关自身作为交易主体的情形之下，公务机关所实施的登记嘱托行为，也属于申报行为（最决平成1·2·17刑集43卷2号81頁）。所谓“虚假”“不实”，是指申报、记载的重要部分有违客观事实。因此，中间省略登记〔1〕（省略中间流转过程的登记）并不构成本罪（通说）。认定成立本罪的常见情形为：与外国人假结婚的结婚申请；在只是出示资金证明而实际并未出资的情况下，所提交的股份公司设立登记、变更登记等。

---

〔1〕　中间省略登记，例如，不动产的所有权实际上是由甲转移至乙，再由乙转移至丙，是指已经过数次转移的场合，在实际登记之时，却装作是由最初的所有权人（甲）直接将所有权转移至最后的所有权取得者（丙），省略中间的所有权转移过程，并使登记官员将该旨趣记载在登记簿上。对此，通说认为，是否登记取决于当事人的自主意思，而且，登记不过是对抗第三人之要件，省略中间转移过程的登记，作为登记本身仍然是有效的，因而不应成立公正证书原件等不实记载罪。参见大谷465頁。——译者注

(四)与他罪之间的关系

与具有制作权限的公务员合谋而进行虚假申报的,对此,判例认为,公务员构成第156条所规定的制作虚假公文书罪(在电磁记录的情形下,则构成第161条之二第2款的非法制作公电磁记录罪),而申报人则根据第65条第1款的规定,也构成该罪(制作虚假公文书罪)的共同正犯(大判明治44·4·27刑録17輯687頁)。但是,考虑到本罪的减轻处罚的立法意图,申报人应仅构成本罪(藤木149頁、中山442頁)。[1] 虽未共谋,但公务员单方面知道该申报为虚假申报的,有力观点认为,如果该公务员有进行实质性审查的权限,则构成第156条;如果只有进行形式性审查的权限,则不具有可罚性(福田103頁、大塚478頁)。但是,在明知内容虚假的情况下,由于并无受理申报的义务,因此,还是应该构成第156条之罪(小野110頁、大谷462頁、中森223頁注32)。

进行虚假申报的结果是,(公务机关或公务员在公正证书或执照上记载虚假内容,行为人由此)接受记载了虚假内容的公正证书或执照之交付,判例认为,由于本罪已经将这种结果包括在内,并进行了处罚,因而,并不另外成立诈骗罪(最判昭和27·12·25刑集6巻12号1387頁〔338〕〔520〕)。为此,采取虚假申报这种行为形式,接受本条所规定的公文书之外的其他公文书之交付的行为,当然不构成本罪,同时也不构成诈骗罪。但是,不可罚的范围应该限定在类似于证明文件的公文书,至于国民健康保险证等那些具有财产性价值的公文书,还是应该认定构成诈骗罪。另外,受托代为保管他人所有的建筑物者,为了得到金钱利益,暂时在该建筑物的登记记录上设定不实的抵押权的,成立电磁公正证书原件不实记录罪以及侵占罪,两罪属于想象竞合(最决平成21·3·26刑集63巻3号291頁〔372〕。对该判决的评析,参见西田典之「判批」『刑事法ジャーナル』22号79頁)。

---

〔1〕 对此,山口教授提出了不同的观点:"申请人与有权限的公务员经过共谋进行虚假的申报,在公正证书的原件上作不实记载的场合,判例判定公务员成立制作虚假公文书罪,申请者(则根据《刑法》第65条第1款的规定)也成立制作虚假公文书罪的共同正犯(大判明治44·4·27刑録17輯687頁。赞成判例态度的学者有,大塚第477页〔不过仅肯定成立教唆或者帮助,否定成立共同正犯〕),等等。应该说,判例态度是正确的。反之,有观点基于将公正证书原件等不实记载罪理解为制作虚假公文书罪之间接正犯的责任减轻类型的立场,主张申请者应成立公正证书原件等不实记载罪,如前所述,将公正证书原件等不实记载罪理解为责任减轻类型这种前提本身就存在疑问"(王昭武译·山口各论529页以下)。——译者注

典型判例

·暴力团成员B因受到《暴力团排除条例》的限制，自己无法与不动产中介进行交易，于是请被告人将名义借给自己以用于进行不动产交易。受到B的请托后，被告人以自己担任代表董事的A公司为买方，与卖方之间就本案土地签订了买卖合同，并由卖方将土地所有权转移登记至A公司。该买卖合同完全是以A公司的名义办理，没有在任何地方显示是为了B而签订合同，卖方也只是认识到，合同的相对方是A公司。对此，**最判平成28·12·5刑集70卷8号749頁**〔526〕认为，对于电磁公正证书原件不实记录罪中的"虚假的申报""不实的记录"这种要件，"除了登记实务中被允许的例外情形之外，应该从该登记是否忠实地反映了有关该不动产的民事实体法上的物权变更的过程这一角度来判断"，由于本案的"买卖合同的当事人是本案土地的卖方与A公司，因而根据本案各个买卖合同，本案各土地的所有权已经由本案卖方转移至A公司，这样认定是适当的"，因此，"本案各种登记忠实地反映了有关该不动产的民事实体法上的物权变更的过程"，进而以此为理由判定不成立电磁公正证书原件不实记录罪。

在本案中，重要的是，本案土地的所有权究竟是由卖方转移到了A公司，还是可以说直接转移到了B，因而如何确定民事上的买卖合同的当事人就成为本案焦点。被告人隐藏自己是为了让暴力团成员B取得土地这种意图而签订了买卖合同，虽然存在将该行为评价为诈骗罪中的欺诈行为的余地，但买卖合同的当事人毕竟是A公司，并且也是A公司取得了本案土地的所有权，因而难以将本案的所有权转移登记评价为"不实的记录"（参见松永荣治「判解」『ジュリスト』1513号109頁）。

六、使用伪造的公文书等罪

使用自第154条至前条（第157条）的文书或图画，或者将前条（第157条）第1款的电磁记录当作公正证书的原件而提供使用的，与伪造或变造该文书或图画、制作虚假的文书或图画，或者使公务员做不实记载或记录的，处同一刑罚（第158条第1款）。

犯罪未遂的，应当处罚（同条第2款）。

（一）含义

对于使用自第154条至第157条规定的伪造或变造的公文书或公图画、虚假制作的公文书或公图画的行为，以及将第157条第1款规定的电磁记录当做公正证书的原件而提供使用的行为(提供使用),本条规定应予处罚。按照各自对象的不同,分别与伪造、变造、虚假制作、不实记载行为处以同一刑罚。对于未遂犯,也应予以处罚。之所以另外规定电磁记录,是因为电磁记录并不针对人使用,而是用于通过电脑处理的公正事务。有关“提供使用”的含义,参照后述。以下仅就使用伪造的文书、虚假的文书的行为进行解说。

(二)使用的含义

所谓使用,是指将伪造的文书作为真正的文书,或者将虚假的文书作为内容真实的文书而使用的行为。具体而言,使用,是指让他人认识到文书的内容,或者,将文书的内容置于他人可能认识到的状态(最大判昭和 44·6·18 刑集 23 卷 7 号 950 頁〔518〕)。只有将伪造的文书或虚假的文书置于他人可能认识的状态之下,才会损害公共信用。因此,各种伪造犯罪所要求的“使用的目的”,是以主观要素的形式纳入法益侵害结果,属于主观违法要素。不过,并不要求使用人自己实施伪造或虚假制作的行为,也不要求是出于使用的目的而制作。

不问具体使用方法如何,出示、提交、供以阅览等均可。对于供公众阅览之用的户籍簿、登记簿等,在让公务员做了不实记载并存档于公务所之时,便达到既遂(称为“存档使用”)(大判明治 42·3·25 刑録 15 輯 324 頁)。在伪造或变造的原件本身达到可使得一般人误以为真正的文书的程度之后,出示其复印件的行为(東京高判昭和 52·2·28 高刑 30 卷 1 号 108 頁〔519〕)、在消费金融机构设置的无人借贷机上通过影像扫描而显示在屏幕上并向人展示的行为(大阪地判平成 8·7·8 判夕960 号 293 頁〔492〕)等,也属于伪造的文书的使用形态之一。[1] 相反,仅仅是携带伪造的驾驶证的行为,还不属于使用(最大判昭和 44·6·18 刑集 23 卷 7 号 950 頁〔518〕。最决昭和 36·5·23刑集 15 卷 5 号 812 頁曾认定携带也属于使用,该判例对此予以了

---

〔1〕 要谓之使用,属于本罪客体的伪造的文书等,其本身必须具有真正的文书等或者内容真实的文书等的外观(这符合文书性所要求的可读性、可视性)。因此,以口头或者书面的形式将伪造的文书的内容、形式传达给其他人,这还不够,必须是向其他人出示伪造的文书本身(大判明治 43·8·9 刑録 16 輯 1452 頁)。但是,制作出了可被称为伪造的文书等(也就是,伪造或变造达到可使得一般人误以为真正的文书的程度)的东西之后,出示该文书等的复印件的(東京高判昭和 52·2·28 高刑集 30 卷 1 号 108 頁、福島地判昭和 61·1·31 刑月 18 卷 1 =2 号 57 頁〔有关制作、使用缩小了的复印件的案件〕),通过传真机传送至他人的(有关使用此方法的案件,参见広島高岡山支判平成 8·5·22 高刑集 49 卷 2 号 246 頁),或者通过影像扫描而将该文书等显示在他人的屏幕上的(有关使用此方法的案件,参见大阪地判平成 8·7·8 判夕960 号 293 頁),也有肯定属于使用伪造的文书等的余地(王昭武译·山口各论 532 页)。——译者注

变更)。应该说,仅仅只是携带的话,尚属于使用的预备行为,连未遂也未达到。在邮寄的情形下,则在到达对方之时方构成既遂(大判大正5·7·14刑録22輯1238頁)。

使用行为的对象,必须是并不知道该文书属于伪造的文书、虚假的文书者。因此,即使向伪造行为的共犯出示,也不属于使用(大判大正3·10·6刑録20輯1810頁);认为对方不知情而向对方出示,但对方实际上已经知情的,则仅构成本罪的未遂(大塚459頁、大谷451頁。有关伪造的有价证券的使用,参见東京高判昭和53·2·8高刑31巻1号1頁)。部分学者认为,即便使用行为的对象对于伪造等并不知情,也必须是与该文书具有某种利害关系者,因而,诸如委托某人保管而交付给某人的行为,或者为了哄老母亲高兴而向母亲出示伪造的邮政存折等行为,便不属于使用(大塚458頁)。但是,如果将文书内容的社会重要性作为文书的要件之一的话,就没有必要作上述限制(通说)。例如,对于为了让父亲高兴而向父亲出示伪造的公立高中毕业证书的行为,判例也判定构成本罪(最决昭和42·3·30刑集21巻2号447頁〔516〕)。

(三)罪数

本罪与伪造公文书罪、制作虚假的公文书罪之间属于牵连犯的关系。公正证书原件等不实记载罪与存档使用之间也是如此(大判明治42·11·25刑録15輯1667頁。但牧野235頁、大塚482頁、大谷476頁则认为属于想象竞合)。通说、判例认为,本罪与诈骗罪也属于牵连犯(最决昭和42·8·28刑集21巻7号863頁。但大塚482頁、483頁、中森221頁则认为属于想象竞合)。

七、伪造私文书罪

以使用为目的,利用他人的印章或署名,伪造有关权利、义务或者事实证明的文书或图画,或者利用伪造的他人的印章或署名,伪造有关权利、义务或者事实证明的文书或图画的,处3个月以上5年以下惩役(第159条第1款)。

变造他人已经盖章或署名的有关权利、义务或者事实证明的文书或图画的,与前款同(同条第2款)。

除前两款规定的情形之外,伪造或者变造有关权利、义务或者事实证明的文书或图画的,处1年以下惩役或者10万日元以下罚金(同条第3款)。

(一)含义

本条处罚出于使用的目的而伪造或变造私文书或私图画的行为。与公文书的情况一样,也区分有印私文书与无印私文书,加重处罚社会信用度相对更高的前者。所谓变造,是指篡改或变更私文书的非本质部分,从而改变其证明力。例如,在借条的金额旁边再写上另外的金额(大判明治44·11·9刑録17輯1843頁)。然而,篡改自己名义的私文书的行为,属于无形伪造,因而,不构成本罪,但有些情况下可能构成毁弃文书罪(第258条、第259条)(有关改变自己名义的辞职书的日期的行为,参见大判大正10·9·24刑録27輯589頁)。

有关使用的目的以及图画的含义,参见前述。以下仅就伪造私文书的行为予以解说。

前面已经谈到,就私文书而言,除了制作虚假的诊断书罪(第160条)之外,刑法并不处罚虚假制作行为(无形伪造),而仅处罚伪造行为(有形伪造)。其理由在于,例如,尽管甲对乙并无债务,但在以甲名义制作了100万日元的借条的情形之下,只要甲是出于自己的意思而制作了该内容虚假的文书,就有可能追究甲的法律责任,有时还有可能让甲实际承担这100万日元的债务。但就有关事实证明的文书而言,情况则有所不同。例如,在甲以自己的名义制作了"谨证明乙与丙为夫妻关系"这一内容虚假的文书的场合,该虚假内容无法现实化,从这一意义上说,甲难以承担责任。尽管如此,该行为之所以不可罚,是因为刑法采取的立场是,只要对该文书制作的责任主体即名义人能够追究某种法律责任(例如,不法行为责任)即可。

(二)对象

在以个人为制作名义人的文书中,本罪对象限于有关权利或义务的文书,以及有关事实证明的文书。所谓有关权利或义务的文书,是指以引起私法或者公法上的权利或义务的发生、消灭、变更为目的的意思表示作为其内容的文书。例如,委托汇款的电报委托书(大判大正11·9·29刑集1巻505頁)、要求再次进行辩论的申请书(大判昭和14·2·15刑集18巻46頁)、无记名定期存折(最决昭和31·12·27刑集10巻12号1798頁)等,就属于这种文书。判例认为,所谓有关事实证明的文书,是指对社会生活中存在争议的事项进行证明的文书(最决昭和33·9·16刑集12巻13号3031頁〔527〕)。反之,有力学说认为,判例的这种定义过于宽泛,应该限于"能够就社会生活中有关重要利害关系的事实进行证明的文书"(大塚484頁、485頁、大谷466頁),但这也不过是程度之差而已。以下文书就属于有关事实证明的文书:向邮政局提交的迁居信(大判明治44·10·13刑録17輯1713頁)、[1]善款的捐款人名录(大判大正14·9·22刑集4巻538頁)、证明书

〔1〕 亦即,为了保证准确投递,向邮局提交的地址变更申请。——译者注

画为真迹的书画鉴定(大判大正14・10・10刑集4卷599頁)、登载在某政党机关报上的"谨祝发展"这种广告(最决昭和33・9・16刑集12卷13号3031頁〔527〕)、私立大学的成绩单原件(東京地判昭和56・11・6判時1043号151頁)、有关汽车登记事项等证明书的申领书(東京高判平成2・2・20判時1342号157頁〔528〕)、私立大学入学考试的答案(最决平成6・11・29刑集48卷7号453頁〔529〕)、用于求职的履历表(最决平成11・12・20刑集53卷9号1495頁〔494〕)等。但对其中的某些判例则存在批判意见:(1)就证明书的申领书而言,由于任何人均可以提出申请,因而,并不值得以本罪来保护(岡野光雄「『事実証明ニ関スル文書』の意義」平野龍一・松尾浩也・芝原邦爾編『刑法判例百選Ⅱ各論〔第3版〕』〔有斐閣1992年〕158頁);(2)入学考试的答案并非有关法律性质的交易之物(伊東研祐『平成6年度重要判例解説』147頁)。但是,就第(1)点而言,究竟是谁、出于什么理由申领了证明书,可以说,这属于社会生活中的重要事实;就第(2)点而言,由于本罪在有关权利或义务的文书之外,还另外将有关事实证明的文书也作为行为对象,因而,没有将其限定为有关法律性质的交易这种事实的必然性。

(三)行为

本罪行为是"伪造",即冒用他人(包括虚无之人)的名义而制作本条所规定的文书,其本质就在于,伪构名义人与制作人之间的人格的同一性。这种情况下的伪造,如前所述,应该在"意思说"的意义上加以理解。因此,具有代理权限的人,以及得到名义人承诺的人制作文书的行为,原则上不属于伪造。但是,经常引起争议的问题是,从文书性质的角度,如何把握具有可罚性的私文书有形伪造与不可罚的私文书无形伪造之间的界限?下面就此进行探讨。

1.代理名义的冒用

例如,并无代理权或代表权的某甲以"乙之代理人甲"的名义制作文书,或者,并非支店长的某甲以"乙银行支店长甲"的名义制作文书的,这种行为是否构成本罪呢?在这种情况下,由于甲本人的姓名也记载在文书上,因此,文书的接收人可以直接向甲追究该文书的制作责任。为此,认为这种情况仅仅只是头衔或资格的冒用,属于无形伪造,并不具有可罚性,这在逻辑上也是可行的(牧野164頁、木村250頁主张,属于无形伪造,但应成立本条第3款)。

反之,通说、判例则认为,由于其效果归属于被代理的本人(乙),因而,其名义人也是本人(乙),出于这一理由,通说、判例主张,应成立有形伪造

(最决昭和45・9・4刑集24卷10号1319頁〔504〕[1])。但是,既然是代理名义的文书,文书的效果便当然归属于本人,仅以此为理由,想必还难以否定"意思表示的主体是被称为代理人的甲"这一点。另外,为了撑面子,甲在结婚典礼的来宾簿上签名时,写上"乙银行支店长甲",想必也没有必要因此而认定成立本罪。在本书看来,是否成立本罪,应该从文书的性质以及法律上的根据(《民法》第99条以下)出发,在代理人这一头衔或资格是形成对该文书的公共信用的基础事实的情形下,通过将代理人这一头衔或资格理解为名义人之意思表示的一部分来进行判断。在此意义上,肯定成立本罪的,主要是下面这样一种情况:从文书的性质以及文书的接收方的关注点来看,明明被认为是,代理资格与代理人的姓名作为一个整体才属于名义人(乙之代理人甲),但由于实际的制作者是并无代理权的某甲,因而,属于对名义人与制作者的人格同一性的伪构(植松155頁、福田96頁、山中612頁、宫澤浩一「偽造罪の客体」『刑法講座〔5〕』〔有斐阁1964年〕144页、今井猛嘉「文書偽造罪の一考察〔5〕」『法学協会雑誌』116卷7号97頁以下)。因此,这里尽管可以追究到事实上的制作者,但由于无法追究到规范上作为名义人即制作人而被认识到的某人——从该文书的性质等来看,可以说,文书的收受人当然可以一般性、类型性地期待的、具有该属性的制作责任人——因而,仍然可肯定成立有形伪造。[2]

---

〔1〕 该判例认为,不具有代理、代表权的人以代理、代表的名义制作文书的行为,属于有形伪造。这是因为,"不具有作为他人的代表者或者代理人而制作相应文书之权限的人,显示自己具有代表或者代理他人的资格,或者显示出足以使得一般人误信其具有代表或者代理他人之资格,而制作文书的,由于该文书具有基于该文书所表示的意识(意思)内容的效果,会归属于被代表或者被代理的本人的形式,因此,将该文书的名义人理解为被代表或者被代理的本人,这是妥当的。"——译者注

〔2〕 对于冒用资格的行为,有观点认为,这里的名义人是"A之代理人X"这种与X属于不同人格的"Y"(植松155頁、福田96頁等)。该说指出,就文书的名义而言,文书上所实际表示的制作名义非常重要,在以代理、代表名义制作文书的场合,只能是将实际作出意思表示的X视为名义人,而难以将本人A作为文书的名义人。然而,在以代理、代表名义制作的文书中,应该说,不仅是X这一姓名,"A代理人"这种资格也很关键,具有该资格的A株式会社董事长X这一名义才是最重要的。也就是说,将既不是A也不是X的"A株式会社董事长X"这种代理资格与代理人连为一体的名义,认定为所谓"Y"这种有别于X的其他的人格,属于该名义的文书。并且,只要Y实际并不存在,该文书就属于以虚构的人作为名义人的文书,在一般人可能误信存在该人的范围之内,就认定属于有形伪造。但是,若过于强调这种"资格的冒用",就各种各样的资格而言,冒用了该资格的X就成为Y这种另外的人格,就存在过度扩大有形伪造的范围的危险。例如,并非律师的某人,使用律师这种头衔制作了与律师业务毫无关系的文书之时,也总会成立文书的有形伪造。而且,另外设想出Y这种虚构的人的名义,也有过于"技巧化"之嫌。参见前田第4版第453頁。——译者注

下面这一判例是近年的重要判例。“国际旅行联盟”是一个实际存在的团体,该团体并没有根据《日内瓦条约》发行国际驾照的权限,却仍以“国际旅行联盟”的名义制作发行了酷似于国际驾照的文书。对于此案,最高裁判所认为,“该文书由根据《日内瓦条约》具有国际驾照发行权限的团体所发行,这一点正是本案文书的社会性信用之基础,因此,应该认为,本案文书的名义人是‘根据《日内瓦条约》具有国际驾照发行权限的国际旅行联盟这一团体’”,另外,由于制作者是实际并无发行权限的国际旅行联盟,因此,其间并无名义人与制作人之间的人格上的同一性,进而肯定成立伪造私文书罪(最决平成15・10・6刑集57卷9号987頁〔506〕)。可以说,本判决完全是采用了前面在谈到代理名义的冒用之时所提到的伪造的概念(参见今井猛嘉「文書偽造罪の成否〔1〕」『現代刑事法』61号109頁、长井长信『平成15年度重要判例解説』177頁)。

2. 名义人的承诺

如前所述,在有关有形伪造的“意思说”看来,如果存在名义人的事先承诺,即使以其名义制作了文书,也不构成本罪。然而,判例对于下面的案件却判定成立本罪:某甲因无证驾驶当场被抓,由于甲事先已征得拥有驾照的朋友乙的同意,于是在交通事故记录本(违章记录卡)上,以乙的名义填写了相关事项,对此,判例认为“交通事故记录本中的供述栏,从其作为文书本身的性质上看,法令不允许制作名义人以外的其他人进行填写,故在以他人名义填写上述供述栏的情形下,即便事先已征得该他人之承诺,亦成立伪造私文书罪”(最决昭和56・4・8刑集35卷3号57頁〔497〕。最决昭和56・4・16刑集35卷3号107頁也是同样趣旨)。也有下级裁判所的判例基于同样的理由,认定以下情况构成本罪:事先征得某人的承诺,以该人的名义制作了私立大学的入学考试答卷(所谓“冒名顶替考试”)(東京高判平成5・4・5判タ828号275頁,但属于旁论。[1] 有关驾照申领书,参见大阪地判昭和54・8・15刑月11卷7=8号816頁〔498〕);制作普通护照申领书的行为(東京地判平成10・8・19判時1653号154頁[2]);得到他人之承诺,通过消费者金融机构的自动签约机,出示了该他人的健康保险证,并以该他人的名义,制作了申领书,让对方制作并交付了融资卡(小额贷款卡)(仙台高判平成18・9・12高刑速〔平18〕329頁)。

---

〔1〕 在本案的上告审中,入学考试答卷是否属于有关事实证明的文书引起争议,但最高裁判所对此予以了肯定(最决平成6・11・29刑集48卷7号453頁)。——译者注

〔2〕 判例认为,从其性质上看,此类文书以属于名义人的署名者本人的亲笔签名为必要。——译者注

对此，学界存在两种相互对立的观点。一种观点认为，只要存在名义人的承诺，就不构成伪造罪，[1]另一种观点则支持判例结论。后一种观点支持判例结论的理由在于：（1）出于违法目的的承诺应归于无效，因而，不能肯定存在基于承诺的制作权限；[2]（2）从这些文书本身的性质来看，也要求必须制作名义人自己亲自署名；[3]（3）不可能将有关表示内容的责任转嫁至名义人（中森217頁、大谷471頁、高橋530頁、井田457頁）。但是，针对上述理由，可能也会有以下批判意见：就第（1）点理由而言，即便是出于违法目的而制作了文书，也不会因此而丧失制作该文书的权限，承诺也是如此；[4]按照第（2）点理由的逻辑，那么，即便是因受伤而请人代笔，也不被允许，再者，自书遗言的代笔行为也会构成本罪，事实上，这种情况只是违反了民法的要式规定而仅限于归于无效（参照《民法》968条），因而，只要是基于名义人的意思，就不宜认定成立本罪；就第（3）点理由而言，本罪当然已经预想到，对于内容虚假的事实证明文书，名义人不可能按照该内容承担相应的责任（不可能变假为真）。

但是，尽管可能会存在上述批判意见，但在最终结论上，还是应该支持判例的观点。这是因为，从立法意图（参见《道路交通法》第126条、《护照法》第3条）以及这些文书本身的性质来看，当然已经预想到，这些文书是在特定场所下制作的：交通事故记录本是在交通违章现场、入学考试答卷是在考场、护照申领书是在公务所提交的。这样的话，这些文书的名义人就不再是单纯的乙，而必须是被警察当场认定违反交通规则的乙、实际参加了考试的乙、亲自到公务所提交了申领书的乙。另外，在通过自动签约机而订立融资合同的情形下，既然申领书上有"'我'申请……"这样的表述，对于该申领书的名义人，就应该理解为，是实际来到自动签约地，并制作了申领书的乙。因此，即便甲所实施的制作文书的行为确实是基于乙的意思而实施的，按照意思说的观点，乙是制作人，但是，由于仍然伪构了名义人与制作人的同一性，因而，可

---

〔1〕 参见平野『犯罪論の諸問題（下）各論』408頁、曽根253頁、平川451頁、松原450頁、林幹人「有形偽造に関する2つの新判例をめぐって」『法曹時報』45巻6号1頁、佐伯仁志「名義人の承諾と私文書偽造罪の成否」松尾浩也・芝原邦爾・西田典之編『刑法判例百選Ⅱ各論〔第4版〕』（有斐閣1997年）177頁。

〔2〕 可以认为这也是最高裁判所的理由之一。另见木村248頁、福田97頁以下。

〔3〕 这也是最高裁判所的理由之一。另见最决昭和56・4・16刑集35卷3号107頁中的谷口裁判官的补充意见、大谷471頁。另外，川端博可能也是同样旨趣（参见川端博「判批」『判例時報』1445号〔『判例評論』410号〕228頁）。

〔4〕 亦即，如山口465頁所言，"因为是出于违法目的而得到了承诺，由此就直接否定存在文书制作权限，对此是存在疑问的（使用出于这种违法目的而制作的文书，实施了某种犯罪的，可能会因该犯罪而受到处罚，那另当别论）"（王昭武译・山口各论545页）。——译者注

以认定成立本罪(今井猛嘉「文書偽造罪の一考察〔4〕」『法学協会雑誌』116卷6号106頁以下)。

由此可见,按照上述观点,承诺他人使用自己姓名者,并非文书制作的名义人,因此,对于该承诺者,就可以作为与实际的制作者一同侵害了文书的公共信用的侵害者,而构成本罪的教唆犯、帮助犯或者(共谋)共同正犯。[1][2]

3. 俗称(通用名)的使用

在使用俗称(艺名、笔名、化名)制作文书的场合,只要在与收受人之间的关系上,不属于伪构了文书制作的责任主体,就不构成本罪。但是,如果因使用俗称而存在让对方误认为是不同于自己本人的其他人的危险,并且,自己也认识到该危险的,则成立本罪(就交通事故登记本原件,参见最判昭和56・12・22刑集35卷9号953頁〔500〕)。例如,某甲偷渡到日本之后,在长达25年的时间之内,一直以具有合法在留资格的乙的名义生活,(为了出国到朝鲜而)根据《出入境管理令》(现在《出入境管理以及难民认定法》)第26条的规定,以乙的名义填写了再次入境许可申请书(并提交给了出入境管理事务所的事务官员)。对此案件,最高裁判所撤销了以"不存在人格同一性的伪构"为理由而宣判无罪的原判(但原判判定,构成《外国人登录法》〔现在已经废止〕第3条、第18条所规定的不申请重新登记罪)。最高裁判所认为,该文书的名义人是具有合法在留资格的乙,而乙与并无在留资格的甲具有不同的人格,因此,"该文书的名义人与制作人之间在人格同一性上出现了不一致",从而判定构成本罪(最判昭和59・2・17刑集38卷3号336頁〔501〕)。

对于该案,有力观点认为,乙这一俗称作为识别甲的姓名已经确定下来,因此,不应构成本罪(林幹人「有形偽造に関する2つの新判例をめぐって」『法曹時報』45卷6号16頁、清水一成「判批」『警察研究』61卷2号45頁、田中利幸「通称の使用と人格の同一性」松尾浩也・芝原邦爾・西田典之編『刑法判例百選Ⅱ各論〔第4版〕』〔有斐閣1997年〕173頁、曽根244頁、平川

〔1〕 持相同观点的有,毛利晴光「名義人の承諾と文書偽造罪の成否(下)」『警察学論集』43卷5号62頁。另外,東京地判平成10・8・19判時1653号154頁就是持这种观点的判例。基于将共同正犯限于实行行为人的立场,对此持反对意见的有,角田正紀「名義人の承諾と私文書偽造罪の成否」『中山善房判事退官記念・刑事裁判の理論と実務』(成文堂1998年)513頁。

〔2〕 尽管制作名义人给予了承诺,但行为人仍然成立伪造私文书罪的场合,允许使用其名义的人,也成立伪造私文书罪的共犯(共同正犯、教唆犯或者帮助犯)。这是因为,无法单独成为伪造私文书罪之主体的制作名义人,如果以可实施私文书之伪造的人为中介,就完全有可能参与实施伪造私文书罪(对于承诺人,東京地判平成10・8・19判時1653号154頁肯定构成伪造私文书罪的共犯)(王昭武译・山口各论546页)。——译者注

453 頁、松宫 386 頁、[1] 松原 455 頁)。但是,如要认定成立本罪的话,在第一次申请之时就同样可以认定,因而,考虑该俗称的确定程度这一问题(根据该俗称的确定程度来判断是否构成本罪),并不妥当。的确,出入境管理官员可以以该文书为线索,实际追踪到"乙即甲",但是,从简便迅速地办理出入境手续这一文书本身的性质,以及法律的宗旨来判断的话,由该文书所认知的名义人,应该是具有"具有合法在留资格"这一不成文的资格或属性的人。在此意义上,正如判例所言,这里存在对于人格同一性的伪构(山口 468 頁、[2] 高橋 522 頁、井田 455 頁、今井猛嘉「判批」『法学教室』166 号 129 頁、今井猛嘉「文書偽造罪の一考察〔6・完〕」『法学協会雑誌』116 卷 8 号 114 頁、137 頁以下)。本书认为,如果对代理名义的冒用承认属于有形伪造的话,那么,这里也应该肯定成立本罪。

4. 伪名或假名的使用

同样的观点也适用于一次性地(仅此一次)使用伪名或假名的行为。例如,某通缉犯为了避免暴露真实身份,打算以假名就职,于是在履历表、聘用合同上填写虚假的姓名、出生日期、住所、经历等之后,并粘贴了自己的真实照片,然后提交给招聘单位,对此,最高裁判所认为,"比照这些文书的性质、功能等,尽管被告人粘贴了自己的照片,也并无逃避由上述各文书所产生的责任的意思,但显然这些文书所表示出的名义人与被告人并不是同一人格,因此,应该说,在名义人与制作人的人格的同一性上,出现了不一致",进而判定成立伪造私文书罪、使用伪造的私文书罪(最决平成 11・12・20 刑集 53 卷 9 号 1495 頁)。鉴于履历表这类文书的性质及其收受人的关注点,这里明显存在让对方认识到其他人格的危险性,且被告人已经认识到这种危险的存在,因而,该判决是正确的(山口 470 頁、高橋 523 頁、井田 454 頁)。

---

〔1〕 松宫 386 頁认为,"一般来说,文书的证据能力,是通过确保制作人与名义人之间的人格同一性而得到担保的,这里所使用的姓名,不必是户籍或者外国人登录证上的姓名。因此,即便是使用作为指代该人而被广泛认知的俗称制作了文书,只要与相关人员所认识到的该俗称所实际指代的人物是一致的,就不会损害制作人与名义人之间的同一性"(王昭武等译・松宫各论 322 页)。——译者注

〔2〕 山口 468 頁认为,"由 A 这一姓名就能确定具体是谁(被告人),且已经完全固定下来,因而学界的有力观点主张,不应成立伪造私文书罪。但是,再入境的许可,这以申领人具有合法的在留资格为前提,从出入境管理的角度来看,根据申请书所能确定的制作名义人,是与属于偷渡者的被告人完全属于不同人格的、具有合法在留资格的 A,因而能肯定成立伪造私文书罪。由此可见,俗称作为能由此确定实际的制作人的名称,如果该俗称在该文书的相关领域之内是通用的(本书认为,这主要取决于文书本身的性质,根本就不需要俗称已经固定下来,只要由此能确定实际的制作人,就能够否定成立伪造私文书罪),就能否定成立本罪,但根据文书的性质来判断是否成立本罪时,则问题不在于俗称的通用程度、固定程度"(王昭武译・山口各论 547 页以下)。——译者注

又如,根据消费者金融公司的信用信息黑名单,A 已经无法再利用消费者融资,在未取得养父 X 同意的情况下,擅自进行收养关系申报,将户籍上的名字改成 B,进而非法取得了汽车驾照,并利用该驾照,以 B 的名义制作并提交了借款基本合同申请书,从金融公司领取了现金卡,并且从 ATM 上提取了现金。对此,东京地方裁判所认为,"不具有融资资格的被告人,利用 B 的名义……制作各种书面文件的行为,即便其内容是基于被告人的当时的户籍簿上的记载,但只要本案收养关系是无效的,对于各受害公司而言,就是将此后的融资合同等法律效果的归属主体,伪构为与本案收养关系之前的 A 即被告人属于不同人格的 B,其结果就是,使得融资合同等的法律效果之归属主体的经济信用度出现错误,显示了属于虚假人格的归属主体,这完全是伪构了各个文书的制作名义,因此,上述各行为均应成立伪造有印私文书罪",同时,还判定成立使用伪造的私文书罪、盗窃罪(東京地判平成 15・1・31 判時 1838 号 158 頁〔503〕。仙台高判平成 16・5・10 高刑速〔平 16〕229 頁也是同样旨趣的判例)。可以说,这种案件属于利用无效的收养关系,并使用假名的类型。

5. 头衔的冒用

非法学博士或非律师者,即便擅自使用(冒用)此类头衔或资格,制作了私文书,除了存在因此而使得作为文书制作的主体会表示为其他人格的危险,且行为人对此危险存在认识的情况之外,此类行为不构成本罪。例如,住在大阪的某甲并非律师,偶尔得知东京有与自己同名同姓的律师,便利用这种巧合,装作律师的样子,从事律师业务,并制作了律师报酬支付要求书、汇款要求书、催收书、发票等文书,而且,在文书上附上律师资格,然后将相关文书交给了当事人。对此案件,最高裁判所认为,只要本案各种文书与律师业务相关,具备了具有律师资格者所制作的文书的形式与内容,"显然,在本案中,各种文书所表示的名义人就是隶属于东京第二律师协会的(实际存在的)律师甲,该甲与并不具有律师资格的本案被告人具有不同的人格,因此,应该说,本案中的各种文书的名义人与其制作人之间在人格同一性上出现了不一致",从而判定成立伪造私文书罪、使用伪造的私文书罪(最决平成 5・10・5 刑集 47 卷 8 号 7 頁〔505〕)。不同于上述情况("1. 代理名义的冒用""2. 名义人的承诺"以及"3. 俗称(通用名)的使用"),本案中的文书,并非是没有律师这一头衔或资格就不能制作的文书,因此,不能根据这种冒用头衔的行为,就直接认定构成本罪。但是,以"东京第二律师协会律师甲"的名义制作文书这一行为,可以说,显然是创造了其他人格,因而,能够认定成立本罪(今井猛嘉「文書偽造罪の一考察〔6・完〕」『法学協会雑誌』116 巻 8 号

149 頁以下。但林幹人《平成 5 年度重要判例解説》175 頁、平川 454 頁则持反对意见)。

八、制作虚假诊断书罪

医师在应向公务机关提交的诊断书、检验报告或者死亡证明上作虚假的记载的,处 3 年以下禁锢或者 30 万日元以下罚金(第 160 条)。

本条规定例外地处罚私文书的无形伪造行为。* 之所以特别作此规定,是因为医师所出具的诊断书等在很多情况下与权利或义务的得失或变更有重大关系。

* 特别法　特别法中,有很多针对私文书的处罚规定。具体可参见《政治资金规制法》第 25 条、《所得税法》第 242 条、《国家公务员法》第 110 条第 1 款第 5 项。

本罪的主体是医师(身份犯)。应该认为,牙科医师也包括在内(大塚 487 頁)。但如果该医师同时也是公务员的话,则不构成本罪,而是构成第 156 条之罪。

本罪对象,是应向公务机关提交的诊断书、检验书与死亡证明书。所谓"应向公务机关提交",有观点认为,应限于属于法定义务的情形(藤木 155 頁),但本书认为,还是应理解为,还包括预定向公务机关提交的情形。为了取得安葬许可而向市公务机关提交的死亡诊断书、为了入学而向国立学校提交的健康诊断书等,就是其适例。当然不要求一定是医师本人亲自提交。所谓检验书,就是指验尸报告。所谓死亡证明书,是指由主治医师开具的死亡诊断书(《医师法》第 20 条)。

所谓虚假,是指有违客观事实,在就病情、死因、死亡时间等做不同于真实情况的记载之时,即构成本罪。

九、使用伪造的私文书等罪

使用前两条的文书或图画的,与伪造、变造该文书或图画,或者作虚假记载的,处同一刑罚(第 161 条第 1 款)。

犯罪未遂的,应当处罚(同条第 2 款)。

本条规定,对于使用伪造或变造的私文书或私图画,或者,向公务机关提交虚假诊断书的行为,与伪造行为、变造行为、虚假记载行为作相同处罚。有关使用的含义,参见使用伪造的公文书罪中的相关解说。本罪与伪造或变造私文书罪、诈骗罪分别构成牵连犯。对于银行职员在骗取了对方钱款之后,再向对方出具伪造的质权设定承诺书的行为,也有判例判定属于本罪与诈骗罪的包括的一罪(混合的包括的一罪)(東京地判平成4·4·21判時1424号141頁)。

十、非法制作电磁记录罪、提供非法制作的电磁记录罪

以使他人的事务处理出现错误为目的,非法制作供该事务处理之用的有关权利、义务或者事实证明的电磁记录的,处5年以下惩役或者50万日元以下罚金(第161条之二第1款)。

前款之罪涉及应由公务机关或公务员制作的电磁记录的,处10年以下惩役或者100万日元以下罚金(同条第2款)。

出于第1款之目的,将非法制作的有关权利、义务或者事实证明的电磁记录,提供给他人作事务处理之用的,与非法制作该电磁记录的,处同一刑罚(同条第3款)。

前款犯罪未遂的,应当处罚(同条第4款)。

(一)含义

本条是在1987年刑法修正之时所增设。刑法修正之前,存在两个问题:(1)汽车登录电子文档是否相当于原第157条的公正证书原件?(2)CD卡(借记卡)的磁条部分是否相当于原第159条的私文书?对于第(1)点,最高裁判所认定具有原件性,但没有说明具体理由(最决昭和58·11·24刑集37卷9号1538页);对于第(2)点,下级裁判所的判例以有可能通过读取机而再生磁条信息部分为理由,肯定具有私文书性(大阪地判昭和57·9·9判時1067号159頁〔近畿相互银行案〕)。但是,反对说在学界也很有影响,其理由在于,文书应以可视性、可读性为要件。同时,在检察实务中,对于在"白卡"上粘贴(印磁)伪造的磁条信息,并从ATM上提取现金的行为(札幌地判昭和59·3·27判時116号143頁〔北海道银行案〕),最终放弃以伪造私文书罪进行起诉。面对这种状况,本条以立法形式解决了此问题。本条具体规定了非法制作私电磁记录罪(第1款)、非法制作公电磁记录罪(第2款)、提供非法制作的电磁记录罪(第3款)及其未遂犯罪(第4款)。其保护法益为电磁记录的证明机能。该规定的实际内容基本上与伪造文书罪相对应,但不同于文书的是,电磁记录在制作过程中,有多人参与,并且,只有在一定程序之下使用才能实现其证明机能,因此,很难像文书那样设定具体的制作名义人,于是,没有采用伪造、变造、虚假制作等概念,而采用了非法制作这一概念。

(二)对象

本罪对象,是供他人处理事务之用的有关权利、义务或事实证明的电磁记录(私电磁记录)。所谓电磁记录,是指“利用电子方式、电磁方式或其他不能通过人的知觉认识的方式,制作的供电子计算机处理信息之用的记录”(《刑法》第7条之二),例如,磁带、磁盘、IC储存卡等。不问事务处理的性质如何。“有关权利、义务或事实证明”的含义,与伪造私文书罪(第159条)相同。银行的存款本账电子文档、乘车券或赛马券反面的电磁信息部分(甲府地判平成1·3·31判時1311号160頁〔491〕就是有关赛马券的判例)等,就属于有关权利、义务的电磁记录。诸如电话卡之类的预付卡(充值卡),应该说也属于本条第1款的电磁记录,但如前所述,判例将其认定为有价证券。借记卡的磁条上的信息记录(東京地判平成1·2·17判タ700号279頁、東京地判平成1·2·22判時1308号161頁)、应收款等其他会计账册电子文档的记录、电脑通讯的主机内存储的客户信息电子文档(京都地判平成9·5·9判時1613号157頁)等,就属于有关事实证明的电磁记录。反之,程序仅仅是针对电脑的指令组合记录,不属于本条所谓的电磁记录(鶴田六郎·横畠裕介「電磁的記録の不正作出·供用」米澤編『刑法等一部改正法の解説』86頁)。

若该电磁记录本应由公务机关或公务员制作(公电磁记录),则与伪造公文书罪相对应,加重其刑罚。这是考虑到,与私电磁记录相比,公电磁记录的社会信用度更高,其发挥的作用也更大(鶴田六郎、横畠裕介「電磁的記録の不正作出·供用」米澤編『刑法等一部改正法の解説』82頁))。汽车登录电子文档、不动产登记电子文档、驾驶员管理主电子文档、居民票电子文档(仙台地判平成2·9·11刑事裁判資料273号197頁)等,就属于公电磁记录。

(三)行为

本罪行为,是出于使他人事务处理发生错误的目的(目的犯),非法制作前述电磁记录的行为(非法制作)。

所谓“使他人的事务处理发生错误的目的”,是指在事务处理中,由于使用了非法制作的电磁记录而造成了发生错误这一结果。非法复制他人电磁记录的行为(非法获取信息的行为),只要内容相同便不会使事务处理出现错误,因而被排除在本罪之外(鶴田六郎·横畠裕介「電磁的記録の不正作出·供用」米澤編『刑法等一部改正法の解説』82頁)。之所以没有采用伪造文书罪中的“使用的目的”这一表述,也正是考虑到了这一点。

按照本条的立法提案机关的解释,所谓非法制作,是指没有制作权限,或者滥用制作权限而制作电磁记录的行为(鶴田六郎・横畠裕介「電磁的記録の不正作出・供用」米澤編『刑法等一部改正法の解説』87 頁)。也就是说,即便是具有一定制作权限者,如果制作了有违该电脑的设置运营主体之意思的虚假电磁记录,也作为权限的滥用,认定属于非法制作。为此,在银行内部被安排负责输入进出款的人,实施的输入虚假的进款数据的行为,由于违反了设置运营主体即银行的意思,也属于非法制作。相反,设置运营主体本身制作虚假的电磁记录的,例如,个体经营者为了逃税而制作虚假的账本电子文档的行为就不属于本罪(鶴田六郎・横畠裕介「電磁的記録の不正作出・供用」米澤編『刑法等一部改正法の解説』88 頁)。应该说,本罪的适用范围极为有限。

如果这样理解非法制作的含义的话,那么,对于公文书,本罪与一直以来的处罚范围正好对应;与此相反,对于私文书,则将一直以来原则上不可罚的无形伪造也纳入处罚范围(山口厚「電磁的記録と文書犯罪規定の改正」『ジュリスト』885 号 8 頁、中森喜彦「コンピュータ犯罪と刑法の一部改正」『法学教室』81 号 91 頁)。为此,本罪便具有侵犯由电脑所实施的信息处理的正确性的特征。对此,有学说认为,应该将本罪中的非法制作限于并无权限的情形(大谷 477 頁、曽根 255 頁、平川 457 頁)。但是,如此一来,对于与虚假制作公文书相对应的情形,则反而无法按照本罪来处罚,因而,该学说并不妥当(中森 229 頁)。进一步而言,如果"凡违反义务而制作虚假记录的,均可以被理解为,属于无权制作"(大谷實「コンピュータ関連犯罪と刑法の一部改正〔中〕」『判例タイムズ』645 号 38 頁),那么,其最终结论就是,将滥用权限也包含在非法制作之中。

迄今为止,判例已对下述情况判定成立本罪:对未中奖的赛马券的反面的磁条信息部分进行篡改的行为(甲府地判平成 1・3・31 判時 1311 号 160 頁〔491〕)、篡改借记卡的磁条部分的存款信息的行为(東京地判平成 1・2・17 判タ700 号 279 頁),判例对这二种情况判定成立本条第 1 款犯罪;对于市公务机关的职员在居民票电子文档上做不实记载的行为,判定成立本条第 2 款犯罪(仙台地判平成 2・9・11 刑事裁判資料 273 号 197 頁)。

(四)提供使用

本条第 3 款规定,出于使他人的事务处理出现错误的目的,将非法制作的有关权利、义务或者事实证明的私电磁记录或公电磁记录,提供给他人作事务处理之用的,与其对象相对应,与非法制作该电磁记录者处同一刑罚。而且,还处罚该行为的未遂(第 4 款)。

本罪对象,是非法制作的电磁记录。既不需要是提供者本人所非法制作的电磁记录,也不需要在非法制作当时就已经存在使他人的事务处理出现错误的目的。所谓供他人事务处理之用(提供使用),是指将非法制作的电磁记录置于他人的电脑可以使用的状态之下。提供行为的开始之时便为实行的着手,终了之时即构成既遂。例如,就要将非法制作的借记卡插入 ATM 之时,便为着手;在插入之后处于其记录可为电脑所读取之时,就达到既遂。反之,诸如银行的客户本账电子文档或居民票电子文档等,对于那种属于存档备用性质的电磁记录,在非法将虚假信息输入终了之时,该提供使用的行为也达到既遂。但即便是存档备用性质的电磁记录,如果非法制作是在其他地方另外实施,则只有开始将该记录设置于他人的电脑之时,才为实行的着手,只有在设置完了之时,才达到既遂。

第五节　伪造印章的犯罪

一、概述

为了保护对于印章以及署名的真实性的公共信用,刑法典第 19 章规定了伪造、非法使用御玺等罪(第 164 条),伪造、非法使用公章等罪(第 165 条),伪造、非法使用公记号等罪(第 166 条),伪造、非法使用私章等罪(第 167 条)以及上述各非法使用罪的未遂犯罪(第 168 条)。作为处罚对象的行为,均属于伪造印章等、非法使用印章等、使用伪造的印章等行为。印章与署名,是用来表示人以及公务机关、公务员的同一性之物,亦即,表示文书的名义人与制作人的同一性、与书画的制作者的同一性,以及与特定的物、人还有公务机关之间的关系,因而,在社会生活与交易关系中发挥着极为重要的作用。因此,保护针对印章或署名的真实性的公共信用,对于保护事实证明与交易安全也非常重要。从伪造文书罪中加重处罚伪造有印公文书罪、伪造有印私文书罪这一点便可看出,印章以及署名的伪造,多被作为伪造文书罪的一部分而实施。在这种情形之下,如果伪造文书罪达到既遂的话,则伪造印章等罪便被吸收而不再独立构成犯罪。因此,“伪造印章之罪”也发挥着处罚(不处罚未遂犯罪的)伪造文书罪乃至伪造有价证券罪之未遂犯罪的机能(团藤 301 頁)。

二、印章、署名、记号的含义

所谓印章,是指用以证明人之同一性的一定的象形。一般是姓名,除此之外，拇指印（按手印）、花押[1]（大判昭和12·12·14刑集16卷1603頁）、雅印[2]（大判大正3·6·3刑録20辑1108頁）等，也属于印章。有关印章的含义，判例与学说的观点大相径庭。判例认为，这里的印章，既包括印鉴（图章、印形）本身，还包括盖有印鉴的印影（大判明治43·11·21刑録16輯2093頁、大判大正3·10·30刑録20輯1980頁）。那么，按照判例的观点，在出于使用的目的而伪造公务员或他人的印鉴的阶段，便成立伪造印章罪。有力学说出于以下两点理由，支持判例的观点：(1)作为自第165条以下的非法使用罪的文理解释，具有其合理性（小西秀宣『大コンメンタール刑法〔第8卷〕』311頁）；(2)印鉴本身在我国社会生活中占有非常重要的地位（植松184頁、中野次雄『ポケット注釈全書刑法』396頁、香川259頁）。但是，能证明人之同一性者，并不是印鉴本身而只是印影；再者，如果按照判例的观点，认为"三文判"[3]也属于印章（大判大正5·12·11刑録22輯1856頁），那么，仅仅是购买了"三文判"的，势必也要成立伪造印章罪；还有，考虑到伪造印鉴的行为还只是伪造印影行为的预备阶段等情况，本书认为，还是应该采取通说的观点，认为印章仅仅是指印影。

所谓署名，是指通过可以代表自己的文字，而用以表示自己的姓名或其他称呼（大判大正5·12·11刑録22輯1856頁）。例如，对于商号（大判明治43·3·10刑録16輯414頁）、家号[4]（大判明治43·9·30刑録16輯1572頁）、雅号（大判大正2·3·10刑録19輯327頁）等予以表示的，也属于署名。判例还认为，通过盖橡皮图章或者通过印刷而记名[5]的，也相当于署名（大判大正2·9·5刑録19輯853頁）。学说分为两种观点：一种观点认为，只限于亲笔签名；另一种观点认为，也包括记名在内。考虑到只要能表示主体的同

---

〔1〕 花印（花押）：指用于替代署名的记号、符号。原本多是在文书上签上自己的署名，但为了区别于其他人，而逐渐个性化，以图案形式代替签名。花印多见于东亚地区的汉字文化圈，据传源于中国唐朝（8世纪左右），日本于平安时代中期（10世纪左右）开始使用，盛行至江户时代。——译者注

〔2〕 雅印，多见于书画上的印章，是主要用于盖在书画作品上，刻有自己的雅号的印章，也被称为篆刻。——译者注

〔3〕 三文判：指那种临时制作做工粗糙的印章。——译者注

〔4〕 家号：指基于一门、一户的特征而附在家上面的称号，多是商家或者歌舞伎演员等人的家的称号。——译者注

〔5〕 记名：例如，在签订合同时，合同当事人表示自己姓名的方法有署名与记名。署名，是指本人亲笔签名，因笔迹因人而异，只要进行笔迹鉴定即可判别，具有极高的证据效力。记名，是指以亲笔签名之外的其他方式表记自己的姓名，例如，由他人代笔、盖橡皮印章、用打印机打印等。一般而言，由于记名并未留下本人笔迹，其证据效力低于署名。但《商法》第32条规定，"基于本法规定应署名的，可以以记名盖章的方式代替署名"，因此，署名就等同于记名加盖章，合同不需要盖章，只要由本人署名即可生效。——译者注

一性即可、所谓公务机关的署名(第165条第1款)就是记名、股票等的署名实际上也是通过印刷来记名等情况,本书认为,本条的署名应该包括记名在内。

上述意义上的印章或署名,不以有关权利或义务之证明为必要,但必须在法律上或交易中具有相当的重要性(通说)。判例认为,书画的落款(大判大正14·10·10刑集4卷599頁)、信封反面的姓名[1](大判昭和8·12·6刑集12卷2226頁)等,也属于印章或署名。

有关印章、署名与省略文书之间的区别也是问题。例如,邮局的日期邮戳,从其形态上看,可以说是印章,但如果是用以证明在一定日期收受了邮件这一事实的话,则不再是单纯用来表示人之同一性,而应该认为是,具有超越了表示人之同一性这一内容的文书。判例正是从这一角度出发,认定邮局的日期邮戳属于公文书(大判昭和3·10·9刑集7卷683頁〔481〕)。用来表示该物品属于应税之物的物品税表示证纸,也是如此(最决昭和35·3·10刑集14卷3号333頁)。那么,按照这种观点,同样是书画上的署名,但由于"甲作"与"甲描"的含义完全不同,就不应该作为署名,而应该作为私文书来对待(平野264頁)。反之,有力观点认为,对于被简略到可以等视于印章或署名这种程度的文书,就应该与仅属于印章或署名的情形同样对待(团藤301頁、平川470頁)。但是,只要其内容超越了单纯表示人之同一性,并具有一定含义,则不论省略到何种程度,仍然应被认定为文书。

另一个问题是,如何区别印章与公记号(第166条)?通说认为,印章是用来表示人之同一性,而记号则是用来证明或表示一定的事实。判例最初也持这种观点(有关没有海关名称的日期印记,参见大判明治42·9·23刑録15輯1155頁;有关树木砍伐完毕的检验标记,参见大判明治43·6·20刑録16輯1225頁),但其后判例观点发生改变,认为在使用的目的物为文书的情况下就是印章,而在其他情况下则为记号(大判大正3·11·4刑録20輯2008頁。有关选举管理委员会在选举海报上盖的检验印记,参见最判昭和30·1·11刑集9卷1号25頁)。考虑到伪造公记号的行为比伪造印章等的行为处罚要轻,本书认为,还是通说的观点更为妥当。

三、伪造、使用的含义

本章之罪的行为,是出于使用的目的而伪造印章等,或者非法使用印章等、使用伪造的印章等。所谓伪造,是指明明没有权限,却在某物体上显现他

---

〔1〕 日本人写信时,一般在信封的正面写收信人的地址与姓名,而在信封的反面写发信人的地址与姓名。——译者注

人的印鉴等的印影、他人的署名、公务机关的记号。除了使用伪造的印章或“三文判”之外，还包括盗盖他人的真正的印鉴的行为（团藤 305 頁）。判例认为，制作假印的行为本身也属于伪造印章的行为（大判昭和 8・8・23 刑集 12 卷 1434 頁），但前面已经谈到，如果将伪造限于将印章予以印影的行为的话，制作假印的行为，就仅仅是伪造印章行为的预备行为。[1] 所谓使用，是指针对他人使用。也就是说，置于他人可能阅览的状态之下。在这种情形下，也处罚其未遂行为。判例认为，仅仅只是将印影等显现出来的行为，即便构成伪造印章，也尚不足以构成使用罪等的未遂（大判昭和 4・11・1 刑集 8 卷 557 頁）。使用罪分为两种情况：一是在没有权限的情况下，非法使用真印的印影；二是使用伪造的印影等。[2]

四、伪造御玺等罪、非法使用御玺等罪

出于使用的目的，伪造御玺、国玺或御名的，处 2 年以上有期徒役（第 164 条第 1 款）。

非法使用御玺、国玺或御名的，或者使用伪造的御玺、国玺或御名的，与前款同（同条第 2 款）。

本条第 2 款犯罪未遂的，应当处罚（第 168 条）。

御玺是指天皇印章的印影，国玺是指日本国印章的印影，御名是指天皇的署名。其他内容参见前述。

---

〔1〕伪造罪的核心概念是伪造。伪造，是指在没有权限的情况下，将他人印章的影迹（印影）、署名、记号表示于物体之上（反之，判例认为，印章不仅包括印影还包括印鉴，按照其观点，印章的伪造，不仅是印影的表示，还包括假印鉴的制作〔中森喜彦、西田典之等基于主张将印章限于印影的观点，认为印鉴的伪造，属于印章伪造的不可罚的预备行为〕。参见大判昭和 8・8・23 刑集 12 卷 1434 頁等）。以印章伪造行为为例，不仅是用伪造的印鉴盖章、用“三文判”盖章，还包括盗盖真正的印鉴。不过，所表示的印章等，必须具有足以让一般人误以为真正的印章的外观（若达到此程度，即便实际上并不存在所表示的印章等的主体亦可。参见大判昭和 9・12・24 刑集 13 卷 1817 頁、最决昭和 32・2・7 刑集 11 卷 2 号 530 頁）（王昭武译・山口各论 581 页以下）。——译者注

〔2〕非法使用罪中的使用，是指将伪造的印章等作为被合法表示出来的印章等，置于可供他人阅览的状态之下（判例也认为，要谓之“使用”，以上述状态为必要。大判大正 7・2・26 刑録 24 輯 121 頁、大判昭和 16・10・9 刑集 20 卷 547 頁）。使用罪主要有两种情形：(1) 非法使用真正的印章等的情形，(2) 使用伪造的印章等的情形（王昭武译・山口各论 582 页）。——译者注

五、伪造公章等罪、非法使用公章等罪

出于使用的目的,伪造公务机关或公务员的印章或署名的,处 3 个月以上 5 年以下惩役(第 165 条第 1 款)。

非法使用公务机关或公务员的印章或署名的,或者使用伪造的公务机关或公务员的印章或署名的,与前款同(同条第 2 款)。

本条第 2 款犯罪未遂的,应当处罚(第 168 条)。

有关公务机关的含义,参见本章第四节之三“伪造公文书罪”。有关公务员的含义,参见后述“妨害执行公务罪”。这里的印章也是指印影。所谓公务机关的署名,如前所述,仅限于记名。其他内容参见前述。

六、伪造公用记号罪、非法使用公用记号罪

出于使用的目的,伪造公务机关记号的,处 3 年以下惩役(第 166 条第 1 款)。

非法使用公务机关记号的,或者使用伪造的公务机关记号的,与前款同(同条第 2 款)。

本条第 2 款犯罪未遂的,应当处罚(第 168 条)。

有关本条的含义,参见前述。

七、伪造私章等罪、非法使用私章等罪

出于使用的目的,伪造他人的印章或署名的,处 3 年以下惩役(第 167 条第 1 款)。

非法使用他人的印章或署名的,或者使用伪造的印章或署名的,与前款同(同条第 2 款)。

本条第 2 款犯罪未遂的,应当处罚(第 168 条)。

所谓“他人的印章或署名”,是指除公务机关或公务员的印章或署名,以及自己的印章或署名之外的其他人的印章或署名。判例认为,本罪的印章还包括记号(大判大正 3・11・4 刑録 20 輯 2008 頁),但既然刑法典已经将记号与印章加以区别,因此,应否定判例的这一观点(通说)。其他内容参见前述。

第六节　有关非法指令电磁记录的犯罪

一、概述

刑法典第19章之二“有关非法指令电磁记录的犯罪”，是为了加盟平成13年(2001年)欧洲评议会所通过的《服务器犯罪公约》，作为国内担保法，而根据平成23年(2011年)的刑法部分修正所增设的。[1] 鉴于电脑网络正以世界规模展开这一现状，电脑病毒*所造成的危害，已经超出单纯针对个人的业务妨害这一性质，甚至具有破坏电脑网络的信息处理系统这种社会性的(有时是国家性的)基础设施的危险，正是因为重视这一点，而增设了本章之罪。为此，本章之罪被定位于针对社会法益的犯罪，在刑法典中的位置，也被放在文书犯罪之中。

* **电脑病毒**　是指出于破坏他人的电脑系统的目的或者骚扰的目的，而非法制作的特殊程序。不少病毒带有自我复制的结构，由于受到感染，会通过打开已经渗入病毒的邮件或者阅读已经渗入病毒的网页，而相继不停地繁殖扩大。近来，随着因特网的普及，频频发生只要打开(Preview)邮件或者仅仅是浏览网站，就马上感染病毒的现象。病毒类型多种多样，既有显示某种信息与画面的类型，在高危病毒中，还有删除保存在硬件中的文档、使电脑死机(无法启动)，或者自动把密码等信息发送至外部的类型。从“病毒”这一名称也可知道，多数电脑病毒带有繁殖结构，例如，通过自动感染电脑内的文档，或者自动感染链接因特网的其他电脑的文档而实现自我繁殖。这也成为病毒往往在世界范围内大规模蔓延的主要原因。因受到电脑病毒的攻击而蒙受损失的，除了各国的政府机关以及IMF那样的国际组织之外，私营企业也不能幸免。例如，在我国，诸如2011年9月

---

〔1〕 本改正案也是“命运多舛”：早在2003年，作为法制审议会刑事法分会(有关尖端犯罪)针对法务大臣的第63号咨询的答辩而提出的修正纲要要点中，就已经决定了该改正案的原型。不过，由于针对其他修正事项，尤其是针对在《有组织犯罪处罚法》中引入“共谋罪”的反对声极其强烈，历经几次国会审议，也曾一度成为“废案”，终于在2011年的通常国会审议中得以成立。作为对2003年的答辩的解说，参见北村篤「ハイテク犯罪に対処するための刑事法の整備に関する要綱(骨子)」『ジュリスト』1257号6頁以下、山口厚「サイバー犯罪に対する実体法の対応」『ジュリスト』1257号15頁以下。有关2011年的改正，参见「特集情報処理の高度化等に対処するための刑法等の改正」『ジュリスト』1431号(其中的主要论文有，吉田雅之「法改正の経緯及び概要」、今井猛嘉「実体法の視点から」)。

发生的三菱重工案那样的机密情报泄露事件,也时有发生。[1]

二、制作非法指令电磁记录等罪

没有正当理由,以供他人的电子计算机运行之用为目的,制作或者提供下述电磁记录或者其他记录的,处3年以下惩役或50万日元以下的罚金。

(1)在他人使用电子计算机之际,该电磁记录会发出非法指令,使电子计算机不按该人的意图运行,或者使电子计算机做出有违其意图的运行。

(2)除前项所列示的情形之外,记录了该项的非法指令的电磁记录或者其他记录(第168条之二第1款)。

没有正当理由,将前款第1项所列示的电磁记录供他人的电子计算机运行之用的,与该款同(同条第2款)。

前款之罪的未遂,应当处罚(同条第3款)。

(一)保护法益

一旦电脑病毒被感染并发作的话,就会造成电脑数据损毁、删除(丢失),或者因向外部发送信息而侵害秘密等信息的结果。该结果该当于违反《禁止非法链接法》之罪、损坏电子计算机妨害业务罪、损坏公电磁记录或私电磁记录罪,以及《防止不正当竞争法》的侵犯营业秘密罪等。为此,对于制作电脑病毒的行为,在作为这些犯罪的预备行为予以把握这一点上,也有可能被理解为,属于针对个人法益的犯罪。但是,考虑到在现代社会,电脑网络在世界范围内已经成为政治、经济以及社会活动的重要的基础设施,将针对电脑程序正常健全运行的社会一般信赖作为其保护法益,要更符合实际。为此,本次刑法修正,将本罪作为针对社会法益的犯罪而定位于一种伪造文书的犯罪。

(二)对象

本罪对象,首先是第1款第1项所谓电脑病毒。第1款所谓“电子计算机”,除了个人电脑之外,还包括具有同样功能的手机。“有违其意图”,是指该电脑程序的功能一般性地、类型性地违反使用者的意图。为此,例如,即便属于删除电脑数据的程序,如果其内容是公开的或者已在市场上销售,使用者明知这一点而使用的,就不属于“有违其意图”。是否属于“非法指令”,其判断标准是,考虑到该程序的功能,看是否能为社会所一般允许。例如,根据使用者的网站浏览履历,自动生成符合使用者之喜好的嵌入式图片广告

---

〔1〕 有关电脑病毒的详细情况,参见加賀谷伸一郎「コンピューターに感染する不正プログラムの現状」『罪と罰』48卷4号39頁以下。

(banner advertisement)的广告播放程序(Adware),就应排除在"非法指令"之外,但出于诈骗目的的单击软件(One – Click ware)等就应属于"非法指令"。

第1款第2项所谓"记录了该项的非法指令的电磁记录或者其他记录",是指作为电脑病毒已经实质性地完成了其内容,但尚未将其置于在电脑中运行的状态之下。例如,记录了非法程序的源代码(Source code)的电磁记录,以及其内容被印刷在纸质媒体上的东西,就属于此。

(三)行为

本罪行为是,"没有正当理由""以供他人的电子计算机运行之用为目的",制作或者提供电脑病毒的行为(第1款),以及"没有正当理由"将电脑病毒供他人的电子计算机运行之用的行为(第2款规定的提供使用行为)。另外,对于第2款规定的提供使用行为,还处罚其未遂(第3款)。

"没有正当理由"这一表述,是在国会审议之时所追加。例如,为了开发、制作杀毒软件,在自己的或者已征得同意的他人的电脑上运行而制作电脑病毒的行为,就不具有"提供使用的目的",不成立本罪。正是为了使这一点更加明确,而特意追加了"没有正当理由"这一要件(吉田雅之「法改正の経緯及び概要」『ジュリスト』1431号、園田寿『情報社会と刑法』〔成文堂2011年〕62頁以下)。另外,在制作所谓程序的过程中,要完全不出现多少有些错误或者不合适的程序,这难以做到。但是,含有这种缺陷或错误(瑕疵、bug)的电脑程序的制作行为,可以说,不具备"非法"这一要件;而且,由于本罪是故意犯。也可以说,就制作阶段对此"瑕疵"的存在并无认识的制作者而言,并无本罪的故意,最终应当不成立本罪。

三、取得非法指令电磁记录等罪

没有正当理由,出于前条(第168条之二)第1款的目的,取得或者保管该款各项所列示的电磁记录或者其他记录的,处2年以下惩役或30万日元以下罚金(第168条之三)。

本条要处罚的是,"没有正当理由""以供他人的电子计算机运行之用为目的",所实施的取得、保管电脑病毒等的行为。"取得",是指在已经知道属于电脑病毒等之后,将电脑病毒等转移至自己的支配之下的一切行为。"保管",是指将电脑病毒等置于自己的实力支配范围之内。〔1〕

〔1〕 在本修正案施行之后,虽然是简易程序命令,作为第一次肯定成立保管罪的判例是東京簡判平成23·8·5(公开刊物未刊登)。

第三章　针对风俗的犯罪

为了维持性生活、经济生活以及宗教生活中的社会风俗、习惯，刑法典将一定行为规定为处罚对象。第22章“有关猥亵、奸淫以及重婚的犯罪”、第23章“有关赌博与博彩的犯罪”以及第24章“有关礼拜场所与坟墓的犯罪”就是其例。可以说，这是为了保护一种精神层面的社会环境（団藤309頁）。值得注意的是，由于同时也具有强制维持一定的社会伦理与道德的一面，因而，也有观点主张，应将其作为“无被害人的犯罪”而非犯罪化。

第一节　有关猥亵以及重婚的犯罪

一、概述

1. 刑法典第22章“有关猥亵、奸淫以及重婚的犯罪”也包括强制猥亵罪（第176条）、强制性交等罪（第177条）等针对性的自己自由决定的犯罪。如前所述，由于应该将这些犯罪纳入针对作为个人法益的“针对自由的犯罪”之列，故本节对象仅限于第22章中针对性风俗的犯罪，即公然猥亵罪（第174条）、散发猥亵物罪（第175条）、劝诱淫行罪（第182条）与重婚罪（第184条）。另外，通奸罪（第183条）仅处罚婚姻关系存续期间由妻子实施的通奸行为，由于有违男女平等，因而，昭和22年（1947年）的刑法修正删除了通奸罪。

2. 通说、判例认为，猥亵罪的保护法益是维持健康的性风俗、性道德、性秩序（団藤310頁、最大判昭和32・3・13刑集11巻3号997頁〔查泰莱案[1]〕）。但有力观点认为，在价值观日益趋向多元化的现代社会，以刑法来强制维持某种特定的性道德并不合适，因而，只要是基于成人的自由意思，猥亵犯罪便不应该具有可罚性；不过，只有从该行为侵害了不愿目睹这种猥亵行为的人的自由，以及保护性发育尚未健全的青少年的角度出发，对猥亵犯罪的处罚，才

---

〔1〕 即英国作家劳伦斯于1928年发表的长篇小说《查泰莱夫人的情人》（*Lady Chatterley's Lover*）。——译者注

具有被正当化的理由（平野271頁）。该观点虽然基本正确，但作为对现行法的解释，则难免牵强。[1] 判例也明确否定该观点，指出"《刑法》第175条如果没有进行上述限定解释，即仅适用于侵害了他人的不愿目睹这种猥亵行为的权利的场合，以及对于未成年人有欠考虑的销售行为的场合，就属于违宪解释，并非如此"（最判昭和58・10・27刑集37卷8号1294頁）。

二、猥亵的含义与判断方法

对于猥亵的含义，判例的定义为，"纯粹是为了兴奋或刺激性欲，且有害于普通人的正常的性羞耻心，并有违善良的性道德观念的东西"（最判昭和26・5・10刑集5卷6号1026頁〔SUNDAY娱乐案〕、最大判昭和32・3・13刑集11卷3号997頁〔查泰莱案〕）。并且，对此应该以社会一般观念即平均的一般人的意识为标准进行判断（最大判昭和32・3・13刑集11卷3号997頁〔查泰莱案〕）。

还有，就猥亵性的判断方法，前述有关"查泰莱案"的最高裁判所判决采取了部分性、绝对性的猥亵概念。亦即，在文书与图画中，即便仅有部分地方存在猥亵的表现，该文书尽管也具有高度的艺术性、科学性，也仍未丧失猥亵性。但是，其后的判例考虑到《宪法》第21条所规定的言论的自由，在一定限度之内，对猥亵性的判断趋于缓和。具体而言，首先，有关"《败德的繁荣》案"，[2] 最高裁判所就采取了整体考察的方法，认为对文书各个部分的判断，应同时考虑到与文书整体之间的关联，也可能存在文书所具有的艺术性、思想性可减少、

---

〔1〕作为解释论，有以下学者采取了该观点：伊藤正己、堀部政男「マスコミ判例百選〔第2版〕」（有斐閣1985年）32頁〔田中久智〕、内田文昭・长井圆「性表現と刑法」石原一彦ほか編『現代刑罰法大系〔第4卷〕』（日本評論社1982年）257頁以下、林美月子「性的自由・性表現に関する罪」『刑法理論の現代的展開各論』58頁以下。

〔2〕《败德的繁荣》（l'Histoire de Juliette ou les Prospérités du vice），是法国作家萨德（Marquis de Sade）的长篇小说，在1709年至1801年出版。描写的是在修道院作为虔诚的女性而成长的主人公Juliette在13岁之时，受到某位主张道德、宗教等善的概念毫无意义的女性的唆使，从此步入败德与奢华的人生。女主人公为了追求自己的快乐，连亲属、友人也不惜以一切方法予以杀害。通篇展开了有关神与道德、悔恨与爱这种概念的对立性思考。本案被告人涩泽龙彦于1969年在日本将该书翻译出版，因该书存在性描写的内容，翻译者以及出版者都被以《刑法》第175条之罪（散发猥亵物品罪）起诉。一审引用"查泰莱案"的判断标准，判定无罪，但控方抗诉，二审转而宣判有罪，被告人向最高裁判所提出上告。对此，最高裁判所基于下述旨趣，驳回了被告人的上告，判定被告人有罪。最高裁判所认为，"……可以认为，即便是具有艺术性、思想性价值的文书，也无碍于认定该文书属于具有猥亵性的文书。当然，文书所具有的艺术性、思想性降低了属于文书之内容的性描写所引起的性刺激，将猥亵性减少至属于刑法处罚之对象的程度以下的情形，也不是不可以想见，但只要没有将猥亵性消解至该程度，即便是具有艺术性、思想性价值的文书，仍应该作为猥亵的文书来处理。（最大判昭和44・10・15刑集23卷10号1239頁）"——译者注

缓和性刺激,将猥亵性解消至作为刑法之处罚对象的程度以下的情形(最大判昭和44·10·15刑集23卷10号1239頁);[1]其次,在有关“四块半榻榻米大小的糊纸隔扇案”的判决中,最高裁判所认为,应该从性表现的程度与手法、在整个文书中所占的比重、文书的思想性与艺术性多大程度上可以缓和性刺激等方面出发,根据“将文书作为一个整体来看待之时,能否认定其主要在于引起读者的好色趣味”来进行判断(最判昭和55·11·28刑集34卷6号433頁。最判昭和58·3·8刑集37卷2号15頁也是同样旨趣)[2]。

由此可见,判例倾向于限制处罚猥亵行为。但是,其标准难言明确;再者,作为限制处罚范围的理论,对于那些主要是以引起读者的好色趣味来吸引眼球的娱乐作品中的性表现物的处罚范围,也可以说,并不具有有效性。在这一点上,下级裁判所的判例以社会一般观念的可变性为根据,将猥亵性的判断还原于对事实的认定问题,并以警察所实际实施的取缔情况以及社会的接受程度作为判断标准,应该说,这种观点更值得关注(从该观点出发,否定成立猥亵罪的判例有:東京地判昭和50·11·26判時951号28頁〔日活[3]艳情电影案〕、東京地判昭和54·10·19刑月11卷10号1247頁〔爱之克丽妲[4]案〕)。现在,学界有力观点认为,应仅对那些“露骨的春宫书、春宫画(所谓露骨的色情电影、录像带、照片等〔Hardcore pornography〕)”肯定具有猥亵性(藤木各論117頁、大谷519頁、中森246頁。另见最判昭和58·3·8刑集37卷2号15頁中的伊藤正己裁判官的补充意见)。应该说,该观点在确保猥亵性判断的客观明确性的同时,作为通用于文艺作品与娱乐作品的限制处罚理论,也指出了比较合适的方向。但是,该观点同时又存在这样一个矛盾,即对于那些尚未达到如此程度的准色情物(Hardcore pornography),则会容忍其广泛展现在青少年以及那些不想目睹的人的眼前。考虑到这一点,对于那些准色情物(Hardcore pornography),本书认为,以下方向更为合适:首先肯定具有猥亵性,然后再考虑其销售、展示、广告的方式方法,以及其对象范围、购买层、顾客层等因素,认定其可以阻却可罚的违法性(参见

〔1〕 对此,团藤324頁认为,这属于“对部分内容的整体性评价”。——译者注

〔2〕 对此,团藤324頁认为,这属于“对整体内容的整体性评价”。——译者注

〔3〕 “日活”是日本一家电影公司的名称,该公司自1971年开始拍摄了一系列的色情片,以展示性风俗、性行为来招徕观众。——译者注

〔4〕 “爱之克丽妲”是由大岛渚所导演的一部日法合作电影,该影片及其宣传画中有一定的性场面。——译者注

西田典之「判批」『警察研究』53 卷 7 号 45 頁以下)。[1]

三、公然猥亵罪

公然实施猥亵行为的,处 6 个月以下惩役或 30 万日元以下罚金,或者处以拘留或科料(第 174 条)。

所谓"公然",是指将猥亵行为置于能为不特定的人或者多数人所认识的状态之下(最决昭和 32・5・22 刑集 11 卷 5 号 1526 頁)。例如,赤身裸体地在马路上行走、让多数观众观赏猥亵表演等,就属于此类典型行为(另见《轻犯罪法》第 1 条第 20 项)。即便只是向特定且少数的人展示了猥亵表演,但如果那是由针对不特定或者多数人的劝诱行为所引起的结果,判例认为,这种情况仍然具有公然性(最决昭和 31・3・6 裁集 112 号 601 頁。对此,大谷 519 頁、中森 246 頁要求存在反复实施该行为的意思)。对此,也有观点站在猥亵罪的保护法益是不想目睹猥亵场面的人的自由这一立场,认为在对目睹猥亵场面表示了同意的场合,如果该行为针对的是成人,就应否定成立本

---

〔1〕处罚那些猥亵的表现行为,可能会与"表现的自由(言论自由)"(《宪法》第 21 条)之间处于紧张关系。对于猥亵的具体判断,伴随着时代的变迁而不断改变。当初,最高裁判所确立了"性行为非公然性的原则",以"艺术性不影响猥亵性"为理由,判定触犯该原则的,即便属于具有艺术性、学术性价值的表现,也属于猥亵(有关《查泰莱夫人的情人》的判决,参见最大判昭和 32・3・13 刑集 11 卷 3 号 997 頁;有关《败德的繁荣》的判决,参见最大判昭和 44・10・15 刑集 23 卷 10 号 1239 頁)。但是,近年来,裁判所则主张应考虑性表现的程度与手法、在整个文书中所占的比重、文书的思想性与艺术性多大程度上可以缓解性刺激等因素,根据"将文书作为一个整体来看待之时,能否认定其主要在于引起读者的好色趣味"来进行判断(最判昭和 55・11・28 刑集 34 卷 6 号 433 頁)。此外,主要是有关《刑法》第 175 条(散发淫秽物品等罪),学界有观点主张,不应只是根据对该对象物本身的客观评价而(绝对地)判断猥亵性,还应同时考虑到散发、贩卖的方法,以及作为散发、贩卖之对象的人的范围等,进行相对判断这种"相对的猥亵概念"(大塚 520 頁)。例如,仅仅提供给少数专家使用的,便不应认定为"散发了猥亵物"。还有观点认为,即便是那些无法完全否定猥亵性的情形,也应对猥亵性与这种表现的艺术性、学术性价值进行比较衡量(有关《败德的繁荣》的判决的少数意见)。但是,也存在这样的担心:由裁判所来判断艺术价值之有无,这可能属于国家对于学术、艺术的过度干预(平野 271 頁)。为此,也有观点认为,只有那些完全不具备艺术性、学术性价值,完全是为了满足好色趣味的东西,才属于猥亵物(大谷 521 頁、中森 245 頁、山口 506 頁)。但是,无论如何,是否属于猥亵,其界限非常微妙,很难消除有违"刑罚法规的明确性"之嫌。另外,还有观点主张,作为立法论而言,只要对于那些让不打算看的人看见,或者让未成年人看见的情形,予以处罚就足够了(平野 271 頁)。应该说,这种观点是妥当的(参见王昭武等译・松宫各论 352 页以下)。——译者注

罪(还包括贩卖猥亵物罪等[1])。[2] 如前所述,作为对现行法的解释,这种观点难免牵强。

让人观赏猥亵电影等的,应构成处罚更重的陈列猥亵物罪(第 175 条),考虑到与此之间的平衡,有观点认为,对于在剧场让人观赏猥亵场面的行为,也同样应该构成陈列猥亵物品罪(植松 206 頁),然而,想必不能将人视为猥亵"物"吧(平野 271 頁)?

四、散发猥亵[3]物等罪

散发或者公然陈列猥亵的文书、图画、有关电磁记录的记录媒介物或者其他猥亵物的,处 2 年以下惩役或者 250 万日元以下罚金或科料,或者处惩役与罚金之并科。通过电信传输,散发猥亵的电磁记录或者其他记录的,亦同(第 175 条第 1 款)。

出于有偿散发的目的,持有前款之物,或者保管前款之电磁记录的,与前款同(第 175 条第 2 款)。

(一)概述

近年来,为了应对日益严重的网络色情问题,于 2011 年对本条进行了部分修正。[4] 首先,在本条第 1 款前段中,增加了"有关电磁记录的记录媒介物"这一对象;将散发、贩卖统一为,不考虑有偿还是无偿,在交付给多数人这一意义上的"散发"这种行为样态;可以处以惩役与罚金之并科。这样就通过立法形式,否定了判定信息本身属于"猥亵物"的下级裁判所的判例观点,维持了后述最高裁判所的观点,即存储猥亵信息的电脑硬件等才属于猥亵物。其次,增设第 1 款后段,该规定是为了应对其他形式的网络色情问题。再次,本条第 2 款处罚的对象行为是,"出于有偿散发的目的",持有猥亵物的行为以及保管猥亵的电磁记录的行为。通过将第 1 款的行为统一为"散发",

---

[1] 如下所述,根据 2011 年的《刑法》部分修正,将散发、贩卖统一为,不考虑有偿还是无偿,在交付给多数人这一意义上的"散发"这一种行为样态,因而严格意义上已经不存在"贩卖猥亵物罪",而应该是"散发猥亵物罪"。——译者注

[2] 参见内田文昭・长井圆「性表現と刑法」石原一彦ほか編『現代刑罰法大系〔第 4 卷〕』(日本評論社 1982 年)282 頁、林美月子「性的自由・性表現に関する罪」『刑法理論の現代的展開各論』65 頁。

[3] 在本罪中,本可以将"猥亵物"直接译为"淫秽物品",但为了保持前后文的一致,也为了尽可能使用原法律用语,故仍直译为"猥亵"。——译者注

[4] 修正前的《刑法》第 175 条的内容为,"散发、贩卖或公然陈列猥亵的文书、图画或其他猥亵物的,处 2 年以下惩役或者 250 万日元以下罚金或科料。出于贩卖的目的而持有该类物品的,亦同。"——译者注

而对原第175条的“贩卖的目的”进行了修正。[1]

（二）对象

本罪对象，是猥亵的文书、图画、其他猥亵物品。判例判定，猥亵图画还包含(1)尚未显影的电影胶片（名古屋高判昭和41・3・10高刑19卷2号104頁）、(2)录像带（最决昭和54・11・19刑集33卷7号754頁）；其他猥亵物还包括(3)录音带（东京高判昭和46・12・23高刑24卷4号789頁）、(4)与拨号Q2系统链接在一起的录放机（大阪地判平成3・12・2判時1411号128頁）。[2] 最近，(5)不断有下级裁判所的判例，将记忆、存储了电脑网络中的猥亵图像之数据的电脑硬盘本身认定为猥亵图画（東京地判平成8・4・22判時1597号151頁、大阪高判平成11・8・26高刑52卷42頁），或者认定为猥亵物（京都地判平成9・9・24判時1638号160頁），最高裁判所的判例对此也予以了肯定（最决平成13・7・16刑集55卷5号317頁〔532〕）。[3] 由此可见，一直以来，判例掌握的底线是，猥亵物必须是某种形式的有体物，但在本次刑法修正之前，对于电脑硬盘，有下级裁判所的判例认为，“作为有体物的电脑硬盘，其本身属于并不具有任何猥亵性的物品，因而，将其认定为猥亵物，不仅过于不自然，也过于讨巧”，从而从正面直接判定，“作为信息的图像数据”本身才属于猥亵物，[4] 支持该判例的学说也曾很有影响。[5] 但是，2011年的刑法改正，通过在本条中追加规定“有关电磁记录的记录媒介物”，可以说，对于将“作为信息的图像数据”本身包括在猥亵物之内的解释观点，就明确予以了否定。不过，通过追加“有关电磁记录的记录媒介物”，今后，电脑硬盘等就应该包括在“有关电磁记录的记录媒介物”之内（井田500頁）。

---

〔1〕 有关本次的修正内容，参见北村篤「ハイテク犯罪に対処するための刑事法の整備に関する要綱（骨子）」『ジュリスト』1257号6頁以下、山口厚「サイバー犯罪に対する実体法の対応」『ジュリスト』1257号15頁以下。

〔2〕 参见塩見淳「猥褻物と猥褻情報」『判例タイムズ』874号58頁。

〔3〕 有关其他判例的情况，参见園田寿「わいせつの電子的存在について」『関西大学法学論集』47卷4号1頁、山口厚「コンピュータ・ネットワークと犯罪」『ジュリスト』1117号73頁；佐久間修「ネットワーク犯罪における猥褻物の公然陳列」『西原春夫先生古稀祝賀論文集〔第3卷〕』（成文堂1998年）217頁、前田雅英「ハイテク犯罪の現状と課題」『ジュリスト』1140号92頁，等等。

〔4〕 岡山地判平成9・12・15判時1641号158頁。该判例还同时判定，即便是已经过马赛克处理的图像数据，如果马赛克很容易被消除的话，则仍相当于猥亵的图画。横滨地川崎支判平成12・7・6（公开刊物未刊登）〔533〕也是同样旨趣。

〔5〕 参见堀内捷三「インターネットとポルノグラフィー」『研修』588号3頁、前田雅英「判批」『都立大学法学会雑誌』38卷1号607頁。

(三)行为

本罪行为,是对猥亵物的散发、公然陈列,以及出于有偿散发目的的持有。至于散发、公然陈列的相对方的行为,属于本罪的参与行为,这一点当然可以预想到,但只要不存在处罚规定,就作为必要的共犯,属于不可罚的行为。* 并且,正如"(一)概述"中所谈到的那样,通过电信传输,散发猥亵的电磁记录或者其他记录的,这种行为也应受到处罚。

* 必要的共犯　从犯罪类型本身当然可以预见有数人参与的,属于必要的共犯。必要的共犯还可以分为两种类型:一是像内乱罪、骚乱罪那样,将指向同一方向的共同行为予以类型化的类型(集团犯);二是像行贿罪、受贿罪那样,将对向性的共同行为予以类型化的类型(对向犯)。对向犯还可以进一步区分为:(1)同等处罚各个参与者的情形(重婚罪);(2)各参与者之间在法定刑上存在差异的情形(行贿罪、受贿罪);(3)对于当然可以想见的对向性行为的某一方不予处罚的情形。问题在于第(3)种情形。尽管从逻辑上讲,也有可能对其适用刑法总则的共犯规定,但通说认为,对于在立法当时便当然可以想见的参与行为,并未作出处罚规定,这本身就是不可罚这一立法者意见的体现,因此,应该认为,这种参与行为不具有可罚性(立法者意思说),判例对此结论亦持肯定态度(有关违反《律师法》的案件,参见最判昭和43・12・24刑集22卷13号1625頁)。因此,在本罪中,提出购买猥亵物的购买者就不具有可罚性。学界也有观点认为,在必要的参与行为超过了通常所预想的程度之时,例如,执拗地要求对方卖给其猥亵物品的,对此,就应认定成立教唆犯(团藤433頁),但这样一来,其处罚范围就会变得不明确,因而,这种观点并不妥当(参见西田総論375頁以下)。

"散发",是指有偿或者无偿地交付给不特定或者多数的人。要成立散发罪,必须实际交付了猥亵物或者电磁记录等其他记录(最判昭和34・3・5刑集13卷3号275頁)。不过,出于反复继续实施的意思实施该行为的,即便对方是特定或者少数的人亦可(大判大正6・5・19刑録23輯487頁)。将属于自己所有的录像带里的猥亵画面转录到客人拿过来的空白录像带,然后再交还给客人的行为,也属于散发(对此,大阪地堺支判昭和54・6・22判時970号173頁判定成立贩卖罪);但将属于客人自己所有的录像带的猥亵画面转录到客人拿过来的空白录像带的,还不能说已移转、散发了该猥亵物品,因此,不属于散发行为(新庄一郎、河原俊也『大コンメンタール刑法〔第9卷〕』49頁。但大阪地堺支判昭和54・6・22判時970号173頁则认定构成贩卖罪）。按照本款后段的规定，通过电子邮件以添附文档的形式散发猥亵的电磁记录的，以及通过传真散发猥亵的电磁记录的，都应该受到处罚。

所谓公然陈列，是指将猥亵物品置于不特定或者多数的人可以视听的状态之下。因此，即便让朋友等具有特别关系的特定的16人观赏猥亵电影，也不构成本罪（広島高判昭和25・7・24判特12号97頁）。让人观赏电影以及录像带的行为是典型的陈列行为，其他诸如以下行为也属于陈列：只要用录放机接通拨号Q2系统并打进电话，便最多可以让15人同时收听到猥亵录音的行为（大阪地判平成3・12・2判時1411号128頁）；将猥亵图像数据记忆、存储于电脑网络主机硬件上，通过电话连线便可以在电脑上再现、浏览的行为（大阪高判平成11・8・26高刑52卷42頁）；等等。由于本罪没有处罚国外犯的规定，那么，对于从日本国内将猥亵图像储存于外国的某网站服务器，并设定为从日本国内可以直接链接的行为，是否有可能加以处罚呢？如果认为作为公然陈列罪的结果，使得不特定或者多数的人可以浏览猥亵物这一状态的设定已经涉及日本（山口513頁、井田502頁），或者，认为向外国服务器加载的行为构成本罪实行行为的一部分，[1]则有可能认定此类行为具有可罚性（山形地判平成10・1・22〔公开刊物未刊登〕已实际判定同类行为有罪）。

所谓"出于有偿散发的目的的持有"，是指"出于有偿散发的目的"，将猥亵物品置于自己的支配之下，这实际上处罚的是有偿散发罪的预备行为。由于有偿出借也属于有偿的散发，以有偿出借为目的的持有，也包括在内。对于以有偿散发复制品为目的而持有猥亵录像带母带的行为，也有判例判定成立本罪，[2]但这无异于处罚预备行为之预备行为，应该说，并不合适（松原507頁也是同样旨趣）。另外，由于第175条是"为了维持我国健康的性风俗"，因而，判例认为，不包括出于在日本国外有偿散发的目的的情形（最判昭和52・12・22刑集31卷7号1176頁）。

---

〔1〕参见佐久間修「ネットワーク犯罪における猥褻物の公然陳列」『西原春夫先生古稀祝賀論文集〔第3卷〕』（成文堂1998年）226頁、前田雅英「ハイテク犯罪の現状と課題」『ジュリスト』1140号96頁。

〔2〕富山地判平成2・4・13判時1343号160頁、東京地判平成4・5・12判タ800号272頁。前田418頁、大谷525頁支持判例观点。对于出于销售记录了猥亵的影像数据的CD的目的，持有作为该数据的备份而制作的光盘的，对此，最决平成18・5・16刑集60卷5号413頁〔534〕判定成立刑法修正之前的贩卖目的持有罪（参见山口裕之「判解」『ジュリスト』1336号113頁）。

典型判例

·对于(1)被告人展示仿制女性性器官的石膏造型物的行为,**東京高判平成29·4·13**(裁判所官网)认为,"在社会一般人看来……要认识到那是女性性器官,或者明确认识到那是女性性器官,并达到由此受到性刺激这种程度,是很困难的",进而否定成立公然陈列猥亵物罪;然而,对于(2)被告人将自己的女性性器官的3D形状的数据电子文档上传至主服务器,设定不特定的人可以播放、浏览的状态,并且出售记录了这种数据的CD的行为,东京高等裁判所认为,"本案各个数据本身属于女性性器官的立体型的视觉信息,应该说,要从中解读出,其艺术性与思想性已经达到了大幅度地缓解性刺激这种程度,是很困难的",进而肯定本案各个数据的猥亵性质,判定成立散发猥亵的电磁记录等罪、散发猥亵的电磁记录的记录媒介物罪。

被告人将猥亵的动画等记录在主服务器,并开设了动画等发送页面,使得顾客能够通过互联网下载这种数据电子文档,对此,**最判平成26·11·25刑集68卷9号1053頁**〔535〕认为,"《刑法》第175条第1款后段所谓'散布',是指让电磁记录等记录存在于不特定或者多数的人的记录媒介上""被告人等运营的上述发送页面具备了按照通过互联网实施的下载操作而自动地发送数据的功能,顾客实施的操作不过是被告人等意图实施的发送数据的契机,被告人等按照这种操作将数据由主服务器发送至顾客的个人电脑",进而以此为理由判定成立散发猥亵的电磁记录等罪。

数据电子文档的"散发",在被对方的电脑的记录媒体所记录的阶段达到既遂,因此,要达到"散布"的状态,不仅仅是被告人将数据电子文档上传至发送页面,顾客进行下载操作也是不可缺少的。不过,在本案中,在被告人开设发送页面的阶段,顾客进行下载操作就已经是被想到的事情,因此,(通过顾客的介入行为)达到猥亵数据被顾客的记录媒介所记录、保存的程度,可以说,这完全是基于被告人的行为而实施,因而被认定成立本罪(参见駒田秀和「判解」『ジュリスト』1499号98頁)。

五、劝诱淫行罪

出于营利的目的,劝诱并无淫行常习的女子,让其与他人发生性行为的,处3年以下惩役或30万日元以下罚金(第182条)。

本罪处罚的是,那种以营利为目的,劝诱并无淫行常习的女子,让其与他人发生性交的行为。就本罪的罪质,有力观点认为,本罪以女子的性的自由与情操为保护法益,是针对个人法益的犯罪(团藤489頁、大谷128頁、中森65頁)。但是,考虑到本罪以营利目的为要件、性交的对方不可罚,并非亲告罪等因素,还是应该认为,本罪是为了处罚以营利为目的而充当男女间的性交之中介的行为,属于风俗犯的一种。因此,本罪与《防止卖春法》中的斡旋卖春罪等具有相同的立法意图(亀山継夫『大コンメンタール刑法〔第9巻〕』101頁),也可以说,由于该法的制定,本罪实质上已失去了存在意义。

六、重婚罪

有配偶而又结婚的,处2年以下惩役。与之相婚的,亦同(第184条)。

本罪是为了保护《民法》第732条所规定的一夫一妻制的婚姻制度。通说认为,本条所谓"婚姻",是指法律婚姻而非事实婚姻。也有观点认为,为了保护先行于法律婚姻而建立的家庭生活,还是应该包括事实婚姻(牧野293頁),但考虑到事实婚姻的范围界定并不明确,应该说这种观点并不合适。因此,成立本罪的行为应该限定为,户籍管理人员由于失误而受理了后来的婚姻登记的情形,以及在提交虚假的离婚申请之后再申请另外的婚姻登记,并被相关人员受理的情形(名古屋高判昭和36·11·8高刑14卷8号563頁)。

第二节 有关赌博以及博彩的犯罪

一、概述

判例认为,有关赌博以及博彩的犯罪的处罚根据在于,"非因勤劳等其他正当之原因,意欲仅凭偶然事情以侥幸获得财物而相互竞争,显然,会使国民产生懒惰浪费之弊习,并有害于作为健康且文化之社会基础的勤劳美风"(最大判昭和25·11·22刑集4卷11号2380頁)。通说对此亦持支持态度。赌博罪是为了处罚那种冀望侥幸而赌钱,结果造成财产上的损失,或者,抓住他人的侥幸心理而让人蒙受财产损失的行为,因而,有观点认为,在此意义上,本罪是针对财产之罪(平野251頁)。然而,即便是站在法律家长制(父权主义)的立场,对于针对财产的自我加害行为,也没有合理的处罚根据,因此,至少作为现行法的解释来说,这种观点不免牵强。

本罪的特别法有《金融商品交易法》第202条、《期货交易法》第365条。相反,使本章之罪正当化的准据法有《彩票法》《赛马法》《自行车竞技法》以及《足彩法》等。

二、普通赌博罪

赌博的,处50万日元以下罚金或者科料。但只是为了博取供一时娱乐之物的,不在此限(第185条)。

所谓赌博,是指根据偶然的胜负而争夺财物或财产性利益之得失的行为。麻将赌博、将棋赌博、色子赌博等就是典型的赌博行为。这里所说的偶然性,只要存在于赌博人的主观即可,因此,即便是就过去的某一事实(例如,一年之前1月1日的天气状况)等客观上可以确定的事实,只要该事实对当事人来说是不确定的,就可以认定存在偶然性(大判大正3・10・7刑録20輯1816頁)。还有,像围棋、将棋一样,尽管当事人之间存在技艺上的差距,但只要存在偶然因素,就可构成本罪。另外,由于诈骗赌博缺少偶然性因素,因而,仅成立诈骗罪一罪而不构成本罪(大判昭和9・6・11刑集13卷730頁、最判昭和26・5・8刑集5卷6号1004頁)。

为了博取"供一时娱乐之物"的,不构成本罪。这是因为,赌注极小的赌博行为,属于日常娱乐的范围之内,不具有可罚的违法性。例如,以饮料、香烟等为赌注。判例认为,以金钱本身为赌注的,应构成本罪(大判大正13・2・9刑集3卷95頁);但由于允许以餐费为赌注,因此,即便不是当场消费之物本身,而是以同样价值的金额为赌注,仍应理解为,符合本条但书的规定(平野252頁、中森251頁)。

一旦着手赌博行为,本罪即达到既遂,不必实际分出胜负,或者实际上发生了财物的往来(最判昭和23・7・8刑集2卷8号822頁)。

本罪不处罚国外犯。因此,共谋或者教唆去国外某允许赌博之处(例如,美国的拉斯维加斯)赌博的(组织所谓赌博旅行团),就不具有可罚性。[1]

三、常习赌博罪

常习赌博的,处3年以下惩役(第186条第1款)。

---

〔1〕关于其理由,有观点认为是不适用刑法的规定(町野朔『刑法総論講義案Ⅰ〔第2版〕』〔信山社1995年〕101頁、山口厚「越境犯罪に対する刑法の適用」『松尾浩也先生古稀祝賀論文集〔上卷〕』〔有斐閣1998年〕423頁);但也有观点认为是阻却违法性(古田佑紀『大コンメンタール刑法〔第1版〕〔第7卷〕』74頁)。

1. 本罪是因行为人的常习性这一身份而加重普通赌博罪之刑的加重身份犯。所谓常习性，是指反复实施赌博行为的惯习（大判大正3·4·6刑録20輯465頁），不要求是所谓的赌徒、游手好闲之类的人。是否具有常习性，除了根据有无赌博罪之前科之外，一般是考虑有无反复实施赌博行为的事实，以及赌博的性质、方法、赌资等各种因素来认定（最判昭和24·2·10刑集3卷2号155頁），但最终还是取决于裁判官的自由心证（大判昭和6·3·9新聞3254号12頁）。例如，某人出于长期营业的意思，投入5200万日元的资金用于购买赌博游戏机，直至被揭发，已营业三天（客人为140人次，营业额达70万日元），对此，判例认定具有常习性（最决昭和54·10·26刑集33卷6号665頁。但该决定中的塚本裁判官的反对意见，以及团藤354頁、大塚514頁对此决定抱有疑问）。由于本罪属于集合犯，即使存在数个赌博行为，也概括性地仅构成本罪一罪；相反，只要发现存在惯习，即便只有一次行为，仍然构成本罪。因此，对于本罪，还可以适用累犯加重（第56条）（大判大正7·7·15刑録24輯975頁）。

2. 有关常习性的法律性质，存在以下三种观点：(1)认为是行为人属性，属于责任要素（最大判昭和26·8·1刑集5卷9号1709頁、团藤355頁）；(2)认为是行为属性，属于违法要素（平野252頁、内田524頁）；(3)认为既是行为人属性也是行为属性（大塚533頁、小暮得雄『旧注釈刑法〔第4卷〕』342頁）。本书认为，由于常习性属于行为人的惯习，只要实施了一次行为就有可能构成本罪，因此，第(1)种观点更为妥当。

3. 上述有关常习性的法律性质的争议，事关共犯与身份这一问题。通说以常习性这一身份是形式上的加重身份为理由认为，(1)非常习者教唆常习者赌博的，属于普通赌博的教唆犯；(2)常习者教唆非常习者赌博的，属于常习赌博的教唆犯。尽管该结论是妥当的，但应该说，这是基于“第65条第2款规定的是责任身份的个别性，常习性属于加重的责任身份”这一观点所得出的结论。反之，如果站在上述第(2)种观点（认为常习性是行为属性，属于违法要素）的立场上，根据肯定违法身份的连带性的第65条第1款的规定，其结论就应该是：(1)非常习者教唆常习者赌博的，属于常习赌博的教唆犯；(2)常习者教唆非常习者赌博的，则属于普通赌博的教唆犯。另外，也有观点虽认为常习性属于责任身份，却对于第(2)种情形（常习者教唆非常习者赌博的情形），以常习性并非行为定型要素而是行为人定型要素为理由，主张构成普通赌博的教唆犯（团藤356页）。但是，如果认为属于行为人定型要素，则更应该是构成常习赌博的教唆犯。这是因为，可以说，即便是在教唆或者帮助这种共犯行为里，也可发现作为赌博惯习的常习性（参见大連判大正3·5·18刑録20輯932頁、西田『新版 共犯と身分』260 頁)。

四、开设赌场罪、聚集赌徒罪

开设赌场或者聚集赌徒,以图谋利的,处 3 个月以上 5 年以下惩役(第 186 条第 2 款)。

所谓开设赌场罪,是指以自己为主办者,提供赌博场所。例如,设立"铁火场"或"卡即诺"[1]等赌博场所。对于诸如以接受电话投注的方式进行赌博,而参与者并不集中在一起的情形,判例也认定构成本罪(有关棒球赌博的案件,参见最决昭和 48·2·28 刑集 27 卷 1 号 68 頁)。所谓"以图谋利",是指以从中获利为目的。例如,以进场费、手续费、抽头等名义从参与赌博者处获取财产性利益的,就属于"以图谋利",但不以实际获得了利益为必要。赌博的主办者自己亦参与了赌博的,以本罪与赌博罪数罪并罚(并合罪)(大判明治 42·5·27 刑録 15 集 665 頁)。[2]

聚集赌徒罪中的"赌徒",是指那些具有赌博惯习或以赌博为业的人;所谓"聚集以图谋利",是指与赌徒之间形成老大与跟班这种关系,为这些人在一定区域之内(划分地盘)进行赌博提供便利,并意欲从中获取对价(团藤 358 頁)。

* 赌场的开设　被告人利用手机的 APP 软件,向赌客提供信息、接受赌客的申请,对此,大阪地判平成 28·9·27LEX/DB25544698 认为,被告人通过手机而提供了实施此类行为的据点,可以被理解为开设了赌场,并以此为理由判定成立开设赌场罪。相反,对于类似案件,福冈地判

〔1〕"铁火场"与"卡即诺"(意大利语:Casino)均为赌场的一种形式。——译者注

〔2〕**"骗术赌博"是否属于赌博?** 赌博时通过使用骗术而事先就已经确定对方必输无疑的情形,完全属于赌博诈骗,而不能被谓为,以胜负取决于偶然因素为必要的"赌博"。但本书认为,也并非所有的"骗术赌博"一概不属于"赌博"。这是因为,如果存在数名赌客,且在部分赌客之间,其胜负仍然为偶然因素所左右,那么,还是有可能解释为"赌博"的。例如,我们可以设想如下情形:"X 每周一次聚集十余位客人,一边用收音机收听赛马实况,一边对各场比赛赌上重金,在作为组织者收钱、付钱的同时,自己也下注赌博。某日,X 在隔壁房间里另外配置了一台收音机,而且,通过改装使得原房间的收音机迟延五分钟播放消息。这样,在房间中,只有 X 能够事先获知赛马结果。通过这种方式,X 一天便从其他赌客那里赚得数百万日元。"在该情形下,至少在其他赌客之间,其胜负依然被偶然因素所左右,在此限度之内,仍然有可能出现获胜的赌客。在此意义上,就不同于赌博诈骗,X 另有可能构成开设赌场罪(第 186 条第 2 款)。为此,就应该认为,X 构成诈骗罪(第 246 条)与开设赌场罪,两罪属于想象竞合的关系。另外,即使其他赌客中有人赌赢了,但如果没有 X 的诈骗行为,该赌客原本应该是赢的更多,因此,即便是就该赌客而言,也可以认为 X 构成诈骗罪(王昭武等译·松宫各论 357 页)。——译者注

平成27·10·28LEX/DB25541477则认为,完全是利用手机等的电子邮件来收集、发送有关赌博的信息的,并不能由此想象出,可以被评价为"赌场"的一定场所,进而以此为理由否定成立开设赌场罪的帮助犯(但肯定成立常习赌博罪的帮助犯)。

五、博彩罪

发售博彩彩票的,处2年以下惩役或者150万日元以下罚金(第187条第1款)。

代售博彩彩票的,处1年以下惩役或者100万日元以下罚金(同条第2款)。

除前二款规定之外,授受博彩彩票的,处20万日元以下罚金或者科料(同条第3款)。

博彩,[1]如同中奖那样,是指以事先发售号牌的方式,从购买者处聚集金钱或者其他财物,然后,通过抽签或者其他具有偶然性的方法,只有中彩者才可获得利益,以此形式在购买者之间进行不平等的利益分配(団藤第358頁)。与赌博之间的区别在于,发售博彩彩票者并不承担丧失财产的风险。判例认为,只要未被抽中者并未丧失财物,便不构成本罪;至于无法获得出资的利息等,并不包含在内(大判大正3·7·28刑録20輯1548頁)。但是,按照该判例的观点,就会允许侥幸性极高的金融产品(例如,采取抽签的方式,凡抽中者给以高额利息,而未抽中者则没有利息)存在,这是存在疑问的。在附带悬赏的定期存款的情形下,只要该赏金是由资金筹集成本(利息)以外的其他特别资金来承担,就不构成本罪。

本罪行为,是发售、代售、授受博彩彩票。所谓代售,是指在发售者与购买者之间进行买卖之斡旋的行为;这里的授受,是指除彩票购买行为之外的不包括发售与代售行为的其他一切授受行为。

第三节　有关礼拜场所以及坟墓的犯罪

一、概述

刑法典第24章"有关礼拜场所与坟墓的犯罪",是为了保护国民宗教生

[1] 博彩的特点在于:(1)以抽签决定胜负;(2)在提供财物等的同时,也丧失了财物等的所有权;(3)只有购买者承担风险,发售者不承担风险(大判大正3·7·28刑録20輯1548頁)。——译者注

活中的风俗、习惯，以及一般国民对死者所具有的虔诚、尊崇之情。由于本章犯罪并不是为了保护特定的宗教，因而，并不违反《宪法》第20条所保护的信教自由。本章规定了不敬礼拜场所罪、妨害传教等罪（第188条）、挖掘坟墓罪（第189条）、损坏尸体等罪（第190条）、挖掘坟墓且损坏尸体等罪（第191条）以及密葬非正常死亡者罪（第192条）。其中，第192条之罪（密葬非正常死亡者罪）属于行政取缔规定，其性质不同于其他犯罪。[1]

二、不敬礼拜场所罪

对神祠、佛堂、墓地以及其他礼拜场所公然实施不敬行为的，处6个月以下惩役或禁锢或者10万日元以下罚金（第188条第1款）。

本罪对象为神道、佛教的礼拜场所、墓地，以及其他（例如基督教）的礼拜场所。诸如原子弹爆炸慰灵碑、姬百合塔[2]等那样，尽管并非某特定宗教的相关设施，但只要是基于一般宗教情感而被尊崇之物，就可认定相当于礼拜场所（岩村修二『大コンメンタール刑法〔第9卷〕』228頁以下）。但并不包括附属于礼拜场所的办公场所、仓库等设施。

所谓“公然”，是指为不特定或多数的人所能察觉之状态。判例重视结果的公然性，例如，凌晨2点左右，行为人在并无行人经过的公共墓地推倒了大约40块墓碑，判例判定该行为构成本罪（最决昭和43・6・5刑集22卷6号427頁）。所谓“不敬行为”，是指有辱礼拜场所之神圣，损害一般宗教情感的行为。除了损坏、拆除、掀翻礼拜场所、礼拜的对象物（佛像等）以及墓碑等行为之外，扔脏物、涂鸦等行为，也属于不敬行为。例如，对于向墓地做出小便的样子的行为，就有判例判定构成本罪（東京高判昭和27・8・5高刑5卷8号1364頁）。

---

〔1〕密葬非正常死亡者罪（第192条）的旨趣不同于其他犯罪，是为了担保司法目的或者行政目的的行政刑罚法规。除密葬非正常死亡者罪之外，“关于礼拜场所与坟墓的犯罪”有以下两个方面的特征：其一，具有作为传统的宗教犯罪与盗墓犯罪的一面，不敬礼拜场所罪、妨害传教罪与挖掘坟墓罪就是其典型。当然，损坏尸体罪中也有这一面。其二，损坏尸体罪是力图保护有关尸体的特别利害关系的规定，用于规制仅限于事关犯罪侦查、公众卫生与器官移植的尸体处置。在器官移植医疗日渐发达的当代，这个方面的意义正在不断增强。而且，与这一点相关，在司法实务中，必须意识到与《有关墓地、埋葬等的法律》《刑事诉讼法》《尸体解剖保存法》《器官移植法》等特别法之间的关系（王昭武等译・松宫各论358页）。——译者注

〔2〕姬百合塔，是指在日美冲绳战役的末期，由日本冲绳陆军医院外科第三科在战壕遗址所竖立的慰灵碑，1946年4月7日揭幕，位于现在日本冲绳县系满市。——译者注

三、妨害传教等罪

妨害传教、礼拜或葬礼的，处1年以下惩役或禁锢或者10万日元以下罚金（第188条第2款）。

本罪是妨害传教、礼拜或者葬礼之罪。妨害手段，除语言、动作之外，还包括欺诈性手段。通说认为，并不需要实际造成了妨害，但本书认为，至少需要在外形上造成了一定程度的混乱。

四、挖掘坟墓罪

挖掘坟墓的，处2年以下惩役（第189条）。

所谓"坟墓"，是指埋葬人的尸体、遗骨、遗物等，成为礼拜对象的场所。通说认为，尸体也包括具备人体形状的死胎（另见《有关墓地、埋葬等的法律》第2条第1款）。至于并非祭祀对象的古坟，就不属于本罪所谓的坟墓（大判昭和9·6·13刑集13卷747頁），但根据情况可依据《文化遗产保护法》（第107条之2）予以处罚。所谓"挖掘"，判例认为，是指"通过全部或部分除去覆盖在坟墓上的土，或者破坏并解体墓碑等，以损坏坟墓的行为"，并不要求达到将坟墓内的棺木、遗骨、遗体等暴露在外的程度（最决昭和39·3·11刑集18卷3号99頁）。

五、损坏尸体等罪

损坏、遗弃或者获取尸体、遗骨、遗发或者藏置于棺内之物的，处3年以下惩役（第190条）。

通说、判例认为，尸体，除了尸体的一部分之外，还包括具有人体形状的死胎（大判昭和6·11·13刑集10号597頁）。所谓"藏置于棺内之物"即入棺物，是指陪葬品。损坏，是指物理性损坏。遗弃，是指将尸体等移动位置之后，予以抛弃或隐匿。通说、判例认为，按照法令、习惯，具有埋葬祭祀之义务者并未将尸体移动位置，而只是放置不管的，其行为属于不真正不作为犯，也应构成本罪的遗弃（大判大正6·11·24刑録23輯1302頁）。获取，是指取得对尸体等的占有，从获取了尸体的犯人手中购买尸体的行为，也属于获取。问题在于，在获取了陪葬品的场合，如果行为人具有盗窃罪中的非法占有的目的的,除本罪之外,是否还成立盗窃罪呢?肯定说属于有力学说(小野154頁、団藤363頁,但考虑到本条的法定刑要轻于盗窃罪,本书认为,只应成立本罪(大判大正4・6・24刑録21輯886頁;平野267頁、中森255頁、山口525頁、山中721頁)。杀人罪、伤害致死罪分别与本罪构成并合罪,这是已经确立的判例态度(大判昭和8・7・8刑集12輯1195頁、最判昭和34・2・19刑集13巻2号161頁)。[1]

典型判例

・对于被告人误以为处于昏迷状态的被害人A已经死亡而将A抛入海中的行为,**横滨地判平成28・5・25LEX/DB25543379**〔537〕认为,“在将A的身体摁进海中的时点,被告人实施的遗弃行为即告结束,这样理解是不妥当的,此后,直至A的身体沉入大海深处,达到从外部不能被轻易发现的状态,持续了相当长的时间”,而在遗弃行为结束之前A已经死亡,因此,“总之,在遗弃行为的最终阶段,正如(被告人)所意图实现的那样,引发了遗弃尸体的结果”,进而以此为理由判定成立遗弃尸体罪。本判决是以A在实行行为的途中死亡,此后另外发生了尸体被遗弃这种结果为理由,认定成立遗弃尸体罪,最终需要解决的问题是,是否成立作为方式的遗弃尸体罪(参见井田514頁以下)。

・**不作为的尸体遗弃罪**:被告人杀害了被害人之后,以作为的方式隐匿、遗弃了尸体,并且,被告人作为埋葬祭祀之义务者一直将尸体放置不管,对于这种同时存在以作为方式遗弃尸体的行为以及以不作为方式遗弃尸体的行为的情形,**大阪地判平成25・3・22判タ1413号386頁**〔536〕认为,“本案案情的违法性可以被以作为方式实施的遗弃尸体的行为所完全评价”,因此,“在实体法上,成立以作为方式实施的遗弃尸体罪,而不成立以不作为方式实施的遗弃尸体罪”,并且以作为的遗弃行

〔1〕一般认为,损坏尸体罪(也称为遗弃尸体罪)的保护法益是,针对尸体的社会的宗教情感或者虔诚情感。这是社会法益中的一种,为此,本应实施葬祭的遗属对尸体放任不管的,也构成本罪(大判大正6・11・24刑録23輯1302頁)。因此,遗属原本对于损坏尸体罪的保护法益不具有处分权限,遗属的同意理应不能阻却本罪的违法性。而且,既然是社会法益,那么,死者本人生前的同意,也无碍于本罪的成立。……为了用于移植而从尸体中摘取器官的行为,也是符合损坏尸体罪的构成要件的,这一点不存在异议。其证据就在于,一般认为,《器官移植法》规定的正是损坏尸体罪的违法性阻却事由。为此,就必须回答这样一个问题:在损坏尸体罪中,原本来说,由于本人、遗属都不是被害人,其同意理应不能阻却违法性,那么,为什么对于摘取移植用的器官这一点,其同意又可以阻却违法性呢?而且,从法理上讲,这种法律规定又是否妥当呢(详见王昭武等译・松宫各论358页以下)?——译者注

为的终了时点作为公诉时效的起算点，最终判定已经超过了遗弃尸体罪的公诉时效。相反，**大阪地判平成28·11·8**（公开刊物未登载）则认为，“如果认为，当初的遗弃行为之后，（该遗弃行为）并没有消灭埋葬祭祀的作为义务，违反该义务的行为仍然在持续，那么，就能认定不作为的遗弃仍然在持续实施”，对于将尸体埋在装满了土的塑料箱子里面，然后一直放置在自已家的行为，大阪地方裁判所以直至尸体被发现之前一直在持续实施不作为的遗弃尸体罪为理由，否定已经超过公诉时效。既然不作为犯的实行行为是不履行作为义务，那么，在明明有作为可能性，却不履行作为义务的状态仍然在持续的场合，就应该理解为，该实行行为也在持续。对于已经同时成立或者先行成立作为方式的遗弃尸体罪的场合，（1）究竟是仅仅成立作为的遗弃尸体罪，不作为的遗弃尸体罪被评价为不可罚的事后行为，还是（2）实体法上分别成立作为的遗弃尸体罪与不作为的遗弃尸体罪，然后作为包括的一罪予以评价，就成为理论上需要解决的问题。

六、挖掘坟墓且损坏尸体等罪

犯第189条之罪，且损坏、遗弃或者获取尸体、遗骨、遗发或者其他藏置于棺内之物的，处3个月以上5年以下惩役（第191条）。

本罪是挖掘坟墓罪（第189条）与损坏尸体等罪（第190条）的结合犯，这是着眼于，挖掘坟墓的目的多在于侵占尸体与陪葬品而做出的规定。挖掘坟墓的犯人，只有在获取了尸体等之后才构成本罪，但从挖掘坟墓、获取尸体等的犯人手中购买尸体等的行为，不构成本罪，而是仅构成第190条之罪。

七、密葬非正常死亡者罪

未经尸检便埋葬非正常死亡者的，处10万日元以下罚金或者科料（第192条）。

本罪是为了实现警察目的即侦查犯罪的目的，而做出的一种行政规制性质的规定。因此，本罪所谓“尸检”，不包括那种针对显然不属于因犯罪案件而死亡的自杀、旅途病逝而实施的行政尸检，仅仅是指《刑事诉讼法》第229条所规定的司法尸检。判例认为，所谓“非正常死亡者”，是指死因不明的非自然死亡者(大判大正9・12・24刑録26輯1437頁)。但是,考虑到本罪还具有确保侦查之线索的目的,应该说,除了《刑事诉讼法》第229条所谓"有非正常死亡之嫌的尸体"之外,还包括尽管死因清楚,但显然是因犯罪案件而死亡的情形(大谷542頁、中森256頁)。

第四编　针对国家法益的犯罪

第一章　针对国家存立的犯罪

第一节　有关内乱的犯罪

一、概述

刑法典第二编第2章“有关内乱的犯罪”，是试图以暴力方式改变日本国宪法所规定的国家基本政治结构的犯罪，在否定宪法这一意义上，属于重大犯罪。第2章规定了内乱罪（第77条）、预备内乱罪、阴谋内乱罪（第78条）、帮助内乱等罪（第79条）。法定刑均为禁锢刑，理由在于，这些犯罪均是基于所谓“爱国心”等的政治犯、确信犯（所谓非“寡廉耻罪”）（小野10頁）。另外，鉴于本章犯罪性质严重，《裁判所法》规定以高等裁判所作为本章犯罪的一审裁判所（《裁判所法》第16条）。

二、内乱罪

以破坏国家的统治机构，或者在其领土之内排除国家主权以行使权力，以及其他破坏、扰乱宪法确定的基本统治秩序为目的，实施暴动的，为内乱罪，按照下列各项分别处断：

（1）首谋者，处死刑或者无期禁锢；

（2）参与谋议或者指挥群众的，处无期或者3年以上禁锢，从事其他各种职务的，处1年以上10年以下禁锢；

（3）附和随行以及其他单纯参与暴动的，处3年以下禁锢（第77条第1款）。

前款犯罪未遂的，应当处罚。但同款第3项所规定的人员，不在此限（同条第2款）。

本罪是目的犯，以“破坏、扰乱宪法确定的基本统治秩序”为目的，实施暴动才成立。在这一点上，区别于骚乱罪（第106条）。所谓“破坏国家的统治机构”，是指废止宪法确定的代表民主制度与议会内阁制度等基本统治制度，不包括以打倒某个具体的内阁、政府为目的的情形（大判昭和10・10・

24 刑集 14 卷 1267 頁〔5・15 案〕);所谓“在其领土之内排除国家主权以行使权力”,是指在日本国的部分地区成立独立国家,排除日本国的领土主权。以上均属于“破坏、扰乱宪法确定的基本统治秩序”的行为的例示。

所谓“暴动”,是指由多数人所实施的集团性暴力、胁迫行为。通说认为,这种行为应达到有害于某一地方的平稳的程度(团藤 17 頁、大塚 550 頁。相反,内田 597 頁、大谷 547 頁、中森 260 頁则认为,必须是达到能够动摇国家基本结构的程度的强力行为)。已经开始了作为集团行动的暴动,但尚未达到损害某一地方的平稳的程度的,构成本罪的未遂。与骚乱罪一样,作为本罪手段的暴力、胁迫,是最广义的意义上的暴力、胁迫。通说、判例认为,作为暴动的内容而实施的杀人、放火行为等,不再构成他罪,而为本罪所吸收(大判昭和 10・10・24 刑集 14 卷 1267 頁〔5・15 案〕)。

本罪属于必要的共犯中的集团犯的一种,第 77 条第 1 款将参与者区分为(1)首谋者,(2)参与谋议者、指挥群众者,(3)从事各种职务者,(4)附和随行者而分别予以处罚,但不处罚附和随行的未遂。与骚乱罪不同,本罪要求是在某种程度上被组织化的集团。参与谋议者,是指参与计划、谋议,辅佐首谋者的人;指挥群众者,是指在暴动之际指挥群众者;从事各种职务者,是指在实施内乱之时,从事除参与谋议、指挥群众等行为之外的其他重要职务(例如,准备粮食、弹药)者。至于处于集团外部的其他人能否构成本罪各类行为人的共犯这一问题,有力观点以本罪是必要的共犯(集团犯)为理由,对此持否定态度(团藤 18 頁、大塚 552 頁)。就帮助行为而言,由于可以适用后述的帮助内乱罪,确实没有必要适用总则的帮助犯规定。但是,本书认为,对于教唆内乱、教唆参与内乱的行为,就没有理由排除总则的共犯规定的适用(大谷 549 頁、中森 261 頁。另见《防止破坏活动法》第 38 条)。

三、预备内乱罪、阴谋内乱罪

预备或者阴谋内乱的,处 1 年以上 10 年以下禁锢(第 78 条)。

在暴动之前自首的,免除其刑(第 80 条)。

所谓预备内乱,是指以实施内乱犯罪为目的而进行准备,筹集武器、弹药、粮食,召集参与者等,就属于预备行为。

所谓阴谋,是指二人以上为实施内乱犯罪而进行计划,并达成合意,但这种计划不必是具体的实施计划。

犯本罪者在暴动之前自首的,必要性地免除其刑罚(第 80 条)。

四、帮助内乱罪

提供武器、资金或粮食，或者以其他行为帮助前两条之罪的，处7年以下禁锢（第79条）。

在暴动之前自首的，免除其刑（第80条）。

对于内乱罪、预备内乱罪、阴谋内乱罪的帮助行为，本罪将其规定为独立的犯罪类型。所谓"其他行为"，是指提供用于阴谋的场所等行为。就本罪的成立要件，有以下两种观点相互对立：（1）以作为正犯的内乱罪或者预备内乱罪、阴谋内乱罪的成立为必要（团藤21頁、大塚554頁、曽根281頁）；（2）不以正犯的成立为必要（小野13頁、大谷532頁、中森236頁、前田593頁）。应该说，在预备内乱罪、阴谋内乱罪成立之前，没有必要独立处罚其帮助行为，因此，第（1）说更为妥当。

犯本罪者在暴动之前自首的，必要性地免除其刑罚（第80条）。

第二节　有关外患的犯罪

一、概述

刑法典第3章"有关外患的犯罪"处罚的是，致使外部势力对日本国行使武力，或者，在外部势力对日本国行使武力之时予以协助，从而危及我国之存立的行为。由于具有背叛祖国的性质，与内乱罪不同，其法定刑均为惩役刑。由于《宪法》第9条规定日本国"放弃战争"，因而，在昭和22年（1947年）大幅修正了本章之罪，除修正了第81条、第82条的表述之外，还删除了处罚第83条至第86条的为敌对国谋利的行为、为敌对国实施间谍活动的行为，以及第89条的针对战时同盟国的行为等相关规定。

二、诱致外患罪

与外国通谋，致使其对日本国行使武力的，处死刑（第81条）。

本条的未遂（第87条）、预备、阴谋（第88条），应当处罚。

所谓"外国"，是指外国的政府、军队、外交使节等国家机关，不包括作为个人的外国人以及外国的私人团体。所谓"致使其行使武力"，是指致使其行使军事力量，从而危及我国安全，不一定限于国际法上的战争。其法定刑仅为死刑,没有其他选择刑,这也是本罪的的最大特征。

三、援助外患罪

当外国对日本国行使武力时,予以加担,服务于其军务或者给予其他军事上的利益的,处死刑、无期或者 2 年以上惩役(第 82 条)。

本条的未遂(第 87 条)、预备、阴谋(第 88 条),应当处罚。

本罪处罚的是,在“当外国对日本国行使武力时”这一构成要件的状况之下,对此予以协助的行为。“服务于其军务”,包括非战斗人员的行为。所谓“给予军事上的利益”,是指供给武器、弹药、粮食,以及提供情报等行为。

第二章　有关国交的犯罪

第一节　概　　述

刑法典第 4 章“有关国交的犯罪”规定了损坏外国国家标志罪（第 92 条）、预备私战罪、阴谋私战罪（第 93 条）以及违反中立命令罪（第 94 条）。就其保护法益，有观点认为，本章之罪是针对外国国家法益的犯罪（团藤 164 頁、大塚 648 頁）。但是，日本刑法仅仅保护外国的利益，这样理解实属疑问，还是应该理解为，保护的是日本的外交利益（平野 292 頁、大谷 553 頁、中森 265 頁）。另外，刑法典曾经规定，就针对逗留在日本的外国君主、总统的暴力、胁迫、侮辱（第 90 条），以及针对派遣至日本的外国使节的暴力、胁迫、侮辱（第 91 条）等行为予以处罚，但 1947 年的刑法修正删除了针对皇室之罪（第 73～76 条），考虑到两者之间的均衡，也同样删除了第 90 条与第 91 条。

第二节　有关国交的犯罪

一、损坏外国国家标志罪

以侮辱外国为目的，损坏、撤除或者污损该国国旗或其他国家标志的，处 2 年以下惩役或者 20 万日元以下罚金（第 92 条第 1 款）。

前款之罪，非经外国政府请求不得提起公诉（同条第 2 款）。

以对外国施以侮辱为目的而损坏其国家标志（国章）的，成立本罪。其性质具有两面性，既有损坏器物罪的一面，也有针对外国的侮辱罪的一面，但终究是以我国的外交利益作为其保护法益。

本罪的犯罪对象，是外国的国家标志。通说认为，本罪所谓“外国”，包括我国尚未承认也并无外交关系的国家。即便是尚未承认的国家，但只要将来有与我国建交的可能性，就应包括在本罪的“外国”之中，应该说，通说观点是妥当的(小暮等 604 頁〔佐伯仁志〕)。但是,不包括联合国等超国家组织。所谓"国家标志(国章)",是指象征该国权威之物件,除了国旗之外,还包括陆海空军的军旗、大使馆的徽章等。就本条所谓"国家标志(国章)"是否应限于公开悬挂之物,尚存争议。将本罪的成立仅限于该国国家机关所公开悬挂的情形,尽管范围有失狭窄,但考虑到本罪具有针对外国的侮辱罪的性质这一点,在由私人悬挂的情形下,也应限于作为象征国家权威之物而在公共场所(例如,国际性运动会)悬挂的情形。

本罪行为,是损坏、撤除、污损国家标志的行为。损坏,是指物理性损坏;撤除,除了移动位置之外,还包括诸如用胶合板等予以遮蔽的行为(最决昭和 40・4・16 刑集 19 卷 3 号 143 頁);污损,是指诸如涂抹油漆或其他脏物而使之污秽不洁的行为。

在与他罪的关系问题上,与损坏器物罪(第 261 条,法定刑为 3 年以下惩役或者 30 万日元以下罚金或科料)之间的关系容易引起争议。有观点认为,损坏器物罪与本罪之间构成想象竞合(大塚 650 頁、内田 404 頁、井田 528 頁),但本书认为,只应成立本罪一罪(中山 497 頁、大谷 555 頁、中森 266 頁、山口 537 頁、高橋 594 頁)。因为,尽管本罪当然相当于损坏器物,但仍然只是规定了相对较轻的法定刑,其理由可能就在于,本罪具有针对外国的侮辱罪这种性质,以及国家标志本身的财产性价值一般较低,尽管如此,如果仍然坚持构成想象竞合,则往往会优先适用损坏器物罪的法定刑,那么,也便淹没了本罪规定较轻法定刑的意义。[1]

二、预备私战罪、阴谋私战罪

以私自对外国实施战斗行为为目的,进行预备或阴谋的,处 3 个月以上 5 年以下禁锢。但是,自首的,免除刑罚(第 93 条)。

本罪处罚的是,以私自对外国作战为目的而进行预备或阴谋者。这里所谓"外国",是指作为国家权力之担负者的外国。因此,不包括在外国杀伤外国人或者实施抢掠的情形。所谓"私自",是指非经我国国家意志。单纯的暴动行为尚不足以构成"战斗行为",这里的战斗行为是指有组织的武力攻击或防御。本罪仅处罚预备、阴谋,而不处罚私自战斗行为本身。[2] 因此,

---

〔1〕另外,在外国的国家标志属于损坏者的私有物的场合,只能成立本罪,但是,如果认为,本罪仅仅预定了这种场合,则并不妥当。

〔2〕《改正刑法草案》第 126 条规定处罚私战本身,第 4 条还规定处罚其国外犯。

对于此类行为按照杀人罪、放火罪予以处罚。[1]

三、违反中立命令罪

在外国交战之际,违反有关局外中立之命令的,处3年以下禁锢或者50万日元以下罚金(第94条)。

本罪处罚的是,在外国交战之际,违反我国的中立立场,为交战国一方谋利的行为。本罪究竟禁止什么(禁止对象),只有根据具体的局外中立命令才得以确定,因此,本条属于空白刑罚法规。但由于政府的命令无法直接设置刑罚规定,因而,本罪的"命令"是指法律或基于法律的命令(政令)。

[1] 但是,在国外实施该行为的,限于第3条所规定的处罚国外犯的范围。

第三章　针对国家职能的犯罪

刑法典为了保护立法、司法、行政等国家统治职能，作为妨害执行公务的犯罪（第5章），规定了妨害执行公务罪、职务强要罪（第95条）、破弃封印等罪（第96条）、妨害强制执行、拍卖等罪（第96条之二至第96条之六）；作为主要针对司法职能的犯罪，规定了脱逃犯罪（第6章即第97条至第102条）、藏匿犯人以及隐灭证据的犯罪（第7章第103条至第105条之二）、伪证犯罪（第20章第169条至171条）、虚假告诉的犯罪（第21章第172条、第173条）；作为渎职犯罪（第25章），规定了由公务员实施的滥用职权犯罪（第193条至第196条）、受贿罪（第197条以下）、行贿罪（第198条）。其中，妨害执行公务的犯罪与针对司法职能的犯罪是从外部侵害国家职能，相反，渎职犯罪则是从内部侵害国家职能。并且，这些犯罪之中，有些犯罪不仅将国家而且也将地方公共团体[1]的职能作为其保护对象（例如，妨害执行公务罪、职务强要罪、妨害拍卖等罪、虚假告诉的犯罪、渎职犯罪）。

另外，对于破弃封印等罪（第96条）、妨害强制执行罪（第96条之二）、妨害拍卖等罪（第96条之三），根据平成23年（2011年）的刑法部分修正，进行了大幅度的修正。

第一节　妨害执行公务的犯罪

一、妨害执行公务罪

在公务员执行职务时，对其实施暴力或者胁迫的，处3年以下惩役或禁锢，或者50万日元以下罚金（第95条第1款）。

---

〔1〕 地方政府。——译者注

（一）概述

尽管本罪的行为对象是公务员，但立法意图不在于着重保护公务员的身体与自由，其保护法益最终仍然是由公务员实施的公务的顺利执行（因此，本罪规定并不违反《宪法》第 14 条。最判昭和 28・10・2 刑集 7 卷 10 号 1883 頁〔538〕）。这里所谓公务，包括国家以及地方公共团体的立法、司法、行政的所有职能。另外，根据平成 18 年（2006 年）的刑法部分修正，作为选择刑之一，本条加入了罚金刑即“50 万日元以下罚金”。这是考虑到，即便是判处缓刑，也伴有各种资格限制，因而，作为针对轻微案件的刑罚，仅规定惩役或者禁锢，并不合适。

（二）公务员

本罪的保护法益是公务的执行，由于其范围取决于公务员的职务，因而，有必要探讨公务员的含义。就公务员的含义，《刑法》第 7 条第 1 款的定义为，“国家或地方公共团体的职员以及其他依据法令从事公务的议员、委员等其他职员”。其实质在于，“依据法令从事公务的职员”。“议员”“委员”只是其例示，“国家或地方公共团体的职员”也同样是其例示。议员，是指参众两院的议员以及地方公共团体议会的议员等（其他诸如皇室会议、安全保障会议的成员，也一般被称为议员）；委员，是指依据法令被委以一定公务的非常勤的职员，各种审议会的委员、劳动委员会委员、教育委员会委员、调停委员等就属于此（相反，公平交易委员会委员、证券交易等监察委员会委员等，则属于一般的公务员）。所谓国家或地方公共团体的职员，是指《国家公务员法》《地方公务员法》意义上的职员。当然不包括外国的公务员（最判昭和 27・12・25 刑集 6 卷 12 号 1387 頁〔338〕〔520〕）。

所谓“依据法令”，是指有关其任用与职务，存在法律、命令、条例上的根据（大判昭和 12・5・11 刑集 16 卷 725 頁）。所谓“公务”，是指国家或地方公共团体的事务。问题在于，出于一定的国家目的而设立的公共组合〔1〕

〔1〕 公共组合，是指依据法令，被赋予在国家的特别监督之下实施一定行政行为作为其存在目的的法人，在实现目的的必要范围之内，允许其行使公权力。又称之为公共法人或者公法上的法人，不同于以公共活动为目的的《地方自治法》上的公共团体。商工组合、国民健康保险组合等即属于此。——译者注

(例如,防止水灾组合)、公团、[1]金库、公库[2]等公共法人的职员的事务,是否属于本条所谓公务?对于公共法人的职员的事务,判例一般倾向于将其认定为公务(例如,有关水利组合的判例,参见大判昭和5·3·13刑集9卷180頁),但学界有力观点则认为,应该根据该公共法人的事务的性质(公共法人色彩的强弱)具体判断(团藤39頁、大塚559頁)。但是,公共法人的事务的性质现在日益多样,即便具有公共法人的色彩,但其界限并不明确;再者,就多数公共法人的职员而言,已规定将其"视为公务员",* 因此,没有必要对并未被规定为"准公务员"者,也认定其具有公务员性质(平野277頁、大谷561頁以下、中森269頁、山口541頁、松原523頁)。就"职员"的含义,大审院认为,不能被称为官制、职制或法令上的职员者,则不属于公务员,那么,旧宪法中除官吏、公吏之外,作为"现业雇工"[3]的邮政收发人与一般的工匠、民工并无不同,因而,针对此类人员实施的妨害行为,就不构成妨害执行公务罪,而仅构成妨害业务罪(大判大正8·4·2刑録25輯375頁)。相反,最高裁判所认为,尽管"单纯从事机械性、体力性劳务者"不属于职员,但根据《民事诉讼法》《邮政法》等的规定,邮政收发人的事务也担负着一定的精神性劳务,并以此为理由,判定其属于公务员(最判昭和35·3·1刑集14卷3号209頁)。对于最高裁判例的这种观点,学界有一种批判观点影响很大,该观点认为,即便是从事机械的体力性劳务者,如果其事务具有权力性,或者是作为国家或地方公共团体的机关事务而实施,则仍应认定属于公务员(平野277頁、大谷562頁、曽根286頁、中森269頁、山口541頁以下)。这种批判确实是妥当的,而且,从最高裁判所判例使用"'单纯'从事机械性、体力性劳务者"这一表述也可以看出,显然,最高裁判所并无否定这种观点的意思。如果这样理解的话,毋宁说,最高裁判所提出的限定要件,即作为"公务"的要保护性要件,应该是更为妥当的。

---

[1] 公团,是指在二战之后的日本,接受联合国占领军司令部的旨意,作为行政机关之一部分而设立的公共法人。其后,逐步摆脱作为行政机关之一部分的性质,2005年10月,随着"道路四公团"(日本道路公团、首都高速道路公团、阪神高速道路公团、本州四国联络桥公团)的分割、民营化,公团归于消灭,不复存在。——译者注

[2] 公库,是指政府系统的金融机构中,除了金库(特殊法人)、特殊银行之外的特殊法人。现在仅存在"冲绳振兴开发金融公库"。由政府全额出资,设立公库的目的在于,"对于难以从一般金融机构融资的领域,自行融资",以及"为了便于从一般金融机构融资而提供担保"。——译者注

[3] 现业,是指国家、地方公共团体或者由国家、地方公共团体经营的独立行政法人等中的非权力性劳务,正式名称为"技能劳务职";这里的"雇工",是指根据私法上的雇用合同,在国家或者地方公共团体工作,从事单纯的体力劳务者。——译者注

＊ 视为公务员 所谓“视为公务员规定”，是指以特别法的形式，规定将公共法人的职员等相关人员“视为依据法令从事公务的职员”或者“就刑法等其他罚则的适用，视为依据法令从事公务的职员”。对于基于这种规定而被视为公务员者，认定其在刑法上与公务员受相同保护（妨害执行公务罪等），也承担同等责任（受贿罪等）。例如，准起诉程序中的指定律师（《刑事诉讼法》第268条第3款）、日本银行的董事或职员（《日本银行法》第30条）、日本道路公团的董事或职员（《日本道路公团法》第18条）、住宅金融公库的董事或职员（《住宅金融公库法》第16条）、国家公务员互助组合的事务性职员（《国家公务员互助组合法》第13条）等，就属于这里所谓“准公务员”。[1]

（三）职务的范围

有关本罪所谓职务的范围，判例认为，除了单纯机械的体力性劳务之外（最判昭和35·3·1刑集14卷3号209頁），“公务员所处理的各种事务均广泛地包括在内”（最判昭和53·6·29刑集32卷4号816頁〔长田电报局案〕〔541〕，以及有关旧国铁职员业务的最判昭和59·5·8刑集38卷7号2621頁〔539〕）。反之，学界的有力观点是“公务区分说”。该说认为，仅仅对公务给予妨害执行公务罪（第95条）与妨害业务罪（第233条、第234条）这种双重保护并不具有合理性，应该区别对待：对于私企性质的[2]或者“现业”性质的公务，仅适用妨害业务罪，而对除此之外的其他公务，则仅适用妨害执行公务罪（团藤48頁、中山503頁、曽根286頁、中森271頁）。但是，首先，对社会性福祉做贡献的公务理应受到重点保护；另外，对于非“现业”的公务（例如，议会内的议长的公务）仅在受到暴力或者胁迫之时才予以保护，这样的话，对公务的保护并不充分，因此，判例的立场更为妥当（平野275頁、大塚563頁、大谷565頁、井田535頁也是同样旨趣），应该采取“限定积极说”，亦即，只应该将那些对于妨害具有“自力排除能力”的公务，排除在妨害业务罪的业务之外。

（四）执行职务的范围

由于本罪保护的是公务而非公务员，因此，针对公务员实施的暴力、胁迫，也必须加上“在执行职务时”这一限制条件。有关其含义，最高裁判所认

---

〔1〕 在本书中，将“视为公务员者”译为“准公务员”。——译者注

〔2〕 这里的“私企性质”，是指诸如铁路运营等，主要由官方负责，但同时也可以由民营企业单独经营的为公众利益服务的业务（“民间业务类似性”），这里所要探讨的是，这种由民营企业经营的为公众服务的业务是否具有“公务”的性质。——译者注

为,不应抽象地、笼统地把握,而应在具体地、个别地予以特定的基础之上,限定为“从开始执行该被具体地、个别地予以特定的职务,直至执行结束的时间范围之内的职务行为,以及如同马上就要开始执行该职务的情形那样,与该职务执行在时间上前后相连,并可将二者视为不可分割的具有一体性关系的范围之内的职务行为”,因而,旧“国铁”的站长助理在会议室对职员进行上班点名之后,为了交接工作,而正打算离开会议室走向数十米开外的助理办公室之际,行为人对其实施了暴力的,最高裁判所就以这两种职务之间不具有“一体性”为理由,否定成立本罪(最判昭和45·12·22刑集24卷13号1812頁〔国铁东滩车站案〕〔540〕)。按照最高裁判所的这种观点,除了正在执行职务的行为,以及准备马上着手执行职务的行为之外,其他行为均应排除在这里的“执行职务”的范围之外。例如,下面这些情形就应否定属于执行职务:前往职务执行地点的行为以及执行职务的准备行为、〔1〕中途休息时间以及待命状态、〔2〕职务刚执行完毕等。

应该说,上述最高裁判所判例所作的限定性解释基本上是妥当的,不过,所谓与执行职务具有时间上的连续性或者具有一体性,不应是形式上的标准,对此,应考虑到具体情况而进行实质性判断。对于上述最高裁判所判例的情形,如果对于在集合点名结束与职务的交接班进行实质性考察,也能认定二者之间具有一体性,因此,也有认定构成本罪的余地。同样,与职务行为紧密相连的准备行为、为执行职务而处于待命状态的,也应该属于本罪的保护对象。正是出于这种考虑,其后的最高裁判所判例对于执行职务的认定有所变化:以电报局长这种统括性职务在性质上具有一体性、持续性为理由,对于为了应对被告人而不得不暂时中断执行职务的局长施以暴行的行为,判定构成本罪(最判昭和53·6·29刑集32卷4号816頁〔长田电报局案〕);旧国铁的司机在乘务交接完毕之后,为接受下班检查而前往站长助理办公室的途中,行为人对该司机实施了暴力,最高裁判所以下班检查的内容是汇报运行情况、机车状况等,这些都与机车司机的乘务直接相关为理由,判定成立本罪(最决昭和54·1·10刑集33卷1号1頁〔国铁小牛田车站案〕);因被告人等的抗议而造成议会无法继续议事,县议会委员长只得宣布专门委员会暂时闭会休息,在该委员长正要走出会场之时,行为人对其实施了暴力,对此,

---

〔1〕 大阪高判昭和50·6·4高刑28卷3号257頁持否定意见,认为并不属于执行职务;而高松高判昭和48·10·30高刑26卷4号512页则持肯定态度,认为属于执行职务。

〔2〕 对于正在当班执勤而处于中途在值班室休息状态的警官,大阪高判昭和53·12·15高刑31卷3号333頁否定属于执行职务之中;对于派出所内正处于如厕状态的警官,大阪高判昭和51·7·14刑月8卷6=7=8号332頁肯定属于执行职务。

最高裁判所认为，委员长是在执行维持专门委员会的秩序并处理相关争议这一职务，因而应成立本罪（最决平成 1・3・10 刑集 43 卷 3 号 188 頁〔熊本县议会案〕〔542〕）。应该说，这些判例的观点都是妥当的。

（五）职务的合法性

1. 是否需要具有合法性

第 95 条的法条本身并未明文规定职务必须具有合法性（职务的合法性），为此，曾有观点认为，成立本罪并不一定以合法执行职务为必要（小野 20 頁），但现在的通说、判例均认为，必须具有合法性（大判大正 7・5・14 刑録 24 輯 605 頁）。[1] 对于违法执行职务的行为，没有必要动用刑法来加以保护，而且，对于违法执行职务的行为，甚至有可能实施正当防卫，因此，所执行的公务是合法的，这应该是理所当然的要件，可将其理解为“不成文的构成要件要素”（通说。反之，团藤 51 頁、内田 612 頁、中森 272 頁则认为是违法要素；香川 39 頁认为是客观的处罚条件）。但问题在于，如果要求必须具有职务的合法性，那么，必须具备何种条件才属于合法执行公务呢？而且，应该由谁、在什么时点来对此进行判断呢？

2. 合法性的要件

对于执行职务的合法性的要件，学说、判例认为，必须具备以下三点：(1)执行职务属于该公务员的抽象的职务权限之内；(2)该公务员具有执行该职务的具体职务权限；(3)执行职务之时，履行了作为公务有效要件的法律程序与方式的重要部分。

首先，基于法治原则，应由法律来确定并授予公务员的职务权限，因而，理所当然地要求具备第(1)个要件。判例认为，警官对入场费的支付进行调解、斡旋的行为，只要不属于其抽象的职务权限，便不能说是合法的职务行为（大判大正 4・10・6 刑録 21 輯 1441 頁）。

其次，第(2)个要件的宗旨在于，具体的职务行为必须具备法律上的要件。例如，执行官尽管具有强制执行的抽象的权限，但那也仅限于在得到具体委任之时，才可以合法地实施强制执行行为（《执行官法》第 2 条）。还有，不具备《刑事诉讼法》第 212 条所规定的具体要件的，就不允许实施逮捕现行犯的行为（大阪地判昭和 31・11・8 判時 93 号 25 頁）；如果不具备《警官职务执行法》第 2 条第 2 款所规定的具体要件，那么，要求对方一起去派出所的行为，就属于违法行为（静岡地沼津支判昭和 35・12・26 下刑 2 卷 11 = 12 号 1562

---

〔1〕 東京高判昭和 33・7・28 裁特 5 卷 9 号 370 頁、鹿児島地判平成 2・3・16 判タ 726 号 239 頁〔553〕明确指出，必须合法地执行职务。

頁)。相反,因对方涉嫌酒后驾车而进行职务讯问时,由于对方试图发动汽车,关掉对方汽车引擎的行为,便属于合法职务行为(最决昭和 53・9・22 刑集 32 卷 6 号 1774 頁);某人向被委派整理交通的警察吐痰,为了进行职务讯问,警察抓住其胸口并将其带至人行道的行为,就属于合法职务行为(最决平成 1・9・26 判時 1357 号 147 頁)。另外,如果超越任意搜查所允许的实力行使的限度,则作为违反第(2)个要件的行为,否定该行为具有合法性。

最后,对于并不完全具备法律所规定的执行公务的程序与方式的公务执行行为,在什么限度之内可以受到本罪的保护呢?第(3)个要件正是为了解决这种行为的要保护性的问题。有学说认为,应该限于那些只是违反了任意规定或者训示规定的情形,才可肯定具有合法性(大塚 565 頁以下、曽根 288 頁、松原 530 頁)。然而,立足于协调保护公务与保护国民人权之间的关系的视角,只要没有违反有关保护对方的权利与利益的必要且重要的程序性要件,那么,至少在刑法上,该行为就属于值得以本罪来加以保护的合法职务行为(藤木 23 頁、中森 271 頁、平川 519 頁、高橋 602 頁、井田 536 頁)。尽管判例并未对此作出原则性判断,但仍然可以说,判例也基本上是倾向于这种观点的。例如,某税务官在进行所得税调查时,并未携带检查章,对此,最高裁判所认为,有关应携带检查章的规定并不仅仅只是训示规定,如果对方要求出示检查章,而税务官却并未携带、出示检查章,则该职务的执行就属于违法行为;如果对方并未要求出示,就不能因为其偶尔未携带检查章,而直接认定其行为属于权限之外的行为(最判昭和 27・3・28 刑集 6 卷 3 号 546 頁)。有关县议会议长违反议事规则进行议事的案件,最高裁判所认为,即便该议长的议事程序因违反会议规程而并不完全具备法令上的合法要件,但如果能认定,该行为属于议长的抽象的权限范围之内,那么,在具体的事实关系之下,为了使其免受暴力等的妨害,至少在刑法上,仍然属于值得保护的职务行为(最大判昭和 42・5・24 刑集 21 卷 4 号 505 頁〔548〕)。另外,有关在执行逮捕之时,尽管携带了逮捕令却并未向嫌疑犯出示该逮捕令的案件,判例认为,"诸如逮捕嫌疑犯的行为那样,在强制实现国家的权力意思,直接干涉国民的基本人权的场合,就必须严格理解其合法性要件",从而判定该逮捕行为属于违法行为,不值得通过本条来保护(大阪高判昭和 32・7・22 高刑 10 卷 6 号 521 頁);正是出于同样的角度,对于在并未告知对方大致涉嫌事实的情况下便实施紧急逮捕的行为,判例以并未履行重要程序为理由,判定该行为违法(東京高判昭和 34・4・30 高刑 12 卷 5 号 486 頁〔549〕。大阪地判平成 3・3・7 判タ771 号 278 頁也是同样旨趣)。

3. 合法性的判断标准

有关由谁来判断是否具备执行职务的合法性要件这一点，主要有以下学说：(1)主观说认为，如果公务员自身真实地相信自己在执行公务，就属于合法行为(柏木77頁、大判昭和7・3・24刑集11卷296頁)；(2)折中说认为，应以行为当时一般人的判断作为标准(木村301頁、川端653頁以下)；(3)客观说认为，应由裁判所进行客观判断(团藤53頁、平野278頁)。现在，客观说属于通说。不过，在客观说中，还存在主张以裁判之时作为合法性的判断时点的纯客观说(大塚567頁、福田14頁、中山504頁、曾根288頁以下、高橋605頁)。然而，按照这种纯客观说，即便具备了合法的逮捕要件，如果在裁判之时判明是清白的，那么，所有此类逮捕行为均属于违法行为，(被逮捕者的暴力或胁迫等妨害行为)不构成妨害执行公务罪。的确，很难期待并无犯罪事实的清白之人(在遭受逮捕之时)不进行反抗，从这一点来看，纯客观说也有一定道理，[1]然而，只要在执行职务当时属于合法的行为，就应该给予充分的保护，因此，本书认为，"行为时基准说"更为妥当(团藤53頁、平野278頁、大谷569頁、中森272頁、平川520頁、井田537頁。可以说，最决昭和41・4・14判时449号64頁也是持这种立场)。

4. 合法性的错误

尽管执行职务的行为客观上属于合法行为，但如果对方误以为该行为属于违法行为而加以妨害的，应如何处理呢？就此问题，存在以下学说：(1)认为合法性的错误属于法律错误，不阻却故意(藤木26頁、大判昭和7・3・24刑集11卷296頁)；(2)认为职务的合法性属于构成要件要素，因而，合法性的错误属于事实错误，应阻却故意(植松25頁、吉川357頁、前田606頁、平川521頁、村井敏邦「公務執行妨害罪の研究」〔成文堂1984年〕287頁)；(3)二分说认为，应该区别(为合法性奠定基础的)合法性的基础事实与合法性的评价，只有对前者存在错误认识的，才属于事实错误(中273頁、大塚572頁、福田15頁、曾根289頁、山口546頁、高橋605頁以下、井田538頁。可以说，大阪地判昭和47・9・6判タ306号298頁也是持该立场。另外，松原531頁要求对于职务的合法性存在"非专业的一般人意义上的认识")。

显然，对于轻率的认识错误，应该保护公务的执行，从这一角度上看，"法律错误说"也存在一定的合理性。那些不认为职务的合法性属于构成要件要素，而是将其理解为违法要素或者客观的处罚条件的观点，可能也正是考虑到了这一点。但是，既然将职务的合法性理解为构成要件要素，那么，将有关

〔1〕 内田618頁主张存在根据紧急避险而认定无罪的余地，可能也是基于这种考虑。

合法性的错误一律理解为法律错误,就并不合适。由于合法性也可以区分为合法性的基础事实与对于合法性的评价,例如,明明出示了逮捕令,但对方对此并无认识的,就属于对于合法性的基础事实存在错误认识,应作为事实错误阻却故意;相反,如果对前提事实并不缺乏认识,仅仅只是对如何评价这种事实存在错误认识的,就属于法律错误,并不阻却故意。因此,二分说更为妥当。

(六)暴力、胁迫

本罪行为,是暴力或者胁迫。本罪所谓暴力,较暴行罪(第208条)中的暴力范围更广,不限于针对公务员身体所实施的行为,也不问直接还是间接,凡针对公务员所实施的非法有形力(间接暴行),均属于本罪的暴力(最判昭和37·1·23刑集16卷1号11頁〔543〕)。判例正是基于这一视角而对本罪的暴力概念进行了扩张,认定下述行为均构成本罪:公务员扣押了卡车,可行为人却将装载在卡车上的香烟扔到地上(最判昭和26·3·20刑集5卷5号794頁);在税务官吏将查封的装有(未经允许而酿造的)私酿酒的瓶子搬上汽车之际,行为人用劈柴刀打碎了瓶子(最判昭和33·10·14刑集12卷14号3264頁);司法巡查在逮捕现行犯的现场,作为证据扣押了装有兴奋剂注射液的玻璃管,行为人用脚踩坏了该玻璃管(最判昭和34·8·27刑集13卷10号2769頁〔545〕);在执行官强制执行之时,对其辅助人员施以暴力(最判昭和41·3·24刑集20卷3号129頁〔544〕);等等。本罪并不仅仅是处罚“作为结果的妨害公务”,为此,尽管暴力属于间接暴力,但也应该加上“针对”公务员这一限制。因此,即便属于针对某物体或者第三者的暴力,但如果该暴力并未间接地给公务员造成物理性影响力,就不能将这种行为也认定为本罪的暴力(平野279頁、大塚570頁、曽根289頁、中森247頁、高橋607頁、松原532頁)。为此,要认定为间接暴力,应限于在公务员面前实施该行为的情形(仙台高判昭和30·1·18高刑8卷1号1頁)。

另外,本罪所谓胁迫,也较胁迫罪(第222条)中的胁迫的范围更广,是指告知足以让人感到畏惧的恶害。告知针对公务员本身的恶害,这当然属于本罪的胁迫行为,如果只是告知针对第三者的恶害,即便该行为并不构成人质强要罪,但如果站在公务员的立场上,对于公务的执行,(因为该告知而)不得不感到踌躇犹豫的,也属于本罪的胁迫。

本罪的暴力、胁迫,只要达到足以妨害公务员执行公务的程度即可,并不以由此发生了妨害执行公务的结果为必要(最判昭和33·9·30刑集12卷13号3151頁〔凑川公园案〕)。在此意义上,本罪属于抽象的危险犯(植松27頁、平野279頁、藤木21頁、大谷571頁)。例如,在警官试图强行解散未经许可的游行队伍之时,行为人向警官投掷石块(投掷一次),但并未命中,对此,原审判定,“仅此还不应认定为,足以妨害执行公务”,但最高裁判所撤销原判,并认为,本案中的投掷石块的行为尽管未能命中,由于具有妨害对方行动自由的性质,因此,即便只是一次性的瞬间行为,也仍然相当于本罪的暴力(最判昭和33・9・30刑集12卷13号3151頁〔凑川公园案〕。名古屋高判昭和27・9・24高刑5卷11号1856頁也是同样旨趣)。又如,在针对县议会议员的抗议行为的过程中,行为人将宣传册卷圆之后,两三次指向职员面孔,其中有一次碰到了职员的下巴,对此,最高裁判所判定属于本罪的暴力(最判平成1・3・9刑集43卷3号95頁)。但是,作为本罪保护对象的公务包括各种情形,既有具有“自力排除能力”的权力性公务,也有非权力性公务,因此,是否达到了“足以妨害执行公务的程度”,也应该进行相对判断。例如,同样是针对公务员,如果是针对警官的强制行为,就有这样理解的余地:轻微的暴力或者胁迫,还不足以成立本罪。

(七)罪数、与他罪之间的关系

由于本罪的保护法益为公务,因此,本罪的罪数,也应该根据所妨害的公务的个数来决定(通说)。作为手段的暴行或胁迫,一般为本罪所吸收而不另外构成他罪;但如果手段行为(发生了超出妨害执行公务的结果)构成伤害罪、强要罪、抢劫罪、杀人罪,则属于想象竞合(大塚572頁、中森274頁。但木村304页对此持反对意见)。另外,对于尚未达到构成本罪以及妨害业务罪的程度的妨害公务行为,特别法在不少情形下规定了“妨害质问检查罪”(例如,《国税征收法》第188条、《所得税法》第242条第8项、《食品卫生法》第32条第1项、《反垄断法》第94条等)。

二、职务强要罪

为了使公务员作出或不作出某项决定,或者为了使其辞去职务,而实施暴力或者胁迫的,与前款同(第95条第2款)。

本罪属于强要罪(第223条)的特别犯罪,在保护公务员将来的职务这一意义上,具有妨害执行公务罪的补充机能。通过实施暴力或者胁迫行为,就可构成本罪的既遂,不要求公务员实际作出了某项决定(大判昭和4・2・9刑集8卷59頁);与强要罪不同的是,本罪并不处罚未遂。本罪属于目的犯,要求是出于使公务员实施一定的作为或不作为,或者使公务员辞去职务的目的,而实施了暴力或者胁迫行为。暴力、胁迫的含义与妨害执行公务罪相同。

本条所谓公务员“作出决定”,泛指公务员依职务可以实施的行为(大判明治43・1・31刑録16輯88頁)。例如,出于使村议会议员放弃出席村议会的念头,而实施暴力或者胁迫的(大判大正8・7・22刑録25輯880頁);出于阻止市议会议员在专门委员会会议上发表某种言论的目的,而实施暴力的(大判大正12・4・2刑集2卷291頁)等,就属于这种情形。为此,有力观点认为,针对不属于该公务员职务权限的决定而实施的暴力或者胁迫,不构成本罪(大判昭和2・7・21刑集6卷357頁、平野280頁、大塚573頁、大谷574頁、[1]曽根290頁、井田543頁)。对此,最高裁判所认为,本罪不仅是为了保护公务员正当执行职务,而是试图广泛保护其职务地位的安全,并以此为理由,主张应包括职务权限之外的决定行为,并就强要税务署长制作有关承认更正决定之要求的文书的行为,判定构成本罪(最判昭和28・1・22刑集7卷1号8頁)。尽管对于该判决理由尚存疑问,但应该说,强要公务员作出违法决定的行为,妨害了公务的正当执行,可以认定构成本罪(中森248頁)。

另外,即便是合法的决定行为,由于应认可公务员就是否作出某种决定存在裁量的余地,因此,只要非经正当程序而强要的,就可以认定构成本罪(最判昭和25・3・28刑集4卷3号425頁、平野280頁、曽根290頁对此持反对意见)。[2] 相反,由于本罪与妨害执行公务罪一样,要求决定行为本身合法,因此,使公务员不作出某种违法决定的行为,便不应构成本罪(团藤60頁、平野280頁、大塚574頁、大谷574頁)。

三、破弃封印等罪

损坏公务员所张贴的封印或查封标记,或者以其他方法使该封印或查封标记所涉及的命令或处分无效的,处3年以下懲役或250万日元以下罚金,或者并处之(第96条)。

(一)对象

1. 保护法益

本罪对象,是公务员张贴的封印或者查封标记所涉及的命令或者处分的

---

〔1〕 大谷576頁认为,考虑到与妨害执行公务罪之间的均衡,也应该认为,本罪是为了保护公务员职务的顺利且公正的执行,因此,至少应限于抽象的职务权限之下的处分行为(作出决定)。——译者注

〔2〕 大谷576頁认为,强要公务员实施某种作为,其本身就会侵害公务员正当执行职务的自由,因此,出于强要对方作出某种违法决定的目的的,自不待言,即便是出于让对方作出合法决定的目的,也构成本罪。例如,即便是出于让公务员改变不当课税方法的目的,但要改变这种课税方法,必须是经过税法所规定的程序,因此,不采取这种程序而直接胁迫税务署长的行为,就构成本罪(最判昭和25・3・28刑集4卷3号425頁)。——译者注

效力。“命令”,是指由裁判所做出的命令,例如,《民事执行法》中,由执行裁判所做出的、(对象物)由执行官保管的保全处分命令(《民事执行法》第55条第1款);“处分”,是指由执行官或者其他公务员(例如,征税官员)做出的查封处分。为此,本罪的保护法益,是由这些封印或查封标记所实现的、作为公务的执行效力(例如,强制执行的效力)。平成23年(2011年)刑法部分修正之前的第96条,以存在“封印或查封标记”为前提。为此,在第三者已经剥离、损坏了基于临时处分的查封标记之后,即便债务人搬出或者移转了该查封物,也不构成本罪(最判昭和29·11·9刑集8卷11号1742頁。该最高裁判决撤销了认定成立本罪的名古屋高判昭和29·3·29判特33号73頁);债务人在已经发出临时处分命令的自己的宅基地上建造房屋,但在建造房屋当时,是否存在查封标记这一点并不明确的,就不构成本罪(最判昭和33·3·28刑集12卷4号708頁)。为此,尽管是自己的土地,但该土地已经处于执行官的占有之下而禁止继续施工,债务人让不知情的第三者继续施工的,此时,有关查封的公示标记已被包装纸覆盖并记上了塑料绳,对于此案,也有判例以一旦拆开包装纸就可以很清楚地看见公示标记所记载的内容为理由,判定构成本罪(最决昭和62·9·30刑集41卷6号297頁)。但是,例如,对于那些明知存在临时处分却仍然予以损害的人而言,仅仅因为查封标示(因遗失等)不存在,就要否定成立本罪,这并不合理。为此,刑法修正案才将本罪的对象由“标示”改为“命令或者处分的效力”。

2. 封印或查封的含义

所谓“封印”,主要是就动产而言,作为禁止其开启、使用或其他改变现状行为的决定,是由有权公务员在其外部张贴的诸如封条等物质性的东西。封印通常是盖过章的封条,不过,例如,为了查封谷物,执行官在装谷物的麻袋上系上绳索,并将记载了相关必要事项的纸片绕在绳索上的,也相当于封印(大判大正6·2·6刑録23輯35頁)。在强制执行的情况下,由执行官予以实施的(《民事执行法》第123条第3款等)、由国税征收官实施的(《国税征收法》第60条第2款)等,就是其适例。另外,通讯事务人员依据法令,在邮政包裹上张贴的封印(大判明治44·12·15刑録17輯2190頁);为了禁止贩卖含有有毒物的清酒,警官依据法令在酒桶上张贴的封印(大判大正5·7·31刑録22輯1297頁)等,也属于本罪的封印。

所谓“查封”,是指公务员基于其职务,将应予保全之物移转至自己的占有之下的强制处分行为(大判大正11·5·6刑集1卷261頁)。因此,动产的查封当然属于本罪的查封行为,另外,即便是基于《民事保全法》所实施的临时查封或临时处分,只要具有占有转移的性质,就属于本罪的查封行为。

对于不动产或债权的查封,由于不具有占有转移的性质,不属于这里的查封行为。不过,执行官为达到暂时保管不动产而后予以出售的目的,基于《民事执行法》所实施的保全处分行为(《民事执行法》第55条第2款);在担保权实行过程中,执行官基于《民事执行法》所实施的临时予以保管的保全处分行为(《民事执行法》第187条)等,仍属于这里的查封。其他诸如基于《国税征收法》(第47条以下)的查封、基于《刑事诉讼法》(第107条以下)的查封,也属于这里的查封。相反,命令他人实施一定的作为或不作为的决定行为,由于不具有物之占有转移的性质,不属于查封(仙台高判昭和43・2・29下刑10卷2号6頁)。

所谓查封"标记",属于封印以外的其他形式,是指为了明确表示已基于查封而由公务员取得了占有这一意思,而张贴的标签或竖立的布告牌等。表明已处于执行官保管之下的公示书,就是其适例。另外,该表示并不一定要求张贴在查封物本身之上(高松高判昭和27・8・30高刑5卷10号1612頁)。

(二)合法、有效标记的存在

本罪也是一种妨害执行公务罪,因此,要求封印、查封标记必须合法(大塚576页、福田18頁、中森277頁、曽根291頁、山口550頁)。由于代理执行官的误解,对并非债务人的第三者的房屋执行了占有保管的临时处分的,对此,判例认为,由于不能认定因执行行为存在重大且明确的瑕疵而使得执行行为本身并不存在,因此,只要作为第三者的被告人并未因对于执行方法的异议,或者第三者异议而提请撤销,就不得入住该房屋(最决昭和42・12・19刑集21卷10号1407頁。藤木29頁、高崎秀雄『大コンメンタール刑法〔第4卷〕』158頁对此持支持态度)。应该说,这一判决并不妥当。

有关封印、查封标记之合法性的错误,妨害执行公务罪中已经论及的"二分说"更为妥当。误以为实施查封行为的主体不是公务员,或者误以为封印属于伪造之物的,作为事实的错误而阻却故意;仅仅是误以为在法律上无效的,则只是法律的错误而已(最判昭和32・10・3刑集11卷10号2413頁)。对于因已经偿还债务而误以为查封已丧失效力的案件,有判例判定属于事实的错误(大决大正15・2・22刑集5卷97頁),但是,只要不能认定查封标记已经当然无效或者不存在,则在撤销之前仍然具有效力(大判昭和7・2・18刑集11卷42頁),因此,该判例并不妥当。

(三)行为

本罪行为,是损坏封印、查封标记,或者以其他方法使该封印或查封标记所涉及的命令或处分归于无效的行为。所谓损坏,是指物理性的损坏行为。下述行为属于这里所谓"其他方法":搬走或者出售查封物本身的行为(大判昭和 12・5・28 刑集 16 卷 811 頁);使得(未经过滤,尚留有曲子与米粒的)浊酒从贴有封印的酒桶中漏掉的行为(大判明治 44・7・10 刑録 17 輯 1409 頁);尽管已经移转至执行官的占有之下,且立有禁止进入的标识牌,仍然进入该土地之内进行耕作的行为(大判昭和 7・2・18 刑集 11 卷 42 頁);尽管已经移转至执行官的占有之下,且贴有仅允许债务人个人使用的公告,却仍然将该弹子店改装成吧台式酒吧的行为(最判昭和 36・10・6 刑集 15 卷 9 号 1567 頁);因受到临时处分,房屋已处于执行官的占有之下,却仍然入住该房屋的行为(最决昭和 42・12・19 刑集 21 卷 10 号 1407 頁);等等。这种行为,多出于妨害担保权之实行或者一般债权之强制执行的目的而实施。在所谓泡沫经济崩溃之后,在债权回收程序中,作为排除那些妨害执行的行为的手段,多适用了本罪,这次刑法部分修正更扩大了本罪的成立范围。

四、妨害强制执行罪

以妨害强制执行为目的,实施下列行为之一的,处 3 年以下惩役或者 250 万日元以下罚金,或者并处之。知情而成为第 3 项规定的转让或者权利设定之相对人的,亦同。

(1)对于受到或应受强制执行的财产,予以隐匿、损坏、虚假转让,或者虚假承担债务的行为;

(2)对于受到或应受强制执行的财产,改变其现状,减损其价格,或者使强制执行费用增加的行为;

(3)对于应受金钱执行的财产,以无偿或者其他不利益的条件,予以转让或者设定权利的行为(第 96 条之二)。

(一)刑法修正之旨趣

本条的处罚对象是,通过对物实施加害(对物加害行为)而阻碍强制执行之进行的行为。本条是在昭和 16 年(1941 年)与妨害拍卖等罪一起增设的规定,平成 23 年(2011 年)的刑法部分修正又对此做了全面修正。亦即,与原《刑法》第 96 条之二相比,扩大了处罚范围,将部分真实的转让行为也纳入规制对象。而且,本条所谓"强制执行",经过(法制审议会)刑事法分会的审议,确认包括《国税征收法》中的滞纳处分。〔1〕 本罪属于目的犯,其目的也由"以逃避强制执行为目的"改为"以妨害强制执行为目的"。由此得以明确下面几点:(1)本罪主体不限于债务人;(2)债务人还包括法人在内;(3)还包

〔1〕 为此,对于判定现行《刑法》第 96 条之二不包括基于《国税征收法》的滞纳处分的最决昭和 29・4・28 刑集 8 卷 4 号 596 頁,就通过立法形式予以了否定。

括暂时阻碍强制执行之进行的行为(例如,以通过非法占有而获取搬迁费为目的的行为)。

(二)保护法益

关于本罪的保护法益,学界尚存对立:(1)在保护作为国家职能之一的强制执行职能的同时,也保护债权的实现这种债权人的利益(団藤 64 頁、大塚 578 頁、福田 20 頁、大谷 579 頁、山口 553 頁、高橋 614 頁);(2)完全是为了保护债权的实现这种债权人利益(平野 281 頁、藤木 30 頁、前田 445 頁)。对此,最高裁判所认为,“强制执行主要是实现债权的手段,该条终究是以保护债权人的债权作为其着眼点”,从而采取了第(2)种观点(最判昭和 35・6・24 刑集 14 巻 8 号 1103 頁〔555〕)。采取强制执行制度的理由主要在于,为了谋求社会稳定,国家禁止由个人实施私力救济、私力执行,取而代之的是,由国家保障个人权利的实现,因此,切实且平稳地运用强制执行制度,应该说,仍然具有事关公共福祉的国家法益的一面。正因为如此,刑法将本罪规定在“妨害执行公务的犯罪”这一章之中。因此,第(1)种观点更为妥当。本次的刑法部分修正,将“以逃避强制执行为目的”修正为“以妨害强制执行为目的”,这一点也可佐证第(1)种观点。本罪中的所谓强制执行,以个人权利的实现为目的,除了基于《民事执行法》或者准用《民事执行法》而实施的强制执行之外,还包括基于《国税征收法》的滞纳处分。作为《民事执行法》第 1 条所谓担保权之实行的拍卖,当然也包括在内(最决平成 21・7・14 刑集 63 巻 6 号 613 頁)。而且,既然本罪属于妨害执行公务罪的一种,当然要求强制执行具有合法性。

另外,与本罪相类似的犯罪还有,破产程序中的欺诈破产罪(《破产法》第 265 条)、公司更生程序中的欺诈更生罪(《公司更生法》第 266 条)。[1]

(三)主体

围绕本罪主体,有两种观点曾相互对立:原《刑法》第 96 条之二规定,“以逃避强制执行为目的”,为此,有观点主张,不包括“使之逃避的目的”,因而,与债务人不处于共犯关系的第三者所实施的隐匿或者损坏行为,不构成本罪;反之,判例、通说则认为,本罪主体并不一定限于债务人,也可以是第三者(大判昭和 18・5・8 刑集 22 巻 130 頁)。但是,这次的刑法部分修正对目的进行了修正,而且,将“财产的虚假转让”修正为“虚假转让财产”,将“承担虚假债务”修正为“虚假承担债务”,为此,显而易见,本罪主体不限于债务

---

〔1〕 有关其详细情况,参见小川新二「倒産法における刑事罰則の概要(上)(下)」『NBL』594 号 6 頁以下、597 号 30 頁以下、佐伯仁志「破産犯罪」『ジュリスト』1273 号 96 頁以下。

人,而且,债务人还包括法人。不过,本条第 1 款第 3 项的行为主体,从其性质上看,还是应限于债务人。

(四)目的

本罪属于目的犯,必须是“以妨害强制执行为目的”。因此,并不需要已经实际妨害了强制执行,也不需要已经实际实施了全部或部分的强制执行行为(最决昭和 35・4・28 刑集 14 巻 6 号 836 頁)。不过,作为加害对象,也包括“应受强制执行的财产”,因而,仅仅存在目的还不够,还必须存在强制执行已经迫近这种客观状况。

按照有关原《刑法》第 96 条之二的判例,仅有犯罪人的主观意图还不够,必须是“在有实际受到强制执行之虞的客观状态之下……实施了本条所规定的行为”,为此,在并不存在执行名义而仅仅是提起了诉讼的情况下,“在刑事诉讼的审理过程之中,必须是作为其基本的债权的存在已经得到了肯定”(最判昭和 35・6・24 刑集 14 巻 8 号 1103 頁)。支持判例观点的学说也很有影响(平野 281 頁、内田 630 頁、曽根 292 頁以下、高橋 615 頁、松原 540 頁)。但是,本罪所谓强制执行也包括保全执行,而保全执行的前提就在于,往往存在权利关系的纠葛,而且,有必要对属于国家制度的强制执行职能予以保护,考虑到这些,本书认为,并不需要已经确定存在债务名义或债权,只要在行为当时有存在债权的合理可能性即可(団藤 64 頁、大塚 579 頁、中森 278 頁、山口 555 頁)。

(五)行为

1. 本条第 1 项的行为,是隐匿、损坏财产,虚假转让财产以及虚假承担债务。财产除动产、不动产之外,还包括债权。

(1)所谓“隐匿”,是指使得作为强制执行对象的财产处于不可能被发现或者难以被发现的状态。除了物理性藏匿之外,下述行为也属于隐匿:在执行官的眼前搬走动产,使之去向不明的行为(高松高判昭和 31・1・19 裁特 3 巻 3 号 51 頁);基于记载了虚构的金钱债权的公正证书,通过拍卖程序,使得债务人所有的物件最终落入虚假中标人手中的伪装掩饰行为(最决昭和 39・3・31 刑集 18 巻 3 号 115 頁);从银行提取存款,然后以他人名义存入从来没有交易往来的其他银行的行为(東京高判昭和 33・12・22 高检速報 776 号);将未经登记的预制件结构的房屋予以解体,然后隐匿解体下来的材料(青森地判平成 5・3・2〔公开刊物未刊登〕);为了使抵押物件的租赁款免遭查封,而将租借人改为某“皮包”公司的名义的行为(東京地判平成 9・8・6〔公开刊物未刊登〕〔桃源社案〕)。

(2)所谓“损坏”,是指除了物理性损坏之外,还包括其他一切使得财产性价值减损的行为。为了使土地成为空地之后转卖,而损坏属于抵押物件的饭店的行为,除了本罪之外,还构成损坏建筑物罪(東京地判平成5·10·4金融法務事情1381号38頁)。

(3)所谓"虚假转让",首先,是指债务人明明没有真实转让的意思,却与第三者通谋,使财产在形式上属于第三者所有,或者擅自将名义改为第三者名义(東京高判昭和49·5·28判時757号124頁)。这种虚假转让不问有偿还是无偿。而且,即便与债务人之间不存在共谋,但利用债务人去向不明这一情况,谎称从债务人处接受了财产的所有权或者债权的转让的,也包括在这里的"虚假转让"之内。

(4)所谓"虚假承担债务",首先,是指债务人明明实际上并不存在债务,却假装存在债务。具体而言,虚假承担债务的行为,是一种让虚假的债权人提出财产分配请求,然后将所分得的财产又返还至债务人,从而规避强制执行的行为。与第三者通谋后设定虚假的抵押权的(福岡高判昭和47·1·24刑月4巻1号4頁)、基于虚构的公正证书而承担债务的(福岡地大牟田支判平成5·7·15判夕828号278頁)等,就属于此类行为。与虚假转让的情形一样,也包括擅自使用第三者名义的行为。因此,这些行为的相对人应该具有可罚性,而不能作为必要的共犯而认为不具有可罚性(大塚580頁、中森279頁。但是,藤木31頁、前田447頁、大谷581頁对此持反对意见)。并且,某人事实上并非债权人,却利用债务人去向不明这一情况,自称拥有抵押权或者租赁权等权利(从债务人的角度来看,就是债务的承担),从而谎称存在"特别除外权"("别除权")〔1〕或者占有权的,这种情形也应包括在这里的"虚假承担债务"之内。

2. 本条第2项将下述行为也纳入处罚范围:通过对建筑物进行没有实际必要的增扩建(所谓"件外物件"〔2〕),然后分别登记或者临时登记不同的所有权;采取诸如将废弃物大量运到房屋用地之内那样的行为,从而使得强制执行之目的财物的物理状况发生改变,由此明显地降低目的物的财产价值,

---

〔1〕　日文原文为"別除権",亦可译为"特别除外权",是指不受破产程序或者民事再生程序所左右,可以通过处分实定法上的属于担保权之对象的财产(担保物权)而优先接受清偿的权利。例如,具有"优先取得特权"、质权、抵押权者,就享有这种权利。《破产法》第65条规定了此权利。——译者注

〔2〕　所谓"件外物件",是指虽然不属于民事执行案件的对象物,但与对象物件在物理上紧密地联系在一起的物件。最典型的就是,拍卖对象是土地,而不属于拍卖对象的土地上的建筑物,以及拍卖对象是建筑物,而不属于拍卖对象的土地(在日本法律中,土地与土地上的建筑物是作为不同的不动产来处理的)。这属于司法实务中的用语,而非法律条文中的用语。——译者注

或者，要恢复原状，需要花费超额费用，进而浪费强制执行的经费。

3. 本条第 3 项处罚的是，在金钱债权的强制执行中，通过法律行为而减少目标财产的行为。由于属于法律行为，因而不属于第 1 项的损坏行为，同时，又由于属于真实转让，因而也不属于第 1 项的虚假转让行为，本项针对的正是第 1 项所无法应对的此类行为。在存在真实转让的意思的场合，此前的判例一直认为，即便是“以逃避强制执行为目的”，也不属于虚假转让或者隐匿（大阪高判昭和 32·12·18 裁特 4 卷 23 号 637 頁），本项是通过立法形式修正了这种观点，并扩大了处罚范围。之所以限于“应受金钱执行的财产”，是为了能够对抗开始强制执行之后再实施的转让等行为。所谓“不利益的条件”，是指那种接近于无偿的明显低廉的价格，以及尽管价格相当但履约方法明显不利益的情形（例如，设定 50 年的付款期）。所谓“设定权利”，例如，以每年 1 万日元的地价，设定 50 年期限的地上权。对于此类行为的相对方，为了防止出现运用必要的共犯理论而使之归于不可罚的情形，在本条正文的后段，特别规定也应该处罚相对方。

五、妨害强制执行行为罪

使用诡计或者威力，妨害实地勘查、占有人之确认或者其他强制执行行为的，处 3 年以下惩役或 250 万日元以下罚金，或者并处之（第 96 条之三第 1 款）。

出于不让其提请强制执行，或者让其撤回强制执行申请的目的，对申请权人或者其代理人施以暴力或者胁迫的，亦同（同条第 2 款）。

本条处罚的是，通过对人实施加害行为（对人加害行为），而妨害强制执行行为的行为，根据平成 23 年（2011 年）的刑法部分修正而增设。

本条第 1 款针对的行为是，在强制执行的现场，针对执行官或者征税职员所实施的妨害行为，即通过诡计或者威力，妨害执行官等进行实地勘查或者确认实际的占有者。例如，在目的现场放养猛犬的行为，不停地更换占有者的行为，等等。针对裁判所实施的此类妨害行为，不属于本条的规制对象，而属于第 96 条之四的规制对象。在本罪的手段行为为暴力、胁迫的场合，本罪与妨害执行公务罪属于想象竞合，对本款的罚金刑予以并科的，应同时适用。

本条第 2 款针对的行为是，对于债权人及其代理人，为了不让其申请强制执行而实施的相关行为。这里的“申请权人”包括法人，在此情形下，对法人的代表等实施暴力、胁迫的，就属于本款之行为。在此意义上，可以说，本款承认了针对法人的胁迫、强要行为。所谓“代理人”，既包括法定代理人也包括任意代理人。这里应该将债务人通常会采用的言行(例如,哀求、恳请、自暴自弃下的言辞)排除在外,本罪手段限于暴力、胁迫。

六、妨害有关强制执行的出售罪

使用诡计或者威力,实施损害强制执行中所进行的或者应该进行的出售之公正的行为的,处3年以下惩役或250万日元以下罚金,或者并处之(第96条之四)。

(一)概述

本条是从原《刑法》第96条之三规定的"公务性拍卖或招标"中,将有关公共工程的招标或者公共物件的出售等签订公共合同,以及强制执行中所实施的出售程序这两种情形分离开来,对于后一情形,仅处罚阻碍其公正的行为。通过"强制执行中应该进行的出售"这一规定,将处罚范围扩大至决定实施拍卖之前的妨害行为。用"出售"这一用语来替代原规定中的"拍卖或者招标",是为了明确,除了招标、拍卖之外,还包括《民事执行规则》所规定的特别出售。原《刑法》第96条之三第2款规定的"串通",如果是针对强制执行而实施,就包括在本条的"诡计"之中。

本罪的保护法益,是"强制执行中的出售之公正"。具体而言,出售程序是通过参与人员公正且自由的竞争来实现,从而确保债权人、出售程序实施者的利益,因而,对于本罪的保护法益,就应理解为,是这种出售程序的功能(有关这一点的详细论述,参见京藤哲久「競争と刑法」『明治学院大学法学部20周年論文集・法と政治の現代的課題』〔第一法规出版1987年〕353頁以下)。

《民事执行法》中的不动产强制拍卖,以及为实现担保权而进行的拍卖(出售),作为实现债权的最终手段,具有相当的重要性,然而,一直以来,由于与暴力集团串通在一起的所谓"拍卖家"集团的参与,出现了妨害一般人参与拍卖,图谋降低最低拍卖价格(现行的《民事执行法》第60条中的"出售基准价")的现象,从而使得拍卖制度难以正常发挥作用。为了改进拍卖制度,1979年成立的《民事执行法》第134条、《民事执行规则》第34条与第47条,除了规定定期招标之外,还引入了限期招标制度,并规定可以进行邮递投标。可以说,这些措施大大减少了所谓"拍卖家"的投标妨害行为。但是,自1990年以来,为了处理随着所谓"泡沫经济"的崩溃而出现的庞大的不良债权,更多地实施了债权回收程序,其中,由暴力集团相关人员所引发的妨害拍卖的案件*又呈多发态势,因而,本罪的重要性再度引起关注(参见西田典之「競売妨害罪の成立要件」『研修』642号3頁)。

＊ 妨害执行的对策　作为妨害执行的典型手段,主要有所谓"占有家",即直接非法地,或者通过主张存在短期租赁或使用租借,而占据作为抵押物件的土地或建造物。这种抵押物件上存在其他占有者的情况,会登记在有关该物件的"现状调查报告"上,而一旦一般的购买意向人看到这种记录,大多会因怕引起麻烦而不参与投标,那么,在实际拍卖之时,就很难出现所期待的竞相购买的场景,从而使得拍卖价格无限地接近最低出售价格("出售基准价")。于是,占有人要么据此要求不合理的搬迁款,要么让第三者低价中标,然后通过转卖而牟利。除此之外,妨害执行的手段还有:在抵押物件上贴上暴力集团某某组的标记;将汽车停在拍卖物件所在地,然后在车上贴上写有暴力集团某某组的纸条;在供一般公众查阅用的"物件明细表"中,夹上暴力集团的名片;等等。这无疑也属于妨害一般人参与拍卖的行为。为了应对这种妨害执行的行为,1993 年,在《暴力团对策法》第 9 条的"禁止暴力性的要求行为"之中,增加了第 12 项的规定,从而将炫耀对土地或建造物拥有支配的行为,纳入警察可以命令其中止实施该行为的对象行为之列。而且,1996 年通过修正《民事执行法》,采取了相应措施:将为出售而采取的保全处分的对象,从债务人扩大到"不动产的占有人"(第 55 条);增设了开始决定进行不动产拍卖之前的保全处分(第 187 条)。这无疑是针对上述"占有家"而采取的措施。并且,在 1998 年的《民事执行法》修正中,为了应对以拖延执行程序为目的的执行抗告,还引入了简易驳回制度(第 10 条第 5 款第 4 项)。再者,2003 年的民法修正也采取了应对妨害执行行为的相应对策:对于短期租赁制度(原《民法》第 395 条)的废止以及"剔除制度"(亦即,抵押的不动产的第三取得者,通过向抵押权人支付一定金额或者提供寄托,而消灭抵押权的制度),改进了包括废止抵押权人的加价购买义务在内的抵押权消灭申请制度(《民法》第 378 条以下),并引入了有关在设定了抵押权的土地上所新建的建筑物("件外物件")的"一揽子"拍卖制度(《民法》第 389 条);等等。

(二)出售的含义

所谓"强制执行",是指《民事执行法》第 1 条所谓为了实现一般债权的强制执行、为了实现担保权的拍卖与变现拍卖,以及《国税征收法》第 94 条第 1 款所谓为了将查封的财产变现而实施的公开出售。所谓"出售",是指"拍卖"、"招标"与"特别出售"(《民事执行法》第 64 条第 2 款,《民事执行规则》第 34 条、第 50 条、第 51 条,《国税征收法》第 94 条第 2 款)。所谓"拍卖",是指在强制执行中,公务机关为了出售某物件,敦促多数人以口头或书面的形式提出购买申请,继而向提出最高价额者作出承诺,并进行买卖交易的一种程序。现在很少使用口头形式,原则上采取书面投标。所谓“招标”,是指在强制执行中,公务机关为了出售某物件,让参与竞争者以书面形式提出购买申请,然后出售给提出最高价额者的一种程序。如前所述,现在一般采取的是“限期招标”。所谓“特别出售”是这样一种程序:如果没有出现超出出售基准价的中标者,则再次决定可能被购买的价格,付诸出售,然后出售给最早提出购买申请者。平成 23 年(2011 年)的刑法部分修正将本条的“拍卖或招标”改为“出售”,就是为了明确此旨趣(肯定这一点的判例有,札幌高判平成 13・9・25 高刑 54 卷 2 号 128 頁)。出售必须由有权机关合法实施(最判昭和 41・9・16 刑集 20 卷 7 号 790 頁),如果公务机关实际上是与特定对象任意缔结合同,却假装履行招标程序的,这种情况就不属于本条的招标[1](東京高判昭和 36・5・4 東時 12 卷 5 号 59 頁)。

(三)行为

本罪行为,是采取诡计或者威力,实施足以妨害“强制执行中所进行的或者应该进行的出售之公正”的行为。通过将“应该进行的出售之公正”纳入其中,从而将处罚范围扩大至决定实施拍卖(《民事执行法》第 45 条)之前的行为。不过,以强制执行已经迫近为必要。作为手段的诡计与威力的含义,与前述妨害业务罪中相同。

下述情形被认定属于本罪的“诡计”:拍卖物件的占有人向赶往当地进行实地调查(参见《民事执行法》第 57 条)的执行官主张虚假的租赁权,并使得执行官将这一内容写入“现状调查报告”的行为(鳥取地米自支判平成 4・7・3 金融法務事情 1330 号 54 頁);在决定开始拍卖不动产之后,就该不动产,向裁判所提交决定之前所缔结的内容虚假的短期租赁合同的行为(最决平成 10・7・14 刑集 52 卷 5 号 343 頁);等等。另外,由于一旦中标人交纳价款就取得不动产所有权(《民事执行法》第 79 条),因而,即便是在决定允许出售之后,如果在价款交纳之前,以虚构的租赁合同的存在为理由而实施执行抗告行为的,也可以认定这种行为属于诡计(高松地判平成 10・4・27 公开刊物未刊登)。

下述情形被认定属于本罪的“威力”:在招牌上用很大的字写上暴力集团的名称,并将该招牌竖立在已决定开始招标的建筑物的大门前的行为(岡山地判平成 2・4・25 判時 1399 号 146 頁);在裁判所备案(可供查阅)的“物

〔1〕 这里的原文是“招标”,但平成 23 年(2011 年)的刑法部分修正之后,这里的“招标”就应该是现在的法条中的“出售”。——译者注

件明细表"的复印件(参见《民事执行法》第 62 条)中插入暴力集团的名片的行为(松山地判平成 3・10・23 判タ789 号 272 頁);在中标之后交纳价款之前,针对提出最高购买价格的申请人,以威力方式要求其打消取得该不动产的念头的行为(最决平成 10・11・4 刑集 52 卷 8 号 542 頁〔557〕);等等。经过本次刑法修正,即便是在决定开始拍卖之前,将暴力团的标示或者名牌贴在预定拍卖的物件上,或者竖立这种意思的告示牌的,也该当于本罪。

所谓"妨害公正的行为",是指对于强制执行中经过参与者的公正且自由的竞争而实施的出售行为,存在阻碍之虞的行为。为此,本罪属于抽象的危险犯,不以实际损害了公正为必要。

(四)本罪的终了时点

《刑事诉讼法》第 253 条第 1 款规定,公诉时效"自犯罪行为终了之时开始起算",而按照《刑事诉讼法》第 250 条第 2 款第 6 项的规定,本罪的公诉时效相对较短,只有 3 年,因而,本罪的终了时点便成为问题。例如,被告人因所谓"泡沫经济"的崩溃,身背大量债务,作为被告人所经营的公司的财产即土地与建筑物,处于被银行强制执行的状态之下,出于妨害强制执行的目的,对于已经决定开始拍卖的、为公司所有的土地与建筑物,虚构存在建筑物租赁权——即便不动产因拍卖而被出售,也不丧失该权利——并对前来进行现场调查的执行官申告下述虚假事实:公司早在十年之前,就已经将该土地与建筑物一揽子地租赁并转交给了某"皮包"公司,而且,该"皮包"公司已经将这种租赁者(借主)的地位转让给了债务人公司的相关公司。同时,向执行官提交了内容虚假的合同,并让执行官信以为真,从而让执行官将此虚假事实记录在"现状调查报告"上,并提交给了执行裁判所的裁判官。对于该案判决,被告方向最高裁判所提出了下述旨趣的上告:在向执行官申告虚假事实,并让其制作内容虚假的"现状调查报告"之时,诡计妨害拍卖罪就已经达到既遂,犯罪已经终了,此后又经过了四年时间,因而,已超过公诉时效,应该免予起诉。对此,最高裁判所认为,申告内容虚假的事实或者提交内容虚假的合同,这些行为该当于诡计妨害业务罪,但"不应理解为,该时点属于《刑事诉讼法》第 253 条第 1 款所谓'犯罪行为终了之时',只要基于上述虚假事实陈述所实施的拍卖程序正在进行之中,就尚未达到上述'犯罪行为终了之时',这样理解是相当的"(最决平成 18・12・13 刑集 60 卷 10 号 857 頁),进而驳回了上告。

判例认为,《刑事诉讼法》第 253 条第 1 款的"犯罪行为终了之时",包括犯罪结果的发生在内(最判昭和 63・2・29 刑集 42 卷 2 号 314 頁〔21〕)。为此,如果将本罪理解为像监禁罪那样的继续犯,即只要被害人被监禁的状态仍在持续,构成要件该当行为与结果便仍在持续,因而,犯罪就尚未终了,那么,最高裁判所的本案判断(最决平成18・12・13刑集60巻10号857頁)就没有问题。但是,一直以来,本罪被认为是即成犯或者状态犯。这样的话,不承认时效已经完成的本决定是否妥当,就存在问题。[1] 对此,最近,有力观点提出,应区分犯罪的既遂时点与终了时点,即便达到了既遂,但只要尚未终了,公诉时效就并未开始起算。例如,在损坏建筑物罪中,损坏了建筑物之一部分的,该罪即达到既遂。但是,如果仍然继续实施损坏行为,实行行为就依然在继续,也会由此加重犯罪结果,因此,应该说,损坏建筑物罪尚未终了。又如,伤害罪也是即成犯或者状态犯,让对方受伤之时,即达到既遂,原则上,犯罪也归于终了。若非如此,诸如砍掉了被害人的左手腕的案件那样,就会得出不合理的结论:由于伤害结果永远持续,因而,时效尚未完成。但是,同样是伤害罪,在让对方服用持续发挥功效的药物的场合,犯罪结果就在持续性地发生、加重,因而,可以说,犯罪尚未终了。伤处不断恶化,伤害结果不断加重的情形,也是如此(佐伯仁志「犯罪の終了時期について」『研修』556号15頁)。从上述视角来看,在将本罪视为危险犯的场合,的确,让执行官将虚假事实写入"现状调查报告"之时,本罪达到既遂。然而,本类案件的实际流程是,将虚假内容向裁判官报告、写入"现状调查报告",然后再制作"物件明细表"与评估书,是在具备了"现状调查报告""物件明细表"以及评估书这三点之后,才存档备案,供希望查阅者查阅。妨害拍卖的危险,就是这样不断地增大,有时还会达到妨害的最顶峰,即无人中标,拍卖程序流产。这样的话,正如本决定所言,"只要拍卖程序正在进行之中"就不能说犯罪行为已经终了,这样理解是完全有可能的,因而,否定公诉时效完成的结论也是妥当的。[2]

七、加重破弃封印等罪

以获取报酬或者让他人获取报酬为目的,有关他人之债务,犯自第96条至前条之罪的,处5年以下惩役或500万日元以下罚金,或者并处之(第96条之五)。

---

〔1〕 有关即成犯、状态犯、继续犯的区别标准,详见古田祐紀「犯罪の既遂と終了」『判例タイムズ』550号90頁、林幹人「即成犯・状態犯・継続犯」西田典之・山口厚編『刑法の争点』(有斐閣2000年)30頁;林美月子「状態犯と継続犯」『神奈川法学』24巻2=3号279頁、松原芳博「継続犯と状態犯」西田典之・山口厚・佐伯仁志編『新・刑法の争点』(有斐閣2007年)28頁、渡边卓也「犯罪の終了時期と公訴提起の時間的限界」『姫路法学』49号280頁。

〔2〕 参见松田俊哉「判解」『ジュリスト』1339号157頁、林美月子「判批」『平成19年度重要判例解説』165頁以下。

对于“以获取报酬或者让他人获取报酬为目的”(目的犯),而实施了破弃封印等罪(第96条)、妨害强制执行罪(第96条之二)、妨害强制执行行为罪(第96条之三)、妨害有关强制执行的出售罪(第96条之四)的,本条规定予以加重处罚。例如,前述“占有家”出于获取搬迁费的目的而实施的,或者出于让所属团体即暴力集团获取搬迁费而实施的,就属于此情形。由于要求是“有关他人之债务”而实施,因而,不包括债务人本人的行为。即便债务人通过与第三者共谋而实施本罪的,由于本条的目的可以被理解为,是由动机所形成的责任加重身份,因而,对此就应理解为,根据第65条第2款,成立第96条至第96条之四的犯罪。而且,本罪的目的较营利目的更窄,不包括试图让自己成为中标人,然后通过转卖牟利的情形等。

八、妨害有关公务性合同的拍卖等罪

使用诡计或者威力,实施有害于公务性〔1〕拍卖或者招标中缔结合同等事务之公正的行为的,处3年以下惩役或者250万日元以下罚金,或者并处之(第96条之六第1款)。

由于本次的刑法部分修正将原《刑法》第96条之三中有关强制执行的出售公正的妨害行为,作为第96条之四,单独予以了规定,因而,本条将剩余部分即有关公共工程的招标等,作为“为了缔结合同的公务性拍卖或招标”,而重新做了规定。有关“公务性”拍卖或者招标的含义,判例认为,“是指由公务机关,即国家或准照国家的团体所实施的拍卖或者招标”,即便是公务性法人,“由其事务不属于公务的团体所实施的拍卖或者招标,就不属于此”(因此,東京高判昭和36·3·31高刑14卷2号77頁认为,由健康保健组合所实施的招标并不属于本罪的招标)。但正如前面探讨公务员的含义那样,要明确其范围,也应该将本条的“公务性”拍卖或者招标理解为,限于由公务机关基于法令而实施的拍卖或者招标。具体而言,《会计法》上的竞标(《会计法》第29条之三)、《预算决算以及会计令》上的竞卖(《预算决算以及会计令》第93条)、《地方自治法》上的竞标(《地方自治法》第234条)、《地方自治法施行令》上的竞卖(《地方自治法施行令》第167条之十四)等,就属于这里所谓“公务性”拍卖或者招标。

〔1〕 法条原文为“公”字,是指国家或者地方公共团体依据法令所实施的公务性拍卖、招投标(東京高判昭和36·3·31高刑集14卷2号77頁),其大多涉及国家或者地方的相关政府机关所公开实施的有关公共工程的招投标,因而考虑到切合条文本意以及译文的简洁,这里翻译为“公务性”。——译者注

所谓“诡计”,是指下述行为:将竞标的预定价格事先透漏给某位打算参与投标的特定投标人的行为(最决昭和37·2·9刑集16卷2号54頁);将投标价格处于低价位的投标人的投标价格予以增额修正,从而使其中标的行为(甲府地判昭和43·12·18下刑10卷12号1239頁);等等。所谓“威力”,是指下述行为:在指名竞拍之际,胁迫其他受指名人接受私下串通的行为(最决昭和58·5·9刑集37卷4号401頁);在投标结束之后,缠住中标人及其律师,执拗地要求其放弃投标的行为(京都地判昭和58·8·1刑月15卷7=8号387頁);等等。

九、串通罪

以损害公正价格或者获取非法利益为目的,进行串通的,与前款同(第96条之六第2款)。

(一)本罪的沿革

“串通”,是指有关拍卖或者招标的中标人以及中标价格的协定。在根据昭和16年(1941年)的刑法部分修正增设本罪之前,争议焦点在于,串通行为是否构成诈骗罪,但大审院对此持否定态度(大判大正8·2·27刑録25輯252頁。但朝鲜高等法院大正6·5·10新聞1286号23頁则持肯定态度)。其结果是,导致在公务机关所主持的招标中,几乎是半公开地进行私下串通,由此也促进了刑法的修正。政府的提案是将上述妨害拍卖等罪与串通罪合并在一起,其内容为,“使用诡计或威力,或者基于串通,实施妨害公务性拍卖或者招标之公正的行为的,处2年以下惩役或者5000日元以下罚金”。然而,对此,反对意见则指出,将所有的串通行为一律认定为违法行为是错误的,因为,也有可能存在正当的串通行为。为此,修正案删除了原提案中的“或者基于串通”,而作为第2款重新规定了“以损害公正价格或者获取非法利益为目的,进行串通的,亦同”,并获得通过,最终形成了原《刑法》第96条之三第2款。然后,在本次刑法部分修正中,原《刑法》第96条之三第2款成为第96条之六第2款。

但是,在上述修正过程中,何为“公正价格”“不正当利益”,以及应该将何种串通行为排除在本罪适用对象之外,几乎没有对此进行任何探讨。[1]

---

〔1〕 有关本罪的立法沿革,参见高橋勝好『談合入札に関する研究』(帝国判例法规出版社1952年)、牧野良三『競争入札と談合』(都市文化社1953年)、山本雅昭「談合罪の目的に関する一考察」『法学』61卷1号129頁以下。

正因为立法宗旨不明确,有关本条的解释与适用,出现了下述各种问题。

（二）串通的含义与类型

本罪所谓“串通”,是指在由国家或地方公共团体实施的拍卖或竞标中,出于本条所规定的目的,拍卖或者招标的参与者之间相互通谋,并就下述旨趣达成协议:为了让某一特定人中标,其他人不在一定价格以下或以上投标（最决昭和28·12·10刑集7卷12号2418頁〔559〕）。其结果是,阻碍了拍卖或者招标过程中的公正且自由的竞争,并导致实际缔结合同的价格,与由公正的自由竞争所可能形成的中标价格相比更低（在拍卖的情形下）或者更高（在竞标的情形下）,这样就会使得拍卖物件的权利人或者公共工程的发标人蒙受经济上的损失。可以说,这才是本罪的处罚根据之所在。

本罪当然预想到复数参与人的存在,因而,本罪属于必要的共犯之一的集团犯,除了招标等的参与人之外,其他诸如串通行为的中间人（俗称为“串通家”）等,也可成为本罪的主体。并且,只要是存在有碍自由竞争之危险的串通行为,由部分参与投标人所实施的串通行为,也构成本罪（最判昭和32·12·13刑集11卷13号3207頁）。出于所规定的目的实施了串通行为,本罪即达到既遂,无须已按照串通内容实际付诸了行动（最决昭和28·12·10刑集7卷12号2418頁〔559〕）。

串通可以分为以下两种类型:伴有收受串通金或者已经作此约定的类型（“获取非法利益型”）、不伴有这种情况的类型（“阻碍公正价格型”）。〔1〕通过串通而协调预定中标人以及中标价格,作为补偿而向其他参与者支付串通金,或者约定支付串通金,这种情形就属于典型的“获取非法利益型”。另外,中标人作为原承包商而收取一定金额,而后,将所中得的工程转包,再由工程承包商向其他参与者支付串通金,这种情形就属于另一种形式的“获取非法利益型”。下面这种情况,也属于“获取非法利益型”:伪装成企业共同体（joint venture）,表面上由数家施工单位一起中标,而实际上仅由其中一家单位实施工程,其他施工单位名义上向该单位派遣技术人员,实则参与串通金的分配。反之,所谓“阻碍公正价格型”,主要是指下面这种情况:不采取分配串通金的方式,而是由一定地域之内的建筑单位,针对一定地域的一定的发标人所发出的公共工程的标书,按照特定规则（例如,按顺序决定,或者按照以往的中标成绩决定等）协调中标人,并通过串通,保证（大家能始终）

---

〔1〕参见郷原信郎「入札談合とカルテル」藤永幸治編『会社犯罪〔シリーズ捜査実務全書4〕』（東京法令出版1994年）222頁。

获取相对稳定的工程利益。现在,串通的实际情况是,已由“获取非法利益型”转向“阻碍公正价格型”,如后所述,这使得本罪越来越难以被发现。

(三)目的

本罪是目的犯,必须存在“损害公正价格的目的”或者“获取非法利益的目的”,但就其含义,学说之间存在对立。

有关“公正价格”的含义,判例已经确立了“竞争价格说”,即“并不是指离开招标这一观念而客观测定的公正价格,而只能是指在该招标过程中,基于公正自由的竞争所可能形成的中标价格”(最决昭和28・12・10刑集7卷12号2418頁。最判昭和32・1・22刑集11卷1号50頁等也持相同观点),通说对此也持支持态度。相反,下级裁判所则主要持“适当利润价格说”。亦即,从本罪的立法过程来看,也存在正当的串通投标行为;而且,如果将招标完全置于自由竞争之下,可能会因相互斗气而出现“血拼竞标”,最终导致企业倒闭以及工程不能圆满完成的恶果,基于这种理由,所谓“公正价格”,就应该是,“就该工程而言,具有最有利条件者,在其实际成本之上再加上适当利润而得出的价格”。按照这种观点,将中标价格控制在上述价格范围之内的串通行为,就不具有损害公正价格的目的,不构成本罪(東京高判昭和28・7・20判特39号37頁、大阪高判昭和29・5・29判特28号133頁、大阪高判昭和29・10・30判特1卷追録759頁、東京高判昭和32・5・24高刑10卷4号361頁)。支持该观点的学说在学界也有一定影响(大塚583頁、中山518頁、中森283頁)。在持该观点的下级裁判所的判例中,对司法实务产生较大影响的,莫过于“大津判决”(大津地判昭和43・8・27下刑10卷8号866頁)。该判决认为,在伴有串通金的情形之下,由于在投标价格之上还要另外加上这笔费用,因而,会导致最低投标价格的上扬,或者,由于还可能会通过偷工减料而削减实际成本,因而,该情形属于违法行为;但如果仅仅是试图通过串通而协调中标人,则该串通行为并不构成本罪。这一判决(因控辩双方均未提出控诉)已就此确定下来,一般认为,其后,司法实务中,对于不伴有串通金的串通行为,越发难以被起诉(参见太田茂「判批」『警察学論集』49卷11号179頁以下)。

但是,本书认为,“适当利润价格说”并无合理性可言。理由在于,首先,适当利润价格这一概念的内容本身并不明确。因为,通过企业削减成本的努力,工程的实际费用以及利润本身具有可变性。其次,如果最后中标者并非具有最有利条件者,则只能说,该观点并不合适。東京高判昭和28・7・20判特39号37頁认为,在这种情况下,只要中标者是通过削减自己的利润而在适当利润价格范围之内订立合同,就不构成本罪,但这种解释与该说的前提自相矛盾。* 由此可见，按照"竞争价格说"来理解公正价格，可能更为恰当。[1] 因此，所谓"损害公正价格的目的"，在竞标的情形下，是指尽管认识到如果不进行串通而展开公正自由的竞争，有可能会以相对低价中标，却仍然以抬高中标价格为目的；在拍卖的情形下，是指尽管认识到有可能以相对高价中标，却仍然以压低中标价格为目的。在近年的检察实务中，站在"竞争价格说"的立场上，以串通罪进行起诉的做法再度活跃，即便是在下级裁判所的判例中，出于同样视角而作出的有罪判决，也呈增加趋势。例如，有关以社会保险厅为发标人的"信息屏蔽纸[2]串通案"的判决，就属于此类情况。[3]

* 自动中标制度的例外　现在，由国家或地方公共团体所实施的竞拍，采取预定价格制度。也就是说，在事先设定的预定价格的限度之内，原则上，由提出了最有利价格（最低价格）者自动成为中标人（自动中标制度）。但在这种制度之下，有导致竞标单位之间的低价竞争过于惨烈之虞。而且，如果以过低价格中标，还有导致偷工减料这种弊端的危险。正是考虑到这一点，国家实施了"低中标价格调查制度"，如果存在以中标者所提出的价格难以切实履行该合同内容的情况，则按顺序认定下一位的最低价格投标者为合同另一方（参见《会计法》第 29 条之六第 1 款但书、《预算决算以及会计令》第 84 条以下）。并且，就地方公共团体而言，在签订工程或制造的承包合同之时，除预定价格之外，还事先同时设定了最低限制价格（参见《地方自治法》第 234 条第 3 款但书、《地方自治法施行令》第 167 条之十第 2 款、第 167 条之十三）。

所谓"非法利益"，判例认为，是指因串通而获取的利益，"超过了社会一般意义上的'礼金'的程度，而达到不恰当的高额的情形"（最判昭和 32・1・22 刑集 11 卷 1 号 50 頁）。但是，本书认为，如果该利益是作为让对方转让中标者这一地位的对价而提供，则无须考虑是否属于不恰当高额的问题。所谓"礼金程度"，应该理解为，不具有这种对价性的车马费、每天的津贴、盒饭费

---

〔1〕 详见西田典之「談合罪についての覚書」『松尾浩也先生古稀祝賀論文集〔上巻〕』（有斐閣 1998 年版）429 頁以下。

〔2〕 所谓"信息屏蔽纸"，形象地说，就是所谓"眼罩"，主要是为了保护公民个人信息的安全。例如，在社保厅等政府机关用明信片给参保人投递社保信息时，是将普通明信片两倍大小的明信片对折封口（像双面胶那样，两面均具有黏性），明信片的表面只有投递地址，只有撕开封口打开明信片，才能知晓其中内容。——译者注

〔3〕 東京地判平成 6・3・7 判タ874 号 291 頁。另见神户地姫路支判平成 1・3・22、高松地判平成 6・1・17、高知地判平成 7・5・1 等（这三个判例均未在公开刊物刊载）。详见太田茂「判批」『警察学論集』49 卷 11 号 179 頁以下。

等(山中 783 頁)。串通金就是典型的“非法利益”,以分包的形式从中标者处接受利益分配的,也属于“非法利益”(東京地判平成 6・3・7 判タ874 号 291 頁)。然而,通过调整中标者,而得到将来的中标机会的,应该说,不属于这里所谓的利益。很多情况下,既有“损害公正价格的目的”也有“获取非法利益的目的”,由于两者在文理上属于不同的构成要件,因此,只要认定其中任何一项,便无须再对另一目的进行举证(福岡高判昭和 29・11・30 高刑 7 巻 10 号 1610 頁)。尽管支付串通金者并非获取非法利益者,但作为本罪的必要的共犯,仍应受到处罚(高崎秀雄『大コンメンタール刑法〔第 4 巻〕』211 頁)。

(四)与他罪之间的关系

该当于本罪的行为,也有可能同时符合《反垄断法》所规定的非法限制交易罪(《反垄断法》第 3 条、第 89 条、第 95 条)。在前述以社会保险厅为发标人的“信息屏蔽纸串通案”中,作为法人的业务主就是以该罪名被告发、起诉,并被判定有罪的,从中就可明确这一点(参见東京高判平成 5・12・14 判タ840 号 81 頁)。不过,两罪之间存在以下区别:串通罪不处罚法人;《反垄断法》所规定的非法限制交易罪,以公平交易委员会的告发为诉讼条件(专属告发)。而且,非法限制交易罪,必须是实质性地限制了“一定交易领域”内的竞争(《反垄断法》第 2 条第 6 款),那么,作为其规制对象的投标串通,就必须已扩展到一定规模的地域,且必须具有时间上的连续性,还应该是大规模的交易,因此,如果就小规模的招标,实施了仅此一次的串通,则只构成本罪(而不构成非法限制交易罪)。[1] 就自然人行为人(从业人员)而言,两罪属于想象竞合。

第二节　脱 逃 犯 罪

一、概述

刑法典第 6 章规定的“脱逃犯罪”,是以国家的羁押权(羁押职能)作为保护法益的犯罪。这里的羁押必须是合法羁押,主要是指刑事司法程序中的羁押权,但根据犯罪类型的不同,也并不一定仅限于此。

---

〔1〕 参见最判昭和 32・12・13 刑集 11 巻 13 号 3207 頁;小木曽国隆「私的独占の禁止及び公正取引の確保に関する法律(独占禁止法)」平野龍一ほか編『注解特別刑法補巻〔3〕』(青林書院 1996 年)65 頁;西田典之「独占禁止法と刑事罰」岩村正彦ほか編『岩波講座現代の法〔第 6 巻〕』(岩波書店 1998 年)。

本章之罪分为自己脱逃之罪（第 97 条、第 98 条）以及使他人脱逃之罪（第 99 条、第 100 条、第 101 条），作为保护对象的羁押职能也因犯罪类型的不同而不同。由于普通脱逃罪缺乏期待可能性，也有认定其不可罚的立法例（如德国刑法），但我国刑法典并未采取这种做法。

二、普通脱逃罪

因执行裁判而被羁押的已决犯或者未决犯脱逃的，处 1 年以下惩役（第 97 条）。

犯罪未遂的，应当处罚（第 102 条）。

（一）主体

本罪主体，在 1995 年刑法部分修正之前，是"已决或未决之囚犯"，由于"囚犯"这一用语负面印象过强，因而被修正为现在的表述。之所以使用"因执行裁判而被羁押的"这一表述，是为了更加明确地体现将（那些未经审判但已经受到逮捕的）被逮捕者排除在外这一宗旨（参见松尾『刑法の平易化』45 頁）。

所谓已决犯，是指经过确定裁判，被羁押在《刑事收容设施法》所规定的刑事设施之内的犯人。包括为执行自由刑（惩役、禁锢、拘留）而被关押的犯人、已宣判死刑但在执行死刑之前而被关押的犯人。除此之外，还包括因不能完全缴纳罚金或科料，作为换刑处分而被关押在劳役场的犯人。不过，通说认为，不包括已经执行收监令但尚未被收监者（青柳 101 頁、植松 38 頁持反对意见）。但是，只要一旦收监，由于需要改换羁押监狱或者因为需要出庭而被押送者，以及在监狱之外从事相关劳务者，也是本罪主体。另外，由于少年院并非刑事设施，因而，不包括因受保护处分而被羁押在少年院者。

所谓未决犯，通说认为，是指依据羁押令[1]而被羁押在拘留所或者留置设施（代用刑事设施）（《刑事收容设施法》第 1 条第 3 款）的被告人（《刑事诉讼法》第 60 条以下）、嫌疑犯（《刑事诉讼法》第 207 条）（持此意见的判例有，宇都宫地判昭和 25・12・20 判例体系 322 卷 137 頁、札幌高判昭和 28・7・9 高刑 6 卷 7 号 874 頁）。反之，有力学说认为，从立法沿革来看，还应包

〔1〕在相关刑法译著中，就《刑事诉讼法》上的"勾引状"与"勾留状"的翻译并不一致，本书统一采用宋英辉教授在《日本刑事诉讼法典》（中国政法大学出版社 2000 年版）中的译法，分别译为"拘传令"羁押令"。——译者注

括因执行逮捕令而被留置[1]的嫌疑犯(平野 283 頁、平野龍一「逃走罪の処罰範囲」『判例時報』1556 号 3 頁)。但如前所述,这一问题因 1995 年的刑法部分修正已在立法上得到了解决(不过,如果将逮捕令理解为裁判官的许可令,对此,仍然存在可理解为"因执行裁判"的余地,即便如此,也不包括因现行犯逮捕、紧急逮捕而实施的留置)。还包括在羁押之后因需进行鉴定而继续被留置者(《刑事诉讼法》第 167 条、第 224 条)。但判例多认为,被留置者的处遇必须与被羁押者处于同一程度的羁押状态(参见仙台高判昭和 33・9・24 高刑 11 巻追録 1 頁、福井地判昭和 46・2・16 刑月 3 巻 2 号 105 頁等)。但这里不包含因执行羁押令而被拘捕者。

(二)行为

本罪行为为脱逃。脱逃,是指脱离被羁押状态。由于本罪也处罚未遂形态,因而,有必要探讨其着手时点。如果正在监狱之内从事劳务或者正处于移动状态之中,则只要开始脱逃即可,而被羁押在监舍之中者,则必须是逃到监舍之外(仙台高判昭和 24・9・24 判特 5 号 31 頁)。逃至刑事设施(留置设施)之外或者脱离看守人员的实力控制范围之外,则告既遂。因此,尽管逃出了监舍,但仍在监狱围墙之内的(広島高判昭和 25・10・27 裁特 14 号 128 頁);从裁判所的卫生间逃走后,马上被发现,并被追捕且很快便被逮捕的(福岡高判昭和 29・1・12 高刑 7 巻 1 号 1 頁)。这些都属于未遂。相反,被拘押在警方的留置所内的人从该处脱逃,且一旦在街头消失,受到紧急通缉,大约 30 分钟之后再被逮捕的,则构成既遂(東京高判昭和 29・7・26 東時 5 巻 7 号 295 頁)。

三、加重脱逃罪

前条规定的人或者已受到拘传令执行的人,损坏羁押场所或拘束用器具,实施暴力或胁迫,或者二人以上合谋,从而脱逃的,处 3 个月以上 5 年以下惩役(第 98 条)。

犯罪未遂的,应当处罚(第 102 条)。

(一)主体

本罪主体,除了前条(第 97 条)所规定的主体之外,还包括"已受到拘传

[1] 留置,是指警察为了防止犯罪嫌疑人逃走或者湮灭证据,而羁押在警署之内。通常是 3 天 2 晚,最长不得超过 22 天 21 晚。如果仍有必要进行调查的,就必须进行起诉,将其人身移交至法务省管辖的刑事设施。不过,在刑事设施超员的场合,或者警察优先考虑效率的场合,也有不将被留置者移送刑事设施,而仍然羁押在警署内的留置设施的情况。这种留置设施被称为代用刑事设施,不是处于司法机关的监督之下,而是处于警察的监督之下,因而,有意见指出,这种做法容易出现逼供或者冤案。——译者注

令执行的人”。所谓“拘传”,是指就被告人(《刑事诉讼法》第58条)、证人(《刑事诉讼法》第125条、《民事诉讼法》第194条)、接受身体检查的对象人(《刑事诉讼法》第135条)等,裁判所作出将其带至一定场所的裁判;所谓“拘传令”,是指为了执行该拘传而由裁判所下达的裁判书(令状)。“受到执行的人”,包括处于拘捕之中者,并不要求已经被拘捕或者已经被留置(团藤75頁、大塚587頁)。另外,还包括依据逮捕令而被逮捕的嫌疑犯、因执行收监令或羁押令而处于被收监之前者,但通说认为,不包括作为现行犯而被逮捕或被紧急逮捕的嫌疑犯。[1]

(二)行为

本罪行为是,(1)损坏羁押场所或者拘束用器具,或者,(2)实施暴力或者胁迫,或者,(3)二人以上合谋,以这三种行为之一为手段,进而脱逃的。

具体而言,(1)这里的“拘束用器具”,是指手铐、逮捕用绳索等。损坏限于物理性损坏。如果被押送者并未损坏手铐以及绳索,而仅仅是将其解开后脱逃的,判例认为,这种情况只构成普通脱逃罪(広島高判昭和31·12·25高刑9卷12号1336頁)。由于本罪着眼的是,手段的性质恶劣与严重,应该说,这种判决是妥当的。(2)这里的“暴力或胁迫”,限于针对看守人员及其辅助人员实施,但如果针对第三者的暴力或胁迫,达到了相当于针对看守人员等的胁迫的程度,那么,在此限度之内,应认定为本罪的手段。(3)这里的“合谋”,是指就脱逃本身及其时间、方法等进行意思联络。之所以将合谋也认定为本罪的手段,是因为如果多数人同时脱逃,则成功脱逃的危险性更高(平川535頁)。

对于第(1)种类型的着手时点,一般认为,是在出于脱逃的目的而开始损坏羁押场所或者拘束用器具之时(最判昭和54·12·25刑集33卷7号1105頁)。然而,如果仅仅只是损坏了羁押场所的一部分,便直接认定构成未遂,则值得商榷,在并未产生从羁押场所脱逃的具体可能性之时,就应该仅限于构成损坏建筑物罪(佐贺地判昭和35·6·27下刑2卷5=6号938頁、山中789頁)。第(2)种类型的着手时点,是出于脱逃的目的,开始实施作为其手段的暴力或者胁迫之时(東京高判昭和54·4·24刑月11卷4号303頁)。就第(3)种类型的着手时点而言,考虑到其加重理由,必须是二人以上实际着手脱逃(佐贺地判昭和35·6·27下刑2卷5=6号938頁),如果合谋之后只有一人脱逃的,则也有可能脱逃者仅构成普通脱逃罪,而合谋者仅构成帮助脱逃罪(第100条)。有关既遂时点,参见前条的解释。但是,就第

〔1〕福岡地小仓支判昭和29·7·26裁時166号132頁认为,不包括依据逮捕令而被留置者;但东京高判昭和33·7·19高刑11卷6号347頁则持反对意见,认为应包括在内。

(3)种类型而言,对于二人以上的脱逃者,应该分别认定其既未遂。[1]

四、夺取被羁押者罪

夺取依法被羁押的人的,处3个月以上5年以下惩役(第99条)。

犯罪未遂的,应当处罚(第102条)。

(一)对象

本罪对象,是依据法令而被羁押的人,其范围较第98条的主体范围更广。所谓"依法被羁押的人",如果对其作形式上的解释,那么,凡依据法令身体被羁押者均包括在内,但考虑到本罪主要是为了保护刑事司法的羁押职能,这种羁押应限于以羁押为主要目的,且具有准刑事司法职能的情形。

由此可见,除了第97条、第98条所规定的因执行裁判而被羁押的已决犯或未决犯,拘传令或者准照于拘传令的令状的被执行者之外,下述人员也属于本罪的对象:因实施现行犯逮捕或者紧急逮捕而被逮捕或者留置者、根据《逃犯引渡法》而被羁押者(《逃犯引渡法》第5条)、根据《有关维持法庭等秩序的法律》而被监置[2]者(《有关维持法庭等秩序的法律》第2条)、依据《出入境管理以及难民认定法》而被收容在入境收容所者(《出入境管理以及难民认定法》第39条)。反之,下述人员则不属于本罪对象:依据《精神保健以及精神障碍者福利的法律》而被采取措施入院者(《精神保健以及精神障碍者福利的法律》第29条)或者临时入院者(《精神保健以及精神障碍者福利的法律》第34条)、作为《少年法》的保护处分[3]而被送往《儿童福利法》所规定的儿童自立援助设施者(《少年法》第24条、《儿童福利法》第44条)、依据《警官职务执行法》而受到保护者(《警官职务执行法》第3条),等等。问题在于,依据《少年法》而被收容在少年院以及少年鉴别所者(《少年法》第24条、第17条),是否属于本罪对象?认为属于本罪对象的观点,在学界处

---

[1] 例如,三人合谋脱逃,其中有两人翻越监狱外墙成功脱逃,另一人被迫中途放弃的,佐賀地判昭和35·6·27下刑集2卷5=6号938頁判定,后者止于加重脱逃罪的未遂。——译者注

[2] 监置:是指根据以维持法庭等的秩序、维护裁判的权威为目的的《有关维持法庭等秩序的法律》,对于以粗暴语言、暴力、喧扰等不当言行妨害裁判所或者裁判官执行职务,或者以粗暴语言、暴力、喧扰等不当言行严重损害裁判之威严者,根据裁判所的决定,可将其留置于留置场。留置期一般为20日以下,也可并处作为行政处罚的"过料"。——译者注

[3] 保护处分:是指根据《少年法》,由家庭裁判所经审判而对非行少年(犯罪少年、触法少年、虞犯少年)所宣判的处分。其结果主要有由保护观察所进行保护观察、送往儿童自立援助设施或者儿童养护设施、送往少年院这三种类型。虽然有时候也伴有对其自由的限制,因而具有不利益处分的性质,但由于并不是给予非行少年以法律意义上的非难,因而,保护处分不是具有刑罚性质的制裁。——译者注

于支配地位（团藤 76 頁、大塚 589 頁、大谷 595 頁、山口 572 頁），也有下级裁判所的判例持此立场（福岡高宮崎支判昭和 30・6・24 裁特 2 巻 12 号 628 頁）。但是，如果重视该拘束的宗旨在于保护处分，就应该持否定态度（平野 284 頁、植松 40 頁、中山 523 頁、中森 287 頁）。

（二）行为

关于本罪行为即“夺取”，通说认为，是指将被羁押者转移至自己或者第三者的实力支配之下，只是予以释放的，应构成帮助脱逃罪（第 100 条）而并非本罪。但是，本书认为，由于帮助脱逃与本罪行为在行为类型上并不相同，因此，即便只是予以释放的，也应构成本罪。因而，所谓“夺取”，是指使被羁押者脱离羁押者之支配的一切行为（平野 284 頁、中森 287 頁）。

五、援助[1]脱逃罪

出于使依法被羁押者脱逃的目的，提供器具或者实施其他易于其脱逃的行为的，处 3 年以下惩役（第 100 条第 1 款）。

出于前款的目的，实施暴力或者胁迫的，处 3 个月以上 5 年以下惩役（同条第 2 款）。

犯罪未遂的，应当处罚（第 102 条）。

设立本罪是为了处罚脱逃的教唆、帮助行为。由于对象为“依法被羁押者”，那么，在脱逃者本身并不构成脱逃罪的情况下，援助者仍然有可能成立本罪。如前所述，就脱逃罪而言，由于期待可能性较低，因而，对脱逃罪的主体有所限制，并减轻了其法定刑，但就脱逃行为的援助者而言，由于其本身并不存在这种减轻因素，因此，将此类行为认定为脱逃罪的教唆或帮助，就并不合适，故而另外规定了本罪。在此意义上，本罪实质上处罚的是，脱逃罪等的独立教唆、独立帮助，因而，即便被羁押者另外构成脱逃罪，但针对被羁押者的脱逃行为实施的援助行为也仅构成本罪。

有关“依法被羁押者”的含义，参见夺取被羁押者罪中的相关解说。要成立本罪，必须存在“使依法羁押者脱逃的目的”（目的犯）。本罪行为，是诸如提供脱逃用器具等使脱逃更为容易的行为。例如，提供脱逃用器具、告知脱逃路线或警卫状况。对于出于使被羁押者脱逃的目的而实施了暴力或胁迫者，加重其刑。这种暴力或胁迫，并不一定限于针对看守人员等实施，但必

---

〔1〕日文原文为“逃走援助罪”，尽管我国学者多将本罪译为“帮助脱逃罪”，但正如正文所述，本罪处罚的是脱逃罪的共犯行为，既处罚帮助行为也处罚教唆行为，为了避免不必要的歧义，这里采取直译。——译者注

须是使得脱逃更为容易。不要求被援助者已经实际脱逃。

在实施足以使脱逃更为容易的行为的时点,或者出于使被羁押者脱逃的目的而实施了暴力或胁迫的时点,即达到既遂,几乎难以设想本罪的未遂。尤其是在本条第2款的暴力或胁迫的场合,由于前条规定,出于夺取被羁押者的目的而实施了暴力或胁迫,但并未成功的,止于未遂,由于二者之间法定刑相同,虽难以否定二者之间存在不均衡(団藤76頁、大塚590頁、[1]大谷597頁、中森288頁注32),但也只能是根据究竟是出于夺取的目的还是出于援助的目的来加以区分。

六、看守人员等援助脱逃罪

看守或押解依法被羁押者的人让被羁押者脱逃的,处1年以上10年以下惩役(第101条)。

犯罪未遂的,应当处罚(第102条)。

本罪处罚的是,看守人员或者押送人员实施的让被羁押者脱逃的行为。主体限于看守人员或押送人员,因而,本罪是身份犯。关于看守人员、押送人员的含义,通说认为,只要是依据法令而执行看守或者押送任务者即可,不要求是公务员,但是,从本罪的法定刑相对较重这一点来看,还是应该限于公务员(藤木38頁)。主张限于公务员的理由在于,之所以在所有有关脱逃的犯罪之中,以本罪刑罚为最重,是因为本罪不仅危害了国家的羁押权,而且,由于本罪是由本应执掌羁押权者所实施的行为,因而,侵害法益的可能性更大,再者,作为一种职务犯罪,还伴有损害了一般国民对于公务的切实执行之信赖这种法益侵害。

有关"依法被羁押者"的含义,参见夺取被羁押者罪中的相关解说。

本罪行为,是"让被羁押者脱逃"。有关其含义,通说认为,是指凡引起被羁押者脱逃,或者,一切使被羁押者脱逃更为容易的行为。然而,从本条的表述本身来看,还是应该限于积极释放被羁押者的行为,或者,默许被羁押者脱逃的行为(平野284頁、中森288頁)。因此,本罪并非前条(援助脱逃罪)的加重类型,而属于构成的身份犯(山口575頁、山中793頁、松原

---

〔1〕 对此,大塚590頁认为,"如果出于夺取被羁押者的目的而实施了暴力或者胁迫,在夺取止于未遂之时,构成夺取被羁押者罪的未遂,得以减轻刑罚;然而,如果出于使被羁押者脱逃的目的而实施了暴力或胁迫,则要构成本罪,其刑与夺取罪的既遂相同。仅仅依据究竟是出于劫夺的故意,还是出于使被羁押者脱逃的目的,而产生如此差异,并不妥当。但就现在而言,则只能是在量刑阶段寻求具体的妥当性。"——译者注

555 頁)，对本罪实施了加功行为的非身份者，根据第 65 条第 1 款的规定，应构成本罪的共犯。[1]

第三节　藏匿犯人以及隐灭证据的犯罪

一、概述

刑法典第 7 章“藏匿犯人以及隐灭证据的犯罪”规定的是，以包括犯罪搜查、刑事裁判、刑罚执行在内的国家刑事司法职能为保护法益的犯罪(最判昭和 24・8・9 刑集 3 卷 9 号 1440 頁〔560〕、最判平成 1・5・1 刑集 43 卷 5 号 405 頁 87〔564〕)。刑法典规定了隐匿犯人罪(第 103 条)、隐灭证据罪(第 104 条)、威逼证人罪(第 105 条之二)；并且，《爆炸物取缔罚则》第 9 条规定了前面两罪的加重类型。藏匿犯人罪，是指妨碍发现犯人或者拘束犯人的犯罪；隐灭证据罪，是指妨碍在刑事裁判过程中采用适当证据的犯罪。两者多是为了包庇犯人而实施。有关犯人亲属为了犯人等的利益而实施上述犯罪的情形，刑法典还规定了特例(第 105 条)。但是，这些犯罪也可适用于，为了让并未犯罪的人蒙受犯罪嫌疑而实施的情形。为了保护证人，1958 年的刑法部分改正(法律第 107 号)增设了威逼证人罪，由于该罪类似于隐灭证据罪，因而规定在本章之中。

另外，根据平成 28 年(2016 年)的刑法部分改正，分别提升了藏匿犯人罪、隐灭证据罪、威逼证人罪的法定刑的上限。

二、藏匿犯人罪

藏匿或者隐避已犯应处罚金以上刑罚之罪的人或者在羁押过程中脱逃的人的，处 3 年以下惩役或者 30 万日元以下罚金(第 103 条)。

(一)对象

本罪对象，是已犯应处罚金以上刑罚之罪的人或者在羁押过程中脱逃的人。所谓“应处罚金以上刑罚之罪”，是指该罪的法定刑中包含了罚金以上刑罚。因此，应该排除仅应判处拘留或科料的犯罪(参照第 10 条)，这些犯罪数量不多，例如侮辱罪(第 231 条)、违反《轻犯罪法》之罪等。

〔1〕不过，即便认为本罪为前条的加重类型、属于不真正的身份犯，由于其加重理由在于行为的违法性，因此，仍然应适用第 65 条第 1 款(内田 644 頁、曽根 299 頁对此持反对意见)。

有关"已犯……之罪的人"的含义,学界存在三种相互对立的学说:(1)认为必须是真正的犯罪人;(2)认为只要是作为犯罪嫌疑人而成为侦查对象即可;(3)认为必须是(处于真正的犯罪人与犯罪嫌疑人之间)客观上具有浓厚的犯罪嫌疑(大塚593頁、前田460頁以下、佐久間426頁以下)。第(1)种观点在学界处于支配地位。判例则一贯采取第(2)种观点,认为"如果不将因涉嫌犯罪而处于侦查之中的人也包括在内,就难以达到立法目的"(最判昭和24・8・9刑集3卷9号1440頁〔560〕、大判大正12・5・9刑集2卷401頁,等等),支持判例观点的学说也是学界的有力学说(藤木212頁、岡野334頁、中森289頁、井田556頁)。首先,第(3)种观点因标准不明确,在司法实务中难以采用。其次,第(1)种观点的理由在于,根据"已犯……罪的人"这一表述的文理,如果并非真正的犯人,则侵害刑事司法职能的程度较轻(违法性的减少),而且,隐匿非真正犯人这一行为的期待可能性也较低(有责性的减少)。但是,如果成功地藏匿或者隐避了嫌疑犯或者被告人,就很难再举证证明嫌疑犯或者被告人是真正的犯人(中森290頁);并且,即便在本罪的审理过程中认定被藏匿者等的真犯人性,但其正确性也存在一定限度,而如果被藏匿者最终被判决无罪,则只能是作为本罪的再审事由来处理;再者,如果确信对方并非真正的犯人,则总会阻却本罪的故意。因此,如果将嫌疑人、被告人排除在本罪对象之外,则不得不说,会大大有损于本罪的立法宗旨。由此可见,应该是第(2)观点更为合适。〔1〕

反之,因已达公诉时效、刑罚被废止、恩赦、亲告罪中的告诉权的消灭等原因,而不再具有追诉、处罚的可能性之时,那么,藏匿或者隐避此类人员的行为,便不再具有损害刑事司法职能的危险,因而,也不构成本罪。但是,亲告罪中的尚未被告诉者以及只是受到不起诉处分者,仍有可能成为本罪对象。问题是,犯人已经死亡的情形如何处理?例如,乙犯酒后驾驶罪,但坠入河中,于是,同车的甲向警官进行虚假陈述,谎称是自己驾车(而非乙驾车),当时,乙已经死亡。对此,札幌高等裁判所认为,"作为妨碍发现犯人的行为,妨害了侦查这种刑事司法职能",因而相当于本条中的"隐避"(札幌高判平成17・8・18判時1923号160頁〔561〕),应该说,判例观点是妥当的。再者,"已犯……罪的人",当然包括共犯、未遂犯、具有可罚性的预备犯或者阴谋犯。另外,共犯人藏匿或者隐避有关自己的犯罪的其他共犯人的,是否构成本罪,对此,学说存在争议。关于这一点,参见隐灭证据罪中的相关解说。

---

〔1〕　但判例似乎认为,在侦查开始之前的阶段,以真犯人性为必要。参见最判昭和28・10・2刑集7卷10号1879页。藤木40页对此持支持态度,但在理论上是否一以贯之,尚存疑问。

所谓“在羁押过程中脱逃的人”,是指依法被羁押的人,在羁押过程中脱逃的情形(参照第99条)。从羁押状态脱逃的行为不一定需要构成脱逃罪;而且,还包括被夺取的处于羁押之中的犯人。以本罪为根据,有观点认为,应该将夺取被羁押者罪(第99条)的对象限于基于刑事程序而被羁押者(平川539頁)。该观点确实有值得倾听的一面,但本书认为,对此,应该理解为:本罪的“在羁押过程中脱逃的人”这一部分,已经将对于刑事司法职能的保护不再限于刑事程序,而是已扩展到其他程序。

(二)行为

本罪行为,是藏匿犯人、隐避犯人。藏匿,是指提供场所供其躲避;使其隐避,是指以藏匿行为之外的其他一切可使其免遭官方(警方)发现、拘捕的行为(大判昭和5·9·18刑集9卷668頁〔563〕)。本罪属于抽象的危险犯,只要存在使得警方难以发现、拘捕之可能即可。为此,只要实施了藏匿行为,即便办案人员知道被藏匿者的所在,仍然构成本罪(東京地判昭和52·7·18判時880号110頁)。不过,如果劝其逃亡,而犯人并未听从,在这种情况下,由于完全没有发生危险,因而,应排除在本罪之外(中野次雄『ポケット注釈全書刑法』256頁)。

以下行为属于隐避行为:劝说犯人逃亡且明确指明了逃亡地(大判明治44·4·25刑录17辑659页)、资助逃亡资金(大判大正12·2·15刑集2卷65頁)、告知其家里的情况以及警方的侦查情况(大判昭和5·9·18刑集9卷668頁〔563〕)、让第三者作其替身(大判大正4·8·24刑録21輯1244頁、高松高判昭和27·9·30高刑5卷12号2094頁)。另外,警官已认识到对方为现行犯,却故意装作未看见,这种不作为也相当于本罪行为(大判大正6·9·27刑録23輯1027頁)。只要没有特别规定(例如,《爆炸物取缔罚则》第8条),一般人不告发犯罪的行为,就不构成本罪。问题在于,犯人已经被逮捕或者羁押,却让第三者作为替身犯人去自首的行为,对此如何处理?有观点认为,只有当被羁押的犯人因此被释放的场合,才构成本罪(福岡地小仓支判昭和61·8·5判時1253号143頁。对此持支持态度的有,日高义博「判批」『法学教室』108号88頁、井田良『平成元年度年度重要判例解説』162頁)。对此,最高裁判所认为,“行为具有使其免遭羁押之性质的”,也相当于本罪的隐避行为,进而判定此类行为构成本罪(最决平成1·5·1刑集43卷5号405頁)。本书认为,既然将本罪理解为抽象的危险犯,就应该说,最高裁判所的判决是妥当的(大谷601頁、中森290頁)。

(三)故意

多数说认为,作为本罪的故意,行为人必须正确地认识到,对方实施了应被判处罚金以上刑罚之罪,但是,如果客观上属于应处罚金以上刑罚的犯罪,那么,本罪的行为人只要对罪名有认识或者大概认识到属于重大犯罪即可(大塚 595 頁、596 頁,大谷 602 頁,中森 291 頁)。然而,明确认识到属于仅被处以拘留或者科料的犯罪的,则否定存在故意。在行为人确信对方并未实施犯罪行为的情况下,如果按照前述要求必须是真正的犯人的观点,则可以否定行为人存在故意;如果按照只要具有犯罪嫌疑即可的观点,则不能否定存在本罪故意。

(四)共犯问题

按照本罪的构成要件,犯人本身被排除在本罪主体之外,因而,藏匿自己、隐避自己的行为不可罚,其理由在于不具有期待可能性。那么,犯人教唆第三者藏匿、隐避自己的行为,是否构成本罪的教唆犯呢?

判例以"防御权的滥用"为根据,一贯持肯定态度(大判昭和 8·10·11 刑集 12 卷 1820 頁、最决昭和 35·7·18 刑集 14 卷 9 号 1189 頁、最决昭和 40·9·16 刑集 19 卷 1 号 59 頁〔567〕)。学界有力观点认为,犯人"甚至不惜让他人犯藏匿犯人罪或者湮灭证据罪,以达到其目的的行为,与犯人自己实施(同样)行为相比,二者情节不同,已经不能说,定型性地没有期待可能性"(团藤 90 頁。大塚 601 頁、藤木 40 頁、内田 652 頁也是同样旨趣)。但是,这无疑属于责任共犯论的观点,即认为共犯的处罚根据在于,使得他人陷入罪责。〔1〕对犯人而言,既然连作为正犯都没有期待可能性,那么,作为较正犯更轻的犯罪形式的共犯,更应该认为没有期待可能性而不可罚(瀧川 281 頁、平野 285 頁、植松 51 頁、大谷 603 頁以下、山口 582 頁、高橋 644 頁)。

典型判例

·在 A 由于涉嫌(2013 年刑法修正之前的)驾驶汽车过失致死罪等犯罪事实而被逮捕、羁押的阶段,被告人作为证人做了虚假陈述,对此,**最决平成 29·3·27 刑集 71 卷 3 号 183 頁**〔562〕认为,"被告人明知前述违反《道路交通法》以及驾驶汽车过失致死罪等犯罪的犯人是 A,却与 A 之间就'(案发之前)A 车已经被盗,由此(使警方)对于将 A 作为上述各罪的犯人继续羁押产生疑问'这一内容统一口径,在此基础上,又作为参考人面对警察做了基于上述串供的虚假陈述。对于被告人的上述行为,能够认定其具有让《刑法》第 103 条所谓'犯……罪的人'免遭正在进行的羁押这种性质,因而认为该行为符合该条所谓'隐避'是适当的",进而判定被告人成立隐避犯人罪。

---

〔1〕参见西田典之「必要的共犯」藤木英雄·板倉宏編『刑法の争点〔新版〕』(有斐閣 1987 年)121 頁。

按照最高裁判所判例(最决平成1·5·1刑集43卷5号405頁)的观点,即便已经控制了犯人,让替身假冒犯罪人自首的,该行为应构成本罪;而且,对于(在尚未控制犯人的案件中)作为参考人[1]进行虚假陈述的行为,也有判例判定成立本罪(和歌山地判昭和36·8·21下刑3卷7=8号783頁)。最高裁判所的本决定(最决平成29·3·27刑集71卷3号183頁〔562〕)接受了这些判例的观点,对于在犯人被羁押期间,参考人进行虚假陈述的行为,判定成立隐避犯人罪。本决定在认定成立本罪时指出,被告人的虚假陈述属于"(使警方)对于将A作为上述各罪的犯人而继续羁押产生疑问"的内容,并且,被告人的虚假陈述是基于与A之间的事先的串供而实施。本书认为,对于这些情况可以理解为,具有为释放A的一定危险性奠定事实基础的意义。

三、隐灭证据罪

隐灭、伪造或变造有关他人的刑事案件的证据,或者使用伪造或变造的证据的,处3年以下惩役或者30万日元以下罚金(第104条)。

(一)对象

本罪对象,限于"他人的"刑事案件证据,不问该证据对他人有利还是不利。之所以将有关自己的刑事案件的证据排除在外,是考虑到不具有期待可能性。

问题在于共犯的证据。当然,如果仅仅是有关其他共犯的证据,可以视为有关他人的刑事案件的证据,但如何处理有关自己与共犯的共同证据,则存在争议。对此,有以下三种相互对立的观点:(1)肯定成立本罪(青柳26頁);(2)否定成立本罪(平野286頁、中山528頁、内田657頁、中森291頁、山中802頁、松原562頁);(3)完全是为了共犯者的利益而隐灭的,构成本罪(団藤86頁、大塚597頁、大谷604頁、前田464頁、平川543頁、山口584頁、井田560頁)。判例以前曾采取第(1)种观点(大判大正7·5·7刑録24輯555頁、大判昭和7·12·10刑集11卷1817頁),现在,下级裁判所的判例则多采取第(3)种观点(広島高判昭和30·6·4高刑8卷4号585頁、東京地

[1] (刑事案件的)参考人:《刑事诉讼法》第223条第1款规定,"检察官、检察事务官或者司法警察,为实施犯罪侦查而有必要之时,可以要求犯罪嫌疑人以外的人到场,对其进行调查,或者嘱托其进行鉴定、口译或笔译",因此,除了犯罪嫌疑人本人之外,对于其他就刑事案件掌握了可作为参考的信息或者专业知识的人(目击者、神经科医师、翻译等),也可以将该人作为参考人,对他进行调查,或者嘱托他进行鉴定、口译或笔译。——译者注

判昭和 36・4・4 判時 274 号 34 頁)。由于共同的证据也属于自己的证据,因而,第(1)种观点并不妥当。从不具有期待可能性这一点来看,第(3)种观点有一定道理,然而,重视主观面,则不得不说,作为标准不具有明确性。既然共同的证据也是自己的证据,因而,类型性地缺少期待可能性,第(2)种观点更为妥当。

另外,如何处理藏匿或者隐避共犯人的行为,也是问题。共犯人也是重要的人证,因而,也属于有关自己的刑事案件的证据,这一点不存在争议。但是,如果该"隐灭"行为同时触犯了藏匿犯人罪或者隐避犯人罪,即便不构成本罪,是否还可另外构成藏匿犯人罪或者隐避犯人罪呢?在下级裁判所的判例中,有判例认为,藏匿或隐避行为对刑事司法职能的侵害程度很严重,即使作为隐灭证据罪不具有期待可能性,但作为藏匿犯人罪或者隐避犯人罪,仍可以认定具有期待可能性,因而,应成立本罪。〔1〕的确,隐灭证据的行为同时还构成其他犯罪的(例如,放火罪、损坏器物罪),应认定构成他罪。但是,就藏匿犯人罪与隐灭证据罪而言,二者的法定刑相同,保护法益也一致,隐灭重要证据行为对法益的侵害程度与藏匿犯人罪并无不同,因此,藏匿或隐避共犯人的行为,作为隐灭自己的证据的行为,也应该是不可罚的。〔2〕

本条的证据限于"有关刑事案件"的证据,而不包括民事案件等的证据。不限于有关犯罪成立与否的证据,还包括有关犯罪情节的证据(大判昭和7・12・10 刑集 11 巻 1817 頁);不限于物证,还包括人证(证人、参考人等)。所谓"刑事案件",通说、判例认为,不仅是指被告案件、嫌疑案件,也包括开始侦查之前的案件(大判昭和 10・9・28 刑集 14 巻 997 頁)。刑法曾规定为"刑事被告案件",因而引起了争议,通过 1995 年的刑法部分改正,已通过立法解决了这一问题。

(二)行为

本罪有三种行为:(1)隐灭证据,(2)伪造或变造证据,(3)使用伪造或变造的证据。

(1)隐灭证据,是指妨害证据的显现,以及其他一切使得证据效力丧失、减少的行为(大判明治 43・3・25 刑録 16 輯 470 頁〔572〕)。物理上损坏证据的行为,当然属于隐灭(大判明治 43・3・25 刑録 16 輯 470 頁〔572〕)。另

---

〔1〕 旭川地判昭和 57・9・29 刑月 14 巻 9 号 713 頁〔568〕。支持此观点的有,森本益之「判批」『判例時報』1070 号(『判例評論』295 号)157 頁、前田 462 頁。

〔2〕 持同样旨趣者,参见柏木千秋「犯人蔵匿罪」『法学セミナー』96 号 54 頁、吉田敏雄「判批」『法学セミナー』351 号 63 頁、山口 585 頁、山中 803 頁。

外,杀害证人(柏木109頁)、隐匿证人(大判明治44·3·21刑録17輯445頁)、隐匿参考人(最决昭和36·8·17刑集15卷7号1293頁〔571〕)等行为,也属于隐灭。这些隐灭证据的行为,同时该当于杀人、盗窃或者损坏器物罪等的,这些犯罪与本罪属于想象竞合。为此,即便是隐灭有关自己的刑事案件的证据的行为,在此限度之内,犯人仍成立杀人罪、盗窃罪或者损坏器物罪。

(2)伪造证据,是指实际上并不存在某种证据,却制作出让人以为似乎真实存在的证据;所谓变造,是指篡改现有证据,而改变其作为证据的效力。伪造证据与变造证据之间的区别并不重要。不同于伪造文书的情形,不考虑是否具有制作权限,因此,制作名义人制作内容虚假的文书的,也属于伪造证据(仙台地気仙沼支判平成3·7·25判タ789号275頁)。而且,篡改检察官作为证据而保存在FD(磁盘)中的电子文档的最后更新日期的行为,属于"变造"证据(大阪地判平成23·4·12判タ1398号374頁)。让证人作伪证的行为,由于构成相对更重的伪证罪(教唆),当然不构成本罪。问题在于,让未经宣誓的证人作伪证的行为,是否构成本罪?对此,判例持否定态度(大判昭和9·8·4刑集13卷1059頁),但是否应一律否定,仍值得商榷(大塚598頁、大谷579頁)。

与此相关联的问题是,参考人的虚假供述是否构成本罪?可以说,迄今为止,否定说占据了支配地位(小野34頁、団藤87頁、平野287頁、藤木42頁),判例也基于以下两点理由,否定成立本罪:论据1,只有伪证罪才处罚虚假供述行为,这是刑法典的基调之一(大阪地判昭和43·3·18判タ223号224頁、宮崎地日南支判昭和44·5·22刑月1卷5号535頁、千葉地判平成8·1·29判時1583号156頁〔1〕);论据2,本罪所谓证据限于属于物理性存

---

〔1〕本案大致案情为:本案被告人作为参考人就他人的刑事案件接受调查之际,积极地陈述虚假事实,并制作了该旨趣的询问笔录。对于此案,本判决从"伪造证据罪否定说"的角度详细地陈述了判决理由,进而否定成立伪造证据罪。也就是,"除隐避犯人之外,隐灭(伪造)证据也是如此,尽管法律上没有明示性规定,我们仍能想见以虚假陈述的方法实施此罪的情形。但是,基于下述理由,可以认为,刑法的旨趣在于,就通过虚假陈述的手段妨害刑事司法职能的行为而言,限于伪证、虚假鉴定或口译,或者诬告(……)等明示的行为类型,以及有害于确保对犯人的拘束或者锁定犯人之司法职能的隐避犯人的行为,才可以认定具有可罚性,至于其他的虚假陈述,就不能成立隐灭证据罪"。

判决的具体理由在于:(1)人的陈述尽管也属于重要的证据,但其本身就具有不诚实且易变的一面,应该基于陈述的这种性质来评价其作为证据的价值。虚假陈述对司法职能的侵害程度也并不是很高。刑法对虚假陈述的态度是,处罚的对象行为限于,在审判程序中经过宣誓之后所进行的虚假陈述,以及会侵害被申告人(陈述行为所涉及的对方)利益的诬告。(2)一旦认为虚假陈述也该当于隐灭证据罪,处罚的对象范围便极其宽泛,不具有明确性。因为,完全也有可能向侦查、审判机关之外的人(律师、一般个人等)进行虚

在的证据方法(物证、人证),不包括从证据方法所认识的无形证据材料(最決昭和28・10・19刑集7卷10号1945頁〔577〕、大阪地判昭和43・3・18判タ223号224頁)。

但是,就上述论据1而言,因为考虑到伪证罪的法定刑相对较重,所以可以对其他虚假供述不闻不问,应该说,这并非刑法典的基本立场(中森293頁);而且,即便承认论据2,但如果虚假供述以申诉书、供述书、供述笔录的形式而书面化,就属于物理性存在,也产生作为证据的重要性,因而,也可认定构成本罪。事实上,对于诸如为了使其成为刑事审判证据,而在民事诉讼中,借不知情的书记官之手将虚假供述制作成口头辩论笔录的案件(大判昭和12・4・7刑集16卷517頁),以及参考人将内容虚假的申诉书提交给侦查机关的案件(千葉地判昭和34・9・12判時207号34頁、東京高判昭和40・3・29高刑18卷2号216頁、福岡地判平成5・6・29公开刊物未刊登),一直以来判例均判定,这些行为成立伪造证据罪。对此,有观点认为应区别对待,既有积极提交内容虚假的申述书的行为,也有消极地进行虚假供述,而后在笔录上签名、盖章的行为,两者对法益的侵害程

假陈述,并通过对方的记忆而提交至搜查、审判程序。而且,证据,是涉及犯罪的具体形态、刑罚轻重、犯罪情节的材料,具有相当的广度;反之,以虚假陈述来隐避犯人的,其处罚对象受到了限制,而且也有肯定成立隐避犯人罪的必要性与合理性。(3)就不构成伪证罪等的诉讼过程中的虚假陈述而言,以刑罚来强制对方作真实陈述,这并不妥当。(4)如果认为参考人的虚假陈述成立伪造证据罪,在参考人的陈述与侦查官员(办案人员)等的意见相左之时,按照侦查官员等的认识,参考人就是实施了本罪行为,因此,一旦这种认识反映到调查取证、案情询问中,不可否认,就有导致对方不得不做出有违记忆的陈述之虞。而且,参考人的"记忆"不能被知觉,其本身并不足以认定事实,不能直接以此为"证据"。并且,即便对参考人的虚假陈述作了笔录,也不能以此为理由而肯定成立隐灭(伪造)证据罪。这是因为,其一,因陈述转化为证据方法,而肯定该陈述具有伪造证据罪的可罚性,很大程度上,会损害将虚假陈述的可罚性限于伪证罪等犯罪的立法旨趣。因为,大部分的虚假陈述都会转化为某种证据方法,这样一来,也都会成为伪造证据罪的处罚对象。其二,在陈述笔录上签字、盖章,不过是确认笔录内容本身的正确性,只要正确地作了笔录,就不具有虚假性,因而,对于伪造证据罪的成立与否,并不具有什么特别意义。其三,最決昭和28・10・19刑集7卷10号1945頁认为,证人的伪证不属于伪造证据罪的对象,此判决的前提就在于,包括根据虚假陈述而制作询问笔录的情形在内,不应认定供述者也成立伪造证据罪。其四,仍然存在导致虚假陈述之虞。而且,对于参考人制作内容虚假的申告书的行为,尽管也有判例判定成立伪造证据罪(東京高判昭和40・3・29高刑集18卷2号126頁等),但该案是参考人在接受询问以外的地方,起初便企图制作虚假文书,经过商议之后,将虚假内容体现于文书,并不属于这里所谓将陈述转化为书面的情形,因而,与本裁判所的观点并不矛盾。——译者注

度并不相同,[1]但这种区分并无合理性可言;还有观点认为,与伪造文书罪一样,本罪中的伪造应限于有形伪造,因而,不包括名义人制作虚假文书的行为,[2]由于本罪的伪造对象不限于文书,应该说,这种解释过于牵强。由此可见,至少在已书面化的情形下,参考人所作的虚假供述,仍属于伪造证据罪。[3]

(3)使用伪造或变造的证据,是指将伪造或变造的证据作为真正的证据而使用。不仅包括针对裁判所使用,还包括针对侦查机关使用(大判大正7·4·20 刑録 24 輯 359 頁)。但是,在民事裁判中使用的情形应排除在外。

(三)共犯关系

本罪也存在共犯问题,具体而言,由于对象限于有关他人的刑事案件的证据,犯人与第三者之间的共犯关系问题,便容易引起争议。首先,犯人教唆第三者隐灭有关自己的刑事案件的证据的,与藏匿犯人罪一样,通说、判例认为,应构成隐灭证据罪的教唆犯。[4] 对这种观点的疑问,参见在隐匿犯人罪中的相关解说。其次,如何处理第三者教唆犯人隐灭证据的行为呢?站在因果共犯论——共犯的处罚根据在于与法益侵害这一结果之间的因果性——的立场,是有可能认定构成本罪的教唆犯的。因为,犯人自身的不可罚性是因为不存在责任,但是,侵害法益这一事实仍然是存在的。但是,对于这种甚至连(事实上的)正犯行为都不具有构成要件该当性的情形,本书认为,还是应该否定成立共犯。这是因为,若非如此,这无异是说,只要与结果之间存在因果关系,就可以处罚共犯,如此,就会缺少对于共犯处罚范围的形式性限定这一制约,即必须以也适合于共犯的构成要件为媒介(山口 589 頁。[5] 山中

---

[1] 参见前田雅英「参考人の虚偽供述と証拠偽造罪」『研修』574 号 8 頁以下。

[2] 参见松宮孝明「捜査機関に対する参考人の虚偽供述と証拠隠滅罪」『立命館法学』246 号 498 頁以下。

[3] 参见中森喜彦「判批」『判例時報』1597 号 238 頁、十河太朗「内容虚偽の供述調書と証拠偽造罪」『同志社法学』49 巻 2 号 28 頁以下、山口 588 頁、山中 806 頁。

[4] 参见大判明治 45・1・15 刑録 18 輯 1 頁、最決昭和 40・9・16 刑集 19 巻 6 号 679 頁。札幌地判平成 10・11・6 判时 1659 号 154 頁属于近年的判例。另外,某人向被告人提议伪造证据,被告人于是委托该人伪造证据的,最高裁判所认为,在被告人的委托使得提议者的伪造意思得以确定的场合,仍该当于伪造证据罪的教唆(最决平成 18・11・21 刑集 60 巻 9 号 770 頁)。

[5] 山口 589 頁认为,"他人教唆犯人隐灭有关其刑事案件的证据的,该他人应承担什么罪责?在此情形下,对于具备正犯性的犯人行为,并不能认定具有构成要件该当性,因此,也应否定成立针对此行为的共犯"(参见王昭武译・山口各论 690 页)。——译者注

807 頁持相反意见〔1〕)。对于刑法部分改正之前(亲属不可罚)的第 105 条,判例也判定,教唆犯人妻子隐灭证据的行为,不具有可罚性(大判昭和 9·11·26 刑集 13 卷 1598 頁)。

另外,根据平成 29 年(2017 年)对《有组织犯罪处罚法》的修正,新设了收买证人等罪(《有组织犯罪处罚法》第 7 条之二),下述行为将受到处罚:有关涉及一定的重大案件的"自己或者他人的刑事案件,不提供证言,或提供虚假证言,或者隐灭、伪造或变造证据,或者作为使用伪造或变造的证据的报酬,提供、要求或约定金钱或其他利益的"。由于"自己……的刑事案件"亦可,因此,犯人的共犯形式的部分参与行为,也会独立地受到处罚。

典型判例

·经过与被告人的商议,A 作为参考人,就有关 D 的刑事案件进行虚假陈述,负责办理该案的警官 B 与 C 通过被告人等的解释、态度等已经看出,A 的供述是虚假供述。但是,B 与 C 经过与被告人等商议,让虚假供述的内容更加具体化,并就此制作了询问笔录(供述笔录)。对此,**最决平成 28·3·31 刑集 70 卷 3 号 58 頁**〔574〕认为,"有关他人的刑事案件,嫌疑人之外的其他人在作为参考人受到侦查机关的调查取证(《刑事诉讼法》第 223 条第 1 款)之际,即便做了虚假的供述,应该认为,这种行为也不符合《刑法》第 104 条规定的伪造证据的犯罪……即便该虚假供述内容通过被记录在供述笔录上(《刑事诉讼法》第 223 条第 2 款、第 198 条第 3 款至第 5 款)等方式,而被记录在包括书面在内的记录媒介上,仅凭这一点,也不能说符合该罪",然而,本案中被制作的文书,是被告人、A 以及办案警官"出于制造证据,以便就 A 非法持有兴奋剂这一虚构的事实申请裁判书(令状)的意图,相互之间进行商量,而创造了虚假的供述内容,并使之具体化,而形成的书面"的东西,因此,"可以说,包括(供述笔录的)制作名义人巡查部长 C 在内的四名被告人共同

〔1〕山中 807 頁认为,"对于在第三者教唆犯人让其隐灭证据的场合,第三者的行为是否具有可罚性这一问题而言,犯人作为隐灭证据罪的正犯不被处罚的根据就尤为重要。如果立足于因果共犯论,认为对犯人没有期待可能性,因此,由于阻却了责任,犯人才作为正犯不受处罚,那么,就是按照限制从属性说,教唆者也有可能是可罚的。因为,如果认为'他人的'这一表述不是构成要件要素而是责任要素,就完全有可能做这种解释。学界也有观点认为,由于事实上的正犯行为连构成要件该当性也没有,因而这种情形应否定成立共犯(曾根 303 頁、西田〔第 6 版〕464 頁、山口 589 頁)。然而,按照这种根据,也没有将'他人的'理解为构成要件要素的必然性,而且,就是按照这种观点,由于犯人这种身份不是违法身份而是责任身份,因而也应该理解为个别作用"。——译者注

重新制造了记录着虚假内容的证据”，并以此为理由判定成立伪造证据罪。

最高裁判所的本决定在明确了下面这一点上具有重要意义：参考人作为证人进行虚假供述，即便基于这种虚假供述而制作了供述笔录，仅凭这一点尚不能成立伪造证据罪。不过，在本案中，由于存在出于制造虚假证据的意图，参考人与办案人员经过商议，创造了虚假的供述内容，并将这种内容具体化、书面化这种特殊情况，因此，能例外地认定成立伪造证据罪（参见野原俊郎「判解」『ジュリスト』1511号115頁）。在基于参考人与办案人员的共谋而制作了内容虚假的供述笔录的场合，可以理解为，基本上能认定成立伪造证据罪，但是，对于其他情形，就要求存在足以评价为，参考人自己积极地“重新制造了”虚假的证据这种例外的情况。

四、有关亲属犯罪的特例

犯人或者脱逃人的亲属为了犯人或者脱逃人的利益而实施前两条之罪的，可以免除其刑（第105条）。

犯人等的亲属实施藏匿犯人罪、隐灭证据罪的，考虑到期待可能性较小，其责任也相对减轻，本条规定对此可以任意性地免除其刑。在1947年的刑法部分修正之前，当时的规定是“不处罚”，但一律不予处罚，较作为市民的义务而言，未免过于优先考虑了亲属之间的亲情，因而，对此作了修正。

就“犯人或者脱逃人”的含义，参见藏匿犯人罪中的相关解说。“亲属”的范围，依据民法的相关规定确定（参见《民法》第725条）。必须是为了犯人或者脱逃人的利益而实施。然而，这种行为同时涉及其他人的刑事案件，也同时是出于为了其他人的利益的目的而实施的，判例否定适用本罪（大判昭和7·12·10刑集11卷1817頁），应该说，判例的这种观点是不妥当的。

本条也存在亲属、犯人以及第三者之间的共犯关系问题。首先，有关亲属与第三者之间的关系，可以想见有以下两种情形：情形1，亲属教唆第三者实施藏匿犯人、隐灭证据的行为；反之，情形2，第三者教唆亲属实施藏匿犯人、隐灭证据的行为。

对于情形1，与藏匿犯人罪的共犯关系一样，判例（属于1947年刑法部分改正之前的判例）认为属于“庇护权的滥用”，判定成立犯罪（大判昭和8·

10·18 刑集 12 卷 1820 頁)。即便是作为对现行《刑法》第 105 条的解释,有力学说仍然对判例表示支持,认为在这种情形之下,对于亲属不应该任意性地免除其刑(团藤 89 頁、大塚 601 頁、内田 652 頁、中森 293 頁)。但是,正如前述,既然对于作为正犯的情形尚且认定期待可能性减少,那么,在作为共犯(教唆)而参与的情形下更应该是如此,因此,应该根据第 65 条第 2 款的规定,对于作为共犯的亲属也适用第 105 条(平野 285 頁、植松 51 頁、大谷 608 頁、曽根 304 頁、山口 590 頁)。

在情形 2 下,由于第 105 条限于刑罚的任意性免除,该亲属成立犯罪,这没有什么问题。为此,第三者当然也构成该罪的教唆犯。问题在于,第 105 条的特例是否也适用于第三者?通说对此持否定态度。前面已经提到,第 105 条的特例的根据在于,由于亲属之间的亲情的原因而使得期待可能性降低,责任得以减轻。如此一来,站在限制从属性说的立场——在犯罪参与者之间,违法性连带而责任则个别作用——理所当然地会得出第 105 条的特例不涉及第三者的结论。对于这种解释,尽管不存在诸如第 257 条[1]第 2 款那样的明文规定,但作为法条上的根据,我们仍然可以引用第 65 条第 2 款。

其次,有关犯人与亲属之间的关系,可以想见有以下两种情形:情形 3,犯人教唆其亲属实施藏匿犯人、隐灭证据的行为;情形 4,亲属教唆犯人隐灭证据。

对于情形 3,肯定说("可罚说")也很有影响。该观点认为,既然亲属可以成立犯罪,就不能说没有期待可能性,因而,犯人本人也构成教唆犯(团藤 89 頁、大塚 602 頁、内田 653 頁、中森 294 頁)。不过,在该情形下,鉴于作为正犯的亲属有可能根据第 105 条的特例而被免除其刑,那么,对于作为教唆犯的犯人本人的处罚,也应该承认,存在准照亲属的行为而免除其刑的可能性。但是,既然连犯人的亲属也能以期待可能性减少为由,而根据第 105 条的规定,存在免除其刑的可能性,那么,对于期待可能性远远低于其亲属的犯人本人,却只能是因为"准照"亲属才有可能任意性地免除其刑,不能不说,这种做法极不合理。在这种情况下,应该说,犯人本人也不具有可罚性。反之,如果将"可罚说"的理论一以贯之,与犯人教唆第三者的情形一样,对于犯人,"可罚说"也应该是否定存在免除其刑的可能性。

对于情形 4,正如在隐灭证据罪中已经谈到的那样,既然作为正犯的犯人并无构成要件该当性,作为教唆犯的亲属,当然也应该是不可罚的。

---

〔1〕《刑法》第 257 条是有关赃物罪的"有关亲属间犯罪的特例",该条规定,"配偶之间或者直系亲属、同居的亲属或者这些人的配偶之间犯前条罪的,免除其刑。"(第 1 款);"对非亲属的共犯,不适用前款规定。"(第 2 款)——译者注

五、威逼证人罪

对于被认定就自己或他人的刑事案件的侦查或审判具有必要知识的人或者其亲属，就该案件，无正当理由却强求会面，或者实施强谈、威逼行为的，处2年以下惩役或者30万日元以下罚金（第105条之二）。

由于频繁发生由暴力团成员所实施的所谓“礼拜”*行为，出于抑制这种行为与保护证人**的目的，1958年的刑法部分修正增设了本罪。因此，本罪的保护法益，除了刑事司法职能之外，还包括证人以及其他相关人员的安全及其私生活的平稳（大塚592頁、中森294頁）。为此，本条规定，就自己的刑事案件也同样成立本罪。

* **礼拜**　本词是一种俗语，意思在于，刑事案件的犯罪嫌疑人、被告人或者其他相关人员，对于被害人、证人、参考人或者这些人的相关人员，要求其答应不做不利于自己的供述或证词或者答应私下和解或取消告诉，或者，作为其做了不利于自己的供述或证词的报复，实施恐吓言行或者进行骚扰。

** **保护证人**　本罪以保护证人为目的。1958年的刑法部分修正同时还对刑事诉讼法的相关规定进行了修正（法第108号）：在有威逼证人之虞时，不得保释（《刑事诉讼法》第89条第5项）；实施了威逼证人的行为的，取消保释（《刑事诉讼法》第96条第1款第4项）。其他保护证人的措施还有：如果证人在被告人面前感到压迫而无法充分供述，则让被告人退庭（《刑事诉讼法》第304条之二）；如果证人在被告人面前感到压迫而无法充分供述，可以在公开审判日之前，在裁判官面前，对参考人进行证人询问（《刑事诉讼法》第227条）；在公开审判日之外的其他时间进行证人询问时，如果证人在被告人面前感到压迫而无法充分供述，也可以让被告人退席（《刑事诉讼法》第281条之二）。另外，根据1999年的《有关保护证人的刑事诉讼法部分修正》（法第138号），作为有组织犯罪的对策之一，为了保证证人的安全，增设了《刑事诉讼法》第295条第2款与第299条之二，限制就证人的住所、工作单位、通常所在地进行询问，这是出于不让被告人等知道这些信息的考虑而进行的修正。

所谓“刑事案件”，不仅是“自己”作为被告人的案件、“自己”作为犯罪嫌疑人的案件，还包括“自己”将来有可能成为犯罪嫌疑人的案件[1]（東京高

〔1〕 启动侦查程序之前的案件。——译者注

判昭和35・11・29高刑13卷9号639頁)。所谓“被认为就侦查或审判具有必要知识的人”,是指刑事案件的被害人、证人、参考人等。“亲属”的含义,根据民法的相关规定确定(参见《民法》第725条)。不问是在侦查或者审判之前还是之后(大阪高判昭和35・2・18下刑2卷2号141頁)。这是因为,在侦查或者审判之前施加不当压力的行为,当然相当于本罪;即便是在侦查或者审判之后,也还存在因本罪行为而推翻证词或者供述的可能性;或者,即便没有这种可能性,但出于保护证人的目的,也有必要抑制相应的报复行为。

所谓“强求会面”,是指强行要求会面;所谓“强谈”,是指通过言语、举动而逼迫对方答应自己的要求;所谓“威逼”,是指通过言语、举动向对方显示气势,从而让对方产生不安感或者让对方无所适从(参见有关旧《警察犯处罚令》第1条第4项的大判大正11・10・3刑集1卷513頁)。有关强求会面,有观点认为,不应包括通过书信或电话方式,以及当面提出会面要求的情形(柏木377頁、大塚604頁[1]、福岡高判昭和38・7・15下刑5卷7=8号653頁)。但是,书信或电话方式也足以让被害人产生不安感,即便是当面提出,只要被害人并无此意便不能称之为会面,因此,本书认为,这些情形均可认定成立本罪。而且,就强谈、威逼而言,也包括采取书信或电话方式的情形(鹿児島地判昭和38・7・18下刑5卷7=8号748頁、山口593頁、山中811頁)。有关“威逼”的含义,最高裁判所的判例也肯定了这种解释(最决平成19・11・13刑集61卷8号743頁。支持此观点的学者有,鎮目征樹「判批」『平成20年度重要判例解説』194頁)。另外,再成立胁迫罪、强要罪(包括其未遂)的,与本罪构成想象竞合。

第四节　伪证犯罪

一、概述

刑法典第20章“伪证犯罪”规定的是,由依法宣誓的证人、鉴定人、口译人、笔译人实施的虚假的陈述、鉴定、口译、笔译的犯罪。有关伪证犯罪的罪质的理解,历经变迁(详见小松進「偽証および証憑湮滅」『刑法基本講座〔第

---

[1] 大塚604頁认为,应该不包括通过书信、电话这种间接实施的方式。而且,当着对方的面实施的,由于已经存在会面,例如,站在大门口,向里面的对方大声要求,或者通过家人而间接要求的,至少应该采取这种不在对方面前实施的方式。——译者注

4 卷〕』39 頁以下)，现行刑法将其定位为一种有害于公共信用的伪造罪，但现在的通说则认为，虚假陈述等有侵害裁判以及惩戒处分这种国家审判职能之公正的危险，从而将其定位于针对国家法益的犯罪。

特别法中有关伪证犯罪的规定主要有：《有关在议院中进行的证人宣誓以及证言等的法律》第 6 条、《公职选举法》第 253 条、《专利法》第 199 条、《实用新型法》第 59 条、《创意法》第 72 条、《商标法》第 81 条等。

二、伪证罪

依法宣誓的证人作虚假陈述的，处 3 个月以上 10 年以下惩役(第 169 条)。

(一)主体

本罪主体限于"依法宣誓的证人"(身份犯)。所谓"依法"，是指宣誓的根据是由法律或者基于法律委任的下位命令所规定。例如，除了《民事诉讼法》第 201 条、《刑事诉讼法》第 154 条、《裁判官弹劾法》第 29 条等法律上的根据之外，还包括诸如基于《国家公务员法》第 16 条、第 91 条的《人事院规则》第 13・1"针对不利益处分的审查请求"第 54 条那样的命令上的根据。

宣誓以事先宣誓为原则(原则上在询问之前进行宣誓)，但通说、判例认为，作为证人进行陈述之后，再进行的事后宣誓(《民事诉讼规则》第 112 条第 1 款)也属于本罪的宣誓(大判明治 45・7・23 刑録 18 輯 1100 頁)。相反，否定观点也很有影响，该观点以法条文理，以及宣誓之后的虚假陈述更应该受得非难为理由，主张事后宣誓不成立伪证罪(大塚 608 頁、内田 662 頁、曽根 306 頁、前田 470 頁注 2、岡野 352 頁)。但是，宣誓是为了担保自己的陈述的真实性，因此，事后宣誓也完全有可能包含在"宣誓的证人"之中。对此，有观点以事后宣誓的内容同时也属于虚假陈述为理由，而认定构成本罪(平野龍一『法学セミナー』228 号 41 頁、中森 296 頁)。然而，宣誓本身属于证人的属性，将宣誓纳入虚假陈述的内容之中，值得商榷(按照这种观点，"证人〔在宣誓时〕进行了虚假陈述"就可能成为本罪的构成要件之一)。

由于宣誓必须合法，因而，误使原本不得让其宣誓者进行宣誓的(《刑事诉讼法》第 155 条、《民事诉讼法》第 201 条第 2 款等)，不成立本罪(最大判昭和 27・11・5 刑集 6 卷 10 号 1159 頁)。反之，拥有拒绝宣誓权、拒绝作证权的人(例如，《民事诉讼法》第 196 条、第 197 条、第 201 条第 4 款，《刑事诉讼法》第 146 条、第 147 条、第 149 条)并未行使该权利，在宣誓之后进行虚假陈述的，就应构成本罪(最决昭和 28・10・19 刑集 7 卷 10 号 1945 頁〔577〕)。对于刑事案件的被告人，考虑到与《宪法》第 38 条所规定的沉默权之间的关系,现行法律不承认其具有证人资格(参见《刑事诉讼法》第311条)。但在分别启动审判程序的基础上,共犯或共同被告人也可以成为其他共犯的证人。在这种情况下,如果并未行使作为证人的拒绝作证权,在宣誓之后作伪证的,即便该内容关系到自己的犯罪事实,也仍然构成本罪(大判明治44・2・21刑録17輯157頁)。

(二)行为

本罪行为是做虚假陈述。如果只是不提供证言的不作为,即使有可能构成拒绝作证罪(《刑事诉讼法》第161条、[1]《民事诉讼法》第200条),也不构成本罪。有关"虚假"的含义,主观说与客观说之间尖锐对立。

主观说认为,应以证人的主观记忆为标准,所谓虚假陈述,是指做不同于自己的体验、经历的陈述。因此,只要证人依据自己的记忆进行陈述,即便该陈述有违客观事实也不构成伪证罪,相反,即便符合客观事实,如果该陈述有违自己的记忆,依然构成伪证罪(団藤101頁、大塚608頁、福田37頁、香川101頁、藤木46頁、大谷615頁、平川552頁、岡野354頁以下、前田471頁、井田570頁以下)。判例也一直采取主观说(大判大正3・4・29刑録20輯654頁〔576〕、東京高判昭和34・6・29下刑1巻6号1366頁)。主观说的根据在于,"证言作为证据的意义就在于,通过该证人正确再现自己的五官所实际感知的事情,从中甄别证人的错觉部分,进而作为发现真实的材料,因而,只要如实陈述了自己的经历,就属于真实;即便有违自己之确信的供述偶然与客观事实相符,仍有误导裁判之危险,因而,无碍于将其理解为虚假陈述"(藤木46頁)。亦即,如果证人做有违其记忆的陈述,仅此便"总存在误导裁判(或惩戒处分)的抽象的危险"(団藤101頁)。如此,主观说认为,伪证罪属于抽象的危险犯,表现于外部的陈述与主观的记忆内容不一致,这就决定着行为的抽象的危险即违法性,因而属于包含主观违法要素的表现犯(Ausdrucksdelikt)(大塚609頁)。不过,判例彻底贯彻了伪证罪的这种抽象的危险犯的性质,认为无论虚假陈述是否对裁判结果产生影响,理所当然,均不影响本罪成立(大判明治43・10・21刑録16輯1714頁),也不管询问事项如何,均可成立本罪(大判大正2・9・5刑録19輯844頁)。但值得注意的是,在主观说中,也有观点认为对此应加以限制,"连妨害司法职能与惩戒职能的抽象的危险都不存在的行为,不应构成伪证罪"(団藤102頁)。

〔1〕《刑事诉讼法》第161条〔拒绝宣誓、作证罪〕:"没有正当理由而拒绝宣誓,或者拒绝提供证言的,处10万日元以下罚金或者拘留。"(第1款)"犯前款罪的,可根据情节并处罚金和拘留。"(第2款)——译者注

反之,客观说则认为,如果陈述内容有违客观事实,就属于虚假陈述,即便证言与证人的记忆相反,倘若最终符合客观事实,就不属于伪证。既然伪证罪的保护法益是国家的公正裁判职能,那么,与客观事实相符合的证言,便不存在妨害公正裁判职能的危险,倒不如说,主观说是以违反宣誓义务作为伪证罪的处罚根据(瀧川 284 頁、小野 41 頁、植松 57 頁、平野 289 頁、内田 663 頁、中山 537 頁、中森 296 頁、山口 596 頁、山中 816 頁、松原 575 頁、平野龍一「偽造罪における客観説と主観説」『判例時報』1557 号 5 頁)。

裁判是一个明确客观真实的过程,为此,需要证人分别陈述自己的经历,但由于人的记忆未必确切,即便有违自己的经历或记忆,倘若本人认为那不过是自己的错觉的,就应该允许证人就自己确信为真实的内容提供证言。例如,本来认为自己在现场看到的犯人是女性,但经过仔细考虑之后,又确信是男性,那么,即便作出犯人是男性的证言,也不应被认为是伪证。因此,原则上,客观说更为妥当。对此,主观说提出了如下批判意见:按照客观说的观点,将有违自己记忆的事实认定为真实而进行陈述的,即便那不属于真实,最终也会被认定缺乏故意,这并不妥当(团藤 100 頁)。然而,只要自己相信属于客观真实并据此提供证言,当然应该否定存在伪证故意。不过,在判断是否虚假之时,不应仅限于与作为审判对象的案件整体之间的关系,还应考虑与各个陈述本身之间的关系。例如,自己并未看见,却作证说自己亲眼看见了;将传闻事实作为自己亲身经历的事实提供证言的,这些情形就应该属于虚假陈述(植松 57 頁、中森 296 頁、平野龍一「偽造罪における客観説と主観説」『判例時報』1557 号 9 頁)。

即便站在客观说的立场上,本罪也属于抽象的危险犯,不要求具体妨害了公正裁判或惩戒的职能。有观点认为,本罪属于亲手犯(大塚 609 頁),这种观点并不妥当。只要有可能发生妨害国家的公正裁判职能的危险,就可以成立(共谋)共同正犯或者间接正犯。通说认为,在事前宣誓的情形下,在一次询问程序中的全部陈述终了之时,达到既遂;在事后宣誓的情形下,宣誓终了之时,达到既遂。因此,在一次询问程序中途或者事后宣誓之前,若就以前的证言进行订正,则不构成本罪;在终了之后进行订正的,则止于基于坦白的刑罚减免(第 170 条)。

(三)共犯问题

被告人就自己的刑事被告案件教唆他人作伪证的,是否具有可罚性,本罪也存在这一问题。通说、判例持肯定说(大判昭和 11・11・21 刑集 15 卷 1501 頁、最决昭和 28・10・19 刑集 7 卷 10 号 1945 頁〔577〕)。对犯人教唆他人藏匿犯人或者隐灭证据的情形,否定成立教唆罪的论者之中,对于上述情形,也有部分论者肯定成立教唆犯(平野 290 頁、中山 538 頁、曽根 309 頁、山口 597 頁)。这种观点的理解在于,被告人之所以不具有证人资格,这只是考虑到与沉默权之间的关系,而出于政策性考虑的结果,并非明文规定将其排除本罪主体之外,既然如此,被告人自己原本是可以构成正犯的,因此,被告人教唆他人的,当然也可以构成共犯。但是,教唆伪证也属于一种隐灭证据行为,而且,被告人类型性地缺乏期待可能性,因此,本书认为,这里仍应持否定说(植松 55 頁、大谷 618 頁、岡野 354 頁以下、川端 721 頁、山中 818 頁)。

三、坦白的刑罚减免

犯前条之罪的人,就其提供证言的案件,在裁判确定之前或者惩戒处分实施之前坦白的,可以减轻或者免除其刑(第 170 条)。

本条属于政策性规定,是为了防止因伪证而做出错误的裁判或者错误的惩戒处分。第 171 条与第 173 条也属于同样性质的规定。所谓"坦白",是指承认就某事实作了伪证。坦白的对象,限于裁判所、侦查机关、惩戒权人。不同于自首(第 42 条第 1 款),即便裁判所等已判明了伪证事实亦可(植松 59 頁)。除正犯之外,本条还可适用于教唆犯(大判昭和 5・2・4 刑集 9 巻 32 頁)。坦白的法律效果,是刑罚的任意性减轻或者免除。

四、虚假鉴定罪

依法宣誓的鉴定人、口译人或笔译人作虚假的鉴定、口译或笔译的,依照前二条的规定处断(第 171 条)。

本罪主体,限于已依法宣誓的鉴定人、口译人以及笔译人(身份犯)。所谓"依法宣誓",与伪证罪一样,限于具有法令上的根据的场合(《民事诉讼法》第 216 条、第 217 条、第 154 条;《刑事诉讼法》第 166 条、第 178 条,等等)。

与伪证罪一样,对于"虚假"的含义,应理解为有违客观事实。就虚假鉴定等而言,恐难采取主观说。

如果鉴定、口译或笔译以书面形式进行,则在提交书面之时,如果以口头形式进行,则在作为鉴定、口译或者笔译的陈述终了之时,本罪达到既遂(大塚 611 頁)。坦白的刑罚任意性减免规定(第 170 条)也适用于本罪。

第五节　虚假告诉犯罪

一、概述

刑法典第21章“虚假告诉犯罪”[1]（在1995年的刑法修正之前，本罪罪名为“诬告犯罪”）规定的是，出于让他人错误地受到刑事处分或者惩戒处分的目的，而进行虚假的告诉、告发以及其他申告[2]的犯罪。关于其保护法益，存在三种相互对立的学说：(1)认为是国家的适正的刑事司法职能与惩戒职能（団藤109頁、香川106頁）；(2)认为是个人的利益或自由（平野290頁、平川189頁、山口600頁），或者认为个人利益也属于应予以与国家职能同等保护的保护法益（内田667頁、中森299頁、松原579頁）；(3)认为首先是国家职能，个人利益是第二性的保护法益（通说）。观点不同，就是否成立犯罪，会得出不同结论。首先，就针对自己的虚假申告（自我申告）而言，由于本条所谓“人”是指“他人”，因而，无论持何种观点，该行为均不具有（作为本罪的）可罚性（不过，作为真正的犯人的替身进行自我申告的，则有可能构成隐避犯人罪），仅限于可能构成《轻犯罪法》第1条第16项所规定之罪（申告虚构的犯罪之罪）。而且，针对实际并不存在的虚无的人进行虚假申告的，由于不可能造成错误处分，因而，其结论与“自我申告”一样。反之，得到对方的同意之后，针对该人进行虚假申告的（同意申告），按照第(2)说的观点，则不具有可罚性；但如果持第(1)说或者第(3)说，就应肯定该行为具有可罚性。本罪无疑侵犯了个人的自由与利益，不过，个人的处分权的效力不可能及于国家的适正审判职能，应当区别于个人的自由与利益，另外独立保护这种国家职能，因此，本书认为，第(3)说更为妥当。判例采取的也是第(3)说，判定“同意申告”具有可罚性（大判大正1·12·20刑録18輯1566頁〔578〕）。

二、虚假告诉罪

以使他人受刑事或惩戒之处分为目的，做虚假的告诉、告发或者其他申告的，处3个月以上10年以下惩役（第172条）。

---

〔1〕我国学者一般将本章译为“诬告犯罪”，但既然日本刑法典已专门将条文由“诬告犯罪”改为“虚假告诉犯罪”，为了体现日本刑法的修正旨趣，还是以直译为善。——译者注

〔2〕“申告”一词的含义为，作为法律义务，国民向相关政府机关就一定的事实进行申报（汇报）。——译者注

(一)行为

本罪行为,是虚假的告诉、告发或者其他申告。所谓告诉、告发,是指犯罪的被害人或者其他人申告犯罪事实,并要求处罚犯人的意思表示(参见《刑事诉讼法》第230条以下、第239条以下)。所谓"其他申告",除了请求予以刑事处分(例如,《刑法》第92条第2款)以及要求予以惩戒处分之外,还包括针对有可能涉及刑事处分或者惩戒处分的事实所进行的申告。这里的刑事处分除了刑罚之外,还包括针对少年的保护处分(《少年法》第24条)、《防止卖春法》中的辅导处分(《防止卖春法》第17条)(団藤111頁、大塚617頁、中森299頁)。虚假申告必须是向侦查机关、拥有惩戒权者或者有可能发动惩戒权的机关(称为"相关政府机关")进行。通说认为,"申告"属于自发行为,不包括在侦查机关调查取证时所作的虚假陈述(但如前所述,此行为有可能构成伪造证据罪)。不同于伪证罪,通说、判例认为,本条所谓"虚假",是指有违客观真实(最决昭和33・7・31刑集12卷12号2805頁〔579〕)。所申告的事实,必须能影响犯罪或惩戒的成立与否(大判大正13・7・29刑集3卷721页〔仅仅是夸大其词的,不成立虚假告诉罪〕),而且,还必须是达到能促使侦查机关或者惩戒权拥有者发动职权这种程度的具体事实(大判大正4・3・9刑録21輯273頁。该判例是有关行为人邮寄了记载警官因收受贿赂而不拘捕犯罪人这一虚假事实的匿名信件的案件)。

在虚假申告到达相关政府机关之时,本罪达到既遂。在邮寄的情形下,仅仅只是"发送"还不够,必须是"到达",但不必已经实际拆阅(大判大正5・11・30刑録22輯1837頁)或者已经提起公诉(大判大正3・11・3刑録20輯2001頁)。

(二)主观要件

有关本罪的主观要件,也就是说,作为故意而言,对于所申告事实的虚假性的认识以及让对方受到刑事或惩戒处分的目的,是否只要是未必的认识即可,在判例、学说上尚存争议。刑事案件的告诉、告发以及惩戒事由的申告,由于还处于嫌疑阶段,完全有可能违背客观真实,因而,这些行为也总伴有成立本罪的可能性。学说之所以就本罪的主观要件展开探讨,就是试图通过这种探讨,将合法告诉、告发等行为与成立本罪的行为区别开来。

1. 故意

要成立本罪,首先,必须对申告内容属于虚假内容这一点存在认识。正如前文所述,通说、判例认为,这里的虚假性,是指有违客观真实。这是因为,只要申告内容符合客观真实,就不会非法地妨害国家的审判职能,以及个人的自由与利益。因此,即便本人认为属于虚假事实,而仍然进行申告,只要在客观上属于真实事实,就不具有构成要件该当性;反之,即使客观上属于虚假事实,但本人主观上认为属于真实事实的,就不具有本罪故意。问题在于,虚假性的认识是否只要存在未必的认识即可?对此,学界存在争议。既有观点认为,必须是确定的认识(団藤 112 頁、大塚 616 頁、大谷 622 頁、曽根 321 頁、中森 300 頁、山口 602 頁以下、山中 823 頁、高橋 665 頁、井田 576 頁),也有观点认为,只要有未必的认识即可(植松 61 頁、平野 291 頁、藤木 49 頁、内田 669 頁、前田 477 頁、平川 191 頁)。判例认为只要有未必的认识即可。例如,被告人听到某地方检察厅的检察官收受了嫌疑人的贿赂这种传言之后,并未就事实的真伪进行充分调查,对是否存在该事实也并无确信,但出于整肃该检察厅(风纪)的目的,告发了该检察官。对于此案,最高裁判所认为,"要构成诬告罪,作为主观要件,不要求申告人确切认识到所申告的事实属于虚假事实,而只要存在未必的认识即可,作如此理解是相当的……既然被告人是(未经核实)极其草率地实施了告发行为,无论如何也不能认定该行为具有合法性,那么,被告人便不能避免诬告罪的罪责"(最判昭 28・1・23 刑集 7 卷 1 号 46 頁)。

认为只要存在未必的认识即可的观点的根据在于:(1)按照故意的一般理论,并没有(仅就本罪)排除未必的故意的必然性;(2)依据《刑法》第 35 条的规定,就可以将正当地告诉、告发予以正当化,因而,没有必要限于确定的认识;(3)只要将焦点集中于"使之错误地受到处分"这一点即可。但是,首先,就该说的第(2)点根据而言,与毁损名誉罪中的真实性的误信的情形一样,要求是基于相当的根据而认为对方具有嫌疑。然而,既然不处罚过失的虚假告诉罪,那么,即便是轻率地误信为真实,也应否定成立本罪。其次,第(3)点根据在文理上存在牵强之处。本条仅仅要求"以使他人受刑事或惩戒之处分为目的",所谓"错误"处分,无疑完全是由"虚假"的申告所引起。如此看来,为了明确与正当地告诉或告发之间的界限,尽管第(1)点根据不无道理,我们仍然应该将本罪的故意理解为,必须对虚假性存在确定的认识。在此意义上,前述昭和 28 年(1953 年)的最高裁判所的判决(最判昭 28・1・23 刑集 7 卷 1 号 46 頁)实质上处罚的是过失的虚假告诉,应该说,并不妥当。

2. 目的

要成立本罪,除了故意之外,还必须存在"使他人受刑事或惩戒之处分"这一目的。关于该目的,有力观点出于限制本罪成立范围的意图,认为必须是"希望"(追求、意欲)结果发生(団藤 111 頁、福田 40 頁、曽根 312 頁)。反之,通说、判例则认为,只要是未必的认识即可(大判大正 6・2・8 刑録 23 輯 41 頁。但平野 291 页认为,必须客观上存在受刑事或惩戒之处分的可能性)。如前所述,本罪的保护法益还应包括个人的自由与利益,因此,并非企图使他人受到有罪判决,而只是企图启动侦查的,这种情况同样应构成本罪(大判昭8·2·14刑集12卷114頁);但如果站在"必须是希望结果发生"这一立场,则无法应对这种情况,因而,并不妥当。概言之,本书认为,只要就本罪目的存在未必的认识即可。

(三)坦白的刑罚减免

按照第173条的规定,犯前条之罪(虚假告诉罪)的人,只要就申告事实,在裁判决定之前或者惩戒处分实施之前坦白的,就可以减轻或免除其刑罚。

与第170条一样,本条是出于防止发生错误的裁判与错误的惩戒处分这一目的,基于政策性考虑而设置。有关其解释,参见第170条"坦白的刑罚减免"中的相关解说。

第六节　滥用职权的犯罪

一、概述

刑法典第25章"渎职犯罪"规定了由公务员所实施的滥用职权犯罪(第193条至第196条)与行贿受贿犯罪(第197条至第198条)。上述各罪有一点是相同的,即都是由承担国家职能的公务员从内部侵害公务的适正执行以及国民对此的信赖;不同的是,滥用职权的犯罪具体侵害了国民的自由与权利,而行贿受贿的犯罪并不存在这种被害人。为此,本节单独解说滥用职权的犯罪。

作为滥用职权的犯罪,刑法典规定了公务员滥用职权罪(第193条)、特别公务员滥用职权罪(第194条)、特别公务员暴行凌虐罪(第195条)、特别公务员滥用职权等致死伤罪(第196条)。1947年的刑法部分修正大幅加重了这些犯罪的法定刑:就第193条,从6个月以下惩役或禁锢加重到2年以下惩役或禁锢;就第194条,从6个月以上7年以下惩役或禁锢加重到6个月以上10年以下惩役或禁锢;就第195条,从3年以下惩役或禁锢加重到7年以下惩役或禁锢。这种变化主要是基于以下两点:二战后的新宪法将公务员从天皇的官吏转而定位于全体国民的"奉献者"(《宪法》第15条);绝对禁止公务员实施拷问行为(《宪法》第36条)。

考虑到上述修正,本书认为,滥用职权罪的保护法益,不仅仅是公务的适正执行以及国民对此的信赖,还包括另外一个与此同等重要的法益,即作为被害人的国民的自由与权利这种个人法益(平野294頁),因此,对于个人法益的保护,就不应该被理解为那仅仅只是对国家法益的保护的反射性利益。

二、公务员滥用职权罪

公务员滥用职权，使他人实施并无义务实施的事项，或者妨害他人行使权利的，处2年以下惩役或禁锢（第193条）。

（一）主体

本罪是身份犯，本罪主体限于公务员。尽管本罪的结果部分与强要罪（第223条）中的表述相同，但由于本罪的法定刑相对要轻，因而，不能将本罪理解为，强要罪的特别类型或者补充类型，不能适用《刑法》第65条第2款。

（二）行为

本罪行为是滥用职权。

1. 职权的含义

职权，是指该公务员所拥有的一般职务权限。因此，仅存在似乎拥有该职务权限的外形还不够，必须客观上存在该一般职务权限。不过，根据有关"宫本身份台账案"* 的最高裁判所判例，一般职务权限无须明文的根据与规定，只要通过综合性地、实质性地考察法律制度，能够认定具有此权限即可（最决昭和57·1·28刑集36卷1号1頁〔582〕）。

* 宫本身份台账案　裁判官A于1974年造访网走监狱，谎称是为了用作司法研究以及其他职务上的参考，而进行的必要调查、研究，从而获得监狱长的许可，调阅并拍摄了当时的日本共产党委员长宫本显治的身份台账。其后，A以本罪被告发，但东京地方检查厅作出了不起诉处分，为此，告发者提请交付审判程序（参见《刑事诉讼法》第262条以下）。东京地方裁判所驳回了该请求，但作为抗告审的东京高等裁判所撤销了东京地方裁判所的该决定，另外作出了应交付审判的决定。对此，A申请了特别抗告，但最高裁判所认为程序不合法而予以驳回（最决昭和52·8·25刑集31卷4号803頁）。被指定进行一审的东京地方裁判所判定无罪，但受理了指定律师的控诉的东京高等裁判所撤销该一审判决并发回重审。为此，A向最高裁判所提出了上告。最高裁判所以裁判官拥有监狱巡视权（旧《监狱法》第4条第2款）、接受司法研究之委托的裁判官根据研究课题的需要可以调阅身份台账等为理由，认为"裁判官向监狱长等提出调阅、提供资料的要求……只要是有利于量刑以及用作其他职务上的一般参考，应该说，该要求是基于裁判官所特有的职责，也是基于监狱法上有关巡视权的正当理由，尽管并不具有法律上的强制力，但对监狱长等而言，只要不给行刑等造成特别障碍，就产生了应答应此

要求的事实上的负担这种效果,因此,如果滥用此权利,就足以谓之,使对方实施了并无义务实施的事项,因而,可认定属于滥用职权罪中的裁判官的一般职务权限。因此,裁判官不是出于用作司法研究以及其他职务上的参考而进行调查、研究这一目的,明明是出于与此无关的其他目的,却假装是出于正当目的的调查行为,要求调阅身份台账,并让对方提供复印件,且使得监狱长答应此要求的,就不能不被谓为,滥用职权,使他人实施了并无义务实施的事项",进而驳回了上告。[1]

2. 职权的性质

有关职权的性质,判例认为,"一般职务权限,并不一定需要伴有法律上的强制力,只要在滥用该职权的情况下,该职权足以让职权行使相对方实施事实上并无义务实施的事项,或者足以妨害相对方行使权利,就应包括在内"(最决昭和 57・1・28 刑集 36 卷 1 号 1 頁〔582〕)。对此,有力学说认为,由于与强要罪的法条用语具有共同性,为此,本罪属于"以压制对方的意思为要素的犯罪",因此,本罪所谓职权,也应该属于强制性职权。[2] 有关"共产党干部住宅窃听案",* 作为"请求交付审判程序"的一审决定,以由警官所实施的窃听"不能被谓为具有行使职权之外形的滥用职权行为"为理由,判定不成立本罪(東京地决昭和 63・3・7 判タ662 号 262 頁);二审决定以"并不具有作用于属于行为对象之请求人的意思,并对其施加影响的职权行使的性质"为理由,否定成立本罪(東京高决昭和 63・8・3 高刑 41 卷 2 号 327 頁)。这两个决定可能也是立足于与上述学说同样的理解。但是,强要罪之所以以压制对方的意思自由为要件,是因为其手段行为是暴力或者胁迫,而就本罪而言,并不具有应做相同理解的必然性。即便不具有行使职权的外观,或者对方对此也不存在认识,但如果国民事后知道该行为属于公务员滥用职权所实施的违法、不当行为,那么,也同样有可能损害国民对于公务的适正执行的信赖。并且,如果将本罪结果理解为,只要侵害了职权行使相对方的自由与权利即可,并不一定要求侵害了相对方的具体的行动自由(最典型的就是侵

---

〔1〕 该决定还添附了宫崎裁判官的反对意见:"一般职务权限,尽管不一定要求达到伴有法律上的强制力的程度,但至少必须具有法令上的依据,仅仅是存在对方有依凭公务员行动的外形而误信存在权限之虞,这还不够"。"即便被告人假装是为了进行司法研究或者用作将来有可能担当的案件的一般参考,而进行调查活动,但那也至多只是滥用了裁判官的地位、身份,不能被谓为该当于《刑法》第 193 条的滥用职权行为"。——译者注

〔2〕 参见古田佑紀、渡辺咲子、五十嵐さおり『大コンメンタール刑法〔第 10 卷〕』33 頁。持相同旨趣的还有:小野 50 頁、瀧川 260 頁、大塚 620 頁、内田 675 頁、植松正「警官の電話盗聴と職権濫用罪」『時の法令』1337 号 56 頁、原田保『刑法における超個人的法益の保護』(成文堂 1991 年)211 頁。

犯隐私),那么,就应该说,上述要件是对本罪成立范围的不当限制。事实上,即便对方对于滥用职权的事实并无认识,但如果能够认定权利受到了侵害,对此,判例一直是肯定成立本罪的。例如,町议会议员通过不当的"门户捐"[1]决议,而让持反对意见者承担过当的纳税义务(大判大正 11·10·20 刑集 1 卷 568 頁);尽管在和解笔录上并无此内容,但执行官吏仍制作了写有由执行官吏保管这一内容的公告牌,并因失误而将该公告牌竖在毫无关系的第三者的土地上(最决昭和 38·5·13 刑集 17 卷 4 号 279 頁〔584〕);篡改竞标价格,阻止了以最高价格进行投标的投标者中标(甲府地判昭和 43·12·18 下刑 10 卷 12 号 1239 頁);等等。有关前述"共产党干部住宅窃听案"的最高裁判所决定,对于"须具有职权行使外观且足以压制对方意志"这一点,也明确否定了其必要性(最决平成 1·3·14 刑集 43 卷 3 号 283 頁〔586〕)。

* 共产党干部住宅窃听案 神奈川县警的警官 A、B 为了得到有关日本共产党的警戒情报,盗听了共产党国际部长 C 某家的电话。C 以本罪提起告诉,但东京地方检察厅作出了不起诉处分;为此,C 向东京地方裁判所提出了交付审判程序的请求,但该请求被驳回;而后,由于作为抗告审的东京高裁也驳回了抗告,进而向最高裁判所提出了特别抗告。对此,最高裁判所作出了如下否定判断:"如果原原决定(一审决定)与原决定(二审决定)有关职权所作的判示部分的宗旨在于,表明那是成立公务员滥用职权罪所必不可少的要件,那么,对于有可能成立该罪的部分情形而言,则不难招致否定犯罪成立的结果,然而,如果其旨趣仅仅在于说明职权滥用行为所通常具有的特征,则是可予肯定的",进而以本书所提到的理由为理由,最终维持了驳回 C 之请求维持原决定。[2]

---

〔1〕 门户捐:是指二战前日本按户摊派的款项。——译者注

〔2〕 有关本案的最高裁判所决定的大致理由:因作为抗告审的东京高等裁判所也驳回了抗告,C 进而向最高裁判所提出了特别抗告,主张"公务员作为职务行为而实施了不法行为,且侵害了个人的权利、自由之时,当然应成立本罪"。对此,最高裁判所认为,"《刑法》第 193 条之公务员滥用职权罪中的'职权',并非指公务员的一般职务权限之全部,而是指其中足以对职务行使之相对方造成法律上、事实上的负担或者不利益的特别职务权限(参见最决昭和 57·1·28 刑集 36 卷 1 号 1 頁)。应该说,要成立本罪,公务员的不法行为必须是在具有上述性质的情形下滥用了职权。亦即,即便公务员的不法行为是作为职务而实施,如果不是滥用职权而实施,就并无成立本罪之余地;反之,即便公务员实施的不法行为与其职务无关,如果滥用职权而实施的,仍成立本罪(参见最决昭和 57·1·28 刑集 36 卷 1 号 1 頁、最决昭和 60·7·16 刑集 39 卷 5 号 245 頁)""就本案而言,犯罪嫌疑人在实施窃听行为的整个过程中,自始至终在任何人面前都装出此行为并非由警察所实施的样子,因而,不能由此认定是警官滥用职权。因此,认定本案行为不属于公务员滥用职权罪的原决定是正当的。"进而最终作出了驳回请求维持原决定的判断。——译者注

然而,该最高裁判所决定对于职权的含义又特别加以了限制,认为"《刑法》第193条之公务员滥用职权罪中的'职权',并非指公务员的一般职务权限之全部,而是指其中足以对职务行使之相对方造成法律上、事实上的负担或者不利益的特别职务权限"。按照有关该案的最高裁判所调查官的解说,其含义在于"即便没有强制力,但能要求国民事实上服从或者忍受的职务权限"(出田孝一『平成元年度最高裁判所判例解説』111頁)。在学界,以有利于构成要件的明确化为理由,而支持该"特别权限说"的观点也很有影响。[1]但如前所述,如果否定强要罪与本罪之间的共同性,则没有必要作如此限制。而且,该观点只是将"权利侵害型"的权限纳入本罪的"职权"之内,而排除了属于"权利赋予型"的职权(例如,对于申请的许可或认可权限),其结果就是,诸如将"申请捂烂"也不予审议,或者不当地延缓认可的行为,就并不构成本罪,因此,如果该说是如此旨趣的话,就应该说,并不妥当。如此看来,本罪所谓"职权",就应该被理解为一般职务权限。[2]

3. 滥用的含义

判例认为,所谓职权的"滥用",是指"公务员就属于其一般职务权限的事项,假借行使职权之名,而实质性地、具体地实施违法、不当的行为"(最决昭和57・1・28刑集36卷1号1頁〔582〕)。例如,除了前述"宫本台账案"之外,还有诸如简易裁判所的裁判官出于与自己负责审理的盗窃案的被告女性进行个人交往的意图,某夜,谎称要讨论损害赔偿事宜,将该女性叫至茶座,这种行为就该当于本罪(最决昭和60・7・16刑集39卷5号245頁〔小

---

〔1〕参见青木紀博「判批」『同志社法学』41卷6号145頁、堀内捷三「判批」『警察研究』63卷4号53頁、斉藤豊治「職権濫用罪の問題点」『刑法基本講座〔第6卷〕』342頁、山口607頁、山中827頁、高橋669頁、井田581頁以下、松原587頁以下。

〔2〕参见中森喜彦「職権濫用罪に関する覚書」『森下忠先生古稀祝贺(上)・変動期の刑事法学』334頁、前田雅英「職権濫用罪」『刑法雑誌』31卷1号87頁、平良木登規男「判批」『判例時報』1337号(『判例評論』374号)219頁、町野410頁、曾根314頁。

仓简易裁判所案[1]〕〔583〕）。另外，某保护观察官将保护观察期已满的某女子叫出来，并实施了猥亵行为，对此，下级裁判所的判例否定构成本罪（東京高判昭和43·3·15高刑21卷2号158頁〔581〕）。但是，按照最高裁判所的上述观点，至少就“叫出行为”而言，只要属于保护观察官的一般职务权限之内，就可以说，最高裁判所已对该下级裁判所的判例予以了否定。

上述判例均属于假借行使职权类型（假借职权型）的案例，除此之外，本条所谓“滥用”还应该包括，公务员就属于其一般职务权限的事项，在行使职权的过程中实质性地、具体地实施违法、不当行为的类型（履行职权型）（中森303頁、曽根314頁）。对于前述“共产党干部住宅窃听案”，最高裁判所的决定（最决平成1·3·14刑集43卷3号283頁〔586〕）以“犯罪嫌疑人在实施窃听行为的整个过程中，自始至终在任何人面前都装出此行为并非由警察所实施的样子，因而，不能由此认定是警官滥用职权”为理由，否定成立本罪。该决定是否妥当存在争议。关于该决定的旨趣，本案的调查官作了如下解说：要肯定警官就窃听存在滥用职权的行为，一般有两种情况：(1)警官滥用了窃听的职权，(2)在窃听过程中滥用了警官的职权，就第(1)点而言，“现在尚未认可警官具有以本案形式进行窃听的职务权限”，就第(2)点而言，由于行动时已尽量注意不让任何人知道是警察所为，因而，这里不存在作为警官的职权行使行为，因此，对于本案不能肯定成立滥用职权罪（出田孝一『平成元年度最高裁判所判例解説』113頁）。但是，本案是《通信监听法》制定之前的案件，就是在该时点，按照下级裁判所的判例观点，作为基于“勘验令状”而实施的强制搜查行为，在一定场合之下也允许实施窃听（甲府地判平成3·9·3判時1401号127頁。另见最决平成11·12·16刑集53卷9号1327頁）；而且，也可以说，警官拥有收集警戒情报的一般职务权限（参见青木紀博「判批」『同志社法学』41卷6号157頁）。因此，本案窃听行为也属于一般职务权限，只不过是违法地行使了职权，当然应构成本罪。相反，本决定可能

---

〔1〕 对于此案，作为一审的福冈地方裁判所与作为二审的福冈高等裁判所均认为，裁判官要求被告人出来见面的行为，属于裁判官的一般职务权限范围之内的行为，而且，具备了让对方误以为职权行使的外形，应成立滥用职权罪（而且，之后还与该女性发生了性关系，对此，肯定成立受贿罪）。对此，最高裁判所作出如下判决，肯定了有罪结论：“要求刑事案件的被告人出来见面，这属于裁判官的一般职务权限之内的行为，裁判官在上述时刻（晚上8时40分左右）打电话将自己负责审理的刑事案件的被告人叫到茶座的行为，作为行使职权的方法，尽管存在异常，但鉴于该刑事案件的审理处于上述状况之下（为了等待损害赔偿，下次的公开审理被指定在5天之后），且谎称是想就赔偿的事情见面，就不能说，不具有作为行使职权之外形，而且，对接到电话的刑事案件被告人而言，也可以认为，该行为足以让其相信，裁判官要求自己出来见面是在行使职权，因此，应该说……被告人的上述行为属于滥用职权，是让该女性实施并无义务实施的事项。”——译者注

认为,由于本案中的窃听行为属于违反《电气通讯事业法》的违法行为,因而,属于僭越职权而非滥用职权。但是,考虑到本罪的处罚根据,如果将僭越职权的情形排除在外,则不能体现其宗旨,因而,并不合适。亦即,只要针对属于公务员的一般职务权限的事项,实施了违法、不当的职务行为,就有可能成立本罪,可以说,在此类情形下,僭越职权当然包含在滥用之中。

(三)结果

本罪属于结果犯,并不处罚未遂,因此,只有在"使他人实施了并无义务实施的事项,或者妨害了他人行使权利的"时候,才构成本罪(团藤 125 頁认为,最好设置未遂处罚规定)。因此,滥用职权叫对方出来,但对方并未答应;或者,滥用职权设置了窃听设备,但未能成功窃听的,就不构成本罪。〔1〕

如前所述,不同于强要罪,要成立本罪,不需要达到压制对方意思自由的程度,正如窃听侵害了对方隐私一样,即便对方尚未意识到这一点,但只要侵害了权利,就可以认定发生了本罪之结果。前述有关"共产党干部住宅窃听案"的最高裁判所的决定,使用了"足以对职务行使之对方造成法律上、事实上的负担或者不利益"这一有别于条文的表述,就表明了这一旨趣。

三、特别公务员滥用职权罪

执行或者辅助执行审判、检察或者警察职务的人滥用职权,逮捕或者监禁他人的,处 6 个月以上 10 年以下惩役或者禁锢(第 194 条)。

本罪是以特定公务员为主体的身份犯,属于逮捕罪、监禁罪的加重类型。加重刑罚的根据在于:首先,本条所规定的公务员,在其职务上被赋予了得以侵害他人的人身自由与权利的职权,为此,滥用该职权,就很容易造成权利被侵害;而且,与此同时,还会侵害国民对于执行公务之适正性的信赖。因此,本条的身份,在形式上属于加重身份,在实质上则是加重了行为的违法性,因而,应被理解为第 65 条第 1 款的身份(参见西田『新版 共犯と身分』245 頁以下)。

"执行裁判、检察或者警察职务的人",是指裁判官、检察官、司法警察(参见根据《刑事诉讼法》第 39 条、第 189 条第 1 款以及第 199 条第 2 款的规

〔1〕 参见中森喜彦「判批」『法学教室』95 号 72 頁。反之,出田孝一『平成元年度最高裁判所判例解説』103 頁则认为,对于创造出了可能窃听的状态这种行为本身,就可以认定为权利侵害。

定而制订的《有关指定司法警察的规则》)；“辅助执行裁判、检察或者警察职务的人”，是指裁判所的书记官、庭吏(参见《裁判所法》第 63 条、《有关维持法庭等秩序的规则》第 2 条第 2 款)、检察事务官、司法巡查等，按照其职务性质处于辅助地位者。由于不包括事实上的辅助人员，因而，受警察所长的委托的少年辅导员，就不属于辅助警察职务的人员(最决平成 6・3・29 刑集 48 卷 3 号 1 頁)。

本罪行为，是逮捕或者监禁。有关其含义，参见“逮捕、监禁罪”(第 220 条)中的相关解说。

四、特别公务员暴行凌虐罪

执行或者辅助执行审判、检察或警察职务的人在执行职务之时，对被告人、犯罪嫌疑人或者其他人实施暴力、凌辱或者虐待行为的，处 7 年以下惩役或者禁锢(第 195 条第 1 款)。

依法负责看守或者押送被羁押者的人，对被羁押者实施暴力、凌辱或者虐待行为的，与前款同(同条第 2 款)。

本罪处罚的是，第 194 条以及第 101 条的主体在执行职务之时所实施的违法行为。就暴行罪而言，本罪属于加重的身份犯，与特别公务员滥用职权罪(第 194 条)中所谈到的一样，也应适用第 65 条第 1 款。同时构成强制猥亵罪、强奸罪的，则与本罪构成想象竞合。

本条第 1 款的对象是“被告人、犯罪嫌疑人或者其他人”，这里的“其他人”包括证人、参考人等；第 2 款的对象是“被依法羁押者”，有关其含义，参见“夺取被羁押者罪”(第 99 条)中的相关解说。

“暴力”，是指暴行罪中的所谓暴力；“凌辱或者虐待行为”，是指通过诸如使用侮辱性言行、不让吃饭、不让如厕、实施猥亵行为等手段，对被羁押者等施加肉体或者精神上的痛苦。对于留置场的看守奸淫被留置者的案件，东京高等裁判所认为，即便征得了对方的同意，仍属于“凌辱或者虐待行为”(東京高判平成 15・1・29 判時 1835 号 157 頁)。但是，如果征得了对方基于真实意思的同意，连这种情形也要成立本罪，是存在疑问的。

五、特别公务员滥用职权等致死伤罪

犯前二条之罪，因而致人死伤的，与伤害罪比较，依照较重的刑罚处断(第 196 条)。

本条规定的是,特别公务员滥用职权罪(第194条)以及特别公务员暴行凌虐罪(第195条)的结果加重犯。

“与伤害罪比较,依照较重的刑罚处断”的含义,参见“不同意堕胎致死伤罪”中的相关解说。

第七节　贿赂犯罪

一、概述

(一)贿赂犯罪的沿革

刑法典规定了以下贿赂犯罪:普通受贿罪(第197条第1款前段)、受托受贿罪(第197条第1款后段)、事前受贿罪(第197条第2款)、向第三者行贿罪(第197条之二)、加重受贿罪(第197条之三第1款)、事后加重受贿罪(第197条之三第2款前段)、事后加重向第三者行贿罪(第197条之三第2款后段)、事后受贿罪(第197条之三第3款)、斡旋受贿罪(第197条之四)、对贿赂的必要性没收或者追缴(第197条之五)、行贿罪(第198条)。*贿赂犯罪的结构相当复杂,其沿革如下所述:

* 特别法　受贿罪的规定也适用于其他法律中的“准公务员”(有关其含义,参见“妨害执行公务罪”),除此之外,依据特别法而处罚受贿罪、行贿罪的例子也有很多。例如,《赛马法》第32条之二、《土地改良法》第140条、《日本电信电话株式会社法》第18条、《城市规划法》第89条等(详细介绍参见河上和雄、小川新二『大コンメンタール刑法〔第10巻〕』85頁以下)。另外,《战时特别刑事法》第18条之三还规定了战时斡旋受贿罪,但在昭和21年(1946年)1月被废止。根据平成10年(1998年)对《反不正当竞争法》的修正,引入了有关禁止向外国公务员提供非法利益的规定(第18条)。

(1)明治13年(1881年)的旧刑法,在第284条以下仅仅针对官吏的受托受贿罪等作了规定,至于行贿行为作为其共犯是否具有可罚性,引起了争议。对此,大审院认为,按照有关必要的共犯的立法者意思说,只要对当然可以想见的参与行为没有作出处罚规定,那么,就应该是不可罚的(大判明治37・5・5刑録10輯955頁。有关必要的共犯,参见“散发猥亵物等罪”)。

(2)明治40年(1908年)的现行刑法,在将受贿罪分为普通受贿罪、加重受贿罪的同时,还增设了行贿罪及其自首减免的规定、对贿赂的必要性没收

或者追缴的规定。其内容如下:

第197条第1款:公务员或者仲裁人有关其职务收受、要求或者约定贿赂的,处3年以下惩役。因而实施非法行为,或者不实施相当行为的,处1年以上10年以下惩役。

第197条第2款:在前款情形下,没收其所收受的贿赂。全部或者部分已无法没收的,追缴其价款。

第198条第1款:向公务员或者仲裁人交付、提供或者约定贿赂的,处3年以下惩役或者300日元以下罚金。

第198条第2款:犯前款之罪者自首的,得减轻或者免除其刑。

(3)昭和16年(1941年),在战时统制经济体制下,为了整肃公务员纲纪,大幅度地扩充了贿赂犯罪,在增设受托受贿罪、事前受贿罪、向第三者行贿罪、事后加重受贿罪、事后加重向第三者行贿罪、事后受贿罪的同时,还独立设置了必要性没收或者追缴的规定,并删除了行贿人的自首减免规定。

(4)昭和33年(1958年),以"昭和电工疑狱案"** 为契机,增设了斡旋受贿罪,与此相对应,作为第198条第2款规定了斡旋行贿罪(处2年以下惩役或者3000日元以下罚金)。

** 昭和电工疑狱案　昭和电工株式会社从复兴金融公库融资23亿日元,因涉及此事,1948年6月,以涉嫌行贿而逮捕了该公司社长。并且,作为受贿人,还逮捕了经济安定本部长、大藏省主计局长[1]前任副首相、元农林水产省事务次官、兴业银行副总裁以及其他几名政治家。最终仅有作为行贿人的社长与元农林水产省事务次官、经济安定本部长被宣判有罪,而其他人基于对贿赂性缺乏认识,或者实施的是斡旋行为而不属于职务行为等理由,被宣判无罪。

(5)昭和55年(1980年),以"洛克希德案"*** 为契机,除加重受贿罪、事后加重受贿罪、事后加重向第三者行贿罪之外,提高了其他受贿犯罪的法定刑(从3年提升到5年、从5年提升到7年),同时也提高了斡旋行贿罪的法定刑,以与其他行贿犯罪保持一致。其后,平成3年(1992年)的刑法部分修正,将行贿罪的罚金金额提高至250万日元。

*** 洛克希德案　该案件涉及两条途径:一是在1976年2月,(作为

---

〔1〕 主计局:是作为日本中央省厅机构之一的大藏省(财务部)辖下的部、局单位之一。主要负责国家预算的编制、决算的制作、会计制度的企划与起草。尤其是,由于掌握着预算编制,被认为对相关政府机关具有压倒性的影响力。——译者注

现在的洛克希德·马丁公司前身的)美国的洛克希德公司(Lockheed Corporation)为了向日本全日空航空公司推销自己公司研发的飞机(Lockheed L－1011 TriStar),通过日本商社丸红的干部的介绍,希望当时的内阁总理大臣 T 向全日空做工作,并提供了贿赂(丸红途径);二是在 1970 年至 1982 年期间,全日空社长从洛克希德公司收受了礼金,为了让相关部门作出“日本航空延期购买国内航线用大型飞机”这种行政指导,而向运输大臣 H、运输政务次官 S 提供了贿赂(全日空途径)。丸红公司的干部以行贿罪被宣判有罪(最大判平成 7·2·22 刑集 49 卷 2 号 1 页〔595〕);T 以受托受贿罪被一审、二审宣判有罪(東京高判昭和 62·11·18 高刑 40 巻 2 号 77 頁),但因在上告过程中被告人 T 死亡而撤销了公诉;另外,H 也以受托受贿罪被一审、二审宣判有罪,同样由于被告人在上告过程中死亡而最终撤销公诉(東京高判昭和 61·5·16 判時 1205 号 5 頁);S 也以受托受贿罪被一审、二审宣判有罪(東京高判昭和 61·5·14 判時 1205 号 61 頁),被告人虽提出了上告,但因撤回上告而最终确定犯罪成立(详细解说参见西田典之「内閣総理大臣の職務権限」『ジュリスト』1069 号 4 頁)。

(6)平成 15 年(2003 年)制定了《仲裁法》,该法对仲裁人的行贿、受贿问题作出了规定(《仲裁法》第 50 条以下),因而,从刑法的受贿罪的主体中删除了“仲裁人”。

另外,此前,有关受贿罪,刑法规定了处罚公务员的国外犯的规定(第 4 条第 3 项);有关行贿罪,则不处罚国外犯。但根据平成 29 年(2017 年)的法律修正(法第 67 号),有关行贿罪,也处罚一般日本国民的国外犯(第 3 条第 6 项)。

(二)保护法益

有关贿赂犯罪的保护法益,此前,一直存在“不可收买性说”与“纯粹性说”之间的对立。“不可收买性说”认为,保护法益是公务的不可收买性,即公务不得为贿赂所左右;“纯粹性说”认为,保护法益是职务行为的公正性。〔1〕但是,现行刑法是以与职务相关而收受贿赂的普通受贿罪作为贿赂犯罪的基本类型,并未要求达到公务为贿赂所左右这种程度。为此,处罚根据在于,此类行为会使国民产生“公务难道不是已经被贿赂所左右了吗?”这

〔1〕 详见北野通世「収賄罪の一考察〔1〕〔2·完〕」『刑法雑誌』27 巻 2 号 259 頁以下、28 巻 3 号 378 頁以下;斎藤信治「賄賂罪の保護法益〔1〕〔2〕〔3·完〕」『法学新報』96 巻 1 = 2 号 73 頁以下、3 = 4 号 49 頁以下、5 号 1 頁以下。

种不信任，逆言之，由于侵害了社会一般人对于公务公正性的信赖，而最终会损害到公务的顺利实施这种国家职能。另外，“纯粹性说”认为，加重受贿罪是贿赂犯罪的基本类型，普通受贿罪是加重受贿罪的危险犯。但是，针对正当职务也有可能成立普通受贿罪，因此，“纯粹性说”的这种定位未免牵强。如此看来，贿赂犯罪的保护法益最终只能是，职务行为的公正性以及对此的社会一般信赖（“信赖保护说”）；并且，普通受贿罪是基本类型，加重受贿罪是普通受贿罪的加重类型（通说）。判例也采取了同样的立场，认为“贿赂犯罪以公务员职务的公正性以及对此的社会一般信赖为其保护法益”（最大判平成7・2・22刑集49卷2号1頁〔洛克希德案〕。大判昭和6・8・6刑集10卷412頁、最大判昭和34・12・9刑集13卷12号3186頁等也是同一旨趣）。按照这种观点，如果该公务属于几乎不存在为贿赂所左右的余地的职务［例如，给邮递员的“红包”（心意）］，则有可能被排除在贿赂犯罪所谓职务之外。〔1〕

（三）贿赂的含义

1. 贿赂的目的物

所谓贿赂，是指作为公务员的职务行为之对价的非法报酬。不过，只要是就一定职务的对价即可，不要求与个别具体的职务行为之间也存在对价关系（最判昭和33・9・30刑集12卷13号3180頁〔608〕）。判例认为，“贿赂，不限于财物，也不问有形还是无形，凡能满足人之需要或者欲望的一切利益均包括在内”（大判明治44・5・19刑録17輯879頁），因此，除金钱、物品、不动产等有形物之外，诸如代偿债务（大判大正14・5・7刑集4卷266頁。所谓的餐费的追讨等）、金融利益（大判大正14・4・9刑集4卷219頁）、支付艺妓的“花钱”等招待（大判明治43・12・1刑録16輯2239頁〔605〕）、高尔夫俱乐部会员权（最决昭和55・12・22刑集34卷7号747頁〔622〕）、以公开价格获得会确实涨价的尚未公开发行的股票而获取的利益（最决昭和63・7・18刑集42卷6号861頁〔殖产住宅案〕〔606〕、東京高判平成9・3・24判時1606号3頁〔利库路特案〕）等财产性利益，以及诸如就求职进行斡旋的约定（大判大正14・6・5刑集4卷372頁）、异性之间的肉体关系（最判昭和36・1・13刑集15卷1号113頁）等，也可称为贿赂。

2. 社交礼仪

诸如我国这样礼仪往来已成为一种文化的社会，如何区别作为社交礼仪

---

〔1〕但是，大判昭和11・5・14刑集15卷626頁认为，即便是并无赠送“红包”（心意）之余地的职务，也构成贿赂犯罪。

的在中元、岁暮、贺年、饯别、祝贺、土特产等场合所实施的赠与与贿赂,就尤其重要。* 这些馈赠,即便关系到职务,但如果主要是基于私人交往、同乡关系、前辈与后辈之间的关系等个人关系,则不存在是否具有贿赂性的问题。问题在于,虽可以认为是职务行为的对价,但馈赠本身尚在社会一般习惯礼仪范围之内的,对此如何处理?

* 政治献金与贿赂　有关政治献金与贿赂的区别,也存在同样的问题。判例认为,如果只是一般性地期待实施合乎献金者利益的政治活动,则否定具有贿赂性;如果其意图在于,通过政治家的职务权限的行使而得到具体的利益,就属于贿赂(最决昭和63・4・11刑集42卷4号419頁〔大阪出租车案〕〔591〕)。

判例一直认为,作为社交礼仪的馈赠,只要也可以被认定为职务行为的对价,则不问金额多少,均构成贿赂犯罪(大判昭和4・12・4刑集8卷609頁〔609〕、大判昭和10・8・17刑集14卷885頁。小野56頁、木村293頁、植松71頁、中森309頁、山口620頁等对此表示支持)。但是,在学界占据支配地位的两种观点则持相反意见:即便可以认定存在对价关系,但如果馈赠本身尚属于按照一般习惯是可以作为社交礼仪而接受的范围之内,对此,一种观点认为,这并没有侵害针对公务的公正性的信赖,因而,可否定具有贿赂性(内藤『旧注釈刑法〔第4卷〕』415頁、团藤139頁、平野299頁、藤木58頁、中山554頁、大谷639頁);另一种观点则认为,可以否定具有可罚的违法性(谷口正孝「賄賂罪について」『判例タイムズ』18号20頁;内田680頁)。就学生家长向公立初中的新任年级专任指导教师赠送了金额为5000日元的礼券(支票)的案件,最高裁判所认为,该家长以前便有每逢节庆与开学都会拜访老师的习惯,本案中的馈赠也属于一般习惯上的社交礼仪,"断定该馈赠是与作为年级专任指导教师所应实施的教育指导职务行为相关的对价性给付……仍存在合理怀疑",从而否定成立贿赂犯罪(最判昭和50・4・24判時774号119頁〔600〕〔610〕)。尽管其逻辑也只是沿袭了一直以来的判例理论,但其结论实质上与当时占支配地位的学说的结论是相同的。

只要在社会一般观念上,馈赠止于社交礼仪的范围之内,就应该否定成立贿赂犯罪,其理由并不是可罚的违法性的阻却,而是因对价性性质稀薄而失去了贿赂性。因此,重要的是,该馈赠是否在社交礼仪的范围之内,在判断之时,应当以公务员与馈赠人之间的人际关系、公务员以及馈赠者的社会地位、馈赠的金额、馈赠的时间与行为样态等作为标准。

典型判例

·被告人是福岛县知事，曾因为水库工程为某建筑公司提供了便利，与其胞弟A经过共谋，出于接受谢礼的意思，让该建筑公司的下级承包单位购买了由A担任代表董事的B公司的土地，然后将土地买卖款通过银行汇至B公司账户。对此，**最决平成24·10·15刑集66卷10号990頁**〔607〕判定，B公司"尽管有尽快出售本案土地，将出售款用于公司重建的必要，但（当时）处于无法如愿出售的状况之下"，因而，"即便本案土地的出售款是与市价相当的金额，通过买卖本案土地而变现的利益……也属于贿赂，这样理解是妥当的"。

最高裁判所的本决定判定成立受贿罪的理由是，对B公司而言，（1）尽管有必要尽快出售本案土地，（2）但难以如愿出售，在这种状况之下，即便本案土地的出售款是与市价相当的金额，但对被告人等而言，将本案土地变现获取现金这本身就属于"足以满足人之需要或者欲望的利益"，因而属于"贿赂"（小森田恵樹「判解」『ジュリスト』1488号105頁）。另外，即便是那些不存在上述第（1）点与第（2）点的情形，如果土地的出售金额高于市价，其间的差额也完全有可能被认为是"贿赂"（福岡高判平成5·6·22高刑46卷3号235頁）。

（四）职务关联性

1.概述

凡公务员没有正当理由而收受了金钱的，就有可能说，该行为有损贿赂犯罪的保护法益，即对于公务公正性的社会一般信赖。如果彻底贯彻这一点，便会走向这样一种观点：贿赂犯罪的保护法益是公务员的廉洁义务（小野48頁）。但如此一来，就不得不说，会造成贿赂犯罪的处罚范围完全不受限制。正因为如此，刑法才规定必须是"有关其职务"，要求贿赂应具有"职务关联性"。这正是因为，只有在收受了与其职务具有对价关系的金钱之时，担心公务是否被贿赂所左右这种不信任感才会更强烈。为此，其前提就在于，该公务员所拥有的职权，必须能左右与贿赂处于对价关系的职务。为此，对该公务员的职务权限、职务行为认定到何种程度，这才是认定是否构成贿赂犯罪之时所必须考虑的核心问题。对此，有力观点认为，在存在可以怀疑公务之公正性的事项之时，就可以认定具有职务权限（団藤132頁）。但是，这种观点似乎颠倒了逻辑顺序，应该说，不是因为职务的公正性受到了怀疑，才具有职务关联性，而是因为具有职务关联性，职务的公正性才值得怀疑。

2. 现在的职务

(1)具体职务权限

公务员是就现在所担任的、基于具体职务权限的职务而构成贿赂犯罪,这没有什么问题。其范围原则上取决于法令的规定,但由于法令的规定不可能穷尽所有权限,那么,只要根据合理解释,能认定职务属于该公务员权限之内的职务即可(参见古田佑紀「賄賂罪における職務行為——法令上の根拠と職務遂行の限界」『刑法の基本判例』192 頁)。判例认为,所谓职务,"是指公务员与其地位相随而应作为公务处理的一切工作"(最判昭和 28・10・27 刑集 7 卷 10 号 1971 頁),也正体现了这种旨趣。例如,校长同意将学校所用的教科书全部委托给某书商(大判大正 12・12・12 刑集 4 卷 755 頁)、通商产业省政务次官作为政务而就设置赛车场的申请予以最终裁定(最判昭和 31・7・17 刑集 10 卷 7 号 1075 頁)等,就相当于这里的职务。另外,职务只要有法令上的权限即可,因此,既然众议院议员有就法律草案进行动议、审议、表决的职务权限,那么,针对并不属于自己所属的委员会的财经委员会正在审议的法案,劝诱、说服包括财经委员会委员在内的其他议员,而试图使该法案成为废案的行为,就相当于职务(最决昭和 63・4・11 刑集 42 卷 4 号 419 頁〔大阪出租车案〕);运输大臣有向民营航空公司就机种的选定进行行政指导的权限,且既然认定内阁总理大臣对运输大臣有指挥权(《宪法》第 68 条、第 72 条;《内阁法》第 8 条),那么,总理大臣对运输大臣施加影响,就相当于职务(最大判平成 7・2・22 刑集 49 卷 2 号 1 頁〔洛克希德案〕)。由于内阁官房长官掌管有关各行政部门的综合协调事务(《内阁法》第 13 条第 3 款、第 12 条第 2 款),因而,应认定其对于防止政府机关与尚未毕业的大学生签定录用合同的问题具有职务权限(最决平成 11・10・20 刑集 53 卷 7 号 641 頁〔利库路特案政界途径〕)。并且,参议院议员在参议院正式会议进行代表提问之时,接受让其就某项措施的实现进行提问这种请托,并收受了金钱的,应成立受托受贿罪(最决平成 20・3・27 刑集 62 卷 3 号 250 頁)。

其次,不问职务(行为)合法还是非法,即使是有关合法职务,也可能构成贿赂犯罪(最判昭和 27・4・17 刑集 6 卷 4 号 665 頁)。同样,即使是非法的职务也可以,在守秘义务属于其职务内容之一部分的场合,泄密行为也相当于职务(最决昭和 32・11・21 刑集 11 卷 12 号 3101 頁、最决昭和 59・5・30 刑集 38 卷 7 号 2682 頁〔大学设置审议会案〕〔590〕)。还有,非法的职务也可以由不作为来实施,因此,巡警不扣押相关物证(最决昭和 29・9・24 刑集 8 卷 9 号 1519 頁)、文部省事务次官不采取行政措施以对相关工商业者设置一定障碍(東京高判平成 10・1・19 判時 1651 号 16 頁〔利库路特案文部省途径〕〔596〕），也可以认为属于职务。

（2）一般职务权限

判例认为，尽管公务员并无执行该职务的具体权限（事务分担），但如果该职务属于该公务员的一般职务权限，就可成立贿赂犯罪。例如，税务署职员受到自己分管区域之外的纳税人的请求，希望在调查所得税之时能够适当减免，并收受了贿赂，对此案件，判例认为，"只要是同一税务署管辖范围之内的纳税义务人，不管是谁，职员就有关对义务人的所得税进行课税、减免的事务，均具有法令上的职务权限"，而且，"如果主管人员认为有必要，随时可以改变职员的事务分担内容"，因此，该职员具有职务权限（最判昭和27・4・17刑集6卷4号665頁）；县农地科的分管开发事项的事务担当者，有关农地分配事项的合同收受了贿赂，对此，判例认为，"《刑法》第197条所谓'其职务'，只要属于该公务员的一般职务权限即可，不要求是本人现在具体分管的事务""即便是其日常并不分管的事务，只要属于该科所负责的事务……就存在受上司之命可以处理该事务的一般职务权限，作如此理解是相当的"（最判昭和37・5・29刑集16卷5号528頁〔587〕）。

学界有力观点认为，只要是属于一般职务权限范围之内的事项，就会损害对于职务公正性的信赖，从而支持判例的观点（団藤134頁、大塚629頁、曽根308頁、平川501頁、井田592頁）。但是，如果只要是一般职务权限相同即可，那么，东京的某税务署职员就札幌的某税务署的职务而收受了钱款的，也要构成受贿罪；事实上，该观点也并未主张到如此范围，"如果所就职的官署不同，或者作为职务权限的事务的性质不同（存在所隶属的科不同这种程度的差异之时），则不能适用一般职务权限理论"（藤木60頁）。如此说来，前述判例之所以认定具有职务关联性，并不仅仅是因为一般职务权限相同，而是因为根据公务员的地位、改变分管事项的可能性、事务处理的具体情况等可以认定，该公务员实际上存在能够左右该公务的可能性（平野297頁、大谷636頁、山口616頁、山中836頁、高橋679頁、松原606頁、古田佑紀「賄賂罪における職務行為——法令上の根拠と職務遂行の限界」『刑法の基本判例』193頁、町野朔「収賄罪」『刑法理論の現代的展開各論』364頁）。不过，例如，就职于警视厅调布警署地域科（岗亭）的某警官（职衔为"警部辅"），从某人手中接受了现金，该人向警视厅多摩中央警署署长提交了告发信，希望该警官能探讨告发信的内容并就此提供建议、提供侦查信息、向相关侦查人员"做工作"。对于此案，最高裁判所认为，"按照《警察法》第64条等相关法令，可以认为，该厅警官有关犯罪侦查的职务权限，涉及属于该厅之辖区的整个东京都"，从而根据一般职务权限理论，判定成立普通受贿罪（最决平成17·3·11刑集59卷2号1頁〔588〕)。诚然,探讨告发信的内容,并就此提供建议,这属于一般职务权限范围之内的行为,但是,对于有关该案的侦查,并无具体的、事实上的可能性的该警官而言,甚至将一般职务权限理论的适用范围扩大至其他事项,应该说,这并不妥当。〔1〕

(3)职务密切关联行为

尽管并不属于自己本来的职务权限,但如果是与其职务权限具有密切关系的行为,对此,判例一直认定构成贿赂犯罪。〔2〕职务密切关联行为有两种类型:其一,并非自己本来的职务,但属于习惯上负责的职务,或者属于由自己的职务所派生出来的职务;其二,利用自己职务的所形成的事实上的影响力。例如,属于第一种类型的行为有:①县议会某议员劝说其他议员赞成某议案(大判大正2·12·9刑録19輯1393頁);②村公所的书记员作为村长助理所负责的外国人登记事务(最决昭和31·7·12刑集10卷7号1058頁〔589〕);③在市议会议员的各个派系之内选定议长候选人(最决昭和60·6·11刑集39卷5号219頁〔大馆市议会案〕〔592〕);等等。属于第二种类型的行为有:①负责发放平板玻璃配额证明书的某人,建议证明书持有者从某特定商店购买平板玻璃(最判昭和25·2·28刑集4卷2号268頁〔514〕〔593〕);②某国立艺术大学教授劝说、斡旋学生购买特定的小提琴(東京地判昭和60·4·8判时1171号16頁〔594〕);③内阁总理大臣向民营公司"做工作",要求其购买某种特定飞机(東京高判昭和62·7·29判時1257号3頁);④被告人既是县立医科大学教授,也是该大学附属医院的诊疗部长,将自己所指导的医师派往相关医院(最决平成18·1·23刑集60卷1号67頁〔598〕);⑤作为北海道开发厅长官(当时),给自己并无直接的指挥监督权的下级组织北海道开发局的港湾部长"做工作",让其在港湾工程的招标之际,关照某特定的工程单位(最决平成22·9·7刑集64卷6号865頁);等等。反之,对于以下案件,判例则否定存在密切关联性:某人想从复兴金融公库融资,农林水产大臣为此给县食料事务所长写信,并将写好的介绍信交给该人(最判昭和32·3·28刑集11卷3号1136頁〔597〕);电话局职员斡旋电话买卖的行为(最决昭和34·5·26刑集13卷5号817页);负责工厂招商事

---

〔1〕参见中森喜彦「判批」『刑事法ジャーナル』3号89頁。另外,支持判例观点的有,只木誠「判批」『法学教室』302号119頁。

〔2〕详见堀内捷三「賄賂罪における職務行為の意義」『平野龍一先生古稀祝賀論文集〔上卷〕』(有斐閣1990年)、中森喜彦「職務関連行為概念の機能」『法学論叢』128卷4=5=6号、曽根威彦「収賄罪」『刑法雑誌』31卷1号、塩見淳「賄賂罪における職務行為」塩見淳『刑法の道しるべ』(有斐閣2015年)。

务的某人,向尚未找到理想地皮的人斡旋其他私有土地的行为(最判昭和51·2·19刑集30巻1号47頁〔599〕)。

在学界占支配地位的学说,以所谓"有关其职务"只要与本来的职务相关联即可为理由,而支持判例观点。但是,"有关其职务"的含义是"针对其职务",如果就并非其职务的事项也认定成立贿赂犯罪,就并不妥当(平野298頁、平川503頁、山口617頁、町野朔「収賄罪」『刑法理論の現代的展開各論』367頁),但只要该密切关联行为也有可能被认定为包含在其"职务行为"之内,就可以肯定成立贿赂犯罪。从这种视角来看,上述第一种类型的行为,也可以被称为准职务行为,认定其包含在职务行为之内,这不会有什么问题;而就第二种行为而言,虽然不要求其本身属于职务权限之内的行为,但至少要求这种事实上的影响力是以其职务权限为依据的。

3. 过去的职务

通说、判例认为,就过去的职务即已经结束的职务,实施受贿行为的,也成立受贿罪(大判明治44·2·24刑録17輯165頁、大判昭和10·5·29刑集14巻584頁)。对此,有观点持否定意见,认为贿赂犯罪属于"决定犯罪",其处罚根据只能是,出于金钱等动机而左右了公务,因而,针对过去职务的受贿行为,不具有可罚性(瀧川幸辰「判批」『刑事法判決批評〔第2巻〕』〔立命館出版部1937年〕187頁、町野朔「収賄罪」『刑法理論の現代的展開各論』353頁)。但是,基于下述考虑,本书认为,这种观点并不可取,还是通说、判例的立场更为合适:(1)针对过去的非法职务行为以及过去的斡旋行为,刑法典规定了加重受贿罪(第197条之三第2款)、斡旋受贿罪(第197条之四);(2)由于贿赂与过去的职务处于对价关系,会产生是否已损害了过去职务的公正性这种疑问,同时,也有损对于现在所担任的职务的公正性的社会一般信赖(参见美濃部達吉『公務員賄賂罪の研究』〔岩波書店1939年〕87頁)。

上述问题与下一问题联系在一起,即公务员调任到一般职务权限并不相同的其他职位之后再收受贿赂的,该行为是否构成贿赂犯罪(调任后的受贿)?关于这一问题,战前的判例要求,调任前后的职务具有相同的一般职务权限。例如,在担任皇家林业管理局主事之时约定贿赂,调任宫内省[1]会计审计官之后收受了以前所约定的贿赂,对此,判例判定,仅构成约定受贿罪而并不成立收受罪(大判大正4·7·10刑録21輯1011頁〔602〕);又如,被告人从冈山车站站长助理调任仓敷车站站长之后,就前任职务收受了贿赂,

〔1〕 宫内省是负责管理日本皇室事务的机构。——译者注

对此,判例以“由于其职务并未出现不同”为理由,认定成立受贿罪(大判昭和11·3·16刑集15卷282頁)。但是,二战后,最高裁判所的态度发生了变化。例如,被告人从岸和田税务署调任浪速税务署之后,就前任职务收受了贿赂,对此,判例认为,“只要在收受当时为公务员即构成受贿罪,现在仍然担任与贿赂有关的职务,这并非受贿罪之要件”(最决昭和28·4·25刑集7卷4号881頁〔603〕。最判昭和28·5·1刑集7卷5号917頁也是同样旨趣);再如,对于被告人从兵库县建筑部职员的位置被派遣至该县住宅供给公社之后,就前职收受了贿赂的案件,判例更为明确地指出,即便是“公务员调任至一般职务权限并不相同的其他职务之后,就其前任职务提供了贿赂”的,只要提供贿赂当时,接受贿赂者是公务员,仍成立行贿罪(最决昭和58·3·25刑集37卷2号170頁〔604〕。其后的判例还有,有关受托受贿罪的東京高判昭和61·5·16判時1205号5頁)。

对于判例的这种变化,学说多持批判态度。有力观点认为,除了调任之后的职务与前任职务具有相同的一般职务权限的情形之外,均只应成立事后受贿罪(団藤135頁、大塚631頁以下、大谷638頁、曽根320頁以下、山中846頁、松原624頁、町野朔「収賄罪」『刑法理論の現代的展開各論』359頁)。如果认为事后受贿罪中所谓“曾任公务员的人”也包括已经调任的公务员,也的确可以这样解释(平野296頁、中森336頁持反对意见)。然而,为什么只有在一般职务权限相同的场合才构成普通受贿罪、委托受贿罪,这种观点对此并未做出明确说明。其理由可能在于,由于仅就现在担任的职务才成立贿赂犯罪,因而,只有在一般职务权限相同的场合,有关前任职务的贿赂行为,才会损害对于现在职务的公正性的社会一般信赖。但是,我们并不能说,因为一般职务权限相同,过去的职务就可以转换为现在的职务。如前所述,如果就过去的职务否定成立受贿罪,则另当别论,但既然肯定成立受贿罪,却又将其范围限定在一般职务权限相同的场合,应该说,这并不存在合理理由(西田典之「判批」『警察研究』60卷11号42頁)。如此看来,判例的观点要更为合适(平野296頁、前田485頁、中森308頁、平川501頁、山口619頁、高橋682頁、井田593頁以下)。

4.将来的职务

即便是公务员将来也许会担任的职务,也相当于贿赂犯罪中的职务。不过,必须存在将来担任该职务的盖然性。〔1〕为此,应该限于下述情形:将来

---

〔1〕因为,“若非如此,就很难认定职务行为与贿赂之间的对价关系”(山口619頁注〔38〕)。——译者注

的职务与现在的职务在一般职务权限这一点上是相同的，其具体实施只需满足时间的到来、上司的命令等一定条件。从这一意义上看，下述认定构成贿赂犯罪的判例结论是妥当的：某人拥有县的土木工程合同缔结权限，从土木工程企业接受了希望就将来的定货予以关照这种请托，并收受了金钱（大判昭和11·2·21刑集15卷136頁）；某人受烟草专卖公司的某地方局长的任命，拥有就某个具体地域的烟草进行等级鉴定的职务权限，该人接受了对方的宴请，而对方的意图在于，希望就将来有可能进行的鉴定得到关照（最判昭和36·2·9刑集15卷2号308頁）。相反，面临改选的某现任市长，就再次当选之后的职务接受请托并收受了贿赂，对于此案，判例仅仅以一般职务权限相同为理由，便认定成立受托受贿罪（最决昭和61·6·27刑集40卷4号369页〔601〕）。该判例是存在疑问的。这是因为，任期一旦届满便不再是市长，能否再次当选尚不确定。本书认为（高橋680頁），这种情况要么成立事前受贿罪（今井猛嘉「判批」『警察研究』61卷4号62頁、松原621頁），要么就现在的职务成立普通受贿罪（北野通世「再選後の職務と賄賂罪の成否」松尾浩也・芝原邦爾・西田典之編『刑法判例百選Ⅱ各論〔第4版〕』〔有斐閣1997年〕202頁）。

二、普通受贿罪

公务员有关其职务收受、要求或者约定贿赂的，处5年以下惩役（第197条第1款前段）。

（一）主体

本罪主体，是公务员（身份犯）。有关公务员的含义，参见“妨害执行公务罪”。根据第65条第1款的规定，无身份者（非公务员的个人以及不具有相应职务权限的公务员）也可以成为本罪的共犯。

（二）行为

本罪行为，是公务员有关其职务而收受、要求、约定贿赂的行为（以下简称受贿行为）。通常是按照要求、约定、收受的顺序实施，对此，作为包括的一罪而成立普通受贿罪（大判昭和10·10·23刑集14卷1052頁）。本罪之所以不处罚未遂，是因为要求罪、约定罪本身就具有处罚未遂的功能。

所谓要求，是指做出让对方提供贿赂的意思表示。这种意思表示只要达到可为对方所认识的程度即可，不要求对方已经实际认识到（大判昭和11·10·9刑集15卷1281頁）。即便对方并未答应该要求，也成立要求罪（大判昭和9·11·26刑集13卷1608頁）。所谓约定，是指针对将来提供贿赂、收受贿赂这种旨趣,受贿者与行贿者之间所达成的合意。所谓收受,是指出于为自己所有的意思而实际取得对方所提供的贿赂。约定罪、受贿罪分别与行贿方的约定罪、行贿罪处于必要的共犯的关系。前面已经谈到,即便是在职务行为之后实施,这些受贿行为也构成本罪。

(三)故意

本罪故意,以对贿赂性存在认识为必要,亦即,必须认识到所要求、约定、收受的款物属于针对公务员职务行为的非法对价。因此,如果对对价性并无认识,或者,认为仅仅属于前述社交礼仪的范围之内的馈赠,就得以否定本罪故意。在这种情况下,行贿方也不构成行贿罪而仅构成提议行贿罪。判例对于以下情况否定存在对贿赂性的认识:认为不过是中元节或者岁末礼仪(東京地判昭和33・12・11一审刑集1卷12号1960頁)、认为是对自己获奖的贺礼(大阪地判昭和45・3・30判タ249号280頁)、认为是对盂兰盆节活动的捐款(大阪地判昭和63・11・8判タ703号281頁)。而且,还要求公务员应具有执行职务的意思(中森311頁。大谷641頁持反对意见)。这是因为,只有公务员存在执行职务的意思,才会产生公务被贿赂所左右的危险。

(四)与他罪之间的关系

在以恐吓为手段而收受贿赂的场合,通说与判例认为,公务员并无执行职务的意思的,仅成立恐吓罪(最决昭和25・4・6刑集4卷4号481頁〔619〕);公务员有执行职务的意思的,属于本罪与恐吓罪的想象竞合,而且,对方还成立行贿罪(最决昭和39・12・8刑集18卷10号952頁〔621〕、福岡高判昭和44・12・18刑月1卷12号1110頁〔620〕)。但是,尽管行贿人仍然具有一定的意思决定自由,但对于遭受恐吓者,法律禁止其行贿,这并不合理,因而,在这种情形下,应该否定成立行贿罪;并且与此相对应,也应该否定成立受贿罪。〔1〕

在以欺诈手段收受贿赂的场合,通说、判例认为,构成本罪与诈骗罪的想象竞合(大判昭和15・4・22刑集19卷227頁),但由于公务员并无执行职务的意思,还是应否定成立本罪。〔2〕

---

〔1〕 对此,山口622頁认为,"公务员并无执行职务的意思的,不成立受贿罪。公务员有执行职务的意思的,则无法否定受贿罪的成立,至于行贿者的受害人立场,只能是在量刑时予以考虑"(王昭武译・山口各论731页)。——译者注

〔2〕 对此,山口623頁认为,"如果公务员并无执行职务的意思,就应否定成立受贿罪"(王昭武译・山口各论731页)。——译者注

三、受托受贿罪

在此（公务员有关其职务收受、要求或者约定贿赂）场合下，接受请托的，处7年以下惩役（第197条第1款后段）。

本罪处罚的是，因受托而实施与贿赂处于对价关系的职务行为。本罪属于普通受贿罪的加重类型。其理由在于，在接受请托的场合，贿赂与职务行为的对价关系更为明确，公务是否被贿赂所左右这种疑虑更深，因而，仅凭这一点，对于公务之公正性的社会一般信赖的侵害程度也更严重。

请托，是指"请求公务员实施一定的职务行为"，不问是合法的职务行为还是非法的职务行为（最判昭和27·7·22刑集6巻7号927頁〔612〕）。不过，作为请求对象的职务行为必须具体且特定，如果只是出于"受到了某种关照的谢礼，以及期望将来受到照顾的意思"而提供贿赂的，就不能说存在请托（最判昭和30·3·17刑集9巻3号477頁〔613〕）。请托可以是默示（東京高判昭和37·1·23高刑15巻2号100頁），但公务员必须以明示或默示的方式做出了承诺（最判昭和29·8·20刑集8巻8号1256頁〔614〕）。有下级裁判所的判例认为，此时，即便公务员并无执行职务的意思亦可（山形地判昭和61·6·11判時1240号144頁），但这种观点并不妥当（中森311頁注89）。

与普通受贿罪的情形一样，即便是接受请托实施了相应职务行为之后，或者在调任至一般职务权限并不相同的其他职务之后，再要求、约定、收受贿赂的，也构成本罪（東京高判昭和61·5·14判時1205号1頁〔洛克希德案之全日空途径的控诉审判决〕）。

本罪在接受请托并要求、约定、收受贿赂之时，或者，在实施受托职务行为之后要求、约定、收受贿赂之时，达到既遂。对于职务行为的内容属于非法行为的情形，参见"加重受贿罪"中的相关解说。

四、事前受贿罪

将要成为公务员的人，有关其将要担任的职务，接受请托，收受、要求或者约定贿赂的，在其成为公务员之时，处5年以下惩役（第197条第2款）。

本罪处罚的是，"将要成为公务员的人"就其成为公务员之后所要担任的职务，而实施的接受请托、收受贿赂等行为。本罪处罚的多为需要通过公选才可以确定的地方公共团体（地方行政机关）长官或者议员候选人，在这种情况下,即便尚未提交候选申请,也可以成为本罪主体(宇都宫地判平成5・10・6判夕843号258頁)。有关请托的含义,参见“受托受贿罪”中的相关解说。只有在已经“成为公务员”之时,才具有可罚性。此前,通说一直认为,“成为公务员”是本罪的客观处罚条件(瀧川256頁、小野54頁、藤木65頁、大塚637頁以下、佐久間456頁),但现在占支配地位的学说则认为,“成为公务员”属于构成要件要素(団藤143頁、福田53頁、中山556頁、大谷643頁、曽根324頁、中森314頁、松原614頁)。只有成为公务员之后才会侵害对于公务的信赖,因而本书认为,后一种观点更为合适。

在成为公务员之前要求、约定贿赂,在成为公务员之后再收受贿赂的,构成受托受贿罪,本罪被受托受贿罪所吸收。

五、向第三者行贿罪〔1〕

公务员有关其职务,接受请托,让请托人向第三者提供贿赂,或者要求、约定向第三者提供贿赂的,处5年以下惩役(第197条之二)。

制定本罪的目的在于,处置那些规避受托受贿罪的行为,针对的是公务员让行贿人向自己之外的第三者提供贿赂的行为。不过,尽管形式上是向第三者行贿,但实质上可以被谓为公务员本人收受了贿赂的情形,例如,公务员让他人向自己的妻子行贿的,则直接成立受托受贿罪,而非成立本罪。

所谓第三者,是指行贿人、作为受贿人的公务员及其共同正犯之外的其他人。狭义的共犯也可能属于第三者(最判昭和29・8・20刑集8卷8号1256頁〔614〕)。这里的第三者,不仅仅是自然人、法人,还包括并不具备法人人格的社团。例如,国会议员的后援会就是其适例。法人,不仅包括民间法人,还包括地方共同团体(地方政府)的相关组织。例如,警察所长让违反《食品管理法》的人向町或者村的隔离病患者组合捐赠一定款项,从而不将该人移送检察机关(最判昭和29・8・20刑集8卷8号1256頁〔614〕);为了让对方替自己“抹销”案件,主动向警察所长提出承担警车的改装费用(最判昭和31・7・3刑集10卷7号965頁);县公路运输事务所长在相关从业者申请许可证之际,出于冲抵交际费的目的,而让从业者向该事务所提供钱款(福岡高判昭和36・6・29高刑14卷5号273頁)。并不要求第三者知道,所提供的物质或金钱是贿赂所得(但有关此类情形下的没收、追缴,参见本章之十“没收与追缴”)。只要向第三者提供贿赂是基于该公务员的意思,即便

〔1〕 将本罪译为“间接受贿罪”,可能更切合法条本意。——译者注

该公务员与第三者毫无关系亦可(中森 312 頁持反对态度)。

六、加重受贿罪

公务员犯前二条(第 197 条、第 197 条之二)之罪,因而实施不正当行为,或者不实施适当行为的,处 1 年以上有期徒役(第 197 条之三第 1 款)。

公务员在职务上曾实施不正当行为或者不实施适当行为,并就此收受、要求或约定贿赂,或者让他人向第三者提供贿赂,或要求、约定向第三者提供贿赂的,与前款同(同条第 2 款)。

作为贿赂的对价而实施不正当的职务行为的,本罪规定对此予以加重处罚。由于不正当职务行为是指枉法行为,因而,本罪亦被称为枉法受贿罪。本条第 1 款处罚的是,第 197 条、第 197 条之二的犯罪(普通受贿罪、受托受贿罪、事前受贿罪、向第三者行贿罪)之中,在实施不正当职务行为之前便要求、约定、收受贿赂,而作为其结果实施了不正当职务行为的情形(受贿后枉法罪)。实施了不正当职务行为之时,达到既遂。本条第 2 款处罚的是,在实施不正当职务行为之后再要求、约定、收受贿赂的情形(枉法后受贿罪。包括事后加重受贿与事后加重向第三者行贿这两种情形)。这是针对在第 197 条、第 197 条之二的犯罪之中,过去的职务、调任之前的职务的内容为不正当职务行为的情形所作的加重规定。要求、约定、收受了贿赂之时,达到既遂。在枉法后受贿的场合,如果在受贿时已经不再是公务员,则仅可能构成事后受贿罪(第 197 条之三第 3 款)。

判例认为,所谓“实施不正当行为,或者不实施适当行为”,是指“通过积极的或者消极的行为而违反其职务的一切行为”(大判大正 6・10・23 刑録 23 輯 1120 頁),但如果属于公务员的裁量行为,则以公务员滥用了裁量权为必要(中森 313 頁)。判例还认为,“不正当行为”只要属于与其本来的职务具有密切关系的行为即可(最决昭和 31・7・12 刑集 10 卷 7 号 1058 頁〔589〕)。判例判定下述行为成立本罪:村议会议员缺席相关议事(大判大正 5・11・10 刑録 22 輯 1718 頁)、警察所长不将涉嫌犯罪的案件移送检察机关(最决昭和 29・8・20 刑集 8 卷 8 号 1256 頁〔614〕)、招标时通报最低预定价格(高松高判昭和 33・5・31 裁特 5 卷 6 号 257 頁)、国税调查官为了防止偷税事件被发现而隐匿或销毁相关课税材料(東京地判平成 10・3・17 判時 1647 号 160 頁),等等。

通说、判例认为,如果本条第 1 款(受贿后枉法罪)的不正当职务行为还构成其他犯罪,则与本罪处于想象竞合的关系(有关伪造公文罪与本罪,参见最决昭和31・7・12刑集10卷7号1058頁〔589〕)。另外,判例认为,在本条第2款(枉法后受贿罪)的情况下,他罪与加重受贿罪构成并合罪(数罪并罚)(有关业务侵占罪与本罪,参见最决昭和32・12・5刑集11卷13号3157頁)。

七、事后受贿罪

曾任公务员的人,在职期间接受请托而在职务上曾实施不正当行为,或者未曾实施适当行为,并就此收受、要求或者约定贿赂的,处5年以下惩役(第197条之三第3款)。

本罪处罚的是,公务员在职期间接受请托而实施了不正当职务行为,退职而不再是公务员之后,又实施了收受贿赂等行为。例如,在就职于防卫厅(当时称为防卫厅,现在称为防卫省)的采购本部之时,接受某企业的请托,实施了职务上不正当的行为,退职之后就任该委托企业的顾问,并接受所提供的顾问费的,就属于事后受贿(最决平成21・3・16刑集63卷3号81頁〔617〕[1])。公务员在职期间要求、约定贿赂的,成立普通受贿罪,退职之后再收受贿赂的,则为该罪所吸收。在调任至一般职务权限并不相同的其他职务之后,再实施收受贿赂等行为的,有观点认为也构成本罪,但如前所述,这种观点并不合适。

八、斡旋受贿罪

作为公务员接受请托,为使其他公务员在其职务上实施不正当行为或者不实施适当行为而进行斡旋或者已经进行斡旋的报酬,收受、要求或者约定贿赂的,处5年以下惩役(第197条之四)。

本罪处罚的是,公务员所实施的针对其他公务员的斡旋行为。所谓斡旋,是指针对其他公务员所实施的介绍、中介、“做工作”、拜托等行为。以接受请托,以及作为斡旋对象的公务员实施了不正当的职务行为为要件,因而,其处罚范围受到了极大限制。从立法论上来看,似乎至少应删除以实施不正当的职务行为为要件这一点。

斡旋行为,实际上多是利用公务员这一地位而实施。判例认为,“尽管不

〔1〕另外,最高裁判所的本决定认为,由于是在对该企业而言属于异常的报酬支付这种条件之下,接受该人作为该公司的非常勤的顾问,因而,即便不能被谓为,完全不存在作为顾问的实质,所接受的钱款与不正当行为之间仍然存在对价关系(三浦透「判解」『ジュリスト』1452号110頁)。

以公务员积极地利用其地位进行斡旋为必要，但至少以通过公务员这一地位进行斡旋为必要，仅仅是以个人身份实施的斡旋行为”，并不构成本罪（最决昭和43・10・15刑集22卷10号901頁〔615〕）。因此，尽管不包含公务员利用亲属关系、前辈与后辈之间的关系，而进行斡旋的情形，但也不限于利用职务地位的影响力而进行斡旋的情形。由于是针对“进行斡旋或已经进行斡旋”的报酬，因此，不仅仅是指在事前约定、收受贿赂的情形，还包括在实施斡旋行为之后才要求、收受贿赂的情形。[1]

判例认定以下行为构成本罪：某税务署公务员斡旋其他税务署的公务员，让其直接受理存在不正当记录的“转让所得计算明细表”（最决昭和43・10・15刑集22卷10号901頁〔615〕）；某国会议员对其他议员进行斡旋，让其不在委员会上提问，并收受了针对该斡旋行为的报酬（東京地判昭和46・9・20判時648号28頁）；某众议院议员受托进行斡旋，向公平交易委员会委员长“做工作”，让其不就某大型建筑公司违反《反垄断法》的行为进行刑事告发，并收受了报酬（最决平成15・1・14刑集57卷1号1頁〔616〕）。

九、行贿罪

提供、提议或者约定第197条至第197条之四所规定的贿赂的，处3年以下惩役或者250万日元以下罚金（第198条）。

与受贿罪相对应，本罪处罚的是，提供、提议、约定贿赂的行贿行为。尽管行贿罪是受贿罪的共犯行为，但（不考虑与受贿相对应的具体行贿方式）一律处以相对较轻的刑罚，对于其理由，有观点认为，是因为本罪具有由非公务员所实施的妨害执行公务罪的性质（団藤151頁）。但是，我们无法否认，本罪属于受贿罪的共犯行为，因而，其减轻根据应在于，从官僚具有强大的统制力这种我国的传统来看，一般而言，相对于受贿者，行贿者处于相对弱势地位，其责任得以类型性减轻。不过，作为立法论而言，本书认为，与各种受贿罪的法定刑的程度相对应，行贿罪的法定刑也应该予以个别化。

行贿行为，通常按照提议、约定、提供的顺序而实施。提议，是指促使公务员收受贿赂，因此，即便公务员拒绝了该提议，仍然成立提议罪（大判昭和3・10・29刑集7卷709頁）。提供了贿赂，但遭到拒绝的，也是如此。在公

---

〔1〕 亦即，“斡旋受贿罪可分为两种类型：(1)收受贿赂等之后再实施斡旋行为的‘贿赂先行型’，(2)实施斡旋行为之后再收受贿赂等的‘斡旋先行型’”（山口628頁）（王昭武译・山口各论738页）。——译者注

务员对贿赂性并无认识,或者虽有所认识但存在返还意思的情形下,即便已经实施了财物或钱款的收受行为,也仅成立提议罪(最判昭和37·4·13判時315号4頁)。约定,是指行贿者与公务员之间就贿赂的收受所达成的合意,因而,处于必要的共犯的关系。同样,提供,是指让公务员收受贿赂,也属于必要的共犯。在向公务员的妻子提供贿赂的场合,仅限于构成提议罪;如果公务员认识到贿赂性而仍然予以放任的,则在放任的时点,就应构成提供罪。实施了提议、约定以及提供贿赂的行为的,作为包括的一罪,成立行贿罪一罪(仙台高秋田支判昭和29·7·6裁特1卷1号7頁)。

在相应的受贿罪以(接受)请托为要件的场合,就行贿者而言,也以实施请托为要件。而且,在以请托内容属于不正当的职务行为作为要件的事后受贿罪、斡旋受贿罪的场合,就行贿者而言,也以对此存在认识为必要。但是,在其他加重受贿罪的场合,即便行贿者对受贿人会实施不正当的职务行为或者已经实施了不正当的职务行为并不存在认识,也仍然可构成本罪。在请托的内容属于不正当的职务行为而使得对方还成立其他犯罪的场合(例如,无形伪造公文书罪、诡计妨害招标罪),如果行贿者对此存在认识,则成立该罪的教唆犯,与本罪处于想象竞合的关系。

十、没收与追缴

犯罪人或者知情的第三者所收受的贿赂,予以没收。全部或者部分已无法没收的,追缴其价款(第197条之五)。

(一)含义

刑法总则第19条、第19条之二分别规定了任意性的没收、追缴,本条是其特别规定,目的在于不让受贿者继续拥有非法利益。本条的特征在于:(1)属于必要性没收、追缴;(2)总则的追缴针对的是本来有可能予以没收之物,而本条的追缴对于原本就无法没收的权利与财产性利益也有实施的可能。不过,在不能依据本条予以没收、追缴的场合,仍然有适用第19条、第19条之二的可能。

(二)对象

没收、追缴的对象,是"犯罪人或者知情的第三者所收受的贿赂"。通说认为,"犯罪人",除了作为收受者的公务员之外,还包括其共同正犯以及狭义的共犯。考虑到要与昭和16年(1941年)的刑法部分修正之时所增设的向第三者行贿罪(第197条之二)相对应,而相应地扩大了本条的对象范围,因此,所谓"知情的第三者",应该限于向第三者行贿罪中的知情的第三者

（団藤 153 頁、飛田清弘・佐藤道夫『刑事法重点講座・理論と実践 賄賂』〔立花書房 1979 年〕239 頁。中森 316 頁持反对意见）。在第三者为法人或者不具有法人人格的社团的场合，只要其代表人或者责任人知情，就可以适用本条规定（最决昭和 29・8・20 刑集 8 卷 8 号 1256 頁〔614〕、最判昭和 40・4・28 刑集 19 卷 3 号 300 頁）。在对第三者进行没收、追缴之时，必须给予该第三者以辩解、防御的机会（最大判昭和 37・11・28 刑集 16 卷 11 号 1593 頁。以此判例为契机，制定了《有关刑事案件中针对第三者所有物的没收程序的应急措施法》〔1963 年法第 138 号〕）。所谓"所收受的贿赂"，不限于成立收受罪的情形，在担任公务员期间要求、约定贿赂，退职之后再收受的贿赂，也包括在内（内藤『旧注釈刑法〔第 4 卷〕』432 頁、広島高判昭和 34・6・12 高刑 12 卷 7 号 681 頁）。不过，作为贿赂而提供但并未被接受的贿赂，并不包含在本条之内，只要满足第 19 条的要件，就可以成为任意性的没收、追缴的对象（最判昭和 24・12・6 刑集 3 卷 12 号 1884 頁）。

（三）没收

没收的对象是有体物，即金钱或者其他动产、不动产、股票与支票等有价证券。如果金钱与受贿者的金钱混在一起而丧失了特定性，或者被存入银行，就不能予以没收，而只能进行追缴。

问题在于，受贿者一旦收受了贿赂，其后，又将贿赂返还给行贿者的，对此应如何处理？判例认为，从公平的角度来看，本条所谓"犯罪人或者知情的第三者所收受的贿赂"，规定的是没收的对象物，而并没有限定没收的对象人，并以此为理由，判定应该从行贿者处予以没收、追缴（大連判大正 11・4・22 刑集 1 卷 296 頁、最决昭和 29・7・5 刑集 8 卷 7 号 1035 頁）。但是，其一，本条的宗旨在于，不让受贿者继续拥有非法利益；其二，受贿者将贿赂消费掉之后，又将相应价款还给行贿人的，仍应从受贿者处予以追缴（最决昭和 31・2・3 刑集 10 卷 2 号 153 頁）。考虑到这两点，在此场合之下，仍然应该认定，应该从受贿者处追缴（団藤 154 頁）。那么，在上述场合之下，对于行贿人，应适用第 19 条的任意性的没收、追缴。

在贿赂已被分送给数名受贿者之时，按照分配金额，分别进行没收、追缴（大判昭和 9・7・16 刑集 13 卷 972 頁）；如果具体分配金额不明，则按平均金额，分别进行没收、追缴（大判昭和 9・7・16 刑集 13 卷 972 頁）。

（四）追缴

贿赂"全部或者部分已无法没收的，追缴其价款"。不同于第 19 条之二，所谓"无法没收的"，不仅包括（1）使原本可以没收之物变得无法没收的情形,还包括(2)从贿赂本身的性质上看,自始便无法没收的情形。[1]

例如,因消费、转让、灭失等原因,而使得作为贿赂的金钱、财物等不再留存在受贿者手上的情形,就属于上述第(1)种情形;又如,接受宴请、得以免除债务、接受高尔夫会员权等,就属于上述第(2)种情形。有关追缴金额的计算时点,存在三种对立观点:接受之时(收受时说)、变得不能没收之时(没收不能时说)、裁判之时(裁判时说)。判例采取的是"收受时说"(最大判昭和 43・9・25 刑集 22 卷 9 号 871 頁〔623〕)。本条的没收、追缴,以剥夺作为贿赂而收受的利益为目的,考虑到这一点,应该说,判例的观点是妥当的。考虑到与此之间的均衡,有观点认为,在没收有体物的场合,如果在没收之时价值已经减少的(例如,收受的是新车,但在没收之时仅仅具有二手车的价值),就应该在没收的同时,追缴相当于所减少的价值的价款(山口厚「賄賂の没収・追徴」『内藤謙先生古稀祝賀・刑事法学の現代的状況』〔有斐閣 1994 年〕216 頁)。该观点确有一定可取之处,但作为本条的解释论来说,却难免牵强。

在诸如性交这种无法换算成金钱的场合,还有诸如难以计算应追缴价额的场合,则无法追缴。例如,在金融利益的场合,只要贷款金额不能实质性地认定为赠与,就不能没收,而且,由于金融利益也难以算定其价额,因而,也无法追缴。不过,判例将贷款金额作为第 19 条第 1 款第 3 项的取得物件(犯罪所得之物),而判定可以没收、追缴(最决昭和 33・2・27 刑集 12 卷 2 号 342 頁、最决昭和 36・6・22 刑集 15 卷 6 号 1004 頁)。像前面所谈到的取得尚未公开发行的股票的场合,一种做法是,追缴所支付的购入价格与公开上市之后的价格(原始价)之间的差额;如果无法确定利益金额,则与金融利益的情形一样,按照第 19 条的规定,对受贿者所取得的股票予以没收、追缴(芝原邦爾「判批」『商事法務』1159 号 6 頁)。另外,对于共犯所共同收受的贿赂,如果共犯之间的分配、持有以及消费情况不明的,向各共犯分别追缴贿赂总额的平均金额,也不会损害本条之必要性追缴的旨趣(最决平成 16・11・8 刑集 58 卷 8 号 905 頁〔624〕)。

十一、《斡旋获利处罚法》

(一)含义

《斡旋获利处罚法》(『あっせん利得処罰法』)的正式名称为《有关处罚

---

〔1〕 山口 631 頁将这两种情形分别称之为"事后不能""原始不能"(王昭武译・山口各论 742 頁)。——译者注

公职人员因斡旋行为而获利的法律》(『公職にある者等のあっせん行為による利得等の処罰に関する法律』)(2000年法第130号),通过议员立法形式在2000年11月成立,自2001年3月1日开始施行。为了处罚政治家向公务员进行斡旋,作为其回报而获利的行为,本法创设了所谓"斡旋获利罪"。本法的立法宗旨在于,保持公职人员的政治活动的廉洁性,进而得到国民的信赖(参见勝丸充啓編『わかりやすいあっせん利得法Q&A』〔大成出版社2001年〕3頁以下)。

(二)内容

本法第1条规定,"众议院议员、参议院议员或者地方公共团体的议会议员或其议长(下称公职人员),就国家或地方公共团体所要缔结的买卖、借贷、承包以及其他合同,或者就有关某特定人的行政处分,接受请托,行使基于其权限的影响力,为使得公务员实施或不实施某种职务行为,进行或者已经进行斡旋,就此而收受了作为报酬的财产性利益的,处3年以下惩役",从而规定了"公职人员斡旋获利罪"(就町议会议员认定成立本罪的判例有,福岡地飯塚支判平成18·9·8判夕1233号350頁)。另外,本法第2条规定,国会议员的公设秘书(参见《国会法》第132条)以及私设秘书,行使基于议员权限所形成的影响力,而实施同样行为的,处2年以下惩役,从而规定了"议员秘书斡旋获利罪"。并且,除公务员之外,凡国家或者地方公共团体的出资额占资本金的1/2以上的法人(公团、公社、特殊法人、第三事业体〔1〕)的董事或职员,也属于斡旋行为的对象(第1条第2款、第2条第2款)。本法的所有犯罪均处罚国外犯(第5条)。而且,还规定了针对所收受的财产性利益的必要性没收、追缴制度(第3条)。与受贿罪中的行贿罪相对应,对于提供财产性利益的行为(提供利益罪),本法规定,处1年以下惩役或者250万日元以下罚金(第4条)。

---

〔1〕第三事业体,是指由国家与地方公共团体、民营企业共同出资而成立的事业体。本应由国家与地方公共团体所实施的事业(公共事业体),为了引入民营部门(民营事业体)的资金与能力,而采取官民共办的形式。——译者注

图书在版编目(CIP)数据

日本刑法各论 / (日) 西田典之著 ; (日) 桥爪隆补订 ; 王昭武, 刘明祥译. -- 7 版. -- 北京 : 法律出版社, 2020(2022.4 重印)

ISBN 978 - 7 - 5197 - 4470 - 0

Ⅰ. ①日… Ⅱ. ①西… ②桥… ③王… ④刘… Ⅲ. ①刑法 - 研究 - 日本 Ⅳ. ①D931.34

中国版本图书馆 CIP 数据核字(2020)第 074194 号

日本刑法各论(第七版)
RIBEN XINGFA GELUN(DI - QI BAN)

[日]西田典之 著
[日]桥爪隆 补订
王昭武　刘明祥 译

责任编辑 郑怡萍
装帧设计 李　瞻

出版发行 法律出版社
编辑统筹 法律教育出版分社
责任校对 李景美
责任印制 刘晓伟
经　　销 新华书店

开本 710 毫米 × 1000 毫米　1/16
印张 36.5　**字数** 623 千
版本 2020 年 7 月第 1 版
印次 2022 年 4 月第 2 次印刷
印刷 北京金康利印刷有限公司

地址:北京市丰台区莲花池西里 7 号(100073)
网址:www.lawpress.com.cn
投稿邮箱:info@lawpress.com.cn
举报盗版邮箱:jbwq@lawpress.com.cn

销售电话:010 - 83938349
客服电话:010 - 83938350
咨询电话:010 - 63939796

书号:ISBN 978 - 7 - 5197 - 4470 - 0　**定价**:88.00 元